TESI GREGORIANA
Serie Spiritualità
——————— 11 ———————

JAN KRZYSZTOF MICZYŃSKI

LA CRISTOLOGIA ESISTENZIALE
nell'esperienza e nella dottrina
di Elisabetta della Trinità

EDITRICE PONTIFICIA UNIVERSITÀ GREGORIANA
Roma 2005

Vidimus et approbamus ad normam Statutorum Universitatis

Romae, ex Pontificia Universitate Gregoriana
die 16 mensis iunii anni 2005

R.P. Prof. Bruno Secondin, O.Carm.
R.P. Prof. José Adolfo Gonzalez, S.J.

ISBN 88-7839-042-9
© Iura editionis et versionis reservantur
PRINTED IN ITALY

GREGORIAN UNIVERSITY PRESS
Piazza della Pilotta, 35 - 00187 Rome, Italy

*E non è forse compito della Chiesa
riflettere la luce di Cristo in ogni epoca della storia,
farne risplendere il volto
anche davanti alle generazioni del nuovo millennio?*

GIOVANNI PAOLO II, *Novo Millennio Ineunte*, 16

Benedici, Signore,
coloro dai quali sono partito,
coloro con i quali ora sono
e coloro che vado a servire.

INTRODUZIONE

Durante il suo viaggio in Francia nel 1980, il Papa Giovanni Paolo II disse che la divina Provvidenza, agendo attraverso le nazioni, scrive la storia della salvezza nel cuore dell'uomo. Questa storia, antica come il genere umano, risale alla *preistoria* dell'uomo, risale al *principio*. Quando Gesù Cristo disse agli Apostoli: «Andate [...] e ammaestrate tutte le nazioni [...]» (Mt 28,19), Egli già confermò la durata della storia della salvezza e, nello stesso tempo, annunziò in essa una tappa particolare, l'ultima tappa[1]. «Cette histoire particulière est cachée au plus intime de l'homme, elle est mystérieuse et pourtant réelle aussi dans sa réalité historique, elle est revêtue, d'une manière visible, des faits, des événements, des existences humaines, des individualités»[2].

Secondo il Santo Padre, vi sono molte figlie e molti figli della patria francese, che inscrissero nella loro nazione un grande capitolo della storia della salvezza; mirando a rievocare alcuni nomi di essi, il Papa disse: «[...] j'évoquerai [...] ceux qui ont exercé la plus grande influence dans ma vie: Jeanne d'Arc, François de Sales, Vincent de Paul, Louis-Marie Grignion de Montfort, Jean-Marie Vianney, Bernardette de Lourdes, Thérèse de Lisieux, Sœur Elisabeth de la Trinité, le Père de Foucauld [...]»[3].

---

[1] Cfr. IOANNES PAULUS PP. II, «In aëronavium portu "Le Bourget"», *AAS* 72 (1980) 718.

[2] *AAS* 72 (1980) 718.

[3] *AAS* 72 (1980) 718. Cfr. F.-M., ALGOUD, «Élisabeth de la Trinité», 147. Sebbene il Papa non precisasse la data della nascita e della morte di Elisabetta, della quale trattava, sembra essere fuor di dubbio che si riferisse a Elisabetta Catez (1880-1906). Bisogna sottolineare che, oltre a *Élisabeth de la Trinité, 1880-1906 (Élisabeth Catez)*, la storia della spiritualità conosce altre due carmelitane con questo nome; esse sono: *Élisabeth de la Trinité, 1598-1660*, che visse la sua consacrazione al Signore nei monasteri di Tours, di Lyon e di Beaune, e che era molto devota alla Passione di Cristo e all'infanzia di Gesù, specialmente alla Sua povertà (vedi: I. NOYE, «Élisabeth

È molto interessante notare che Giovanni Paolo II, già quattro anni prima della beatificazione di Elisabetta della Trinità (1880-1906)[4], parlò di lei presentandola come persona intimamente partecipe della vita di tutta la Chiesa e, mediante la luce e la forza ricevute dallo Spirito Santo, come cristiana che influì nella storia della Chiesa irradiando i carismi a lei concessi in dono[5].

Possiamo interrogarci sul motivo per cui il Papa si espresse in quel modo a proposito di una giovane che visse solamente ventisei anni, lontana dalla politica, tanto più che gli ultimi cinque anni della sua vita li trascorse in clausura, in un distacco ancor più radicale dal mondo. In quale modo Elisabetta inscrisse la storia della salvezza nella vita della sua nazione? A quale «influsso» si riferiva il Santo Padre?

Nel rispondere a queste domande ci può tornare utile considerare il suo ultimo libro *Memoria e identità*[6], in cui il Papa spiega la sua concezione di nazione, il senso teologico della storia delle nazioni, sottolineando che il limite divino imposto al male esistente nel mondo è la Redenzione[7]. Da questo risulta che al centro della riflessione di Giovanni Paolo II sulla vita della nazione si trova la persona di Gesù Cristo:

> Questo limite posto al male dal Bene divino è entrato a far parte della storia dell'uomo, in particolare della storia dell'Europa, per opera di Cristo. Non è dunque possibile separare Cristo dalla storia dell'uomo. [...] È possibile separarLo dalla storia di una [...] nazione? È possibile separarLo dalla storia dell'Europa? Solo in Lui, di fatto, tutte le nazioni e tutta l'umanità possono «varcare la soglia della speranza»! [...] Non è possibile pensare al limite posto da Dio stesso al male nelle sue varie forme, senza richiamarsi al mistero della Redenzione[8].

Alla luce di questo testo, si può supporre che il Santo Padre, trattando la persona di Elisabetta e l'«influsso» da lei esercitato sulla vita

---

de la Trinité», 589-590); e inoltre *Élisabeth de la Trinité, 1881-1919*, che nacque a Nantes ed entrò nel monastero della stessa città (vedi: A. RAYEZ, «Élisabeth de la Trinité», 594).

[4] La beatificazione aveva luogo il 25 novembre 1984, invece il discorso sopraccitato venne letto dal Papa il 1° giugno 1980.

[5] Cfr. *AAS* 72 (1980) 718.

[6] Vedi: GIOVANNI PAOLO II, *Memoria e identità. Conversazioni a cavallo dei millenni*, Milano 2005.

[7] Cfr. GIOVANNI PAOLO II, *Memoria*, 13-14.29-34.87-97.

[8] GIOVANNI PAOLO II, *Memoria*, 28.31.

della nazione francese[9], si riferisse anzitutto alla testimonianza che la giovane rese, nell'ambiente della Francia della Terza repubblica, a proposito della Persona di Gesù Cristo. L'esperienza di Elisabetta, in un certo qual modo, *fece entrare* Gesù nella storia della nazione francese, permettendo al Redentore di far ricordare al Suo popolo che Egli è sempre presente in esso e che, nonostante il male che esiste nel mondo, la Sua opera di salvezza si attualizza incessantemente. Elisabetta stessa, volendo ardentemente aiutare Gesù nel salvare la propria patria, un giorno scrisse: «Pauvre France! J'aime la couvrir du sang du Juste, "de Celui qui est toujours vivant afin d'intercéder et de demander miséricorde"» (L 256).

La vita e la dottrina di Elisabetta erano e sono una voce profetica sulla forza della Redenzione compiuta e attualizzata da Cristo in ogni uomo, in ogni nazione e in tutto il mondo. Questa voce arricchisce una lunga tradizione ecclesiale che ha cercato di rispondere alla domanda: In quale modo Gesù Cristo attualizza nella storia dell'uomo l'opera della Redenzione? Questo diventa lo scopo del nostro studio: inserire la persona di Elisabetta (il cui insegnamento sembra essere ancora non molto conosciuto) nel vasto contesto della discussione sul ruolo del Salvatore nella vita umana.

Il Cristo di Elisabetta non è il Cristo dei filosofi o degli storici, ma è Gesù che ama e che vuole essere amato; è il Pastore che entra nella storia dell'uomo, che stabilisce in lui la Sua dimora e che conduce le persone create a una vita nuova nella Santissima Trinità. La giovane parlò anzitutto dell'esistenza di Gesù.

Il nostro lavoro mira a mettere in evidenza che Elisabetta, pur non essendo una teologa, attraverso la sua esperienza e la sua dottrina creò una mistica e un'irripetibile *cristologia esistenziale*[10]. Questa cristolo-

---

[9] Ed anche sulla vita del Papa stesso; vedi: *AAS* 72 (1980) 718.

[10] Il nostro lavoro non si limita strettamente alla terminologia elisabettiana, perché questa a volte differisce dalla terminologia moderna della teologia spirituale. Il bisogno di adoperare il linguaggio attuale impone la necessità di collegare tra loro certi aspetti e di creare nuovi termini. Come esempio, possiamo considerare i termini «esistenza» ed «esistenziale». Elisabetta non usava queste parole, ma nei suoi scritti si possono riscontrare realtà riguardanti questo campo semantico, per esempio quando ella parlava della vita (*être, vie, éprouver, aspirer, prédestination*) e di quelle situazioni estreme che segnano l'esistenza di ogni uomo (*la souffrance, la mort*). La ricchezza racchiusa in questi concetti, non è sintetizzata da un termine cumulativo, e proprio tale ruolo può essere svolto, in questo caso, dalle parole «esistenza» ed «esistenziale» (franc. *existence, existentiel*). Nel nostro lavoro esse saranno applicate

gia potrebbe essere considerata una *chiave ermeneutica* per la comprensione di tutta la dottrina e la vita della carmelitana; e sebbene queste abbiano carattere prevalentemente trinitario, in quanto la giovane carmelitana sperimentò e testimoniò la realtà dell'inabitazione delle Tre Persone Divine nell'uomo e dell'uomo nelle Tre Persone Divine, il centro di esse è la persona di Gesù Cristo. Di conseguenza, il nostro lavoro, che si incentra sul *punto nevralgico* dell'esperienza cristologica di Elisabetta, può offrire una certa possibilità di ordinare il ricco pensiero della carmelitana, il quale si estende, oltre alla realtà trinitaria, anche alle altre dimensioni teologiche: ecclesiale, sacramentale, mariana, escatologica, ecc[11].

Tale contenuto implica che il lavoro proposto sia caratterizzato da una certa originalità; fino a questo momento, infatti, — per quanto sappiamo — non esiste uno studio monografico riguardante la Persona di Gesù Cristo in Elisabetta della Trinità, tanto meno contenente una sistematica descrizione teologica della sua *cristologia esistenziale*[12].

Per comprendere il profondo significato, il senso e l'importanza dell'esperienza e della dottrina cristologica di Elisabetta, le quali furono donate dalla divina Provvidenza alla nazione francese e a tutta la Chiesa, bisogna abbracciare col pensiero l'epoca in cui viveva la giovane. La penetrazione della complessità dei problemi socio-politici della Francia della Terza Repubblica (come per esempio: le difficili relazioni fra lo Stato e la Chiesa Cattolica, l'anticlericalismo ideologi-

---

a Gesù Cristo: a.) all'esperienza mistica della persona di Cristo (cfr. per esempio l'espressione: «esistenza cristologica di Elisabetta»); b.) alla descrizione del donarsi continuo di Cristo, che prende dimora nell'uomo (cfr. per esempio l'espressione: «cristologia esistenziale di Elisabetta»).

[11] La nostra tesi non si limita a mostrare la relazione di Gesù con l'uomo, ma mira a mettere in risalto come questa relazione dia all'uomo la possibilità di aprirsi alla Santissima Trinità, alla Madre di Cristo, alla Chiesa, al mondo personale, alla natura, ecc., conducendolo alla maturità cristiana, sia psicologica che spirituale.

[12] Alcune opere su Elisabetta, che hanno notevole importanza teologica sono: H.U. VON BALTHASAR, *Elisabetta della Trinità. La dottrina spirituale*, Milano 2001; R. MORETTI, *Introduzione a Elisabetta della Trinità. Vita – Scritti – Dottrina*, Roma 1984; M.-M., PHILIPON, *L'inabitazione della Trinità nell'anima. La spiritualita di Elisabetta della Trinità*, Milano 1966; M.-M., PHILIPON, *La dottrina spirituale di suor Elisabetta della Trinità*, Brescia 1968; A.M. SICARI, *Elisabetta della Trinità. Un'esistenza teologica*, Roma 2000². Queste opere menzionate, come anche altri studi riguardanti il pensiero della carmelitana digionese, non considerano tutte le possibilità di presentazione dell'esperienza e della dottrina di Elisabetta, e soprattutto non mostrano la sua esistenziale e mistica cristologia.

co, l'anticlericalismo militante durante la vita di Elisabetta, il culto della Repubblica, che addirittura prendeva forma di un'anti-religione) permette di comprovare la verità, che davvero il limite divino imposto al male, anche a quello storico, dei nostri tempi, è la Redenzione[13]. Nei tempi di prova, Elisabetta della Trinità indicò la presenza vittoriosa della croce di Cristo, e questa sua testimonianza — che additava il trionfo dell'opera redentrice di Cristo, attualizzata nel Mistero Pasquale — cioè la sua *cristologia esistenziale,* appare forse, su quello sfondo drammatico, ancora più impressionante.

Lo studio sulla vita della giovane carmelitana, e anche sulla sua personalità, segnata da un temperamento collerico-sanguigno e impressa nei suoi scritti, offre la possibilità di scoprire che la vittoria di Cristo si attualizza non solamente negli «atteggiamenti esteriori» della persona (come per esempio nel non-lasciarsi vincere dal male), ma che è profondamente radicata nell'esistenza umana. In tale luce, sembra più facile comprendere come le condizioni psicologiche, anche se da non ignorare, non determinano definitivamente la persona nel suo rapporto con Gesù, ma creano un certo ambiente in cui Egli rivela il Suo amore misericordioso. In tale prospettiva, si può parlare dell'Icona di Cristo che si impresse nella persona di Elisabetta.

Ricercando le fonti dell'esperienza cristologica di Elisabetta, vale la pena indagare anche sull'immagine di Cristo nella Chiesa Francese, cioè di analizzare le forme di pietà dell'epoca, che maggiormente influirono sulla spiritualità della carmelitana digionese, portandola a una sempre più profonda conoscenza di Gesù Cristo. Fra queste possiamo menzionare la devozione alla Passione di Cristo e al Suo Preziosissimo Sangue, la spiritualità di riparazione delle offese inflitte a Gesù e la devozione vittimale, il culto del Sacro Cuore di Gesù, la devozione eucaristica e il culto del Santissimo Sacramento, la pietà volta a venerare la divina Provvidenza, la spiritualità del Natale, la venerazione per la Madre di Cristo e per i Santi. Alla luce di queste devozioni, si comprende come Gesù si serve della Tradizione per entrare nella storia concreta dell'uomo e della nazione, secondo la Sua misericordia, e porta a compimento l'opera di salvezza, riversando contemporaneamente in abbondanza il Suo amore lì dove sembrava aver vinto il peccato.

Parlando di tutti i fattori che stimolarono Elisabetta e la guidarono alla scoperta della verità di Gesù Cristo nella realtà della Sua divinità e

---

[13] Vedi: GIOVANNI PAOLO II, *Memoria,* 29-34.

della Sua umanità (della Sua passione, del Suo amore e, nel mistero della Sua umiliazione, della Sua presenza nell'uomo), sembra opportuno soffermarsi anche sulla sua formazione cristiana — che le fu offerta in modo particolare nell'ambito della sua famiglia e del Carmelo a Digione — e sulla conoscenza della Bibbia e degli insegnamenti dei Santi, che acquisì mediante lo studio e che ebbe una grande influenza sulla dottrina e sull'esperienza della giovane. L'analisi di tutti questi *influssi* aiuta a riconoscere il ruolo determinante che la famiglia, la Chiesa e la pietà popolare — che spesso viene disprezzata, ma che, nel caso di Elisabetta, la condusse ai più alti livelli della mistica cristiana — svolgono nel cammino di maturazione spirituale di ogni uomo.

Bisogna anche sottolineare che, nonostante tutti gli elementi che condizionarono la vita spirituale della carmelitana, la sua esperienza rimane, in un certo qual modo, originale. Lo Spirito Santo appare come Colui che fu l'unico promotore di tutte le illuminazioni e del progresso spirituale di Elisabetta nella grazia del suo orientamento iniziale verso la persona di Gesù Cristo e, tramite essa, verso tutta la Santissima Trinità.

Allo scopo di presentare la *cristologia esistenziale* di Elisabetta, sembra essere opportuna la profonda analisi del suo itinerario spirituale, specialmente lo studio dello sviluppo della sua relazione con Gesù Cristo. Il cammino spirituale della giovane può essere suddiviso in tre tappe: la notte attiva, la notte passiva e la notte illuminata, secondo la dottrina di San Giovanni della Croce[14], alla quale la carmelitana digionese si sentiva profondamente legata. Ai fini della nostra ricerca non è indispensabile indicare separatamente i momenti della purificazione dei sensi o dello spirito (che nella vita della carmelitana si alternavano); è sufficiente sapere che la giovane, fino al maggio del 1901, visse *la notte attiva* (sia quella dei sensi che quella dello spirito), fino al 25 maggio del 1906 (solennità dell'Ascensione) visse *la notte passiva* (sia quella dei sensi che quella dello spirito), e prima della sua morte visse *la notte illuminata*.

Tutta la vita di Elisabetta, già dai primi anni della sua esistenza, fu indirizzata verso la configurazione a Cristo. L'ardente desiderio della giovane di diventare la Sua *sposa*, la rese simile a Gesù Crocifisso e la aprì ad una sempre più profonda relazione con tutta la Santissima Trini-

---

[14] La notte attiva (dei sensi e dello spirito) è stata descritta dal Dottore Spagnolo nella *Salita*, invece la notte passiva (dei sensi e dello spirito) nelle opere *Notte Oscura* e *Cantico*, e la notte illuminata (dopo l'unione trasformante) nell'opera *Fiamma*.

tà, con la Madre di Cristo, con la comunità dei Santi e con tutto il mondo.

Questa esperienza cristocentrica, vissuta da Elisabetta, determinò le fondamenta per la sua dottrina, e anche se, col passare del tempo, esse furono particolarmente caratterizzate dalla dimensione trinitaria, la persona di Cristo vi costituiva il più importante punto di riferimento, il punto centrale.

Trattando la *cristologia esistenziale* della giovane come *sistema*, sembra opportuno soffermarsi sulle seguenti verità, che sono sottolineate nella dottrina elisabettiana, e secondo le quali Gesù fu da lei presentato come Colui che è il senso della creazione[15], Colui che dimora nell'uomo con il Padre e con lo Spirito Santo[16], Colui che è la «parfaite louange» della Trinità, Colui che si dona come Sposo e si unisce all'uomo[17], Colui che conduce l'uomo nel seno della Santissima Trinità, e infine come Colui che apre davanti alla persona umana l'orizzonte della Chiesa[18].

La presentazione della ricchezza dei «nomi», con i quali Elisabetta si rivolgeva a Gesù Cristo, permette di riscoprire nella persona del Signore la dinamicità della Sua esistenza, il Suo continuo desiderio di portare a compimento l'opera della salvezza. È interessante, inoltre, notare che Elisabetta conobbe il desiderio di Gesù di esistere nell'uomo, creandone il Suo «sacramento» (la persona di Maria Santissima veniva considerata dalla giovane come modello di questo mistero).

Per valutare la *cristologia esistenziale* di Elisabetta occorre effettuare un'analisi dell'immagine biblica[19], teologica e mistica di Gesù Cristo, impressa nel suo insegnamento. Sembra essere doveroso, inoltre, mettere in evidenza il valore del linguaggio elisabettiano e i diversi irripetibili caratteri del suo insegnamento, come per esempio quello *mistico-sponsale* o quello *esistenziale-dinamico*.

Il messaggio cristologico di Elisabetta è molto attuale, non soltanto dal punto di vista teologico (ciò che si vede chiaramente alla luce del

---

[15] Cioè il suo Principio, il suo Modello e la sua Bellezza.
[16] E lì si rivela come Adoratore, Riparatore e Salvatore.
[17] Tramite le virtù della fede, della speranza, dell'amore, dell'umiltà, della castità, ecc.
[18] Nella dimensione della vocazione ad essere figli di Dio; nella realtà dell'azione dello Spirito Santo, nella realtà dell'Eucaristia e della missione nella Chiesa.
[19] Nel nostro lavoro le citazioni bibliche in italiano (e anche le sigle bibliche) sono attinte dalla *Bibbia di Gerusalemme* (Bologna 1999^{16}).

Concilio Vaticano II), ma anche dal punto di vista pastorale. Sembra essere utile, quindi, effettuare una re-interpretazione della sua dottrina, esprimendo il suo contenuto nel moderno linguaggio personalistico.

Il nostro lavoro si serve dei diversi metodi conosciuti nella teologia spirituale e nella teologia in generale. Per descrivere l'ambiente dell'esperienza di Elisabetta, abbiamo fatto uso anche del metodo storico, cioè della descrizione storiografica (per es. nel presentare la situazione della Francia e della Chiesa francese dell'Ottocento, oppure la vita di Elisabetta), della descrizione psicologica (nella presentazione del temperamento e del carattere di Elisabetta) e del metodo storico-critico, cioè del metodo critico-letterario (nella presentazione dei suoi scritti).

La ricerca prosegue servendosi, fra l'altro, dell'analisi dei testi elisabettiani, per trarne gli elementi tipici della spiritualità dell'epoca, della Bibbia, delle diverse esperienze dei Santi e della formazione dogmatica che ella ricevette; vengono presentati inoltre punti i di tangenza fra la sua esperienza e l'immagine di Cristo nella storia della Francia. Questo metodo può essere denominato metodo analitico-critico e permette di realizzare una chiarificazione dei testi elisabettiani.

Il nostro studio si basa, inoltre, sul *metodo fenomenologico*, su una certa *empatia* che miri a comprendere che cosa Elisabetta provasse nei confronti di Gesù. Tale *analisi*, condotta in ordine cronologico, viene arricchita dalla *riflessione critico-teologica*; per questo motivo si possono delineare varie tappe nell'itinerario spirituale della giovane carmelitana. L'analisi si serve allora della *descrizione fenomenologico-teologica*, che in certo qual modo sistematizzerà, dal punto di vista cristologico, l'esperienza trasmessa dalla carmelitana attraverso i suoi scritti. Questo metodo offre un *modo di comprensione* dell'esperienza mistica di Elisabetta.

La descrizione della dottrina cristologica della giovane, mira a presentare sistematicamente il suo pensiero (pertanto, in questa parte del lavoro, il fattore cronologico non sarà per noi di rilievo). La ricerca propone un commentario teologico delle considerazioni di Elisabetta. Questo metodo si può denominare come *metodo sintetico*.

Nel nostro studio viene inoltre proposta *una descrizione psicologico-teologica* della personalità di Elisabetta. Tele metodo può essere considerato come *una descrizione valutativa di carattere psicologico-pastorale*.

La nostra ricerca si dedica anche alla valutazione della cristologia esistenziale di Elisabetta e cerca di verificare l'*ipotesi* posta all'inizio, secondo cui l'esperienza e la dottrina di Elisabetta costituiscono una vera e propria, irripetibile, originale cristologia esistenziale. Servendosi del metodo *analitico-critico*, lo studio esamina tale cristologia dal punto di vista teologico e mistico; per valutare il linguaggio utilizza *il metodo ermeneutico-personalistico* e alla fine, come conclusione, offrirà una proposta dell'*interpretazione* personalistica della cristologia di Elisabetta.

Possiamo affermare che il metodo (in generale) del nostro lavoro contiene cinque punti riguardanti il soggetto della ricerca, cioè l'esperienza e la dottrina di Elisabetta: *la descrizione storica, la descrizione teologica, la chiarificazione, la comprensione* e infine *la verifica dell'ipotesi* (che, come detto, consiste nell'affermare che l'esperienza e la dottrina di Elisabetta contengono una cristologia esistenziale come «sistema» originale creato da lei).

Riassumendo la descrizione dei singoli distinti metodi utilizzati nel nostro lavoro, si può affermare che essi si uniscono, componendo un solo metodo primario, che potrebbe essere denominato *metodo personalistico*. Esso, servendosi dei diversi metodi umanistici[20] e formali[21], cerca di costruire un piano che trascenda il mondo materiale e spirituale, oggettivo e soggettivo, formale ed essenziale (senza mescolarli, identificarli o negarli), sottolineando la loro relazione con l'«io» personale dell'uomo, e la relazione dell'«io» umano con l'«Io» divino. L'attributo fondamentale di questo metodo è la *regola della transitività e del reciproco arricchimento* tra tutte queste realtà[22].

Spero che, grazie a questo metodo, la descrizione dell'esperienza e della dottrina di Elisabetta — due realtà che sono complementari e che si penetrano reciprocamente[23] —, possa presentare nel miglior modo possibile non solamente la *cristologia esistenziale* della giovane, ma anche la sua vita come testimonianza che, nel Salvatore, ogni uomo viene chiamato a unirsi nell'amore con il mondo personale: con le Tre Persone Increate e con tutte le persone redente.

Desidero esprimere un sincero ringraziamento al Padre Professore Bruno Secondin O. Carm., il quale con grande saggezza, competenza e comprensione ha voluto dirigere la mia tesi. Ringrazio tutti i Professori

---

[20] Come per es. la descrizione, l'analisi storico-critico.
[21] Come per es. l'ermeneutica.
[22] Vedi: Bartnik, 41.
[23] Sicché non si può indicare fra esse una realtà cronologicamente primaria (cfr. J.W. GOGOLA, «Trójca Święta», 122).

dell'Istituto di Spiritualità presso la Facoltà di Teologia della Pontificia Università Gregoriana. Rivolgo la mia gratitudine anche al mio vescovo, Mons. Józef Życiński, Arcivescovo di Lublin (Polonia), che mi ha permesso di arricchire la mia formazione a Roma, approfondendo la conoscenza della dimensione ecclesiale, spirituale e culturale. Ringrazio anche tutti i benefattori che hanno contribuito a farmi ottenere la Borsa di studio. Un ultimo e sentito ringraziamento rivolgo a tutti coloro, con i quali sono legato nella mia vita sacerdotale, e verso i quali mi sento debitore del bene che ho ricevuto, soprattutto i miei genitori e molti amici, sia in Polonia che in Italia.

CAPITOLO I

L'ambiente dell'esperienza cristologica di Elisabetta della Trinità

Circa un anno e mezzo prima della sua morte, Elisabetta della Trinità scrisse: «[...] nous devons tout recevoir comme venant *directement* de cette main divine de notre Père qui nous aime et qui à travers toutes les épreuves poursuit son but, "nous unir plus intimement à Lui"» (L 224). Questa affermazione non era solo un ideale, ma era la sua stessa vita, era il modo di relazionarsi con il mondo, con la politica, con l'arte, con la natura e con tutta la realtà. Queste parole di Elisabetta della Trinità sono la testimonianza del suo immergersi totalmente in Dio, nella Santissima Trinità.

La carmelitana acquisì questa saggezza grazie alla relazione sponsale con Gesù Cristo: era proprio Lui, il Salvatore, a condurla all'*amore verso il Padre e verso le anime*[1]. L'incontro con il Salvatore divenne per lei, dunque, il punto centrale della vita e la condusse verso un'insolita maturità spirituale.

Questo Primo Capitolo tenterà di descrivere l'esperienza di Elisabetta alla luce di Gesù, cioè l'*ambiente* del suo incontro con Dio (contesto politico-sociale, ecclesiale, familiare, ecc.; vita, personalità e gli scritti). Lo studio della personalità della giovane sarà incentrato particolarmente sulla conoscenza del suo temperamento, e del modo in cui lavorava sul proprio carattere, diventando — grazie all'azione divina — una persona sempre più matura in Cristo.

---

[1] Cfr. «[...], en moi j'ai prière / De Jésus-Christ, le divin adorant. / Elle m'emporte aux âmes et au Père, / Puisque c'est là son double mouvement» (P 88).

1. Il contesto

Il periodo storico in cui visse Elisabetta Catez (1880-1906) si svolse in un contesto di continue inquietudini politiche: ella nacque in Francia dieci anni dopo la caduta del Secondo impero napoleonico[2], nell'epoca della creazione della Terza Repubblica francese[3] e della ricostruzione dell'impero coloniale[4]. La forza dei partiti monarchici era sopraffatta, ma i vincitori — repubblicani, opportunisti, radicali — formarono tra loro coalizioni che si contrastavano. La piccola borghesia radicale e anche i contadini appoggiavano la Repubblica[5]; l'alta borghesia con l'aristocrazia, al contrario, essendo contro il regime popolare, cercavano un sostegno nelle strutture della Chiesa cattolica.

1.1 *Lo Stato e la Chiesa cattolica nella Terza Repubblica prima della nascita di Elisabetta*

Il primo governo della Repubblica era provvisorio; esso fu creato il 4 settembre 1870 all'*Hôtel de Ville* di Parigi[6] e non era un governo veramente rappresentativo. La Francia era un paese per gran parte occupato

---

[2] La pace firmata con la Germania dopo la disfatta presso Sedan (il 3 settembre 1870 Napoleone III Bonaparte, imperatore dei Francesi, cadde prigioniero), che diede l'Alsazia e la Lorena in mano ai Tedeschi, provocò a Parigi la rivoluzione (18 marzo). Essa si proclamò la *Comune* e iniziò la ristrutturazione del regime (cfr. A.J. TAYLOR, «Le relazioni internazionali», 681; cfr. M. REBÈRIOUX, «La Terza repubblica in Francia», 612; cfr. J. NÉRÉ, «La repubblica francese», 373; cfr. K. BIHLMEYER - H. TUECHLE, *Storia della Chiesa*, IV, 257).

[3] Nata il 4 settembre 1870, con un governo provvisorio, la Terza repubblica si protrasse fino al 10 luglio 1940, il giorno delle dimissioni collettive dei parlamentari davanti a Philippe Pétain (M. REBÈRIOUX, «La Terza repubblica in Francia», 611).

[4] Dopo la guerra franco-prussiana e la *Comune*, con la fondazione della Terza repubblica, iniziò il periodo della spinta verso la fondazione dell'impero coloniale. Nel 1870 i Francesi si spostarono verso la regione del Congo e il fiume Niger, e inoltre nel Sud-Est asiatico – Cambogia, Annam. Dal 1880 — durante la vita di Elisabetta — si avvertì un'accelerazione dell'espansione. La Francia conquistò la Tunisia nel 1881, il Tonchino nel 1885, il protettorato definitivo sul Madagascar nel 1896 (J. LAFFEY, «L'impero coloniale francese», 623).

[5] I contadini temevano la restaurazione di un regime aristocratico e clericale: non nutrivano fiducia nella Chiesa cattolica, poiché avevano paura del suo monarchismo, e non volevano più essere sottoposti al peso di oneri fiscali, quali le decime e i censi feudali (J. NÉRÉ, «La repubblica francese», 372). Vedi anche: J. MISIUREK, «Uwarunkowania życia», 13-31.

[6] M. REBÈRIOUX, «La Terza repubblica in Francia», 612.

dai tedeschi (era in corso la guerra franco-prussiana 1870-1871)[7], e c'era bisogno di indire in fretta le elezioni; esse ebbero luogo l'8 febbraio 1871. L'assemblea costituita era a maggioranza realista[8]; si formò così il governo di Marie-Joseph-Louis-Adolph Thiers, statista e storico francese.

Dopo una serie di scontri, il 18 marzo 1871 scoppiò una rivolta popolare e il governo di Thiers si ritirò a Versailles, abbandonando Parigi. Per due mesi, la capitale fu governata dalla *Comune*[9], che iniziò la ristrutturazione del regime e dichiarò la separazione della Chiesa dallo Stato e la statalizzazione dei beni ecclesiastici. A capo dei repubblicani si trovava Léon Gambetta.

Nel maggio 1871, la lotta condotta dai militari contro i rivoluzionari causò la «settimana di sangue». Essa fu particolarmente cruenta: i «comunardi» uccisero gli ostaggi, fra i quali l'arcivescovo Darboy con altre 62 persone tra sacerdoti e laici[10]; l'esercito invece trucidò molti prigionieri (al cimitero del Père-Lachaise avvenne un massacro). Finalmente la *Comune* fu soffocata, ma fra gli operai, l'alta borghesia e la Chiesa cattolica, rimase un solco profondo: i lavoratori non potevano perdonare alla borghesia le esecuzioni e le deportazioni di massa[11], e inoltre ritenevano che l'esercito fosse un nemico e un focolaio di monarchismo, e gli uomini della Chiesa, suoi alleati.

Dopo la rivoluzione a Parigi (18 marzo – 27 maggio 1871), durante le elezioni complementari nel mese di luglio, la maggioranza dei francesi ancora una volta non votò per la sinistra di Gambetta, ma per la destra e per Thiers[12]. Per questo motivo, l'autorità si astenne ancora dall'azione contro la Chiesa[13].

Nel maggio 1873, Thiers fu allontanato dal potere per opera dell'assemblea monarchica, ma la politica di non intraprendere un'azione ostile nei confronti della Chiesa fu proseguita anche dal successivo

---

[7] A questa guerra prese parte Joseph Catez (più tardi padre di Elisabetta) che, dopo essere stato catturato, trascorse otto mesi in prigionia, e il primo fidanzato di Marie Rolland (più tardi madre di Elisabetta), che venne ucciso sul campo di battaglia. (R. MORETTI, *Introduzione a Elisabetta della Trinità*, 10).

[8] J. NÉRÉ, «La repubblica francese», 373.

[9] J. NÉRÉ, «La repubblica francese», 373.

[10] K. BIHLMEYER – H. TUECHLE, *Storia della Chiesa*, IV, 257; cfr. pure J. GADILLE, «L'anticléricalisme», 468.

[11] Cfr. J. NÉRÉ, «La repubblica francese», 373.

[12] Cholvy-Hilaire, 46.

[13] Cfr. K. BIHLMEYER – H. TUECHLE, *Storia della Chiesa*, IV, 257.

governo, durante la presidenza del maresciallo realista Marie-Edme-Patrice-Maurice de Mac-Mahon[14]. Nel 1876-1877, dopo le elezioni, i repubblicani raggiunsero la maggioranza alla Camera dei Deputati, e nel 1879 la conquistarono anche in Senato; perciò Mac-Mahon si dimise. Alla presidenza fu eletto un repubblicano, Jules Grévy, e con lui da quel momento tutti i repubblicani furono padroni dello Stato[15]; questo provocò un profondo cambiamento nelle relazioni fra lo Stato e la Chiesa.

I repubblicani volevano introdurre modifiche nell'esercito, che ritenevano non essere abbastanza «repubblicano», ma troppo «monarchico»; così gran parte della borghesia si impossessò di ruoli rilevanti e autorevoli, nella magistratura e nell'esercito — come fece lo stesso padre di Elisabetta[16]. I repubblicani aspiravano, inoltre, a costruire un nuovo mondo in cui la fede fosse sostituita dalla scienza[17]. Nel 1877, Léon Gambetta, uno dei primi politici francesi a tracciare una politica social-imperialistica, esclamò alla Camera la frase seguente: «Le cléricalisme, voilà l'ennemi!»[18].

1.2 Disprezzo per il Cristo e la Sua Chiesa. Anticlericalismo ideologico

Alcuni repubblicani affermavano che combattere il clericalismo non significava attaccare la religione, ma solo difendere la libertà di coscienza[19]. In realtà non era così; perfino le stesse canzoni rivoluzionarie rivelavano le vere intenzioni dell'anticlericalismo e i suoi veri ideali, totalmente difformi da quelli che alcuni repubblicani affermavano[20].

Per laicizzare il mondo di quel tempo, i repubblicani si schierarono contro gli ecclesiastici[21]. Furono composti non solo inni contro i *cleri-*

---

[14] J. Néré, «La repubblica francese», 374.

[15] J. Néré, «La repubblica francese», 375-376.

[16] R. Aubert – al., *La Chiesa negli stati moderni*, 115; cfr. Giovanna della Croce, *Elisabetta della Trinità. Una vita*, 15.

[17] J. Néré, «La repubblica francese», 376.

[18] Cholvy-Hilaire, 46; K. Bihlmeyer – H. Tuechle, *Storia della Chiesa*, IV, 258. Cfr. J. Gadille, «L'anticléricalisme», 468-469.

[19] Così per esempio pensava il vecchio spiritualista Emile Combes (Cholvy-Hilaire, 21).

[20] Montéus espresse per iscritto qual era il vero scopo dell'anticlericalismo: rendere la Francia pagana. Egli scrisse: «*La Marche Anticléricale* / C'est la chute finale / De tous les calotins / L'anticléricale / Voilà notre refrain... / L'anticléricale / Fera le mond' païen (bis)» (Cholvy-Hilaire, 27).

[21] Léo Taxil (lo pseudonimo di un giovane marsigliese Gabriel Jogand-Pagès, nato

CAP. I: L'AMBIENTE DELL'ESPERIENZA 21

cali, ma anche contro il culto, contro i Santi[22]. Gli anticlericali cercarono di invadere l'ambito delle realtà, nelle quali fino a quel momento la Chiesa aveva svolto la sua opera: le feste, il catechismo, i comandamenti; essi usavano gli stessi metodi utilizzati dalla Chiesa in ambito pastorale, per subentrare all'insegnamento degli ecclesiastici[23].

Il pensiero anticlericale era reso pubblico dalla stampa, la quale occupava uno dei primi posti fra gli strumenti di potere usati dai repubblicani; *Le Siècle, La Presse, Débats, Opinion nationale, La Lanterne* (quotidiano, 1877), *Assiette au beurre* (1901), *La Calotte* (1906)[24] erano tra i quotidiani e le riviste più importanti di quel tempo. Nel 1881 il *Midi Républicain* stampò un articolo diffamatorio «Les amours secrètes de Pie IX», e molti autori di romanzi (per es. J. Renard, L. Cladel, O. Mirbeau, E. Zola, G. Flaubert, E. About) presentavano l'immagine di preti senza prestigio, oppure, addirittura inebetiti[25].

L'anticlericalismo si manifestava in vari modi, tramite atti singoli o cerimonie civili e, purtroppo, nelle azioni municipali e statali organizzate dalle autorità[26]. Dal 1870 la stampa e le autorità comunali erano rappresentate da alcuni membri della massoneria. Questi, essendo

---

in una famiglia borghese e cattolica) scrisse l'inno: «LA MARSEILLAISE ANTI-CLERICALE / (Chant des électeurs) / Allons! fils de la République, / Le jour du vote est arrivé! / Contre nous de la noire clique / L'oriflamme ignoble est levé (bis). / Entendez-vouz tous ces infâmes / Croasser leurs stupides chants? / Ils voudraient encore, les brigands, / Salir nos enfants et nos femmes! / REFRAIN / Aux urnes, citoyens, contre les cléricaux! / Votons (bis) et que nos voix dispersent les corbeaux!» (Cholvy-Hilaire, 27).

[22] «*Carmagnole anarchiste* / Que désire un républicain (bis) / Vivre et mourir sans calotin (bis) / La Vierge à l'écurie / Le Christ à la voirie / Et le Saint Père au diable» (Cholvy-Hilaire, 27).

[23] Per esempio, fu divulgato il seguente catechismo: «La Science est l'ensemble des connaissances humaines certaines / Un catéchisme anticlérical / CHAPITRE PRELIMINAIRE / D. Êtes-vous chrétien? / R. *Non; je suis libre penseur.* / D. Qu'est-ce qu'un libre penseur? / R. *Le libre penseur est celui qui ne croit pas et n'admet que l'autorité de la Science.* / D. Qu'est-ce que la Science? / R. *La Science est l'ensemble des connaissances humaines certaines.* / D. Qu'appelez-vous connaissances certaines? / R. *Celles qui ont été et peuvent toujours être contrôlées par le calcul.* / D. Comment acquiert-on des connaissances certaines? / R. *On acquiert des connaissances certaines en s'instruisant, c'est-à-dire en fréquentant l'école neutre et en puisant de toute son intelligence dans les livres de physique, de chimie et d'histoire naturelle*» (Cholvy-Hilaire, 31.33).

[24] Cholvy-Hilaire, 25-26.
[25] Cholvy-Hilaire, 26.
[26] Cfr. Cholvy-Hilaire, 27.

promotori del liberalismo, dopo il risveglio massonico al vertice dell'opposizione repubblicana, accelerarono la rottura delle relazioni fra lo Stato e la Chiesa[27].

1.3 Cristo escluso dalla vita pubblica. Anticlericalismo militante durante la vita di Elisabetta

Dando inizio alla lotta contro gli ecclesiastici, i repubblicani accusarono la maggioranza delle congregazioni religiose di non avere il riconoscimento dello Stato[28]. Il 15 marzo 1879 Jules-François-Camille Ferry, il ministro della Pubblica Istruzione e presidente del Consiglio, propose una legge che non permettesse la gestione dell'insegnamento alle congregazioni religiose non riconosciute dallo Stato. Nell'anno seguente, questa legge entrò in vigore, ed il governo cominciò a fare guerra per rendere la pubblica istruzione un monopolio di Stato[29]. Il tentativo di vietare l'insegnamento ai membri delle congregazioni e degli ordini religiosi causò fra l'altro l'espulsione dei gesuiti[30]. La nuova legge provocò ovviamente il calo repentino del numero degli allievi istruiti dai religiosi. Per esempio nell'anno scolastico 1878-1879 c'erano 1.218.000 scolari, nel 1912-13, invece, erano soltanto 2.000[31]. Nel 1879 le facoltà cattoliche furono private del diritto di conferire gradi accademici[32].

Gli anni in cui visse Elisabetta Catez (18 luglio 1880 – 9 novembre 1906) coincidevano proprio con il periodo della lotta contro la Chiesa cattolica. A partire dall'anno della nascita della Beata, alcune disposi-

---

[27] Nel 1906 le 400 logge massoniche del *Grand Orient de France* comprendevano 27 000 membri (Cholvy-Hilaire, 23).

[28] Cfr. J. NÉRÉ, «La repubblica francese», 376.

[29] Cholvy-Hilaire, 59. Cfr. R. AUBERT – *al.*, *La Chiesa negli stati moderni*, 116. L'istruzione elementare era molto spesso guidata dal clero regolare. I ragazzi potevano continuare i loro studi (istruzione secondaria) nei *lycées* di Stato, eretti da Napoleone I Bonaparte, oppure nei collegi retti dai gesuiti. L'istruzione secondaria delle ragazze era tenuta solo nei conventi. Solo l'istruzione universitaria era totalmente dipendente dallo Stato (J. NÉRÉ, «La repubblica francese», 376). Cfr. pure: E. GUERRIERO – A. ZAMBARBIERI, *La Chiesa e la società industriale*, 342-345.

[30] J. NÉRÉ, «La repubblica francese», 376. Cfr. Cholvy-Hilaire, 59.

[31] Cholvy-Hilaire, 63. Dopo alcuni anni (26 gennaio 1903), durante la sessione della Camera, Marcel Sembat rispose alle obiezioni di alcuni politici che si schierarono contro l'estirpazione di tutte le idee religiose: «Nous croyions que c'était la doctrine du gouvernement républicain que le vérités scientifiques suffisent à elles seules à la vie intellectuelle et morale de la nation toute entière» (Cholvy-Hilaire, 22).

[32] K. BIHLMEYER – H. TUECHLE, *Storia della Chiesa*, IV, 258.

zioni del governo stabilirono[33] la soppressione dell'obbligo del riposo domenicale[34] e l'obbligo del servizio militare per i seminaristi[35] (1880); l'annullamento del carattere confessionale dei cimiteri (1881); la laicità assoluta dell'insegnamento nelle scuole elementari (1882)[36]; l'introduzione del divorzio, la soppressione delle preghiere pubbliche e, nella legge municipale, un cambiamento che permetteva per esempio al sindaco di sottoporre a regolamento il suono delle campane (1884); la laicizzazione del personale delle scuole pubbliche (1886); il rispetto per le intenzioni del defunto a proposito del suo funerale (1887)[37].

Nonostante tutto, l'influenza della Chiesa nella vita pubblica era ancora notevole[38], e questo per merito degli ordini religiosi. Si iniziò, dunque, la lotta contro le congregazioni religiose, specialmente quelle che si dedicavano all'insegnamento[39]. Dal 1901 al 1904 il regime intraprese una decisa azione di repressione: i religiosi vennero dispersi, le scuole cattoliche furono chiuse e i beni ecclesiastici confiscati[40]. Nel 1902 furono soppresse 3 000 scuole che non avevano l'approvazione dello Stato (benché tenute da congregazioni autorizzate)[41]; nell'anno

---

[33] Contro l'introduzione di tutte queste leggi protestò Leone XIII nelle encicliche del 1884, 1890 e 1892 (A. ENCREVÉ – *al.*, «La France», 508; K. BIHLMEYER – H. TUECHLE, *Storia della Chiesa*, IV, 258).

[34] Cholvy-Hilaire, 22.

[35] Cholvy-Hilaire, 83. Cfr. R. AUBERT – *al.*, *La Chiesa negli stati moderni*, 121.

[36] A. ENCREVE – *al.*, «La France», 508. Cholvy-Hilaire, 22. Cfr. R. AUBERT – *al.*, *La Chiesa negli stati moderni*, 116.

[37] Per le altre leggi vedi per es. in K. BIHLMEYER – H. TUECHLE, *Storia della Chiesa*, IV, 258. Cfr. J. GADILLE, «L'anticléricalisme», 479-480.

[38] In questo periodo ebbe luogo una sospensione nell'introdurre leggi anticlericali (Cholvy-Hilaire, 22). La Chiesa cercava di dialogare con il nuovo sistema. Il 16 febbraio 1892 in un'enciclica, redatta in francese, il papa Leone XIII invitò tutti in modo diretto ad accettare la repubblica. Due giorni dopo, intervistato dal giornalista di *Le Petit Journal*, affermò: «La république est une forme de gouvernement aussi légitime qu'un autre» (A. ENCREVÉ – *al.*, «La France», 523). Nel pensiero di Leone XIII e dei cattolici francesi apparve il concetto di «ralliement», che sottolineava il loro consenso a «battezzare» la Repubblica, accettandola però come una base per il progetto di ricristianizzazione della legislazione e delle istituzioni sociali (R. AUBERT – *al.*, *La Chiesa negli stati moderni*, 121).

[39] K. BIHLMEYER – H. TUECHLE, *Storia della Chiesa*, IV, 258.

[40] Cholvy-Hilaire, 22; cfr. pure: E. GUERRIERO – A. ZAMBARBIERI, *La Chiesa e la società industriale*, 351-353.

[41] Questo provocò una resistenza del popolo, specialmente in Bretagna. A Lannoué erano presenti 2 000 manifestanti (Cholvy-Hilaire, 103; cfr. A. ENCREVÉ – *al.*, «La France», 527).

successivo il governo represse tutte le congregazioni religiose (tranne cinque che si occupavano delle missioni: Padri Bianchi, Missionari Africani di Lione, Monaci Cistercensi, Trappisti, Fratelli di San Giovanni di Dio) e confiscò i loro beni[42]. Infine, il 7 luglio del 1904 fu approvata la legge che non permetteva l'insegnamento affidato al patrocinio dei religiosi[43]. Inoltre, non furono fatti uscire dalla Francia il vescovo di Digione, Mgr Geay, e di Laval (Mgr Le Nordez), i quali, essendo filorepubblicani, furono chiamati a Roma dal papa Pio X, e questa fu la causa per la quale il 29 luglio 1904 fu infranto il Concordato tra lo Stato e la Santa Sede[44]. Nel 1905 l'autorità introdusse la municipalizzazione delle pompe funebri; nello stesso anno venne introdotta la legge che ufficializzava la separazione della Chiesa cattolica dallo Stato[45]. Nel 1906 fu dato l'ordine di preparare gli inventari delle chiese[46].

La Chiesa venne privata del suo diritto di organismo pubblico e fu ridotta al rango di società privata, con una forma fissata e controllata dallo Stato[47]. Pio X, l'11 febbraio 1906, nell'enciclica *Vehementer nos*, condannò la *separazione* tra la Chesa cattolica e lo Stato, e la legge che trattava «l'administration et la tutelle du culte public», i quali venivano affidati «non pas au corps hiérarchique divinement institué par le Sauver, mais à une association de personnes laïques»[48]. Il pontefice cercò di difendere la Chiesa dalla laicizzazione condotta dal governo, che cercava di favorire solo la fede individuale[49].

---

[42] Cholvy-Hilaire, 104. Sebbene il Carmelo di Digione non avesse un'autorizzazione, rimase al suo posto. Il 16 aprile 1903 fu chiusa la Cappella per i visitatori (cfr. *Œuvres*, 456).
[43] Cholvy-Hilaire, 104; A. ENCREVE – *al.*, «La France», 527.
[44] Cholvy-Hilaire, 108. Invece la pubblicazione: A. ENCREVÉ – *al.*, «La France» indica il 30 luglio 1904 come la data precisa della rottura dei rapporti ufficiali fra lo Stato francese e la Santa Sede (pagina n. 528). Cfr. *Œuvres*, 457.
[45] Essa entrò in vigore il 9 dicembre («*Article premier.* – La République assure la liberté de conscience. Elle garantit le libre exercice des cultes sous seules restrictions édictées ci-après dans l'intérêt de l'ordre public», A. ENCREVE – *al.*, «La France», 529). Cfr. Cholvy-Hilaire, 22; E. GUERRIERO – A. ZAMBARBIERI, *La Chiesa e la società industriale*, 354-357.
[46] Cholvy-Hilaire, 22.111-114.
[47] K. BIHLMEYER – H. TUECHLE, *Storia della Chiesa*, IV, 260.
[48] A. ENCREVE – *al.*, «La France», 529; cfr. *Œuvres*, 567.
[49] È proprio per questo motivo che alcuni protestanti erano soddisfatti. Il pastore Louis Lafon affermò per iscritto: «Laïciser c'est briser tous les monopoles, c'est

1.4 Anti-religione. Il culto della Repubblica

Nel periodo di attesa dell'istaurazione del regime popolare, si formò una specie di culto: le folle cominciarono a raffigurare la Repubblica come una donna (spesso era chiamata Marianna) di cui cantavano la gloria. Una delle canzoni tipiche della Francia centrale, cantate durante le nozze e le feste, aveva le parole seguenti: «La repubblica è una donna, voglio amarla...»[50]. Il simbolo della repubblica (una donna – dea) si poteva vedere raffigurato dappertutto, su quadri e affreschi, su monete, emblemi e francobolli; venivano riprodotte le piccole statue di «Marianna» che poi erano vendute, e venivano costruiti monumenti pubblici[51].

Questa corrente anti-religiosa, sviluppatasi nell'Ottocento, divenne irreligione e progredì in estensione e profondità. Non si trattava solo di anticlericalismo, di certi impeti di anarchia, ma di una lotta contro la fede che si spostava sul terreno metafisico; fu negata o dichiarata inconoscibile l'esistenza stessa di una realtà superiore, dell'essere di Dio[52].

La Chiesa del secolo XIX fu attaccata dall'esterno e dall'interno, tradita da alcuni dei suoi figli, messa di fronte a diverse difficoltà, ma sopravvisse; tutte le leggi anticlericali introdotte dal governo della Terza Repubblica non condussero la Chiesa *alla morte*, come invece si aspettavano coloro che la combattevano, ma essa divenne una Chiesa ricettacolo di santità[53].

---

proclamer la liberté absolue de toutes les consciences [*La Vie Nouvelle*, 1903]» (Cholvy-Hilaire, 7).

[50] M. REBÈRIOUX, «La Terza repubblica in Francia», 613.

[51] Questo culto comprendeva in se stesso, contemporaneamente, due diverse forme della stessa donna che personificava la repubblica (due dee). La prima era buona, clemente, corpulenta, amata dal popolo, e portando il benessere, la pacifica prosperità (i cui simboli sono le spighe di grano e i serti di foglie), rappresentava tutto intero il paese. La seconda — turbolenta, combattiva, con il berretto frigio e le vesti rosse, schiacciava sotto i piedi le catene e i gigli, simboli della monarchia — era scelta dai repubblicani avanzati e dal movimento popolare e democratico (M. REBÈRIOUX, «La Terza repubblica in Francia», 613). Ambedue le figure, che rappresentavano due tendenze, si unirono contro il loro unico avversario, la monarchia, e in seguito anche contro la Chiesa cattolica con il suo culto (qui, varrebbe la pena di aggiungere che dopo la Rivoluzione francese, a Notre-Dame, la statua della dea Ragione aveva sostituito quella della Madonna: Poli-Crespi, 48).

[52] D. ROPS, *Storia della Chiesa*, 479-480.

[53] Cfr. D. ROPS, *Storia della Chiesa*, 698. Bisogna ricordare alcune persone sante che vivevano in quell'epoca, prima di Elisabetta, come per esempio il Curato d'Ars

Per «trovare forza e sostegno per difendersi, perseverare, affrontare critiche, accuse, offese e disprezzi»[54], serviva ai fedeli l'ausilio di diverse forme di pietà; le devozioni popolari aiutavano ad entrare in un rapporto personale di fede, di speranza e di amore con Cristo. Esse erano dunque non solo un *rimedio* alla situazione politico-sociale, ma un modo di vivere con Dio. La pietà dell'Ottocento rivela il grande desiderio dei fedeli di quel tempo di sperimentare la presenza di Dio nella situazione concreta della vita, e di raggiungere l'unione con Lui[55].

1.5 La vita spirituale nella Chiesa francese

L'epoca in cui visse Elisabetta non fu solo il tempo delle persecuzioni della Chiesa, ma pure il periodo delle nuove ricerche scientifiche, dello sviluppo tecnico, delle esposizioni internazionali (a Parigi nel 1889 fu costruita da Gustave Eiffel una torre di ferro, come commemorazione del centesimo anniversario della Rivoluzione francese)[56]. Erano presenti in Europa diverse correnti intellettuali, come il naturalismo, il materialismo, il determinismo psicologico (Taine), l'idealismo di Kant[57], il modernismo[58], l'«humanisme athée»[59].

1.5.1 Le correnti del pensiero

Nell'Ottocento, nel pensiero cristiano ebbe notevole influsso il movimento culturale dell'umanesimo, del romanticismo e del sentimentalismo; vennero così introdotte espressioni quali: *le «sentiment» religieux, le langage du «cœur», les «harmonies» des choses, les «symboles»*[60]. Nacque pure il rinnovamento intellettuale e spirituale[61], e

---

(Giovanni B. M. Vianney, 1786-1859, proclamato Beato nel 1904 da Pio X), Caterina Labouré, Bernardetta Soubirous (cfr. A. RAYEZ, «France», 954).

[54] Borriello-Secondin, 103.
[55] Cfr. Borriello-Secondin, 103.
[56] J. GADILLE, «Courants de théologie», 349. Cholvy-Hilaire, 7.
[57] A. RAYEZ, «France», 962. J. GADILLE, «Courants de théologie», 349.
[58] J. GADILLE, «Face aux nouvelles sciences», 441-462. Vedi la descrizione del modernismo (pure in Francia) per es. in: Poli-Crespi, 109-112; cfr. Cholvy-Hilaire, 142-150.
[59] Fra i filosofi conosciuti vi erano anche: Théodore Jouffroy ed Auguste Comte (A. RAYEZ, «France», 962).
[60] A. RAYEZ, «France», 963.
[61] Di questa corrente facevano parte fra l'altro persone come: P. Gerbet, L. Bautain, J.-R. Derré (A. RAYEZ, «France», 965-966). Nella Francia ottocentesca, si svolse una crescente lotta contro l'analfabetismo (M. BARBIERO, *Vita eucaristica*, 5).

ebbe origine la concezione filisofica del neotomismo[62]. Sono degne di menzione persone come: Maurice Blondel, Jean Guitton, J. H. Newman, Jacques e Raïssa Maritain[63] o Charles Baudelaire[64].

L'attenzione della Chiesa era attirata dai problemi sociologici, dalla questione del liberalismo[65] e, nell'ambito della teologia, dai quesiti posti dall'esegesi[66]. Furono pubblicati dei commentari biblici (Claude Savart, Maxime Caron, H. Brémond)[67]; vennero fondate le *sociétés bibliques* protestanti; fu pubblicata e diffusa in lingua francese la Bibbia[68]; si tradussero e si divulgarono in abbondanza le opere classiche della letteratura ascetica e mistica. Sotto l'influenza di Ernest Hello (letterato, 1828-1885), la Chiesa francese scoprì B. Giovanni Ruusbroec, ed elaborò una rilettura delle opere della B. Angela da Foligno e di S. Caterina da Siena[69].

L'Ottocento fu un periodo di grandi conversioni, tra le quali è importante richiamare alla memoria quella di Charles de Foucauld (eremita in Sahara, 1858-1916), Thérèse Martin (1873-1897) e Paul Claudel (1868-1955)[70]. Queste persone diedero inizio a una nuova epoca, nella storia della Chiesa, denominata *le siècle de l'Esprit Saint*[71]. Nella comunità dei credenti si sperimentava il soffio dello Spirito Santo, che operava un rinnovamento della fede in Dio, dell'adesione a Gesù Cristo.

Elisabetta della Trinità visse nel tempo in cui la questione sociale richiamava la più grande attenzione della Chiesa. La giovane fu testimone di due pontificati, quello di Leone XIII (1878-1903) e quello di Pio X (1903-1914), durante i quali vennero diffusi importanti documenti riguardanti la società. Il papa Leone XIII pubblicò l'enciclica sociale *Rerum Novarum* (il 15 maggio 1891) e il documento *Inter sollicitudines* (1892), in cui sollecitò i cattolici francesi a collaborare con la Re-

---

[62] J. GADILLE, «Courants de théologie», 362-363.
[63] J. GADILLE, «Courants de théologie», 350-352.360.
[64] J. GADILLE, «Courants de théologie», 358.
[65] Cfr. J 67.
[66] A. RAYEZ, «France», 962.
[67] J. GADILLE, «Courants de théologie», 358.
[68] A. RAYEZ, «France», 966.
[69] D. ROPS, *Storia della Chiesa*, 771-772. Cfr. J. GADILLE, «Courants de théologie», 358. Su Ernest Hello vedi: T. GOFFI, *La spiritualità dell'Ottocento*, 289-290.
[70] J. GADILLE, «Courants de théologie», 356.
[71] Questa espressione (*siècle de l'Esprit Saint*) fu formulata da Leone XIII (Cholvy-Hilaire, 142).

pubblica[72]. Pio X, invece, iniziò il suo pontificato con la pubblicazione dell'enciclica *E supremi apostolatus* (4 ottobre 1903), la quale tracciava il programma che tutta la Chiesa era chiamata a realizzare: «Instaurare omnia in Christo»[73].

Già negli ultimi decenni del secolo XIX, il laicato era sempre più consapevole delle sue responsabilità nella vita della Chiesa e dei suoi compiti sul piano della cultura, dei problemi sociali, delle attività nei diversi ambiti della vita umana e della spiritualità[74]. Due grandi difensori del programma cristiano furono: Albert De Mun (1841-1913) e Latour du Pin[75]. In questo clima di rinnovato entusiasmo crescevano i movimenti (per es. quello di A. F. Ozanam) che gradualmente fecero emergere una nuova spiritualità del laicato[76].

Per quanto riguarda la devozione popolare, ci sono tre dimensioni principali, caratterizzanti la spiritualità popolare francese dell'Epoca: quella cristocentrica, quella liturgica e quella mariana[77].

1.5.2 Cristocentrismo

Al centro della vita spirituale dell'Ottocento si trovava la persona di Gesù Cristo; tutti i desideri, le devozioni, le opere e le fondazioni, gli scritti, erano rivolti al mistero del Salvatore[78]. La comunità ecclesiale si immergeva nell'amore, nella contemplazione più profonda e interiore,

---

[72] Cfr. GIOVANNA DELLA CROCE, *Elisabetta della Trinità. Una vita*, 10; cfr. J. GADILLE, «L'anticléricalisme», 474; cfr. T. GOFFI, *La spiritualità dell'Ottocento*, 237. Dopo l'enciclica *Quanta cura* e il *Sillabo* (1864) di Pio IX, la comunità ecclesiale iniziò a comprendere la necessità di trovare in qualche modo un compromesso coi tempi nuovi (T. GOFFI, *La spiritualità dell'Ottocento*, 237). Il papa Leone XIII pubblicò cinque encicliche «politiche»: *Quod apostolici muneris*, 1878, *Diuturnum illud*, 1881, *Nobilissima Gallorum Gens*, 1884, *Immortale Dei*, 1885, *Libertas*, 1888 (J. GADILLE, «L'anticléricalisme», 474).

[73] Cfr. GIOVANNA DELLA CROCE, *Elisabetta della Trinità. Una vita*, 13; cfr. Cholvy-Hilaire, 51; J. GADILLE, «L'anticléricalisme», 482; cfr. P 89, n. 3.

[74] Borriello-Secondin, 131.

[75] Borriello-Secondin, 133.

[76] Antonio Federico Ozanam (1813-1853), storico francese, rappresentante del cristianesimo democratico e sociale francese, fondò nel 1833 la Società di San Vincenzo de Paoli (A. RAYEZ, «France», 977; Poli-Crespi, 55; gli altri movimenti vedi pure in A. RAYEZ, «France», 976-980).

[77] Cfr. A. RAYEZ, «France», 968-972. Nella Francia ottocentesca prevalevano tre devozioni: la pietà eucaristica, la devozione del Sacro Cuore e la devozione mariana (A. RAYEZ, «France», 968).

[78] A. RAYEZ, «France», 968-969.

nell'adorazione-imitazione di *Gesù crocifisso*[79]. Le devozioni che aiutavano a raccogliersi attorno al mistero della *Passione di Gesù* (la Via Crucis, il Sacro Cuore, il Preziosissimo Sangue, le Cinque Piaghe, le ore di adorazione), servivano a vivere più intensamente il mistero del dolore come partecipazione alle sofferenze di Cristo, e quindi come dono di sé, per riparare alle offese recate al Salvatore dai peccatori e per suffragare le anime del Purgatorio[80]. Nell'adorazione contemplativa riparatrice risaltava la devozione del preziosissimo Sangue (specialmente dopo il decreto di Pio IX *Redempti sumus*, 10 agosto 1849)[81].

I fedeli baciavano il Crocifisso, guardavano Gesù sofferente e credevano che l'amore divino fosse diffuso nelle sofferenze degli uomini. Per questo cercavano di costruire il proprio itinerario spirituale intorno a un modello che incarnasse l'ideale della croce: tramite la pratica ascetica, volevano uniformarsi a Gesù sofferente. In questo periodo erano conosciuti diversi «orologi della Passione di Gesù Cristo» per potersi intrattenere in ogni momento del giorno e della notte nella contemplazione della passione di Nostro Signore[82]. Uno di questi «orologi» fu composto da S. Vincenzo Pallotti (1795-1850), che mise al centro della sua vita santa ascetica la «Via Crucis» del Salvatore[83].

Alla devozione della passione di Cristo era legata strettamente la *spiritualità vittimale*[84]. Essa non si concentrava sulla verità della risurre-

---

[79] T. GOFFI, *La spiritualità dell'Ottocento*, 108. Cfr. A. RAYEZ, «France», 968-969.

[80] T. GOFFI, *La spiritualità dell'Ottocento*, 128. A. RAYEZ, «France», 970.

[81] T. GOFFI, *La spiritualità dell'Ottocento*, 129. Tale devozione si sviluppò nei nuovi istituti religiosi (non solo in Francia, ma nella Chiesa universale). Alcuni rappresentanti di questa corrente furono: S. Giuseppe Benedetto Cottolengo (1786-1842), mons. Luigi Anglesio (1803-1881), S. Gaspare del Bufalo (1786-1837), S. Vincenzo Maria Strambi (1745-1824), p. Antonio Cesari (1760-1828), S. Maddalena Gabriella marchesa di Canossa (1774-1835), M. Louise Marguerite Claret de la Touche (1868-1915), Louise-Apolline-Aline Andriveau (1810-1895), B. Maria De Mattias (1805-1866) ed altri (cfr. T. GOFFI, *La spiritualità dell'Ottocento*, 129-135; cfr. pure: Poli-Crespi, 52).

[82] Vedi: É. BERTAUD – A. RAYEZ, «Dévotions», 767; É. BERTAUD, «Horloges spirituelles», 752-754 («Les horloges de la Passion»). Cfr. anche T. GOFFI, *La spiritualità dell'Ottocento*, 128-129.

[83] T. GOFFI, *La spiritualità dell'Ottocento*, 128-129.

[84] Alcuni rappresentanti di tale corrente furono: p. Jean du Sacré Cœur de Jésus (Léon-Gustave Dehon, 1843-1925), M. Marie-Victime de Jésus crucifié (1793-1865), P. Jean du Sacré-Cœur (1813-1882), S. Michel Garicoïts (1797-1863), Sylvian-Marie Giraud (1830-1885), Marie-Véronique du Cœur de Jésus (1825-1883), Marie-Thérèse de Soubiran (1834-1889), Santa Émilie de Rodat (1787-1852), Louis-Marie Baudouin

zione di Gesù, ma sottolineando l'aspetto sacrificale dell'amore di Gesù Cristo, aveva soprattutto una funzione penitenziale[85]. Questa spiritualità, sorretta dalla teologia di Pierre Bérulle (1575-1629), si divise in due correnti: francese e inglese. Quella francese si identificava in modo particolare nella pratica di riparazione ai delitti della Rivoluzione e per domandare a Dio la grazia della restaurazione dell'*Ancien Régime*[86].

La Chiesa ottocentesca, radicata nel mistero della Passione di Cristo, riscoprì con nuova consapevolezza il rapporto fra il Calvario e Betlemme[87], per questo si sviluppò la devozione all'infanzia di Gesù. Nonostante che essa si sviluppasse soppratutto fuori della Francia, in Messico, nelle Filippine e nell'Europa centrale (Salisburgo, Roma, Praga), certi tratti di tale spiritualità si trovavano pure nella Chiesa francese, ereditati dalle grandi correnti spirituali francesi riguardanti la «Infanzia spirituale» (Card. de Bérulle, Fénelon, Madame Guyon)[88].

Un'altra corrente sviluppatasi in quest'epoca era la pietà verso *il Sacro Cuore di Gesù*. Già praticata nel secolo precedente nei monasteri, questa forma di pietà nell'Ottocento assunse un volto nuovo e divenne un fondamento della spiritualità popolare[89] (specialmente dopo l'estensione della festa liturgica a tutta la Chiesa universale da parte di Pio IX nel 1856 e la beatificazione di Margherita Maria Alacoque nel 1864)[90]. La particolare attenzione a questa devozione veniva messa in luce nei riti delle varie pratiche di culto: l'adorazione riparatrice, l'ora santa, il primo venerdì del mese, le immagini e gli scapolari, la consacrazione di individui, famiglie e nazioni, i pellegrinaggi ai celebri santuari, l'apostolato della preghiera, la riparazione, l'intronizzazione

---

(1765-1835) ed altri (T. GOFFI, *La spiritualità dell'Ottocento*, 137-143; cfr. pure A. RAYEZ, «France», 970).

[85] Cfr. T. GOFFI, La spiritualità dell'Ottocento, 135.

[86] T. GOFFI, *La spiritualità dell'Ottocento*, 136.

[87] Borriello-Secondin, 109.

[88] La persona che divulgò la devozione al Bambino Gesù fu P. Faber con il suo libro *Bethléem*. Vale la pena sottolineare che al titolo «Bambino Gesù» erano legate una ventina di Congregazioni e parecchie Confraternite (cfr. D. ROPS, *Storia della Chiesa*, 776). Anche il nome, scelto da Santa Teresa di Lisieux, mostra proprio tale devozione.

[89] T. GOFFI, *La spiritualità dell'Ottocento*, 146. Cfr. Poli-Crespi, 47; J. GADILLE, «Courants de théologie», 361; A. RAYEZ, «France», 969.

[90] Borriello-Secondin, 103.

dell'immagine[91]... Questa devozione si sviluppò grazie alle missioni parrocchiali[92], lo scopo di essa era l'imitazione del Cuore di Cristo: amare come Lui ha amato[93].

Nel 1870 si consacrò tutta la Francia al Sacro Cuore di Gesù. Dopo la soppressione della *Comune* a Parigi (1871), sulla collina di *Montmartre* fu costruita la Basilica *Sacré-Cœur* (1873), come «*ex-voto* de pierre»[94]. In quest'epoca fiorirono associazioni e confraternite con lo scopo specifico di diffondere la pietà al Sacro Cuore[95]. Il tema del Cuore di Gesù cominciò ad essere popolare anche fra i teologi[96], tanto che l'Ottocento venne chiamato il *secolo del Sacro Cuore*[97]. Nel 1899, con la pubblicazione dell'enciclica *Annum sacrum*, il papa Leone XIII propose di consacrare al Sacro Cuore tutto il mondo[98].

La persona che sviluppò in particolar modo la dottrina riguardante il Sacro Cuore fu il p. Léon-Gustave Dehon (1843-1925), fondatore degli *Oblati del Cuore di Gesù*. Egli, scrivendo numerose opere, mise in rilievo l'importanza dell'unione con il Cuore di Gesù, che, secondo lui, doveva essere basata non sul sentimento, ma sulla volontà, sulla carità, sull'amore puro e dimentico di sé. Nell'opera *La vie intérieure*, p. Dehon sottolineò il valore ecclesiale delle anime consacrate al Cuore di Gesù[99]. Al centro di questa spiritualità, si trovava l'aspetto della

---

[91] Cfr. T. GOFFI, *La spiritualità dell'Ottocento*, 146; Poli-Crespi, 48.

[92] In Francia soprattutto grazie ai gesuiti. Uno di essi, François-Xavier Gautrelet (1807-1867) propose nel 1844 a Vals (Puy) l'Apostolato della preghiera, con lo scopo di sostenere l'opera dei missionari e instaurare il regno del Sacro Cuore mediante la preghiera secondo un'intenzione mensile indicata dal papa. Questo apostolato fu perfezionato da un'iniziativa di p. Henri Ramière (1821-1884), che fondò anche la rivista *Messager du S. Cœur*. Nel 1885 venivano pubblicate diciannove riviste (messaggeri) in diversi paesi (Borriello-Secondin, 103-104; Poli-Crespi, 48).

[93] A. RAYEZ, «France», 969.

[94] J. GADILLE, «Courants de théologie», 361. Cfr. Borriello-Secondin, 104. Questa basilica di Montmartre, fu costruita secondo l'esempio di quella a Vals edificata da p. Henri Ramière come prima basilica del Sacro Cuore, con incalcolabili fatiche (1870-1873). Borriello-Secondin, 104.

[95] Poli-Crespi, 48.

[96] T. GOFFI, *La spiritualità dell'Ottocento*, 146.

[97] L'espressione di mons. d'Ulst (Hulst): T. GOFFI, *La spiritualità dell'Ottocento*, 146.

[98] Borriello-Secondin, 104-105.

[99] Borriello-Secondin, 106. A questa corrente di spiritualità del Sacro Cuore appartengono (oltre i suddetti: François-Xavier Gautrelet, 1807-1867; Henri Ramière, 1821-1884; e Léon-Gustave Dehon, 1843-1925), Jules Chevalier (1824-1907), Santa

riparazione. P. Dehon distinse tre specie di riparazioni: quella sostitutiva, quella penitente e quella eucaristica. Per lui, solo il Cuore di Gesù era il vero riparatore, e questa riparazione si svolgeva specialmente durante l'Eucaristia[100].

Proprio l'*Eucaristia* era uno dei temi più frequenti della predicazione[101]. Il culto legato all'aspetto della riparazione s'incentrava sul mistero della presenza reale di Gesù nel pane e nel vino consacrati, anche attraverso l'adorazione del Santissimo Sacramento e la coscienza del valore della comunione frequente. Tali atteggiamenti, di adorazione e di riparazione, erano il punto centrale della vita spirituale di molte persone, sia religiose che laiche ed ecclesiastiche (per es. il Santo Curato d'Ars). Nel 1851 Pio IX raccomandò a tutta la Chiesa l'adorazione perpetua, come espressione della fede e come testimonianza della vera presenza di Cristo, uomo e Dio, fra gli uomini. Anche i successivi papi (Leone XIII e Pio X) sostennero lo sviluppo della pietà eucaristica. Nel 1905 (un anno prima della morte di Elisabetta) Pio X pubblicò il decreto in cui raccomandava la comunione frequente[102].

In Francia la *devozione eucaristica* venne congiunta alla *riparazione*, non solo per i peccati individuali (come già si faceva nella Chiesa universale), ma anche per i peccati commessi dai poteri pubblici, che furono la causa del sorgere e dell'affermarsi dell'anticlericalismo e della laicizzazione[103].

Tutte queste devozioni relative a Gesù si opponevano alle idee giansenisté[104], che in quest'epoca ripresero ad affermarsi nella cultura

---

Madeleine-Sophie Barat (1779-1865), Beata Anne-Marie Rivier (1768-1838) ed altri (cfr. T. GOFFI, *La spiritualità dell'Ottocento*, 147-149).

[100] Borriello-Secondin, 106-107.

[101] Pierre-Julien Eymard (1811-1868) fondò: i Sacerdoti del SS. Sacramento, le Ancelle del SS. Sacramento, l'Aggregazione del SS. Sacramento (Poli-Crespi, 46-47).

[102] A. RAYEZ, «France», 969. Borriello-Secondin, 107-108. Cfr. Poli-Crespi, 46. Nel 1875 venne fondata l'opera dei *Congressi eucaristici* internazionali (Poli-Crespi, 76). La Basilica di Montmartre, dedicata al Sacro Cuore, divenne un centro internazionale di adorazione notturna (Borriello-Secondin, 107).

[103] Borriello-Secondin, 108.

[104] I termini *giansenista*, *giansenianо*, provengono dall'eresia di Cornelio Giansenio esposta nella pubblicazione intitolata l'*Augustinus* (1640). L'insegnamento dell'autore fu condannato dalle due bolle: *In inminenti* (1642) e *Cum occasione* (1653). Sia in ambito teologico come in quello spirituale, il giansenismo era caratterizzato da un tono rigido ed antiumanista. Secondo Cornelio Giansenio, vescovo di Ypres (1585-1638), il primo uomo, peccando, perse la libertà, e con essa la grazia sufficiente,

religiosa. I giansenisti, sostenendo che la pietà popolare era spesso priva di un vero spessore teologico e rimane su un piano puramente sentimentale[105], definivano spesso tutta la devozione popolare come *malsana* (specialmente quella del Sacro Cuore, della *Via Crucis*, degli esercizi spirituali, delle missioni popolari ecc.)[106], e in cambio proponevano un'immagine di Cristo severo, che offre la vita solo per gli eletti. Fortunatamente questa corrente fu superata e non impedì ai fedeli di scoprire il vero volto di Gesù.

1.5.3 Dimensione mariana

Nel secolo XIX, la riscoperta di Cristo coincise anche con una rinnovata e più profonda conoscenza di sua Madre[107]. La devozione mariana, dopo le profanazioni della Rivoluzione francese, fu caratterizzata soprattutto da una dimensione affettiva. La pietà popolare venerava immagini[108], statuette[109], quadri, medaglie, scapolari (purtroppo spesso di cattivo gusto artistico)[110].

I fedeli restavano commossi innanzi alla realtà delle apparizioni della Vergine, che in questo periodo in Francia furono frequenti. Tra le altre è bene ricordare quelle a S. Catherine Labouré (1806-1876) a Parigi, con la «medaglia miracolosa»[111] sulla quale era scritto: *O Marie conçue*

---

l'unica che possedeva. In tal modo l'uomo, tuttora corrotto e dominato dalla concupiscenza, per fare qualunque atto buono ha bisogno della grazia efficace; vive solamente condizionato dalla sua natura decaduta, di conseguenza non può fare niente di cui possa essere ritenuto personalmente responsabile. Tutte le opere buone o cattive dipendono dalla presenza o meno della grazia efficace di Dio; è Dio che decide chi può ricevere questa grazia e chi no. Tutto infine dipende da Lui, che secondo la sua volontà predestina gli uni all'inferno e gli altri al cielo. Secondo Giansenio Gesù Cristo è morto solamente per i predestinati alla salvezza (E. PACHO, «Giansenismo», 1113).

[105] Cfr. Poli-Crespi, 70. A volte, infatti, c'erano deviazioni ed eccessi come per esempio la superstizione, l'emotività, il soggettivismo, la ricerca del sensazionale e del meraviglioso (cfr. Poli-Crespi, 45).

[106] Cfr. E. PACHO, «Giansenismo», 1114-1115.

[107] Borriello-Secondin, 110. Mons. d'Ulst (Hulst) ha chiamato l'Ottocento «il secolo del Sacro Cuore», alcuni invece «il secolo mariano» (D. ROPS, *Storia della Chiesa*, 774).

[108] Cfr. J 96.

[109] Cfr. L 188.

[110] T. GOFFI, *La spiritualità dell'Ottocento*, 226.

[111] A. RAYEZ, «France», 970. Elisabetta invia questa alla signora de Sourdon, accompagnandola con una lettera (cfr. L 263).

sans péché priez pour nous qui avons recours à Vous (1830); quelle al curato di Notre-Dame des Victoires (1836); le apparizioni a due giovani del Regno di Savoia sull'altipiano di La Salette (19 settembre 1846); quelle a S. Bernadette Soubirous a Lourdes (la grotta di Massabielle, 11 febbraio – 16 luglio 1858); quelle a Pointmain (1871)[112]. Le apparizioni di Maria mostravano che la Madre di Dio si occupa premurosamente della conversione dei suoi figli. Ella li invitava alla preghiera, alla prassi sacramentale e alla mortificazione; per questo motivo, la devozione ottocentesca vedeva nella Madonna l'ausiliatrice del sofferente popolo supplichevole[113].

Durante il pontificato di Leone XIII furono celebrate quaranta cerimonie, durante le quali vennero incoronate statue che rappresentavano l'immagine della Madonna, mentre durante quello di Pio X, queste cerimonie furono ventidue[114]. Nel 1854 venne proclamato il dogma dell'Immacolata Concezione[115]. Nel culto mariano apparirono nuove pratiche tra le quali: i pellegrinaggi, le processioni, il mese mariano (pratica iniziata nel Settecento e diventata universale nell'Ottocento), il primo sabato del mese, sacro alla riparazione mariana[116], la recita quotidiana del Rosario, con rinnovato ardore[117]. I grandi luoghi di pellegrinaggi attiravano sempre le folle, come per esempio a Paray-le-Monial, a Fourvières, a La Salette, e soprattutto a Lourdes, dove ogni anno si recava un milione di fedeli[118].

Fiorirono nuove comunità religiose[119]. Nel 1842 venne ritrovato e

---

[112] T. GOFFI, *La spiritualità dell'Ottocento*, 226; cfr. Borriello-Secondin, 111; cfr. Poli-Crespi, 73; cfr. A. RAYEZ, «France», 970-971.

[113] T. GOFFI, *La spiritualità dell'Ottocento*, 227.

[114] Cholvy-Hilaire, 142.

[115] A. RAYEZ, «France», 971; D. ROPS, *Storia della Chiesa*, 392-394. Cfr. Borriello-Secondin, 111. Negli scritti di Elisabetta si può trovare una poesia composta l'8 dicembre 1897, destinata a *Marie Immaculée* (P 43), in cui la giovane chiedeva che la Madonna la conservasse casta e pura. Un anno dopo (l'8 dicembre 1898) Elisabetta scrisse la composizione poetica *L'Immaculée Conception* (P 64).

[116] T. GOFFI, *La spiritualità dell'Ottocento*, 227; Poli-Crespi, 49.

[117] Borriello-Secondin, 111.

[118] Cholvy-Hilaire, 141. Cfr. J. GADILLE, «Courants de théologie», 358.

[119] Per es. gli Oblati della Vergine Maria (1815), i Fratelli maristi della scuola (1816), le Figlie di Maria Immacolata o marianiste (1816), gli Oblati di Maria Immacolata (1816), la Società di Maria o Marianisti (1817), le Figlie di Maria SS. dell'Orto o giannelline (1829), le Figlie di Nostra Signora della Misericordia (1837), i Missionari dell'Immacolata Concezione (1848), le Figlie di Nostra Signora di Lourdes (1878), i *Chanoines réguliers de l'Immaculée Conception* di Dom Gréa (1828-1917)

pubblicato il *Trattato* di Grignion de Monfort[120]; si diffusero pure altri scritti sulla Madonna, (i cui autori furono, tra gli altri, Jean-Claude Colin, 1790-1875; Marcelin G. B. Champagnat, 1789-1840; Gauillaume-Joseph Chaminade, 1761-1850, S. Antonio Maria Claret, 1807-1870), che presentavano Maria come modello per imitare Gesù, e perciò invitavano i devoti a riscoprire il dono della figliolanza nei confronti della Madonna (l'antecedente scuola spirituale francese proponeva la schiavitù a Maria)[121]. Nella devozione mariana venne pure sottolineato il concetto di *mediazione*: Maria mediatrice di tutte le grazie[122].

Nell'epoca di Elisabetta della Trinità era presente in modo particolare il culto di san Giuseppe (legato a quello di Maria e del Bambino Gesù)[123]; infatti nel 1870 questo santo fu dichiarato patrono della Chiesa universale. Il papa Leone XIII pubblicando l'enciclica *Quamquam pluries* (1889) e più tardi la lettera *Neminem fugit* (1892), presentò San Giuseppe come modello di sposo, di padre, di lavoratore, di custode della famiglia[124].

Le devozioni dell'epoca mostravano un profondo desiderio di preghiera e l'esigenza d'occuparsi, da parte della Chiesa, delle missioni. Proprio per questo motivo nacque in Francia l'*Apostolato della Preghiera*, fondato dai padri Gautrelet e Ramière[125].

1.5.4 Dimensione liturgica

Inizialmente, nell'Ottocento, il fedele era invitato a contemplare la liturgia e ad interiorizzarla, anche se non comprendeva il senso dei riti, celebrati in lingua latina. Roberto Bellarmino affermava: «È sufficiente che Dio comprenda»[126]. Nonostante ciò, lentamente si prese coscienza di come fosse anomalo che i fedeli partecipassero alla liturgia come ad uno spettacolo. Sorsero così i primi tentativi di rendere la liturgia più comprensibile al popolo cristiano[127], nacque il movimento liturgico.

---

ed altre congregazioni (T. GOFFI, *La spiritualità dell'Ottocento*, 227-228; cfr. D. ROPS, *Storia della Chiesa*, 775; A. RAYEZ, «France», 971; Cholvy-Hilaire, 140).

[120] A. RAYEZ, «France», 971; Poli-Crespi, 49.
[121] T. GOFFI, *La spiritualità dell'Ottocento*, 227-228.
[122] Borriello-Secondin, 112.
[123] Cfr. D. ROPS, *Storia della Chiesa*, 776.
[124] Borriello-Secondin, 113-114.
[125] Esso diffuso fra la gente la rivista intitolata *Le Messager du Cœur de Jésus* ed innumerevoli opuscoli teologici (D. ROPS, *Storia della Chiesa*, 772).
[126] T. GOFFI, *La spiritualità dell'Ottocento*, 114.
[127] T. GOFFI, *La spiritualità dell'Ottocento*, 116.

Dom Prosper-Louis Guéranger (1805-1875), benedettino, inizialmente prete diocesano, con l'aiuto dei suoi monaci iniziò l'opera *Année liturgique*, cercando di risvegliare nelle comunità ecclesiali un nuovo orientamento di prassi spirituale liturgica[128]. Il movimento liturgico avviato da lui si divulgò pian piano nelle abbazie benedettine, per diffondersi in seguito tra tutti i fedeli[129]. Questo movimento pose al centro della sua attività la vastità del culto nella Chiesa e pure l'amore e la bellezza estetica, che devono andare insieme con la preghiera[130].

Vennero pubblicate in Francia alcune opere, riguardanti la liturgia, di carattere sia scientifico sia più propriamente spirituale e pastorale; tra le altre ricordiamo *Dictionnaire d'archéologie et de liturgie*, iniziato nel 1903 da H. Leclerq e F. Cabrol; *Les origines du culte chrétien* di L. M. Duchesne; *Méditations liturgiques* di M. Férotin e G. Léfebvre; *Questions liturgiques et paroissiales* di Capelle[131].

La Chiesa dell'Ottocento, grazie alle diverse forme di pietà, alle pubblicazioni e iniziative di vario genere, non si isolò dalla realtà circostante, nonostante che molte persone volessero che essa si riducesse ad una questione di gusto personale, un'istituzione a carattere privato. Joseph-Ernest Renan, orientalista e storico del cristianesimo francese, scriveva nel 1883:

> Il n'y a plus de masses croyantes, une très grande partie du peuple n'admet plus le surnaturel et on entrevoit le jour où les croyances de ce genre disparaîtront dans les foules... de la même manière que croyance aux revenants a disparu... la religion est irrévocablement devenue un affaire de goût personnel[132].

Bisogna sottolineare che fu proprio la pietà liturgica che ebbe un ruolo fondamentale nell'evitare la minaccia del particolarismo nella vita di fede dei cristiani nella Chiesa.

In tale contesto storico-sociale (che sopra abbiamo cercato di descrivere) si comprende meglio il senso delle parole che Elisabetta disse in

---

[128] Il primo volume fu composto a cura di Guéranger, gli altri sei furono composti sotto la direzione di dom Lucien Fromage. (A. RAYEZ, «France», 971; cfr. T. GOFFI, *La spiritualità dell'Ottocento*, 120; cfr. Borriello-Secondin, 66-68). Elisabetta forse ebbe fra le mani i volumi dell'*Anné Liturgique* di D. Guéranger (J. CASTELLANO, «"Lode di gloria": Liturgia e contemplazione», 146-147).
[129] Poli-Crespi, 129.
[130] Cfr. Poli-Crespi, 58.
[131] Poli-Crespi, 130.
[132] Cholvy-Hilaire, 171.

segreto alla sua amica Marie-Louise Maurel, il 1° maggio 1901: «J'ose à peine vous confier ce grand secret que vous garderez pour vous *toute seule*: "Je serai au Carmel à cette époque-là"» (L 51). Sembra che la giovane in queste parole esprimesse la sua capacità di valutare la realtà che la circondava e, nello stesso tempo, una comprensione del senso della missione affidatale da Gesù in quel particolare contesto storico. Si può affermare che, in un certo senso, questa frase avesse addirittura un valore profetico.

Il Carmelo di Digione divenne per Elisabetta un luogo di particolare grazia dove ella maturò in Cristo, con grande rapidità. Scruteremo adesso l'ambiente in cui la giovane percorse il suo cammino di crescita spirituale.

1.6 *Il Carmelo a Digione*

Il Carmelo a Digione di S. Giuseppe[133], in cui Elisabetta entrò nel ventunesimo anno di vita, si trovava fra le due strade *Rue Saint Lazare* (oggi *Rue J.-B. Baudin*) e *Boulevard Carnot*, vicino alla casa dove abitava la famiglia Catez (*Rue Prieur de la Côte d'Or*)[134]. La priora era la suora Marie de Jésus, che stava preparando una nuova fondazione a Paray-le-Monial[135].

Nella vita quotidiana, le suore cercavano di vivere secondo lo spirito della Regola, redatta — secondo la tradizione — da Alberto degli Avogardo, Patriarca di Gerusalemme tra il 1205-1214[136]. Principio fondante della Regola era il vivere in ossequio a Gesù e servirLo con cuore puro e una totale devozione (la *sequela di Cristo*, generosa e

---

[133] Il monastero delle Carmelitane di Digione fu fondato nel 1605 dalla Madre Anne de Jésus, coadiutrice di S. Teresa nella Riforma del Carmelo in Spagna, che essa doveva poi introdurre in Francia. Questo monastero fu soppresso dalla *Révolution*, e a Madre Marie de la Trinité fu affidata la missione di farlo rivivere. Essa pose il nuovo Carmelo di S. Giuseppe sotto la protezione del *Cœur agonisant de Jésus* per ottenere il trionfo della Chiesa e particolari grazie per il Santo Padre (*Souvenirs*, 81).

[134] Vedi sulla pianta in *Œuvres*, 240-241.

[135] Avviata con altre sorelle il 29 giugno 1901 (J. DE BONO, *Elisabetta della Trinità*, 54).

[136] S. Alberto – Alberto degli Avogardo, o dei conti di Sabbioneta, nacque a Castel Gualtieri verso il 1150. Papa Innocenzo III lo nominò Patriarca di Gerusalemme (1205), dove si trasferì per esercitare il suo ministero all'inizio del 1206. Morì nel 1214, in seguito alle coltellate del Maestro dell'Ospedale di Santo Spirito di Accon (B. SECONDIN, *La Regola del Carmelo*, 13; sull'originalità della composizione vedi: *Ibid.*, 24-25).

fedele, senza ambiguità, né interiori né nella comunità, aperta allo Spirito Santo). La vita comunitaria era strutturata attorno a un ideale di comunione, che si concretizzava nella presenza di un'autorità rappresentativa, e quindi nell'obbedienza verso il superiore[137].

Dalla Regola carmelitana derivano inoltre temi di notevole portata: Parola e preghiera, fraternità, comunione dei beni, verifica periodica della fedeltà, riconciliazione, soprattutto centralità della memoria pasquale, eucaristia quotidiana, ascesi corporale, lotta spirituale, lavoro con le proprie mani, discernimento, attesa escatologica[138]. La preghiera era il mezzo per ottenere la vittoria nel combattimento spirituale per raggiungere la vita eterna. Gli aspetti della vita della comunità monastica femminile al Carmelo si realizzavano nello spirito proprio delle comunità dei monaci che, ricercando sempre la comunione con Cristo, vivevano di eucaristia, di preghiera liturgica e di correzione fraterna.

Nel giorno dell'entrata di Elisabetta (il 2 agosto 1901), nella comunità delle carmelitane si trovavano tredici suore capitolari, quattro suore di velo bianco, tre giovani professe, tre novizie, una postulante e due suore torriere[139].

Alla comunità delle carmelitane a Digione erano legati, come predicatori e confessori, i padri domenicani e i gesuiti; essi si prendevano cura della crescita spirituale delle monache. Negli anni 1901-1906 (quando Elisabetta era già nel monastero) i ritiri spirituali erano condot-

---

[137] B. SECONDIN, *La Regola del Carmelo*, 30.
[138] B. SECONDIN, *La Regola del Carmelo*, 30-31.
[139] Suore capitolari: Appoline du Cœur de Marie (1840-1920), Ignace de Jésus (1842-1923), Marie du Cœur de Jésus (1844-1926), Anne de Jésus (1842-1926), Marie-Xavier de Jésus (1847-1940), Aimée ce Jésus (1856-1945), Marie de l'Immaculée Conception (1849-1937), Thérèse de Jésus (nata nel 1858), Marie de Saint-Bernard (1862-1935), Marie-Louise de Gonzague (1865-1934), Marie de la Croix (1839-1902), Marie Germaine de Jésus (1870-1934), Marie de la Trinité (1875-1954); suore dal velo bianco: Marie de l'Incarnation (1830-1906), Marthe de Jésus (1862-1935), Anne-Marie de l'Enfant-Jésus (1872-1944), Marie du Saint-Esprit (nasce nel 1870); suore giovani professe: Agnès de Jésus (1876-1968), Marie-Geneviève de la Trinité (1877-1941), Marie-Madeleine de Jésus (nasce nel 1877); novizie e postulanti: Marie-Ange de l'Enfant-Jésus (nata nel 1879), Marie-Odile du Sacré-Cœur (nata nel 1873), Ange du Sacré-Cœur (postulante), Hélène de Jésus (lasciò il monastero il 21 giugno 1902); suore torriere: Marie de Saint-Pierre (1864-1944), Marie-Madeleine du Saint-Sacrament (1868-1945). Il 14 agosto e il 10 ottobre cinque suore partirono per le nuove fondazioni, e nella comunità di Elisabetta ne rimasero ventuno («Liste des Carmélites de Dijon au 2 août 1901» in *Ex Documentis* in *Summ.*, 479-480; cfr. *Ibid.*, 478; J. DE BONO, *La sofferenza*, 308-313; *Œuvres*, 344).

ti da p. Edmond Vergne sj., da p. Irénée Vallée op., da p. Martin Fages op. e da p. Rollin sj.[140].

Nel Carmelo in cui stava Elisabetta, le suore erano a conoscenza di tutti gli avvenimenti importanti riguardanti la situazione politica in Francia e nella diocesi. L'atmosfera della Chiesa locale era tesa, non solo per i problemi dovuti ai rapporti conflittuali con lo Stato, ma anche per le difficili relazioni della Repubblica con il Vaticano. Il vescovo di Digione, monsignor Le Nordez, prese possesso della sede episcopale il 9 febbraio 1899[141]. Era conosciuto per le sue opinioni repubblicane, e alcuni dicevano che poteva perfino essere membro della massoneria; contro di lui erano schierati in molti. I giornali avevano pubblicato diversi articoli al riguardo. Il 4 febbraio 1904 Le Nordez entrò in aperto conflitto con i seminaristi, che avevano rifiutato di ricevere l'ordinazione dalle sue mani. Anche i genitori cattolici si opponevano a che i loro figli ricevessero da lui il sacramento della Cresima. Visto il precipitare dagli eventi, Le Nordez venne convocato a Roma, e questa chiamata da parte del Vaticano fu la scintilla che provocò l'incendio, infatti il governo francese non diede il permesso al Vescovo di recarsi a Roma, e il 30 luglio 1904 si interruppero le relazioni diplomatiche con il Vaticano[142].

Le suore a Digione cercavano di vivere questi difficili momenti per la Chiesa, accogliendo tutto (le informazioni provenienti dall'estero, le decisioni dello Stato, ecc.) nello spirito di fede; esse desideravano soltanto essere fedeli a Cristo, compiendo la loro vocazione e missione nel miglior modo possibile.

La vocazione di Elisabetta, di essere sposa di Cristo al Carmelo, maturò nell'ambito della vita familiare. Fra i membri della famiglia (i genitori, la sorella e i cugini) lo Spirito Santo compiva la sua opera, plasmando in ognuno l'immagine di Gesù.

1.7 *La famiglia di Elisabetta*

Il padre di Elisabetta, François-Joseph Catez (originario di Pas-de-Calais, nato il 29 maggio 1832 a Aire-sur-la-Lys), apparteneva a una famiglia assai povera della Francia settentrionale, nella quale i principi

---

[140] J. DE BONO, *Elisabetta della Trinità*, 105; cfr. *Œuvres*, 346 (ove è menzionato solamente il cognome di p. Rollin).
[141] Cfr. L 38.
[142] B. SESÉ, *Elisabetta della Trinità*, 97-98. Cfr. *Œuvres*, 346. 456-457.

cristiani e il nobile sentire venivano trasmessi come retaggio. François-Joseph era un uomo mite e equilibrato, aveva una forte volontà e un cuore tenero[143]. Durante il servizio militare si era accattivato la stima dei superiori: era ammirato per la sua lealtà, la sua imparzialità e le nobili qualità del suo cuore[144]. Alla tarda età di quarantotto anni si sposò e tenne sempre vicino a sé la moglie, di quattordici anni più giovane di lui, facendosi accompagnare da lei dovunque si spostasse con il suo reggimento[145]. Uomo di grande fede, si rivolse in modo particolare alla Provvidenza divina quando, durante uno dei suoi spostamenti, nel campo militare di Avor stava per nascere la piccola Elisabetta: il parto imminente presentava infatti serie complicazioni, con pericolo di morte sia per la partoriente che per la nascitura, e il signor Catez chiese al cappellano di celebrare la Santa Messa per scongiurare tale pericolo[146]. Il padre di Elisabetta era davvero un eccellente cristiano[147].

Anche la madre di Elisabetta, Marie-Emilie Rolland Catez, era una fervente cristiana[148]. Nacque nel 1846 a Lunéville, in Meurthe-et-Moselle da padre originario della Francia meridionale e da madre lorenese. Dopo la morte del suo primo fidanzato (durante la guerra del 1870) pensò di consacrare la propria vita al Signore, in monastero[149]. Educata severamente in una famiglia di militari, era abituata alle difficoltà; non si lamentò mai nel dover condividere con suo marito una vita da nomade[150]. Concreta e decisa nelle cose essenziali, a volte, in quelle da poco conto, mostrava nervosismo e impetuosità. Di carattere riservato, la signora Rolland Catez non manifestava apertamente i tratti della sua vita interiore[151]. Molto devota, con determinazione era obbediente

---

[143] Cfr. J.I. ADAMSKA, «Biografia», 8.

[144] *Souvenirs*, 3; B. SESÉ, *Elisabetta della Trinità*, 12. Il padre di Elisabetta nella campagna d'Algeria si guadagnò i galloni e — come abbiamo già menzionato — durante la guerra del 1870, contro la Prussia, venne fatto prigioniero a Sedan (B. SESÉ, *Elisabetta della Trinità*, 12).

[145] Cfr. *Inform.*, 5.

[146] *Souvenirs*, 4. Cfr. *Œuvres*, 203; Sicari, 30.

[147] Questa testimonianza fu data da Marie Marguerite Raymonde Catez, la sorella di Elisabetta, nei processi di Beatificazione (cfr. *Summarium* in *PositioIntr*, 2, § 2). I Catez come i Rolland, erano cattolici, credenti e praticanti, ma senza formalismo (M.-D. POINSENET, *Questa presenza di Dio*, 23).

[148] Cfr. *Summarium* in *PositioIntr*, 2, § 2.

[149] B. SESÉ, *Elisabetta della Trinità*, 13.

[150] J.I. ADAMSKA, «Biografia», 8. Cfr. *Œuvres*, 204; M.-D. POINSENET, *Questa presenza di Dio*, 26.

[151] J.I. ADAMSKA, «Biografia», 9.

alla Legge Divina. La sua anima sensibile fu improntata a una fede semplice e coraggiosa[152]. Marie conosceva molti libri a carattere religioso e di questi faceva estratti nel suo quaderno delle letture[153]: specialmente amava copiare le opere di Santa Teresa di Gesù, fu grazie a lei, infatti, che più tardi sua figlia Elisabetta restò affascinata dalla personalità e dall'esperienza spirituale di questa santa[154].

Dopo la sua nascita (il 18 luglio 1880) i genitori decisero che Elisabetta venisse subito battezzata. La bambina infatti ricevette il sacramento dell'iniziazione cristiana nella cappella del campo militare il 22 luglio 1880[155].

Elisabetta — come raccontò sua nonna Joséphine Rolland (Klein) — già nei primi anni della sua vita «non seulement elle prie, mais elle enseigne la prière à sa poupée; très dévotement elle vient de la mettre à genoux»[156]; questo testimoniava che la signora Marie Rolland Catez insegnava a sua figlia a pregare con tanta devozione, ed Elisabetta la imitava, facendo tesoro degli insegnamenti della madre.

Il 20 febbraio 1883 nacque Marguerite, la sorella di Elisabetta. Quattro anni dopo, all'inizio del 1887, morì il nonno materno, Raymond Rolland (il 24 gennaio), uomo nobile e soprattutto fervente cristiano, che formava i piccoli cuori delle nipotine attraverso diversi interessanti racconti[157]. Il 2 ottobre dello stesso anno, Elisabetta perse suo padre, che era la persona alla quale si sentiva maggiormente legata[158]. Dopo questi due gravi lutti, Marie Rolland rimase per Elisabetta e Marguerite l'unico punto di riferimento; la cura che ella ebbe delle figlie fu premurosa, sebbene severa[159].

Marie Rolland insegnava ad Elisabetta a vincersi per amore[160], e vegliava attentamente su di lei, affinché ella non cadesse nel tranello della

---

[152] Cfr. *Souvenirs*, 4.
[153] J.I. ADAMSKA, «Biografia», 9.
[154] *Souvenirs*, 4. Il 20 febbraio 1899, Elisabetta scrisse: «Je lis en ce moment *Le chemin de la perfection* de sainte Thérèse. Cela m'intéresse énormément et me fait beaucoup bien» (J 13).
[155] La Parrocchia d'Avord (vedi: «Testimonium D. F. Ortus et Baptismatis» in *Ex Documentis* in *Summ.*, 420).
[156] *Œuvres*, 205. La nonna morì l'8 maggio 1882, vedi: L 1, n. 1.
[157] *Souvenirs*, 6.
[158] *Inform.*, 3; *Summ.*, 10, § 2.
[159] L'amore deciso della madre educò Elisabetta, che fino ai sette anni, ebbe frequenti accessi di collera (*Souvenirs*, 5-6).
[160] *Souvenirs*, 6.

superbia, dopo i successi conseguiti per una serie di concerti pianistici tenuti dalla fanciulla; custodiva la semplicità, l'umiltà e il candore della sua piccola[161]. La signora Marie portava Elisabetta in chiesa, affinché partecipasse alle celebrazioni e alle lezioni di catechismo; ella stessa preparò sua figlia alla prima Comunione e alla Cresima[162]. Elisabetta procedeva con decisione sulla via della santità, e sua madre aveva conapevolezza d'avere una figlia ricca di doni interiori[163].

L'amore che Elisabetta provava per la mamma e per Dio era un contrappeso alle naturali inclinazioni verso i difetti e le debolezze. La bambina teneva lo sguardo incessantemente rivolto alla mamma, domandandole in ogni momento: «que faut-il faire?»[164]. Bastavano una parola o uno sguardo della mamma per reprimere in lei tendenze negative.

Per Elisabetta la madre era non solo un'immagine di Dio, ma anche un'amica, una «compagna». Durante le vacanze, la signora Catez e le sue due figlie si recavano a pregare nei luoghi santi (come per esempio a Lourdes), e a far visita a parenti che vivevano lontano, come le due «zie» di Elisabetta che si trovavano a Carlipa[165].

La madre di Elisabetta si preoccupava di crescere sua figlia secondo sani principi, come lei stessa era stata educata. Un giorno, quando Elisabetta era ormai matura, all'età di diciannove anni, la signora Marie alla luce del severo insegnamento religioso da lei stessa ricevuto (nel quale affioravano tracce dell'influenza giansenista e che spesso portava l'anima ad essere condizionata da forti scrupoli nella sua esperienza religiosa)[166], vedendo la figlia prendere la Comunione per quattro giorni di seguito, manifestò apertamente il suo disappunto[167].

È interessante notare come più tardi Elisabetta, avendo fatto un'autentica esperienza dell'amore di Cristo, propose alla madre di essere la sua *madre spirituale*[168]. La giovane pian piano cercava di mostrare alla

---

[161] *Souvenirs*, 7-8.
[162] Cfr. *Souvenirs*, 8.
[163] *Souvenirs*, 12-13.25.
[164] *Souvenirs*, 13.
[165] Le cugine della mamma: «tantes Rolland», cfr. L 14, 15.
[166] Cfr. *Ex Documentis* in *Summ.*, 451.
[167] Cfr. J 11. Si può comprendere, alla luce della cultura religiosa di quell'epoca, la reazione della signora Catez. Ricordiamo che la Comunione frequente fu approvata nel 1905, un anno prima della morte di Elisabetta, da Pio X, che pubblicò il decreto in cui raccomandava tale pratica.
[168] L 176 (scritta intorno al 27 agosto 1903): «Jadis c'est toi qui veillais sur moi, et tu me gardais si bien, maintenant il me semble que c'est moi qui te garde avec Lui, et

mamma e a tutta la sua famiglia (alle zie Rolland Francine e Mathilde[169], alla sorella Marguerite e a suo marito Georges Chevignard, con cui si era sposata il 15 ottobre 1902, e infine alle loro figlie Élisabeth e Odette)[170] il *Dio della propria esperienza*.

Elisabetta nell'ambiente della sua famiglia ricevette i primi sacramenti (il Battesimo, la prima Comunione e la Cresima)[171], acquistò cognizioni su Dio e crebbe sempre più nelle sua fedeltà a Cristo; imparò a pregare e amare, e comprese l'importanza di un costante atteggiamento di conversione, che la portò a lavorare sul suo carattere. Nella famiglia Iddio era presente, sia tramite le verità di fede sia attraverso l'amore reciproco, non tanto quello sentimentale, ma soprattutto quello che, donando, sacrifica se stesso. Elisabetta vivendo in questo ambito cresceva nella fede, per poter partecipare in futuro, alle persone vicine, *la propria* esperienza di Cristo.

2. La vita di Elisabetta. Itinerario spirituale

Elisabetta, nel giorno del suo battesimo, primo incontro sacramentale con Dio, ricevette i nomi: Marie-Joséphine-Élisabeth[172]. Il battesimo fu celebrato nel giorno della festa di Santa Maria Maddalena, anima peni-

---

cela m'est si doux; maman chérie, tu veux bien, n'est-ce pas?»; L 273 (scritta intorno al 27 maggio 1906): «[...] vois-tu, il me semble que mon amour pour toi est non seulement celui d'une enfant pour la meilleure des mères, mais encore celui d'une mère pour son enfant. Je suis *la petite maman de ton âme;* tu veux bien, n'est-ce pas?»; cfr. L 236 (in cui Elisabetta diede alcuni consigli spirituali alla sua mamma).

[169] Cfr. M.-D. POINSENET, *Questa presenza di Dio*, 26.

[170] Varrebbe la pena di sottolineare che più tardi la nipotina Élisabeth (nata l'11 marzo 1904) diventerà, proprio come la sua zia Élisabeth de la Trinité, carmelitana al Carmelo di Digione (L. BORRIELLO, «Introduzione», 141). Odette nacque il 19 aprile 1905.

[171] Nella lettera L 178 Elisabetta si rivolse alla mamma rievocando l'educazione «eucaristica» ricevuta da lei: «Maman chérie, si je l'aime un peu, c'est toi qui as orienté le cœur de ta petite vers Lui; tu m'as si bien préparée à la première rencontre, ce grand jour où nous nous sommes tout donnés l'un à l'autre!» (nella prima Comunione, il 19 aprile 1891).

[172] «Testimonium D. F. Ortus et Baptismatis» in *Ex Documentis in Summ.*, 420; *Inform.*, 3; R. MORETTI, *Introduzione a Elisabetta della Trinità*, 11. Vedi la cronologia della vita di Elisabetta in «Annexe I. Renseignements divers sur Élisabeth et son Carmel. Chronologie» in *Œuvres*, 1068-1070. Cfr. *Inform.*, 3-4; M.-M. PHILIPON, «Élisabeth de la Trinité», 590-592; GIOVANNA DELLA CROCE, *Elisabetta della Trinità. Una vita*, 9-14; L. BORRIELLO, «Introduzione», 5-15; R. MORETTI, *Introduzione a Elisabetta della Trinità*, 195-197; L. BORRIELLO, *Elisabetta della Trinità*, 11-14.

tente e contemplativa, verso la quale la famiglia della bambina aveva una grande devozione[173]. Più tardi Elisabetta ebbe la certezza che il giorno della sua nascita, la scelta del nome e il giorno del Battesimo, nascondevano un mistero[174].

2.1 Nel mondo

I primi anni di vita di Elisabetta, come abbiamo ricordato, furono segnati da perdite di persone care (della nonna nel 1882, del nonno e del padre nel 1887). Nel 1883 nacque sua sorella Marguerite. Quel periodo fu molto movimentato per la famiglia, che si vide nella necessità di trasferirsi diverse volte da un luogo all'altro. Infine, nel 1887, Elisabetta con la mamma e la sorella presero stabile dimora in una casa in rue *Prieur-de-la-Côte-d'Or* a Digione, vicino al Carmelo[175].

Elisabetta era una bambina sensibile, ma anche energica e vivace[176], e voleva tutto sottoporre al vaglio della sua volontà. La sua impulsività non era tanto causata dalla volontà di dominare, quanto piuttosto era la reazione di difesa di un cuore che, fin troppo fragile, si lasciava facilmente aggredire[177].

---

[173] La stessa Elisabetta molte volte si rivolse a questa santa (oppure la menzionò); vedi per es.: CF 6, 20; GV 5; L 75, 89, 108, 121, 124, 128, 137, 145; P 84, 94; J 47 (cfr. pure: «Madeleine» in «Annexe IV. Index des noms de personnes» in *Œuvres*, 1098). La giovane ricordava ogni anno il suo battesimo, essendo felice di poterlo associare con la festa di Santa Maria Maddalena. Nel 1905 ella scrisse al reverendo Chevignard: «C'est demain la fête de sainte Madeleine, celle dont la Vérité a dit: "Elle a beaucoup aimé", c'est aussi fête pour mon âme car je célèbre l'anniversaire de mon baptême. Et puisque vous êtes le prêtre de l'Amour je viens vous demander [...] de vouloir bien *me consacrer* à Lui demain à la sainte Messe. Baptisez-moi dans le Sang de l'Agneau afin que, vierge de tout ce qui n'est pas Lui, je ne vive que pour aimer d'une passion toujours croissante, jusqu'à cette heureuse *unité* à laquelle Dieu nous a prédestinés en son vouloir éternel et immuable» (L 234, cfr. *Souvenirs*, 5). Si vede che Elisabetta provava profonda emozione nel celebrare l'anniversario del suo primo incontro sacramentale con Dio.

[174] Sicari, 30.

[175] Intorno al 9 maggio 1881, all'incirca un anno dopo la nascita di Elisabetta, la famiglia Catez si trasferì ad Auxonne (Côte-d'Or); in seguito, il 1° novembre 1882 (qualche mese dopo la morte della nonna Joséphine Rolland) andò a Digione, a rue Lamartine, ove il 20 febbraio 1883 nacque Marguerite, la sorella di Elisabetta; nel 1887 (dopo la morte del nonno e quella del padre) Marie Catez (Rolland) e le figlie, rimanendo a Digione, si stabilirono a rue Prieur-de-la-Côte-d'Or (Œuvres, 1068).

[176] Cfr. Sicari, 31.

[177] Sicari, 31.

Nel 1887 Elisabetta si accostò alla prima Confessione[178], e dopo aver ricevuto questo sacramento, la bambina cambiò progressivamente e radicalmente[179]. Verso l'anno 1888, confessò al padre Angles il desiderio d'entrare in convento, e questo fu il primo segno della sua vocazione[180].

Elisabetta, come le altre ragazze della sua età, si dedicava agli studi e, con l'ausilio degli insegnamenti della signora Grémaux, si applicava con costanza per giungere ad una conoscenza sempre migliore della lingua francese. Nell'ottobre del 1888, venne iscritta al Conservatorio di Digione[181].

Nel 1891 Elisabetta si accostò alla prima Comunione (il 19 aprile) nella Parrocchia Saint-Michel e alla Cresima (l'8 giugno) nella chiesa Notre-Dame di Digione[182]. Preparata dalle parole della mamma che la introdussero al mistero eucaristico, la fanciulla seppe scoprire in esso la profondità della Presenza di Dio che nutre l'uomo; la catechesi ricevuta divenne così certezza ed esperienza vissuta[183].

Nello stesso pomeriggio del giorno della prima Comunione, Elisabetta andò a far visita al Carmelo, ove parlò con suor Marie de Jésus, la quale le disse che secondo lei il significato etimologico del nome *Élisabeth* era *Maison du bon Dieu*. Questo pensiero colpì profondamente la fanciulla, alla quale suor Marie de Jésus diede in dono un'immagine che aveva a tergo questa iscrizione: «Ton nom béni cache un mystère / Qui s'accomplit en ce grand jour. / Enfant, ton cœur est sur la terre, / *Maison de Dieu* (Élisabeth), du Dieu d'amour»[184]. L'episodio rimase nella memoria della giovane digionese e segnò tutta la sua vita interiore[185].

---

[178] *Œuvres*, 1068.

[179] Sicari, 32.

[180] *Œuvres*, 1068. Elisabetta si rivolse così al Canonico Angles: «Monsieur le chanoine, je serai religieuse, je veux être "religieuse"!» (*Souvenirs*, 14). Cfr. *Inform.*, 7; *Summ.*, 177, § 403.

[181] *Œuvres*, 1068.

[182] «Élisabeth Catez a été confirmée à Notre-Dame le 8 juin 1891» («Testimonium D. F. Confirmationis» in *Ex Documentis* in *Summ.*, 420); cfr pure *Summ.*, 381, § 769. Dopo la prima Comunione Elisabetta esclamò: «Oh! comme il m'a bien nourrie!» (*Souvenirs*, 9; cfr. pure P 47: *L'anniversaire de ma première Communion*); «Je n'ai pas faim. Jésus m'a nourrie» (*Summ.*, 381, § 769).

[183] Sicari, 33.

[184] *Souvenirs*, 9. Questa formulazione, esatta teologicamente, ma imprecisa etimologicamente, spiega ad Elisabetta quel mistero, che ella già sentiva di vivere (cfr. Sicari, 37).

[185] Cfr. Sicari, 36. Cfr. *Summ.*, 381, § 771; *Votum*, 8.

Elisabetta aveva una passione innata per la musica, per la quale era particolarmente portata; a tredici anni infatti ricevette, al Conservatorio, il primo premio come pianista (1893)[186]. Amava soprattutto la musica composta da Chopin. La giovane conduceva una vita ordinaria, come altre ragazze di quell'epoca e del suo ambiente sociale: partecipava a ricevimenti, a serate danzanti, a mattinate musicali, a viaggi turistici e a soggiorni estivi[187], come per esempio nel 1893, quando da agosto all'inizio di ottobre trascorse le vacanze a Gemeux (Côte-d'Or), nei Vosgi e nel Giura[188].

La primavera (o l'estate) del 1894 Elisabetta sperimentò interiormente che Dio la convocava al Carmelo, e decise di fare un voto privato di verginità[189]; una sua testimonianza racconta:

> J'allais avoir quatorze ans, quand un jour, pendant mon action de grâces, je me sentis irrésistiblement poussée à le choisir pour unique époux, et sans délai, je me liais, à lui par le vœu de virginité. Nous ne nous dîmes rien [...], mais nous nous donnâmes l'un à l'autre en nous aimant si fort, que la résolution d'être toute à lui devient chez moi plus définitive encore. Une autre fois, après la sainte communion, il me sembla que le mot *Carmel* était prononcé dans mon âme, et je ne pensai plus qu'à m'ensevelir derrière ses grilles[190].

In questo periodo Elisabetta scrisse le sue prime poesie[191], nelle quali esprimeva il desiderio di vivere nascosta in Dio, di stare nel silenzio e nella solitudine con Lui[192].

Dal gennaio del 1895 la giovane iniziò gli studi di armonia al Conservatorio, e nell'estate dello stesso anno si recò nei Vosgi e nel Giura[193]. Negli anni successivi (1896-1898), durante le sue vacanze visitò

---

[186] *Œuvres*, 1068. Già a otto anni la piccola era un'ammirata pianista e a undici anni si diplomò (Sicari, 40). Sono stati trovati i suoi diplomi di piano, di solfeggio, di armonia, conseguiti negli anni 1890, 1891, 1892, 1893, 1895 (M.-D. POINSENET, *Questa presenza di Dio*, 43).

[187] Sicari, 40.

[188] *Œuvres*, 1068.

[189] *Summ.*, 11, § 4.

[190] *Souvenirs*, 18-19. Sembra che Elisabetta prima avesse pensato di entrare nella Trappa, perché la vita nel Carmelo non le sembrava essere abbastanza severa (*Votum*, 11; *Summ.*, 100, § 227).

[191] Le poesie scritte tra i quattordici e i ventun anni (prima di entrare nel Carmelo) sono: P 1-72 ter.

[192] Cfr. Sicari, 40.

[193] Elisabetta raccontò le escursioni sul Giura in Exc 1-7.

molti luoghi: il Mezzogiorno (le Midi) e Lourdes (due volte), i Vosgi, Marseille, Grenoble, Annecy, Genève[194]. Questi viaggi le servirono per imparare ad ammirare la bellezza della natura e, tramite essa, la bontà di Dio.

Iniziò per Elisabetta un periodo ricco di grazia e di sofferenza. Se da un lato continuava la vita «mondana», voluta e programmata dalla madre, dall'altro, la giovane cominciava davvero a sentirsi carmelitana, nel cuore. Cominciarono, così, una serie di lotte interiori dovute al contrasto tra la volontà della madre, che voleva che sua figlia si sposasse e perciò esigeva da lei che non prendesse altre decisioni fino a maggiore età, e la chiamata di Dio, che l'aveva scelta per sé. Elisabetta non voleva ribellarsi alla madre, non però per debolezza di carattere, ma per il desiderio di accogliere tutto in uno spirito di fede[195], riconoscendo la volontà di Dio in ogni evento.

Nel 1899 la giovane digionese frequentò i ritiri spirituali condotti dal padre Louis Chesnay sj. (24-28 gennaio) e partecipò alle missioni (4 marzo – 2 aprile), nel corso delle quali, il 26 marzo, la madre consentì finalmente ad Elisabetta di entrare al Carmelo[196]. Pochi giorni dopo però, il 31 marzo 1899, la stessa madre propose ad Elisabetta la possibilità di un matrimonio, «un parti superbe» (J 124). La giovane rimase indifferente dinanzi «à cette séduisante proposition»[197]. In quel periodo della sua vita Elisabetta, avendo il desiderio d'entrare nel monastero, sentì crescere il bisogno di appartenere a Cristo, e lo visse come un vero e proprio fidanzamento[198].

Cresceva nella giovane il desiderio insistente di partecipare intimamente al mistero della Redenzione; la sua brama era di offrirsi in espiazione, chiedendo a Dio la conversione dei peccatori[199]. In particolare

---

[194] *Œuvres*, 1069.
[195] Sicari, 57.
[196] J 105; *Œuvres*, 1069.
[197] Elisabetta affermò subito: «Ah, mon cœur n'est point libre, je l'ai donné au Roi des rois, je n'en puis plus disposer» (J 124). La mancanza di consenso della madre d'entrare in monastero, causata dal timore che la figlia potesse andarci senza la certezza di una vocazione convinta, rafforzò ancora più fortemente Elisabetta nella sua vocazione. Più tardi fu la stessa signora Catez a sollecitare le suore, affinché accogliessero Elisabetta il prima possibile (cfr. *Souvenirs*, 75). Elisabetta entrando al Carmelo disse alla madre: «Merci! Maman!...» (*Souvenirs*, 14), e lo ripetette più volte (cfr. per es. *Souvenirs*, 19; cfr. L 85, 87).
[198] Sicari, 65.
[199] *Votum*, 16.

Elisabetta pregava per il signor Chapuis, il suo padrone di casa, miscredente, sebbene con un cuore generoso[200].

Elisabetta cercava di portare anime a Dio e si dedicava all'apostolato fra le bimbe del vicinato, occupandosi anche della loro preparazione alla prima Comunione. Colpiva tutti, anche i sacerdoti, per il suo ardore nella preghiera[201].

Durante l'estate, la giovane si recò nel Giura, in Svizzera (Fleurier), nei Vosgi. In questo periodo lesse l'*Histoire d'une Âme* di Teresa di Lisieux[202] e il *Cammino di Perfezione* di Santa Teresa d'Avila, che la aiutarono a risvegliare in lei la consapevolezza della presenza divina nell'intimo dell'anima[203] e il desiderio di partecipare ai dolori di Cristo, sia per dimostrarGli il suo amore, che per collaborare alla salvezza delle anime. Spesso Elisabetta citava la preghiera di Santa Teresa d'Avila: *O patire o morire*[204]; e imparò dalla santa stessa che l'amore alle creature non può mai competere con quello dovuto a Dio, ma che può e deve essere profondissimo, se esse conducono a Lui[205].

Nel gennaio del 1900, la giovane partecipò al ritiro predicato dal gesuita padre Joseph Hoppenot sj., il cui tema riguardava la «solitude que Notre Seigneur aimait tant»[206]. Elisabetta da quel momento si dedicò alla ricerca della solitudine del cuore[207].

La giovane digionese visse sempre più profondamente del pensiero teresiano sulla dimora di Dio nell'uomo[208]; nelle annotazioni riportate

---

[200] Sicari, 61. Avere zelo per la conversione delle anime era un invito che proveniva fra l'altro dalle predicazioni dell'epoca. Pure S. Teresa del Bambino Gesù pregava intensamente per una persona (Signor Pranzini), ottenendole la grazia richiesta. Si sa che Elisabetta credeva che il signor Chapuis fosse morto senza la riconciliazione con Dio (L 183, 185); i registri parrocchiali di Saint-Michel riferiscono invece che prima della morte, ricevette i sacramenti della Chiesa (L 183, n. 9; J. DE BONO, *Elisabetta della Trinità*, 49-50).

[201] *Inform.*, 8. Cfr. *Votum*, 11; *Souvenirs*, 54.

[202] *Œuvres*, 445.1069.

[203] J 13: «Je lis en ce moment *Le chemin de la perfection* de sainte Thérèse. Cela m'intéresse énormément et me fait beaucoup de bien. [...] L'oraison – comme j'aime la façon dont sainte Thérèse traite ce sujet, lorsqu'elle parle de la contemplation, ce degré d'oraison dans lequel c'est Dieu qui fait tout et où nous ne faisons rien, où Il unit notre âme si intimement à Lui que ce n'est plus nous qui vivons mais Dieu qui vit en nous»; cfr. M.-M. PHILIPON, «Élisabeth de la Trinité», 590; *Votum*, 8.

[204] Sicari, 61. La frase «ou souffrir, ou mourir» si può trovare per es. in J 27, 32, 43.

[205] Cfr. J 15; Sicari, 63.

[206] J 137.

[207] Cfr. Sicari, 71.

[208] Vedi: A.M. SICARI, «"Dimora di Dio"», 433-446.

durante gli esercizi spirituali, scrisse: «Ô mon Dieu! [...] Que pendant ces jours bénis je vive dans une union plus complète avec vous, que je ne vive qu'*en dedans*, dans cette cellule que vous bâtissez en mon cœur, dans ce petit coin de moi-même où je vous vois, où je vous sens si bien» (J 140)[209].

Ispirandosi ad un altro pensiero, sempre teresiano, che considerava essenziale per un retto discernimento nelle scelte della vita, Elisabetta tentò di non aspettare passivamente l'entrata nel monastero, ma di educarsi a quella «indifferenza» che deve sostanziare ogni attesa. Volle mantenere puro l'atteggiamento del cuore, che deve desiderare il bene con tutte le forze e contemporaneamente rinunciare a determinarlo secondo la propria volontà[210].

Elisabetta non aveva ricevuto una specifica formazione culturale, fuorché quella musicale[211], perciò per comprendere meglio la dinamica di ciò che accadeva nella sua vita spirituale, doveva ricorrere a qualche lettura o a colloqui con interlocutori che in genere erano saggi sacerdoti[212]. Nell'anno 1900 incontrò per la prima volta p. Irénée Vallée op. (1841-1927)[213], che la illuminò a proposito dell'inabitazione della Trinità nell'anima per mezzo della grazia. Qui si svolse la fase decisiva della vita di Elisabetta. Fino a questo incontro, non aveva avuto la piena coscienza del carattere trinitario della dimora divina in lei; sentiva la presenza di Dio dentro di sé, però questo mistero era ricoperto da un velo. Padre Vallée confermò che ella poteva abbandonarsi con sicurezza tra le braccia di quella Presenza[214]. Da quel momento il mi-

---

[209] Elisabetta trattò innanzitutto una delle espressioni più sintetiche della mistica teresiana: «Dans le ciel de mon âme». Il contenuto di questa frase lo si può riscontrare sempre più profondamente vissuto, in tutte le tappe della vita spirituale di Elisabetta (M.-M. PHILIPON, «Élisabeth de la Trinité», 590).

[210] Sicari, 72.

[211] Cfr. *Inform.*, 5. Con la sorella Marguerite, Elisabetta era affidata ad istitutrici (le signorine Gremaux e Forey), le cui lezioni miravano a dare soltanto un'infarinatura letteraria, senza un serio programma di studi. La madre disponeva solo d'una modesta pensione e preferiva impegnarla facendo frequentare alle figlie il conservatorio musicale di Digione; voleva assicurare il loro futuro, dando loro la possibilità di diventare professoresse di musica (*Votum*, 22-23; cfr. *Summ.*, 307, § 645). Perciò si nota in Elisabetta un certo squilibrio tra gli studi classici, pressoché inesistenti, e la formazione musicale, che indubbiamente la arricchiva di sensibilità (*Votum*, 23).

[212] Sicari, 63.

[213] Cfr. «Renseignements divers sur Élisabeth et son Carmel» in *Œuvres*, 1069.

[214] *Votum*, 10; M.-M. PHILIPON, «Élisabeth de la Trinité», 591; *Souvenirs*, 65-67. Per la descrizione dell'incontro col p. Vallée, vedi pure in Sicari, 73-74. Secondo

stero della dimora della Trinità nell'uomo diventò per Elisabetta il punto centrale della sua vita interiore[215]. Elisabetta acquisì, grazie alle parole di p. Vallée, non una teoria del dogma trinitario, ma l'intuizione affascinante della calda corrente dell'infinito amore interpersonale delle Tre Divine Persone, che avvolge l'uomo per assorbirlo in quella stessa corrente[216].

Durante le sue ultime vacanze (1900), Elisabetta visitò: Tarbes, Biarritz, Lourdes, Carlipa, Charentes, Parigi. L'anno successivo, avendo presa la decisione di entrare in monastero, soffrì molto costatando la desolazione della mamma, che viveva momenti di disperazione[217], ma nonostante tutto Elisabetta era ormai risoluta a seguire il richiamo insistente della sua vocazione.

Il 2 agosto 1901 Elisabetta Catez entrò al Carmelo di Digione e prese il nome di *Marie Élisabeth de la Trinité*[218].

2.2 In monastero

Secondo l'uso di allora, pochi giorni dopo l'ingresso in monastero, intorno al 9 agosto, Elisabetta riempì un questionario in cui doveva rispondere alle svariate domande riguardanti la vita carmelitana. La giovane, fra le altre risposte, scrisse anche: «D. *Quel livre préférez vous?* – R. L'âme du Christ, elle me livre tous les secrets du Père qui

---

l'autore, Elisabetta già prima di quell'incontro aveva fatto propria la nozione di Dio Uno e Trino, e della Sua inabitazione nell'anima del battezzato. Sarebbe banale pensare che fino ad allora Elisabetta avesse creduto solo all'inabitazione di Gesù nel suo cuore, e scoprisse che era invece presente tutta la Trinità (Sicari, 74). Cfr. pure: *Inform.*, 10.

[215] È di notevole rilievo il fatto che Dio si rivela attraverso l'esperienza *interiore* e l'esperienza *esteriore*, cioè tramite, per esempio, le altre persone.

[216] Sicari, 74-75.

[217] Cfr. L 62.

[218] *Inform.*, 11; *Votum*, 12; L. BORRIELLO, «Introduzione», 10. Quando Elisabetta stava per entrare al Carmelo di Digione, la priora, madre Marie de Jésus, che più tardi divenne priora della nuova fondazione a Paray-le-Monial (*Œuvres*, 58; conosciamo due lettere indirizzate alla Madre Marie de Jésus: L 107 e L 306), cercò di convincere Elisabetta ad entrare nella nuova fondazione, ma l'intervento della signora Catez, che si rivolse a p. Vallée affinché intervenisse a suo favore, fece sì che sua figlia rimanesse a Digione. La nuova priora, Madre Germaine, che aveva appena 31 anni, subito si accorse che Elisabetta solo per umiltà voleva andare a Paray-le-Monial, perché il suo vero desiderio era il Carmelo a Digione (Cfr. *Votum*, 12; J. DE BONO, *Elisabetta della Trinità*, 53-54).

est aux Cieux. [...] D. *Quelle est votre devise?* – R. Dieu en moi, moi en Lui» (NI 12)[219].

Con i quattro mesi di postulato, iniziò per lei il primo periodo caratteristico della sua vita interiore, che si potrebbe identificare nelle parole da lei stessa riportate in una sua lettera: «Il me semble que j'ai trouvé mon Ciel sur la terre puisque le Ciel, c'est Dieu, et Dieu, c'est mon âme» (L 122)[220]. Elisabetta *riscoprì* la presenza di Cristo nella sua anima e, in relazione a questa sua esperienza, tracciò il programma della sua vita: immedesimarsi con tutti i moti dell'anima di Cristo in lei presente[221]. Al canonico Angles scrisse: «je sens que tous les trésors refermés dans l'âme du Christ sont à moi, aussi je me sens si riche, et avec quel bonheur je viens puiser à cette source [...]»[222].

A partire dalla certezza della presenza del Cielo nell'anima[223] dove Dio ha posto la sua dimora, nacque per Elisabetta una convinzione ancora più intima dell'autenticità della sua chiamata al Carmelo, come ambiente spirituale congeniale per vivere in pienezza i suoi sentimenti interiori[224]; la giovane riconobbe il monastero come ambiente insostituibile nel quale vivere la sua vocazione[225]. Lei stessa affermò: «j'ai trouvé mon Ciel sur la terre en ma chère solitude du Carmel» (L 139); «[mon béni Carmel] C'est une oasis dans le désert de cette vie, un coin du Ciel, ou du moins un passage entre Ciel et terre» (L 137).

Già prima della vestizione (che avvenne l'8 dicembre 1901, il giorno dell'inizio dell'anno di noviziato canonico) e prima della professione (che si svolse l'11 gennaio 1903), il tempo delle consolazioni passò ed Elisabetta fu condotta dallo Spirito Santo alla notte delle tentazioni, della durezza del cuore, dell'impotenza e della stanchezza. Iniziò per la

---

[219] Poco dopo l'entrata in monastero, Elisabetta aveva confidato alla sottopriora Marie de la Trinité: «Je sens que je mourrai jeune. L'action de Dieu est si forte qu'elle m'use. Je crois que le Ciel viendra bientôt: j'en ai si soif! Je ne puis plus porter ce poids de grâces» (*Summ.*, 75, § 165; cfr. *Votum*, 16).

[220] M.-M. PHILIPON, «Élisabeth de la Trinité», 592. Elisabetta aggiunse: «Le jour où j'ai compris cela, tout s'est illuminé en moi et je voudrais dire ce secret tout bas à ceux que j'aime afin qu'eux aussi, à travers tout, adhèrent toujours à Dieu, et que se réalise cette prière du Christ: "Père, qu'ils soient consommés en l'Un!" [cfr. Gv 17,23]» (L 122, che fu scritta poco dopo il 15 giugno 1902 alla signora de Sourdon).

[221] Cfr. J. GALOFARO, «"Mio Dio, Trinità che adoro"», 159.

[222] L 91, che fu scritta l'11 settembre 1901. Cfr. pure J.I. ADAMSKA, «Biografia», 63.

[223] Vedi: E. ANCILLI, «Una testimone dei nostri tempi», 584-590.

[224] Sicari, 119.

[225] Cfr. Sicari, 119.

giovane un tempo di purificazione e di liberazione. Elisabetta, che aveva il cuore tenero e un temperamento d'artista, doveva passare attraverso le terribili notti dei sensi[226]. La sua Priora a questo proposito scrisse:

> [...] les ténèbres d'une nuit profonde, auxquelles ne tardèrent pas à s'ajouter des inquiétudes, des peines d'esprit, d'étranges fantômes de l'imagination [...] des états d'autant plus humiliants que le moindre coup d'aile semblait devoir suffire à l'en délivrer, d'autant plus douloureux qu'ils opposés à tout ce qu'elle avait expérimenté jusque-là, comme à sa vie d'oraison[227]!

Oltre agli scrupoli, c'era in Elisabetta l'assenza completa di ogni luce[228]. Il buio in cui Elisabetta era immersa, ricopriva tutti gli aspetti della sua realtà spirituale, legata soprattutto al cammino tracciato dalla sua personale vocazione; per lei era oscurata anche la prospettiva del suo avvenire[229].

Nella comunità carmelitana in cui si trovava Elisabetta, fra le molte sorelle buone, vi erano purtroppo anche quelle che erano per lei motivo di sofferenza: suor Marie de la Trinité (la sottopriora) e suor Agnès de Jésus, che la riprendevano sia in pubblico che in privato, spesso erroneamente, umiliandola; inoltre, suor Anne-Marie de L'Enfant-Jésus ed suor Anne de Jésus (Marie Anne de Jésus) manifestavano apertamente la loro invidia nei confronti della giovane[230]. Elisabetta in ogni avversità rimase serena ed eroicamente fedele a Dio[231].

---

[226] M.-M. PHILIPON, «Élisabeth de la Trinité», 591; Œuvres, 347. Invece, A.M. Sicari colloca l'inizio della notte oscura di Elisabetta dopo la vestizione (cfr. Sicari, 133; cfr. pure: Inform., 11; Votum, 12). V. Macca considera questo periodo della vita di Elisabetta come la sua prima «Notte Oscura» (Votum, 25; cfr. pure: Responsio, 61), e colloca la seconda durante il periodo della sua malattia.

[227] Souvenirs, 95-96.

[228] In umiltà viveva la sua giornata nella preghiera, nel lavoro, senza che le consorelle, neppure le più intime, si accorgessero della «notte» che attraversava (Votum, 13).

[229] Sicari, 135. La notte oscura era inaspettata, anche se ne aveva già avvertita l'amarezza nel tempo delle Missioni a Digione. Uno dei padri missionari, dopo che lei gli aveva parlato del suo desiderio di entrare al Carmelo, le disse che quando lei sarebbe stata abbastanza forte per camminare senza consolazioni, Gesù avrebbe finto di ritirarsi (cfr. J 109 scritto il 27 marzo 1899; Sicari, 133-134).

[230] Cfr. J. DE BONO, Elisabetta della Trinità, 110-114. La suora Anne-Marie de l'Enfant-Jésus (morta alla fine del 1941 nel Carmelo di Digione), durante il processo di Beatificazione di Elisabetta, si mostrò contraria allo svolgimento della Causa (cfr. Responsio, 20-25); era gelosa e attaccata in modo particolare a Madre Geneviève

CAP. I: L'AMBIENTE DELL'ESPERIENZA

Nello stesso tempo, nell'ambito della vita diocesana, si svolgevano i tristi avvenimenti riguardanti il vescovo di Digione, monsignor Le Nordez, che era favorevole ai repubblicani[232], con ripercusioni negative sulla comunità ecclesiale a lui affidata. Comunque Elisabetta in ogni circostanza mostrò sempre un grande amore per la Chiesa. Nella lettera indirizzata, il 25 gennaio 1904, al reverendo Chevignard, scrisse:

> Mon âme aime s'unir à vôtre dans une même prière pour l'Église, pour le diocèse. Puisque Notre Seigneur demeure en nos âmes, sa prière est à nous et je voudrais y communier sans cesse, me tenant comme un petit vase à Source, à la Fontaine de vie, afin de pouvoir ensuite la communiquer aux âmes, en laissant déborder ses flots de charité infinie[233].

Una persona che, come una vera madre, sosteneva Elisabetta nel suo cammino di sofferenza era Madre Marie Germaine de Jésus, priora e maestra delle novizie. Ella influenzò non poco la dottrina e la spiritualità di Elisabetta[234]: la educava, la formava, la conduceva con insegnamenti materni, aiutandola a rispondere alla grazia. Questo rapporto fra Elisabetta e la Priora non era basato su un sentimento umano: a volte suor Germaine si mostrava severa verso la sua figlia spirituale e cercava di aiutare Elisabetta nel mortificare la sua troppa sensibilità, tutto per il maggior bene interiore della giovane[235]. Per questo Elisabetta vedeva nella sua Priora un dono di Dio[236].

(un'altra consorella che non era stata benevola verso Elisabetta) e alle sue idee sulla contemplazione e la vita mistica (cfr. *Responsio*, 20-21). La stessa Madre Geneviève era radicalmente contraria alla Causa di Beatificazione di Elisabetta (*Responsio*, 17). Suor Agnès de Jésus testimoniò che «la mère Geneviève [...] n'ait pas manqué une occasion de faire un "apostolat" contre Sr. Élisabeth» (*Summ.*, 268, § 557). (Su suor Geneviève e le sue critiche nei confronti di Elisabetta vedi: *Inform.*, 16-20; 8-19).

[231] Per cinque anni, fino alla morte, Elisabetta continuò «la sua vita, perfetta, elevandosi al di sopra delle altre religiose per il suo ardore apostolico, per purezza della sua fede, per l'amore di Dio e del prossimo» (*Inform.*, 12). Qui possiamo sottolineare il fatto che la cella di Elisabetta era senza elettricità, né riscaldamento, né acqua corrente (*Œuvres*, 344).

[232] B. SESÉ, *Elisabetta della Trinità*, 97-98. Cfr. *Œuvres*, 346; J.I. ADAMSKA, «Biografia», 56.

[233] L 191.

[234] J. DE BONO, *Elisabetta della Trinità*, 54; cfr. *Œuvres*, 347.

[235] Cfr. J. DE BONO, *Elisabetta della Trinità*, 55.59.

[236] Oggi possiamo leggere molte lettere indirizzate alla Priora, che mettono in luce la profondità di relazione che vi era fra loro (cfr. L 101, 153, 284, 316, 319, 320, 321, 324, 329). L'ultima lettera LA (*Laisse-toi aimer*) è un testamento spirituale di Elisabetta, in cui la giovane si rivolse alla Priora come a una *figlia*.

Nella sua esperienza di vita religiosa, Elisabetta incontrò — oltre a p. Vallée che predicò al Carmelo in diverse occasioni — un sacerdote molto importante: p. Edmond Vergne sj., che era il direttore spirituale di molte suore. Fu proprio lui che seppe riconoscere il periodo delle terribili prove che Elisabetta attraversò dal tempo del noviziato fino alla veglia della sua professione[237].

L'11 gennaio 1903, nel giorno della solennità dell'Epifania, Elisabetta fece la professione perpetua[238] che fu seguita, il 21 gennaio, dal rito della velazione[239]. A questo punto, per Elisabetta la lotta interiore e le angosce vennero dimenticate, si sentiva finalmente sposa di Cristo[240]. In una lettera indirizzata alle zie Rolland, scrisse: «Oh! Mes petites tantes, que je suis heureuse, me voilà donc épouse du Christ!» (L 154)[241]. La professione religiosa fu per Elisabetta, in un certo senso, un «punto di partenza»[242], che segnò l'inizio di due anni di vita monastica pressoché ordinaria[243]. Vivere da carmelitana era per lei la cosa

---

[237] *Œuvres*, 347; *Votum*, 14. Cfr. J. DE BONO, *Elisabetta della Trinità*, 104 (dove l'autore, oltre all'incontro tra Elisabetta e p. Vergne, ne menziona un altro, che aiutò la giovane novizia – il 22 dicembre 1902, giorno dell'*esame canonico* – quello con la mamma (Sicari, 135). P. Vallée invece non riuscì a intuire chiaramente le prove interiori sofferte da Elisabetta (*Summ.*, 285, § 590; *Votum*, 13; *Responsio*, 61; cfr. pure: GIOVANNA DELLA CROCE, *Elisabetta della Trinità. Una vita*, 45; J. DE BONO, *Elisabetta della Trinità*, 104-105; Sicari, 134). La giovane, prima del suo ingresso in monastero, già aveva ascoltato p. Edmond Vergne sj., che predicava alle Carmelitane (cfr. L 36, n. 3); aveva ascoltato anche i ritiri condotti da lui nel 1901 (*Œuvres*, 346). Elisabetta menzionò p. E. Vergne nella lettera inviata a sua madre dall'infermeria, affermando che lui aveva cercato di consolarla nelle sue sofferenze fisiche e le aveva detto «des choses magnifiques» (L 308).

[238] Cfr. «Testimonium D. F. Professionis Religiosae» in *Ex Documentis* in *Summ.*, 421).

[239] Cfr. «Testimonium sollemnis velationis Servae Dei» in *Ex Documentis* in *Summ.*, 482.

[240] GIOVANNA DELLA CROCE, *Elisabetta della Trinità. Una vita*, 47.

[241] Elisabetta spiegò in NI 13 che cosa significava per lei «essere sposa di Cristo».

[242] Sicari, 139.

[243] Cinque o sei mesi dopo la professione, nell'estate del 1903, si manifestarono i primi sintomi del morbo di Addison, allora sconosciuto e quindi senza possibilità di cure. Per due anni la giovane riuscì a sopportare tutto in silenzio: stanchezza, crampi allo stomaco, forti emicranie, dimagrimenti (GIOVANNA DELLA CROCE, *Elisabetta della Trinità. Una vita*, 48-49; cfr. *Œuvres*, 663; Sicari, 132). Durante l'ultimo periodo della malattia poteva mangiare solo pochi alimenti, come il latte, il formaggio bianco, i cioccolatini e i gelati (*Œuvres*, 664).

più naturale, tanto che ella stessa affermava: «Il faut le [divin Maître] regarder tout le temps, il faut faire du silence, c'est si simple»[244].

Nel 1903, dopo la professione solenne, il cammino spirituale di Elisabetta fu caratterizato dalla «scoperta» contemplativa della dottrina di S. Paolo[245], alla cui scuola si pose la giovane, «sous une grâce qui lui permettait de saisir les profondeurs de son enseignement»[246].

Contemporaneamente Elisabetta lesse le *Opere* di san Giovanni della Croce[247], la cui lettura la arricchì della comprensione che la dimora della Trinità nell'uomo ha facoltà di trasformarlo *in* Dio. Il 28 novembre 1903, la giovane scrisse al reverendo André Chevignard (fratello di Georges Chevignard, marito di Marguerite Catez), esprimendo la sua profonda ammirazione per la dottrina appresa nelle pagine scritte da S. Giovanni della Croce:

> Je lis en ce moment de bien belles pages dans notre bienheureux Père saint Jean de la Croix sur la transformation de l'âme en les trois Personnes divines. Monsieur l'Abbé, à quel abîme de gloire nous sommes appelés! Oh! Je comprends les silences, les recueillements des saints qui ne pouvaient plus sortir de leur contemplation [...]. Notre bienheureux Père dit qu'alors l'Esprit Saint l'élève à une hauteur si admirable qu'Il la rend capable de produire en Dieu la même aspiration d'amour que le Père produit avec le Fils, et le Fils avec le Père, aspiration qui n'est autre que l'Esprit Saint Lui-même! [...] Je voudrais y répondre en passant sur la terre comme la sainte Vierge, «gardant toutes ces choses en mon cœur», m'ensevelissant pour ainsi dire dans le fond de mon âme afin de me perdre en la Trinité qui y demeure, pour me transformer en elle[248].

Elisabetta fu anche affascinata (nel 1904) dagli scritti di S. Caterina da Siena e in particolare dalla sua preghiera rivolta alla Santissima Trinità, con cui si conclude il *Dialogo*, e in riferimento alla quale Elisabetta affermava: «C'est la plus belle de toutes les prières que je connaisse et ma prière préférée»[249]. Vedendo, però, che persino questa preghiera non rispondeva pienamente a tutti i moti della sua anima, il 21 novembre 1904 la carmelitana, sotto l'ispirazione dello Spirito Santo,

---

[244] *Souvenirs*, 133.
[245] *Inform.*, 4; *Votum*, 29. Pure grazie a p. Vallée che le commentò qualche testo dell'Apostolo (*Summ.*, 25, § 44).
[246] Le parole di p. Vallée citate da Madre Germaine in *Summ.*, 25, § 44.
[247] Cfr. *Œuvres*, 455.
[248] L 185; cfr. Lc 2,19.55.
[249] M.-M. PHILIPON, «Élisabeth de la Trinité», 591.

decise di comporre la propria orazione personale, la celebre preghiera: *O mon Dieu, Trinité que j'adore* (NI 15), la quale era espressione dell'autentica offerta di Elisabetta «comme une proie» alla Santissima Trinità[250].

Nella primavera del 1905, Elisabetta avvertì che si accentuavano i sintomi del morbo di Addison[251], e la Priora la dispensò dall'osservanza di alcuni punti della Regola[252]. All'inizio della Quaresima, Elisabetta sentì interiormente un fortissimo richiamo di Dio a diventare «conforme alla morte di Cristo»[253]. Nell'autunno del 1905, grazie alla meditazione delle lettere di San Paolo, la giovane carmelitana scoprì la sua vocazione suprema di essere «louange de gloire» della Trinità[254]. Il suo essere, nell'intimo dell'anima, la lode di gloria della Trinità, divenne per lei il nuovo nome e il vero valore della vita[255].

Verso la fine di marzo del 1906, Elisabetta non riusciva più a nascondere gli atroci dolori e gli acutissimi spasmi dello stomaco[256]; per

---

[250] *Œuvres*, 456.566.

[251] Cfr. L. BORRIELLO, «Introduzione», 13-14. Il morbo Addison, molto raro, causato da una disfunzione delle ghiandole surrenali, a quel tempo era incurabile (A. BUTLER, «B. Elisabetta della Trinità (1880-1906)», 1136).

[252] B. SESÉ, *Elisabetta della Trinità*, 135. Cfr. Sicari, 132.

[253] *Votum*, 17.

[254] Questa formula paolina, che la portò ad esprimere il desiderio di essere la *Louange de gloire* (cfr. Ef 1,12), era stata appresa da Elisabetta già nell'anno 1904. Nei suoi scritti apparve per la prima volta il 25 gennaio 1904 in L 191, e successivamente in L 220 (5 gennaio 1905), 231 (inizio giugno 1905), 232 (intorno al 25 giugno 1905), ecc. Inoltre, probabilmente già durante la Pasqua del 1905, la carmelitana disse: «J'ai trouvé dans St. Paul un passage splendide: Dieu nous a prédestinés à la louange de sa gloire» (*Ex Documentis* in *Summ.*, 458). Cfr. pure *Inform.*, 4; *Votum*, 18; M.-M. PHILIPON, «Élisabeth de la Trinité», 590.592. Secondo M.-M. Philipon, questa «scoperta» segna la seconda tappa decisiva nel cammino di fede di Elisabetta; la prima invece, legata al giorno della prima Comunione e, successivamente, all'incontro con il p. Vallée e alla lettura del *Cammino di Perfezione*, riguardava l'inabitazione della Santissima Trinità nell'anima del giusto (J. DE BONO, *Elisabetta della Trinità*, 190). L'espressione colma di mistero *Louange de gloire*, era per Elisabetta illuminante ed era un sostegno nella prova: fu per lei segno della grazia unificatrice e trasfiguratrice (*Votum*, 18). La giovane carmelitana diceva: «Être louange de gloire me soutient dans toutes mes difficultés» (*Summ.*, 76, § 167).

[255] Cfr. DR 44. Sui termini: *Laudem gloriae* (*Louange de gloire*) vedi: L 191, n. 11; L 250, n. 16.

[256] GIOVANNA DELLA CROCE, *Elisabetta della Trinità. Una vita*, 49. Nel libro di A.M. Sicari è stato indicato il 20 maggio 1906, come la data del trasferimento di Elisabetta in infermeria (Sicari, 220), però la stessa lettera L 278, scritta dalla giovane, e altri documenti confermano come veritiera la data corrispondente alla fine di marzo,

questo il 20 marzo venne portata in infermeria, dove trascorse quasi nove mesi[257], durante i quali cominciò a percorrere il suo Calvario[258], unica meta verso cui ormai era diretto il suo cammino di fede.

2.3 In infermeria

Elisabetta accettava le sue sofferenze con docilità, semplicità e dolcezza; nessuno, che fosse in rapporto con lei, avrebbe mai immaginato che ella soffrisse dolori tanto acuti, infatti non manifestava né impazienza né sbalzi d'umore[259].

La carmelitana ebbe la prima grave crisi il giorno 8 aprile 1906, la sera della Domenica delle Palme, e per questo motivo p. Donin le amministrò il sacramento dell'Unzione degli Infermi e il Viatico[260]. Trascorso un Venerdì santo molto doloroso, la sua salute improvvisamente migliorò[261], ma più tardi, il 13 maggio, si verificò una seconda crisi, e da allora lo stato di Elisabetta continuò a peggiorare progressivamente[262]. La giovane carmelitana era già preparata alla morte: «Qu'elle est suave et douce, la mort, pour les âmes qui n'ont aimé que Lui, [...] J'étais si heureuse de mourir carmélite» (L 278)[263].

Durante la solennità dell'Ascensione (25 maggio), conformemente alle espressioni di S. Giovanni della Croce, Elisabetta visse con Dio l'unione trasformante, la pienezza nell'amore[264]. Intorno all'8 o 9 luglio, dopo la preghiera rivolta a Teresa di Lisieux, Elisabetta riuscì di nuovo a stare in piedi[265], dopo notevoli sacrifici compiuti soprattutto come atto di obbedienza alla Priora, che le aveva detto di sforzarsi a camminare (cfr. L 295).

---

forse intorno alla metà della Quaresima; alcuni affermano con più precisione la possibilità che tale data corrisponda al 20 marzo (per es. *Votum*, 17; *Œuvres*, 662.1070; *Souvenirs*, 178; ELISABETTA DELLA TRINITÀ, *All'aurora Ti cerco*, 122).

[257] *Votum*, 17.
[258] Sicari, 141.
[259] Sicari, 220.
[260] *Œuvres*, 662; cfr. L 266, n. 3; Sicari, 220.229.
[261] 14 aprile (*Œuvres*, 1070; cfr. Sicari, 221).
[262] Sicari, 221.
[263] La lettera fu scritta intorno al 10 giugno 1906.
[264] Cfr. «Il cammino di fede nel pensiero di S. Giovanni della Croce e le tappe parallele in Sœur Élisabeth de la Trinité» in J. DE BONO, *La sofferenza*, 270; cfr. *Ibid.*, 265; *Cause de Béatification et Canonisation*, 68, § 149.
[265] *Œuvres*, 1070. Vedi la descrizione dell'«intervento miracoloso» di santa Teresa di Gesù Bambino in L 295.

Negli ultimi mesi di vita, Elisabetta annotò i suoi pensieri, componendo piccole opere, oggi considerate veri e propri trattati spirituali: *Le Ciel dans la foi* (CF; scritto nella prima metà d'agosto); *Dernière retraite* (DR; scritto nel periodo che va dal 16 al 31 agosto); *La grandeur de notre vocation* (GV; composto il 9 settembre); *Laisse-toi aimer* (LA; scritto in ottobre). Queste opere composte nella più estrema debolezza fisica, esprimono la profondità dell'esperienza mistica della carmelitana[266]. Elisabetta era vista dalle sue consorelle come colei che è «revêtue de l'Homme des douleurs, [...] bien conforme à Jésus crucifié»[267]. Aveva una grande forza e serenità nella sofferenza, nonostante a volte avesse la tentazione di suicidarsi[268].

Questo era il tempo del secondo periodo del suo itinerario interiore, al tramonto della sua esistenza terrena, nel quale Elisabetta pervenne al grado di unione trasformante: «Puisque mon âme est un ciel où je vis en attendant "la Jérusalem céleste", il faut que ce ciel chante aussi la gloire de l'Eternel, *rien* que la gloire de l'Eternel» (DR 17; Eb 12,22)[269]. In questo canto della gloria di Dio, Elisabetta riconobbe la sua missione nella Chiesa, e questo lo si riscontra chiaramente nelle parole che un giorno scrisse alla sua Priora: «en partant je vous lègue cette vocation qui fut mienne au sein de l'Église militante et que je remplirai désormais incessamment en l'Église triomphante: *"Louange de gloire de la Sainte Trinité"*» (LA 5). Questa confidenza riassumeva tutto il cammino spirituale della giovane carmelitana, la sua dottrina e la sua vocazione[270].

---

[266] Nei primi due trattati, *Le Ciel dans la foi* (CF) e *Dernière retraite* (DR), Elisabetta raccolse tutta la sua dottrina (Sicari, 223).

[267] *Souvenirs*, 261.

[268] Cfr. Sicari, 224; *Œuvres*, 664; L 329, n. 2. Elisabetta, umile, un giorno confidò al medico che la curava: «J'ai tellement souffert cette nuit que j'étais tentée de me jeter par la fenêtre; mais je me suis dit: ce n'est pas ainsi qu'une Carmélite doit souffrir» (*Elpa*, 157). Un'altra volta disse alla Madre Germaine de Jésus, mostrandole la finestra accanto al letto: «Ma Mère, vous êtes tranquille de me laisser toute seule ainsi?... Je souffre tant que je comprends maintenant le suicide. Mais soyez tranquille: Dieu est là, et Il me garde» (*Elpa*, 164).

[269] M.-M. PHILIPON, «Élisabeth de la Trinité», 592.

[270] M.-M. PHILIPON, «Élisabeth de la Trinité», 593. Lo schema di questo ultimo periodo della maturazione spirituale di Elisabetta si trova in *Œuvres*, 665. C. De Meester elenca in successione i rispettivi passi che Elisabetta percorse nel suo intimo con il seguente ordine: il desiderio del cielo (per es. L 266), l'esperienza più profonda della presenza divina nell'anima, la certezza di essere amata da «Dieu tout Amour» (per es. L 275, 280), l'esperienza della presenza di Maria, Regina dei martiri e Porta

CAP. I: L'AMBIENTE DELL'ESPERIENZA   59

Una persona che aiutò molto Elisabetta, quando costei si trovava sul letto di morte, fu p. Vallée. Egli le diede molti consigli importanti per la vita interiore, e un giorno disse: «Toutes les volontés de Dieu sur nos âmes, sont volontés d'amour» (L 308)[271].

La carmelitana si rendeva conto che a lei non sarebbe stata concessa una morte addolcita di grazie mistiche e visioni spirituali, ma che Dio la chiamava a vivere l'esperienza dell'abbandono più tragico, nello stato di pura fede[272]. La giovane carmelitana, salda nella prova, esprimeva la sua sicurezza di essere accolta nell'altra vita da Maria — *Janua Cœli* — però le sue emozioni e i suoi sentimenti le facevano sperimentare la realtà della morte come un castigo e si sentiva priva di meriti[273].

Tramite la sofferenza, tutte le espressioni e le esperienze di «unione» con Dio venivano purificate in Elisabetta[274]. Nell'ambiente del dolore cresceva la sua delicatezza nell'amore, e questo si manifestava nelle premurose attenzioni che rivolgeva a coloro che conosceva: scriveva ad ognuno lettere che esprimevano il suo affetto[275]. Durante gli ultimi mesi

---

del cielo, il desiderio di unione con Dio sulla terra come nel cielo (con riferimento alla lettura degli scritti di Ruusbroec durante l'estate), il desiderio di raccoglimento in Dio tramite il silenzio interiore e il distacco da tutto, il desiderio di essere «rien que la gloire de l'Eternel» (DR 17), la sete della conformità a Cristo crocifisso (che corrisponde al periodo della meditazione degli scritti paolini e, in settembre e ottobre, alla lettura del *Livre des visions et instructions* della Beata Angela da Foligno (*Œuvres*, 82); cfr. P 112: «En l'Homme des doleurs elle s'est enfermée»), la coscienza sempre più profonda di avere una «missione» da compiere in cielo.

[271] J. DE BONO, *Elisabetta della Trinità*, 106; cfr. *Responsio*, 61. Elisabetta prima della morte scrisse una lettera indirizzata a p. Vallée, in cui esprimeva la sua gratitudine per il conforto da lui ricevuto (L 304). Cfr. pure L 150. È importante sottolineare anche il fatto che Elisabetta, prima della sua morte, ebbe un notevole influsso sul pensiero stesso del Padre Domenicano (*Œuvres*, 82).

[272] Cfr. Sicari, 224.

[273] «Oui, c'est vrai, *Janua cœli*, laissera bien passer la petite *Luange de gloire* [...] J'ai conscience que la mort est un châtiment, et je me trouve si petite, si dépourvue de mérites!...» (*Souvenirs*, 260). «C'est Janua Cœli qui viendra chercher son enfant pour l'introduire au Ciel» (*Elpa*, 186: *Summ.*, 86, § 190). Cfr. *Elpa*, 187.

[274] Sicari, 225. La giovane un giorno disse: «Comme on se fait illusion sur la véritable union! Les âmes qui pensent y être arrivées parce qu'elles goûtent des consolations sensibles, font penser à des enfants jouant avec des cendres que le vent emporte. Non, non, l'union vraie n'est pas dans les délices, mais dans le dépouillement et la douleur» (*Souvenirs*, 224).

[275] Cfr. *Œuvres*, 665-666; Sicari, 226-227.

di vita si approfondì in lei una *spiritualità vittimale* ed eucaristica (cfr. L 294, n. 6), che aveva un'impronta sacerdotale (cfr. L 320, n. 3)[276].

Il 31 ottobre 1906 Elisabetta ricevette il sacramento dell'Unzione degli Infermi per la seconda volta; quel giorno riuscì a pronunciare solo poche parole. Nella festa di tutti i Santi, il 1° novembre, la carmelitana chiese perdono alle consorelle in maniera commovente, per tutte le mancanze commesse, a suo dire, nei loro confronti[277]. Il 7 novembre si accostò l'ultima volta alla comunione, e due giorni dopo, il 9 novembre 1906, morì fra terribili sofferenze[278]. Le ultime parole che Elisabetta pronunciò, furono: «Je vais à la lumière, à l'amour, à la vie!»[279].

3. La personalità di Elisabetta

La storia individuale di ogni uomo è strettamente legata alla sua personalità. Tutti gli avvenimenti e le condizioni che caratterizzano l'esistenza umana, le influenze esercitate dai rapporti inter-personali, segnano il temperamento e lo modellano nel corso della vita[280]. Per questo, la conoscenza del contesto storico-politico-sociale, quello religioso, familiare e strettamente personale (la Francia della Terza Repubblica, la Chiesa, il Carmelo, la famiglia e la vita privata di Elisabetta) serve per una più approfondita conoscenza della persona della carmelitana e, in modo indiretto, anche per una migliore cognizione della sua esperienza cristologica[281].

---

[276] *Œuvres*, 665.
[277] Sicari, 227.
[278] *Œuvres*, 667.
[279] *Ex Documentis* in *Summ.*, 442; cfr. *Souvenirs*, 263 («Je vais à la lumière, à la vie, à l'amour!...»); *Œuvres*, 667 («Je vais à la Lumière, à l'Amour, à la Vie!...»). Elisabetta, interrogata su quale nome avrebbe desiderato portare in cielo, rispose: «Volonté de Dieu» (*Summ.*, 76, § 168; cfr. *Votum*, 14). Sulla vita di Elisabetta, vedi anche per.es.: L. FORTINO, «Sr. Elisabetta della Trinità», 555-577; *La tradition vivante. Élisabeth de la Trinité*, Épinay-sur-Seine Cédex 1983; A.M. SICARI, «Elisabetta della Trinità», 448-450; R. KÖRNER, *Elżbieta od Trójcy Świętej*, Kraków 2003; D. DECOIN, *Élisabeth Catez ou l'obsession de Dieu*, Paris 2003; R. FORNARA, *Elisabetta della Trinità*, Roma 2004; GIOVANNA DELLA CROCE, *Elisabetta della Trinità*, Roma 1984; *Elisabetta della Trinità. Un nome – una presenza – un messaggio*, Il messaggero del S. Bambino Gesù di Praga 10 (1980) numero unico; *La giovinezza di una santa. Elisabetta della Trinità*, Il messaggero del S. Bambino Gesù di Praga 2 (1985), numero unico; A.M. SICARI, *Il terzo libro dei Ritratti di Santi*, 129-140.
[280] D. HUISMAN, *Enciclopedia della psicologia*, 286.
[281] È molto interessante notare come l'esperienza mistica ha il suo influsso non soltanto nel contesto di tutti gli elementi che costituiscono la realtà che circonda la

Oggi ci troviamo davanti ad un gran numero di teorie sulla personalità; esse si basano su differenti metodi e costruzioni logiche[282]. In questo scritto consideriamo la personalità come il modo di essere, la base dell'auto-esprimersi, la conoscenza e l'auto-conoscienza. La personalità è una regola dell'espressione dell'uomo, è una regola dei suoi comportamenti ed azioni esteriori. Nel suo aspetto dinamico, la personalità è l'ultima e definitiva realizzazione della persona (dal punto di vista della perfezione), che anticipa immediatamente l'escatologia. Essa, come il *farsi* e l'*evolversi* della persona, significa entrare nell'intimo di sé e contemporaneamente superarsi, entrare in una dimensione che trascende il proprio sé, nella relazione con Dio[283].

Alla nozione di *personalità* sono legati altri due termini: *temperamento* e *carattere*. Possiamo affermare che la differenza fra *temperamento* e *personalità* consiste nel fatto che il temperamento è un'espressione più stretta della personalità. Il *temperamento* è «ereditato», «dato» all'uomo, in un certo qual modo appartiene alla natura della persona concreta, in quanto sottoposto alla volontà dell'uomo, ma nella sua essenza è indipendente; il *carattere* invece è una manifestazione attuale della personalità. La stessa *personalità* invece, che subisce l'influenza di diversi fattori (come per esempio il *temperamento* e il contesto della vita con le sue circostanze)[284], essendo sempre libera nel suo sviluppo, «trascina queste determinazioni in un certo senso, dando loro unità superiore e trascendendole dopo averle integrate»[285].

---

persona (come lo scorrere degli eventi nel mondo, la nazione, la famiglia, la Chiesa) ma anche sulla personalità stessa, in altre parole sull'uomo stesso. La persona costituisce pure, in un certo modo, l'«ambiente» dell'esperienza. Dio tramite essa aiuta l'uomo a svilupparsi, a diventare maturo; lo santifica e lo rende conforme all'immagine di Cristo.

[282] P. VERNON, «Personalità», 842.

[283] Bartnik, 177.

[284] Le differenti influenze (come per esempio quella esercitata dall'ambiente), che modellano l'individualità, plasmano un certo carattere ed anche la personalità (cfr. D. HUISMAN, *Enciclopedia della psicologia*, 291).

[285] D. HUISMAN, *Enciclopedia della psicologia*, 289. Il *temperamento* è la caratteristica fondamentale e integrale della personalità. Le definizioni classiche elencano il temperamento: melanconico, flemmatico, collerico e sanguigno (W. KRETSCHMER, «Temperamento», 1178). A questo punto varrebbe la pena di descrivere la nozione di *carattere*. Secondo W. Arnold «se il concetto di "persona" (= se stesso) sta significando l'essere individuale dell'uomo, il carattere definisce l'*essere attuale* e *specifico* dell'uomo». Il concetto di carattere racchiude un contenuto morale ed anche le proprietà psichiche della persona. «Il carattere è la peculiarità indivisibile (individuale)

La vita di Elisabetta può essere divisa in quattro periodi, determinanti la formazione della sua personalità:

1. Il tempo che va dal giorno della nascita (il 18 luglio 1880) fino al settimo anno di vita, nel quale si evidenzia un carattere impulsivo[286];
2. Il tempo che va dai 7 agli 11 anni della sua vita, cioè dalla prima Confessione (i primi mesi del 1887), alla prima Comunione (il 19 aprile 1891), caratterizzato da un intenso lavoro che Elisabetta compì sul suo carattere[287];
3. Il tempo che va dagli 11 ai 18 anni della sua vita, nel quale, continuando con costanza a lavorare sul proprio carattere, Elisabetta giunse alla totale padronanza di sé (autocontrollo integrale)[288];
4. Il tempo che va dal 18° anno di vita fino alla morte (il 9 novembre 1906), nel quale Elisabetta giunse alla meta di una personalità matura.

Lo scopo del nostro studio sulla personalità della carmelitana è evidenziare in quale modo sia la grazia di Dio che la volontà di Elisabetta *modellavano* il suo carattere. Per questo, almeno inizialmente, studiando i primi anni della sua vita proveremo a fare la descrizione del suo temperamento; in seguito cercheremo di individuare quali erano i fattori che portarono Elisabetta alla decisione di lavorare sul suo carattere. Per far questo prenderemo inizialmente in considerazione la maturazione di Elisabetta fino all'undicesimo anno della sua vita (il tutto nel paragrafo: *Il temperamento di Elisabetta*).

Successivamente analizzeremo come Elisabetta lavorò sul suo carattere, fino alla padronanza totale di sé nel diciottesimo anno di vita, e in quale modo la sua personalità s'esprimeva, si realizzava e veniva puri-

---

della persona (meglio: di se stesso), che si manifesta in determinanti tipi di esperienza, i quali si ordinano come totalità, sono soggetti a trasformazione, ma mantengono la loro essenza. Il carattere è espressione della persona e gradino verso lo sviluppo della personalità» (W. ARNOLD, «Carattere», 175-176).

[286] Cfr. *Souvenirs*, 5; *Summ.*, 10, § 2.

[287] Cfr. *Souvenirs*, 9-10. La fanciulla imparò a controllarsi, acquisendo una dolcezza esemplare. Solo raramente le lacrime rivelavano la lotta che si svolgeva nel suo intimo (*Souvenirs*, 10).

[288] «"A dix-huit ans, ce fut fini de la lutte, disait-elle [Élisabeth]; au milieu des fêtes, prise par la présence du divin Maître et par la pensée de ma communion du lendemain, je devenais comme étrangère, insensible à tout ce qui se passait autour de moi"» (*Souvenirs*, 25). Cfr. pure: *Elpa*, 24. Elisabetta dovette lottare a lungo per vincere il suo carattere, e terminata la lotta disse: «Ah! Si l'on savait ce qu'il m'en a coûté» (*Elpa*, 102).

ficata dalla grazia di Dio (nel paragrafo: *Lo sviluppo verso la personalità matura. Lavoro sul carattere*).

Nella ricerca prenderemo in considerazione tutta la ricchezza del *mondo interiore* della sua persona: le sue sensazioni, le impressioni affettive (il dolore e il piacere), le emozioni, le motivazioni, i bisogni[289]; e inoltre: la sua coscienza, la sua intelligenza, la sua proprietà comunicativa, la capacità di superare le difficoltà, la vita interiore, le relazioni esteriori, la vita nella comunità, l'amore, l'angoscia, la sua capacità di approfittare del tempo libero, i suoi interessi (per esempio quelli culturali) e il suo atteggiamento di fronte alla morte.

3.1 *Il temperamento di Elisabetta*

Le lettere della madre di Elisabetta sono delle fonti fondamentali per la conoscenza dell'infanzia della carmelitana. Attraverso questa documentazione, veniamo a sapere che Elisabetta da bambina aveva un'indole molto vivace. Presto imparò a parlare ed era loquace[290]. Fino al settimo anno di vita aveva frequenti eccessi di collera e scatti d'ira[291], cedendo all'impulsività della sua natura. Elisabetta voleva che ogni situazione intorno a lei fosse sotto il suo controllo, e perciò la sottoponeva al giudizio della sua volontà. Era intransigente senza lasciare possibilità di replica, reagiva perentoriamente sotto l'influsso delle emozioni. A volte sbatteva la porta, poi la calciava e la percuoteva con i pugni. Urlando e facendo scenate, voleva ottenere a tutti costi la realizzazione dei suoi desideri. Si diceva di lei che, con questo carattere sarebbe divenuta o una santa o un «demonio»[292].

Elisabetta era testarda e capricciosa, spesso giudicava. Una volta, durante una celebrazione, ella vide la propria bambola, che doveva rappresentare Gesù, nelle mani del sacerdote, e così si mise a gridare al suo indirizzo: «Brutto parroco cattivo, ridammi la mia *Jeanette*!»; e

---

[289] D. HUISMAN, *Enciclopedia della psicologia*, 61-64.
[290] L 1, n. 1, cfr. J.I. ADAMSKA, «Biografia», 9.
[291] *Souvenirs*, 5.
[292] P. Sauvageon, il vicario a Saint-Michel, disse le seguenti parole alla prima Comunione di Elisabeta: «Oh! Élisabeth Catez, avec sa nature, sera un ange ou un démon» (*Ex Documentis* in *Summ.*, 452); cfr. J.I. ADAMSKA, «Biografia», 9; *Œuvres*, 803. Secondo Marguerite, la sorella di Elisabetta, quest'ultima arrivava ad essere «trés diable» (*Ex Documentis* in *Summ.*, 456; cfr. *Votum*, 6). Un giorno Elisabetta «è rimasta chiusa a chiave nel bagno, [e] per uscire dava dei colpi di piede alla porta con gran violenza» (*Ex Documentis* in *Summ.*, 450; cfr. J. DE BONO, *Elisabetta della Trinità*, 88).

poiché continuava ad urlare, si dibatteva e lanciava sguardi furibondi al celebrante; per farla tacere fu necessario trascinarla a forza fuori della chiesa[293].

Marie Rolland Catez era una donna sensibile e tenera, ma sapeva, se necessario, essere severa; cercava di lavorare sul carattere di Elisabetta. La più grande *pena* per la figlia era la privazione del bacio materno, la sera, prima di andare a riposo[294]. La madre aveva cura di sensibilizzare la bambina all'affetto per Dio e per la famiglia. Elisabetta, alla tenera età di due anni, con l'aiuto della mamma scrisse una lettera ai nonni, in cui li ringraziava del loro affetto e li informava del suo costante ricordo nella preghiera per la nonna malata; ancora bambina si rivolgeva a Gesù con questa intenzione (L 1). Elisabetta a quattro anni scrisse due lettere a suo padre (L 2, L 3), nelle quali gli esprimeva il suo attaccamento ed il suo grande affetto.

La morte del nonno e del padre lasciarono un segno incancellabile nella memoria di Elisabetta[295], ma fu la prima Confessione che ebbe un'importanza decisiva nel lavoro che Elisabetta cercava di compiere sul suo carattere. Questo sacramento aprì davanti a lei «tutto il mondo dei misteri di Dio» e le diede la forza per combattere il suo difetto principale[296]. Elisabetta cominciò un solido lavoro sulla formazione della sua volontà[297], e chiamò questo momento di vita la sua «conversion»[298]. Da questo momento la bambina, pur conducendo una normale vita da ragazza del suo tempo, in ogni momento, in ogni circostanza, aveva il suo pensiero sempre fisso nel Signore[299].

---

[293] Questo accadde all'inizio del 1882. Elisabetta aveva quasi 2 anni (J. DE BONO, *Elisabetta della Trinità*, 87).

[294] *Souvenirs*, 6.

[295] Secondo l'opinione di Madre Germana, questi lutti non ebbero un notevole influsso sull'atteggiamento di Elisabetta (*Souvenirs*, 6). J. De Bono, invece, afferma che la morte del padre influì fortemente sul cuore sensibile della bambina. La sofferenza vissuta fece sperimentare ad Elisabetta la propria incapacità sia fisica sia morale e le insegnò ad essere comprensiva verso il suo prossimo, inoltre rese più soave il carattere della fanciulla. A sette anni Elisabetta comprese che nella vita «non tutto può cedere alla sua volontà» (J. DE BONO, *Elisabetta della Trinità*, 89; cfr. pure M.-D. POINSENET, *Questa presenza di Dio*, 31-32).

[296] *Souvenirs*, 6; *Inform.*, 6; *Summ.*, 347, § 698.

[297] Elisabetta era collerica, vivace e impulsiva, focosa, mostrava una volontà indomita e un carattere forte, ma nonostante tutto era sensibile (*Votum*, 6; L. BORRIELLO, *Elisabetta della Trinità*, 25).

[298] *Souvenirs*, 6.

[299] *Inform.*, 6.

Elisabetta, molto legata a sua madre (lo dimostrano tutte le conclusioni delle lettere scritte da Elisabetta per lei), vedendo che la feriva con il suo comportamento, non conforme alle buone aspettative della mamma, prese la decisione di diventare migliore. All'età di otto anni (il 1° gennaio 1889, quindi quasi due anni dopo la prima Confessione) espresse per iscritto, con una promessa, il suo sincero proposito di cambiare atteggiamento:

> Je voudrais [...] te promettre que je serai bien sage, bien obéissante et que je ne te ferai plus mettre en colère, que je ne pleurerai plus et que je serai un petit modèle afin de te faire bien plaisir, mais tu ne me croiras pas. Je ferai tout mon possible pour tenir mes promesses pour que je n'aie pas dit un mensonge dans ma lettre comme j'en dis quelquefois. [...] Tu verras tout de même que je serai bien sage[300].

Alla fine del 1889, all'età di nove anni, Elisabetta rinnovò la sua promessa, tramite una lettera scritta alla mamma, nella quale elencava virtù, delle quali la fanciulla desiderava rendersi espressione vivente:

> [...] maintenant que je suis plus grande je vais devenir une petite fille douce, patiente, obéissante, appliquée et ne se mettant jamais en colère. D'abord, puisque je suis l'aînée, il faut que je montre l'exemple à ma petite sœur; je ne la contrarierai plus, enfin je serai un petit modèle et tu pourras dire que tu es la plus heureuse des mères, et comme j'espère que j'aurai bientôt le bonheur de faire ma première Communion, je serai encore plus sage car je prierai Dieu de me rendre encore meilleure[301].

Da queste due lettere si comprende come Elisabetta imparasse ad essere autocritica e desiderasse lavorare per vincere i propri difetti e le proprie mancanze.

La tenerezza, l'indole sollecita e la gioia, facevano sì che Elisabetta fosse gradita a chiunque[302]. La sua persona era ricca di «dons charmants» e dotata di capacità di elevazione, come scriverà Madre Germana: «Oui, tout en elle charmait, d'autant plus qu'elle paraissait l'ignorer»[303]. Elisabetta si divertiva con le sue amiche, e nessuna meglio di lei sapeva rendere il gioco più divertente[304]. La sua indole era vivace, ardente, appassionata; sentiva scorrere nelle sue vene il sangue

---
[300] L 4.
[301] L 5.
[302] La fanciulla sapeva farsi amare. Cfr. *Souvenirs*, 7.
[303] *Souvenirs*, 11.
[304] *Souvenirs*, 13-14.

caldo e generoso di un soldato. Sapeva di avere una propensione naturale alla collera, all'impulsività e al capriccio[305], e per questo intraprese un lavoro coscienzioso per modellare la propria persona. Per Elisabetta, il problema principale non era il suo temperamento (che si potrebbe definire come un temperamento collerico-sanguigno)[306], ma la sua volontà sfrenata, che era un impedimento nel suo desiderio di essere obbediente a Dio e alla famiglia[307].

Riassumendo, possiamo affermare che furono tre i motivi grazie ai quali Elisabetta comprese l'importanza di cominciare a lavorare sul proprio carattere[308]:

1. *L'amore per la mamma*. Il 20 marzo 1899 la giovane scrisse: «Ah j'ai remercié Dieu du fond de mon cœur de m'avoir donné une mère comme la mienne, une mère douce et sévère à la fois et qui sut si bien vaincre mon terrible caractère»[309]. Due anni dopo, in una lettera indirizzata alla mamma, scrisse:

> Maman chérie, si je l'aime un peu [Jésus], c'est toi qui as orienté le cœur de ta petite vers Lui; tu m'as si bien préparée à la première rencontre, ce grand jour où nous nous sommes tout donnés l'un à l'autre!... Merci pour tout ce que tu as fait. Je voudrais le faire aimer, et comme toi Lui donner des âmes[310];

2. La sofferenza legata alla *morte del padre* (perciò *l'amore per il padre*). Dieci anni dopo il decesso di suo papà, Elisabetta affermò nella poesia dedicata a lui:

---

[305] *Souvenirs*, 13.

[306] Tipo collerico è un temperamento violento ed irascibile; persona emozionalmente attiva e immediata (W. KRETSCHMER, «Collerico/ tipo», 209-210). Tipo sanguigno è un temperamento sveglio, pronto, facilmente abbordabile, incostante (W. KRETSCHMER, «Sanguigno/ temperamento», 1018). Si afferma che le persone con un temperamento collerico-sanguigno hanno una forte personalità (come per esempio Paolo Apostolo), e la loro conversione è sempre profonda.

[307] La sua volontà non era costante nel tendere al bene. L'impossibilità di appagare le sue vaghezze, era per lei motivo di aggressività (cfr. J.I. ADAMSKA, «Biografia», 12).

[308] J. DE BONO, *Elisabetta della Trinità*, 88-89. Cfr. *Souvenirs*, 13.

[309] J 81, Cfr. *Souvenirs*, 19. Una parola, uno sguardo della mamma bastavano a far calmare Elisabetta (*Souvenirs*, 14). Nei confronti di sua madre, la giovane era ossequiosa; verso la sorella era tenera e voleva rappresentare per lei un modello (cfr. *Souvenirs*, 19).

[310] L 178.

> C'est dans mes faibles bras d'enfant,
> Ces bras qui te caressaient tant
> Que dura ta courte agonie,
> Le dernier combat de la vie!
> Et j'essayais de retenir
> Ce dernier, ce si long soupir!...
> Protecteur de mon enfance,
> Qui sus veiller avec constance
> Sur tes chers petits enfants,
> Je te promets bien que les ans
> N'effaceront de ma mémoire
> Le souvenir d'un père aimé [...][311];

3. *L'amore per Dio* e, legato ad esso, il desiderio di essere a Lui gradita. Elisabetta aveva profondamente impressa nella memoria la sua prima Confessione e la sua prima Comunione (ricevuta dopo quattro anni). Sette anni dopo la sua prima piena partecipazione all'Eucaristia, la giovane scrisse:

> Entonnons une admirable antienne, [...]
> Hymne qui chantera mon amour
> En l'anniversaire de ce jour
> Où Jésus fit en moi sa demeure,
> Où Dieu prit possession de mon cœur,
> Tant et si bien que depuis cette heure
> Depuis ce colloque mystérieux
> Cet entretien divin, délicieux,
> Je n'aspirais qu'à donner ma vie
> Qu'à rendre un peu de son grand amour
> Au Bien-Aimé de l'Eucharistie[312].

Elisabetta era consapevole che per avvicinarsi a Gesù bisognava donare totalmente la propria volontà a Dio. Pian piano Cristo entrava più profondamente nella sua vita, conducendola sulla via della conversione e nel processo di maturazione della sua personalità.

---

[311] P 37. Sull'influsso della morte del padre su Elisabetta, vedi: J. DE BONO, *Elisabetta della Trinità*, 89.
[312] P 47.

3.2 Lo sviluppo verso una personalità matura. Lavoro sul carattere

Studiando le testimonianze sulla giovane digionese[313], e anche i suoi scritti, siamo in grado di conoscere in qual modo la sua personalità si sviluppava, in che modo Elisabetta *si esprimeva, si affermava, si realizzava*[314] e lavorava sul proprio carattere. Inizialmente, la volontà della giovane era dominante e causava molte manifestazioni di aggressività; successivamente Elisabetta superò l'ostacolo di quella tensione che la spingeva a sottoporre alla sua volontà ogni cosa. Crescendo, la giovane scopriva il mondo delle sue emozioni: delle preoccupazioni e delle ansie, delle gioie e degli affetti.

3.2.1 La sensibilità indirizzata alla transcendenza. Capacità di silenzio interiore

All'età di tredici anni Elisabetta scrisse una lettera alla sua amica Alice Chervau (L 6), nella quale *parlava di sé*, del suo interesse per la vita, del suo piacere nell'ascoltare i racconti, nel raccontare lei stessa storie fantastiche[315]; della predilezione per il gioco del croquet e per le passeggiate che le dessero l'occasione di ammirare la natura, e infine della sua passione per il pianoforte[316]. Verso la fine del suo tredicesimo anno di vita, Elisabetta cominciò a scrivere poesie, con l'intenzione di esprimere in modo nuovo le sue emozioni. Era molto sensibile e affettuosa, aperta agli altri, cameratesca e molto amichevole; provava un grande affetto per la sua famiglia[317].

La grazia divina provocò in Elisabetta il desiderio di indirizzare la

---

[313] Cfr. *Summ.*, 10-419; e tutta l'opera di *Souvenirs*.

[314] La personalità è considerata fra l'altro come un modo di affermazione e realizzazione di sé (cfr. D. HUISMAN, *Enciclopedia della psicologia*, 290). L'attività di «libera espansione», e con essa anche la scoperta dei propri limiti, permette «di trovare dei punti di riferimento e, in rapporto a questi, di orientarsi, di situarsi [...] essa permette di conoscere se stesso e di conoscere gli altri in rapporto a se stessi, quindi di costruirsi le proprie norme» (*Ibid.*).

[315] Un'amica testimoniò nei processi di Beatificazione: «Elle [Élisabeth] nous racontait des histoires fantastiques avec beaucoup d'imagination» (*Ex Documentis* in *Summ.*, 450).

[316] Cfr. L 6. Il clima della lettera è molto gioioso.

[317] Le poesie le dedicò alla mamma (P 1 bis), alla sorella (P 3), allo zio – dopo la sua morte (P 19). Vale la pena accennare che Elisabetta era un tipo molto affettuoso, bisognoso di espandersi, di comunicare, di comunicarsi (R. MORETTI, *Introduzione a Elisabetta*, 94).

sua sensibilità al Creatore[318], perciò riusciva ad incontrarLo nella natura, scoprendo nell'incanto della Creazione la speranza di vedere la bellezza di Dio; la giovane, ammirando lo splendore dei paesaggi, pregava ed elevava la sua anima al Cielo[319].

Nelle relazioni con gli amici Elisabetta era molto delicata. Senza falsa modestia parlava di sé[320], pur essendo assai umile[321]. Conoscendo i suoi difetti, il suo proposito costante era l'impegno a lavorare sul carattere, perciò spesso rinnovava la sua promessa di tendere a un miglioramento di sé (cfr. P 1 bis)[322].

Da ragazza, all'età di quattordici anni (sette anni dopo la «conversione» durante la prima Confessione), nel compito di stile assegnatole dalla nuova insegnante Madame Forey, di tracciare il proprio ritratto fisico e morale, Elisabetta descrisse la sua persona nel modo seguente:

> Faire son portrait physique et moral est un sujet délicat à traiter, mais prenant mon courage à deux mains je me mets à l'œuvre et commence!...
> Sans orgueil je crois que l'ensemble de ma personne n'est pas déplaisant.
> Je suis brune et, dit-on, assez grande pour mon âge. J'ai des yeux noirs pétillants, mes épais sourcils me donnent un air sévère. Le reste de ma personne est insignifiant. Mes mignons pieds pourraient me faire surnommer Élisabeth aux longs pieds comme la reine Berthe!... Voilà mon portrait physique!
> Puisque nous en sommes au moral, je dirai que j'ai un assez bon caractère. Je suis gaie et, je dois l'avouer, un peu étourdie. J'ai bon cœur. Je suis de nature coquette. «Il faut l'être un peu», dit-on. Je ne suis pas paresseuse: «je sais que le travail rend heureux». Sans être un modèle de patience, je sais généralement me contenir. Je n'ai pas de rancune. Voilà mon portrait moral. J'ai mes défauts, hélas peu de qualités!... J'espère en acquérir!
> Enfin, voilà ce devoir si ennuyeux terminé, j'en suis bien contente[323]!

---

[318] Elisabetta aveva una particolare sensibilità estetica. Per lei tutta la natura era «vita» e diventava contemplazione, parola che le cantava e narrava la sapienza e la bellezza del Creatore (C. LAUDAZI, «Profilo biografico», 23). La giovane manifestava inoltre una grande sensibilità umana (*Ibid.*, 27).

[319] P 5, 8, 9, 14, 15. Pure in chiesa Elisabetta scopriva la presenza di Dio. Marie-Louise Hallo, la grande amica della giovane, testimonierà nei processi di Beatificazione: «Dès qu' Élisabeth entrait dans l'église, ce n'était plus la même personne» (*Ex Documentis* in *Summ.*, 452).

[320] Cfr. P 17.

[321] Con gioia e serenità accolse il verdetto ingiusto della giuria durante un concorso pianistico (cfr. L 7).

[322] Una poesia dedicata alla mamma.

[323] *Œuvres*, 209.

Prendendo in considerazione il mondo dei desideri, possiamo affermare che Elisabetta quattordicenne già aveva scoperto che cosa avrebbe voluto fare nella vita. Ella avrebbe desiderato entrare al Carmelo, vivere con Cristo, soffrire per Lui e morire, tutto per incontrarLo[324]. La giovane bramava pure di possedere le stesse virtù di santa Elisabetta (P 13); desiderava avere umiltà, amore e speranza[325]. Sentiva la nostalgia di «une autre vie»[326] e voleva distaccarsi dal mondo, che le si presentava come «triste monde séducteur»[327] e che distraeva dall'amore di Gesù e di Maria (P 10). Nel lavorare per smussare i lati negativi del proprio carattere, Elisabetta era consapevole che l'uomo non può cambiarsi da solo, con le proprie forze, ma è Dio che lo aiuta agendo in lui (NI 1).

Tramite gli scritti di Elisabetta, del 1905, veniamo a sapere che ella possedeva dentro di sé affetto per la patria[328], conosceva la sua debolezza ed esprimeva il desiderio di soffrire per amore (P 26). È di notevole importanza sottolineare che proprio in questo modo, cioè attraverso il desiderio della sofferenza, Elisabetta sopraffaceva il proprio «io»[329].

---

[324] Cfr. P 4.
[325] Conosce già l'essenza della vita santa. Cfr. NI 1.
[326] P 13.
[327] P 10; cfr. P 43, 44. Elisabetta scrisse anche la poesia «Mon épitaphe», in cui esprimeva il suo desiderio di morire ad «un monde de misères» (P 11). La giovane digionese chiamava inoltre il mondo «un monde des prises» (P 12), «la terre aride» (NI 1) e «une monde de douleurs» (P 27). Tutte queste metafore e personificazioni miravano a sottolineare le difficoltà e i pericoli che il mondo porta con sé. Forse esse furono condizionate dalle prediche di quell'epoca (contenenti *sfumature* caratterizzanti la religiosità di allora) oppure dall'esperienza personale della giovane in relazione alle inquietudini del tempo e alle tentazioni della vita quotidiana. Usando queste espressioni, Elisabetta non si riferiva al mondo come Creazione stessa (voluta e amata da Dio, e riflesso della Sua bellezza), ma come *una vita mondana*, come uno *spirito del mondo*, contrario alla volontà di Dio. Vale la pena accennare che alcuni appunti di prediche ascoltate da Elisabetta durante un ritiro a Digione nel 1899, contengono proprio la concezione del mondo come *vita mondana* (vedi J 53 e J 58, ove il mondo era considerato dai predicatori come *maledetto* da Dio; specialmente J 53 B, in cui leggiamo addirittura le parole seguenti: "Le monde au point de vue surnaturel. Dieu l'a maudit"). Bisognerebbe ricordare però che il mondo, considerato come la Creazione, è amato da Dio, secondo l'insegnamento di S. Giovanni Apostolo: «Dio infatti ha tanto amato il mondo da dare il suo Figlio unigenito, perché chiunque crede in lui non muoia, ma abbia la vita eterna. Dio non ha mandato il Figlio nel mondo per giudicare il mondo, ma perché il mondo si salvi per mezzo di Lui» (Gv 3,16-17).
[328] Menzionò Giovanna d'Arco, l'eroina francese (P 25).
[329] Madre Germana descrivendo la personalità di Elisabetta sottolineava che il de-

CAP. I: L'AMBIENTE DELL'ESPERIENZA 71

Negli scritti di questo periodo della sua vita, la giovane raccontava della sua partecipazione ai concerti (L 8), descriveva anche le escursioni che aveva fatto con la sorella e alcuni amici[330], ricordandone molti dettagli[331], infatti, da buona osservatrice, cercava di conservare nella memoria le sue impressioni[332]. Attraverso le relazioni esprimeva la sua gioia, l'ammirazione per la natura[333]. Elisabetta, umile e sincera, non attribuiva un particolare valore alla propria poesia, ma affermava che essa era una finestra aperta sul suo cuore[334].

Per il lettore contemporaneo, le note di Elisabetta potrebbero risultare stancanti, noiose, troppo legate alla sua emotività di ragazza della *fin de siècle* dell'Ottocento, però ci mostrano la giovane alla luce della sua realtà personale e la colorano di molteplici sfumature e tonalità distinte. Come le altre ragazze della sua età, Elisabetta aveva uno spiccato senso dell'umorismo, la sua curiosità la faceva interessare di tutto; spesso si riuniva in gruppo con conoscenti e amici, sempre aperta al rapporto con gli altri[335].

---

siderio della sofferenza a questa età, quando il cuore si apre a tutte le gioie, è molto raro (*Souvenirs*, 11). Marie-Louise Hallo testimoniò: «Elle avait une peur extraordinaire de la souffrance, et, avec cela, elle demandait la souffrance. Toute sa jeunesse, elle souffrit de maux de tête. Un jour, elle avait très peur d'aller chez le dentiste [...]. Trop sensible. Très vive, excessivement vive! De vraies colères» (*Ex Documentis* in *Summ.*, 453).

[330] Escursioni nel Giura: Exc 1-7 (Exc 1-4: agosto 1895, Exc 5-7: settembre 1895). In questi scritti la Beata rivela il suo amore segreto e intimo per la natura (C. LAUDAZI, «Profilo biografico», 23).

[331] Nella descrizione Elisabetta elencò parecchi particolari: la strada, il cavallo, il ponte da attraversre, la ferrovia, il panorama delle montagne svizzere, la cascata, il paesaggio, la statua della Vergine, gli abeti che si tingevano di profonda malinconia (Exc 1).

[332] Dai suoi racconti sappiamo che la giovane era sensibile, fervente e generosa nella preghiera: un giorno intensamente pregò per una ragazza che aveva perso la vita in montagna. L'abisso profondo assumeva ai suoi occhi l'immagine dell'inferno. Il meraviglioso paesaggio: ponticello, sentiero, grotta, selve, sorgente – innalzavano, invece, lo spirito di Elisabetta al di sopra delle cose di questo mondo, verso il cielo. Dopo l'escursione Elisabetta rimase malinconica e meditabonda (Exc 5). Ammirava la deliziosa solitudine (avendo soltanto quindici anni!) di cui godono i monaci nell'abbazia circondata dalla bella e nostalgica natura (Exc 6).

[333] Exc 2-7.

[334] «Mes vers sont l'écho de mon cœur, / Et s'il leur manque l'harmonie / Ou une douce mélodie, / Ils vous diront toujours "bonheur"» (P 28).

[335] Durante le riunioni tra amici, Elisabetta appariva irreprensibile nel suo abbigliamento, di un'elegante semplicità, senza pretese né ricercatezze, graziosa e amabile. A Châlons, un campo militare, la sua graziosa persona attirò su di sé le attenzioni

All'età di sedici anni Elisabetta sapeva apprezzare il talento degli altri, non era invidiosa, anzi, lei stessa, che amava suonare il piano e ascoltare musica[336], un giorno incoraggiò una sua amica a sviluppare la capacità di suonare il pianoforte (L 9). Elisabetta non lasciava mai che il suo tempo scorresse nell'ozio: si dedicava alla lettura di libri[337], al ricamo[338], alla composizione di musica per pianoforte[339]. Era molto affezionata alle sue compagne, soprattutto ammirava in loro la saggezza e le conoscenze acquisite (L 12). Nelle relazioni con il prossimo la giovane era molto affettuosa[340]. Riteneva di non possedere le virtù come gli altri[341], ma non era sospettosa; semplicemente tentava di trovare, fra le amiche, un modello (cfr. L 10).

In occasione della festa nazionale, il 14 luglio 1897, Elisabetta fu spettatrice della parata militare al *Champ-de-Mars* (L 13); non mancavano nelle sue giornate momenti di divertimento e di gioviale condivisione con le amiche, dalle quali le dispiaceva dividersi nel momento del necessario distacco (L 13)[342]. Benché spesso si lasciasse coinvolgere dagli svaghi[343], Elisabetta si sentiva veramente felice solo in preghiera nella cappella del Carmelo (P 34)[344].

---

e l'interesse di alcuni militari (*Souvenirs*, 26). Prima di partecipare a qualche riunione, Elisabetta si chiudeva in camera per pregare; lei stessa diceva: «je me savais si ardente, que je m'obligeais à une grande vigilance» (*Souvenirs*, 17).

[336] Accompagnò una cugina di Gabrielle Montpellier che suonava molto bene il violino. Eseguì anche alcuni pezzi a quattro mani (L 11).

[337] *Odette* di Maryan (L 10). Amava anche copiare le poesie di Lamartine e di Hugo (*Œuvres*, 803).

[338] Ricamò una tovaglia d'altare («tout en marguerites, qui est ravissante» (L 12).

[339] Compose un cantico per il giorno dell'Assunzione (cfr. L 9). La Beata studiava il pianoforte e suonava da quattro a cinque ore al giorno (*Ex Documentis* in *Summ.*, 452).

[340] Lo mostrano le conclusioni delle lettere; per es. «Adieu, chère Alice, nous nous réunissons avec les de Rostang pour te couvrir d'une pluie de baisers» (L 14). «Adieu, ma chère Valentine; j'attends une lettre avec impatience. En attendant je vous embrasse de tout cœur» (L 15).

[341] Per es. come Yvonne (cfr. L 10).

[342] Dopo un anno e mezzo, il 20 febbraio 1899, Elisabetta scrisse: «O mon Jésus, oui, je le sens, j'ai trop aimé les créatures» (J 15).

[343] Per es. le piaceva giocare a tennis e una volta si rallegrò nel ricevere in dono un anello d'oro (L 13).

[344] Elisabetta si rendeva conto che nel Carmelo avrebbe incontrato la sofferenza, senza consolazioni spirituali (J 124). Aveva già un'immagine matura della vocazione religiosa: «O venez meurtrir ma chair, / Vous m'êtes déjà si chers, / Durs objets de répugnance / Pour qui n'aime la souffrance» (P 38). Tutto ciò che restava di materia-

CAP. I: L'AMBIENTE DELL'ESPERIENZA   73

Pian piano Elisabetta indirizzava tutta la sua persona a Dio, alla trascendenza. Se scriveva, scriveva per Dio; se suonava il pianoforte, suonava per Dio[345], se ammirava la natura, tramite essa ammirava il Creatore[346]. Anche nelle sue relazioni con gli amici e la famiglia, Elisabetta metteva Dio al centro[347]. Col passare del tempo, e ovviamente con lo sviluppo della sua personalità, per la giovane l'*affermazione di sé* cominciava a significare l'*affermare Dio in tutto* e l'*affermare il mondo solo in Dio*. La sensibilità veniva mortificata da Elisabetta attraverso la dimenticanza di se stessa[348]. Questo lavorio non significava distruggere

---

le, nel seguire la chiamata al Carmelo, non era altro che un povero mantello, un semplice rosario con una «croce immensa», un povero anello, una piccola cella. Elisabetta desiderava lasciare tutto per Gesù, offrire a Lui la propria vita, condividere la Sua agonia ed essere così crocifissa per Lui (P 34).

[345] Cfr. *Elpa*, 6 («J'aurais tant voulu que ce fût parfait, parce que je jouais pour Dieu»). In *Souvenirs* leggiamo: «D'où lui venait ce génie d'interprétation? Elle-même nous le fait connaître, écrivant à propos d'une enfant qui s'effrayait de prendre part active à une séance musicale: "Je prierai pour Madeleine afin que le bon Dieu l'envahisse jusqu'en ses petits doigts; alors je défie qui que ce soit de rivaliser avec elle. Qu'elle ne s'énerve pas; je vais lui donner mon secret: il faut qu'elle oublie tous ceux qui l'écoutent et se croie seule avec le Maître divin; alors on joue pour lui avec toute son âme, et l'on fait sortir de son instrument des sons pleins, à la fois puissants et doux. – Oh! que j'aimais à lui parler ainsi!"» (*Souvenirs*, 24). Elisabetta diceva pure: «Quand je ne peux plus prier, je joue, c'est pour le bon Dieu» (*Elpa*, 12). Un giorno, dopo un'eccellente esecuzione musicale, spiegò: «Ce n'est pas moi qui ai joué, c'est Lui qui a joué pour moi» (*Elpa*, 13). Elisabetta prediligeva suonare le composizioni dei grandi maestri, come Chopin, Liszt, Schumann (*Ex Documentis* in *Summ.*, 451; *Œuvres*, 803). Sapeva pure improvvisare (*Ex Documentis* in *Summ.*, 451). Prima che Elisabetta morisse, la Priora, vedendola muovere le dita come su una tastiera, le chiese se sentisse qualcosa; la carmelitana rispose: «Oh! ma Mère, ce sont les harmonies divines!» (*Elpa*, 181). Una sera sua sorella con il cognato si recarono in cappella a fare le prove per un concerto musicale. Elisabetta notò con quanta dolcezza Marguerite accompagnava il marito cercando di farlo ben figurare, scomparendo in un certo modo lei stessa. La carmelitana allora disse: «C'est ainsi [...] que je dois être un instrument dont le divin Maître puisse tirer les sons qu'il préfère. Secondant simplement son action par la coopération à sa grâce, je dois m'effacer pour lui donner toute gloire» (*Souvenirs*, 242-243).

[346] Cfr. *Souvenirs*, 58. Ogni sua attività ed esperienza esteriore, Elisabetta la vive come realtà interiore, come luogo di incontro con Dio (cfr. L. BORRIELLO, «L'azione dello Spirito», 101).

[347] «Je voudrais pouvoir comme elle dire adieu à celles que j'aime si tendrement, et quitter aussi tout pour toi. Mais l'heure n'est pas venue, que ta volonté soit faite» (J 156).

[348] In *Summ.*, 295, § 618 leggiamo: «*Ex Officio: La sensibilité de Sr. Élisabeth a-t-elle provoqué chez elle la nécessité d'une lutte? – R.:* Je pense que c'était plutôt la

la sua sensibilità in assoluto[349], ma soltanto quella *eccessiva*, che le impediva di vivere nella massima purezza tutta la sua realtà personale, della quale una dimensione imprescindibile è quella sensibile.

3.2.2 Capacità di accogliere la volontà di Dio

Nel 1898 Elisabetta progredì nella maturazione della sua persona. Vedendo che ciò che glorificava Dio era fare la Sua volontà, non volle fuggire dal mondo, ma desiderò vivere nel mondo, non aspirando che a Lui. Affidò la possibilità della sua entrata al Carmelo alla divina Provvidenza[350], subordinando ogni suo desiderio e aspirazione (tutto il suo *esprimersi*) alla volontà divina.

La vita di Elisabetta fu molto movimentata, ricca di avvenimenti e avventure gioiose[351]. Nelle sue lettere o nelle sue poesie non mostrò di soffrire interiormente, a motivo del dolore che era consapevole di procurare alla madre, quando sarebbe entrata al Carmelo. La giovane non volle rivelare questo suo dolore a nessuno e nascose i suoi pianti

---

sensibilité du cœur; elle avait pu être très sensible dans ses affections, mais elle a beaucoup prié pour être détachée et pure, particulièrement la Sainte Vierge. Sa sensibilité aurait pu être un obstacle; elle a motrifié sa sensibilité par l'oubli d'elle-même» (parole di sr. Marie du St.-Sacrement). Vale la pena aggiungere che la stessa Elisabetta, riconoscendo la sua sensibilità derivante dalla sua natura d'artista, se ne lamentava: «Cela me bouleverse au dedans» (*Elpa*, 101: parole dette a suor Marie de la Trinité).

[349] L'umanità era una perla preziosissima nella personalità di Elisabetta (C. LAUDAZI, «Profilo biografico», 27).

[350] P 54.

[351] Elisabetta era molto laboriosa, amava cucire, eseguiva lavori di biancheria (L 21, 22); si alzava presto e la mattina, già prima di uscire per andare in chiesa (ove amava ascoltare le omelie: L 19, 21, 23), era solita fare molte cose (L 19); imparava con sua sorella Marguerite l'inglese (L 19, cfr. L 20) e con lei faceva parte del coro (L 23). Visitò molti luoghi: Lourdes, i Pirenei (P 59), Carlipa (P 60), Serre (P 61), un monastero a La Grande-Chartreuse (P 62), il lago di Annecy (P 63), la valle del Lys (L 16) e Marsiglia, città nella quale visitò anche un transatlantico (L 18); andava inoltre nei negozi di musica (cfr. L 14). Vivendo come le altre ragazze, frequentava mattinate danzanti, mattinate musicali, gite in campagna (L 14, cfr. L 15, 16); a volte lei stessa era uno *spiritus movens* delle escursioni o dei giochi (cfr. L 17). Piena di fantasia, durante una gita «galoppò» con una sua amica Maddalena sull'orlo del precipizio, «sans avoir le moindre vertige» (L 15); «Elle [Élisabeth] aimait beaucoup les tableaux vivants, surtout Jésus au milieu des Docteurs. [...] C'était aussi toujours de petites fêtes, groupant quelquefois une quarantaine d'enfants. Elle organisait de petites loteries [...]» (*Ex Documentis* in *Summ.*, 450). Sempre manteneva un'assoluta modestia e, nonostante il suo talento, non criticava nessuno (*Souvenirs*, 54).

anche alla mamma; accolse le sofferenze e comprese che esse servono a crescere spiritualmente e rendono il cuore puro (P 65)[352]. Il suo desiderio era soltanto di fare la volontà di Dio, e per questo cercò di ringraziare il Signore nei momenti di prova nella vita[353].

Leggendo il suo *Journal* (che iniziò a scrivere alla fine di gennaio del 1899), si possono cogliere tante linee caratteristiche della personalità della giovane: la sensibilità — il tratto dominante del suo carattere[354] —, l'amore e il desiderio d'essere partecipe all'opera redentrice di Gesù nel mondo. Il *Journal* è una testimonianza dell'intenso lavorio interiore di Elisabetta, per maturare nella conformità alla persona di Gesù Cristo:

> J'ai eu aujourd'hui la joie d'offrir à mon Jésus plusieurs sacrifices sur mon défaut dominant, mais comme ils m'ont coûté! Je reconnais là ma faiblesse. Il me semble, lorsque je reçois une observation injuste, que je sens bouillir mon sang dans mes veines, tout mon être se révolte!... Mais Jésus était avec moi, j'entendais sa voix au fond de mon cœur, et alors j'étais prête à tout supporter pour l'amour de Lui[355]!...

Elisabetta, dopo già circa undici anni di lavoro su se stessa per modellare il proprio carattere, accennò alla sua difficoltà di trattenere la violenta reazione dinanzi alle osservazioni «ingiuste». Da questo si potrebbe dedurre che la lotta contro le reazioni causate dalle osservazioni «giuste», fosse già finita[356].

Nello svolgimento di questo lavoro interiore, la giovane trovava un ausilio nel riportare su un quaderno le sue vittorie e sconfitte[357]: «ainsi je pourrai constater si vraiment j'avance dans ce chemin de la perfection» (J 4). Durante una confessione, Elisabetta ricevette da un sacerdo-

---

[352] La giovane sapeva accogliere le sofferenze (cfr. P 67; J 8) ed era capace di essere generosa nel sacrificio; durante la malattia della mamma, usciva di casa raramente (L 21).

[353] P 64. La giovane sapeva ringraziare Dio pure per tutte le grazie ricevute (alla fine del tempo dei ritiri: P 70, cfr. J 133).

[354] Cfr. NI 12.

[355] J 1.

[356] Poco dopo Elisabetta scrisse: «O mon Jésus, désormais jamais une parole contre mon prochain ne sortira de mes lèvres, je l'excuserai toujours, et si l'on m'accuse injustement, je penserai à vous, mon Bien-Aimé Epoux, et je saurai tout supporter sans me plaindre!...» (J 89).

[357] Nel suo esame di coscienza, Elisabetta notava i suoi sforzi e umilmente riconosceva le sue deficenze (*Souvenirs*, 28).

te un consiglio per progredire velocemente nella vita spirituale, cioè accusarsi delle mancanze ai propositi fatti (J 6).

3.2.3 Capacità di evitare attaccamenti umani

Elisabetta scoprì che anche le amicizie avrebbero dovuto essere costruite in Gesù, per evitare gli attaccamenti umani, e questa per lei fu una verità fondamentale[358]; non voleva cercare l'amore che in Dio (J 15), perciò lavorò intensamente sulla mortificazione interiore (J 16). Offrì il suo volere a Gesù dicendoGli: «Bon Maître, Jésus, suprême Amour, je vous immole cette volonté, qu'elle ne fasse qu'un avec la vôtre»[359]. Durante la missione a Digione (1899), Elisabetta fece dei propositi (J 72) e cercò un confessore severo che la accompagnasse nel suo cammino di conversione interiore[360]; chiedeva aiuto a Dio nel miglioramento del suo carattere, e parlando con Gesù Gli diceva: «Jésus, aide-moi, enlève toutes ces méchancetés de mon cœur» (J 72). Il suo cuore era sempre più distaccato dalle cose della terra, e comprendeva che solo Gesù poteva saziare il suo desiderio di amore (cfr. P 67).

Elisabetta desiderava vivere nell'umiltà, e così chiedeva a Maria di sottoporla a tante umiliazioni (J 98); parlava di se come della «faiblesse extrême» (cfr. P 68). Nel suo *Journal*, un giorno chiese a Gesù:

> Détache mon cœur de tout, qu'il soit libre pour que rien ne l'empêche de te voir. Brise ma volonté, abaisse mon orgueil, ô toi si humble de cœur, enfin façonne-le pour qu'il puisse être ta demeure aimée, pour que tu viennes t'y reposer, y converser avec moi dans une idéale union[361].

Nel 1900 la giovane nei suoi scritti espresse il desiderio di essere generosa, fedele e, senza scadere nel perfezionismo, in tutto perfetta (J 145), in altre parole, santa (NI 5).

---

[358] Elisabetta scrisse: «O mon Jésus, oui, je le sens, j'ai trop aimé les créatures, je me suis trop donnée à elles, et j'ai trop désiré leur amour. Ou plutôt je n'ai pas su aimer, aimer divinement! Mais maintenant, je le sens, je ne tiens qu'à vous, et surtout, Bien-Aimé de mon cœur, je ne veux être aimée que de vous» (J 15). Successivamente, sotto l'influsso della grazia divina, Elisabetta imparò a mettere Cristo al centro delle relazioni con gli altri (cfr. per es. L 75, indirizzata alla sua amica Marguerite Gollot. Lo stesso testo si trova pure in *Souvenirs*, 30).

[359] J 16.

[360] Durante i processi di Beatificazione, sr. Marie de la Trinité testimoniò: «Elle a dit à moi-même qu'elle eût souhaité pouvoir prendre le Père Prédicateur comme directeur spirituel, car il lui semblait que son confesseur habituel était trop bon et que le Père Jésuite plus sévère, l'aurait fait avancer davantage» (*Summ.*, 74, § 161).

[361] J 119.

CAP. I: L'AMBIENTE DELL'ESPERIENZA

Elisabetta progrediva sempre più nella sua maturazione interiore, grazie a un assiduo lavoro sul carattere[362]; non si fermava al solo desiderio di dominare le sue emozioni negative innanzi a «une observation injuste» (meta verso la quale, invece, era già protesa da un anno, come risulta dai suoi scritti: cfr. J 1, 89), ma nell'accogliere le umiliazioni vedeva un'occasione per crescere interiormente, una strada verso la maturità nell'amore. «Oui, mon Bien-Aimé, je vous promets de m'humilier et de me renoncer chaque fois que j'en aurai l'occasion» (J 151; cfr. NI 6).

La giovane ringraziava Dio per tutte le difficoltà, e comprendeva che proprio attraverso le sofferenze Dio prova l'amore dell'anima. In uno spirito di fede e di obbedienza accolse la decisione della mamma, che non le permise di entrare nel Carmelo fino alla maggior età[363].

---

[362] È importante sottolineare il fatto che Elisabetta non rivelava all'esterno i profondi cambiamenti che si svolgevano nel proprio intimo. In una lettera a Marie-Louise Maurel, per esempio, raccontò il suo viaggio a Lourdes ed a Biarritz (dove si era recata per «faire connaissance avec l'Océan»: L 30), ma non fece accenno alla sua esperienza interiore. Soltanto nei suoi appunti intimi, Elisabetta scriveva quello che si svolgeva nel suo cuore. In una poesia, nella quale con una metaforica immagine della cella carmelitana descriveva il suo cuore come dimora offerta al suo *Bien-Aimé*, incentrò la sua attenzione sulla mortificazione, sull'umiltà, sui sacrifici, sulla rinuncia, sull'abnegazione, sull'amore e sull'abbandono alla volontà di Dio: «*La cellule de mon Bien-Aimé / Son lit sera l'abandon à la volontè divine. Il aura un bon fauteuil qui sera la mortification, et un moelleux tapis qui sera l'humilitè. Afin que ce divin Bien-Aimé se plaise dans ma pauvre petite cellule je l'ornerai avec les plus de fleurs que pourrai, ces fleurs seront les petits sacrifices de chaque instant, et je donnerai à mon Jésus pour nourriture le renoncement et l'abnégation. Une petite lampe brûlera toujours: sa flamme sera l'amour, l'amour qui consume le cœur pris par Jésus*» (NI 8). Elisabetta sempre sentiva la nostalgia del Carmelo (cfr. P 71, 72, 72 bis, 72 ter).

[363] Cfr. Sicari, 100. Durante il processo di Beatificazione, l'obbedienza di Elisabetta nei confronti della madre fu interpretata da alcuni come un'esitazione da parte sua nel rispondere prontamente alla chiamata di Gesù, secondo l'invito evangelico di seguire Cristo senza indugi. Questo dubbio trovò apparente fondamento nel fatto che Elisabetta, avendo accettato senza remore la decisione della madre, dava prova di un'esagerata sofferenza nello staccarsi dalle persone amate (cfr. L 38; J 111: «Ah, elle [Élisabeth] aura à faire un gros sacrifice en quittant celles qu'elle aime»), con particolare riferimento al dolore che la sua entrata nel monastero avrebbe provocaro alla madre. La sottolineatura del sacrificio, sia da parte della mamma che della stessa Elisabetta, sembrava svelare in quest'ultima una certa immaturità, però le altre espressioni di Elisabetta sono segno di un amore maturo (come possiamo constatare sempre in J 111: «Mais elle [Élisabeth] sent un douceur infinie dans ce sacrifice, puisque c'est pour toi qu'elle le fait, pour toi qu'elle aime par-dessus tout, pour toi qui as blessé son

Elisabetta si rivolse così a Dio: «Seulement souvenez-vous de ma faiblesse; aidez-moi, je ne puis rien sans vous, soyez mon Soutien et ma Force, ô mon Dieu» (NI 10). In lei cresceva l'amore verso gli altri[364].

3.2.4 Capacità di amare

Verso la fine del 1900 iniziò una tappa nuova nella vita interiore di Elisabetta[365]. Si sviluppava in lei il desiderio di saper amare in modo più maturo e profondo: «[...] je ne Lui [Dieu] demande qu'une chose: L'aimer de toute mon âme, mais d'un amour vrai, fort et généreux!» (L 38). Al canonico Angles scrisse: «Cette fête de Noël parle tant à l'âme; il semble que Jésus l'invite à mourir à tout, pour renaître à une vie nouvelle, une vie d'amour» (L 39). Sembra che da questo momento, Elisabetta si sentisse convocata a chiamare tutti all'amore, e in Dio trovò la forza di farlo.

L'esperienza dell'amore di Dio provocò in Elisabetta una radicale apertura verso il prossimo, che la spinse a dedicarsi completamente al servizio di quanti la circondavano. Questa attenzione verso gli altri era stata presente fin dall'inizio nella vita della giovane, infatti il suo interesse precipuo era che le anime conoscessero Dio e, in questa conoscenza, sperimentassero la salvezza[366]. Prima di entrare nel Carmelo di Digione, Elisabetta in modo naturale «s'amusait franchement, par charité pour les autres, toujours gracieuse et simple»[367]; «cherchait toutes les occasions de faire du bien et de porter les âmes à Dieu»[368]; «avait le zèle de la gloire de Dieu. [...] s'était occupée d'un patronage et elle parlait aux enfants de l'amour de Dieu»[369].

---

cœur, toi dont les attraits l'ont captivée, toi son Époux, sa mère, sa sœur, son Amour suprême, toi qui peux tout remplacer en son cœur»). Cfr. Sicari, 102-104.

[364] Offrì a Gesù la sua vita per un peccatore, affinché si confessasse (J 9, cfr. per es. J 12, 17). Il suo carattere era improntato alla perseveranza. La giovane restava sempre fiduciosa nella conversione della persona per la quale pregava (J 74).

[365] La giovane aveva già la lunga esperienza di un assiduo lavoro interiore teso al superamento degli ostacoli che impedivano il libero evolversi del suo cammino di santità, come per esempio le reazioni alle opinioni «giuste» o «ingiuste»; lavoro volto alla ricerca dell'umiltà e all'accoglienza delle sofferenze come dono di purificazione del cuore, ecc. Sembra che quel periodo si concluse con la vittoria di Elisabetta, che, così «purificata», fu chiamata ad amare in modo nuovo.

[366] *Inform.*, 40-41.
[367] *Summ.*, 282, § 579; cfr. *Inform.*, 41.
[368] *Summ.*, 383, § 779.
[369] *Summ.*, 383, § 778.

CAP. I: L'AMBIENTE DELL'ESPERIENZA 79

Questo atteggiamento di Elisabetta non era esteriore, ma proveniva dalla sua interiorità[370]. Per Elisabetta amare gli altri apparteneva a una caratteristica fondamentale della sua personalità, era un impegno continuo per realizzare il suo amore per il Signore[371], e confermò questo amore in tutta la sua vita (già dall'infanzia e nella giovinezza), come per esempio nel suo zelo per la conversione delle anime[372] e nel piacere di aiutare gli altri[373].

Prima del suo ingresso al Carmelo, Elisabetta volle sottrarsi a tutti gli sguardi umani, e per questo motivo distrusse tutte le pagine del *Journal* che erano una testimonianza delle lotte contro se stessa[374]. Il suo lavorio interiore portò Elisabetta alla conoscenza profonda della sua persona[375]. Nel Carmelo la giovane cercava di esercitare la carità in un modo sempre più profondo, mettendosi completamente al servizio delle consorelle, anche attraverso gli atti più umili e insignificanti[376].

Concludendo il nostro tentativo di descrizione del temperamento e del carattere di Elisabetta, vale la pena aggiungere che lei stessa era una buona osservatrice e sapeva valutare il carattere della gente[377]. Sapeva ascoltare, rimanere nel silenzio e rispondere alle mozioni dello Spirito Santo[378].

La personalità di Elisabetta, già nei primi anni della sua vita, era caratterizzata da una profonda interiorità, che col passare del tempo, cresceva. La sua vita divenne un cammino di maturazione del suo rapporto con Dio, come esperienza vissuta nello spirito di libertà, «come esigenza di preghiera, come colloquio e comunione con Lui, come armonia di una vocazione insieme contemplativa ed apostolica»[379]. L'interiorità

---

[370] *Inform.*, 42.

[371] Cfr. *Inform.*, 41-42.

[372] *Inform.*, 43.

[373] «La veille de Sainte-Thérèse, j'ai passé une partie de mon après-midi au Carmel pour aider les religieuses du tour à garnir la chapelle [...]» (L 36).

[374] *Souvenirs*, 11.

[375] Nel 1901 (pochi giorni dopo il suo ingresso al Carmelo), riempiendo il formulario, scrisse che ciò che più le ripugnava era «l'égoïsme en général» e che la caratteristica dominante del suo carattere era «la sensibilité» (NI 12, cfr. *Souvenirs*, 88).

[376] *Inform.*, 43.

[377] Per esempio in L 34 scrisse: «[...] j'ai fait là la connaissance d'une charmante jeune fille de notre âge, très simple et très gentille».

[378] Cfr. P.-M. FEVOTTE, *Aimer la Bible*, 29-34.

[379] R. MORETTI, «Fisionomia spirituale», 44.

era per Elisabetta il clima, l'ambiente, il contesto, l'elemento primordiale della maturazione spirituale e pure dell'esperienza cristologica[380].

La profondità della sua vita spirituale forniva gli spazi necessari all'azione di Dio in lei; è per questo che la giovane sapeva comunicare l'Ineffabile, esprimere eloquentemente l'immensità e la misteriosità di Dio, ed inoltre contemplare i misteri divini[381].

Attraverso l'esempio che ci ha dato Elisabetta, possiamo osservare come l'esperienza cristiana *cambia* il carattere della persona. L'incontro con Dio *porta* l'uomo *fuori* dal proprio «io», verso l'Infinità. La persona, creata a immagine di Dio, cessa di essere il suo proprio centro, l'unico punto di riferimento per se stessa, ed «entra» nel mondo trascendente.

La personalità dell'uomo, con il suo temperamento e il suo carattere, si riflette come in uno specchio, nella lingua sia parlata che scritta. Porgendo attenzione ai propri pensieri, la persona matura interiormente e cerca spesso di *condividere la propria esperienza* con gli altri, compiendo contemporaneamente *la sua missione nel mondo*[382]. Gli scritti dei servi di Dio ci presentano la profondità della loro vita interiore e sono lo strumento indispensabile ed efficace per conoscere la loro personalità, la loro esperienza, la loro dottrina[383].

3.3 *Gli scritti di Elisabetta*

Il carattere esistenziale della dottrina di Elisabetta si fa vedere in un modo più chiaro, quando prendiamo in considerazione il fatto che Elisabetta, nel corso della sua vita, non compose nessuna «Opera» propriamente detta. I suoi scritti erano tutti «occasionali», testimoni della sua esperienza[384].

1. *Journal* (J)[385]. Purtroppo, ne possediamo soltanto alcune pagine, comprendenti due serie di annotazioni personali[386]. La prima parte è

---

[380] Cfr. R. MORETTI, «Fisionomia spirituale», 45.
[381] Cfr. R. MORETTI, «Fisionomia spirituale», 46-47.49.
[382] Cfr. B. GOYA, *Psicologia e vita spirituale*, 226-227.
[383] Cfr. R. MORETTI, *Introduzione a Elisabetta*, 71.
[384] Cfr. *Votum*, 21. Elisabetta era trasparente e sincera in quello che scriveva (cfr. R. MORETTI, *Introduzione a Elisabetta*, 72).
[385] Si trova (con l'*Introduzione*) in *Œuvres*, 799-889.
[386] Prima di entrare nel Carmelo, Elisabetta bruciò quasi tutte le note spirituali (*Votum*, 22; cfr. *Summ.*, 72, § 157). Cfr. *Souvenirs*, 28-29: «A la veille d'entrer dans

relativa al periodo compreso tra il 30 gennaio e il 5 aprile 1899 e si riferisce innanzitutto alla Missione tenuta dai redentoristi a Digione, dal 4 marzo al 2 aprile 1899, alla quale Elisabetta partecipò. La seconda, invece, è costituita da alcune note a proposito di un ritiro del p. Hoppenot sj., che si svolse dal 2 al 27 gennaio 1900. In ambedue le parti, Elisabetta non soltanto riportò il contenuto delle prediche ascoltate, ma anche le sue riflessioni personali che a volte riguardavano la sua stessa vita[387]. Secondo C. De Meester, benché il linguaggio del *Journal* mostri scarsa preparazione negli studi, esso manifesta il mondo interiore della giovane, orientato verso l'amore di Gesù e verso la felicità degli altri (come per esempio testimoniano le preghiere per la conversione del signore Chapuis)[388]. Questi scritti contengono pure molti appunti che testimoniano la sofferenza di Elisabetta, causata dalla sete di Dio e dal non-poter entrare nel Carmelo, soprattutto a causa dell'opposizione di sua mamma[389]. Le note sugli esercizi spirituali, scritte da Elisabetta, forniscono un'idea del contenuto delle prediche nella Francia di quell'epoca[390]. Il tono del *Journal* ha una sfumatura moralistica, però, nel suo contenuto, il lettore odierno può riconoscere i tratti del tenero cuore della giovane: i suoi sentimenti figliali e l'amore fedele a Cristo[391].

---

la cloître, Élisabeth [...] détruisit l'ensemble de se *Journal* qu'il y aurait eu tant d'intérêt à retrouver. Elle entendait disparaître complètement [...]. Le seul cahier qui échappa aux flammes, contenant en grande partie des résumés de lectures et d'instructions».

[387] *Votum*, 21.
[388] Cfr. *Œuvres*, 800-801.
[389] Cfr. *Œuvres*, 806. Il *Journal* è una vera testimonianza della lotta spirituale vissuta dalla giovane digionese, nel tentativo di vivere realmente la sua vocazione contemplativa. Dialogando della vocazione carmelitana con Gesù, su quelle pagine scritte in segreto, Elisabetta espresse tutte le inquietudini che si svolgevano nel suo cuore in quel periodo della sua vita (30 gennaio 1899 – 27 gennaio 1900). Non poteva condividere le sua ansie e i suoi timori né con la mamma, che si opponeva alla sua vocazione carmelitana, né con la sorella, troppo giovane, né con il confessore, non abbastanza severo (vedi: J 5, 145), ed infine neanche con la Priora del Carmelo, dove le visite erano state provvisoriamente vietate dalla mamma. Elisabetta condivideva tutto, solo con Cristo (cfr. *Œuvres*, 800-801).
[390] Cfr. R. MORETTI, *Introduzione a Elisabetta*, 80. Elisabetta, avendo sete di Dio, non voleva perdere nessuna parola dei ritiri. Scrivendo senza discernimento, «immortalò» anche le imperfezioni teologiche dei predicatori (per es. in J 51, dove Gesù Cristo è raffigurato come un giudice spietato).
[391] Cfr. R. MORETTI, *Introduzione a Elisabetta*, 80.83.

2. *Lettres* (L)[392]. Nell'edizione francese del 2000 di *Œuvres*, si trovano 342 lettere[393]. La prima raccolta (*Lettres de jeunesse*: L 1-83), comprende tutte le lettere scritte nel periodo precarmelitano e mostrano la personalità, il temperamento e i sogni di Elisabetta[394]. In esse risaltano i seguenti tratti della personalità di Elisabetta, come la sincerità, la modestia, la gioia, il culto dell'amicizia, l'energia per interessarsi degli altri ed accogliere le loro sofferenze, e l'amore[395]. La seconda raccolta (*Lettres du Carmel*: L 84-342) è una testimonianza della sua maturazione spirituale fino all'unione trasformante con Dio[396].

Le *Lettres* sono il tesoro più importante (insieme a *Dernière retraite*) per la comprensione della personalità di Elisabetta[397]. Bisogna aggiungere che due lettere sono considerate oggi come trattati spirituali: L 310 (scritta per Françoise de Sourdon e conosciuta come il *Trattato spirituale II*, cioè *La grandeur de notre vocation*: GV)[398] e L 337 (scritta per Madre Germaine e conosciuta come il *Trattato spirituale IV*, cioè *Laisse-toi aimer*: LA)[399]. La caratteristica di fondo delle lettere scritte da Elisabetta è l'amicizia, la quale ha due dimensioni, naturale e spirituale, di altissimo livello[400].

---

[392] Si trovano (con l'*Introduzione*) in *Œuvres*, 217-339 (*Lettres de Jeunesse*), 341-798 (*Lettres du Carmel*).

[393] Oggi sappiamo che le lettere da lei scritte furono più numerose (R. MORETTI, *Introduzione a Elisabetta*, 93).

[394] *Œuvres*, 218.

[395] *Œuvres*, 218-219.

[396] Cfr. M.-M. PHILIPON, «Élisabeth de la Trinité», 592.

[397] *Votum*, 22. Le *Lettres* sono importanti per conoscere le qualità umane e la personalità spirituale dell'Autrice; sono inoltre una testimonianza di come la sua personalità si formava e autogenerava nella comunione con gli altri (cfr. R. MORETTI, *Introduzione a Elisabetta*, 93-94).

[398] Si trova (con l'*Introduzione*) in *Œuvres*, 129-139. Questo trattato è una lunga meditazione spirituale di tipo soprattutto ascetico. Elisabetta conosceva molto bene le inclinazioni naturali dell'amica Françoise e desiderava aiutarla nel lavorare sulle spigolosità del suo carattere, che inoltre era molto simile a quello della giovane carmelitana. Da quando Elisabetta fece il suo ingresso al Carmelo, questa relazione amichevole assunse un aspetto materno; Elisabetta si definiva volentieri «petite mère» di Françoise (cfr. *Œuvres*, 130-131; L 98, 128; P.-M. FÉVOTTE, *Aimer la Bible*, 35).

[399] Si trova (con l'*Introduzione*) in *Œuvres*, 189-198. La lettera è strettamente personale e di carattere *profetico*, nel senso che annuncia i disegni di Dio sulla priora Madre Germaine. Il messaggio svela molti segreti nascosti nell'intimo di Elisabetta, la sua consapevolezza della missione ricevuta da Dio, per compierla nella Chiesa (cfr. R. MORETTI, *Introduzione a Elisabetta*, 111-113; P.-M. FÉVOTTE, *Aimer la Bible*, 35).

[400] R. MORETTI, *Introduzione a Elisabetta*, 94. Cfr. pure: P.-M. FEVOTTE, *Aimer la Bible*, 36.

3. *Notes intimes* (NI)[401]. Esse costituiscono un gruppo di riflessioni e di preghiere personali, scritte da Elisabetta durante tutta la sua vita[402], e abbracciano perciò tutti i periodi di maturazione della vita spirituale della giovane. Le *Notes intimes* non furono dedicate a un destinatario particolare, per questo ci permettono di partecipare alla più profonda intimità del suo animo, anche se probabilmente molti pensieri che le costituivano sono andati perduti[403]. L'ultima *nota* è conosciuta come la preghiera: *O mon Dieu, Trinité que j'adore* (NI 15).

4. *Excursions dans le Jura* (Exc)[404], sono le descrizioni di sette viaggi di cui Elisabetta fece esperienza con alcuni suoi amici, nell'agosto-settembre del 1895[405]. Esse mettono in risalto la sua fantasia e la gioia di vivere, la sua sensibilità alla bellezza della natura, il suo entusiasmo e la capacità di raccoglimento silenzioso. Forse furono scritte come compiti di composizione, a lei assegnati dall'istitutrice che le impartiva lezioni private[406].

5. *Poésies* (P) [407]. Oggi conosciamo 126 componimenti, i quali più che per la forma letteraria si distinguono per il loro contenuto, che rispecchia il pensiero della giovane digionese. Furono scritti in varie occasioni (feste, anniversari, o come dono per qualcuno, ecc.), con rima o assonanza[408], e rivelano sia la psiche molto sensibile di Elisabetta, che l'opera della grazia divina in lei. Le poesie sono anche una testimonianza delle sue sofferenze intime[409]. Come il *Journal* (J) e le *Notes intimes* (NI), neanche le *Poésies* — con rare eccezioni — furono dedicate a qualcuno in particolare[410]. Le poesie composte nel Carmelo

---

[401] Si trovano (con l'*Introduzione*) in *Œuvres*, 891-916.
[402] *Œuvres*, 892.
[403] *Œuvres*, 892.
[404] Tradotte in italiano, si trovano in BEATA ELISABETTA DELLA TRINITÀ, *Scritti*, (Postulazione Generale dei Carmelitani Scalzi) Roma 1996³, 509-515 (Edizioni O.C.D.). Bisogna accennare che esse non sono state pubblicate in *Œuvres*.
[405] Cfr. *Votum*, 21.
[406] R. MORETTI, *Introduzione a Elisabetta*, 75.
[407] Si trovano (con l'*Introduzione*) in *Œuvres*, 915-1066 (P 1-123, la poesia P 1 bis compresa). Invece le altre due poesie: P 72 bis e P 72 ter sono state pubblicate in *Carmel* 96 (2000), 41-44.
[408] *Votum*, 22.
[409] Cfr. *Œuvres*, 919.
[410] *Œuvres*, 919-920.

(P 73-123) sono come un *giornale intimo*[411], e perciò, in un certo modo, possono essere considerate come la continuazione del *Journal* (J). Tutte le *Poésies* ci fanno entrare nel mondo interiore di Elisabetta[412]; sono fra l'altro «elevazioni e intense preghiere, meditazioni sui misteri di Cristo, tenere effusioni alla Madonna, colloqui d'amore con le sue consorelle»[413].

6. *O mon Dieu, Trinité que j'adore* (NI 15)[414]. La celebre preghiera, elevazione alla Trinità (composta il 21 novembre 1904), non è semplicemente una bella preghiera, ma un'autentica offerta che Elisabetta fece di se stessa e che segnò una nuova tappa della sua vita[415].

Quel giorno la giovane, con le altre suore, rinnovò i voti religiosi, dopo essere stata preparata a questo evento con la partecipazione al ritiro spirituale tenuto dal domenicano P. Fages, ed essi spinsero Elisabetta ad incentrare tutto il suo essere sulla persona di Gesù[416].

Questa preghiera, scritta senza alcuna correzione, stupisce per la sua profondità e rivela in modo splendido l'intimità spirituale di Elisabetta. In essa si possono riconoscere alcuni influssi di Teresa di Lisieux e di Caterina da Siena, e la sua profondità teologica presenta il mistero di Dio nella sua immensità, immutabilità e trascendenza, nel piano trinitario-cristologico[417].

7. *Le Ciel dans la foi* (CF)[418], è una specie di «esercizi spirituali» a sfondo biblico, che si svolgono nel corso di 10 giorni (2 meditazioni al giorno). Redatto su richiesta della sorella Marguerite[419], nel luglio 1906, *Le Ciel dans la foi* è stimato il capolavoro di Elisabetta[420], consi-

---

[411] *Œuvres*, 920.
[412] *Œuvres*, 920.
[413] R. MORETTI, *Introduzione a Elisabetta*, 92.
[414] Si trova in *Œuvres*, 199-200.
[415] *Œuvres*, 456.
[416] R. MORETTI, *Introduzione a Elisabetta*, 108.
[417] R. MORETTI, *Introduzione a Elisabetta*, 109.
[418] Si trova (con l'*Introduzione*) in *Œuvres*, 89-127.
[419] Marguerite soffriva molto a causa della vocazione di Elisabetta al Carmelo (R. MORETTI, *Introduzione a Elisabetta*, 99).
[420] Cfr. *Votum*, 22. C. De Meester indica la prima metà di agosto del 1906 come il tempo di composizione del CF, e afferma che quelle pagine furono scritte come una «surprise» per Marguerite, che non conobbe questa iniziativa se non due mesi dopo la morte della sorella (*Œuvres*, 90). Lo stesso periodo della redazione di CF è stato indicato in P.-M. FÉVOTTE, *Aimer la Bible*, 35.

derato il *Trattato spirituale I*. Il *leitmotiv* del Trattato è l'unione con Dio[421], perciò la sua impronta principale è di tipo mistico[422]; il suo titolo fu assegnato da Madre Germaine di Gesù[423].

Non era nelle intenzioni di Elisabetta scrivere un trattatello spirituale, ma suo desiderio era di sviluppare alcune grandi tematiche che riteneva essere la struttura portante di una vita cristiana. Sovente sono citati autori come S. Giovanni della Croce e il grande mistico fiammingo Ruusbroec[424].

8. *Dernière retraite* (DR)[425], è considerato il *Trattato spirituale III*. Fu scritto durante un ritiro di sedici giorni, nell'agosto 1906; comprende alcune riflessioni proposte da Elisabetta per ordine della Priora. Il titolo fu indicato oralmente dalla carmelitana. È un altro capolavoro di Elisabetta[426], ricco di risonanze autobiografiche, anche se intramezzate da riflessioni di carattere universale e oggettivo[427]. *Dernière retraite* riassume due aspetti spirituali della vita della giovane: quello mistico (presente in CF) e quello ascetico (presente in GV)[428], e può essere considerato il suo testamento spirituale. In esso traspare la tensione di Elisabetta verso l'incontro definitivo con Dio nell'eternità. Mentre soffriva molto, tormentata dalla fame e dalla sete, era raccolta nella meditazione, nella contemplazione[429].

Oltre che alla testimonianza dei suoi scritti, oggi dobbiamo la conoscenza di alcuni suoi pensieri a testimoni che li hanno trasmessi ai

---

[421] *Œuvres*, 91.
[422] *Œuvres*, 130.
[423] *Votum*, 22. R. MORETTI, *Introduzione a Elisabetta*, 100.
[424] R. MORETTI, *Introduzione a Elisabetta*, 100. Per approfondire quest'argomento vedi pure: M.-M. PHILIPON, «Introduzione al primo ritiro. "Il cielo sulla terra"» in ID., *L'inabitazione della Trinità nell'anima*, 43-96.
[425] Si trova (con l'*Introduzione*) in *Œuvres*, 141-188.
[426] Cfr. *Votum*, 22; *Œuvres*, 142-143.
[427] *Œuvres*, 146.663; R. MORETTI, *Introduzione a Elisabetta*, 104. Quelle risonanze autobiografiche testimoniano fra l'altro la presenza di molte sofferenze nella sua vita (*Œuvres*, 146).
[428] *Œuvres*, 130.
[429] R. MORETTI, *Introduzione a Elisabetta*, 103-104. Per approfondire quest'argomento, vedi pure: M.-M. PHILIPON, «Introduzione al secondo ritiro. "L'uffizio di una Lode di gloria"» in ID., *L'inabitazione della Trinità nell'anima*, 97-149; L. BORRIELLO, «Gli scritti di Elisabetta», in ID., «Introduzione», 16-19.

posteri, sia tramite la pubblicazione di *Souvenirs*[430], redatti da Madre Germaine dietro richiesta di molti monasteri[431], che durante i processi di Beatificazione di Elisabetta, le cui testimonianze furono riportate in *Summarium*[432], e in seguito pubblicate separatamente in un'opera dal titolo: *Elisabetta parla ancora... Nei processi di Beatificazione e Canonizzazione. Parole della Serva di Dio riferite dai testimoni*[433].

---

[430] Vedi: *La Servante de Dieu. Élisabeth de la Trinité. 1880-1906. Souvenirs* [*Carmel de Dijon*], Paris 1946 (Editions St-Paul).

[431] *Responsio*, 64. Detta pubblicazione comprende anche alcuni brani degli scritti di Elisabetta.

[432] *Summarium* si trova in SACRA CONGREGATIO PRO CAUSIS SANCTORUM, *Divionen. Beatificationis et Canonizationis Servae Dei Elisabeth a SS. Trinitate (in saeculo: Élisabeth Catez). Monialis Professae ordinis Carmelitarum Discalceatorum (18 iul. 1880 – 9 nov. 1906). Positio super virtutibus*, Roma 1979.

[433] Vedi: POSTULAZIONE DELLA CAUSA, ed., *Elisabetta parla ancora... Nei processi di Beatificazione e Canonizzazione. Parole della Serva di Dio riferite dai testimoni*, Roma 1980 (il libro è stato stampato nello Stabilimento di Arti Grafiche L. Salomone, Corso d'Italia n. 38, Roma). Nei diversi lavori, come abbrevviazione della suddetta pubblicazione, si usa *Elpa*.

CAPITOLO II

Le fonti dell'esperienza cristologica di Elisabetta della Trinità

Quanto è stato detto a proposito dell'ambiente, ha già parzialmente delineato anche le fonti dell'esperienza cristologica di Elisabetta. Vorremmo adesso intrattenerci sui principali fondamenti, sugli influssi spirituali, che hanno *stimolato* Elisabetta a vivere con Cristo. Non si può dimenticare che la sua vita e la sua dottrina, la sua esperienza e i suoi scritti, si fondono, si completano e si illuminano a vicenda[1].

In questo Capitolo verranno trattati i fattori che possono essere considerati come le fonti dell'esperienza cristiana di Elisabetta:

1. l'immagine di Cristo nella concreta situazione politica della Francia della Terza Repubblica, come Salvatore della nazione francese, presente nella storia di questo popolo. Grazie a quest'aspetto l'esperienza cristologica di Elisabetta si arricchì di una dimensione sociale, storica, esistenziale, terrena;
2. l'immagine di Cristo nella Chiesa francese, presente nelle diverse forme della pietà e della spiritualità di allora (nei suoi scritti Elisabetta molte volte faceva alcuni riferimenti ad esse);
3. l'insegnamento cristologico e cristocentrico presente nel Carmelo a Digione, in cui viveva Elisabetta;
4. la Bibbia, che costituiva la principale ispirazione dei pensieri e delle meditazioni di Elisabetta;
5. l'insegnamento dei santi, che Elisabetta approfondiva nella lettura e alla cui luce interpretava l'esperienza della propria relazione con Cristo, con la Santissima Trinità;

---

[1] *Votum*, 21. Cfr. H.U. VON BALTHASAR, *Sorelle nello spirito*, 291.

6. la grazia di Dio, elargita con abbondanza alla giovane, che la conduceva all'esperienza mistica dell'unione con Cristo e, tramite Lui, con la Trinità.

Tutti questi fattori stimolavano Elisabetta e la guidavano alla conoscenza sempre più profonda del mistero della persona di Cristo, alla scoperta della verità di Gesù Salvatore, nella realtà della Sua divinità, umanità, passione, amore, e nel mistero della Sua umiliazione, della Sua presenza nell'uomo con la sua storia individuale e sociale.

Negli scritti della giovane si possono trovare molti riferimenti riguardanti sia la storia della Francia (*vissuta* con Cristo) sia la spiritualità allora presente. Adesso cercheremo di rappresentare le fonti che influirono sull'esperienza religiosa di Elisabetta.

1. Immagine di Cristo nella storia della Francia

Le sorti della patria e della Chiesa erano molto care al cuore di Elisabetta. Ella, nata in una famiglia di militari, dagli anni dell'infanzia crebbe in un clima patriottico. Gli eventi storici dell'epoca della Terza Repubblica, numerose volte ebbero particolare risonanza negli scritti di Elisabetta.

Nel quindicesimo anno di vita (1895) Elisabetta in un suo scritto fece riferimento a un'eroica santa che combattè per la Francia, Giovanna d'Arco, che era, per la giovane digionese, un modello del legame tra la fede e la dedizione al servizio per la patria[2]. Crescendo, Elisabetta intravedeva sempre più che il mondo era pieno di sofferenza (anni 1895-1896)[3].

All'età di diciassette anni (1897) la giovane dedicò alla Francia una sua poesia, all'inizio della quale esprimeva il suo intimo rammarico nel constatare il rifiuto della sua patria nei confronti di Cristo:

> O France, chère patrie
> Tant aimée et tant chérie,
> Tu méconnais ton Seigneur,
> Je le vois avec douleur[4]!...

Nella seconda parte della poesia, Elisabetta ricordò di nuovo Giovanna d'Arco, esprimendo la speranza nella sua intercessione per la

---

[2] P 25.
[3] P 27.
[4] P 35.

patria, affinché Iddio, ascoltando le sue preghiere, concedesse che la Francia ritornasse alla fede e la conducesse alla gloria e alla vittoria[5]. Anche con quest'intenzione Elisabetta si offrì in sacrificio:

Pour expier tes erreurs,
Obtenir ta délivrance,
O mon pays, chère France,
Je me consacre au Seigneur[6]!

Nell'anno degli aspri attacchi, da parte dello Stato, alle Congregazioni religiose (1901), che causarono la dispersione di tanti monaci, Elisabetta, che stava già da oltre un mese nel Carmelo a Digione, scrisse una lettera al canonico Angles, che si concludeva con queste parole: «Nous ne partons pas. Ah! que j'aime vivre en ce temps de persécution; comme il faudrait être saints! Demandez pour moi cette sainteté dont j'ai soif. Oui, je voudrais aimer comme les saints, comme les martyrs. [...] Ah! Quittons la terre, il fait bon vivre en haut»[7].

Ci colpisce la calma con la quale Elisabetta partecipava allo svolgersi degli eventi quotidiani. Ella considerava anche i difficili momenti della persecuzione come un terreno fertile per la crescita spirituale; nonostante fossero parte della realtà, sapeva vivere distaccata da essi, trovare la pace in Dio e condividerla con gli altri. Il 12 settembre del 1901 scrisse a sua sorella: «Il y a en effet plusieurs Carmels qui partent, mais nous restons. Notre Révérende Mère se fait autoriser, ainsi soyez bien tranquilles»[8].

Alla fine dell'anno 1902, Elisabetta scrisse a sua madre raccontandole dei preparativi che le carmelitane a Digione, nel constatare il precipitare degli eventi, facevano nell'eventualità di una necessità impellente di lasciare la loro clausura[9]. Nello stesso anno, il 31 dicembre, Elisabetta raccontò al padre Vallée le sue impressioni riguardanti la situazione politica, la persona di Cristo e la vocazione da Lui ricevuta:

---

[5] P 35. Sembra che Elisabetta, parlando di libertà, si riferisse piuttosto a quella spirituale, non alla vittoria sui repubblicani oppure alla restaurazione della monarchia.

[6] P 35. È molto interessante il fatto che la giovane Elisabetta assumeva verso la sua patria l'atteggiamento dell'insegnante-profeta (cioè di colei che ammonisce) e di una persona che intercede presso Dio.

[7] L 91.

[8] L 93.

[9] L 148. La giovane chiese alla mamma di inviarle il modello di una gonna da lei descritta e il cappello da uomo acquistato a Parigi.

> Il me semble que quelque chose de si grand se prépare et je me sens tout enveloppée dans la charité du Christ. Oh! mon Père, que c'est bon de se donner en ces temps où Il est tant offensé! En ce beau jour de ma profession je voudrais le consoler, Lui faire tout oublier, puis je voudrais aussi que ce soit le commencement d'un acte d'adoration qui plus jamais ne cesse en mon âme[10].

L'ambiente circostante influì su Elisabetta, come un pressante invito ad immolare la sua vita a Gesù per consolarLo. La giovane carmelitana trasmise questo suo desiderio di offrirsi al Signore, anche nella lettera indirizzata alla signora de Bobet (1903):

> Oui l'avenir est bien sombre et ne sentez-vous pas besoin d'aimer beaucoup pour réparer... pour consoler ce Maître adoré... Faisons-Lui au plus intime de notre âme une solitude, et là demeurons avec Lui, ne le quittons jamais, c'est son commandement: «Demeurez en moi, et moi en vous». [...] Oh! si vous saviez quel bonheur envahit mon âme, lorsque je pense que c'est bien vrai que je suis sienne, je suis comme Lui persécutée [...][11].

Essendo a conoscenza dello svolgersi degli eventi nel suo paese, Elisabetta era disposta a tutto, anche a sacrificare la vita per Cristo:

> Remerciez-le d'avoir appelé votre petite Élisabeth au Carmel pour la persécution, je ne sais ce qui nous attend et cette perspective d'avoir à souffrir parce que je suis sienne met bien du bonheur dans mon âme. [...] Peut-être m'en demandera-t-Il un jour le sacrifice, je suis prête à suivre partout et mon âme dira avec saint Paul: «Qui me séparera de la charité du Christ?»[12].

Elisabetta conosceva la difficile situazione delle altre Congregazioni e sapeva che cosa sarebbe potuto accadere al Carmelo in cui viveva con le altre sorelle, ma non si spaventò. Tutto vedeva alla luce di Dio, e in una lettera indirizzata alla signora Angles, scrisse:

> Je vois que vous aussi souffrez persécution puisque voilà vos bons Pères capucins partis en exil, et je comprends quel est ce sacrifice pour vous: c'est si bon, n'est-ce pas, de rencontrer une âme qui sache conduire au bon Dieu. Dans le monde j'ai eu bien des sacrifices à faire de ce côté, mais j'ai vu que lorsque le bon Dieu me privait de tout ce qui semblait me conduire à Lui, ce n'était que pour se donner encore plus. [...] Au Carmel c'est le calme, la paix du bon Dieu: nous sommes à Lui, nous sommes gardées par Lui. La veille de sa mort, le Christ disait à son Père: «Aucun n'a péri de

---

[10] L 150.
[11] L 160.
[12] L 162

ceux que vous m'avez donnés», alors, que pourrions-nous craindre? On pourra nous enlever cette chère clôture en laquelle j'ai trouvé tant de béatitude, nous conduire en prison ou à la mort: je vous avoue que je serais bien heureuse si un tel bonheur m'était réservé !!¹³...

In questi difficili tempi di persecuzione della Chiesa, Elisabetta trovò pace in Cristo, riponendo tutta la speranza in Lui. Gli scritti della giovane mettono in luce l'eroicità della sua dedizione al Signore[14].

Nel 1904 Elisabetta scrisse al canonico Angles: «C'est tout calme, tout apaisé, et cela est apaisé, et cela est si bon, la paix du bon Dieu; c'est d'elle dont parle saint Paul lorsqu'il dit qu'elle "dépasse tout sentiment"!»[15]. Nello stesso anno, in giugno, Elisabetta compose i versi in cui esprimeva il suo desiderio di restaurare ogni cosa in Cristo, specialmente la sua patria, che aveva grande bisogno del perdono di Dio:

> Puis restaurons aussi le royaume de France,
> Offrons «le sang du Juste», il est notre rançon,
> Par lui nous obtiendrons la paix, la délivrance
> Et Dieu prononcera le suprême pardon[16].

All'inizio della Quaresima del 1905, Elisabetta scrisse al canonico Angles: «Nous avons bien besoin que le bon Dieu opère des résurrections dans notre chère France; j'aime la mettre sous l'effusion du Sang divin. Saint Paul dit que "nous avons en Lui la rémission des péchés selon richesses de la grâce qui a surabondé en nous"»[17]. È interessante notare come Elisabetta facesse sempre riferimento a Cristo, anche nella situazione della sua nazione, da cui prendeva spunto per un appello per

---

[13] L 168. Cfr. Gv 17,12.
[14] Nell'anno 1903, con un decreto dello Stato, venne chiusa la cappella del monastero. Madre Germaine cercò (il 16 aprile) un rifugio per le carmelitane di Digione in Belgio (GIOVANNA DELLA CROCE, *Elisabetta della Trinità. Una vita*, 13).
[15] L 190, Fil 4,7.
[16] P 89. Cfr. Mt 27,24. Pensieri simili, riguardanti il regno di Francia, sono contenuti in P 35. È difficile definire con chiarezza, se qui «le royaume de France» è inteso in senso letterale — e questo significherebbe che Elisabetta era propensa alla restaurazione della monarchia, forse influenzata dalle tendenze politiche della sua famiglia o dalla spiritualità vittimale francese, che portava lo spirito riparatore-restauratore dell'*Ancien Régime* (cfr. T. GOFFI, *La spiritualità dell'Ottocento*, 135) — oppure in senso metaforico, come una visione della patria rinnovata da Dio. Sembra che la giovane digionese avesse usato quest'espressione prima di tutto come metafora della nazione riconciliata con Dio attraverso il sangue di Cristo.
[17] L 225.

se stessa alla conversione, per poter ottenere da Dio le grazie necessarie. Nella stessa lettera la giovane scrisse: «...comme vous me dites, il y a beaucoup à expier, beaucoup à demander, et je crois que pour suffire à tant de besoins il faut devenir "une prière continuelle" et aimer beaucoup»[18].
Alla fine dell'anno 1905, dopo l'introduzione della legge che stabiliva la separazione della Chiesa cattolica dallo Stato, Elisabetta scrisse:

> Comme l'on sent le besoin de se sanctifier, de s'oublier pour être toute aux intérêts de l'Église... Pauvre France! J'aime la couvrir du sang du Juste, «de Celui qui est toujours vivant afin d'intercéder et de demander miséricorde». Qu'elle est sublime, la mission de la carmélite; elle doit être médiatrice avec Jésus-Christ, Lui être comme une humanité de surcroît en laquelle Il puisse perpétuer sa vie de réparations, de sacrifices, de louanges et d'adorations[19].

Proprio questo contesto storico-politico, che vedeva la persecuzione della Chiesa, divenne nella vita di Elisabetta il luogo della scoperta del profondo senso della vocazione carmelitana, ed era per lei un invito ad abbandonarsi con maggior fiducia tra le braccia di Cristo, suo Époux, e un richiamo ad adempiere una missione speciale nella Chiesa: essere riparazione delle offese inferte a Dio.

È certo che il contesto politico della Francia, nonostante non avesse avuto un influsso immediato sull'esperienza mistica di Elisabetta, non le rimase estraneo. Infatti la giovane riferiva a Cristo tutto ciò che la circondava: vedendo il Salvatore offeso e sofferente, desiderava consolarLo, e Lo pregava per ottenere la salvezza della patria, per la quale voleva offrire la propria vita (1897)[20]. Elisabetta, nelle difficoltà della situazione politica del suo Paese, riconosceva l'intervento di Dio che sollecitava alla santità (1901)[21]; ricercava la pace soltanto in Cristo per condividerla con gli altri (1901-1903)[22]. Era convinta che la Francia,

---

[18] L 225.
[19] L 256. Facendo riferimento a Eb 7,25 e a Eb 4,16, Elisabetta usava l'espressione «médiatrice avec Jésus-Christ». Dal punto di vista dogmatico, questa espressione appare *imperfetta*, perché Gesù Cristo è l'Unico Mediatore, ma bisogna porre l'accento sul fatto che il linguaggio usato da Elisabetta è un linguaggio mistico, che descrive la profondità dell'unione (di amore) con Cristo, nella partecipazione alla Sua opera redentrice; in questa prospettiva, suddetta locuzione è ammissibile.
[20] P 35.
[21] L 91.
[22] L 93, 160, 162, 168.

lavata dal «sang du Juste», potesse ritrovare la salvezza nella misericordia di Dio (1904)[23], e in questo contesto scoprì il senso profondo di tutta la sua vita nella missione che lei, come carmelitana, doveva adempire nella Chiesa: essere riparazione, sacrificio, lode ed adorazione di Dio[24].

Alla fine della sua vita terrena, Elisabetta scrisse alla priora M. Germaine de Jésus una lettera che rappresenta anche il suo testamento spirituale; in essa esprimeva inoltre il suo desiderio di continuare, dopo la morte, la missione che aveva già iniziato sulla terra: «...en partant je vous lègue cette vocation qui fut mienne au sein de l'Église militante et que je remplirai désormais incessamment en l'Église triomphante: "*Louange de gloire de la Sainte Trinité*"»[25].

Elisabetta, benché distaccata dai legami con il mondo, sia esteriormente sia interiormente, visse il suo rapporto con Cristo, con Dio, in certo qual modo, come esperienza incarnata nella realtà terrena.

2. Immagine di Cristo nella Chiesa Francese. Le pietà dell'epoca

La Passione di Cristo era il centro a cui la Chiesa ottocentesca rivolgeva la propria attenzione. Anche Elisabetta inizialmente seguiva tale spiritualità, e questo è testimoniato per esempio dalle parole di una sua poesia scritta nel 1897 e intitolata *A mon crucifix*: «Près de toi, divin ami / La souffrance a des charmes. / A tes pieds, cher crucifix / Je laisse couler mes larmes» (P 36).

2.1 *Passione di Cristo. Il Preziosissimo Sangue*

Elisabetta era aperta alle devozioni dell'epoca. Già da ragazza, all'età di quattordici anni, nei suoi scritti introdusse un «orologio» della Passione di Cristo, simile agli altri conosciuti in questo periodo[26], nella forma seguente:

---

[23] P 89.
[24] L 150 (1902); L 256 (1905).
[25] LA 5; cfr. Ef 1,12. Elisabetta usava il linguaggio mistico, quindi l'espressione «l'Église militante» non deve essere intesa in senso politico: essa non significa la Chiesa *combattente contro i repubblicani*, ma, in senso figurato, richiama alla lotta spirituale tra il *bene* e il *male*, che si svolge sulla terra. In modo analogo «l'Église triomphante» ha un senso metaforico e non significa il trionfalismo della Chiesa, ma la *comunità dei beati*.
[26] Cfr. T. GOFFI, *La spiritualità dell'Ottocento*, 128-129. Questa forma di devozione era già conosciuta nei secoli precedenti: «Les *Horloges* de la Passion connaî-

Horloge de la Passion

Nuit

Lavement des pieds.
  8. Sacrement de l'Eucharistie.
  9. Prière de Jésus au jardin des Olives.
10. Sueur de sang.
11. Sommeil des apôtres.
Minuit. Baiser de Judas.
  1. Prison.
  2. Prison.
  3. Prison.
  4. Jésus chez Caïph.
  5. Reniement de saint Pierre.
  6. Jésus chez Pilate.

Jour

  7. Dérision d'Hérode.
  8. Flagellation.
  9. ...
10. Barabbas préféré à Jésus.
11. Jésus prend la Croix.
Midi. Jésus cloué à la Croix.
  1. Jésus pardonne au larron.
  2. Jésus nous donne Marie pour Mère.
  3. Jésus expire.
  4. Son côté est ouvert par la lance.
  5. Jésus, descendu de la Croix, remis à sa Mère.
  6. Jésus est mis dans le sépulcre[27].

L'«orologio» era uno strumento prevalentemente ascetico, che aiutava a mantenere, in ogni momento del giorno e della notte, un'attitudine di raccoglimento nella contemplazione del mistero della Passione di Cristo. Elisabetta probabilmente si serviva di esso per unirsi a Gesù Cristo, in modo sempre più intimo.

---

tront une vogue considérable au moyen âge et au 17ᵉ siècle» (É. BERTAUD – A. RAYEZ, «Dévotions», 767); vedi anche: É. BERTAUD, «Horloges spirituelles», 752-754 («Les horloges de la Passion»), ove l'Autore scrisse: «La dévotion à la Passion est l'une des manifestations les plus caractéristiques de la piété populaire aux 14ᵉ et 15ᵉ siècles» (*Ibid.*, 752).

[27] NI 2; cfr. *Souvenirs*, 12.

Gli scritti della giovane sono fra l'altro una testimonianza della devozione ottocentesca. Nel suo *Journal* Elisabetta annotò i diversi tipi di pietà proposti dal missionario che nel 1899 venne a svolgere la sua missione a Digione:

Les dévotions pour exciter la piété
Les dévotions envers Jésus pour entretenir notre piété sont:
A) La dévotion à la Passion.
B) La dévotion à la Messe: bien se figurer que l'on assiste à la Passion, offrir Jésus en holocauste à Dieu pour telle grâce, pour nos fautes.
C) La visite au Saint-Sacrement. Jésus est seul, personne pour consoler, et Il est là pour nous[28]!...

Più avanti Elisabetta scrisse: «Le sermon de la Passion a été superbe. Le Père Mouton a montré tous les ennemis de Jésus: Pilate, Hérode, Anne, Caïphe, le peuple juif, les soldats romains; il a comparé chaque ennemi aux différents pécheurs» (J 125).

Elisabetta, come altri del suo tempo, si sentiva chiamata a condividere con Cristo le sue sofferenze, come offerta espiratoria e come suffragio per le anime del Purgatorio. Nel suo *Journal* si legge:

O Père éternel, n'êtes-vous pas touché? Que vous faut-il encore? Des âmes, ô mon Dieu, il me faut des âmes, au prix de n'importe quelle souffrance, ma vie entière sera une expiation, je suis prête à tout souffrir, mais grâce, pitié pour le monde, au nom de Jésus mon divin Époux, Jésus que je veux consoler[29]...

Negli scritti di Elisabetta possiamo trovare inoltre alcuni particolari reminiscenze della devozione al preziosissimo Sangue. Per esempio nella poesia P 89 la giovane affermava: «Puis restaurons aussi le royaume de France, / Offrons "le sang du Juste", il est notre rançon, / Par lui nous obtiendrons la paix, la délivrance / Et Dieu prononcera le suprême pardon». Invece, nella lettera L 225 Elisabetta scriveva: «Nous avons bien besoin que le bon Dieu opère des résurrections dans notre chère France; j'aime la mettre sous l'effusion du Sang divin. Saint Paul dit que "nous avons en Lui la rémission des péchés selon les richesses de la grâce qui a surabondé en nous"». Simile pensiero lo espresse anche nella lettera L 256: «Pauvre France! J'aime la couvrir du sang du Juste, "de Celui qui est toujours vivant afin d'intercéder et de demander miséricorde"». Anche nel suo *Journal* troviamo scritto: «Jésus, chaque

---
[28] J 113.
[29] J 22. Cfr. J 20.

créature n'a-t-elle pas trempé plus ou moins dans ton Sang?» (J 126). E infine possiamo citare il brano tratto da una lettera indirizzata al canonico Angles: «Oh, consacrez-moi si bien que je ne sois *plus moi mais Lui*, [...] et puis baignez-moi dans le Sang du Crist pour que je sois forte de sa force à Lui; je me sens si petite, si faible...» (L 294)[30].

Si può affermare che Elisabetta, pur usufruendo di alcuni elementi tipici della pietà alla Passione di Gesù (specialmente prima dell'entrata nel Carmelo), nella propria spiritualità rimase autentica e, come S. Teresa di Lisieux[31], concentrata specialmente sull'amore di Cristo[32].

La devozione alla Passione di Cristo era legata, nell'Ottocento, alla spiritualità vittimale. Essa proponeva la sequela di Gesù attraverso pratiche di mortificazione, sottoponendosi a privazioni e a umiliazioni[33]. Anche negli scritti di Elisabetta vi è traccia di tale spiritualità.

2.2 *Spiritualità di riparazione delle offese inflitte a Gesù.*
La devozione vittimale

Elisabetta era aperta ad accogliere tutte le vie che potessero condurre ad una più profonda unità con Cristo. Durante le missioni svoltesi nel 1899, la digionese, come gli altri fedeli della sua epoca, sperimentò la pratica della penitenza: «Depuis trois jours j'ai pu jeûner le matin sans que maman s'en doute. Oh! comme je suis heureuse de pouvoir [offrir] cette petite mortification à mon Jésus!» (J 4; 6 febbraio 1899). Ma nonostante questo, la giovane dimostrava il suo distacco interiore anche dalle stesse forme di devozione; infatti quattro giorni dopo l'offerta della sua *petite mortification* al suo Gesù, scrisse nel *Journal*: «Maman s'est aperçue que je ne déjeûnais pas le matin, elle m'a bien grondée. Dois-je recommencer? Je ne le crois pas!...» (J 6).

---

[30] Cfr. P 91, L 196, 236 («Tout cela, je l'ai immolé sur l'autel de mon cœur à Celui qui est un Époux de sang»; cfr. Es 4,26).

[31] Secondo T. Goffi, S. Teresa sembrava non voler porgere attenzione alla devozione della Passione come tale (né comprenderla né praticarla nella forma tradizionale), per poter concentrarsi specialmente sull'amore misericordioso di Cristo (vedi: T. GOFFI, *La spiritualità dell'Ottocento*, 135).

[32] Nell'anno della sua morte, la carmelitana scrisse a suor Agnès de Jésus-Maria: «Ma Sœur, fixons notre Maître, et que ce regard de foi simple et amoureux nous sépare de tout et mette comme une nuée entre nous et les choses d'icibas» (L 307). Poco tempo prima, ma sempre nello stesso anno, Elisabetta, in una lettera indirizzata alla sorella, scrisse a proposito della carità: «Aimer, c'est si simple, c'est se livrer à toutes ses volontés, comme Lui [Jésus] s'est livré à celles du Père [...]» (L 288).

[33] T. GOFFI, *La spiritualità dell'Ottocento*, 135.

Elisabetta, partecipe dell'esperienza spirituale propria del suo tempo, che richiamava l'attenzione dei fedeli all'esercizio di pratiche di riparazione per delitti compiuti durante la Rivoluzione, e alla preghiera di petizione rivolta a Dio per ottenere la grazia di ristaurazione dell'*Ancien Régime*[34], prima del suo ingresso al Carmelo affermò: «Pour expier tes erreurs, / Obtenir ta délivrance, / O mon pays, chère France, / Je me consacre au Seigneur!» (P 35)[35]. In un'altra poesia scrisse: «Puis restaurons aussi le royaume de France, / Offrons "le sang du Juste", il est notre rançon» (P 89).

Il fine della spiritualità vittimale era che, mediante sacrifici e sofferenze, si potesse soddisfare Dio offeso per i peccati dell'uomo, sì da placare la sua ira e impetrare la sua benevolenza[36], unendosi intimamente con Gesù che, considerato come Unico Mediatore, è anche Colui che placa la collera del Padre. Questa visione dell'ira divina, non condivisa dalla teologia moderna, trovò spazio anche negli scritti di Elisabetta. Ella, dopo aver partecipato alle missioni del 1899, e dopo aver ascoltato le predicazioni dei padri che presiedevano allo svolgimento delle missioni stesse, riportò nel proprio diario il pensiero seguente: «O Dieu tout-puissant, laissez-vous toucher, apaisez votre courroux, tant d'âmes vous implorent au nom de Jésus, l'Holocauste suprême!...» (J 18, cfr. J 20, 22)[37]. Invece nella poesia *Pardon pour le pêcheur*, Elisabetta si rivolgeva a Dio chiedendo il perdono:

P ardonnez, pardonnez, Seigneur!
A h, c'est le cri de tant de cœurs,
R ecevez, acceptez ces victimes,
D aignez être attendri de leurs pleurs.

---

[34] T. GOFFI, *La spiritualità dell'Ottocento*, 136.

[35] Elisabetta scrisse inoltre nel suo diario: «O Jésus, ma Vie, mon Époux Bien-Aimé, ta Croix, je t'en supplie, oh donne-moi ta Croix, je veux la partager avec toi. Tu as assez souffert pour moi, je veux maintenant te consoler, je me charge des péchés du monde, ne vois que moi, ne frappe que moi, je suis ta victime» (J 7, cfr. J 12).

[36] T. GOFFI, *La spiritualità dell'Ottocento*, 137. Fautori di questa spiritualita furono, fra gli altri: Marie de Saint-Pierre (1816-1848), S. Michel Garicoïts (1797-1863), Louis Maulbon d'Arbaumont (1813-1882), Marie-Véronique du Cœur de Jésus (1825-1883), Sylvain-Marie Giraud (1830-1885), Léon Dehon (1843-1925). Vedi: G. MANZONI, «Victimale», 542-545 («En France au 19e siècle»).

[37] Lo stesso pensiero (con l'influsso della teologia *vittimale*) si trova nella poesia P 89, dove la giovane affermava che la preghiera di Gesù placa il Padre: «"Riche en miséricorde", il reste notre Père, / La prière du Christ apaise son courroux».

O h, voyez, leur vœu le plus intime
N 'est autre qu'expier pour le pécheur[38]!

Sicuramente la giovane, anche attraverso l'ascolto delle parole dei sacerdoti che predicavano, comprese che l'operato dell'uomo è valorizzato dall'amore e non dal timore, e che «il faut penser» all'amore, alla misericordia di Dio (cfr. J 69).

Elisabetta inseriva nel suo diario anche i pensieri che traevano spunto dalle parole ascoltate in chiesa, ma con il passare del tempo cominciava ad acquisire la propria, sempre più profonda e personale, cognizione di Dio. Pian piano scopriva la verità di Dio tramite la meditazione della Bibbia e la propria esperienza mistica.

A differenza di S. Teresa di Lisieux, che acquisì da subito la piena conoscenza della misericordia divina, Elisabetta ebbe inizialmente la concezione di un Dio severo (cfr. J 51); ma con il maturare della sua esperienza interiore di rapporto con Iddio, scoprì e sperimentò sempre più la realtà del Suo amore[39]. I suoi scritti sono una testimonianza di questa sua evoluzione interiore.

Elisabetta, nell'ultimo anno della sua vita, scrisse a Germaine de Gemeaux:

> Petite sœur de mon âme, à la lumière de l'éternité le bon Dieu me fait comprendre bien des choses, et je viens vous dire comme venant de sa part de ne pas avoir peur du sacrifice, de la lutte, mais plutôt de vous en réjouir. Si votre nature est un sujet de combat, un champ de bataille, oh, ne vous découragez pas, ne vous attristez pas. Je dirais volontiers: aimez votre misère, car c'est sur elle que Dieu exerce sa miséricorde [...][40].

Poco prima, in una lettera indirizzata a sua sorella, la giovane scrisse:

> *Lui* [Jésus, Dieu], Il est l'Immuable, Celui qui ne change jamais: Il t'aime aujourd'hui comme Il t'aimait hier, comme Il t'aimera demain. Même si tu Lui as fait de la peine, rappelle-toi qu'un abîme appelle un autre abîme et que l'abîme de ta misère, petite Guite, attire l' abîme de sa miséricorde, oh! vois-tu, Il me fait tant comprendre cela [...][41].

---

[38] P 58. Il componimento in versi è interessante pure a motivo della sua costruzione, infatti le prime lettere di ogni verso formano la parola «P A R D O N».

[39] In questo suo cammino spirituale, Elisabetta fu molto aiutata dagli scritti di S. Teresa di Lisieux.

[40] L 324.

[41] L 298. Cfr. L 141: «Oh, maman, Celui auquel tu m'as donnée est Amour et Charité et Il m'apprend à aimer comme Lui [...]».

Tutta la dottrina di Elisabetta, che si potrebbe sintetizzarla nella preghiera rivolta alla Santissima Trinità (NI 15), si concentra sul dono dell'amore misericordioso offerto da Dio, che invita tutti a vivere nella Communione delle Tre Persone Divine[42].

Nel contesto storico-culturale descritto e nell'ambito dell'esperienza spirituale contemporanea a tale contesto, risalta l'ardire del pensiero di Elisabetta, che, pur non essendo considerata una mistica particolarmente originale[43], fu una spinta per il cristiano a vivere con nuova intensità la sua esperienza interiore di unione con Cristo nell'amore[44]. È proprio il credere nell'Amore che divenne uno dei punti nevralgici nella dottrina della carmelitana[45], la quale sottolineò che essere vittima per Dio significa «être la proie de l'amour» (L 169)[46].

La devozione al Sacro Cuore aiutò Elisabetta nell'approfondimento della conoscenza e nella contemplazione del volto misericordioso del Padre manifestato nella persona di Gesù Cristo.

2.3 *Sacro Cuore di Gesù*

La venerazione per il Sacro Cuore, occupò un posto importante nella relazione di Elisabetta con Cristo[47]. Nel giugno 1898, la giovane compose la poesia *La fête du Sacré-Cœur* (nella forma di un inno), in cui scriveva:

Salut, amour, gloire et honneur,
O Jésus, à ton divin Cœur,
Ce Cœur source inépuisable,
Ce Cœur fontaine intarissable,
Ce Cœur transpercé de la lance,
Ce Cœur abreuvé de souffrance,

---

[42] Cfr. Borriello-Secondin, 122.

[43] Borriello-Secondin, 122.

[44] Borriello-Secondin, 123.

[45] Elisabetta scriverà nel 1905 una poesia che fortemente accenta l'essenza della fede – il credere all'Amore (P 95).

[46] Quest'espressione è tratta dalla terza strofa dell'Inno dei Vespri della festa di Teresa d'Avila (L 169, n. 4; cfr. L 41, n. 7; L 54, n. 5).

[47] Elisabetta per esempio conosceva molto bene la Basilica di Montmartre, infatti nella lettera L 35 scrisse: «Nous avons passé deux jours à Paris en rentrant à Dijon [...]. J'ai eu le bonheur d'aller à Montmartre et à Notre-Dame-des-Victoires [...]». In altre lettere affermò che una volta voleva recarsi a Parigi, al *Sacré-Cœur de Conflans*, dove la sua amica Marie-Louise doveva fare la vestizione (L 27, vedi pure: L 30, 36, 47).

> Ce Cœur hélas tant outragé
> Ce Cœur mon refuge assuré
> Captif dans sa prison d'amour,
> Il souffre de la solitude,
> De l'oubli, de l'ingratitude;
> On l'abandonne chaque jour[48]!...

Nei versi successivi della poesia, Elisabetta rievocava l'agonia di Cristo nel Getsemani, prestando particolare attenzione al Cuore di Cristo traboccante d'amore nonostante le continue offese inflitteGli, e si rivolgeva al Cuore del Salvatore esprimendoGli il suo amore, l'intenzione di ascoltare i Suoi gemiti di amante appassionato, di consolarLo, e inoltre manifestando il desiderio di vivere, soffrire e morire (offrendosi come vittima) per la gloria e l'onore dello stesso Cuore di Cristo. Elisabetta affermava pure che il Cuore divino era per lei il solo appoggio, la più grande speranza (P 57).

La giovane menzionava il Sacro Cuore molte volte. Nel *Journal* scrisse che, durante la missione a Digione, dopo aver visto che molti uomini parteciparono alla Santa Messa per ricevere la Comunione, pianse di gioia pensando alla gioia provata dal Cuore di Gesù per quell'evento (J 120; cfr. J 127); poi aggiunse che invece a volte si sentiva infelice, pensando alle sofferenze inflitte senza sosta al Cuore di Cristo (cfr. J 120)[49], che ai suoi amici privilegiati riserva come dono la croce e le sofferenze (J 126), le quali, accolte per amore di Gesù, sono una grande consolazione per il suo Cuore (J 135)[50]. Di questo Elisabetta era profondamente convinta.

---

[48] P 57. Varrebbe la pena mettere in rilievo che l'espressione di Elisabetta «sa prison d'amour» è tipica dell'epoca dell'Ottocento, in cui Gesù Cristo era considerato spesso come «Divin Prisonnier» (vedi: E. RUFFINI, «Eucharistie», 347). Cfr. L 209 (indirizzata a sua madre: «[...] rappelle-toi les temps où nous venions nous agenouiller ensemble devant le pauvre Tabernacle, pense que je suis prisonnière du divin Prisonnier [...]») oppure L 109 («Il est prisonnier pour moi, et je suis prisonnière pour Lui»). Vedi anche: L 91 («[...] je contemple le divin Prisonnier qui m'a faite prisonnière dans ce cher Carmel»), 179 («Lorsque je renouvelle mes saints vœux, ces vœux qui me font "l'enchaînée du Christ" pour parler le langage de saint Paul»; cfr. Ef 4,1; Fm 1 e 9), 97 («ma prison d'amour»; vedi la nota n. 4); P 72 («Elles sont pour toujours prisonnières / Afin de consoler le Sauveur»).

[49] Elisabetta stessa chiedeva perdono per «toute la peine» che procurava al divin Cuore (J 142).

[50] Elisabetta ricordava pure che durante le missioni (L 22) i padri redentoristi condussero la consacrazione dei fedeli al Sacro Cuore (J 100).

La pietà del Sacro Cuore si manifestava fra l'altro nella celebrazione dell'adorazione riparatrice[51]. La giovane digionese partecipava pure a questa forma di pietà, come testimonia uno stralcio della sua poesia intitolata: *L'adoration perpétuelle*, scritta nel 1901 (poco prima dell'entrata al Carmelo), e che riportiamo qui di seguito:

> Souffrir et consoler son Cœur
> Abreuvé de tant douleurs!
> Souffrir! oh prouver que je l'aime!
> A Jésus mon seul Amour!
>
> Jésus! Dieu de l'Eucharistie!
> Jésus! mon Soutien et ma Vie!
> Jésus qui daigne me choisir
> Pour aimer, consoler, souffrir[52]!...

Tramite gli scritti della giovane, possiamo osservare che la devozione al Sacro Cuore non era per lei solo *un modo* di esprimersi, di manifestare la verità di Dio, e neppure era una moda caratterizzata dall'influsso derivante dall'esperienza spirituale propria di quell'epoca. Elisabetta entrava in questa devozione con tutta la sua anima, con tutto il cuore, nel senso più profondo della parola.

Alla fine della missione, nel 1899, rivolgendosi a Cristo scrisse: «J'ai entendu ta voix au fond de mon cœur ce matin; tu m'as dit de ne point me désoler, que si mes prières semblaient n'être point exaucées, du moins toutes ces supplications, toutes ces souffrances avaient fait du bien à ton Cœur» (J 128). Sembra che la giovane *conoscesse molto bene* il Cuore di Gesù; nella lettera indirizzata a Marguerite Gollot, affermava: «Oh! Dans son Cœur que d'amour je vois pour vous [...]» (L 42). Questo Cuore era inoltre per Elisabetta il *luogo*, dove si riuniscono le persone che si amano[53] e dove si può «reposer» (L 153)[54] e

---

[51] T. GOFFI, *La spiritualità dell'Ottocento*, 146. Cfr. Poli-Crespi, 48.

[52] P 67. Elisabetta menzionava l'adorazione perpetua (anche la funzione delle Quarantore) nel J 5-10, cfr. L 108.

[53] Nella lettera L 89, indirizzata alla sorella, Elisabetta scrisse «C'est là, tu sais, que tu retrouveras toujours ta Sabeth, alors il n'y a plus de séparation, le trio est réuni sur son Cœur» (questo trio era costituito da Elisabetta, sua sorella e sua madre. Nella lettera, indirizzata sempre a Marguerite, con riferimento alla sua prima bambina appena nata, la giovane digionese scrisse: «Si tu savais comme je suis émue en pensant que tu es mère... Je te confie, toi et ton ange, à Celui qui est Amour; avec vous je l'adore et sur son Cœur je vous étreins» (L 196 bis).

«déposer» il dolore (P 22). In Elisabetta, la devozione al Sacro Cuore era stare con Gesù «cœur à cœur» (cfr. J 135)[55].

Il punto culminante della sua devozione al Sacro Cuore sembra essere il frammento della preghiera alla Santissima Trinità, dove la giovane espresse il desiderio di essere per il Cuore di Cristo «une épouse» (NI 15). In un altro brano, ella chiariva il significato più profondo dello sposalizio mistico dell'anima con il suo Signore:

> Etre épouse, c'est avoir tous les droits sur son Cœur... C'est un cœur à cœur pour toute une vie... C'est se reposer de tout en Lui, et Lui permettre de se reposer de tout en notre âme!...
>
> C'est ne plus savoir qu'aimer; aimer en adorant, aimer en réparant, aimer en priant, en demandant, en s'oubliant; aimer toujours sous toutes les formes! [...]
>
> Enfin être prise pour épouse, épouse mystique, c'est avoir ravi son Cœur au point qu'oubliant toute distance, le Verbe s'épanche dans l'âme comme au sein du Père avec la même extase d'infini amour[56]!

Come gli altri uomini spirituali dell'epoca, la giovane era consapevole che la ricerca di Cristo porta all'Eucaristia, dove il Figlio di Dio si rivela in modo particolare. Elisabetta, già nel maggio 1895, scrisse una poesia intitolata *Jésus-Hostie*, in cui evidenziava il legame che intercorre tra la devozione al Cuore di Cristo e quella all'Eucaristia: «Auprès de Jésus-Hostie / Je voudrais passer ma vie. / Reposer près de son Cœur / Fait ici-bas mon bonheur» (L 24).

Nel corso della sua esistenza, Elisabetta concretizzò le sue intuizioni spirituali in maniera sempre più evidente. Nella lettera rivolta al reverendo Chevignard (scritta nel 1903) si legge: «Il me semble que rien ne dit plus l'amour qui est au Cœur de Dieu que l'Eucharistie: c'est l'union, la consommation, c'est Lui en nous, nous en Lui, et n'est-ce pas le Ciel sur la terre?» (L 165).

2.4 *Santissimo Sacramento. Devozione eucaristica*

Elisabetta, appuntando alcune prediche ascoltate durante le missioni a Digione, riportò nel suo *Journal* il pensiero secondo cui l'Eucaristia è

---

[54] A Madre Germaine, la giovane scrisse: «Ma Mère, voici l'Époux! Il vous invite à reposer sur son Cœur» (L 153).

[55] Elisabetta sempre portava nella sua borsa un piccolo Sacro Cuore (J. DE BONO, *Elisabetta della Trinità*, 43).

[56] NI 13.

la pienezza dell'amore divino, dove Gesù ci dona non solo i suoi meriti e dolori, ma prima di tutto se stesso (J 122)[57]. «Un Dieu seul pouvait concevoir une chose semblable, une union si intime» — disse per iscritto la giovane, e continuò — «Après la Communion Jésus et l'âme ne forment plus qu'un seul et même cœur, il sont fondus ensemble comme deux morceaux de cire»[58].

Tutto il mondo cattolico del XIX secolo non metteva in rilievo il valore dell'Eucaristia come sacramento di comunione nell'ambito della comunità[59], così anche la devozione di Elisabetta al Santissimo Sacramento era caratterizzata innanzitutto da una dimensione individuale, ed era incentrata sull'adorazione, con una sfumatura di riparazione. La poesia *L'adoration perpétuelle* (P 67) può aiutare a comprendere più a fondo il rapporto che Elisabetta instaurava con Gesù presente nell'Eucaristia: «Jésus! Dieu de l'Eucharistie! / Jésus! mon Soutien et ma Vie! / Jésus qui daigne me choisir / Pour aimer, consoler, souffrir!...»[60].

Elisabetta scoprì il legame misterioso fra l'Eucaristia e il sacrificio di chiunque vi partecipi. Per la giovane, prendere parte alla Santa Messa significava offrire a Dio tutta la propria persona, che diviene come

---

[57] Elisabetta, avendo frequentato le missioni, scrisse anche nel *Journal* il seguente pensiero, che traeva spunto da una predica caratteristica dell'epoca (J 106): «Jésus a tant désiré se donner à nous!... Communions souvent pour répondre à son appel. Près de Lui nous trouverons la force, la lumière, la grandeur; Il est soutien du martyr, le vin qui fait germer les vierges. / a) Les personnes qui communient tous les huit jours doivent être exemptes de fautes mortelles. / b) Les personnes qui communient plusieurs fois la semaine doivent éviter le péché véniel. / c) Celles enfin qui communient tous les jours doivent vivre dans la sainteté de désir, éviter même les inperfections, mater leur chair, la faire soufrir» (Queste ultime parole, sicuramente non provengono da Elisabetta, ma sono, come tutto il brano citato, parole riprese da una predica fatta durante i ritiri).

[58] J 122. Più avanti leggiamo nel suo diario che i padri che guidavano le missioni a Digione affermarono che nel sacramento dell'Eucaristia Dio soffre l'ingratitudine del mondo. In seguito Elisabetta scrisse il loro insegnamento a proposito delle finezze dell'amore che il Signore manifesta nell'istituzione dell'Eucaristia. Il dono che Gesù ci fa di se stesso, il momento in cui elargisce questo dono, che segna l'inizio dei tre giorni di Passione, e il motivo per il quale Gesù si offre nell'Eucaristia, cioè per manifestare il suo infinito amore e per conquistare i cuori degli uomini (J 122).

[59] Cfr. Borriello-Secondin, 108.

[60] Cfr. P 55 (*L'octave du très Saint-Sacrement*), P 56 (*Le dernier jour de l'octave*). Vale la pena menzionare anche la poesia *Communion du 30 novembre 1894* (P 21), in cui Elisabetta chiese a Gesù nell'Eucaristia il dono della virtù dell'amore (cfr. P 39: *Après la Communion*).

l'ostia, che consacrata da Dio deve far presente il Cristo. In tal modo Elisabetta esprimeva l'unità della persona umana con Cristo: come il pane, consacrato durante la liturgia eucaristica, diventa il Corpo del Salvatore, così anche l'uomo, per opera dello Spirito Santo, diventa «une humanité de surcroît» (NI 15) di Cristo[61].

Elisabetta affermava che solo la sofferenza, accolta ed offerta a Dio in un clima di lode, porta a così profonda unità con Dio. Lei stessa soffrì molto, anche fisicamente, poiché afflitta da una malattia mortale[62]. Al reverendo Chevignard scrisse (L 244): «Lorsque vous consacrez cette hostie où Jésus "le seul Saint" va s'incarner, voulez-vous me consacrer avec Lui "comme *hostie de louange à sa gloire*", afin que toutes mes aspirations, tous mes mouvements, tous mes actes soient un hommage rendu à sa Sainteté»[63]. Nella lettera al canonico Angles, la giovane espresse con più intensità il suo desiderio di profonda comunione con il suo Sposo (L 294):

> Le 18 j'aurai vingt-six ans; je ne sais si cette année s'achèvera dans le temps au dans l'éternité, et je vous demande comme une enfant à son père de vouloir bien, à la sainte Messe, me consacrer comme une hostie de louange à la gloire de Dieu. Oh, consacrez-moi si bien que je ne sois *plus moi mais Lui*, et que le Père, en me regardant, puisse le reconnaître; que «je sois conforme à sa mort», que je souffre en moi ce qui manque à sa passion pour son corps qui est l'Église, et puis baignez-moi dans le Sang du Crist pour que je sois forte de sa force à Lui; je me sens si petite, si faible[64]...

Si può affermare che la devozione al Santissimo Sacramento aiutò Elisabetta a penetrare più a fondo nel significato dell'unione fra Dio e l'uomo. La giovane attinse, nella sua vita spirituale, all'ortodossia delle ricchezze contenute nei pensieri dell'epoca riguardanti il mistero

---

[61] In tal modo nella persona umana *si compie, si celebra*, come «une incarnation» (NI 15).

[62] Elisabetta (due settimane prima della morte) scrisse a madre Germaine de Jésus chiamandosi "la piccola ostia": «Mon prêtre aimé, / Votre petite hostie [Élisabeth] souffre beaucoup, beaucoup, c'est une sorte d'agonie phisique» (L 329; cfr. LA 4).

[63] L'espressione «le seul Saint» proviene dal *Gloria* che si prega durante la Santa Messa; invece la frase «*hostie de louange à sa gloire*» lo ricavò Elisabetta dalla fusione di frammenti biblici: «Sacrificio di lode» (Sa 116,17; Eb 13,15) con «lode di gloria» (Ef 1,12). Tredici mesi prima della sua morte, Elisabetta comprese che la vera lode di Dio si compie nell'offerta dell'olocausto, del sacrificio di amore (L 244, n. 4; cfr. L 294, n. 6).

[64] L 294. L'ultima frase allude al rito nel quale, durante la Santa Messa, il sacerdote celebrante immerge l'Ostia nel Sangue del Cristo.

dell'Eucaristia, e rimase comunque autentica e nella verità, anche quano entrò, con l'aiuto della grazia divina, nelle regioni imperscrutabili della mistica più profonda[65].

L'altro elemento che aiutò Elisabetta nel suo cammino di crescita nella fede (specialmente nel momento in cui la giovane stava per entrare nel Carmelo) era la devozione che s'incentrava sulla fede alla divina Provvidenza.

2.5 Fiducia nella divina Provvidenza

La persecuzione della Chiesa in Francia, durante la Terza Repubblica, fu motivo di preoccupazione per i fedeli (sia laici che religiosi), che si chiedevano come mai Dio permettesse queste offese e contrasti. Si delinearono così due correnti che provarono a rispondere a questo interogativo.

La prima, legata alla fede popolare, interpretava tutto quanto accadeva, in base al convincimento che Dio era impegnato nel far trionfare la Chiesa contro Satana, causa di tutto il male. La Chiesa appariva come circondata da un mondo laicista e socialista e convocata alla battaglia contro i «figli delle tenebre» (secondo le parole di Pio IX). La gente credeva che Dio permettesse le persecuzioni per unificare e fortificare i buoni[66]. Questa fede, seppur caratterizzata dalla fiducia nella divina

---

[65] Varrebbe la pena fare ancora due citazioni degli scritti di Elisabetta. Nella poesia [*C'est pour moi qu'Il est venu*] *Noël 1901* (P 75) la giovane esprimeva il pensiero, del tutto originale, che durante l'Eucaristia non solo è Cristo che viene mangiato, ma è anche l'uomo, che offrendo la propria vita a Dio, diventa una «hostie vivante» e viene *consumato* da Lui: «Elle [Élisabeth] a faim de manger son Maître, / Surtout d'être mangée de Lui, / De bien Lui livrer tout son être / Afin qu'en elle tout soit pris. / Oh, que je sois ton envahie, / Celle qui ne vit que de toi, / Ta chose, ta vivante hostie / Consommée par toi sur la Croix». Nella seconda poesia [*Dans une humble et pauvre étable*] *Noël 1904* (P 91) Elisabetta affermava che l'uomo diventa il sacramento di Cristo: «O profondeur, insondable mystère, / Mon cœur devient votre humble sacrement. / Venez en lui glorifier le Père / Dans le silence et le recueillement». Cfr. anche P 88; L 186 («[...] et je demande au Maître divin, à Celui qui demeure en votre âme comme en la petite Hostie du Tabernacle, de vous communiquer une surabondance de sa vie divine»).

[66] Cfr. T. GOFFI, *La spiritualità dell'Ottocento*, 150. In questa luce varrebbe la pena di rileggere il frammento: LA 5, dove Elisabetta si rivolse alla madre Germaine: «...en partant je vous lègue cette vocation qui fut mienne au sein de l'Église militante et que je remplirai désormais incessamment en l'Église triomphante: "*Louange de gloire de la Sainte Trinité*"». Cfr. Ef 1,12. Si potrebbero scorgere alcuni influssi dell'Epoca nelle espressioni: «l'Église militante» e «l'Église triomphante».

Provvidenza, mancava di apertura verso il mondo; aveva l'impronta dell'integralismo ecclesiastico, che non badava a riconoscere in ogni evento il governo sapiente di Dio sul mondo, e che non si preoccupava di leggere i segni dei tempi[67].

L'altro modo di comprendere la divina Provvidenza aveva i suoi rappresentanti negli uomini spirituali dell'Ottocento. Essi mettevano in rilievo la bontà di Dio, che si prende amorevolmente cura del mondo, e la fiducia con la quale gli uomini devono rispondere all'operato del Creatore. Sottolineavano l'importanza di offrirsi alla divina Provvidenza in maniera cosciente e personale[68].

Elisabetta si potrebbe considerare come appartenente a questa seconda corrente. Ella cercando la più profonda comunione con Cristo, incentrò la sua attenzione sul compimento della volontà di Dio. Per questo motivo Elisabetta comprese la divina Provvidenza come volontà di Cristo. In attesa di ottenere da sua madre il permesso di entrare nel Carmelo, la giovane scrisse la poesia *La confiance en la sainte Providence*. Questo componimento mette in risalto in quale modo Dio si servì dei contrasti con la madre, per far maturare Elisabetta nella fede e rafforzare la sua vocazione. Ella diventò libera, anche nella sua adesione alla volontà di Dio, per essere più disponibile e docile all'opera dello Spirito Santo. Citiamo alcuni frammenti di questa poesia:

> J'ai dans ta divine Providence
> Une inébranlable confiance.
> O Jésus, tourne et retourne-moi
> Car je m'abandonne toute à toi [...]
>
> Te rappelles-tu ma sainte envie
> De répondre à ton divin appel,
> De vivre solitaire au Carmel,
> De te consacrer ma faible vie?
>
> Pardonne un moment d'impatience.
> Seigneur, j'ai manqué de confiance, [...]
>
> Je m'abandonne à ta Providence:
> Rien n'altérera ma confiance [...][69].

---

[67] T. Goffi, *La spiritualità dell'Ottocento*, 151.

[68] I rappresentanti di questa corrente furono, nella Chiesa universale: S. Giovanni Bosco, John Henry Newman, Antonio Rosmini, Alessandro Manzoni, Antonio Cesari (T. Goffi, *La spiritualità dell'Ottocento*, 151-154).

[69] P 51.

La devozione alla divina Provvidenza aiutò Elisabetta ad acquisire un equilibrio interiore, grazie al quale conservava la pace e la serenità nel suo cuore, anche nei momenti in cui era in attesa di una risposta da parte di Dio, affinché la Sua volontà si compisse nella realizzazione dei piani divini per lei pensati, ed era in attesa di vedere le sue preghiere esaudite. La giovane digionese, vivendo questa intima esperienza di abbandono, poteva rafforzare gli altri nei difficili momenti della loro vita. A Marie-Louise Ambry scrisse: «Ne craignez pas, soyez toute dans la paix du bon Dieu, Il vous aime, Il veille sur vous comme la mère sur son petit enfant» (L 175). In un'altra lettera indirizzata alla signora de Sourdon, scrisse: «Confiance, chère Madame, le bon Dieu fait attendre parfois, mais sa Providence paternelle gouverne tout» (L 181).

2.6 *Spiritualità del Natale. Gesù Bambino*

Elisabetta a quattordici anni scrisse una poesia, *Noël 1894*, in cui metteva in relazione il mistero del Natale e della Passione di Gesù Cristo, due eventi fondamentali della storia della salvezza:

> Celui qu'adorent les Anges
> Est là dans de pauvres langes.
> Puis-je douter de son amour
> Si bien prouvé en ce beau jour?
> Humble Jésus, mon modèle,
> Je serai brebis fidèle,
> Je te suivrai portant ma croix,
>   N'écoutant jamais que ta voix[70]!

Elisabetta conosceva la persona e la dottrina di S. Teresa di Gesù Bambino, dalla lettura dei suoi scritti[71], e come lei viveva intensamente la spiritualità del Natale. Ogni volta che veniva celebrato questo grande mistero di amore, Elisabetta viveva momenti di profonda commozione,

---

[70] P 23; cfr P 45 (*La nuit de Noël*): «Moi, je prie aussi le Seigneur, / Je Lui donne mon pauvre cœur, / Je Lui demande pour partage / D'être humble et pauvre à son image, / De quitter tout pour être à Lui, / A Lui pour toujours sans partage / L'aimant chaque jour davantage, / L'avoir enfin pour seul appui. / Gravir avec Lui le Calvaire / [...] Dans cette pauvre et froide étable, / Qu'Il est joli, l'enfant Jésus!».

[71] Per es. la giovane scrisse nella lettera a Germaine de Gemeaux: «Sœur Thérèse de l'Enfant-Jésus dit que "l'on n'est consumé par l'Amour qu'autant que l'on s'est livré à l'Amour"» (L 179).

e di questo sono testimonianza le sue lettere e le sue poesie, scritte al Carmelo nelle ricorrenze di questa Solennità[72].

Si vede che esse non sono solo il frutto di una mozione sentimentale che scaturiva dalla contemplazione del mistero dell'Incarnazione del Verbo, ma sono un suo approfondimento teologico. Elisabetta affermava che Gesù neonato è già la visione di Dio «face à face» nella fede (P 75); Cristo è Colui che viene a rivelare i segreti del Padre e a condurre le anime nel seno della Trinità (P 75); oggi Egli ripete la Sua nascita, si «incarna» ed abita nell'uomo (cfr. P 86, 88).

La giovane, inoltre, contemplava il mistero dell'Incarnazione alla luce dell'Eucaristia, come un mistero di amore sponsale (P 91). Nella sua poesia P 96, scritta in occasione del Natale 1905, Elisabetta rivelò la dimensione cosmica della nascita di Cristo, «le Principe et la fin» (cfr. Ap 19,11), attraverso il quale si può contemplare l'«Invisible», l'«Inaccessible».

Tale devozione probabilmente era per Elisabetta uno sprone a vivere autenticamente l'esperienza dell'infanzia spirituale, come una bambina nelle mani di Dio[73]; alcuni suoi scritti ne sono una conferma. Per esempio nella lettera indirizzata alla signora de Sourdon (L 129), Elisabetta scrisse: «Oh alors, quand tout s'embrouillait, quand le présent était si douloureux et que l'avenir m'apparaissait encore plus sombre, je fermais les yeux, je m'abandonnais comme un enfant dans le bras de ce Père qui est aux Cieux»[74].

---

[72] Le poesie scritte prima del suo ingresso in monastero sono: *Noël 1894* (P 23), *La nuit de Noël* (P 45). Le poesie scritte nel Carmelo sono: [*C'est pour moi qu'Il est venu*] *Noël 1901* (P 75), [*J'ai vu briller l'étoile lumineuse*] *Noël 1902* (P 86), [*Il en est un qui sait tout le mystère*] *Noël 1903* (P 88), [*Dans une humble et pauvre étable*] *Noël 1904* (P 91) e [*Il est minuit*] *Noël 1905* (P 96). Le lettere che comprendono pensieri riguardanti il Natale, sono per es.: L 39 (Gesù invita a una vita nuova, a una vita d'amore), L 48 (il piccolo Gesù dovrebbe trovare nei nostri cuori il suo riposo e la sua gioia), L 187 («le soir je me suis installée au chœur et c'est là que s'est écoulée toute ma veillée avec la sainte Vierge dans l'attente da divin Petit, qui cette fois allait prendre naissance non plus dans la crèche mais en mon âme, en nos âmes, car c'est bien l'Emmanuel, le "Dieu avec nous"»), L 220 («Domandons au divin Enfant, qu'Il nous consume en cette divine flamme, en ce feu qu'Il est venu apporter sur la terre», cfr. Lc 12,49); cfr. L 103.

[73] Lei stessa si sentiva piccola davanti a Gesù Bambino. Elisabetta conclude la sua poesia [*C'est pour moi qu'Il est venu*] *Noël 1901* (P 75) nella maniera seguente: «Ai-je bien rempli mon office, / O mon Crist, t'ai-je bien nourri? / As-tu goûté vraies délices / En l'âme de ton tout-petit?».

[74] La giovane risentiva dell'influenza di Teresa di Lisieux; cfr.: L 89, 123, 160,

2.7 «Cristo distante». Traccia del giansenismo

Dalla dottrina giansenista che imponeva la visione di Cristo come giudice severo, provenivano le concrete norme di vita spirituale. Il cristiano doveva vivere nel «timore», perché non poteva sapere se avrebbe potuto godere del privilegio di essere annoverato tra gli «eletti». Il presupposto per poter ricevere con efficacia la grazia di Cristo nei sacramenti era la perfezione, che si poteva conseguire soltanto con molta penitenza. Pochi erano coloro ritenuti degni di ricevere i sacramenti, che venivano considerati come un fine o un premio nella vita cristiana, e non come un aiuto o un mezzo per raggiungere la meta del cammino verso la santità. Infatti, al tempo di Elisabetta, le comuni norme liturgiche ancora non permettevano di fare spesso la Comunione[75], anche se a volte la giovane digionese, come risulta dalle testimonianze giunte a noi attraverso i suoi scritti, ricevette il permesso dal confessore di comunicarsi anche quattro (J 11) o addirittura cinque volte (L 271).

La preghiera, secondo i giansenisti, avrebbe dovuto avere come fondamento l'umiltà ed avrebbe dovuto esprimere l'atteggiamento del «servo che si presenta timoroso davanti al suo Signore»[76]. Anche Elisabetta espresse il suo timore, nella consapevolezza dei suoi peccati, innanzi alla giustizia di Dio. Nel *Journal* scrisse: «Je m'en épouvante: comment me souvenir de ces péchés, pour la quantité, le nombre de fois?» (J 39), ma subito, fidente nella misericordia di Dio, aggiunse: «Enfin Dieu m'aidera» (J 39). In Elisabetta il timore lasciò lo spazio all'amore: «Désormais, Jésus, la confiance l'emporte sur la crainte en mon cœur» (J 52)[77].

Durante la missione a Digione nel 1899, Elisabetta annotò alcuni pensieri tratti da una predica che riguardava il giudizio di Dio. Essa proponeva un'immagine paurosa di Cristo severo: senza misericordia,

---

169, 172, 186, 200, 208, 210, 222, 224, 231, 239, 263, 301, 305, CF 34. Cfr. Sicari, 48-50.

[75] Il documento ufficiale di Pio X (scritto il 20 dicembre 1905), che approvava la comunione quotidiana, fu pubblicato il 21 aprile 1906 (L 271, n. 7).

[76] E. PACHO, «Giansenismo», 1114.

[77] Cfr. J 37: «Chose extraordinaire, moi qui crains tant ce jugement de Dieu, ce soir je n'ai été nullement effrayée. O Jésus, pourquoi trembler de paraître devant toi? Peux-tu condamner — malgré sa faiblesse et ses fautes sans nombre — celle qui t'a tout sacrifié ici-bas, celle qui n'a vécu que pour toi, pour te consoler, celle qui a tant désiré partager la Croix avec toi?».

che condanna il peccatore (*Le jugement*: J 51)⁷⁸. È bene sottolineare ancora una volta che questi non erano i pensieri di Elisabetta, ma le parole pronunciate dai predicatori durante la missione cittadina⁷⁹.

Svolgendo studi sull'esperienza cristiana di Elisabetta, si può affermare con certezza che ella, attraverso un'autentica e personale esperienza di Cristo, superò ogni inopportuna forma di espressione di fede, sia legata a un'emotività malsana che al pensiero giansenista, sperimentando così la libertà da ogni condizionamento esterno, proveniente da una spiritualità artefatta. Elisabetta arrivò, nella sua vita spirituale, al punto in cui ebbe la forza d'animo di affermare: «il ne faut pas croire que Dieu viendra *au-devant* de nous pour nous juger, mais par le feit de la délivrance de notre corps, notre âme pourra le voir sans voile *en elle-même*, tel qu'elle *le possédait durant sa vie* mais sans pouvoir le contempler face à face» (L 238)⁸⁰. In seguito aggiunse: «Saint Paul dit positivement: "Il nous a justifiés gratuitement, par la foi en son sang"»⁸¹, e per questo motivo con fiducia affermava: «Il me semble que, si je voyais la mort, malgré toutes mes infidélités je m'abandonnerais entre les bras de mon Dieu comme l'enfant qui s'endort sur le cœur de sa mère [...]» (L 263)⁸².

---

⁷⁸ «Il [Dieu] n'est plus le bon Pasteur, mais le juge terrible, inexorable, qui ne pardonne plus... / Ah, qu'elle souffre, l'âme du pécheur, pendant ce jugement. / Elle souffre: A) De se trouver sous le regard de Dieu. Où est-elle? Pas un ami! Jésus a son regard terrible en face d'elle. Elle se précipite à droite, tombe sous la dent d'un tigre; à gauche, sous la patte d'un ours; derrière, des serpents. O mon Dieu, que faire? Sous ses pieds, l'enfer béant. Ah, elle souffre tant en ce moment qu'elle préférerait de suite se jeter dans cet abîme affreux... / B) Le jugement de Dieu. – Jésus sur son trône s'assied en face d'elle, à droit l'ange gardien, à gauche Satan... Alors commence l'interrogatoire. C'est en vain que la pauvre âme balbutie quelque excuse, Dieu est implacable, Satan montre son livre. Ah, il n'a rien oublié, la moindre faute est marquée. "Maître, s'écrie-t-il, cette âme est à moi, j'étais son ennemi acharné, je ne désirais que sa perte, elle m'a toujours obéi, tandis qu'elle vous a outragé; elle s'est moqué de vous, son Dieu, qui êtes mort sur une Croix pour la sauver!..." / C) La condamnation. – Satan reprend: "Maître, elle est digne de mort." Et aussitôt Jésus s'écrie: "Oui, qu'elle meure." Et, s'adressant au pécheur, Il lui dit: "Retire-toi, maudit, ta vue m'est horrible, disparais à jamais de mes yeux. Venez, vous tous, ses amis et parents, pour le maudire!"».

⁷⁹ Cfr. J. DE BONO, *Elisabetta della Trinità*, 47.

⁸⁰ La giovane voleva affermare che lo stesso Dio eterno che ci giudica e già in noi (cfr. L 238, n. 4).

⁸¹ L 238, cfr. Rm 3,24-25.

⁸² Cfr. J. DE BONO, *Elisabetta della Trinità*, 48.

La venerazione per la Madonna e per i Santi, che lasciò una grande traccia nella vita interiore di Elisabetta, fu un valido strumento di contrapposizione alla corrente di pensiero giansenista.

2.8 Venerazione per la Madre di Cristo e per i Santi

Negli appunti presi durante i ritiri spirituali e riportati nel *Journal*, Elisabetta rivolgeva la sua attenzione anche all'insegnamento riguardante la devozione mariana dell'epoca: «Nous craignons Dieu, [...] Et Dieu nous donne une Mère, la plus tendre [...]»[83]; «Il est trois principales dévotions envers Marie: le scapulaire, les portraits, le chapelet»[84].

Elisabetta conosceva tutte le forme di pietà mariana praticate nella chiesa francese[85]. Molte volte si rivolse alla *Vierge du Perpétuel-Secours* (per es. P 68; L 22; J 74, 82, 101, 132, 134); all'inizio di maggio del 1898, dedicò una delle sue poesie a *Le mois de Marie* (P 49), in cui chiamava Maria «immaculée», «la Reine des Cieux» e «le Lys du Carmel»[86]. Almeno quattro volte si recò con la mamma e la sorella a Lourdes, alla grotta di Massabielle (nel 1894, nell'ottobre 1896, nel luglio 1898 e nel luglio 1900)[87] e agli altri santuari mariani: *Notre-Dame-de-la-Garde* a Marsiglia, presso Limoux (L 18, 22; cfr. L 178), *Notre-Dame de Roc-Amadour* (L 34), *Notre-Dame de Fourvières* (L 9, 10), *Notre-Dame de Domois*[88], nel Comune d'*Ouges*, a 6 km da Digione (P 48), *Notre-Dame-de-Victoires* a Parigi (L 35)[89].

Pio IX, nel 1855, diede l'approvazione alla devozione del *Cuore immacolato di Maria*, già proposta nella seconda metà del secolo XVII da San Giovanni Eudes[90], e stabilì che la festa dedicata al Cuore Immacolato di Maria venisse celebrata ogni anno, l'*8 dicembre*, in tutta la Chiesa.

---

[83] J 90 [*La confiance en Marie*].

[84] J 93 [*Dévotion envers Marie*].

[85] Vedi: E. LLAMAS, «Messaggio mariano di Sr. Elisabetta», 197-204; V. MACCA, «Alla Trinità per Maria», 191-226.

[86] Si nota l'influsso della spiritualità carmelitana.

[87] J. DE BONO, *Elisabetta della Trinità*, 42. Cfr. L 14, 15, 16; P 53 [*Projet d'un voyage à N.-D. de Lourdes*]; P 59 [*A Lourdes, aux Pyrénées*].

[88] Molto venerata dagli abitanti di Digione (P 48, n. 1).

[89] Cfr. pure Exc 1, dove Elisabetta descrisse una statua della Madonna «perduta nell'immensa pianura» (J. DE BONO, *Elisabetta della Trinità*, 43).

[90] Cfr. D. ROPS, *Storia della Chiesa*, 776; Poli-Crespi, 49.

Nella poesia *Jour de la Toussaint* (P 20)[91], Elisabetta ricordava insieme il Cuore di Maria e il Sacro Cuore di Gesù, riconoscendo un'intima correlazione tra loro (forse ad approfondire questa sua comprensione contribuì l'immagine della «medaglia miracolosa» di S. Catherine Labouré). La devozione mariana di Elisabetta ebbe sempre una dimensione fondante cristocentrica. Secondo la giovane, si impara ad amare Gesù attraverso la Madonna. In una lettera indirizzata al reverendo Chevignard, scrisse: «approchons-nous [...] de la Vierge toute pure, toute lumineuse afin qu'elle nous introduise en Celui qu'elle pénétra si profondément, et que notre vie soit une communion continuelle, un mouvement tout simple vers le bon Dieu» (L 165)[92].

Nell'Ottocento, grazie alla devozione mariana rifiorì anche il culto dei santi. I fedeli si rivolgevano a loro con una fede spontanea, che si esprimeva attraverso una ricca varietà di forme. Elisabetta, già dalla sua infanzia, nutriva grande devozione per i Santi; si rivolgeva a loro chiedendo soprattutto aiuto per stare sempre vicina a Gesù e per esserGli sempre più gradita, e li invocava anche per ottenere grazie in favore di chi aveva bisogno di un particolare sostegno. Il culto dei Santi (come anche quello della venerazione per la Madonna) aveva sempre una dimensione cristocentrica. Quelli ai quali Elisabetta si rivolgeva più frequentemente o dai quali attingeva luce spirituale per la sapienza di cui furono espressione, erano: S. Agnese, S. Alfonso de Liguori, S. Angela da Foligno, S. Antonio, S. Agostino, S. Caterina da Siena, S. Elisabetta, S. Francesco Saverio, S. Giovanni Apostolo, S. Giovanni della Croce, S. Giovanna d'Arco, S. Maddalena, S. Marta, S. Paolo, S. Teresa d'Avila[93]. Elisabetta era devota anche di San Giuseppe[94]. La

---

[91] «Cœurs de Jésus et de Marie, / Je vous prie en ce si beau jour, / Délivrez ces âmes chéries [du purgatoire] / Que vous aimez d'un si grand amour».

[92] Nella poesia P 94 [*Aimer*], Elisabetta si espresse in modo simile: «Aimer, c'est imiter Marie / Exaltant de Dieu la grandeur / Alors que son âme ravie / Chantait son cantique au Seigneur. / Votre centre, ô Vierge fidèle, / Etait l'anéantissement, / Car Jésus, Splendeur éternelle, / Se cache dans l'abaissement».

[93] Cfr. «Annexe IV. Index des noms de personnes» in *Œuvres*, 1093-1103.

[94] Elisabetta invocava questo Santo, prima di tutto, come protettore delle famiglie (cfr. per es.: L 197, 265). Elisabetta inoltre nel suo *Journal* menzionò l'apertura del mese di San Giuseppe (marzo), svoltasi durante un ritiro spirituale (J 17); raccontò della sua dedizione nel portare a compimento la novena a san Giuseppe (J 74, cfr. J 41), e ricordò, durante le missioni, l'importanza della consacrazione delle famiglie a san Giuseppe (J 81). Nel gennaio 1906, Elisabetta disse: «Saint-Joseph est le patron de la bonne mort, il vient me chercher pour me conduire au Père» (*Elpa*, 120).

presenza dei Santi e la comunione con loro, aiutò Elisabetta nel coltivare il suo grande desiderio di servire Dio.

2.9 *«Instaurare omnia in Christo»*. La corrente del rinnovamento spirituale

Il papa Pio X iniziò il suo pontificato con la pubblicazione dell'enciclica *E Supremi* (4 ottobre 1903), la quale delineava il programma a cui tutta la Chiesa era chiamata ad aderire: «Instaurare omnia in Christo»[95]. Elisabetta lesse quel documento e, facendovi riferimento, compose una poesia indirizzata a Madre Germaine:

> Mère, t'en souvient-il? en sa belle encyclique
> Le Souverain Pontife exprimait un désir.
> Mon cœur l'a recueilli comme une fleur mystique [...].
> Oui, je rêvais vraiment qu'en moi se réalise
> Le souhait si divin de notre doux pasteur, [...]
> «Tout restaurer en toi, mon Christ et mon Sauveur.»
>
> Ce programme si beau, dicté par la Sagesse,
> Est celui de Dieu même en son éternité [...]
>
> Enfin, pour accomplir sa volonté suprême,
> «Restaurons dans le Christ la terre et les Cieux.»
> Le Ciel, il est en nous, et l'Esprit Saint Lui-même
> Veut le renouveler en l'ardeur de ses feux[96].

Nella parte successiva di questo componimento, Elisabetta affermò che il *rinnovamento* deve iniziare da se stessi. È indispensabile essere puri davanti a Dio, camminare in Gesù Cristo ed essere radicati in Lui (DR 32). Nel *Dernière retraite* Elisabetta scrisse:

> «Instaurare omnia in Christo». C'est encore saint Paul qui m'instruit, saint Paul qui vient de se plonger dans le grand conseil de Dieu et qui me dit «qu'Il a résolu en Soi-même de restaurer toutes choses dans le Christ». / Pour que je réalise personnellement ce plan divin, voici encore saint Paul qui vient à mon aide et qui va lui-même me tracer un règlement de vie. «Marchez en Jésus-Christ, me dit-il, enracinée en Lui, édifiée sur Lui, af-

---

[95] GIOVANNA DELLA CROCE, *Elisabetta della Trinità. Una vita*, 13; cfr. Cholvy-Hilaire, 51; cfr. P 89, n. 3.

[96] P 89 [*Tout restaurer dans le Christ*], composta per il 15 giugno 1904, giorno della rielezione della Madre (P 89, n. 1).

fermie dans la foi, et croissant de plus en plus en Lui par l'action de grâces»[97].

Essendo aperta alle mozioni dello Spirito Santo, Elisabetta accolse con tutto il cuore l'annuncio del papa e volle realizzarlo nella sua vita.

3. L'insegnamento nel Carmelo a Digione. La formazione dogmatica

Il Carmelo era per Elisabetta un luogo in cui realizzare la propria vocazione e maturare nella relazione sponsale con Cristo e, tramite Lui, con la Santissima Trinità. Il chiostro era pure uno spazio di formazione attraverso l'osservanza della Regola carmelitana[98], la vita comunitaria con le altre suore, che si esprimeva anche nella condivisione dei momenti di preghiera (come per esempio la recita del Breviario). La vita che si svolgeva in monastero aveva come presupposto un radicale distacco dal mondo e da particolare legami con il prossimo, per imparare ad amare sempre più Dio e gli altri.

Durante i cinque anni di vita nel Carmelo, Elisabetta partecipò a quindici ritiri: *giorni di silenzio, esercizi personali e comunitari*[99]. I ritire, svolti nella comunità delle suore, furono presieduti da quattro sacerdoti in anni diversi: p. Edmond Vergne sj. (novembre 1901), p. Irénée Vallée op. (il 7-14 ottobre 1902), p. Martin Fages op. (il 12-20 novembre 1904) e p. Rollin sj. (il 15-23 gennaio 1906)[100]. Nel corso dei suoi ultimi due ritiri personali (agosto 1906), Elisabetta compose *Le Ciel dans la foi* (CF) e *Dernière retraite* (DR).

Una persona legata all'ambiente del Carmelo, che svolse un ruolo importante nella vita di Elisabetta, fu p. Irénée Vallée op. (Priore dei Domenicani a Digione). Come abbiamo già ricordato, fu proprio lui che

---

[97] DR 32. Cfr. Ef 1,10-11; cfr. Col 2,6-7. Sull'inizio del rinnovamento della Chiesa in Francia dopo la separazione dallo Stato, vedi: E. GUERRIERO – A. ZAMBARBIERI, *La Chiesa e la società industriale*, 357-366.

[98] Cfr. L 169: «Il me semble qu'au Carmel cela est si simple de vivre d'amour; du matin au soir la Règle est là pour nous exprimer instant par instant la volonté du Bon Dieu. Si vous saviez comme je l'aime, cette Règle qui est la forme en laquelle Il me veut sainte». Vedi pure: J. DE BONO, *Elisabetta della Trinità*, 227-235. Elisabetta vedeva in questa prospettiva le Leggi della vita religiosa: «La Règle est la forme de vie dans laquelle Il me veut sainte» (*Elpa*, 93).

[99] Questi ritiri sono menzionati in J. DE BONO, *Elisabetta della Trinità*, 105. Cfr. *Œuvres*, 346.

[100] In *Œuvres* è menzionato solamente il cognome di p. Rollin.

nel 1900, prima dell'entrata di Elisabetta in monastero, le spiegò i fondamenti dogmatici della verità dell'inabitazione di Dio nell'uomo giustificato. Il Domenicano predicò nel Carmelo in diverse occasioni (feste, esercizi spirituali); condusse ritiri nel 1897 e nel 1900 (del cui contenuto Elisabetta venne a conoscenza grazie agli appunti presi dalle suore che vi parteciparono) e pure nel 1902 (che la giovane digionese ascoltò personalmente)[101]. Il suo ricco pensiero, sia spirituale sia dogmatico, influì sulla formazione di Elisabetta, anche se non in modo tanto incisivo come il pensiero dei Santi, quali per esempio Giovanni della Croce, Teresa d'Avila o Teresa di Lisieux. Comunque la giovane carmelitana, per maturare nella crescita personale, approfittò dei *fonds valléen* (sia nel vocabolario sia in teologia) che — come abbiamo accennato — già erano presenti nel Carmelo di Digione prima della sua entrata[102] (testimonianza di questo sono per es. le lettere indirizzate al reverendo Chevignard, per es. L 158, L 165, e un brano di *Le Ciel dans la foi*, in cui Elisabetta fece molte citazioni del pensiero di p. Vallée, CF 20)[103].

Il domenicano, che era un oratore travolgente, convinto assertore e difensore della purezza dell'ideale contemplativo, un uomo d'intensa preghiera, presentava nelle sue conferenze l'*anima di Cristo*[104], verso la quale Elisabetta provava grande devozione (cfr. L 91), forse anche grazie all'aiuto ricevuto dalle parole dello stesso padre Vallée.

Bisogna affermare che anche se il p. Vallée contribuì ad aprire davanti a Elisabetta nuovi orizzonti sull'amore di Dio, era proprio lo Spirito Santo che la guidava e la purificava. Elisabetta non era infatuata dal pensiero del domenicano, come invece lo erano alcune sue consorelle[105].

Lo spirito che animava Elisabetta era del tutto diverso da quello di p. Vallée: lui era «predicatore», la giovane carmelitana, invece, una

---

[101] *Œuvres*, 82. Il Padre Vallée diede a Elisabetta un solido fondamento teologico, che contribuì a illuminarla nella comprensione più profonda del mistero di grazia che già sperimentava nel suo intimo. Grazie a Padre Vallée, Elisabetta ricevette l'orientamento definitivo verso il suo carisma, la sua missione (*Responsio*, 61). Sul p. I. Vallée, vedi pure: B. SESÉ, *Elisabetta della Trinità*, 63-66.

[102] *Œuvres*, 82-83.

[103] Cfr. *Œuvres*, 83. Cfr. pure per es. L 145 (alla signora Anglais): «[...] le Père Vallée nous a parlé tout le temps sur Jésus-Christ [...]»; L 308 (indirizzata alla madre).

[104] H.U. VON BALTHASAR, *Sorelle nello spirito*, 290.

[105] P. Vallée non era il direttore spirituale di Elisabetta (*Responsio*, 61).

«contemplatrice», attraverso la quale parlava la stessa Parola di Dio, prima ovviamente meditata e contemplata[106]; anche nella loro dottrina si nota una profonda distinzione (nonostante alcuni termini del domenicano ritornano in Elisabetta)[107]. La giovane infatti ricevette qualche chiarificazione teologica dal Padre Vallée, però era lo Spirito Santo che l'avvolse con la sua luce penetrandola appieno[108].

Secondo la Madre Germaine, la formazione dogmatica di Elisabetta fu soprattutto opera dello Spirito Santo[109], e sotto la sua guida Elisabetta si lasciava plasmare esclusivamente dalla Parola di Dio manifestata nelle Sacre Scritture[110].

4. La Bibbia

Il contatto con la Sacra Scrittura alimentava in Elisabetta la fede e la conduceva all'approfondimento dei grandi temi pasquali della vocazione cristiana[111]; l'ascolto della Parola era il cuore della sua spiritualità[112]. La giovane si avvicinava a Dio e si univa con Lui attraverso una grazia speciale, che scaturiva dalla *riscoperta* delle ricchezze nascoste nel Libro Sacro, che divenne per lei «la fonte d'ispirazione, il suo strumento di comunione e di colloquio con Dio, la forza della sua vita,

---

[106] Cfr. *Responsio*, 62.

[107] Le lezioni di p. Vallée trattavano la vita terrena di Gesù e la cristologia speculativa. Il suo pensiero era spiccatamente cristocentrico, approfondito dalla filosofia tomistica. Vallée collocava al centro di tutto, l'Uomo-Dio. Lo presentava come il cuore del mondo, la fonte di tutte le grazie. Il Domenicano studiava i rapporti esistenti in Cristo fra la natura umana e quella divina. In Elisabetta, invece, questa problematica tomistica era quasi del tutto assente, per lasciare posto alla sola teologia paolino-giovannea. Quasi tutte le intuizioni di Elisabetta si possono rintracciare nel Domenicano, però in quest'ultimo sono più elaborate, e per Elisabetta stessa il punto centrale era altrove: nell'amore verso il Dio fatto uomo, verso Maria, i santi, la Chiesa (H.U. VON BALTHASAR, *Sorelle nello spirito*, 290-291).

[108] I temi centrali, distinti da quelli contenuti nell'insegnamento di p. Vallée, sono la comunione con i Tre, la configurazione a Cristo, l'adorazione silenziosa, il raccoglimento contemplativo, l'oscurità della fede e l'amore alla croce per amore del Cristo (*Responsio*, 62).

[109] *Summ.*, 33, § 60: «J'atteste que la formation dogmatique de elle-ci a été surtout l'œuvre du St. Esprit dans l'oraison et dans la lecture méditée de St. Paul». Cfr. pure le parole di sr. Agnès de Jésus in *Summ.*, 406, § 845 («elle n'a pas été instruite par qui que ce soit, mais par l'Esprit-Saint»).

[110] Cfr. *Responsio*, 62.

[111] Cfr. *Votum*, 30.

[112] *Votum*, 28.

CAP. II: LE FONTI DELL'ESPERIENZA 117

il muro portante della sua dottrina»[113]. La scoperta dell'immenso valore della Bibbia avvenne dopo molte prove di fede e momenti di purificazione, nel periodo del noviziato. Non potendo più attingere dalle proprie umane risorse, Elisabetta si orientò verso la Sacra Scrittura, per nutrirsi delle stesse parole che Dio aveva usato per dialogare con gli uomini[114].

La giovane non lesse tutta la Bibbia, infatti conosceva l'Antico Testamento a grandi linee, anche tramite le catechesi ascoltate, la liturgia, le citazioni riportate nei testi scritti dai Santi, come per esempio nelle opere di S. Giovanni della Croce[115]. Per approfondire la sua conoscenza della Parola di Dio si serviva anche del «Manuel du Chrétien»[116] (*Manuel du Chrétien. Nouveau Testament, Psaumes, Imitation*, Gaume et Cie éditeurs, Paris 1896)[117], nel quale poteva ritrovare tutto il Nuovo Testamento[118].

Elisabetta soprattutto si concentrò sui Vangeli (particolarmente sul Vangelo di S. Giovanni), sull'Apocalisse e, in maniera speciale, sulle Lettere di San Paolo, che divennero il suo libro di studio e di contemplazione[119]. Elisabetta incontrò in modo particolare l'Apostolo, dopo la

---

[113] *Votum*, 28.
[114] J. LAFRANCE, *Apprendre à prier*, 75.
[115] C. DE MEESTER, «Présentation», in P.-M. FEVOTTE, *Aimer la Bible*, 11-12.
[116] Cfr. L 60 («"Manuel du Chrétien"; ce livre [...] contient les Évangiles, l'Imitation, etc.»); cfr. L 64, 89.
[117] L'opera comprendeva circa 1.500 pagine (P.-M. FÉVOTTE, *Aimer la Bible*, 38). Cfr. «Élisabeth, carmélite», *Carmel* 96 (2000), 20.
[118] Questa limitazione nel poter accedere al contenuto integrale della Bibbia, dipendeva anche dal contesto religioso-culturale dell'epoca: da una parte vi era la situazione di conflitto che caratterizzava l'ambito in cui si svolgevano studi biblici in questo periodo, dall'altra, Elisabetta aveva a disposizione materiale che non poteva soddisfare le esigenze di una più profonda conoscenza della verità. Elisabetta visse nei tempi in cui *l'école biblique de Jérusalem*, fondata da p. Lagrange nel 1890, si trovava in una situazione molto delicata. Loisy mise in dubbio l'autenticità del Pentateuco e questa fu la causa che spinse Leone XIII a pubblicare l'enciclica *Providentissimus*, il 23 novembre 1893. Questo contesto polemico indusse la Chiesa ad adottare una linea difensiva, tentando di proteggere la Bibbia con il limitarne l'accessibilità ai fedeli. Inoltre, l'edizione della Sacra Scrittura che era a disposizione di Elisabetta, non facilitava la lettura del testo biblico: i versi erano scritti l'uno sotto l'altro e il secondo lato della pagina era occupato dai commenti (P.-M. FÉVOTTE, *Aimer la Bible*, 38-39).
[119] *Votum*, 28; cfr. *Summ.*, 43, § 82. I libri biblici citati da Elisabetta sono: dall'Antico Testamento, la Genesi, l'Esodo, il Levitico, il Deuteronomio, il Primo Libro di Samuele, il Primo Libro dei Re, il Libro di Tobia, il Libro di Giobbe, i Salmi, i Proverbi, il Cantico dei Cantici, il Libro della Sapienza, il Siracide (Ecclesiastico),

sua professione, «sous une grâce qui lui permettait de saisir les profondeurs de son enseignement»[120].

La giovane fu, fino all'ultimo, discepola fedele, docile, attenta dell'Apostolo delle genti[121]. Numerose volte menzionò S. Paolo, come segno di una grande predilezione spirituale per lui: «mon cher saint Paul» (L 239), «Oh! que je l'aime cette saint Paul!» (L 304), «J'ai lu quelque chose de si beau dans saint Paul» (L 305), «C'est saint Paul qui nous fait part de cette élection divine» (DR 6), «Hier saint Paul [...] me permettait de plonger mon regard en [...]» (DR 9), ecc[122].

Elisabetta meditava sulle parole di San Paolo non soltanto «avec son intelligence, mais avec son cœur, son grand amour pour Dieu»[123]. Da lui imparò a comprendere la grazia santificante di Dio e a vivere il mistero della nostra adozione e incorporazione in Gesù Cristo, verità così cara alla sua fede[124]. San Paolo fu di ausilio nella scoperta del senso della vita cristiana come configurazione al «Fratello Primogenito» della Chiesa, la lode di gloria alla Santissima Trinità in Cristo

---

Isaia, Geremia, le Lamentazioni, Ezechiele, Gioele, Osea, Malachia; dal Nuovo Testamento, i Vangeli sinottici, gli scritti giovannei (il Vangelo secondo Giovanni, la Prima Lettera di San Giovanni, l'Apocalisse), gli scritti paolini (la Lettera ai Romani, la Prima Lettera e la Seconda Lettera ai Corinti, la Lettera ai Galati, la Lettera agli Efesini, la Lettera ai Filippesi, la Lettera ai Colossesi, la Prima e la Seconda Lettera a Timoteo, la Lettera a Filemone), la Lettera agli Ebrei, la Lettera di Giacomo, la Prima e la Seconda Lettera di Pietro (cfr. «Table des références bibliques» in Œuvres, 1074-1082; cfr. pure P.-M. FEVOTTE, Aimer la Bible, 42-43). In Œuvres, 1081, è menzionata anche la Lettera a Tito, però questa citazione fu fatta non da Elisabetta, ma dall'Autore dell'«Introduction générale» (Œuvres, 23). Vedi anche: G. HELEWA, «Alla scuola di San Paolo», 402-415.

[120] Parole di p. Vallée citate da M. Germaine in Summ., 25, § 44. È perciò inesatto asserire che siano stati il p. Vallée oppure M. Marie de Jésus ad attirare la giovane carmelitana alla conoscenza degli scritti dell'Apostolo (cfr. Votum, 29).

[121] Votum, 29. L 191 del 25 gennaio 1904, testimonia che Elisabetta stava approfondendo la sua conoscenza del Nuovo Testamento, anche attraverso la lettura delle «magnifiques lettres» di S. Paolo (Œuvres, 455). La giovane lo chiamava: «mon cher saint Paul» (cfr. L 239. A proposito delle osservazioni di Elisabetta riguardanti l'insegnamento dell'Apostolo, vedi: G. HELEWA, «La teologia di Paolo», 53). Bisogna aggiungere ancora che Elisabetta leggeva San Paolo, servendosi soprattutto della traduzione del canonico Gaume dalla Vulgata (Manuel du Chrétien. Nouveau Testament, Psaumes, Imitation, éd. du chanoine Gaume, Paris, Gaume et Cie, 1896) incrementata delle numerose note apologetiche. Dunque il «Paolo» di Elisabetta è «Paolo + Vulgata + Gaume» (Œuvres, 81).

[122] Cfr. G. HELEWA, «La teologia di Paolo», 53.

[123] Parole di M. Germaine (Summ., 43, § 82).

[124] Cfr. Summ., 43, § 82.

morto e risorto[125]. In altre parole, l'insegnamento di S. Paolo aiutò la giovane a:

1. acquistare la certezza che Dio la chiamava ad essere «lode della Sua gloria»;
2. rispondere a questa vocazione divina, lasciandosi trasformare in Cristo, sì da poter *esprimere Cristo* allo sguardo compiacente del Padre;
3. esprimere in tal modo Cristo, lasciandosi immolare a Dio come Cristo e con Cristo;
4. percorrere il proprio itinerario spirituale sorretta dalla verità che in lei Dio stava attuando la ricchezza della sua grazia[126].

Questa predisposizione, a far riferimento alla dottrina predicata dall'Apostolo, era insita nella spiritualità di Elisabetta. Possiamo affermare che la sua esperienza mistica si rivestì addirittura del linguaggio paolino[127]. San Paolo era per la giovane carmelitana «padre della sua anima»; ella scopriva nel suo insegnamento la luce della vita eterna[128] e da questo riceveva tanta forza nelle pene[129].

L'Apostolo ebbe grande influenza nel determinare i contenuti dell'esperienza mistico-spirituale di Elisabetta, che si possono ricondurre a due elementi fondamentali: l'economia della salvezza per mezzo della fede e Dio presente nell'anima come in un tempio[130]. Infatti i grandi temi della teologia paolina alimentarono la vita spirituale di Elisabetta e, di conseguenza, la sua dottrina[131].

Sembra che, per Elisabetta, la Bibbia (specialmente gli scritti di S. Giovanni e di S. Paolo) non fosse solamente un profondo spunto di riflessione, ma soprattutto un aiuto per riscoprire la propria vocazione nel contatto con la Parola di Dio[132]. Nel momento in cui la giovane carmelitana si offrì alla Parola di Dio, percepì lo sguardo di Dio sulla

---

[125] *Votum*, 30.
[126] Cfr. G. HELEWA, «La teologia di Paolo», 56.
[127] G. HELEWA, «La teologia di Paolo», 53.
[128] *Votum*, 29.
[129] Cfr. L 340.
[130] Cfr. *Votum*, 30.
[131] *Votum*, 30; cfr. *Ex Documentis* in *Summ.*, 428. Sui passi della Sacra Scrittura di fondamentale importanza per Elisabetta, vedi: Balthasar, 31-35. Sull'influsso di S. Paolo su Elisabetta, vedi pure: J. DE BONO, *Elisabetta della Trinità*, 236-238.
[132] J. LAFRANCE, *Apprendre à prier*, 76.

sua vita e si rese conto che la sua prima *intuizione,* riguardante l'inabitazione trinitaria nell'anima, era stata *iniziativa* di Dio[133].

La Sacra Scrittura era per la carmelitana anche un nutrimento sostanziale per la preghiera[134] e serviva per illuminare la sua vita, specialmente nei momenti di prova e di tentazione[135]. Tramite la Bibbia Elisabetta crebbe sempre più nella conoscenza di Cristo, suo Sposo: «Ô Verbe éternel, Parole de mon Dieu, je veux passer ma vie à vous écouter, je veux me faire tout enseignable, afin d'apprendre tout de vous» (NI 15). Elisabetta si ispirava alla persona di Maria Maddalena, che divenne per lei un modello da imitare per le anime contemplative[136].

Riassumendo, possiamo concludere con l'affermare che l'esperienza spirituale di Suor Elisabetta della Trinità si riflette nell'esperienza mistica paolina e giovannea[137].

5. L'insegnamento dei Santi

Indubbiamente, vari libri di dottrina e l'esempio dei Santi lasciarono la loro traccia nella persona di Elisabetta della Trinità, ispirando i suoi pensieri[138]. Bisogna però ricordare che la giovane non era quel che si suole definire «una intellettuale»; infatti i *Souvenirs* testimoniano che ella non aveva fra le mani altri libri di lettura ordinaria, che le *Lettere* di San Paolo e di San Giovanni della Croce. Le profonde verità che ella comprese, le comprese per intuizione e per esperienza personale, come frutto dell'opera compiuta in lei dallo Spirito Santo[139].

Comunque Elisabetta citò spesso il pensiero di coloro nei quali trovava una conferma alla sua esperienza interiore. Per questo cercheremo adesso di scegliere e spiegare alcune linee delle varie spiritualità che la giovane digionese fece *proprie.*

---

[133] Cfr. J. LAFRANCE, *Apprendre à prier,* 76.

[134] J. LAFRANCE, *Apprendre à prier,* 77; cfr. C. DE MEESTER, «Présentation», in P.-M. FEVOTTE, *Aimer la Bible,* 13.

[135] J. LAFRANCE, *Apprendre à prier,* 81.

[136] P.-M. FEVOTTE, *Aimer la Bible,* 30; cfr. L 158: «N'avez-vous pas cette passion de l'écouter? Parfois c'est si fort, ce besoin de se taire, on voudrait ne plus savoir faire autre chose que de demeurer comme Madeleine, ce beau type de l'âme contemplative, aux pieds du Maître, avide de tout entendre, de pénétrer toujours plus loin en ce mystère de Charité qu'Il est venu nous révéler».

[137] *Responsio,* 59.

[138] Cfr. *Votum,* 23.

[139] *Votum,* 26; *Summ.,* 406, § 845.

5.1 La spiritualità ignaziana

Durante i processi di Beatificazione, sr. Marie de la Trinité ha testimoniato: «Son journal garde aussi le souvenir des retraites de PP. Jésuites dont elle retira grand profit. L'"agendo contra" de St. Ignace la frappa et c'est alors qu'elle prit la résolution de faire en tout le contraire de sa volonté propre. Dans la méditation des *Deux Etendards*, son âme généreuse choisit tout de suite de suivre le divin Roi le plus près possible»[140].

Siamo in grado di affermare la novità del fatto che Elisabetta si fosse incontrata con l'insegnamento di Sant'Ignazio di Loyola; sicuramente esso non ebbe alcun influsso determinante sulla sua vita, ma la giovane, aperta ad accogliere le molteplici realtà dello spirito, sapeva *approfittare*, nel suo *itinerario spirituale*, delle ricchezze in esso nascoste. La meditazione della dottrina di Sant'Ignazio rafforzò probabilmente la volontà della giovane digionese di lavorare sul proprio carattere e di servire Cristo.

5.2 La spiritualità carmelitana

Nel nostro lavoro abbiamo già parlato della conoscenza che Elisabetta aveva acquisito degli scritti di S. Giovanni della Croce, di S. Teresa di Gesù e di S. Teresa di Gesù Bambino[141]. Bisogna, però, segnalare, che la giovane leggeva le opere di questi grandi Santi, pubblicate in edizioni diverse da quelle che noi utilizziamo oggi[142]. Elisabetta aveva a disposizione i libri seguenti[143]:

Vie et œuvres de Saint Jean de la Croix, publié par les carmélites de Paris, tome IV, *Le Cantique spirituel et La Vive Flamme d'amour*, H. Oudin, Paris 1892³ (traduzione libera)[144];

SAINTE THESESE, *Œuvres complètes*, traduites par le P. Marcel Bouix sj., Julien, Lanier et Cⁱᵉ, 3 tomes, Paris 1852-1856 (non si sa se Elisabetta avesse letto tutti e tre i volumi)[145];

---

[140] *Summ.*, 74, § 161. Nel *Journal* leggiamo: «O Jésus, ma Vie, mon Amour, mon Époux, aidez-moi, il faut absolument que j'arrive à cela, à faire toujours en toutes choses le contraire de ma volonté. Bon Maître, Jésus, suprême Amour, je vous immole cette volonté, qu'elle ne fasse qu'un avec la vôtre» (J 16); cfr. Philipon, 32.

[141] Cfr. pure: P.-M. FEVOTTE, *Aimer la Bible*, 35.

[142] Per questo bisogna stare attenti a non attribuire a Elisabetta influenze che ella non aveva subito (*Œuvres*, 80).

[143] L'Indice delle citazioni degli autori carmelitani si trova in: *Œuvres*, 1083-1089.

[144] *Œuvres*, 81.1084.

SŒUR THERESE DE L'ENFANT JESUS ET DE LA SAINTE-FACE, *Histoire d'un Ame, écrite par elle-même. Lettres – Poésies*, Librairies de l'Œuvre de Saint-Paul, Paris – Bar-le-Duc – Fribourg 1899 (occorre affermare che questa pubblicazione era la seconda edizione degli *Scritti* di Teresa, redatta e leggermente «modificata» da Mère Agnès)[146].

È difficile precisare quale fosse l'influenza reale che San Giovanni della Croce esercitò sull'esperienza personale di Elisabetta della Trinità. È opportuno precisare che il primo approccio di Elisabetta con gli *Scritti* del santo carmelitano fu all'età di ventidue anni (a partire dal febbraio 1902), quando era già in monastero da sei mesi[147]. Lo aveva conosciuto precedentemente (come anche S. Teresa d'Avila) dalle parole di M. Marie de Jésus e dall'*insegnamento* di padre Vallée, da lui impartito in occasione del trecentesimo anniversario della morte di S. Giovanni della Croce, durante il quale egli fu invitato a predicare al Carmelo di Caen. Dai suoi sermoni, la giovane venne a conoscere in modo sistematico la vita e la dottrina di San Giovanni della Croce[148]. Per questo motivo, già negli scritti di Elisabetta, precedenti al suo ingresso nel Carmelo, troviamo una tematica relativa alla spiritualità carmelitana e ispirata in particolar modo alla dottrina del Dottore Mistico (come per esempio nel *Journal*, nelle *Lettres de jeunesse* e nelle *Poésies*)[149].

Il 3 febbraio 1902, la giovane ricevette in dono dalla sua amica, signora de Bobet, il quarto volume delle *Opere* di S. Giovanni della Croce, che comprendeva *Le Cantique spirituel* e *La Vive Flamme d'amour*[150]. Da quel momento, il Santo «aiutò» Elisabetta ad approfondire la sua fede, ad entrare in modo più intimo nel mistero della Trinità, come conferma di ciò che già aveva conosciuto tramite la propria esperienza[151]. Elisabetta, come S. Giovanni della Croce, costruì la propria

---

[145] *Œuvres*, 81.1083.
[146] Perciò, quando Elisabetta attribuiva a «Teresa» una data espressione, non sempre riportava integralmente il pensiero della Santa, infatti il pensiero teresiano citato da Elisabetta non era del tutto originale, ma leggermente modificato da sr. Agnès (cfr. *Œuvres*, 80-81).
[147] J. REMY, *Regards d'amour*, 54.
[148] Cfr. J. REMY, *Regards d'amour*, 55.
[149] J. REMY, *Regards d'amour*, 55.
[150] J. REMY, *Regards d'amour*, 55; cfr. *Œuvres*, 455. Nella L 106, rivolta alla signora de Bobet, Elisabetta scrisse: «[...] si vous saviez quel plaisir vous m'avez fait! Je désirais tant ce beau *Cantique* de saint Jean de la Croix».
[151] La dottrina di Elisabetta contiene inoltre temi nuovi, non molto sviluppati in

spiritualità sul fondamento oggettivo della Sacra Scrittura e della fede[152]; divenne una vera discepola di S. Giovanni della Croce, nella sua apertura all'opera di Dio nell'anima[153].

Fino all'ultimo giorno della sua vita, l'entusiasmo di Elisabetta per il mistico carmelitano non diminuì. Il 3 giugno 1906, in una lettera indirizzata a Madre Jeanne du Saint-Sacrement, alla Priora delle suore domenicane di Digione, ella scrisse: «en lisant saint Jean de la Croix, le grand docteur de l'amour, je pensais à vous; il dit que "Dieu n'a pour agréable que l'amour"» (L 274), e intorno al 17 luglio 1906: «Saint Jean de la Croix, notre bienheureux Père, a écrit là-dessus des pages divines, dans son *Cantique* et sa *Vive Flamme d'amour*; ce cher livre fait la joie de mon âme, qui y trouve une nourriture toute substantielle» (L 299)[154]. Secondo G. Stinissen, Elisabetta fu una traduzione esistenziale della mistica di San Giovanni della Croce[155].

La giovane carmelitana conosceva anche la dottrina di Santa Teresa d'Avila, soprattutto grazie alla lettura del *Cammino di Perfezione*[156]. S. Teresa di Gesù era per lei un modello di santità come «victime d'amour»[157]. Elisabetta illuminata dall'esperienza di Teresa scrisse: «Je voudrais tant l'aimer, l'aimer comme ma séraphique Mère jusqu'à en mourir: "O charitatis Victima", chantons-nous le jour de sa fête, et voilà toute mon ambition: être la proie de l'amour!»[158].

Possiamo affermare che la Riformatrice del Carmelo aiutò Elisabetta ad intensificare il suo spirito di contemplazione e il fervore apostolico[159], e a rinforzarsi nella convinzione che la nostra vita si svolge alla

---

Giovanni della Croce: l'Eucaristia, la Vergine Maria, la carità fraterna, la salvezza del mondo (cfr. J. RÉMY, *Regards d'amour*, 56-57). Alla fine del *Cantique spirituel* e all'inizio di *La Vive Flamme d'amour*, la giovane trovò una mirabile descrizione del suo «rêve» di «être Lui» (L 121 con la nota n. 4), cioè ella ritrovò una spiegazione della propria esperienza.

[152] Cfr. *Œuvres*, 19.
[153] Cfr. *Œuvres*, 566.
[154] Cfr. J. REMY, *Regards d'amour*, 56.
[155] Cfr. J. REMY, *Regards d'amour*, 59; J. DE BONO, *Elisabetta della Trinità*, 191-226.
[156] *Votum*, 23.
[157] *Œuvres*, 455; cfr. L 179: «[...] nous aspirons à être les victimes de sa [du bon Dieu] Charité comme notre sainte Mère Thérèse, il faut que nous nous laissions enraciner en la Charité du Christ [...]». Cfr. pure: L 47, 169, 275, 287; P 89.
[158] L 169, indirizzata al canonico Angles.
[159] *Œuvres*, 455.

Presenza di Dio[160], aiutandola ad acquistare coraggio nei momenti di prova e di sofferenza[161].

Elisabetta più volte espresse la sua riconoscenza verso S. Teresa di Gesù[162] e la venerava come santa[163]; dedicò anche diverse poesie in suo onore[164], come per esempio la P 6, *A sainte Thérèse*, scritta il 17 agosto 1894:

> Toi qui fus carmélite,
> Heureuse âme d'élite,
> Oh! Fais que de Jésus
> Mes vœux soient entendus.

Per quanto riguarda Santa Teresa di Lisieux, come afferma H. U. von Balthasar, si è molto discusso sulla connessione esistente tra la sua esperienza mistica e quella di Elisabetta: erano esperienze opposte o parallele, complementari o completamente indipendenti l'una dall'altra[165]? Possiamo dire che dalla «Storia di un'anima» (che Elisabetta lesse nel 1899), la giovane digionese assimilò la dottrina di Teresa e con intelligenza la fece «sua»[166]. Tale lettura, inoltre, aiutò Elisabetta a disfarsi di quanto rimaneva ancora dell'influsso giansenista nella sua visione di Dio[167]. Elisabetta scrisse a Germaine de Gemeaux[168]:

> Je vous recommande à tous nos saints, et tout particulièrement à notre sainte Mère Thérèse et à sœur Thérèse de l'Enfant-Jésus. Oui, ma petite Germaine, vivons d'amour, soyons simples comme elle, livrées tout le

---

[160] Si nota anche l'influsso del profeta Isaia (J. LAFRANCE, *Apprendre à prier*, 24).

[161] Cfr. L 258: «La croix ne fait pas peur aux filles de sainte Thérèse, c'est leur héritage, leur trésor».

[162] L 144: «[...] je remercie le bon Dieu (et sainte Thérèse), leur demandant que ce bonheur augmente toujours et que ma petite sœur [Guite] soit aussi heureuse que moi!». Cfr. pure: L 141.

[163] L 172: «Je vous recommande à tous nos saints, et tout particulièrement à notre sainte Mère Thérèse et à sœur Thérèse de l'Enfant-Jésus». Cfr. pure: L 137, 178.

[164] P 6, 32, 72.

[165] H.U. VON BALTHASAR, *Sorelle nello spirito*, 286.

[166] Cfr. H.U. VON BALTHASAR, *Sorelle nello spirito*, 286. Elisabetta comunque non subì *deviazioni di sorta* nell'assimilare la dottrina di Teresa di Lisieux (cfr. H.U. VON BALTHASAR, *Sorelle nello spirito*, 286).

[167] *Œuvres*, 213. Nonostante sia stata l'esperienza mistica il migliore antidoto al timore della giovane digionese nei confronti di Dio (*Elisabetta della Trinità racconta la sua vita*, 31).

[168] Germaine de Gemeaux era un'amica di Elisabetta. Voleva entrare nel Carmelo, ma la mamma era contraria (L. BORRIELLO, «Introduzione», 143).

temps, nous immolant de minute en minute en faisant la volonté du bon Dieu sans rechercher des choses extraordinaires. Et puis faisons-nous toutes petites, nous laissant porter, comme l'enfant dans les bras de sa mère, par Celui qui est notre Tout[169].

In un'altra lettera, indirizzata sempre a Germaine, troviamo scritto:

Oui, ma petite sœur, vous êtes tout à «Eux» [Sainte Trinité], vous êtes la chose du bon Dieu, oh! livrez-vous bien à Lui, à son Amour!... Sœur Thérèse de l'Enfant-Jésus dit que «l'on n'est consumé par l'Amour qu'autant que l'on s'est livré à l'Amour». [...] C'est si bon d'être le petit enfant du bon Dieu, de se laisser porter pour Lui tout le temps, de se reposer en son Amour! Demandons bien cette grâce de simplicité et d'abandon à sœur Thérèse de l'Enfant-Jésus[170].

Dall'analisi di questi due testi si può concludere che Teresa «comunicò» a Elisabetta la sua esperienza di «infanzia spirituale», il cammino della «piccola via», verso l'unione con Dio, che è la pienezza della santità.

I tre grandi santi e mistici carmelitani, Giovanni della Croce, Teresa d'Avila e Teresa di Lisieux, furono per Elisabetta «preparazione, sostegno, incitamento, conferma del proprio spirito»[171].

5.3 Le altre spiritualità

Anche le altre spiritualità contribuirono a sostenere e illuminare Elisabetta della Trinità nel suo cammino spirituale. A tale proposito è importante menzionare il Beato Giovanni Ruusbroec[172], la Beata Ange-

---

[169] L 172.
[170] L 179. Cfr. Œuvres, 455.
[171] GIOVANNA DELLA CROCE, Elisabetta della Trinità. Una vita, 139.
[172] B. Giovanni Ruusbroec nacque nel 1293. Era sacerdote. La sua decisione di iniziare a vivere in comunità con altri sacerdoti fu il presupposto per la fondazione di un nuovo Ordine religioso, quello dei Canonici regolari. Fu autore di molti trattati spirituali. Era Priore del monastero in cui viveva. Morì il 2 dicembre 1381. La sua dottrina aveva come fondamento la vocazione dell'uomo a vivere un'intima comunione con Dio. Con i termini dell'esemplarismo neoplatonico, Ruusbroec sviluppò una mistica trinitaria, affermando che l'uomo può partecipare alla vita delle Tre Divine Persone. L'uomo, tramite la contemplazione e la trasformazione mistica, giunge a una nuova comprensione della vita. Orientato verso la comunione umana, in Cristo l'uomo ascende alla comunione con Dio, realizzando la sua vocazione di figlio adottivo, destinato ad essere trasformato nella stessa immagine del Figlio di Dio (GIOVANNA DELLA CROCE, «Ruusbroec Giovanni», 1082-1083)

la da Foligno[173] e Santa Caterina da Siena.

Qualche mese prima di morire, la giovane carmelitana, ricoverata in infermeria, lesse in francese due libri[174]:

RUSBROCK L'ADMIRABLE, *Œuvres choises*, traduit par Ernest Hello, Perrin et Cie, Paris 1902 (tradotto da un testo latino, che era a sua volta la traduzione che Surius fece dall'antico fiammingo, a volte usando versioni non-originali, di un testo scritto da Godfried van Wevel, che era uno dei discepoli del Mistico)[175];

ANGÈLE DE FOLIGNO, *Livre des visions et instructions*, traduit par Ernest Hello, DDB et Cie, 1895^3 (questa pubblicazione contiene le parole dettate dalla B. Angela al suo segretario, frate Arnaldo)[176].

Nel corso dell'estate del 1906 (giugno-settembre), tramite la lettura degli scritti di Ruusbroec, in Elisabetta cresceva il desiderio dell'unione con Dio. La giovane, ispirandosi al mistico fiammingo, individuava nella semplicità la virtù per avvicinarsi maggiormente alla somiglianza con Dio, penetrando nelle profondità in cui Lui abita[177]. Elisabetta faceva spesso riferimento al pensiero del Mistico, come per esempio nel Trattato spirituale, *Le Ciel dans la foi*, in cui troviamo scritto:

---

[173] Beata Angela nacque nel 1248 a Foligno. Era una donna di grande intelligenza e volontà salda. Sapeva leggere, ma è incerto che avesse alcuna perizia grafica. Dopo la conversione e la morte di tutti i famigliari (genitori, marito e figli), nel 1291 entrò a far parte del Terz'Ordine francescano. Per i suoi discepoli istituì un «Cenacolo» di vita. Angela morì nel 1309 (L. RADI, *Angela da Foligno*, 33; COMITATO DI COORDINAMENTO «LA CITTÀ DI FOLIGNO E LA BEATA ANGELA», ed., *Angela da Foigno*, 13). La sua mistica era espressione dell'esperienza trinitaria e dell'esperienza della presenza di Dio nell'anima. La sua dottrina aveva radici, fra l'altro, nella tradizione francescana e nel movimento penitenziale medievale (S. ANDREOLI, «Angela da Foligno», 95).

[174] Cfr. *Œuvres*, 1089-1090.

[175] *Œuvres*, 81.1089. Elisabetta in una lettera si rivolse a sua mamma, menzionando il libro di Ruusbroec da lei stessa ricevuto in dono: «Je lis ton cher livre, qui est magnifique; c'est un cadeau bien précieux que m'as fait, ma chère maman; je l'ai à côté de moi sur la petite table qui me rend si grand service» (L 300).

[176] La più antica *edizione* del *Libro* della B. Angela era in italiano volgare (COMITATO DI COORDINAMENTO «LA CITTÀ DI FOLIGNO E LA BEATA ANGELA», ed., *Angela da Foligno*, 13). Si può affermare che Elisabetta conobbe la B. Angela *attraverso* due persone: frate Arnaldo (cugino di Angela e frate francescano: cfr. *Ibid.*, 13.59-60) e il traduttore del *Libro* E. Hello (*Œuvres*, 82).

[177] Cfr. GIOVANNA DELLA CROCE, *Elisabetta della Trinità. Una vita*, 143; *Œuvres*, 665; CF 21 (B. Giovanni Ruusbroec viene spesso citato in CF).

«Le Père se contemple Lui-même» «dans l'abîme de sa fécondité, et voici que, par l'acte même de se comprendre, Il engendre une autre personne, le Fils, son Verbe éternel. Le type de toutes les créatures, qui n'étaient pas encore sorties du néant, résidait éternellement en Lui, et Dieu les voyait et les contemplait dans leur type, mais en Lui-même. Cette vie éternelle que nos types possèdent sans nous en Dieu, est la cause de notre création»[178].

Nel settembre e nell'ottobre del 1906 (l'ultimo periodo della sua vita), la lettura degli scritti della B. Angela da Foligno permise a Elisabetta di approfondire la comprensione delle parole paoline, riguardanti l'essere simile a Gesù crocifisso. La Beata Angela, Mistica umbra, affermava che Cristo Gesù abita in modo particolare *nel dolore*[179]. Elisabetta imparò da lei, che la nostra lode salirà verso Dio in modo più sublime, se ci *precipitiamo* in fondo al «double abîme»: «L'immensité de Dieu» e il «notre propre néant»[180].

La carmelitana conosceva anche il pensiero di S. Caterina da Siena[181] e lo citava spesso, come per esempio in alcune sue lettere e in altri scritti, nei quali troviamo il riferimento alle parole di Gesù rivolte alla Santa: «Pense à moi, je penserai à toi»[182], e le espressioni: «Celui qui est», «celle qui n'est pas»[183]; «j'ouvre l'œil de mon âme sous la lumière

---

[178] CF 22.

[179] *Œuvres*, 665; cfr. P 113, in cui leggiamo: «Une sainte écrivait en parlant de son Maître: "Où donc habitait-Il, sinon dans la douleur"». La stessa espressione la ritroviamo in: L 311, 312, 314, 315, 324. Vedi anche: F. BOYCE, «Elisabetta della Trinità», 484-489.

[180] Sono le espressioni della Beata Angela citate da Elisabetta in P 118 (anche se la più lunga citazione della B. Angela si trova in LA 6).

[181] Sia tramite le parole di p. Vallée, sia tramite gli insegnamenti ricevuti al Carmelo (cfr. NI 12, n. 5). S. Caterina da Siena nacque il 25 marzo 1347. Ancora giovane si consacrò a Dio con il voto di verginità. Col passare del tempo, si unì alle «Mantellate», un gruppo di laiche domenicane che si dedicavano alla preghiera. Più tardi si occupò dell'apostolato a favore del prossimo. Incoraggiò il papa Gregorio XI a lasciare Avignone per ritornare a Roma. Morì il 29 aprile 1380. Durante tutta la sua vita S. Caterina beneficò di straordinarie manifestazioni dell'amore di Dio. Nella sua vita mistica, il suo sguardo era fissato saldamente e primariamente su Gesù Cristo crocifisso. Questo fu il punto centrale della sua dottrina, l'ispirazione di tutta la sua vita di preghiera e di azione (M. O'DRISCOLL, «Caterina da Siena», 279-281).

[182] L 62 (del 14 giugno 1901, scritta allora prima della sua entrata nel Carmelo); L 129, 160, 181.

[183] L 50, 73, 131. Sotto l'influsso di queste parole, Elisabetta, compilando il *Questionario* (subito dopo la sua entrata nel Carmelo), definì la preghiera nel modo seguente: «L'union de celle qui n'est pas avec Celui qui est» (NI 12). Cfr. pure *Elpa*, 100.

de la foi»[184]; «la petite cellule [du cœur]»[185], «douce Verité [Christ]»[186]. S. Caterina da Siena, come abbiamo già accennato precedentemente, ebbe anche un grande influsso sulla formulazione della preghiera *O mon Dieu, Trinité que j'adore* (NI 15)[187].

Elisabetta assimilava facilmente il linguaggio dei libri che leggeva[188]; esprimeva la sua esperienza con parole simili a quelle che imparava dalle proprie letture. Sarebbe oggi molto difficile distinguere la sua *personale esperienza* dalla realtà descritta attraverso le parole da lei soltanto citate, ma *non vissute*. Possiamo affermare però che anche le citazioni, scelte con cura da Elisabetta, che le inseriva nei suoi scritti come parte integrante, compongono, in un certo senso, la sua esperienza mistica, della quale sono testimonianza e conferma.

Elisabetta della Trinità si arricchì anche dell'esperienza di diverse persone che cercavano di trasmetterle la dottrina della Chiesa. Oltre al p. Vallée (già menzionato nel paragrafo riguardante l'insegnamento ricevuto nel Carmelo di Digione), c'erano anche i padri redentoristi, p. Hoppenot (che condussero ritiri ascoltati dalla giovane; cfr. *Journal*), M. Germaine de Jésus[189] e pure M. Marie de Jésus. Quest'ultima contribuì a far maturare in Elisabetta, quando era ancora un'aspirante carmelitana, la vocazione alla vita claustrale, aiutandola a ricercare un profondo rapporto di unione con Gesù, attraverso la preghiera interiore[190]. La stessa giovane digionese riconosceva di avere imparato da Marie de Jésus ad amare il Maestro[191].

---

[184] GV 7; cfr. L 199, n. 9; DR 4.
[185] L 89, 123. Cfr. L 239; J 140.
[186] L 231.
[187] Elisabetta conosceva la preghiera «O Trinité éternelle» di S. Caterina (cfr. L 115; NI 15, n 3.37; P 106, n. 7).
[188] *Responsio*, 61.
[189] Sulla relazione fra M. Germaine de Jésus ed Elisabetta, si veda il punto riguardante la vita di Elisabetta in monastero, nel Paragrafo Secondo del Capitolo Primo.
[190] *Votum*, 23; cfr. J 154.
[191] Elisabetta, in una lettera indirizzata a M. Marie de Jésus, si rivolse a lei così: «Mais vous la connaissez, l'âme de votre Élisabeth pour laquelle vous avez tant fait. Elle n'oublie pas tout cela: vous savez que le bon Dieu lui a donné un cœur reconnaissant, un cœur aimant et plein de tendresse pour la bonne Mère qui lui a appris à aimer le Maître pour lequel elle voudrait mourir d'amour!» (L 107; cfr. *Votum*, 23). Elisabetta si sentiva sempre debitrice verso tutti (questo fu sottolineato nel processo di Beatificazione; *Votum*, 23-24), esprimeva così più del dovuto la sua riconoscenza a Madre Marie de Jésus. La stessa M. Marie de Jésus disse al sulpiziano C. Sauvé di

In monastero Elisabetta leggeva molto, spinta da una grande sete di conoscenza. Oltre a Teresa d'Avila, Giovanni della Croce, Teresa di Lisieux, Angela da Foligno, Caterina da Siena e Ruusbroec, la carmelitana conosceva inoltre Lacordaire, l'Areopagita, Agostino, Francesco Saverio, Mons. Gay, e innumerevoli anonimi «pii autori»[192]. Secondo Hans Urs von Balthasar, Elisabetta, nel primo periodo della sua vita conventuale

> [...] sembra spesso voler strappare con l'elevatezza dei suoi pensieri e in modo forse ingenuo un'esclamazione di meraviglia alle semplici lettrici delle sue lettere [...]. Talvolta si attarda troppo nel sublime e non riesce a sostenere quelle altezze con perfetta credibilità. Indossa abiti troppo larghi per lei e quindi non riesce a muoversi con naturalezza[193].

Secondo lo stesso Autore, gli ultimi mesi della vita di Elisabetta mostrarono la sua crescente passione per la parola di Dio, egli inoltre afferma che

> [...] l'autenticità del suo modo di ascoltare e di agire ha completamente superato l'eventuale artificiosità ed erudizione di certe iniziali affermazioni attinte dai libri. Gli *Ultimi ritiri* [DR] e *Il cielo sulla terra* [CF], testamento spirituale di Elisabetta, ce la presentano al massimo delle sue possibilità. L'azione dello Spirito Santo, ma anche quella del progressivo dolore, che la scava, si possono toccare con mano[194].

Benché Elisabetta avesse conosciuto diversi trattati spirituali ed avesse ascoltato molti insegnamenti, il suo «livre préféré» era sempre (e rimase sino all'ultimo) «l'âme du Christ: elle me livre tous les secrets du Père» (NI 12)[195].

Tutte le letture, devozioni, correnti spirituali dell'epoca, di cui si ha traccia negli scritti della carmelitana, erano, come nota bene Hans Urs von Balthasar, «preludio e preparazione» all'azione dello Spirito San-

---

aver formato la giovane «soprattutto col dogma»; gli incontri con lei nel parlatorio del Carmelo di Digione erano probabilmente soprattutto un'iniezione di forza, affinché Elisabetta adempisse in pienezza l'ideale della vocazione, e un aiuto nella sua vita di preghiera. Non si deve perciò, secondo *Votum*, insistere troppo sull'influsso che M. Marie de Jésus poteva aver esercitato su Elisabetta. Bisogna ricordare inoltre che la Marie de Jésus nel 1901 si trasferì a Paray-le-Monial (*Votum*, 23-24).

[192] H.U. VON BALTHASAR, *Sorelle nello spirito*, 292. H. Lacordaire è citato da Elisabetta in L 75.
[193] H.U. VON BALTHASAR, *Sorelle nello spirito*, 292.
[194] H.U. VON BALTHASAR, *Sorelle nello spirito*, 293.
[195] Cfr. C. DE MEESTER, «Présentation», in P.-M. FEVOTTE, *Aimer la Bible*, 13.

to[196]. A questo proposito vale la pena citare una testimonianza data nei Processi da sr. Agnès de Jésus:

> Elisabetta non era affatto ciò che si definisce una «intellettuale». I Souvenirs dicono che ella non ebbe tra le mani come libri di lettura ordinaria che le Lettere di San Paolo e San Giovanni della Croce. È perfettamente esatto. Non ha mai letto Taulero, e quanto ha scritto proviene dal suo fondo personale. Quanto alle citazioni di Ruysbroeck [Ruusbroec] e di S. Angela da Foligno, va ricordato che i loro libri non li ebbe tra le mani che durante gli ultimi mesi, quando era all'infermiera. Ciò che ella ha compreso, lo ha veramente compreso per intuizione. Elisabetta non è stata ammaestrata che dallo Spirito Santo[197].

Questa purezza e trasparenza di Elisabetta permette di entrare nel mistero della sua esperienza cristocentrica e di approfondire la sua dottrina, nella quale, come dice H. Urs von Balthasar[198], tutto è un fuoco ardente, capace di infiammare molti all'adorazione, alla glorificazione e al servizio del Dio eterno.

6. La grazia divina e l'esperienza mistica

Durante i processi di Beatificazione, la suora Agnès de Jésus confermò che fu lo Spirito Santo l'unico promotore di tutte le illuminazioni e del progresso spirituale di Elisabetta nella grazia del suo orientamento iniziale verso la Santissima Trinità[199]. «Le Saint Esprit était le Maître intérieur» di Elisabetta «depuis son enfance»[200].

La giovane digionese si abbandonava totalmente all'azione di Dio; diceva: «Priez pour que je ne contriste jamais l'Esprit-Saint»[201]. Non voleva lasciarsi più dirigere dalle impressioni e dai primi impulsi della natura[202], per entrare nel mistero di Dio sotto l'azione dello Spirito[203].

---

196 *Votum*, 26; cfr. H.U. VON BALTHASAR, *Sorelle nello spirito*, 293.
197 *Summ.*, 406, § 845.
198 H.U. VON BALTHASAR, *Sorelle nello spirito*, 293.
199 *Votum*, 27. «Elle dut [...] à la conduite du St.-Esprit les progrès qu'elle y fit et les lumières qui lui furent si abondamment données» (*Summ.*, 198, § 454).
200 *Summ.*, 226, § 493 (parole di sr. Marie de la Trinité); *Votum*, 26. Cfr. *Summ.*, 217, § 484.
201 *Summ.*, 83, § 183.
202 *Votum*, 27.
203 Cfr. *Summ.*, 388, § 797; *Votum*, 27. Lo Spirito Santo realizzò, personalizzò e interiorizzò la vita di Cristo in Elisabetta (L. BORRIELLO, *L'azione dello Spirito*, 90).

CAP. II: LE FONTI DELL'ESPERIENZA 131

Elisabetta ricevette il dono della sapienza[204] per comprendere e interiorizzare la Sacra Scrittura (e anche gli scritti dei Santi)[205], affinché la sua esistenza fosse un cammino verso le realtà divine, che la conducesse a vivere in esse[206].

Secondo l'autore di *Votum*, p. V. Macca, O.C.D., ci troviamo di fronte ad uno degli aspetti più vivi dell'esperienza soprannaturale di Elisabetta. Questa sua capacità di penetrare le realtà divine è giustificabile solo se inserita in ambito carismatico, specialmente se si considera l'esiguità della sua formazione intellettuale[207]. Elisabetta era ben consapevole dell'importanza di lasciare sempre agire lo Spirito Santo, la Terza Persona Divina[208]. Proprio per la Sua unzione e sotto la Sua azione, la giovane digionese fu ricolmata di doni:

1. percepiva la grazia della filiazione adottiva di Dio in maniera intima e profonda;
2. fu condotta a una penetrazione sapienziale della parola di Dio e del suo mistero (Trinitario, dell'Incarnazione, della missione invisibile dello Spirito Santo); ricevette il dono della sapienza che illuminò la realtà della libera risposta di amore dell'uomo come contraccambio all'amore del Padre, del Figlio e dello Spirito Santo, attraverso la configurazione di amore e di dolore con il Cristo;
3. fu portata gradualmente a una interiorizzazione, più «teologica» che psicologica, più vissuta che teorica, della comunione con Dio, della donazione incondizionata alla Sua volontà, attraverso la fedeltà «dei piccoli» nelle più piccole cose fino al grande martirio degli ultimi mesi della sua vita, che la configurò a Gesù Crocifisso per la gloria del Padre;

---

[204] «L'Esprit Saint le fait goûter, expérimenter surtout par le don de sagesse» (*Summ.*, 226, § 493).
[205] Per es. le opere di B. Angela da Foligno, B. Giovanni Ruusbroec, lette da Elisabetta durante gli ultimi mesi della sua vita, che comprendeva solo per intuizione (*Summ.*, 406, § 845).
[206] Il dono del «semplice intuito della verità», della contemplazione (*Votum*, 27-28).
[207] *Votum*, 28. Una volta Elisabetta stessa affermò: «Ce qu'Il m'enseigne sans paroles, au fond de l'âme, est ineffable; Il éclaire tout, Il répond à tout» (*Elpa*, 79; cfr. *Souvenirs*, 131).
[208] Elisabetta scrisse al canonico Angles: «Le programme de ma retraite sera donc de me tenir par la foi et l'amour sous "l'onction du Saint" donc parle Saint Jean, puisqu'Il est le seul qui "pénètre les profondeurs de Dieu"» (L 230). Cfr. *Votum*, 27.

4. acquisì in modo nuovo la consapevolezza della presenza di Dio in lei, come una percezione sperimentale della presenza della Trinità[209].

Secondo p. Gabriele di S. Maria Maddalena, Elisabetta nell'ultimo periodo della sua vita terrena sperimentò una profonda unione di amore, che fu causa di ferite di amore che segnavano la sua anima, vivendo l'intima esperienza di quella stessa comunicazione di amore descritta da S. Giovanni della Croce. Perciò l'esperienza mistica di Elisabetta è una delle esperienze mistiche più elevate, anche se espressa con semplicità di linguaggio[210].

Finora, in questo lavoro, abbiamo considerato l'ambiente e le fonti dell'esperienza cristiana di Elisabetta della Trinità. Passando adesso alla descrizione dell'esperienza cristologica della Beata (la cristologia esistenziale nella sua esperienza), bisognerebbe sottolineare che, nella carmelitana di Digione, dottrina e vita, scritti ed esperienza si fondono, si completano, si illuminano a vicenda[211]. Tutto ciò che Elisabetta disse e scrisse sul Cristo, prima fu incarnato nella sua stessa vita[212].

Nel Terzo e Quarto Capitolo ci dedicheremo all'apprendimento della sua personale esperienza di Cristo[213], e anche del modo in cui quest'e-

---

[209] *Responsio*, 59.
[210] *Responsio*, 60. Vale la pena sottolineare che alla vita mistica di Elisabetta era molto legata la sua vita sacramentale. Per questo motivo si potrebbe trattare anche la fonte sacramentale e liturgica della sua esperienza e della sua dottrina (vedi: R. VALABEK, «Elisabeth of the Trinity», 25-28, ove si può leggere il punto *Sacramental Roots of Elisabeth's Doctrine*).
[211] *Votum*, 21.
[212] Cfr. *Votum*, 21. Per questo nel nostro lavoro introduciamo, forse artificiosamente, la distinzione fra l'esperienza di Elisabetta (Capitoli Terzo e Quarto) e la dottrina (Capitolo Quinto), tenendo presente che la giovane non era un teologo a rigore di termini; ma la presente divisione aiuta a comprendere più profondamente la sua persona.
[213] Nel nostro lavoro l'itinerario cristologico di Elisabetta sarà considerato in tre fasi: la notte attiva (Terzo Capitolo), la notte passiva e la notte illuminata (Quarto Capitolo). Resteranno quindi non specificati alcuni eventi della sua vita che appartengono (secondo la dottrina di San Giovanni della Croce) sia alla notte dei sensi sia alla notte dello spirito. Il motivo di tale *omissione* è il tema stesso del lavoro; dividere la notte attiva nella *notte attiva dei sensi* e *notte attiva dello spirito* (e similmente la notte passiva), potrebbe rendere l'itinerario cristologico della giovane digionese meno comprensibile. La nostra proposta di suddividere l'itinerario spirituale di Elisabetta in conformità con la dottrina di San Giovanni della Croce, è motivata dalla chiarezza e

sperienza influiva su di lei, trasformandola ed addirittura *divinizzandola*. Per questo cercheremo di esaminare il modo in cui si sviluppava la sua relazione personale con Cristo; analizzeremo i suoi scritti in ordine cronologico, cercando di scoprire: chi era Gesù per Elisabetta nelle singole tappe della sua vita (per es. nell'infanzia, nel periodo dell'adolescenza, nella giovinezza, ecc.), in quale modo Gesù le si donava, e, infine, tramite quali momenti della sua relazione con Cristo lo Spirito Santo la fece giungere al *matrimonio spirituale* e alla comprensione della sua missione nella Chiesa. Riassumendo, cercheremo di mostrare che tutta l'esistenza elisabettiana fu cristologica, e che essa stessa costituiva il fondamento della dottrina cristologica della giovane carmelitana[214].

---

semplicità con cui questo Santo illustrò le tappe del cammino di fede, e inoltre dal fatto che la giovane digionese fece del suo insegnamento il proprio nutrimento spirituale.
[214] La dottrina viene trattata in modo ampio nel Quinto Capitolo.

CAPITOLO III

**L'esistenza cristologica di Elisabetta.
La configurazione a Cristo: notte attiva**

Un giorno Elisabetta scrisse: «Ah, ne crois-tu que lorsqu'il est captivé par le Christ, il ne puisse alors se livrer jusqu'au bout? Il est si beau, mon Fiancé, maman, je l'aime passionnément et en l'aimant je me transforme en Lui. [...] nous nous aimons tant! [...] comme toi je sens le sacrifice, mais je suis divinement heureuse» (L 130)[1].

Il primo approccio con l'esperienza cristiana di Elisabetta evidenzia il ruolo preminente che la sua relazione personale con Gesù Cristo svolse nel suo itinerario spirituale, che fu contrassegnato da diverse tappe; in ognuna di esse, Elisabetta *scopriva* un nuovo mistero della persona di Cristo, un'altra *sfumatura* del Suo amore. Nel corso della sua vita, con l'aiuto dello Spirito Santo, la giovane con tutto il cuore cercò di corrispondere ai doni a lei concessi; diventava sempre più conforme all'immagine del suo Signore, che la portava al seno della Trinità e all'amore per la Chiesa.

Vale la pena sottolineare come inizialmente Elisabetta si rivolgesse a Dio senza distinguere fra le Tre Persone Divine, e perciò a volte parlava indistintamente di «Dieu» e di «Jésus».

1. «Je prie le bon Jésus [...]» (L 1)

Il primo dono che Elisabetta ricevette da Dio fu ovviamente il dono della vita. Esso le fu trasmesso da genitori che si presero cura, con amore e riconoscenza verso il Creatore, dell'educazione della figlia.

---

[1] La lettera fu scritta il 2 agosto 1902. Cfr. *Elpa*, 59.

Furono proprio loro che, il giorno 22 luglio 1880, chiesero per la loro bambina il primo incontro con Gesù Cristo nel sacramento dell'Iniziazione Cristiana, cioè nel Battesimo (Elisabetta aveva allora solamente quattro giorni)[2].

Fin dalla sua prima infanzia, l'interiorità di Elisabetta fu sensibile ed aperta alla presenza di Dio, anche grazie alla formazione ricevuta dai suoi educatori. Ancora bambina, in una lettera (L 1) indirizzata ai nonni, Joséphine Klein e Raymond Rolland, scrisse: «Je prie le bon Jésus [...]». Tali parole, scritte da una bimba di appena due anni, rappresentano il primo testo elisabettiano che oggi conosciamo, ed è importante evidenziare come il suo contenuto già si riferisse a Dio. Questo testo ci porta, in certo senso, alle origini del legame fra la piccola Elisabetta e Gesù[3], legame che con lo scorrere degli anni diventò sempre più intimo.

Nella lettera citata, la piccola digionese scrisse che pregava il «bon Jésus» per la nonna (L 1). Si vede chiaramente che la madre di Elisabetta cercava di far imparare alla sua figliola ad entrare in relazione con Dio: Glielo presentava come Colui che è pieno di bontà e da cui tutto dipende. La formazione religiosa nel periodo dell'infanzia consisteva anche nel conoscere Gesù tramite la preghiera[4], nell'ascoltare racconti su Dio e nella partecipazione alle celebrazioni liturgiche.

Nella vita di Elisabetta vi fu una prima svolta — che lei stessa chiamò la sua «conversion»[5] — nel 1887, quando incontrò il Cristo misericordioso nella sua prima Confessione[6]. Questa esperienza rimase

---

[2] Per il primo incontro sacramentale con Gesù Cristo vedi: «Annexe I. Renseignements divers sur Élisabeth et son Carmel», in Œuvres, 1068.

[3] Indubbiamente la madre di Elisabetta svolse un *ruolo fondamentale* nella stesura di questa breve lettera (cfr. L 1, n. 1), che comunque resta una testimonianza rilevante, del cammino spirituale che Elisabetta iniziò fin da tenera età.

[4] Elisabetta più tardi, entrando nel Carmelo, testimoniò: «Depuis mon enfance je rapporte à Notre Seigneur toutes mes joies et mes peines» (*Elpa*, 82).

[5] *Souvenirs*, 6.

[6] «Annexe I. Renseignements divers sur Élisabeth et son Carmel», in *Œuvres*, 1068. Vale la pena raccontare un fatto che aiuta a comprendere con quale cura la giovane digionese si preparò al sacramento della Riconciliazione. La signora Maria Luisa Demoulin testimoniò che quando da bambina giunse il momento della sua prima Confessione, Elisabetta la aiutò a prepararsi dicendole che doveva essere molto pura, perché stava per diventare il tabernacolo di Gesù. La signora Demoulin le confidò di avere solo un piccolo numero di colpe da accusare davanti a Dio, ed Elisabetta le disse: «Ma bonne petite [...], je n'étais pas comme vous; je me rappelle combien j'en avais trouvées» (*Elpa*, 21; cfr. *Souvenirs*, 55).

CAP. III: L'ESISTENZA: NOTTE ATTIVA

scolpita nell'anima della ragazza e contribuì alla progressiva scoperta della sua vocazione. Già in quello stesso anno la bambina confidò: «Je serai religieuse, je veux être religieuse»[7].

Negli anni successivi (fra gli 8 e gli 11 anni di età) Elisabetta approfondì la sua conoscenza di Dio, attraverso le lezioni di catechismo e la preparazione alla prima Comunione. Il 31 dicembre 1889 Elisabetta scrisse a sua mamma promettendole che, nella speranza di avere presto la possibilità di partecipare in modo pieno alla Santa Messa, avrebbe cercato di essere più assennata, chiedendo a Dio di renderla migliore (L 5)[8].

Il catechismo e l'azione della grazia aiutarono Elisabetta a lavorare sul suo carattere senza sosta[9]. La Santa Comunione veniva intesa da Elisabetta in modo molto profondo ed ella, già prima di avvicinarsi a questo sacramento, non riusciva a comprendere come fosse possibile dare il proprio cuore a un'altra persona che non fosse Gesù: la giovane aveva deciso di non amare che Lui e di non vivere che per Lui[10].

Durante questi suoi primi anni di vita, nella sua relazione con Dio, Elisabetta rivolgeva al suo Signore molte domande, ma lo faceva sempre con grande docilità e amore. La piccola aveva fiducia che il Signore avrebbe saputo e voluto aiutarla, e viveva sempre nell'attenzione a non offenderLo, neanche attraverso il più piccolo atto[11].

Durante la preghiera ella indirizzava i suoi pensieri a «Jésus» (come Dio) e a «Dieu» senza soffermarsi sulla distinzione, nella Trinità, di ciascuna Persona. Nella prima tappa della sua vita spirituale, Elisabetta sperimentò Iddio come Colui che è buono, elargitore di grazie e disponibile nell'ascoltare le preghiere dei suoi figli.

---

[7] *Souvenirs*, 17; cfr. *Elpa*, 1. Inizialmente Elisabetta voleva farsi trappista, infatti giudicava che il Carmelo non fosse abbastanza austero (*Souvenirs*, 17-18).

[8] Si vede chiaramente che Elisabetta considerava molto importante il prossimo evento della sua prima Comunione (la lettera L 5 fu scritta il 31 dicembre 1889).

[9] Cfr. Sicari, 32.

[10] Vedi: *Souvenirs*, 18, dove sono citate le parole di Elisabetta: «J'aimais beaucoup la prière, et tellement le bon Dieu que, même avant ma première Communion, je ne comprenais pas qu'on pût donner son cœur à un autre; et dès lors, j'étais résolue à n'aimer que lui, à ne vivre que pour lui».

[11] Per es. Elisabetta, temendo di peccare di superbia a causa degli apprezzamenti ricevuti per il suo talento musicale, un giorno disse: «J'ai demandé à la sainte Vierge de ne pas permettre que je prenne part à cette réunion si je devais y offenser le bon Dieu par des mouvements de vanité; j'ai peur d'être applaudie au concert». Infatti, durante la notte Elisabetta aveva avuto un mal di orecchio così violento che non aveva potuto recarsi a quel concerto (*Souvenirs*, 7-8).

2. «Je n'ai pas faim: Jésus m'a nourrie» (*Souvenirs*, 9)

Elisabetta proferì queste parole nel giorno della sua prima Comunione (il 19 aprile 1891), dopo essere uscita dalla chiesa[12]. Durante la liturgia, sul volto della giovane digionese scorrevano le lacrime, e sperimentando la pace interiore, non poteva nascondere la sua commozione[13], dovuta all'esperienza della profondità dell'amore di Dio.

Per lungo tempo Elisabetta ebbe difficoltà a spiegare ciò che si era svolto nel suo cuore durante il primo incontro con Gesù Cristo, nascosto nell'Eucaristia; solo scrivendo le sue poesie, svelò gradualmente il mistero dell'intimità e della dolcezza di Gesù, vissute in quel momento. Sei anni dopo, nel 1897, la giovane descrisse il giorno del suo primo incontro con Gesù nell'Eucaristia così: «[...] Le jour où le doux Sauveur / Prit possession de [...son] cœur»[14].

Oggi sappiamo che Elisabetta, come concessione di una grazia particolare, fece esperienza immediata dell'amore di Cristo, che si comunicò in modo profondo e personale; le fu rivelato il mistero della presenza di Cristo nella sua anima[15], cioè la verità che Dio viene ad abitare dentro di noi.

3. «Maison de Dieu, du Dieu d'amour» (*Souvenirs*, 9)

La sera dello stesso giorno della prima Comunione, Elisabetta ricevette una conferma dell'esperienza interiore della presenza di Dio nella sua anima. Infatti suor Marie de Jésus quella sera le donò un'immagine sulla quale era scritta la spiegazione del significato del nome «Elisabeth», con le seguenti parole: «Maison de Dieu, du Dieu d'amour»[16].

Venire a conoscenza del contenuto semantico del suo nome, fu per Elisabetta un grande conforto e soprattutto un pensiero costante verso il quale rivolgeva la propria attenzione, come luce che rischiarava progressivamente il senso profondo della sua vocazione, e perciò le permetteva di crescere nella consapevolezza della dignità della sua persona

---

[12] Cfr. pure: *Elpa*, 2. Secondo alcuni testimoni, Elisabetta spesso ripeté queste parole, dopo le sue lunghe preghiere (cfr. *Souvenirs*, 9).
[13] *Souvenirs*, 9.
[14] P 38.
[15] L'incontro con Gesù eucaristico ebbe molte conseguenze nella vita della giovane: una di esse fu il cambiamento del suo comportamento. Elisabetta divenne un modello di dolcezza.
[16] *Souvenirs*, 9. Vedi pure in questo lavoro: Capitolo Primo, Paragrafo *La vita di Elisabetta. Itinerario spirituale*, Punto *Nel mondo*.

e nella coscienza della costante presenza di Dio, che la richiamava alla responsabilità di vivere *secondo* la grazia ricevuta.

Dopo il tempo di grandi consolazioni, Dio permise che Elisabetta attraversasse un periodo di scrupoli e di angosce. In questo periodo di prova fu per lei provvidenziale il sostegno spirituale offertole dal confessore, il quale, con grande pazienza e bontà, la aiutò a riscoprire una più vera immagine di Dio; la spinse a un rapporto confidenziale con il Signore, e questo le permise di ritornare alla pace e alla serenità[17].

Elisabetta poteva già allora incontrarsi con Gesù (con Dio) non solo durante la preghiera mentale[18], ma pure nel sacramento della Riconciliazione e dell'Eucaristia, potendo così godere la pienezza della vita sacramentale[19]. Dopo un tempo breve, precisamente l'8 giugno 1891, la giovane ricevette inoltre il sacramento della Cresima[20], e come cristiana *matura* poteva proseguire con maggior vigore il suo cammino.

Questa fase della vita della giovane fu un periodo durante il quale imparò ad accogliere l'amore di Gesù, che le si rivelò nella sua bontà e dolcezza, offerte a Elisabetta per prepararla a seguire, in futuro, una più concreta chiamata del Maestro.

4. «[...] nous nous donnâmes l'un à l'autre» (*Souvenirs*, 18-19)

Tre anni dopo la prima Comunione, quando la giovane stava per compiere 14 anni, si verificò un fatto importante per il suo itinerario spirituale. Un giorno, durante il ringraziamento alla Comunione, Elisabetta si sentì spinta irresistibilmente a scegliere Gesù per suo unico sposo; lo fece senza indugio, legandosi a Cristo col voto di verginità. Più tardi la giovane digionese affermò: «Nous ne nous dîmes rien [...], mais nous nous donnâmes l'un à l'autre en nous aimant si fort, que la résolution d'être toute à lui devient chez moi plus définitive encore»[21].

---

[17] Cfr. *Souvenirs*, 10.

[18] Una volta domandarono alla giovane che cosa dicesse al buon Dio durante le sue ore di preghiera; lei rispose: «Oh! [...], nous nous aimons» (*Elpa*, 15; cfr. *Souvenirs*, 49). Fin da ragazza aveva l'abitudine di pregare in ginocchio, e a volte consacrava alla preghiera anche le ore notturne (cfr. *Elpa*, 18). Già all'età di tredici anni, l'evento dell'Ultima Cena era per Elisabetta oggetto di contemplazione nelle sue preghiere (cfr. *Souvenirs*, 49).

[19] Il sacerdote che le impartì i sacramenti, fu colpito dalla purezza della sua anima nell'incontrarsi con Dio (cfr. *Souvenirs*, 15).

[20] «Annexe I. Renseignements divers sur Élisabeth et son Carmel», in *Œuvres*, 1068.

[21] *Souvenirs*, 18-19. Cfr. *Elpa*, 10.

Un altro giorno, dopo la Santa Comunione, alla giovane parve di udire in fondo all'anima la parola *Carmel*, e da quel momento ella non pensò che a «seppellirsi» dietro le grate del monastero[22].

Proprio nel contesto di questi due eventi, si può comprendere perché negli scritti di Elisabetta quattordicenne appaiono parole che riguardano non solo la potenza di Dio, ma anche la dolcezza della sua chiamata (cfr. NI 1)[23] e il desiderio che Elisabetta aveva nel cuore di vivere con il Cristo, nel Carmelo (P 2)[24].

Questo invito divino a entrare nel Carmelo, della cui autenticità Elisabetta non aveva alcun dubbio, fu per lei un invito ad approfondire sempre più la conoscenza di Gesù. La giovane aspirava alla perfetta comunione con Lui e a diventarGli gradita, per rispondere alla grazia della vocazione ricevuta.

5. «Pour moi vous avez voulu mourir!» (P 18)

La giovane quattordicenne, per conoscere meglio Gesù, volle rivolgere in modo particolare la propria attenzione alla Sua Passione[25]. La considerazione del mistero del dolore, sofferto dal Figlio di Dio per amore, la condusse ai tesori sconosciuti della persona del Maestro e rafforzò in lei sempre più il desiderio di essere la Sua sposa. Tutto ciò che si svolgeva nel giovane cuore di Elisabetta è testimoniato dai suoi componimenti poetici; in uno di essi, per esempio, la ragazza si rivolse così apertamente e sinceramente a Cristo:

> Jésus, de toi mon âme est jalouse,
> Je veux être bientôt ton épouse.

---

[22] Cfr. le parole di Elisabetta citate in *Souvenirs*, 19: «Une autre fois, après la sainte communion, il me sembla que le mot *Carmel* était prononcé dans mon âme, et je ne pensai plus qu'à m'ensevelir derrière ses grilles». Cfr. pure *Elpa*, 11. A questo fatto Elisabetta fece riferimento in P 72, il 15 ottobre 1899, giorno della commemorazione di S. Teresa: «Je n'étais qu'une petite fille, / Jésus, quand tu m'appelas à toi. / J'aurais voulu derrière la grille / Disparaître et répondre à ta voix. / Oh, que j'ai souffert, que j'ai pleuré! / Quel martyre je dus endurer! / Toi seul, mon Dieu, vis couler mes larmes, / Toi seul aussi calmas mes alarmes» (P 72).

[23] Il testo fu scritto il 22 aprile 1894.

[24] Elisabetta chiamò questo desiderio il suo «vœu éternel» (P 2), a cui accennò anche nella poesia P 12.

[25] Elisabetta si servì per esempio dell'«Horloge de la Passion» (vedi: NI 2; ne abbiamo trattato in modo più ampio nel Secondo Capitolo); contemplava inoltre il divino Agonizzante nel Getsemani e voleva compiere per Lui l'ufficio di angelo consolatore (cfr. *Souvenirs*, 50).

CAP. III: L'ESISTENZA: NOTTE ATTIVA

Avec toi je veux souffrir
Et pour te trouver mourir[26].

Importante è il motivo per il quale Elisabetta, facendo per la prima volta riferimento al pensiero teresiano («Ou souffrir ou mourir»[27]), ebbe coraggio d'esprimere il desiderio di sofferenza e di morte. La giovane, attraverso la contemplazione della Passione di Cristo, conobbe in modo chiaro la verità di Gesù che per primo aveva voluto morire per lei. Per questo Elisabetta chiamava il Signore «notre divin Sauveur» (cfr. P 7), riconoscendo in Lui l'amore che personalmente l'aveva redenta. Questa verità la colpì così fortemente, che fu per lei una chiamata a rispondere all'amore ricevuto (cfr. P 18).

Elisabetta comprese che avrebbe dovuto darsi liberamente al Salvatore e diventare Sua sposa[28], e questo corrispondeva al suo ardente desiderio di incontrarsi con Dio. Era ovviamente consapevole che a questa decisione erano legati doveri da assolvere e responsabilità, propri della realtà di una così stretta relazione.

Rispondendo con generosità e ardore a questa chiamata, in Elisabetta nacque il desiderio di soffrire come Gesù, di morire per poterLo vedere e di consolare il Suo afflitto Cuore (cfr. P 4, 7)[29]; bramava inoltre di essere ornata delle virtù che piacciono a Lui (cfr. P 13). La giovane sapeva che questa scelta di vita l'avrebbe introdotta in una realtà totalmente diversa dalla sua vita precedente; intuì che davanti a lei si apriva un nuovo modo di vivere, un nuovo stile di vita, che l'avrebbe condotta a una sempre più intima unità con Gesù[30].

---

[26] P 4.
[27] Cfr. P 4, n. 1.
[28] Nella poesia P 6, Elisabetta ricordava i suoi voti di verginità offerti a Cristo e Lo pregava affinché fossero accolti.
[29] Si vede già nella quattordicenne una certa maturità spirituale: ella non voleva solamente ricevere i doni da parte di Dio, ma anche poterGli offrire qualcosa.
[30] Nella poesia P 13 la giovane scrisse: «Il faut une autre vie». Dopo il suo voto di verginità, Elisabetta ricevette vere grazie di raccoglimento: niente poteva più distrarla da Dio. Commossa per gli effetti che derivavano dalla contemplazione e si riversavano nella sua anima, ella diceva a se stessa: «Quand je verrai mon confesseur [...] je lui demanderai ce qui se passe en moi» (*Souvenirs*, 50). Fortunatamente il saggio confessore cercò non tanto d'illuminarla sul suo stato contemplativo, quanto d'incoraggiarla a compiere gli sforzi necessari per maturare nella sua unione con il Divino Sposo. Dio le rivelava la propria dimora nell'interno della sua anima (cfr. *Souvenirs*, 50-51).

La grazia di Dio allargava il cuore di Elisabetta, rendendolo più capace di accogliere il Suo amore. In lei, ancora quattordicenne, nasceva una forte volontà di stare con Iddio, con Gesù e Maria (P 10; cfr. P 11). Adorava il Cuore di Gesù[31], Gesù nell'Eucaristia[32]; era affascinata dal valore della sofferenza ai piedi della Croce[33] e rifletteva sul mistero del Natale (P 23). In Gesù trovava tutte le risposte alle sue domande a proposito, per esempio, del tramonto della vita umana (si chiedeva quale fosse la sorte dei defunti)[34] o del senso dell'amicizia (ella comprendeva che se Cristo veniva invitato ad essere presente in mezzo agli amici, Egli li univa, approfondendo i legami esistenti)[35].

Questa tappa, che comprese il quattordicesimo ed il quindicesimo anno della vita di Elisabetta, fu caratterizzata dalla scoperta di Cristo come il *proprio* Signore, il Salvatore ed il suo *futuro* Sposo. La giovane vedeva in Gesù una strada che si apriva davanti a lei, sconosciuta, ma attraente. La sua volontà di percorrere questa via il più presto possibile, spingeva Elisabetta a conoscere meglio tutto ciò che riguardava la persona del Maestro.

6. «Oh, pourqoui me faire languir?» (P 29)

Nel 1896, all'età di sedici anni, Elisabetta era in attesa di entrare nel Carmelo, dove aveva l'intima convinzione che Gesù la chiamava. La signora Catez ritardò la possibilità che Elisabetta realizzasse al più presto la sua vocazione, non permettendole di fare il suo ingresso al Carmelo a causa della sua giovane età; riteneva necessario che sua figlia maturasse ancora, prima di prendere una decisione definitiva riguardo a un suo eventuale futuro come consacrata al Signore in un monastero. Elisabetta coglieva in tutta questa situazione una certa contraddizione, il cui senso non era ancora in grado di comprendere: da una parte Gesù la chiamava, e, dall'altra, non le dava la possibilità di realizzare la sua volontà.

---

[31] In alcuni versi della poesia P 24, scritta probabilmente nel maggio 1895, la giovane esprimeva il desiderio di riposare vicino al Cuore di Gesù, come fonte per lei della gioia più grande.

[32] Cfr. P 20, 22, 24.

[33] «*A mon crucifix* / Image de mon Sauveur, / O toi ma seule richesse, / Viens, viens sur mon pauvre cœur / Pour soutenir ma faiblesse. / Près de toi, divin ami, / La souffrance a des charmes. / A tes pieds, cher crucifix / Je laisse couler mes larmes» (P 26).

[34] Cfr. P 19.

[35] Cfr. P 16.

Tuttavia Elisabetta, non cessando di voler stare con Gesù, credeva fermamente che Egli conoscesse i pianti e le grida della sua *benamata*. Solo Cristo avrebbe potuto asciugare le sue lacrime, causate dall'impossibilità di seguirLo nel Carmelo. La giovane si rivolse dunque al Signore, facendoGli presente il suo desiderio di lasciare il mondo per stare solo con Lui, e visse il tempo dell'attesa in un continuo languire[36], che divenne un lungo martirio (cfr. P 29).

Anche se queste parole di Elisabetta esprimevano una leggera impazienza, sono per noi un segno della grande sincerità e franchezza, che caratterizzavano la sua relazione con Gesù[37].

In aiuto di Elisabetta venne l'immagine di Gesù che nella notte pregava nel giardino del Getsèmani, avvolto nelle tenebre. L'Orto degli Ulivi rappresentava per Elisabetta il mondo in cui Gesù soffre la solitudine e l'agonia (cfr. P 32). Dopo questa esperienza, la giovane cambiò il suo atteggiamento interiore: diventò più sensibile e attenta alla sofferenza di Gesù, mantenendo il suo sguardo fisso sul Cuore di Dio. Elisabetta comprese che non era solo lei che sperimentava il dolore, ma anzitutto il Figlio di Dio, che nel suo dolore rimane abbandonato[38]. In quel momento Elisabetta ebbe l'intima convinzione che la felicità sta nel consolare il Signore e offrire sacrifici per salvare i peccatori (cfr. P 32)[39]. Capì contemporaneamente che l'amore sponsale con il Signore, delicato e gratuito, si può trovare solo «loin des plaisirs et des honneurs» (P 32)[40].

In questa tappa della vita di Elisabetta, l'azione di Dio fu molto penetrante. Egli, permettendo che la giovane si trovasse davanti al mistero della propria sofferenza, le donò la grazia di rafforzarla nella sua voca-

---

[36] Nella poesia P 29 la giovane ripeté quattro volte la domanda rivolta a Gesù: «Oh, pourquoi me faire languir?», e affermò: «Mon âme vole à son appel [du Seigneur]» (P 29).

[37] Aspirando con vivo desiderio al momento in cui sarebbe appartenuta totalmente al Signore, Elisabetta ripeteva spesso: «Comme il sera bon de Lui immoler tout mon cœur» (*Elpa*, 36).

[38] Forse Elisabetta si ispirò a un quadro di Gesù nell'Orto del Getsèmani, durante la sua agonia, che si trovava nel Carmelo a Digione presso la grata (cfr. P 34, n. 4).

[39] Secondo la giovane, la vita delle carmelitane doveva consistere nel vegliare e pregare (cfr. P 32).

[40] Elisabetta constatò che il «Bien-Aimé Jésus» è per la carmelitana il «céleste Époux», «son divin Époux», «confident [...] ami», «céleste ami», il cui giogo è dolce (cfr. P 31). Per lei un modello di mistica sposa del Cuore divino era S. Teresa di Gesù (cfr. P 32).

zione. L'esperienza del dolore fece aumentare nella giovane il desiderio di seguire Gesù, di consolarLo e di amarLo. Ella fu gradatamente condotta al distacco interiore dal mondo, mettendo al centro assoluto della sua vita la relazione con Cristo, e siccome era aperta largamente all'azione della grazia, tutto ciò si compì in lei in maniera molto armoniosa.

7. «Que je suis heureuse et fière [...] de partager ta douleur» (P 36)

L'anno successivo, 1897, non portò alcun cambiamento nella vita esteriore di Elisabetta. Ella aspettava sempre che le si proponesse la possibilità concreta di entrare in monastero; sentiva profonda nostalgia della vita in clausura, ma offriva le sue lacrime a Gesù[41], cercando di penetrare più a fondo il Mistero di Cristo sofferente per l'abbandono dagli uomini. Elisabetta comprendeva sempre più il vero senso della propria vocazione, alla luce della *solitudine* sofferta dal Maestro; come le sorelle di clausura, voleva diventare la compagna di Gesù abbandonato e conoscere i segreti del Suo Cuore. Secondo la giovane, Gesù non poteva sentirsi solo nel Carmelo, dove vivono anime che hanno lasciato tutto per Lui (P 34); per questo bramava di vivere come le carmelitane, imitare Gesù, offrendoGli il suo cuore sofferente. In una poesia elisabettiana di quel periodo, leggiamo:

> Comme elles, je veux tout quitter,
> J'aspire à te donner ma vie
> Et partager ton [– Jésus –] agonie.
> Puissé-je mourir crucifiée[42].

Per Elisabetta la sofferenza divenne un mezzo per avvicinarsi a Gesù, per conoscere meglio il Suo Cuore, e per questo la viveva come dono, che faceva sorgere in lei gratitudine per il Donatore; infatti, nella parte successiva della poesia, Elisabetta ringraziò Cristo per l'esperienza del dolore che aveva ricevuto (P 34)[43].

---

[41] P 33; cfr. P 34. La sofferenza non distaccò Elisabetta da Gesù, ma le diede la possibilità di condividere con Dio anche i dolori.

[42] P 34. È bene specificare che l'esperienza concreta di Elisabetta, come unificazione con le sofferenze di Gesù, trovò il fondamento in tre fattori: la spiritualità dell'epoca, la sua sofferenza personale e, soprattutto, l'opera dello Spirito Santo, che si serviva anche dei due fattori precedenti per unire Elisabetta con Gesù.

[43] Cfr. Pure P 36. Occorre sottolineare che Elisabetta usò le nozioni «Dieu» e «Jésus» ed inoltre «Seigneur» e «Sauveur», non facendo ancora riferimenti specifici a Dio Padre o allo Spirito Santo (cfr. per es. P 37, 38, 39). Questo accadrà più tardi.

Un'altra sua poesia (P 36, scritta il 14 settembre 1897) sviluppa tale pensiero. In essa la giovane vedeva se stessa sotto la croce del Salvatore, mentre contemplava la sofferenza salvifica di Cristo, e questa sofferenza faceva sorgere in lei il desiderio di offrire la vita per Gesù e condividere il Suo dolore sulla via del Calvario.

Si vede in Elisabetta, chiaramente, che la sua volontà di vivere in monastero cambiava pian piano nel desiderio di una *vita crocifissa*. Iddio, non cancellando la vocazione della vita monastica, purificava le motivazioni per cui la giovane si sentiva chiamata a percorrere tale via, e faceva maturare la sua vocazione.

Prendendo allora in considerazione l'esperienza della sofferenza di Elisabetta diciassettenne e contemporaneamente la sua apertura all'azione divina, non ci possono stupire le parole da lei così espresse: «Que je suis heureuse et fière [...] de partager ta douleur»[44]. Elisabetta non solo accettò la sofferenza, ma scoprì il suo inestimabile valore.

I giorni trascorrevano nell'attesa di coronare il suo sogno di diventare *sposa* di Gesù, nascosta agli occhi del mondo, ma questa attesa causò in Elisabetta varie lotte spirituali, la cui intensità andava affievolendosi, quanto più ella diventava docile alla volontà di Dio (cfr. P 39). Un giorno la giovane, dopo aver ricevuto la Comunione, espresse la sua gioia di sentire Gesù dimorante nel suo cuore[45]. Si sentì incoraggiata a rivolgersi a Cristo, confidandoGli il suo grande rimpianto:

> Pour vous posséder, suprême Amour.
> O Seigneur, je suis assez punie
> Mettez fin à ma longe agonie;
> Que le Ciel pour moi se laisse ouvrir
> Et qu'ainsi je puisse enfin mourir[46]!

Subito, però, Elisabetta chiese scusa d'aver espresso questo desiderio, comprendendo che la cosa migliore fosse non il morire, ma il condividere l'agonia di Cristo, salendo con Lui la via del Calvario (P 39; cfr. P 40)[47].

---

[44] Esse sono tratte dalla P 36 («*A mon crucifix*», scritto il 14 settembre 1897): «Que je suis heureuse et fière / D'avoir l'insigne bonheur / De partager ta douleur / Sur le chemin du Calvaire».

[45] Elisabetta chiamava Gesù: «unique Amour», «ma Vie» (P 39); «divin Ami» (P 43).

[46] P 39, composta verso il 10 ottobre del 1897.

[47] Elisabetta chiese pure che la sua sofferenza fosse prolungata, perché attraverso

La Passione di Cristo aiutò Elisabetta a vivere nel distacco il suo dolore e a scrutare dall'alto la realtà stessa della sua esistenza. La giovane allora, nell'ottobre del 1897, iniziò a ripercorrere con la memoria gli avvenimenti della sua vita passata e a valutarli attraverso un nuovo sguardo sulla realtà; riassunse così il suo itinerario spirituale percorso fino a quel momento[48].

Elisabetta trascorreva il tempo che la separava dal suo ingresso nel Carmelo, cercando di stare continuamente vicino a Gesù e di condividere con Lui tutte le nuove emozioni che sorgevano nel suo cuore; ella sapeva che solo Gesù poteva conoscere l'ansia causata dall'attesa (P 40) e solo Lui poteva tergere le sue lacrime (P 41)[49].

L'entrata nel Carmelo era per Elisabetta soprattutto simbolo, realtà e pegno di unità sponsale col Signore (cfr. P 40)[50]. La giovane era sospinta dal desiderio di essere sempre più vicina al Maestro, anche se, come mostra la composizione poetica scritta nel dicembre 1897, il suo cuore era sempre con Gesù e Lo contemplava notte e giorno (P 43)[51].

In attesa del momento in cui avrebbe affidato definitivamente tutta se stessa allo Sposo Divino, Elisabetta invocava l'ausilio materno di Maria, affinché la custodisse e la aiutasse nel preparare il suo cuore al grande incontro. La diciassettenne desiderava ardentemente che la sua anima fosse dimora gradita a Cristo e che Egli fosse il suo Re, l'unico suo appoggio (P 43)[52].

---

di essa voleva diventare colei che placa l'ira di Gesù (P 39). Si vede chiaramente che la struttura spirituale di Elisabetta diciassettenne era ancora caratterizzata da alcune reminiscenze della religiosità contenente un immagine di Cristo severo.

[48] Nella poesia che commemorava la morte del suo papà, la giovane espresse la fiducia e la certezza che Gesù l'avesse accolto nel cielo (P 37). Nella poesia P 38 invece ricordò i momenti in cui Gesù prese in possesso il suo cuore (P 38).

[49] La giovane sperava nell'intercessione di Elisabetta d'Ungheria, affinché Gesù le permettesse di entrare presto in monastero (P 41).

[50] Per questo per es. l'abito carmelitano venne considerato da Elisabetta come vestito che indossa la sposa di Cristo (cfr. P 41).

[51] Elisabetta faceva molti sforzi per tenere il suo cuore raccolto in Dio. Un giorno testimoniò: «Quand j'étais invitée à de petites réunions, j'allais, avant de sortir, m'enfermer dans ma chambre pour prier un bon moment; je me savais si ardente que je me sentais obligée à une très grande vigilance. A dix-huit ans, ce fut fini de la lutte, j'étais bien entièrement à Dieu. Au milieu des fêtes du monde, j'étais prise par mon Maître et par la pensée de ma Communion du lendemain, à tel point que je devenais comme insensible, étrangère à tout ce qui se passait autour de moi» (*Elpa*, 26).

[52] Si vede che Elisabetta non aveva ancora l'idea della continua dimora di Dio nell'anima dell'uomo giustificato; ella sarebbe arrivata più tardi a questa verità.

Elisabetta si univa a Gesù nella sofferenza e aspirava ad essere la Sua sposa, e questo la condusse a provare gli stessi sentimenti del suo Signore: sentiva sempre più forte il desiderio di offrire la sua vita per i peccatori. Tale aspirazione è espressa con efficacia nel frammento della poesia che verrà adesso citato. In un certo senso esso riassume un'altra tappa percorsa dalla giovane alla scuola dello Spirito Santo:

> Aussi s'élève en lui ce désir:
> Non pas mourir, mais longtemps souffrir,
> Souffrir pour Dieu, Lui donner sa vie
> En priant pour de pauvres pécheurs[53].

Elisabetta trovò nella sofferenza il mezzo per avvicinarsi a Cristo e per donarsi ai fratelli, accettandola e offrendola per la loro salvezza.

L'atteggiamento interiore della giovane era, da una parte, frutto dell'ispirazione alla *spiritualità vittimale* e, dall'altra, frutto della sua esperienza personale illuminata dallo Spirito Santo.

8. «Que ta volonté soit accomplie!» (P 44)

Elisabetta pian piano comprese che ci sono diversi desideri che nascono nel cuore per effetto delle grazie ricevute e che servono ad avvicinarsi a Cristo, ma alla vera unità con Lui si può arrivare solamente attraverso il compiere la volontà divina. Tale *scoperta* segnò un'ulteriore tappa nella vita interiore di Elisabetta. Nel dicembre del 1897 ella, per la prima volta così chiaramente, espresse il desiderio di fare la volontà[54] del diletto Salvatore. Oltre a voler consolare il suo Cuore, Elisabetta accettò definitivamente la sofferenza dell'attesa in cui viveva il suo «sì» al Signore; espresse la volontà di rimanere a soffrire nel mondo, in mezzo ai «faux plaisirs» (P 44). Nella stessa poesia leggiamo:

> Ce que tu veux, je le veux aussi
> O mon Jésus, ô céleste Ami,
> Que ta volonté soit donc la mienne,
> Et que mon pieux espoir me soutienne[55].

---

[53] P 43; composta nel dicembre del 1897.
[54] La frase citata nel titolo di questo paragrafo è tratta dal componimento poetico P 44. La volontà di Dio viene identificata da Elisabetta con la volontà di Gesù, che ha il diritto di decidere della sorte della sua futura sposa.
[55] P 44.

La solennità del Natale e la fine dell'anno 1897 indussero Elisabetta a una profonda riflessione sul mistero dell'Incarnazione. Nella poesia: «La nuit de Noël» (P 45), la giovane ammirava la bellezza del Bambin Gesù[56]. Desiderava essere immagine del Signore, e sua mira era il poter lasciare tutto per Lui ed essere sempre sua, senza separazione di sorta. Elisabetta espresse la sua brama di amare Gesù, aver solo Lui per appoggio e soffrire salendo con Lui la via del Calvario. Ella rinnovò la sua richiesta al Signore di accettare il dono della sua vita per la conversione dei peccatori, per tutti coloro che oltraggiavano il Suo Cuore (P 45)[57].

Agli inizi dell'anno 1898, la giovane entrò con ancora maggiore profondità nel mistero del valore della sofferenza; ella giunse alla conclusione che il dolore è lo strumento che forma nell'uomo l'immagine del Salvatore[58]. Nella poesia sottotitolata: «Hymne à la souffrance» (P 46), Elisabetta scrisse che la sofferenza è stata «divinisée» da Gesù Crocifisso, e come tale desiderava viverla come la visse Gesù (che non fu risparmiato in nulla da essa), affinché facesse di lei la sua perfetta immagine. La giovane bramava di essere crocifissa come il suo Signore e di poter bere con Lui «l'amer breuvage» (P 46).

Sebbene Elisabetta scoprisse sempre nuovi valori della sofferenza, il movente che la spinse ad accoglierla rimase costante: l'amore verso Gesù e il desiderio di consolare il suo Cuore, poiché «le Dieu crucifié» durante l'agonia pianse e donò per lei la vita[59].

La giovane carmelitana cercò di rispondere con costanza a questo amore; ogni giorno offriva la propria vita («A ce Dieu pauvre, à ce Dieu souffrant / A Jésus bafoué, Jésus mourant»; P 46), nella consapevolezza che sola, senza di Lui, non avrebbe potuto fare nulla. Elisabetta sapeva che tutti i doni di cui era arricchita la sua anima, erano frutto dell'opera della grazia, che la rese capace di amare e di soffrire, di

---

[56] Qui si nota l'influsso della spiritualità del Natale.

[57] Questo desiderio, che nacque nel cuore di Elisabetta, svelava la sua sempre più profonda conoscenza non solo della persona di Cristo, ma pure della sua missione. La giovane, offrendosi per i peccatori, desiderava essere associata al Maestro anche nella sua opera redentrice. Per questo motivo nella poesia P 45 Elisabetta denominò il Cristo: «Jésus Sauveur».

[58] Inizialmente, la giovane sperimentò che la sofferenza avvicina a Gesù, sensibilizza al suo dolore, unisce a Lui, e che si può offrirla per la conversione dei peccatori.

[59] Nello stesso componimento, la giovane chiamò Cristo: «doux Jésus, mon divin modèle [...] bonheur de l'âme fidèle» (P 46).

amare nella sofferenza, e se fosse stato necessario, anche durante tutta la vita. Gesù l'aiutò e le diede la forza di essere «forte toujours» (P 46).

9. «Te rappelles-tu [...]? Pardonne un moment d'impatience» (P 51)

Elisabetta diventava sempre più matura nel suo rapporto con Gesù. Considerando come fondamentale punto di riferimento la volontà di Dio, si lasciava guidare dallo Spirito Santo, che la rendeva più libera da ogni vincolo. La giovane arrivò al punto in cui comprese che l'incertezza sul suo futuro e quindi sulla possibilità di aderire alla chiamata che sentiva nel cuore, era per lei quel dono di Dio, grazie al quale poteva sperimentare il completo abbandono alla Divina Provvidenza[60], e quindi il fiducioso affidarsi alle cure del suo Signore, al quale si rivolse così: «O Jésus, tourne et retourne-moi / Car je m'abandonne toute à toi» (P 51, scritta nel maggio del 1898).

In questa prospettiva, la giovane tornò ai solidi fondamenti sui quali aveva iniziato a costruire la sua vita spirituale, agli eventi nei quali aveva sperimentato il grande amore di Dio, facendo come un riassunto della sua vita, un esame di coscienza *sui generis*.

Elisabetta ricordando il giorno della sua Prima Communione scrisse: «Où Jésus fit [...] sa demeure / Où Dieu prit possession de [... son] cœur» (P 47)[61], e si rivolse così al Signore:

> Te souviens-tu, Jésus plein de charmes,
> De ces pures et joyeuses larmes
> Qui coulaient avec tant de douceur
> A tes pieds divins, et sur ton Cœur[62].

La giovane, nella poesia «*La confiance en la sainte Providence*» (P 51), richiamò alla memoria anche un altro giorno molto importante della sua vita, il giorno della sua vocazione, quando Gesù le disse:

---

[60] Elisabetta comprese la divina Provvidenza in modo cristocentrico: «ô mon Jésus / Je m'abandonne à ta Providence» (P 51).

[61] Elisabetta nello stesso componimento poetico scrisse: «Jour béni, le plus beau de ma vie, Jour où Jésus reposait en moi, / Jour où j'entendis parler sa voix / tout au fond de mon âme ravie / Jour bienheureux, première entrevue / de mon âme avec le Dieu d'amour, / Avant-goût du céleste Séjour, Avec bonheur, oh, je te salue!» (P 47). «[Pendant] ce colloque mystérieux / Cet entretien divin, délicieux, / Je n'aspirais qu'à donner ma vie / Qu'à rendre un peu de son grand amour / Au Bien-Aimé de l'Eucharistie» (P 47).

[62] P 47.

«Viens à moi». Ella serbava in sé il ricordo della sua generosa risposta e il suo desiderio di concretizzarla offrendo la sua vita nel Carmelo. Elisabetta chiese scusa per tutti i momenti di impazienza e di mancanza di fiducia, dovuti al suo ardente desiderio, non soddisfatto, di lasciare tutto e subito per Cristo. Comprese invece che la sofferenza di questa attesa era gradita a Gesù, che amava vederla «ainsi souffrir» (P 51).

Possiamo qindi annotare un altro passo avanti, fatto da Elisabetta in questo periodo della sua vita, nella sua esperienza spirituale: ella si accorse che all'inizio del suo cammino aveva costruito tutto sulla parola di Gesù (come nell'esperienza della prima Comunione o l'esperienza della chiamata al Carmelo), e che successivamente, invece, il suo rivolgere lo sguardo a se stessa divenne causa di impazienza (anche se in buonafede), nel vivere la prova di non poter realizzare subito la vocazione carmelitana. Elisabetta comprese che questo suo disagio interiore non era edificare la propria vita sulla Parola di Dio, ma piuttosto secondo il proprio volere. La presa di coscienza di questa realtà, portò Elisabetta a prendere la decisione di ascoltare d'ora in avanti solo Gesù e di non precederLo nella vita[63].

Questo sincero *esame di coscienza*, terminato con una domanda di perdono e con il proposito di non essere più rattristata[64], portò un frutto: Elisabetta fu pronta ad accogliere ogni volontà di Dio: «Je n'aspire, idéale Bonté, / Qu'à faire toujours ta volonté» (P 51)[65], e sperimentò dentro il suo cuore la certezza che nessuno avrebbe potuto separarla dall'amore di Cristo. La giovane si abbandonò ad una dolce fiducia alla

---

[63] Per questo motivo non ci stupiscono le parole scritte con molta facilità nel febbraio del 1899: «[...] J'aurais été heureuse de voir mon ancien directeur et de causer avec lui; Dieu ne l'a pas voulu, que sa volonté soit faite!...» (J 10).

[64] Cfr. P 51: «Je te le promets, ô mon Jésus».

[65] Vale la pena citare *i titoli* con i quali Elisabetta si rivolse a Gesù Cristo. La loro diversità, varietà, dimostra la ricchezza dell'esperienza elisabettiana, della sua anima, e rivela anche il grande amore che ella provava per il Salvatore. Ogni espressione proviene dalla sua esperienza personale ed esprime il suo atteggiamento vitale. Per es.: «mon Sauveur, Bonté suprême», «idéale Beauté», «Divin Époux, Jésus, ô ma vie», «mon céleste Ami» (P 51); «la sainte Hostie», «Bien-Aimé de l'Eucharistie», «tendre Ami des petits enfants» (P 52); «mon Amour, mon divin Ami» (P 54); «Bien-Aimé Sauveur», «divin Solitaire», «Bien-Aimé de mon cœur», deux Sauveur» (P 55); «divin Ami», «Dieu captif et solitaire», «Maître que j'aime» (P 56), «Beauté suprême, que j'adore» (P 56); «mon Roi», «ma Force, mon Espérance» (P 64).

divina Provvidenza e ringraziò Iddio per la vocazione che le aveva donato per glorificarLo (P 51)[66].

10. «[...] épouse [de] la Trinité» (P 54)

Nel suo cammino spirituale, Elisabetta invocò l'ausilio di Maria e dello Spirito Santo. Desiderava che la Madonna plasmasse il suo cuore (P 65) e la aiutasse ad appartenere tutta a Gesù (P 53)[67]. Voleva anche essere annientata e consumata dalla Fiamma di Amore, dallo Spirito Santo: Lo invitava affinché la conducesse all'unione intima con Dio, ad una vita vissuta tutta in Lui. Elisabetta bramava che la sua speranza si fondasse solamente in Gesù e che non aspirasse che a Lui e non vedesse che Lui (cfr. P 54). Così aperta all'azione divina, per la prima volta volle chiamarsi: «épouse [de] la Trinité» (P 54, scritta il 29 maggio 1898):

> Esprit Saint, Bonté, Beauté suprême!
> O toi que j'adore, ô toi que j'aime!
> Consume de tes divines flammes,
> Et ce corps, et ce cœur, et cette âme!
> Cette épouse [de] la Trinité
> Qui n'aspire qu'à sa volonté[68].

Bisogna sottolineare che il legame che univa Elisabetta con Cristo, pian piano la condusse a instaurare una profonda relazione con tutta la Santissima Trinità. Si allargavano gli orizzonti della sua visione spirituale e il suo cuore diventava sempre più aperto alle realtà divine.

Nell'anno 1898, Elisabetta non aveva ancora una piena consapevolezza dell'esperienza dell'inabitazione stabile di Gesù (di Dio) nella sua anima. La giovane piuttosto percepiva con più nitidezza la presenza di Cristo nel Santissimo Sacramento, stando in adorazione davanti ad Esso o dopo averLo ricevuto nella Santa Comunione (cfr. P 55)[69]. La

---

[66] In questo periodo (nel maggio del 1898) la giovane espresse ancora una volta il desiderio di identificarsi con la volontà di Gesù (cfr. P 53).

[67] Era una grande gioia per lei il poter essere la sposa gelosa di Gesù (cfr. P 53).

[68] P 54; vedi pure le note di questa poesia: n. 2 e n. 3, dove C. De Meester esamina la possibilità di un'altra composizione del testo (ciò che cambierebbe il senso del pensiero espresso da Elisabetta): «épouse, qui n'aspire qu'à (la) volonté de la Trinité». Anch'egli però (che è l'autore dell'edizione critica degli scritti di Elisabetta) opta per la prima delle due ipotesi, vuol dire per l'espressione: «épouse [de] la Trinité». Vedi anche: C. DE MEESTER, «Elisabetta della Trinità», 203-204.

[69] Nella poesia P 55, Elisabetta espresse il fervore che provava durante i suoi incontri di preghiera con Gesù, ella sentiva «le divin, l'ineffable bonheur»; «Nous

richiesta che Elisabetta porgeva a Gesù di venire a riposare in lei (cfr. P 55), era legata al suo desiderio di sperimentare al vivo la presenza di Dio nel suo cuore, per questo bramava di fare la Comunione ogni giorno (cfr. P 56)[70].

Leggendo le poesie di Elisabetta diciottenne, scopriamo la sua naturale propensione per una spiritualità improntata alla contemplazione di Gesù sofferente. La giovane, essendo convinta che il Cuore di Cristo soffriva solitudine, oblio e ingratitudine[71], non cessava di venerarLo[72]; comprese che Dio aveva fatto tutto per darci il pegno del suo amore, e che proprio per questo Egli si lasciava offendere (P 57). Per consolarLo, desiderava condividere la sua sofferenza (P 57)[73], portando con Gesù la sua croce (P 64) e non possedendo altro che «le Cœur, la Croix de Jésus» (P 59). Elisabetta veramente amava il suo «Maître», Lo adorava e benediceva, anche nel momento della prova. Con gli occhi pieni di lacrime, sapeva dirGli: «merci» (P 64)[74].

11. «O ma bien-aimée, [...] merci de consoler mon Cœur» (P 66)

All'inizio del 1899, nel corso dei ritiri spirituali condotti dal padre Louis Chesnay sj. (fra il 24 e il 28 gennaio)[75], la giovane testimoniò di

---

parlons [...] cœur à cœur / «[...] nous nous racontons nos douleurs, / nos tristesses. Nos désirs intimes». La giovane si offrì per i peccatori come vittima e chiese la croce come retaggio; scrisse una frase che potrebbe colpirci: «Car j'ai soif! Oh oui, soif de souffrir / Sans la Croix je préfère mourir» (P 55).

[70] Elisabetta era molto felice quando, durante l'Ottava del Corpus Domini, le venne permesso di fare la Comunione ogni giorno (cfr. P 56).

[71] Nel menzionare il Giardino del Getsèmani, Elisabetta affermò che anche oggi Gesù è abbandonato dagli uomini (P 57).

[72] Nel componimento poetico «*La fête du Sacré-Cœur*» (P 57), la giovane affermò che il «Cœur sacré» era il suo «refuge assuré»; ella Lo denominò: «source inépuisable», «fontaine intarissable», «captif dans sa prison d'amour». Trafitto dalla lancia, il cuore di Gesù è «abreuvé de souffrance» ed «outragé» (P 57).

[73] La giovane espresse anche il desiderio di ascoltare il racconto dei dolori di Gesù (P 57). Voleva consolarLo tramite le proprie sofferenze e il suo amore (P 57), che si concretizzava nel suo desiderio di offrirsi come vittima: vivere, soffrire e morire per la gloria e l'onore «du Bien-Aimé, du Sacré-Cœur» (P 57).

[74] La giovane chiese a Gesù di perdonare i peccatori, lasciandosi commuovere dalle molte lacrime che le anime amanti versano per loro (cfr. P 58). Si rivolse inoltre a Maria chiedendole di intercedere presso Suo Figlio per la conversione di un certo peccatore (cfr. P 48). In questo periodo della sua vita, Elisabetta offrì al «bon Jésus» le sue proprie sofferenze, ansie e lacrime. Cercando piuttosto il rafforzamento che la consolazione, ricordava Gesù piangente durante la sua vita (cfr. P 64).

[75] *Œuvres*, 1069.

godere la grazia di avere «des colloques délicieux / D'idéals cœur à cœur avec Dieu» (P 66)[76], durante i quali la sua anima si ritemprava e si infiammava di bruciante amore (cfr. P 66)[77]. Raccolta in preghiera, Elisabetta udiva le parole di Gesù, che le si rivogeva così:

> O mon épouse, ma bien-aimée,
> Pourquoi ton âme est-elle troublée?
>
> Ton Jésus veut calmer tes alarmes.
> Près de Lui, laisse couler tes larmes;
> Il est là qui repose en ton cœur
> Il met un baume sur ta douleur.
>
> N'as-tu pas demandé la souffrance?
> Oh, n'est-elle pas ton espérance!
> Mon épouse, tu veux tant souffrir
> J'exauce ton sublime désir!
>
> Oh! tu rêves de porter ma Croix!
> Tu veux la partager avec moi,
> Ton Époux, ton Bien-Aimé, ton Frère!
> Eh bien, oui, gravissons le Calvaire.
>
> Suis-moi, ne crains rien, oh, n'aie pas peur,
> Tu marches avec ton doux Sauveur;
> Il est là pour te tendre la main,
> Avance d'un pas ferme et certain.
>
> O ma bien-aimée, ô ma chérie,
> Merci de partager ma douleur,
>
> Oui, merci de consoler mon Cœur.
> A l'œuvre donc, souffre et prie[78].

Elisabetta ascoltava queste parole di Gesù con grande commozione; sulle sue gote scorrevano lacrime di gioia (cfr. P 66). Dopo aver udito la voce del Maestro che la consolava, decise di cominciare una vita nuova; Dio le aprì gli occhi e, come affermò la giovane stessa, fu condotta a contemplare regioni belle e sconosciute. Elisabetta comprese

---

[76] Cfr. J 135.
[77] La giovane affermava con ardore che l'anima può sentirsi felice soltanto vicino a Gesù (cfr. P 66).
[78] P 66 [*Retraite*]. Elisabetta si rivolgeva a Gesù usando anche i titoli di: «l'Hôte divin» e «Frère».

che il suo fare la volontà divina compiaceva il suo Gesù. Tutto ciò spalancò davanti a lei un orizzonte nuovo:

> Je commence une nouvelle vie!
> Oh! mon âme est encore ravie
> Des choses que lui fit voir son Dieu:
> Cet Époux vient de m'ouvrir les yeux,
>
> De me transporter en des régions
> Si belles, des régions inconnues...
> Nous allons vivre dans une union
> Que je n'avais jamais entrevue[79]!

In questo dialogo con Cristo, riportato nella poesia P 66, la futura carmelitana intravide l'annunzio di una grazia nuova, che doveva ottenere gratuitamente e che in parte aveva già ricevuta. Si parla di un dono di consolazione che avrebbe sostenuto Elisabetta nella sofferenza e nella lotta spirituale. La giovane si accorse che Gesù, chiamandola a seguirLo, contemporaneamente la rendeva capace di unire a Lui tutti i suoi dolori. Ella rimaneva ammaliata nel contemplare il valore profondo della sofferenza, attraverso la quale poteva condividere con Gesù i Suoi dolori, sperimentando così «le Paradis en cette vie!» (P 66)[80].

La giovane rapidamente assimilò questa grazia nella sua vita, specialmente per lavorare con efficacia sul suo carattere. Offrì a Cristo parecchi sacrifici, per mortificare le principali debolezze della sua natura. La vicinanza di Gesù, che le faceva anche udire la Sua voce, la incoraggiò e la preparò a sopportare tutto per Suo amore (cfr. J 1). Comprese che il sacrificio dovuto all'attesa di entrare in monastero, si identificava con la volontà di Gesù, che le fece capire il valore di questa sua sofferenza (cfr. J 2)[81]. Elisabetta comprese che vivere con Gesù vuol dire imparare ad esserGli fedele in ogni circostanza, e in quel momento la sua fedeltà si esprimeva nel santificarsi conducendo la sua vita nel mondo, non isolata da esso attraverso le mura o le grate di un convento.

Dopo aver ricevuto da Dio tale grazia del conforto, Elisabetta raccontò la sua esperienza al confessore, che le rispose consigliandole di

---

[79] P 66.

[80] Sembra che Elisabetta nella sua anima sentisse più chiaramente la voce interiore di Gesù.

[81] È indubbio che Elisabetta, quando si riferiva alla volontà di Gesù, avesse in mente la volontà di Dio.

accusarsi in ciascuna confessione per le mancanze ai propositi fatti, così da poter progredire rapidamente nella vita spirituale. La giovane con umiltà e cuore aperto accolse tale consiglio e si rivolse subito a Cristo: «Oh, oui, Jésus, je suis jalouse de votre amour, et moi je vous aime tant que par moments je crois en mourir!...» (J 6).

Incoraggiata dalla grazia ricevuta, Elisabetta non disse più di *voler essere* «l'épouse de Jésus», ma affermò di esserlo *già*[82]. Accogliendo con gratitudine l'azione della grazia di Dio, stava sempre attenta a non sciupare nemmeno una delle grazie fino a quel momento ricevute, con l'intenzione di provare a Gesù il suo amore (J 2)[83].

12. «Je donnerais ma vie seulement pour contribuer au rachat d'une de ces âmes que Jésus a tant aimées» (J 3)

In Elisabetta si intensificava gradualmente l'ardore per l'apostolato di avvicinare a Gesù le anime (cfr. J 2). Ella affermava: «Je donnerais ma vie seulement pour contribuer au rachat d'une de ces âmes que Jésus a tant aimées» (J 3). La sua brama era che Gesù fosse conosciuto da tutti gli uomini (cfr. J 3)[84], e questo evidenzia, in modo molto chiaro, come l'amore di Elisabetta per Gesù allargasse il suo cuore, sino a spingerlo ad amare tutti coloro che sono amati da Lui, con il Suo stesso amore.

Le poesie e le pagine del *Journal* sono testimonianze della sempre più radicale e coraggiosa adesione di Elisabetta a Cristo. Essa poneva come centro della sua vita interiore la Santa Messa, la Santa Comunione e l'adorazione al Santissimo Sacramento[85].

Agli inizi del 1899, la futura carmelitana aveva già più profonda consapevolezza della presenza viva di Gesù in lei, perciò cercava di adorarLo dentro di sé[86]. Attraverso gli atti della sua volontà desiderava

---

[82] «Je suis l'épouse de Jésus; nous sommes unis si intimement... Rien ne peut nous séparer» (J 2).

[83] Gesù venne chiamato dalla giovane: «mon Époux Bien-Aimé» (J 2).

[84] È ovvio che l'amore di Elisabetta fosse diventato più maturo, cioè più aperto agli altri. Nell'amore verso il suo Sposo la giovane non era gelosa e voleva condividere con gli altri la felicità che provava dalla conoscenza intima di Cristo. Dal *Journal* sappiamo pure che la giovane digionese offriva, in quel periodo della vita, piccole mortificazioni (cfr. J 3); lavorava sul suo comportamento e spesso andava a confessarsi (cfr. J 5, 6).

[85] Vedi la poesia P 67 [*L'adoration perpétuelle*].

[86] «[...] Mais puisqu'Il est en moi, puisqu'Il vit en moi, ah! Du moins je Lui parlerai au fond de mon cœur [...]» (J 7). In «cette demeure» desiderava passare «de

provare a Gesù il suo amore, consolandoLo[87] ed espiando con Lui[88]. A tale proposito scrisse parole molto significative: «Tu as assez souffert pour moi, je veux maintenant te consoler, je me charge des péchés du monde, ne vois que moi, ne frappe que moi, je suis ta victime. Je suis aussi ton épouse, la confidente de ton Cœur, oh merci pour cette belle part!»[89].

Durante l'anno 1899, per Elisabetta i suoi incontri con Cristo furono momenti di estasi sublimi, di dolci unioni «cœur à cœur»[90]. Ella era in grado di sentire lucidamente la Sua voce, e questa grazia la aiutava a non attaccarsi a nulla sulla terra; per la giovane era ovvio che solo Gesù potesse soddisfarla. Lasciandosi invadere dalla grazia, con costante fermezza, ella bramava soffrire per Lui[91] e ricondurGli quelle anime tanto da Lui amate; voleva pure amarLo per tutti coloro che non l'amavano[92]. Comprendendo la grandezza di tale vocazione, Elisabetta ringraziava Gesù di aver riservato per lei «cette belle part» (J 12).

Alla fine del febbraio 1899, leggendo il libro di S. Teresa di Gesù, intitolato *Cammino di Perfezione*, la giovane riconobbe il grado di orazione in cui Dio l'aveva introdotta e nel quale «c'est Dieu qui fait tout et où nous ne faisons rien, où Il unit notre âme si intimement à Lui que ce n'est plus nous qui vivons mais Dieu qui vit en nous [...]»[93]. Elisabetta viveva l'orazione di raccoglimento.

Riconoscendo il *grado della grazia* in cui si trovava e comprendendo che per arrivare alla piena unione con Gesù bisogna compiere la volontà di Dio, la giovane cercò di crescere nella docilità al volere divino per fare tutto secondo i Suoi progetti. Illuminata dalla luce dell'insegnamento teresiano, riguardante la mortificazione interiore, Elisabetta si

---

longues heures, / [...] vivre toujours» (vedi: P 67).

[87] Secondo Elisabetta anche Gesù desidera un po' di amore per consolarsi; cfr. J 8: «[...] Jésus enfin qui désire un peu d'amour, pour le consoler!...».

[88] Cfr. J 7; P 67; cfr. pure J 8: «Cette Croix [...] je veux partager avec le Maître qui daigne me réserver une part si belle, me choisir pour confidente, pour consolatrice de son Cœur! Ah, par mon amour, mon attention, mes sacrifices, mes prières, je veux Lui faire oublier ses douleurs».

[89] J 7.

[90] P 67; cfr. J 8.

[91] Cfr. P 67, in cui Elisabetta scrisse che Gesù era per lei: «mon seul Amour», «mon Trésor», «mon seul Bien», «ma Vie», «mon seul Amour», «mon Soutien», «Dieu de l'Eucharistie».

[92] J 8.

[93] J 14.

rese conto di essere stata fino a quel momento troppo legata alle persone, amandole di un amore terreno e aspettandosi di essere da loro così riamata[94]. Con l'aiuto di Dio la giovane sentiva il desiderio di arrivare alla mortificazione interiore, di cui aveva parlato S. Teresa, e immolare la sua volontà a Dio in ogni istante della sua vita[95]...

13. «O Jésus, pourquoi trembler de paraître devant toi?» (J 37)

La sempre più intima relazione con Cristo incoraggiava Elisabetta a chiedere a Dio Padre «au nom de Jésus, divin Époux» (J 17) la conversione del signor Chapois[96]. La giovane, che aveva offerto la sua vita in olocausto per consolare il Cuore di Cristo «depuis longtemps»[97] e che era consapevole della sua debolezza, ebbe coraggio di rivolgersi così a Dio: «Au nom de cette Hostie, de cette sublime Victime, vous ne pouvez rien me refuser. Aussi c'est en son nom que, pauvre et misérable créature, j'ose lever les yeux vers vous, car je l'aime à en mourir!...» (J 17). Questa preghiera, scritta il 1° marzo 1899, fu il primo notevole

---

[94] «O mon Jésus, oui, je le sens, j'ai trop aimé les créatures, je me suis trop donnée à elles, et j'ai trop désiré leur amour. Ou plutôt je n'ai pas su aimer, aimer divinement! Mais maintenant, je le sens, je ne tiens qu'à vous, et surtout, Bien-Aimé de mon cœur, je ne veux être aimée que de vous» (J 15).

[95] J 13 («Puisque je ne puis m'imposer de grandes souffrances pour le moment, ah, du moins à chaque instant du jour je puis immoler ma volonté!...»). Fin dal termine del ritiro, Elisabetta lavorò molto sulla mortificazione interiore. Si rivolgeva a Gesù dicendoGli: «O Jésus, ma Vie, mon Amour, mon Époux, aidez-moi, il faut absolument que j'arrive à cela, à faire toujours en toutes choses le contraire de ma volonté. Bon Maître, Jésus, suprême Amour, je vous immole cette volonté, qu'elle ne fasse qu'un avec la vôtre. Oh, je vous le promets, je ferai tous mes efforts pour être fidèle à cette résolution que j'ai prise de me renoncer toujours; cela ne m'est pas toujours facile, mais avec vous, ô ma Force, ô ma Vie, ne suis-je pas assurée de la victoire?...» (J 16).

[96] Il signor Chapois e le preghiere per lui sono stati già menzionati precedentemente in questo lavoro, quando si è parlato della vita di Elisabetta (nel Capitolo Primo, Paragrafo: *Nel mondo*). Le preghiere per la conversione dei peccatori (specialmente per il signor Chapois) Elisabetta le ripeté molte volte; cfr. J 20, 22, 24, 27, 32, 45, 74, 87 («Ah, [...], [Marie] donnez-moi cette âme pour mon Bien-Aimé Jésus auquel je veux prouver mon amour, donnez-la-moi au prix de n'importe quelles souffrances, oui, ah, *j'accepte tout!*...»), 95, 100 («Ah! Comme je l'ai prié, ce Cœur de mon Époux Bien-Aimé, comme je Lui ai demandé pardon pour moi et pour les pauvres pécheurs»), 117, 120, 123 («Faites-moi souffrir, ô Dieu tout-puissant, je m'offre comme victime pour les péchés du monde, je m'offre avec Jésus mon Époux, Jésus Holocauste suprême»), 126, 127.

[97] J 17.

segno della forza d'animo di Elisabetta, della sua intimità con Dio[98], a cui fu condotta dallo Spirito Santo[99]. Il suo coraggio lo attingeva dalla profonda esperienza di comunione con Iddio.

I passi successivi che Elisabetta fece nella sua vita spirituale, e quindi nel suo cammino di adesione a Cristo, furono legati al tempo della missione che si svolse a Digione fra il 5 marzo e il 2 aprile 1899, durante la quale la giovane con una grande attenzione segnava i punti principali di ogni meditazione ascoltata, specialmente quelli che avevano colpito maggiormente la sua attenzione (cfr. J 19)[100].

È proprio in questo periodo che Elisabetta ricevette da Dio un altro dono, cioè l'esperienza che l'abbandono fiducioso in Gesù porta alla speranza e toglie la paura del giudizio finale di Dio. La giovane gioiva per questa grazia ricevuta, nonostante che le prediche da lei ascoltate durante la missione fossero severe e presentassero l'immagine di un Dio austero e adirato[101]. Nel cuore di Elisabetta si era svolto un profondo cambiamento, ella non aveva più paura di Dio:

> Chose extraordinaire, moi qui crains tant ce jugement de Dieu, ce soir je n'ai été nullement effrayée. O Jésus, pourquoi trembler de paraître devant toi? Peux-tu condamner — malgré sa faiblesse et ses fautes sans nombre — celle qui t'a tout sacrifié ici-bas, celle qui n'a vécu que pour toi, pour te consoler, celle qui a tant désiré partager la Croix avec toi? Certes, elle est bien misérable, elle a mille fois mérité l'enfer, mais Jésus, elle [t'a] tant aimé que tu ne peux la méconnaître. C'est ton épouse: qu'elle marche

---

[98] Elisabetta si rivolse così a Gesù: «ne souffrez pas sans moi» (J 32).

[99] Negli scritti elisabettiani dei primi di marzo, si trova ancora l'immagine di un Dio adirato: «O Dieu tout-puissant, laissez-vous toucher, apaisez votre courroux, tant d'âmes vous implorent au nom de Jésus, l'Holocauste suprême!...» (J 18).

[100] Per es. alcuni appunti di Elisabetta parlano della penitenza come una scialuppa di salvataggio che il Signore ci lancia nel mare di quaggiù (cfr. J 31), e affermano che la vita di Gesù, dalla culla alla croce, non fu che una continuata espiazione per i nostri peccati (J 33 B). Questa consapevolezza spinse la giovane a chiedere subito a Gesù il perdono per i suoi peccati; vedi: J 34 («O Jésus, pardon, pardon pour mes offenses, pardon pour ces colères d'autrefois, pardon pour mon mauvais exemple, mon orgueil, et toutes les fautes que commets si souvent [...]»).

[101] Vedi l'insegnamento sul giudizio, riportato da Elisabetta in J 51. La giovane dopo questa catechesi scrisse: «Désormais, Jésus, la confiance l'emporte sur la crainte en mon cœur. Ah, lorsque je paraîtrai devant vous, pour compenser toutes mes fautes sans nombre, je vous dirai: "Maître, je vous [ai] aimé, tant aimé, votre amour divin a remplacé tout autre amour en mon cœur. [...] Non, vous récompensez ce désintéressement, vous m'aimez, vous ne pouvez vous séparer de moi." Que nous allons être heureux: ne plus vous quitter, toujours chanter vos louanges!...» (J 52).

donc à ta suite, et, chantant le cantique des vierges qu'elle s'enivre des délices de ta présence[102].

Questa testimonianza è il pegno della guarigione interiore, ricevuta in dono da Elisabetta. La certezza di appartenere a Cristo vinse la sua paura di non essere perfetta agli occhi divini e di non meritare il cielo[103]. Tramite questa grazia, la giovane fu introdotta alla più profonda umiltà, nella comprensione che la salvezza è un dono gratuito di Dio misericordioso.

La luce spirituale, che Elisabetta ricevette attraverso gli insegnamenti dei predicatori, la aiutò a determinarsi a una radicale rinuncia al male, non spinta dalla paura di essere condannata, ma dal desiderio di non far soffrire Gesù, tanto da lei amato. Leggiamo nel suo Journal:

> O mort, si je n'avais l'espoir de souffrir et de faire un peu de bien sur la terre, comme je t'appellerais à grands cris! Si jamais je devais offenser mortellement l'Époux que j'aime pardessus toutes choses, alors vite, fauche-moi avant que je n'aie ce grand malheur. O mon Jésus, tout souffrir, tout endurer, mais ne point vous causer une telle douleur... Oh, gardez-moi. Mon cœur est là près du vôtre, veillez sur lui, protégez-le bien, consumez-le du feu de votre amour[104].

La giovane, sperimentando la sua debolezza, scorgeva il grande valore che porta in sé la contrizione; preferiva piuttosto morire, che offendere Dio volontariamente, anche se solo con il peccato veniale (J 39). Elisabetta giunse alla nobiltà di questi sentimenti, attraverso un cammino graduale di conversione[105]. Vedendo tutta la «malice» ed «horreur»

---

[102] J 37. Cfr. J 143: «Ah! Quand je paraîtrai devant toi, mon Jésus, mon Époux Bien-Aimé, que tu reconnaisses ton épouse, celle qui pour toi aura tout quitté. Ah! Que tu n'aies point honte de moi! Que je ne te voie point avec visage irrité. Ah non, n'est-ce pas, j'ai confiance car je t'aime tant! Alors, ô mon Bien-Aimé, je te verrai, je te posséderai sans crainte de te perdre, je m'enivrerai de ton amour».

[103] Nel 1904 Elisabetta scrisse: «Ciel, il viendra un jour et nous verrons Dieu en sa lumière. Oh! la première rencontre! Elle fait tressaillir mon âme! Priez pour moi [...]» (L 203). Con lo scrivere queste parole, non sembra che Elisabetta fosse paralizzata dalla paura, ma esse sono piuttosto testimonianza della presenza in lei del timor di Dio. Vedi per es. L 238 (del 1905): «[...] il ne faut pas croire que Dieu viendra *au-devant* de nous pour nous juger, mais par le fait de la délivrance de notre corps [...]».

[104] J 37. Cfr. J 143: «Ah, cependant, si je devais t'offenser mortellement, je te l'ai déjà dit bien souvent, prends-moi, je t'en conjure, je t'en supplie, prends-moi tandis que je suis toute à toi».

[105] Cfr. J 39 («O mon Dieu, depuis quelque temps je pense à cette contrition, je me sens prête à mourir plutôt que de vous offenser volontairement, même par le péché

dei suoi peccati, decise di fare una confessione generale con un padre redentorista[106], chiedendo a Gesù di aiutarla a prepararsi bene[107]. Elisabetta era spaventata da «tant d'offenses» (J 54) che aveva rivolto a Gesù nella sua vita, e pregava chiedendo con tutto il cuore il perdono[108].

Dopo questa confessione, avvenuta il 15 marzo 1899, la giovane tutta felice pronunciò le parole seguenti: «Le Père [un confesseur] m'a trouvé toutes les marques d'une vraie vocation. Il croit, lui aussi, que Jésus m'appelle au Carmel [...]. Pour le sixième commandement le Père m'affirme, comme mes autres confesseurs, que je n'ai jamais offensé le bon Dieu!»[109].

14. «Je t'appartiendrai dans deux années» (P 68)

Elisabetta imparò a vedere la sua vita alla luce di Cristo. La relazione con Lui divenne per lei l'unico punto di riferimento, perciò sapeva riconoscere in che modo Gesù agisse in lei. Per esempio, nel tempo dei ritiri spirituali, si rivolse a Lui in preghiera, dicendo:

> O Jésus, merci de la grâce que vous m'avez faite en m'envoyant cette mission, après cette retraite pendant laquelle vous m'avez déjà tant comblée de vos faveurs. Vous cherchez tous les moyens pour m'attirer à vous. O bon

---

véniel. Mais avant, à onze, douze, treize, quatorze ans, ô mon Dieu, ai-je toujours eu ce regret?»).

[106] Elisabetta decise di andare a confessarsi dal padre Evariste Lion, che aveva allora trentacinque anni (vedi: J 39, n. 45; e pure: J 134). Questa fu la seconda confessione generale nella vita di Elisabetta, dopo quella della prima Comunione (cfr. J 54).

[107] Cfr. J 41. Nel frattempo, ascoltando la predica sulla necessità di avere zelo per la salvezza dei fratelli (cfr. J 42 A), Elisabetta si rivolse così a Cristo: «O bon Jésus, si j'ai vécu si longtemps indifférente au salut de mes frères et vous offensant tant moi-même, du moins depuis longtemps, ah, que j'aspire à vous ramener des âmes... Mon cœur brûle et se consume pour cette œuvre de rédemption» (J 43); e il giorno dopo aggiunse: «O mon Jésus, merci de la grâce que vous m'avez faite de me soutenir toujours afin que j'aie toujours eu le courage de m'accuser des fautes dont je m'étais rendue coupable. Oh, continuez à me soutenir afin que si jamais, jamais, je devais vous offenser gravement, je n'aie point cette fausse honte qui empêche un aveu sincère. Mais que dis-je, Jésus, vous devez me faire mourir avant ce jour affreux, je vous l'ai tant demandé...» (J 48).

[108] Vedi anche la preghiera per il perdono dei suoi peccati, in J 54; cfr. J 60, 72, 104, 142. Per quanto riguarda l'impurità, Elisabetta ringraziava Gesù per aver conservato puro il suo cuore (cfr. J 56).

[109] J 57.

CAP. III: L'ESISTENZA: NOTTE ATTIVA 161

Maître, je cède à tous vos divins attraits et je suis à vous pour toujours. Nous sommes si unis[110]...

Plasmata dallo Spirito Santo, Elisabetta divenne capace di sopportare prove molto dure. Esse segnarono un'ulteriore tappa della sua vita spirituale. Durante le difficoltà, non rimase mai sola, ma sempre veniva aiutata da Dio.

La prima prova riguardò il suo legame emozionale con la mamma. Elisabetta acquisì la consapevolezza che entrando nel Carmelo sarebbe stata costretta a lasciare sua madre, tanto da lei amata. Proponendosi Gesù come unico obiettivo di vita, voleva condividere tutto con Lui:

> O bon Maître, quelle épreuve vous m'avez envoyée là, quel glaive dans mon cœur, jamais je ne m'en consolerai. Et malgré cela, ah, je vous dis merci, oh, je vous bénis, vous vous êtes servi de cette horrible épreuve pour me détacher des choses d'ici-bas et m'attacher tout à vous, à vous seul, mon Amour, ma Vie, mon Époux Bien-Aimé pour lequel je veux souffrir ou mourir[111]!...

Inoltre, Elisabetta s'imbatté nella difficoltà di convincere sua mamma a concederle il consenso di entrare nel Carmelo. A tal proposito, un barlume di speranza si accese il 15 marzo 1899, il giorno della sua confessione generale. Nel *Journal*, in tale data, con l'intestazione «*Mercredi soir*», leggiamo una domanda che Elisabetta indirizzò al suo *Époux*: «O Jésus, est-ce vrai ce que l'on m'a fait espérer ce matin? Ah, vous êtes si puissant, vous pouvez tout, dans un an vous pouvez me prendre»[112]. Probabilmente si trattò di una promessa fattale dal suo confessore, p. Evariste Lion, di parlare della sua vocazione con il Curato M. Golmard, che era il confessore della signora Catez, madre di Elisabetta[113].

---

[110] J 45.
[111] J 46. Poco dopo Elisabetta in un'altra occasione si domandò: «O mon Dieu, que faire? Vous le savez, je ne veux que ce que vous voulez. Montrez-moi toujours ma voie. Jésus, bon Maître, viens à mon aide» (J 50). Sebbene il desiderio di acconsentire senza condizioni alle direttive della volontà di Gesù avesse concesso ad Elisabetta la pace interiore (cfr. J 105, 111), non provocò però l'immediata guarigione da tutte le emozioni legate agli affetti famigliari: la giovane soffrì con Gesù il distacco dalle persone care, e più volte accennò alla durezza di questa prova: cfr. J 101 («Ah, elle [la Vierge du Perpétuel-Secours] sait que je n'agis que pour son Jésus, elle sait combien sera atroce le brisement de mon cœur en quittant ma mère bien-aimée, ma chère petite sœur, mais elle sait que Jésus peut tout remplacer dans mon cœur, elle sait qu'Il me veut toute à Lui pour aimer, prier, souffrir!»); cfr. J 105, 111; P 68.
[112] J 60.
[113] Cfr. J 60, n. 58; vedi: J 102.

Ciò che provocò ad Elisabetta altri dispiaceri, furono le frequenti e ingiuste accuse rivolte contro di lei. In questi casi la sua natura si ribellava, come per un impulso di autodifesa: la giovane si lamentava e criticava chi la accusava. Grazie alle prediche ascoltate nel corso delle missioni e alla consapevolezza del grande valore della sofferenza, Elisabetta decise di cambiare il proprio cuore e di offrire tutto a Gesù[114].

Un altro dolore, forse il più intenso, fu il constatare la sofferenza della mamma al suo pensiero della futura separazione dalla figlia. La giovane era molto angosciata nel vedere la grande sofferenza di sua madre, e chiedeva aiuto al Signore: «Bon Jésus [...] prends-moi bientôt, console, fortifie ma mère bien-aimée, donne-lui force et courage, soutiens-la pour ce grand sacrifice» (J 80)[115].

La comprensione di Elisabetta sul valore della sofferenza, come strumento che avvicina al Maestro, non rimaneva teorica nella vita della giovane, ma si traduceva veramente in realtà. In ogni momento di prova, Elisabetta si affidava sempre al suo *Époux*, faceva il possibile per essere più vicina a Lui, per condividere con Lui la propria sofferenza ed in Lui trovare l'aiuto. Per questo il dolore divenne per lei *un luogo di incontro* con Cristo.

Il giorno 26 marzo 1899, anche grazie alla mediazione di Marguerite (sua sorella minore), Elisabetta ricevette dalla madre il permesso di entrare in monastero, a condizione però di attendere ancora due anni (cioè il ventunesimo anno di età)[116]. La giovane, nella consapevolezza di non dover ancora a lungo vivere nel mondo e di poter finalmente varcare presto in modo definitivo la soglia del monastero, si rivolse così a Gesù: «Ah oui, bientôt je pourrai répondre à ton appel. Pendant ces deux années je vais faire plus d'efforts afin d'être une épouse moins indigne de toi, mon Bien-Aimé»[117].

---

[114] Cfr. J 89: «O mon Jésus, désormais jamais une parole contre mon prochain ne sortira de mes lèvres, je l'excuserai toujours, et si l'on m'accuse injustement, je penserai à vous, mon Bien-Aimé Époux, et je saurai tout supporter sans me plaindre!...».

[115] Cfr. J 107 e pure J 105, dove Elisabetta chiedeva a Gesù di aiutare sua mamma e sua sorella; cfr. P 68, 72; J 119.

[116] Cfr. J 105.

[117] Vedi pure la preghiera contenuta in J 105. Cfr. J 119: «Passons-les [deux années], mon Amour, dans la plus intime union, la plus douce familiarité. [...] Ah, pendant ces deux années que je vais employer à me préparer à la vie religieuse, fais-moi beaucoup souffrir. Détache mon cœur de tout, qu'il soit bien libre pour que rien

CAP. III: L'ESISTENZA: NOTTE ATTIVA 163

Elisabetta era così felice, che cercava un modo per ringraziare degnamente Gesù e Maria, e lo fece con una poesia di ventinove strofe, la più lunga che ella avesse mai scritto[118]! L'inizio e la fine del componimento coincidono con parole rivolte alla Madonna. La parte centrale della poesia, invece, è costituita da un dialogo con Cristo: la giovane richiamò alla memoria le parole che un giorno Gesù le aveva detto nel silenzio (strofe n. VII-XVIII), allorché la esortava a donarGli il suo cuore, a distaccarsi dalla terra e a salire con Lui il Calvario. Elisabetta ricordò le domande che le rivolse il suo Signore:

Oh veux-tu partager mes douleurs? [...]

Veux-tu me rendre amour pour amour
Es-tu prête à tout dès ce jour?

Oh, veux-tu t'offrir comme victime
Pour le rachat des pauvres pécheurs[119]?

In quel momento Gesù le spiegò che la sua vocazione sarebbe stata parte di un'opera e che lei avrebbe consolato molto il Suo Cuore (cfr. P 68)[120]. Gesù chiamò a Sé Elisabetta dicendole: «Viens à moi» (P 68), e a queste parole ella rispose con tutto il suo cuore. Nello scorgere finalmente la possibilità di realizzare la sua vocazione, Elisabetta volle manifestare a Gesù la sua gratitudine, felicità ed esultanza (strofe n. XIX-XXVIII), che sono espresse, per esempio, nelle seguenti parole dello stesso componimento poetico P 68:

---

ne l'empêche de te voir. Brise ma volonté, abaisse mon orgueil, ô toi si humble de cœur, enfin façonne-le pour qu'il puisse être ta demeure aimée, pour que tu viennes t'y reposer, y converser avec moi dans une idéale union. Que ce pauvre cœur ne fasse plus qu'un avec ton Cœur divin, et pour cela brise, arrache, consume tout ce qui te déplaît». Vedi pure la continuazione di questa preghiera in J 119 e anche NI 6, in cui Elisabetta confermò di voler passare questo periodo di attesa in unione con Cristo, nella Sua intimità, facendo un po' di bene.

[118] Cfr. P 68, n. 1.

[119] P 68. In queste parole di Gesù *si trovavano* tutti i desideri di Elisabetta, suscitati nella sua anima dallo Spirito Santo. Esse rappresentavano la comprensione che Elisabetta aveva del senso profondo della sua vocazione carmelitana.

[120] Vedi anche le parole di Gesù nelle strofe VII-XVIII di P 68. In esse possiamo ritrovare le altre parole-chiave usate da Cristo per chiamare Elisabetta, come per es.: «confidente de son cœur [de Jésus]», «humble épouse», ecc. Come si nota dagli scritti di Elisabetta, Gesù le si rivolgeva chiamandola anche: «Enfant [...]» oppure «Mon enfant» (nella poesia P 68 queste espressioni affettuose si ripetono sei volte); invece la giovane a volte si rivolgeva a Lui con queste parole: «ô Jésus mes délices», «Bien-Aimé Sauveur».

Oh! C'est trop beau, je n'y puis songer!
Non, ce n'est point assez de ma vie,
Divin Jésus, pour te remercier
De cette part que tu m'as choisie[121].

Piena di speranza, Elisabetta si rivolgeva così al Signore: «Je t'appartiendrai dans deux années / Je porterai ton humble livrée» (P 68).

Nel frattempo la giovane arrivò alla piena consapevolezza della continua presenza di Gesù in lei: «[...] prenez-moi, [...], vous qui avez pris tout mon cœur, vous qui y vivez continuellement et en avez fait votre demeure, vous que je sens, que je vois des yeux de l'âme au fond de ce pauvre cœur [...]» (J 60)[122]. Quando Elisabetta soffriva, grazie alla fede, sperimentava più intimamente questa presenza di Gesù: «O Jésus, venez avec votre Croix, je la demande depuis si longtemps. Quand je souffre, je crois que vous m'aimez davantage, puis je vous sens aussi plus près de moi!...» (J 65)[123].

In questa tappa del suo itinerario spirituale, segnata da diverse prove e tormenti, Elisabetta trovò luce e speranza. Non perse il suo legame con il Signore, ma addirittura la relazione con Lui divenne più intima e più salda. Il suo sogno di essere accolta nel Carmelo aveva finalmente tutti i presupposti per realizzarsi al più presto.

15. «Tu sens-tu assez d'amour pour ton Jésus, acceptes-tu ces souffrances?» (J 124)

Ma non erano solo le difficoltà esteriori che Elisabetta doveva incontrare nel cammino della sua vita. Pian piano lo Spirito Santo la disponeva a fare esperienza della notte spirituale, attraverso segni che le fecero comprendere che il tempo della consolazione[124] e l'orazione di raccoglimento avrebbero potuto aver fine. La giovane stessa, da parte sua, cercava di essere pronta a tutto ciò che Dio le aveva preparato. Nel *Journal* leggiamo:

---

[121] P 68 (strofa n. XX).
[122] Elisabetta, pur non conoscendo la teologia sistematica, intuitivamente arrivò alla verità sulla dimora continua di Dio nell'uomo che vive nella grazia santificante.
[123] Cfr. J 66, 95, 100.
[124] Vedi per es. J 120: «Quel moment idéal j'ai passé tout à l'heure avec toi [Jésus]!»; ed ancora all'inizio dell'anno 1900 Elisabetta scrisse: «Quelle bonne confession j'ai faite! Comme cela fait du bien à l'âme [...]! Comme le bon Maître me gâte» (J 145; cfr. NI 11).

Ah, j'aurai des sécheresses, des aridités, le Père me l'a dit: «Lorsque vous serez assez forte pour marcher sans consolations, Jésus fera semblant de se retirer». Alors j'aurai à lutter, à souffrir, ma tu seras là, n'est-ce pas, mon Bien-Aimé, pour soutenir celle qui ne vit que pour toi, celle qui a envers toi une reconnaissance éternelle, celle qui ne peut comprendre toutes grâces et tes faveurs, car elle a si peu fait pour toi[125]!...

Per quanto riguarda l'agire di Dio, è probabile che la giovane non sempre lo comprendesse fino in fondo, ma sempre, invece, rimaneva nell'umiltà ed abbandonata a Lui, alla sua forza e misericordia. Tale atteggiamento le permetteva di camminare sempre avanti sulla strada verso la piena unità con Gesù.

Restando vicina al Maestro, Elisabetta cominciò a condividere con Gesu i Suoi stessi sentimenti[126]:

O Jésus, je ne puis entendre dire que vous souffrez, que votre Cœur saigne en voyant tous ces hommes s'éloigner de vous... Ah, cela me torture. [...] Jésus, mon suprême Amour, je ne puis plus vivre sans souffrances, alors que toi tu souffres. Ah, bientôt je serai toute à toi, je vivrai dans la solitude, seule avec toi, ne m'occupant que de toi, ne vivant [qu'] avec toi, ne conversant [qu'] avec toi. Je sais, je sens que tu aspires à ce jour où ta bien-aimée sera enfin toute à toi, mais elle, elle aussi l'attend avec impatience[127].

---

[125] J 109; cfr. J 119: «Je ne serai pas toujours portée par la grâce comme maintenant, j'aurai des luttes à soutenir, mais sois là, mon Jésus, soutiens-moi»; cfr. NI 5 (all'inizio dell'anno 1900 Elisabetta si spiegò più liberamente e con più determinazione): «Je suis ta "petite gâtée", tu me le dis, mais bientôt peut-être viendra l'épreuve et alors ce sera moi qui te donnerai. Maître, ce ne sont pas ces dons, ces consolations dont tu me combles, que je recherche; c'est toi, ô toi seul!». Una persona testimoniò che non poté fare a meno di dire alla giovane: «Ne vous y trompez pas, Élisabeth, Dieu prend au mot des âmes comme la vôtre, il acceptera ce don de vous-même; en entrant au Carmel, n'ayez pas d'illusions, vous vous jetez dans l'abîme de la souffrance; laquelle Dieu vous réserve-t-il, je l'ignore, peut-être toutes puisque vous voulez être semblable à votre Jésus... Cet abîme est sans fond...». Elisabetta rispose: «Je m'y plonge à l'avance! Oh! J'espère bien souffrir; je ne vais au Carmel que pour cela, et si le bon Dieu m'épargnait un seul jour, je craindrais qu'il ne m'oubliât» (*Souvenirs*, 71-72).

[126] È degno di attenzione il fatto che dalla fine di marzo del 1899, Elisabetta spesso ebbe il coraggio di descrivere che cosa *sentiva* Gesù nel Suo Cuore. Cfr. per es. J 135: «Je laisse aller mon cœur aux plus doux épanchements, je me surprends à dire mille folies à cet Époux divin, mais Il aime cet abandon, ce cœur à cœur».

[127] J 111. Cfr. J 120: «Ah! Ce matin, quand j'ai vu tous ces hommes s'approcher de la table sainte pour te recevoir, j'ai pleuré de joie en pensant combien ton Cœur

Tramite la conoscenza dei misteri di Cristo, Elisabetta comprese in un modo nuovo la realtà della chiamata di Dio, che sceglie alcune persone affinché Lo consolino: «[...] mon Amour et ma Vie, oui, vous pleurez, vous demandez que l'on vous console?» (J 111). In questa vocazione, la giovane riscoprì la bellezza e la singolarità della propria chiamata, e trovò in essa la fonte di consolazione e di forza per se stessa, per la madre e la sorella, nel momento in cui sarebbe stato necessario il commiato da loro: «Est-ce possible, mon Jésus? Ah, c'est trop beau, c'est trop doux pour mon cœur, je crois mourir en y pensant. [...] tu me donnes la plus belle des vocations! Ah, plus de larmes et de tristesses, mon âme, enivre-toi de bonheur, remercie ton Jésus» (J 111)[128].

Dio calmava il dolore della giovane, chiamandola a fissare la propria attenzione sulla sofferenza di Gesù[129]. Elisabetta, da parte sua, non cercava la propria consolazione, ma suo unico desiderio era di poter essere lei stessa la consolazione del Signore[130]. Tale scambio misterioso con Iddio le permetteva di dire a Gesù: «O Maître Bien-Aimé, oui je te consolerai, oui je partagerai tes douleurs. Ah! Ne te désole pas, je t'aimerai pour ceux qui t'oublient» (J 114)[131]. Ella era così docile

---

devait se réjouir, mais il m'a semblé que tu me parlais au fond de mon cœur de ceux qui n'étaient pas là. O mon Amour, oublie-les, ne pense à eux que pour leur pardonner, laisse-toi consoler par ceux qui t'aiment. Je suis trop malheureuse quand je pense que ton cœur est affligé!...»; cfr. pure: J 127, 128.

[128] Vedi anche le parole rivolte a Gesù e contenute in J 111; cfr. J 126.

[129] Quando la missione stava per terminare, Elisabetta scrisse: «Un sentiment de tristesse s'empare de mon âme en voyant se terminer cette mission pendant laquelle Dieu m'a encore tant comblée de faveurs. Oh non, Jésus, plus de larmes, tu me restes, j'irai puiser force et courage pour la lutte auprès de toi. Et puis, pour me soutenir, je vois briller ce jour bienheureux où je me donnerai à toi. Plus que deux années...» (J 119). Cfr. J 133: «O mon Jésus, à toi [...] merci en ce jour de clôture de mission. Pendant ces quatre semaines tu n'as fait que me combler de bienfaits, surtout pendant ces derniers jours que je n'oublierai jamais. Je suis si heureuse, je crois rêver, je ne puis encore comprendre ce prodige de ton amour. [...] tu m'as comblée de présents et moi qu'ai-je à t'apporter?». Vedi pure tutto J 133.

[130] È evidente come l'esperienza elisabettiana trovasse conferma nella veracità delle parole di Gesù nel Vangelo: «[...] chi vorrà salvare la propria vita, la perderà; ma chi perderà la propria vita per causa mia e del Vangelo, la salverà» (Mc 8,35). Parafrasando, in un certo qual modo, queste parole del Vangelo e riferendole alla vita di Elisabetta, si può affermare che chi non cercherà la consolazione dal mondo a causa di Gesù, la troverà pienamente in Lui.

[131] Cfr. J 120: «O Jésus qui reposes en mon cœur, [...] je voudrais par un grand amour te faire oublier les ingratitudes du monde».

CAP. III: L'ESISTENZA: NOTTE ATTIVA

all'agire di Dio, che la sua preghiera era manifestazione della sua disponibilità ad accogliere fino in fondo la volontà divina: «Que faut-il vous dire, mon Dieu? Que faut-il faire? Que faut-il souffrir? Parlez, je suis prête pour mon Jésus, avec mon Jésus» (J 117).

La disponibilità di Elisabetta a vivere sacrificata, senza consolazioni, a rimanere sempre con Gesù, in accordo con Lui in ogni instante, e la voglia di consolarLo, la condussero a esprimere al Maestro un amore profondo:

> Bon Jésus, je te rendrai amour pour amour, sacrifice pour sacrifice. Tu t'es immolé pour moi, à mon tour je m'offre à toi comme victime, je t'ai consacré ma vie, je veux te consoler et pour cela, avec ta grâce sans laquelle je ne puis rien, je suis prête à tout. O mon Jésus, je t'aime tant, je voudrais tant te faire un peu de bien[132]...

Il cuore della giovane non apparteneva più a lei. Dinanzi ad una proposta di matrimonio, Elisabetta rimase indifferente e affermò: «O mon Jésus, gardez mon cœur, il est à vous, je vous l'ai donné, il ne m'appartient plus!...» (J 124). In fondo al cuore sentiva, come lei stessa scrisse, la voce del suo *Époux* che le diceva:

> «Mon épouse [...] tu refuses donc tout bonheur ici-bas pour me suivre. A ma suite tu passeras par la douleur, par la Croix, tu auras beaucoup de souffrances à endurer. Si je n'étais là pour te soutenir tu ne pourrais les supporter. Même ces consolations spirituelles si douces à l'âme te seront enlevées. Que d'épreuves, ma bien-aimée, quand on marche à ma suite, mais aussi que de joies, que de douceurs je te ferai goûter dans ces tribulations. La part que je t'ai choisie est bien la plus belle, il faut que je t'aime d'un bien grand amour pour te l'avoir réservé, ma bien-aimée. Te sens-tu assez d'amour pour ton Jésus, acceptes-tu ces souffrances? Veux-tu me consoler? Ah, je suis si abandonné... Ma fille, ne me délaisse pas, je veux ton cœur, je l'aime, je l'ai choisi pour moi, j'aspire au jour où tu seras toute à moi, oh! garde-moi ton cœur!»[133].

---

[132] J 123 (cfr. *Souvenirs*, 28). Una espressione simile si trova in J 126: «Je te rendrai amour pour amour, sang pour sang. Tu es mort pour moi; eh bien, chaque jour je mourrai à moi-même, chaque jour j'endurerai de nouvelles souffrances, chaque jour je supporterai un nouveau martyre, et cela pour toi, pour toi que j'aime tant!...». Cfr. *Elpa*, 84: «On a soif de lui rendre amour pour amour» (parole dette a suor Marie de la Trinité).

[133] J 124 (cfr. *Souvenirs*, 28-29). Per i teologi rimane da esaminare (se possibile) la questione se le parole di Gesù, riferite da Elisabetta, fossero l'esatta citazione delle frasi del Signore, ascoltate durante la preghiera, oppure, in un certo senso, una para-

A queste parole di Gesù, Elisabetta rispose con parole che con maggior evidenza mostravano il suo proposito di accettare dal Maestro tutte le difficoltà, le avversità e le notti spirituali che avrebbe dovuto affrontare. Ella era pronta ad ogni rinuncia, solitudine e dolore:

> Oui, mon Amour, ma Vie, l'Époux Bien-Aimé que j'adore, oui soit tranquille, je suis prête à te suivre dans cette voie de sacrifices. Oh, tu veux me montrer les épines que je rencontrerai. Bon Jésus, nous les traverserons ensemble; à ta suite, avec toi, je serai forte[134].

Simile atteggiamento di incondizionata disponibilità ad accogliere la volontà di Dio, lo possiamo ritrovare nel sonetto «*Vendredi saint 1899*», scritto lo stesso giorno del breve testo citato prima, cioè il 31 marzo 1899:

> Céleste Époux, divin Sauveur,
> Ah, je renonce à tout bonheur,
> A toute union sur cette terre
> Pour t'appartenir tout entière[135].

Questa tappa della vita spirituale di Elisabetta può essere definita come la sua preparazione alle notti spirituali. Essa cominciò verso la fine di marzo del 1899 e dispose la giovane ad esprimere a Gesù più profondo amore e la ferma decisione di seguirLo sulle strade sconosciute per lei preparate. La giovane, come S. Pietro dopo la risurrezione

---

frasi, un'*interpretazione* dei suoi sentimenti e dell'esperienza che aveva già avuto precedentemente, riducendola in forma di dramma. In favore della seconda soluzione parlerebbe il fatto che nelle parole sopraccitate non si trova «alcunché di nuovo» rispetto a ciò che Elisabetta aveva già conosciuto in precedenza (per es., le notti spirituali delle quali parlò il padre che conduceva il ritiro); ma, in seconda analisi, le parole di Gesù potrebbero anche essere viste come *conferma* di ciò che la giovane aveva già compreso nel suo interiore (il che parlerebbe in favore della prima soluzione). In questo lavoro optiamo per la soluzione di mezzo, riconoscendo come vera l'esperienza che Elisabetta visse, di udire la voce di Gesù, senza per questo voler affermare che ella avesse necessariamente lo scopo di citare letteralmente le parole ascoltate, specialmente per quanto riguarda la poesia.

[134] J 124. La giovane a queste parole aggiunse: «Oh merci d'avoir choisi une pauvre petite créature comme moi pour te consoler; oh, tu savais bien que je ne t'abandonnerais pas. Mais je serais plus coupable que les malheureux qui te crucifiaient il y a vingt siècles! O suprême Amour, je suis toute à toi; seulement soutiens-moi, car sans toi je suis capable de toutes les bassesses, de tous les crimes...» (J 124). Cfr. *Souvenirs*, 29.

[135] P 69.

di Cristo, confessò sinceramente al Signore: «Toi seul tu sais combien je t'aime» (P 69; cfr. Gv 21,17)[136].

16. «O Maître je veux être sainte pour toi, sois ma sainteté» (NI 4)

Elisabetta avanzava nel suo cammino di santità rinunciando a tutto ciò che *possedeva* e cercando sempre di fare la volontà divina; chiedeva a Gesù di liberare il suo cuore dalle cose che non Gli erano gradite. La forza di proseguire le proveniva non solo dalla gioia di poter forse realizzare presto il suo sogno di entrare nel Carmelo, ma anzitutto dal fatto di appartenere già a Cristo[137]. AmandoLo, Elisabetta voleva essere crocifissa come Lui[138], e perciò Gli domandava: «O mon Époux [...] soutiens-moi toujours dans cette voie de la Croix que j'ai prise pour mon partage, car sans toi, ah, je ne puis rien!...» (J 133).

Sebbene il tempo della missione fosse terminato (il giorno 2 aprile 1899), durante la preghiera davanti al Santissimo Sacramento Elisabetta sperimentava ancora le consolazioni che si vivono nell'orazione di raccoglimento:

> Quel instant délicieux je passe prés de mon Bien-Aimé! Je laisse aller mon cœur à dire mille folies à cet Époux divin, mais Il aime cet abandon, ce cœur à cœur. Puis j'écoute sa voix si douce qui parle au fond de mon âme, qui me donne d'attentifs conseils, qui me prépare à la vie que bientôt je suivrai. Il m'en montre les sacrifices et les douleurs. Mais aussi, que de joies, que de douceurs dans ces tribulations, en pensant que Celui pour qui l'on souffre est avec nous et que chacune de ces souffrances est une si grande consolation pour son Cœur. Je dis mille folies au Bien-Aimé pour le

---

[136] Questa frase si trova alla fine del sonetto P 69. Il componimento successivo *«Souvenir de la mission»* (P 70) finisce similmente: «O mon Jésus, mon Amour suprême, / Merci, tu sais combien je t'aime». Le stesse parole sono contenute pure nella poesia P 71 sottotitolata: *«Première visite au Carmel»*.

[137] «[...] Jésus m'a dit d'être toute à la joie de bientôt Lui appartenir; Lui ne me quitte pas, Lui reste toujours avec moi: "Que te faut-il de plus, ma fille", m'a dit le bon Maître. Ah, certes, je suis heureuse, je jouis déjà de mon futur bonheur. Je regarde le monde, les objets du monde, comme des choses parmi lesquelles je ne fais que passer, je n'y attache point mon cœur. J'ai demandé à mon divin Époux d'arracher de mon cœur tout ce qui Lui déplaît, et chaque matin en examinant ma journée je Lui promets tels ou tels sacrifices. Lorsqu'il en est qui me coûtent, lorsque j'hésite, Jésus insiste de telle façon qu'il m'est impossible de les Lui refuser...» (J 131).

[138] J 126 («je veux vivre et mourir en crucifiée»), 133 («une crucifiée à ton image»).

remercier de cette part si belle qu'Il m'a choisie. «Je ne puis te donner une plus grande marque d'amour, m'a-t-Il dit, cette vocation est réservée aux âmes privilégiées de mon Cœur!...»[139].

Si vede chiaramente che Elisabetta stessa viveva le consolazioni, che il Signore le concedeva in dono durante le orazioni, come una preparazione al tempo della purificazione passiva. Si rendeva conto che percorrendo la via della santità era necessario rinnegare tutto ciò che non provenisse da Dio, specialmente quello che proveniva solamente dalla propria volontà.

A questo punto del suo cammino spirituale, la giovane scoprì il mistero della santità, e per la prima volta in modo risoluto espresse il desiderio di raggiungerla. Sentendosi di per sé debole e riconoscendosi incapace di giungere da sola a un tale traguardo, trovò la soluzione: decise di diventare santa della santità di Gesù. Inspirata dall'*Acte d'offrande à l'Amour miséricordieux* di S. Teresa di Lisieux, Elisabetta affermò:

> Ôte-moi la liberté de te déplaire, que jamais je ne fasse la plus légère offense. Brise, arrache de mon cœur tout ce qui te déplaît. Je veux accomplir toujours ta volonté, répondre toujours à ta grâce. O Maître je veux être sainte pour toi, sois ma sainteté, car je connais ma faiblesse. Oh Jésus, merci pour toutes les grâces que tu m'as accordées, merci surtout de m'avoir éprouvée. C'est si bon de souffrir pour toi, avec toi. Chaque battement de mon cœur soit un cri de reconnaissance et d'amour[140].

Questa preghiera trovò la sua continuazione e il suo sviluppo in un'altra, scritta all'inizio del 1900 (NI 5). Elisabetta confessava in essa che nell'amare Cristo e nell'appartenere a Lui, trovava per sé una dolcezza inspiegabile. Domandò a Dio di concederle di essere generosa e fedele, senza rimpianti, e ripeté il desiderio di fare solo la volontà di Gesù[141], di consolarLo[142], e addirittura di accogliere à l'avance tutti i

---

[139] J 135. Cfr. J 138: «Vous le savez, bon Maître, ma consolation quand j'assiste à ces réunions, [...] ma consolation de me recueillir et de jouir de votre présence, car je vous sens si bien en moi, ô mon Bien suprême».

[140] NI 4. L'analisi comparativa più precisa delle preghiere di S. Teresa e di Elisabetta si trova nelle note di *Œuvres*: NI 4, n. 2-11.

[141] «Je veux accomplir parfaitement ta volonté, répondre toujours à ta grâce» (NI 5).

[142] «Je t'offre la cellule de mon cœur, que ce soit ton petit Béthanie [...]» (NI 5). Elisabetta comprendeva che per essere una buona carmelitana occorreva creare una cella nel proprio cuore. Ella sviluppò questo pensiero nella poesia P 72 ter: «Jésus, mon Amour et ma Vie, / Daigne m'aider je t'en supplie / À bâtir, bien-aimé Sauveur, /

CAP. III: L'ESISTENZA: NOTTE ATTIVA   171

sacrifici e tutte le prove[143]. Espresse inoltre il desiderio di diventare santa per Gesù e con Gesù[144], chiedendoGli di togliere dal suo cuore tutto ciò che a Lui non piacesse[145], ed infine affermò che, rimanendo sempre unita a Cristo, avrebbe voluto che il legame fra loro diventasse sempre più profondo:

> [...] que notre union soit encore plus intime. Que ma vie soit une oraison continuelle, un long *acte d'amour*. *Que rien* ne puisse me distraire de toi, ni les bruits ni les distractions, rien n'est-ce pas? J'aimerais tant, ô mon Maître, vivre avec toi dans le silence [...]. Si jamais je [me] reprends, oh, je t'en conjure, je t'en supplie: pendant que je suis tout à toi, emmène-moi, fais-moi mourir. [...] Oh, chaque battement de mon cœur est un acte d'amour. Mon Jésus, mon Dieu, qu'il est bon de t'aimer [...][146].

Lo Spirito Santo fece giungere Elisabetta, grazie anche all'orazione di raccoglimento, a desiderare fortemente che la sua preghiera si prolungasse fino ad abbracciare tutti i momenti della giornata. L'obiettivo della giovane era di rimanere sempre in unione con Gesù, affinché questa comunione cambiasse il suo spirito:

> Mon Dieu, puisque par obéissance
> Je ne puis m'imposer des souffrances,

Une cellule dans mon cœur. / Ce sera ton petit parloir, / Humble et bien modeste demeure / Où je serai sûre à toute heure / De te trouver et de te voir», ed anche in J 140: «[...] que je ne vive qu'*en dedans*, dans cette cellule que vous bâtissez en mon cœur, dans ce petit coin de moi-même où je vous vois, où je vous sens si bien. Hélas! Souvent je vous y laisse solitaire, comme vous l'étiez au désert. Ah, c'est bien de moi: je suis si peu de chose... Mais je vous aime, je vous aime tant!». È facile intravedere come la giovane comprendesse la vocazione carmelitana non come un atto esteriore, ma interiore; ecco perché voleva diventare interiormente religiosa, pur essendo ancora nel mondo (cfr. J 138; NI 6: «[je demande à Jésus] Que je vive dans le monde sans être du monde: je puis être *carmélite en dedans* et je veux l'être»).

[143] Aspettandosi il sopraggiungere della notte spirituale, la giovane aggiunse: «même celle de ne plus te sentir avec moi» (NI 5).

[144] «[...] je désire être sainte avec toi et pour toi [...]» (NI 5). A questo punto vale la pena sottolineare il ruolo delle due preposizioni «avec» e «pour» che si ripeteranno negli scritti elisabettiani; essi sottolineano fortemente il motivo per il quale Elisabetta seguiva Dio e il fatto che ella era consapevole che da sola non sarebbe stata in grado di rispondere all'amore divino. Elisabetta concluse questo suo pensiero nel modo seguente: «[...], mais je sens mon impuissance, oh sois ma sainteté» (NI 5). Cfr. pure J 138.

[145] «Soutiens-moi toujours, prends-moi de plus en plus; que tout en moi t'appartienne; brise, arrache tout ce qui te déplait afin que je sois tout à toi» (NI 5).

[146] NI 5 («une oraison continuelle»); cfr. pure J 138, 156; NI 6; L 48.

Ah! Du moins brise ma volonté,
Je ne veux plus de ma liberté.

Fais-moi tout humble, toute petite,
Abaisse-moi bien chaque instant,
Car je le sais, une carmélite
Doit ressembler au petit enfant.

Ah! Que personne ne songe à moi
Et que moi je ne pense qu'à toi
Ô Passion, ô Vie, ô Bien suprême,
Qui t'es emparé de tout moi-même[147].

Elisabetta voleva scomparire, cioè lasciare lo spazio in sé per la santità di Gesù. Desiderava ardentemente che in lei e con lei rimanesse solo Dio. Per riconoscere e comprendere l'opera che compiva in lei lo Spirito Santo, la giovane cercava la pace e il silenzio: «[...] dans le calme et le silence, / Je jouirai de ta présence / Et m'abandonnant tout à toi / J'écouterai parler ta voix» (P 72 ter: «*Union de l'âme à Notre Seigneur*»)[148]. Tale desiderio di raccoglimento era per Elisabetta una preparazione interiore, forte e profonda, alla notte spirituale, cioè alla purificazione dello spirito, che presto l'avrebbe messa alla prova.

17. «Qu'Élisabeth disparaisse, qu'il ne reste que Jésus» (J 156)

Anche se Elisabetta desiderava il raccoglimento e il silenzio, la gioia che le procurava lo stare con Gesù non le permetteva di tacere più ciò che si svolgeva dentro di lei. Fino a quel momento, ella aveva fatto riferimento all'esperienza della sua relazione con Gesù soltanto nelle poesie, oppure nel *Journal*, cioè piuttosto per un fine personale. Invece alla fine del 1899, la giovane, per la prima volta, ebbe il coraggio di trattarne nella sua corrispondenza. Nella lettera L 25 Elisabetta si rivolse così alla sua amica Marie-Luise Maurel: «[...] le bon Maître nous

---

[147] P 72 bis; cfr. un brano della poesia P 72 ter: «Ah! Prends-moi, prends-moi tout[e] entière, / Je suis tienne, divin Sauveur. / Enlève, arrache de mon cœur / Ce qui le retient à la terre» ed inoltre: «Prends-moi, bon Maître, je suis tienne. / Absorbe-moi si bien en toi / Que tout mon être t'appartienne». Qui si nota come Elisabetta si rivolgesse a Cristo in un modo nuovo: «Ô ma Passion [...], Jésus» (P 72 bis; cfr. P 72 ter).

[148] Cfr. J 138: «Puisque je ne puis rompre avec le monde et vivre dans votre solitude, ah du moins donnez-moi la solitude du coeur. Que je vive dans votre union intime, que rien, n'est-ce pas, rien puisse me distraire de vous [...]».

appelle à des voies différentes. La part qu'Il m'a choisie est bien belle!»[149]. Benché queste parole fossero ancora molto semplici, erano comunque testimonianza che la sua relazione intima con Cristo era diventata abbastanza matura da poter essere rivelata e partecipata agli altri. Attraverso la lettura delle lettere successive, è evidente come la giovane diventasse sempre più ardente *apostola* del suo Maestro[150].

All'inizio del 1900, Elisabetta frequentò i ritiri spirituali condotti a Digione dal p. Josepf Hoppenot (fra il 23 e il 27 gennaio 1900), durante i quali scrisse: «C'est si bon de vous aimer et d'être tout à vous, je voudrais que toutes les âmes goûtent ce bonheur» (J 138)[151]. Queste sue parole erano segno di un cambiamento profondo che stava maturando nel suo intimo: Elisabetta divenne libera dal desiderio di avere qualsiasi consolazione, alla quale era pronta a rinunciare per la salvezza delle anime dei peccatori[152]. Motivata dall'immenso amore per Gesù ed ispirata all'esempio di S. Teresa di Lisieux[153], la giovane scrisse parole sorprendenti: «[ô mon Bien-Aimé] Ah, si vous le vouliez, je serais prête à vivre en enfer pour que de ce gouffre infernal monte sans cesse vers vous la prière d'un cœur qui vous aime!» (J 140)[154].

Elisabetta non era attaccata neppure alla propria vita terrena, anzi, ebbe l'intuizione che sarebbe stata di breve durata, e non ebbe timore di esprimere questo suo presentimento: «Mon Jésus, peut-être est-ce bientôt que tu m'appelleras à toi. Ah, que ta volonté soit faite je ne veux que ce que tu veux» (J 143). Aveva solo il desiderio di portare Dio nel proprio cuore nel momento della morte[155], chiese perciò aiuto al Signore di divenire in tutto perfetta[156].

La futura carmelitana pensava spesso all'incontro con Cristo dopo la morte:

---

[149] Vedi L 25, n. 4.

[150] Per esempio, in L 26 (scritta all'inizio del 1900) Elisabetta ricordò alla stessa amica: «Vous dirai-je, ma chère Marie-Luise, que vous avez eu durant cette veillée près du bon Jésus un souvenir tout particulier de votre amie: c'est au pied de l'autel que j'ai formé tous mes vœux pour vous [...]» (L 26).

[151] Cfr. pure J 140.

[152] Cfr. J 140, 142.

[153] Cfr. J 140, n. 135.

[154] Contemplando la Croce di Cristo, Elisabetta vide e comprese meglio tutta la malizia del peccato (cfr. J 142).

[155] Vedi: J 143.

[156] Cfr. J 145.

Je vais à vous [ô Maître] tout simplement, en toute confiance, comme avec un tendre Ami. Il me semble que vous aimez cette douce familiarité, aussi est-ce avec abandon et confiance que j'attend ce moment qui m'unira pour toujours à vous. Mais au Ciel je ne pourrai plus souffrir pour vous. Ah! Du moins je pourrai, je l'espère, travailler encore pour votre gloire!

Tant que je suis sur la terre, daignez permettre que je fasse un peu de bien. Je suis votre petite victime, servez-vous de moi. Ah, faites de moi ce qu'il vous plaira. Je vous abandonne tout, corps et âme, désir et volonté, je vous donne tout[157].

Da un'attenta analisi degli scritti elisabettiani, risalta l'opera che lo Spirito Santo compiva in Elisabetta per condurla a sempre più profonda semplicità di cuore. Come è stato già accennato, inizialmente Iddio la liberò dalla paura del giudizio finale[158], facendole conoscere i misteri di amore del Cuore di Gesù e successivamente attirandola al silenzio e al raccoglimento interiore, e contemporaneamente, infondendo in lei il desiderio di offrire tutto a Cristo, impresse nella sua anima la pace, la fiducia e la volontà di lavorare per la gloria di Gesù, secondo la misura delle sue possibilità proporzionate alle grazie ricevute (la giovane accoglieva tutte le consolazioni e le grazie che le venivano accordate, in un clima di grande gioia e riconoscenza verso Gesù)[159].

In quel periodo (inizio del 1900), per intensificare la sua vita sacramentale, Elisabetta cercò di partecipare più spesso e con maggior consapevolezza all'Eucaristia. Allora la Comunione frequente era riservata solo a coloro che avevano ricevuto un particolare permesso dai loro direttori spirituali. In questo restrittivo ambito religioso, il forte desiderio di unirsi con Gesù nella comunione spinse Elisabetta a condurre una vita molto pura, senza peccati, in altre parole, una vita santa. Il sogno della giovane (corrispondente al programma di vita spirituale) era il fare la Comunione *ogni giorno,* e da una Comunione all'altra vivere in

---

[157] J 148; cfr. J 151: «Je me suis bien donnée au bon Maître, je me suis abandonnée à Lui. Je Lui ai abandonné aussi mon désir le plus cher [le désir d'entrer au Carmel], je ne veux que ce qu'Il veut. Je suis sa victime, qu'Il fasse de moi ce qu'il Lui plaira, qu'Il me prenne à l'heure qu'Il voudra, je suis prête, j'attends. [...ô Maître] Je suis prête à tout ce que vous voulez, à vous suivre où bon vous plaira. Ah, je ne vous fixe pas de moment, prenez-moi quand vous voudrez, je m'abandonne à vous».

[158] Cfr. J 147.

[159] Cfr. J 149: «Comme je remercie mon Jésus Bien-Aimé pour toutes ces grâces dont Il me comble!»; J 151: «Après avoir reçu Jésus dans mon cœur, comme j'étais heureuse, de quelles douces consolations Il m'a comblée».

unione con Cristo, raccolta nell'*oraison continuelle*[160]. Secondo il parere di Elisabetta, la realizzazione di tale prospettiva era «le paradis sur la terre» (J 150)[161]. Ispirata all'esperienza mistica di S. Teresa di Lisieux, ella desiderava diventare «petite hostie», che mai sarebbe stata abbandonata da Gesù (J 150)[162].

Alla fine dei ritiri spirituali tenuti dal p. J. Hoppenot (il 27 gennaio 1900), Elisabetta fece un proposito che si può riassumere in due parole: «l'humilité et le renoncement» (J 151). Spinta da un grande amore per il Signore[163], ebbe il coraggio di dirGli: «Oui, mon Bien-Aimé, je vous promets de m'humilier et de me renoncer chaque fois que j'en aurai l'occasion» (J 151)[164].

L'umiltà di Elisabetta permise allo Spirito Santo di agire rapidamente dentro di lei. Egli *svuotava* il cuore della ragazza da tutto ciò che non era divino, per poterlo poi *riempire* di Gesù. Elisabetta pregava così: «Oui, Jésus, j'irai à toi [...] qui seul peux combler la solitude de mon âme. Que je ne cherche rien hors de toi, car seul tu peux contenter mon cœur» (J 153). Nella sua preghiera ripeté le parole di una poesia, composta da altro autore[165]:

> Prends et reçois, si quelque bien me reste,
> Quelque trésor, quelque futile honneur,
> Un seul plaisir qui ne soit pas céleste.
> Je te les rends, n'es-tu pas le Seigneur?
> À toi mon cœur, mon corps, mon âme entière
> Pour te servir à jamais sans retour.
> Mais laisse-moi ta grâce et ta lumière,
> Mon Dieu, mon Dieu, donne-moi ton amour[166]...

Elisabetta arrivò al punto in cui tutta intera si offrì a Cristo: tutto ciò che aveva e possedeva, senza porre alcuna condizione, lo donò a Lui. Costruì il suo edificio spirituale sul fondamento solido della divina volontà: «Sainte volonté de mon Dieu, sois toujours la mienne. [...]

---

[160] Cfr. J 138, 156; NI 5, 6.

[161] L'accogliere il Corpo di Cristo era per Elisabetta un grande aiuto, un sostegno, il simbolo e la realtà dell'unità con Lui.

[162] Un pensiero simile, che è in stretta relazione con la trasformazione eucaristica, si trova anche nell'*Acte d'offrande* di Teresa di Lisieux (J 150, n. 147).

[163] Cfr. NI 6.

[164] Cfr. NI 6 (scritto nello stesso giorno, il 27 gennaio 1900).

[165] J 153, n. 153.

[166] J 153.

Prends-moi, prends ma volonté, prends tout mon être. Qu'Élisabeth disparaisse, qu'il ne reste que Jésus!...» (J 156; cfr. NI 6)[167].

Proprio tale espressione «prends-moi», ripetuta in quel periodo parecchie volte (cfr. per es. J 151, 153, 156), esprimeva in modo chiaro lo stato dell'anima della ragazza quasi ventenne, che desiderava fare tutto il possibile per essere pronta ed aperta ad accogliere sempre l'operato di Dio. Per se stessa Elisabetta non riservò niente: cuore, corpo, anima, vita, donò tutta la sua persona a Cristo. Non potendo fare di più, dopo la sua offerta al Maestro si mise in attesa della Sua *iniziativa*...

18. «Ah! Soyons bien tout à Lui, livrons-nous à notre Bien-Aimé Jésus» (L 28)

Davanti a noi si apre lo scenario dell'ultimo periodo della vita di Elisabetta, antecedente la sua entrata nel Carmelo (intervallo di circa venti mesi). Dall'inizio dell'anno 1900 fino all'agosto del 1901, la giovane si preparò al distacco dagli amici e dalla famiglia.

Il 27 gennaio 1900 Elisabetta rinnovò la propria offerta a Gesù come Sua vittima[168] e il voto di castità (il 16 luglio 1900)[169]. Volle preparare *la cella del suo cuore*, affinché il Maestro potesse dimorarvi, arricchendola con *l'abandon à la volonté divine, la mortification, l'humilité, les petits sacrifices de chaque instant, l'abnégation, l'amour qui consume le cœur pris par Jésus*[170].

Rimanendo sempre in comunione con Cristo, la giovane non si scordò degli amici e dei conoscenti, ma pregava continuamente per loro[171]. La sua corrispondenza è una testimonianza del cambiamento che si svolse dentro di lei. Gesù la aiutò a vivere le sue relazioni con gli altri in modo nuovo, purificandole e conducendole alla più profonda realtà dei rapporti interpersonali. Elisabetta, che trovava la sua piena felicità

---

[167] Elisabetta espresse la stessa verità anche in altre parole: «Que je suis abîmée en toi [Maître], que je fasse tout sous ton regard» (J 156).

[168] Cfr. NI 6.

[169] Cfr. NI 7: «O mon Bien-Aimé Jésus, c'est avec bonheur que je renouvelle mon vœu de chasteté qui semble m'unir encore plus intimement à toi». Elisabetta di nuovo si offrì come vittima di olocausto per la salvezza dei peccatori e ripeté ancora una volta a Gesù: «si je dois commettre un seul péché mortel, fais-moi bien vite mourir tandis que je suis tout à toi...». Chiese anche a Maria di offrirla a Gesù: «donnez-moi à Jésus» (NI 7).

[170] Vedi l'immagine della *cella interiore* del cuore umano, descritta da Elisabetta avvalendosi del paragone con la cella carmelitana, in maniera molto suggestiva: NI 8.

[171] Cfr. per es. L 27, 28.

solo in Gesù, invitò i suoi amici e tutta la propria famiglia a *partecipare* di questa sua *esperienza* di intimo legame con Cristo[172]. Per esempio a Marguerite Gollot scrisse: «Ah! Soyons bien tout à Lui, livrons-nous à notre Bien-Aimé Jésus dans un généreux abandon. Faire sa volonté, c'est bien ce qu'il y a de meilleur» (L 28)[173].

L'invito, proposto da Elisabetta ai suoi cari, a condividere con lei l'esperienza della relazione con Gesù, divenne contemporaneamente un incoraggiamento a rimanere fedeli alla preghiera[174]. Nella prospettiva della sua visione spirituale, l'orazione aveva una dimensione comunitaria, di incontro con Cristo, con Dio, in comunione con i fratelli[175]. Per Elisabetta, Gesù divenne la persona che fondava la sua unione con il prossimo, come unico punto di riferimento in ogni relazione. La futura carmelitana sapeva che solo Lui poteva colmare il cuore umano, quel vuoto dovuto al distacco dall'affetto dei cari. Un giorno, dopo la partenza di sua madre, Elisabetta le scrisse: «[...] j'ai dit au bon Jésus: "Mon Jésus, puisque ma chère maman n'est plus là pour câliner sa petite Sabeth, il faut que vous le fassiez pour elle", et si tu savais comme Il a su le faire avec toute la tendresse d'une mère! Je Lui de-

---

[172] Proprio in questo periodo della vita di Elisabetta, bisognerebbe cercare il motivo che la spinse a cominciare ad elargire incoraggiamenti e consigli spirituali. La giovane invitò tutti a percorrere la strada che ella per prima aveva intrapreso. Cfr. per es. L 40: «Aimons nos croix, elles sont toutes d'or vues avec les yeux de l'amour»; L 41: «Quand Il [Jésus] éprouve, il semble, n'est-ce pas, qu'Il est encore plus près, que l'union est plus intime. Voyez-vous, nous sommes ses victimes, il nous marque du sceau de la Croix pour que nous Lui ressemblions davantage [...]. Mais tant qu'Il voudra nous laisser ici bas, *aimons, aimons,* tant que nous pourrons, vivons d'amour, ma bien-aimée petite sœur [...]»; cfr. L 42: «livrons-nous à Lui». Quasi in ogni sua lettera, Elisabetta cominciò ad esortare a seguire Gesù. La giovane rimase fedele a questo fino alla morte.

[173] Era una caratteristica di Elisabetta vivere le proprie amicizie sempre facendo riferimento a Cristo; cfr. per es. L 33: «Comme le bon Dieu est bon, chère amie, de nous avoir données l'une à l'autre»; cfr. L 41, 42.

[174] L 42 (a Marguerite Gollot): «[...] chaque matin je fais mon action de grâces avec vous; unissez-vous à moi de 7 à 8, voulez vous?».

[175] Cfr. per es. L 35: «[...], ma bonne Marie-Louise, pensez toujours quelquefois à moi, surtout près du bon Dieu, là il fait si bon se retrouver. Donnons-nous rendez-vous près de Lui, n'est-ce pas? Parlez-Lui quelquefois de votre amie Elisabeth qui, elle, aime tant Lui parler de sa chère Marie-Louise!»; L 36: «La prière est le lien des âmes. Oh! quand je suis près du bon Dieu je trouve cela si doux, si bon de Lui parler de tous ceux que j'aime; en Lui je les retrouve!...»; L 38, 39, 51 («Qu'Il [Dieu] soit notre Trait d'union!...»), 53, 54.

mande de remplacer près de toi ta fille chérie qui ne t'oublie pas!» (L 46)[176].

Grazie all'esperienza del tenero amore di Dio e approfondendo sempre più la conoscenza dei misteri del suo Cuore, la giovane acquisì il coraggio di *parlare* in nome di Gesù, sentendosi addirittura spinta a farlo. Ella bramava che ognuno potesse conoscere meglio Gesù; per esempio a Marguerite Gollot scrisse: «[...] oh! qu'Il vous aime, chère Marguerite, vous qu'Il se plaît à placer sur sa Croix» (L 41)[177].

È evidente che Elisabetta condivideva con gli altri solo quello che proveniva dalla propria esperienza personale (tutta la sua dottrina si basò su questo fondamento), perciò nelle sue parole risplendeva la gloria di Gesù[178].

19. «[...] vous n'avez pas besoin du Sacrement pour venir à moi!» (NI 10)

La giovane, come ricordava lei stessa, ogni giorno si recava in chiesa per partecipare all'Eucaristia[179]. Per lei l'incontro con Cristo era parti-

---

[176] Queste parole, benché segnate dall'emotività femminile, testimoniano che ella concentrò in Dio tutta la sua sfera emozionale; cfr. L 55.

[177] Per Marguerite Gollot, Elisabetta divenne, in un certo senso, il *direttore spirituale*, che la illuminava sul lavorio che Dio svolgeva nel suo interiore: «Oh! dans son Cœur que d'amour je vois pour vous, chère petite sœur! Maintenant Il ne vous traite plus comme un petit enfant qui a besoin de gâteries, mais comme une épouse bien-aimé sur l'amour de laquelle Il peut compter et qu'Il veut s'unir d'une façon si intime!» (L 42). Cfr. L 53: «Voyez-vous, ma chère Marguerite, vos souffrances sont bien agréables à votre Bien-Aimé puisqu'Il se plaît ainsi à les prolonger. [...] Chère petite sœur, Jésus vous traite en épouse, Il veut que vous portiez sa Croix, que vous partagiez son agonie, que vous buviez avec Lui l'amer calice, mais tout cela c'est de l'amour».

[178] Cfr. per es. le seguenti lettere, come testimonianza della sua personale esperienza: L 44, 47, 48, 49 («Au pied de la Croix on sent si bien ce vide des créatures, cette soif infinie de Lui... Il est la source, allons nous désaltérer près de notre Bien-Aimé, Lui seul peut rassasier notre cœur...»), 50.

[179] Cfr. L 35. Quando sopraggiunse la malattia (bronchite), Elisabetta chiese la guarigione a S. Teresa di Gesù, ma solo per obbedienza alla priora del Carmelo (Madre Marie de Jésus), perché lei avrebbe preferito soffrire per il Signore. «Je ne désire pas me guérir, il fait si bon souffrir pour le "Bien-Aimé"» (NI 9). Perciò il suo ardente desiderio di consolare Gesù Cristo, accogliendo con amore la sofferenza, era sincero e si realizzava nella sua esperienza quotidiana. Nel dolore, la futura carmelitana intravedeva la possibilità di purificazione della sua anima, di una più profonda unione con Gesù, e riconosceva in esso il dono che poteva offrirGli (cfr. NI 11).

colarmente legato al momento della Comunione[180]. Di conseguenza, come è stato già accennato, il suo programma di vita spirituale consisteva nel ricevere dai confessori il permesso di comunicarsi più spesso e nel rimanere in adorazione, continuamente unita con Gesù, durante gli *intervalli* fra le Sante Messe.

Soltanto durante l'ottava della commemorazione di S. Teresa, a Elisabetta venne concessa la comunione quotidiana, ma gli altri giorni non le era permesso di comunicarsi con la frequenza da lei desiderata, e questo era per lei motivo di grande sofferenza. Ma proprio in queste circostanze Iddio intervenne, indicando ad Elisabetta una *scorciatoia*.

Il 20 ottobre del 1900, ella ricevette la grazia di comprendere che Cristo non si dona soltanto nella Santa Comunione, ma, al di là di essa, in ogni momento della vita, ininterrottamente. Quel giorno, dopo la conclusione dell' ottava della commemorazione di Santa Teresa, la giovane di sorpresa affermò:

> O mon Dieu, vous m'envoyez le plus grand des sacrifices! Après vous avoir reçu chaque jour, que vais-je devenir sans vous? Mais, vous me l'avez dit, vous n'avez pas besoin du Sacrement pour venir à moi! O Amour, comme vous savez me consoler, comme auprès de vous ma pauvre âme retrouve force et courage! O mon Bien, ô ma Vie, c'est vous qui donnez; peu m'importe ce que vous m'envoyez: puisque cela vient de vous, c'est toujours bien bon! […][181].

Dio allora concesse a Elisabetta un sollievo nella sofferenza[182]. La giovane poteva essere sicura dell'incessante presenza e vicinanza di Cristo, che le dava la forza di proseguire il suo cammino sul sentiero che conduceva alla perfetta unità col Salvatore: «Il [divin Bien-Aimé] est tout-puissant, qu'Il arrange toutes choses selon son bon plaisir, je ne veux que ce qu'Il veut, je ne désire que ce qu'Il désire, je ne Lui de-

---

[180] La giovane spesso offriva la Comunione per gli altri; cfr. per es. L 38, 42.

[181] NI 10; cfr. L 42 (scritta il 30 marzo 1901): «[…] mais, voyez-vous, Il n'a pas besoin du Sacrement pour venir à vous»; cfr. L 61 (il 6 giugno 1901 Elisabetta ammalata scrisse): «Je suis privée du Sacrement, mais mon Dieu a-t-Il besoin de cela pour venir à moi? Oh! Ma sœur, qui peut nous séparer de Celui que nous aimons»; cfr. L 62, 135.

[182] Elisabetta in quel periodo soffriva constantemente, perché era consapevole che il suo desiderio di entrare nel Carmelo era motivo di sofferenza per sua mamma (cfr. L 38: «Que c'est dur de faire souffrir ceux qu'on aime, mais c'est pour Lui! S'Il ne me soutenait, à certains moments je me demande ce que je deviendrais, mais Il est avec moi, et avec Lui on peut tout. Que c'est bon de se perdre, de disparaître en Lui […]»). Elisabetta trovava in Dio, da Gesù, la pace interiore (cfr. L 38).

mande qu'une chose: L'aimer de toute mon âme, mais d'un amour vrai, fort et généreux!» (L 38). L'esperienza della costante presenza di Cristo nella sua anima, fu per Elisabetta come una preparazione alla prova della notte spirituale.

All'inizio del marzo 1901, ella, nel provare la gioia di poter offrire il proprio dolore a Cristo, confessò un'altra sua *intuizione*: non aveva mai capito così bene, come in quel periodo, che la sofferenza distacca da tutto: dalle dolcezze, dai gusti e addirittura dalle consolazioni che si possono trovare in Gesù[183].

Liberata da ogni legame[184], Elisabetta fu condotta alla consapevolezza che l'anima è un santuario in cui Dio è sempre presente, anche se a volte non lo percepisce. Da allora in poi, ella amò cercare Gesù nella profondità della propria anima[185]. L'esclamazione: «Dieu en moi, moi en Lui» (L 47)[186] divenne il motto della sua vita[187]. Davanti a lei si aprì una strada sconosciuta verso il matrimonio spirituale con Cristo, verso la piena unione con la Santissima Trinità, verso la trasfigurazione deificante.

---

[183] L 44; cfr. L 47.
[184] Per Elisabetta la notte attiva dei sensi era finita.
[185] L 47: «Ah! Que c'est bon cette présence de Dieu au-dedans de nous, dans ce sanctuaire intime de nos âmes. Là, nous le trouvons toujours quoique par le sentiment nous ne sentions plus sa présence, mais Il est là tout de même, plus près peut-être encore [...]. C'est là que j'aime le chercher».
[186] Cfr. L 62 («"Dieu en moi, moi en Lui", oh! c'est ma vie!...»); cfr. NI 12. Elisabetta ancora non parlava in modo esplicito della Santissima Trinità.
[187] Tale motto fu proposto da Elisabetta a Marguerite Gollot come programma di vita (cfr. L 47).

CAPITOLO IV

**L'esistenza cristologica di Elisabetta.
La configurazione a Cristo: notte passiva e illuminata**

Le parole e gli scritti di Elisabetta mostrano in quale modo Gesù Cristo la rendesse sempre più aperta a due dimensioni dell'amore: verso la Santissima Trinità e verso il prossimo. Questo amore si esprimeva nella determinazione con cui la giovane camminava verso Iddio e nel testimoniare l'esperienza del suo rapporto intimo con Lui, per *convincere* gli altri ad avvicinarsi a Lui. Elisabetta cercava inizialmente di condurre le anime al raccoglimento interiore ed alla preghiera. Con il passare del tempo, invece, ella incoraggiò gli altri alla pratica delle virtù sempre più eroiche, invitandoli a lasciarsi unire con l'Eterno. Un giorno disse ad una novizia: «Comme on se fait illusion sur la véritable union! Les âmes qui pensent y être arrivées parce qu'elles goûtent des consolations sensibles, font penser à des enfants jouant avec des cendres que vent emporte. Non, non, l'union vraie n'est pas dans les délices, mais dans le dépouillement et la douleur» (*Souvenirs*, 224).

Per Elisabetta, quest'unione con Gesù Cristo si compì sul Calvario della sua malattia. La sofferenza la condusse a immolare tutta la propria volontà a Dio, all'amore sempre più maturo, simile a quello del Maestro: la persona della giovane divenne l'Icona di Dio Crocifisso.

1. «[...] Il sait que maintenant nous l'aimons trop pour le laisser» (L 53)

I primi segni della notte spirituale, che Elisabetta avrebbe dovuto attraversare nel dolore, si possono individuare nella lettera da lei scritta l'8 maggio 1901 a Marguerite Gollot. La giovane in essa descriveva lo stato del suo animo:

Priez bien pour moi, ma bien-aimée sœur, moi aussi ce n'est plus un voile mais un mur bien épais qui me le [Jésus] cache. C'est bien dur, n'est-ce pas, après l'avoir senti si près, mais je suis prête à demeurer en cet état d'âme aussi longtemps qu'il plaira à mon Bien-Aimé de m'y laisser, car la foi me dit qu'Il est là tout de même, et à quoi bon les douceurs, les consolations? Ce n'est pas Lui. Et c'est Lui seul que nous cherchons, n'est-ce pas, ma bonne Marguerite. Allons donc à Lui par la foi pure[1].

Lo Spirito Santo guidava Elisabetta a una fede pura, per raggiungere la quale era necessario percorrere una strada priva di consolazioni e riconoscere con realismo la propria miseria, sperimentando contemporaneamente l'infinita misericordia di Dio[2]. La giovane sapeva cogliere questo piano di Dio in maniera perfetta, e ne sono testimonianza le seguenti parole: «[...] s'Il [le Maître] nous éprouve en se cachant ainsi à notre âme, c'est parce qu'Il sait que maintenant nous l'aimons trop pour le laisser. Qu'Il donne donc toutes ses douceurs et ses consolations à d'autres âmes pour se les attirer, et aimons cette obscurité qui nous conduit à Lui» (L 53).

La certezza che Gesù non avesse bisogno del Sacramento per prendere dimora dentro di lei (questo era il segno che Egli non la lasciava mai un istante), fu per Elisabetta preludio alla comprensione di una verità che la accompagnò fino alla fine della vita: «Nous sommes ses hosties vivantes, ses petites ciboires, ah! Que tout en nous le reflète, que nous le donnions aux âmes. C'est si bon d'être à Lui, d'être toute sienne, sa proie, sa victime d'amour!» (L 54); «Vivre d'amour, c'est-à-dire ne plus vivre que de Lui, qu'en Lui, que par Lui, n'est-ce pas avoir déjà un peu son paradis sur la terre?» (L 55). Elisabetta manifestò spesso nei suoi scritti la grande nostalgia che aveva del cielo[3].

Nel frattempo, lo Spirito Santo preparava la giovane digionese a portare con amore il peso del sacrificio. Mancavano ancora due mesi al giorno in cui Elisabetta avrebbe fatto il suo ingresso al Carmelo, e si avvicinava perciò il momento in cui avrebbe dovuto lasciare sua madre[4]. Per preparare Elisabetta a questo *distacco*, Iddio le dava una

---

[1] L 53.
[2] «[...] jamais je n'ai autant senti ma misère, jamais je ne me suis vue aussi misérable, mais cette misère ne m'abat point, je m'en sers au contraire pour aller à Lui, et je pense que c'est parce que je suis si faible qu'Il m'a tant aimée, qu'Il m'a tant donné. L'autre jour c'était l'anniversaire de ma première Communion, dix ans déjà! Ah! Quand je pense à toutes grâces dont Il m'a comblée!» (L 53).
[3] Cfr. L 55.
[4] Cfr. L 55: «Je Lui avais confié mes affaires, je Lui avais demandé de parler Lui-

sempre più profonda pace interiore e la convinzione della giustezza della sua decisione: «[...] c'est dur de faire souffrir des êtres bien-aimés, mais c'est pour Lui, et je suis heureuse de les Lui donner! Oh! Il le sait bien, Lui qui sait tout. Oh! que c'est doux de sacrifier quelque chose à Celui qu'on aime!» (L 57)[5]. Quella strada, percorsa sotto l'influsso dello Spirito Santo, la conduceva ad una più piena conoscenza del Padre Celeste.

2. «[...] c'est Lui [le divin Crucifié] qui nous conduira au Père» (L 58)

Lo sperimentare la presenza di Gesù, fu per Elisabetta un'apertura alla relazione con tutta la Santissima Trinità. Essendo giunta alla soglia della notte passiva, ella affermava: «[...] nos âmes se perdront en Lui, en cette Trinité éternelle, en ce Dieu tout Amour!» (L 57)[6], «perdons-nous en cette Trinité Sainte [...], laissons-nous emporter en ces régions où il n'y a plus que Lui, Lui seul!» (L 58)[7]. La giovane sapeva che chi la doveva condurre verso le regioni sconosciute, era Gesù: «[...] c'est Lui [le divin Crucifié] qui nous conduira au Père» (L 58).

---

même à ma chère maman et Il a fait cela si bien que je n'ai rien eu à dire. Pauvre maman [...]. Elle se laisse faire par le bon Dieu, elle comprend qu'Il me veut et qu'il n'y a rien à faire, aussi dans deux mois elle me laissera au Carmel. J'ai tant désiré, tant attendu ce jour que je me crois dans un rêve, mais ne croyez pas que je ne sens point le sacrifice, je l'offre à Dieu chaque fois que je pense à la séparation. Puis-je Lui sacrifier plus qu'une mère comme la mienne! [...] Il me soutient et me prépare au sacrifice!».

[5] In un certo senso, anche il lasciare la mamma e la sorella fu per Elisabetta un prologo della notte della fede. La giovane molte volte menzionò la sua sofferenza causata dal distacco da queste due persone a lei tanto care. Cfr. per es. L 64, 65, 71, 80, 81 («J'aime ma mère comme jamais je ne l'ai aimée, et au moment de consommer le sacrifice qui va me séparer de ces deux créatures chéries qu'Il m'a choisies si bonnes, si vous saviez quelle paix inonde mon âme!»). Cfr. pure L 128, 130.

[6] Fu la prima volta che Elisabetta usò l'espressione: «Dieu Tout Amour» (L 57, n. 5). Come abbiamo già accennato in questo lavoro (nell'«Itinerario spirituale di Elisabetta», Capitolo Primo), p. Vallée la introdusse al mistero dell'inabitazione della Trinità nell'anima, per mezzo della grazia. Elisabetta raccontò alla Madre Germaine di questo suo incontro con il p. Vallée: «J'avais hâte que le Père cessât de parler et qu'il me lassât me retirer pour me trouver seule avec Lui et me livrer pleinement à Lui» (*Elpa*, 30).

[7] Da questo momento, Elisabetta, sempre più spesso, fece riferimento a tutta la Santissima Trinità; vedi per es.: L 59.

Nello stesso tempo, Elisabetta, rimettendosi alla divina volontà, ogni giorno offriva tutte le proprie sofferenze a Dio, sia quelle grandi che le più piccole[8]. Ella viveva ogni avvenimento alla luce della vita di Gesù, perché credeva che la storia individuale del cristiano dovesse riflettere il *curriculum vitae* di Cristo. Elisabetta era convinta che, tramite fatti concreti, Iddio volesse formarla ad immagine di Gesù, per questo motivo, in ogni avvenimento, ella tentava di imitare lo stesso atteggiamento di Gesù. In tale contesto si possono comprendere meglio le sue parole, scritte il 5 giugno 1901, nel momento in cui provava un forte dolore alla gamba: «J'ai un peu d'épanchement de synovie, presque rien mais je ne puis guère marcher. Voyez-vous, le Bien Aimé veut faire partager à sa fiancée la douleur de ses genoux divins au chemin de la Croix» (L 60)[9].

Quando mancava ormai solo un mese al definitivo distacco da una vita vissuta nel mondo, per entrare in clausura, Elisabetta cercò solamente di abbandonarsi interamente a Cristo, ispirandosi al pensiero di S. Caterina da Siena: «Pense à moi, je penserai à toi»[10]. Credeva che soltanto attraverso la donazione di tutto il suo essere al suo Signore, ella avrebbe potuto ritrovare la piena pace interiore. Sapeva che Gesù era sempre presente nel suo cuore[11] e ciò le bastava.

La giovane cercò di consolare tutti quelli che soffrivano a causa della sua partenza: li assicurò del suo amore per loro, sempre sottolineando il fatto che Gesù, come unico scopo della nostra vita, dovrebbe essere il solo punto di riferimento per le nostre decisioni[12].

In una delle ultime lettere, scritte prima di varcare la soglia attraverso la quale avrebbe fatto per sempre il suo ingresso al Carmelo, Elisabetta descrisse al canonico Angles lo stato del suo animo: «Ce n'est déjà plus

---

[8] Per es., il non poter partecipare alla Santa Messa il giorno della solennità del *Corpus Domini* e durante tutta la sua Ottava, a causa della malattia. Elisabetta non era legata in modo esagerato alle forme concrete di pietà, ma riponeva ogni sua attenzione nella volontà di Dio. La giovane sapeva che Dio era presente vicino a lei, anche se ella non avesse potuto essere ai piedi del Santissimo Sacramento (cfr. L 60, 61, 62, 68).

[9] Cfr. L 62.

[10] Cfr. L 62.

[11] «[...] mon cœur déborde, il est si pris! Mais, que dis-je, n'est-Il pas là toujours? Lui l'Immuable, Lui Celui qui est» (L 70).

[12] Cfr. per es. L 76, 78, 79, 80, 80 bis, 81, 82, 83, ed altre. Da quando Elisabetta entrò nel Carmelo, la sua relazione con sua sorella Marguerite diventò sempre più intima; cfr. per es. J. RÉMY, *Guite, la sœur d'Élisabeth*, 30.

CAP. IV: L'ESISTENZA: NOTTE PASSIVA E ILLUMINATA   185

la terre, je sens que je suis toute sienne, que je ne me garde rien, je me jette en ses bras comme un petit enfant» (L 81). Il giorno della vigilia della sua definitiva entrata in monastero, ella bruciò la maggior parte del suo *Journal*. Voleva scomparire interamente, seppellirsi tutta entro le mura del Monastero[13] e, tramite esso, in Dio.

3. «Comme le bon Dieu est bon de m'avoir prise ici» (L 90)

Il 2 agosto 1901 fu il giorno nel quale davanti a Elisabetta, la felice postulante, si aprirono le porte del Carmelo. Era il primo Venerdì del mese, il giorno consacrato alla riparazione delle offese inflitte al Sacratissimo Cuore di Gesù[14]. Questa data, che portava con sé un significato profondo, si impresse nel cuore della giovane.

Elisabetta trovò la forza di lasciare i suoi cari, nella forte convinzione (ricevuta dallo Spirito Santo) che scegliendo Iddio si sceglie contemporaneamente tutto e tutti[15]. Subito dopo il passaggio attraverso la soglia della clausura, la giovane scrisse all'amica Françoise de Sourdon: «Tous ceux que j'ai quittés, je les retrouve près de Lui» (L 84)[16].

Nella nuova realtà, Elisabetta si sentiva felice[17] e ringraziava Dio di poter finalmente vivere in quel luogo tanto desiderato[18]. La gioia del

---

[13] Lo fece senza pensare che queste pagine avrebbero potuto essere di giovamento anche per altri. Cfr. *Souvenirs*, 28-29.

[14] «Annexe I. Renseignements divers sur Élisabeth et son Carmel. Chronologie» in *Œuvres*, 1069; *Souvenirs*, 81.

[15] «Oh! ma Guite, qu'il fait bon dans notre chère cellule! Quand j'y rentre, que je me sens là toute seule avec mon Époux en qui j'ai tout, c'est-à-dire mon tout-petit: je ne puis dire ce que je suis heureuse» (L 95; cfr. L 103, L 128). Nel 1902, la giovane scrisse a Cécile Lignon: «[...] si tu savais comme il fait bon sur la montagne du Carmel. J'ai tout quitté pour pouvoir en faire l'ascension, mais mon Jésus est venu au-devant de moi, Il m'a prise dans ses bras pour me porter comme un tout petit enfant, et pour remplacer tout ce que j'avais quitté pour Lui» (L 116).

[16] Durante le sue preghiere, Elisabetta affidò a Dio coloro che doveva lasciare e li sollecitò a ringraziare il Signore per ogni dono, che Egli offre per tutti in generale e per ognuno in particolare. La giovane cercava contemporaneamente di convincere gli altri che ciascuno di loro sarebbe rimasto nel suo cuore e che ella lo avrebbe ritrovato presso Gesù, presso Dio che unisce e ama tutti; cfr. per es. L 84, 85, 86, 87, 88, 90, 94, 97, 103, ecc. Scrisse per es. a sua mamma: «Oh! ma petite mère, comme le bon Dieu t'aime, si tu voyais avec quelle tendresse Il te regarde!...» (L 85; cfr. la conclusione di L 87). Elisabetta non dimenticò suo padre: «Depuis que je suis ici [au Carmel], je me sens si rapprochée de lui [papa]» (L 95).

[17] «J'aimais tant ces montagnes, elles me parlaient de Lui. Mais voyez-vous, [...] les horizons du Carmel sont encore bien plus beaux, c'est l'Infini!...» (L 87; cfr.

sogno, che si era finalmente compiuto, segnò i primi passi della giovane dentro le mura del Monastero. Elisabetta, durante le preghiere, provava grandi consolazioni[19].

I compiti che le erano stati assegnati, ella li adempiva nello spirito *di una totale offerta a Gesù*. Con un lieve sorriso, Elisabetta affermava per iscritto: «Je suis la petite femme de chambre de Jésus: tous les matins avant la Messe je fais le chœur» (L 87)[20]. Lo Spirito Santo la condusse a sperimentare la realtà dell'onnipresenza di Dio, attraverso la quale Elisabetta avrebbe potuto incontrare Iddio dovunque: in cappella, davanti al Santissimo Sacramento, come pure durante il suo lavoro, in giardino, ecc.[21]. Mostrandosi serena, calma e forte, diceva: «Comme Dieu est là! Comme il est présent! Comme il m'enveloppe!» (*Elpa*, 45).

L 90). A sua sorella scrisse: «Si vous saviez comme je suis heureuse, mon horizon grandit chaque jour» (L 89), e alle *tantes Rolland*: «Si vous pouviez lire dans mon âme et voir tout le bonheur que Jésus y dépose [...]. Comme le bon Dieu est bon de m'avoir prise ici» (L 90). Cfr. L 91, 95, 97 oppure *Elpa*, 51: «Si vous saviez comme je suis heureuse! Que c'est beau le Carmel! C'est encore plus beau que je ne pensais» (parole di Elisabetta rivolte alla signora Demoulin).

[18] Ella scrisse a sua madre: «Oh! dites-Lui chaque jour merci pour moi, ma part est trop belle et mon cœur se fond de reconnaissance et d'amour» (L 87). Cfr. L 89: «Oh! c'est bon d'avoir le bon Dieu là tout près, sous le même toit!...».

[19] «[...] vous [chanoine Angles] devinez les bonnes heures que j'y passe avec mon Bien-Aimé! Tous les dimanches nous avons le Saint-Sacrement à l'oratoire. Quand j'ouvre la porte, que je contemple le divin Prisonnier qui m'a faite prisonnière dans ce cher Carmel, il me semble que c'est un peu la port du Ciel qui s'ouvre!» (L 91). Nei primi mesi del postulandato (dal 2 agosto fino all'8 dicembre) Elisabetta ebbe una forte esperienza della presenza di Dio; tra le lacrime confessò alla madre Germaine de Jésus: «Je ne puis plus porter ce poids de grâces» (*Elpa*, 52; cfr. *Souvenirs*, 91). Sul tempo della consolazione nei primi mesi vissuti nel Carmelo, vedi pure *Souvenirs*, 83.88.

[20] Elisabetta, rapportando tutto a Dio, riconosceva nei diversi fatti della sua vita quotidiana l'operato divino: per es. nella guarigione dalla malattia (cfr. L 88) oppure nell'elezione della Priora (cfr. L 97).

[21] «Oh, vois-tu, tout est délicieux au Carmel, on trouve le bon Dieu à la lessive comme à l'oraison. Il n'y a que Lui partout. On le vit, on le respire» (L 89; cfr. L 91). Grazie a tale esperienza, Elisabetta seppe porgere alla sorella consigli sul come poter stare vicini a Dio, anche quando non si ha molto tempo *per fare tutte le preghiere* (vedi: L 93). Lei stessa, quando una volta dovette interrompere l'orazione, perché c'era bisogno del suo aiuto, lo fece con semplicità e disse: «Qu'importe, je trouve Notre Seigneur aussi bien à la lessive qu'à l'oraison» (*Elpa*, 64). Vale la pena comunque sottolineare che la giovane carmelitana pregava spesso nella sua cella davanti al Crocifisso (cfr. L 95), pregava Cristo anche per le necessità degli altri, afflitti da sofferenza fisica e morale (cfr. per es. L 96).

Elisabetta aveva la profonda consapevolezza che il fondamento della sequela di Cristo è la volontà di Dio, e che il punto centrale di riferimento per la vita interiore è ovviamente Gesù. Nel questionario che tradizionalmente ogni carmelitana compilava all'inizio della vita religiosa, Elisabetta rispose: «D. *Quel livre préférez-vous?* – R. *L'âme du Christ, elle me livre tous les secrets du Père qui est aux Cieux* [...] D. *Quel nom voudriez-vous avoir au Ciel?* – R. *Volonté de Dieu*» (NI 12)[22].

Nella vita religiosa, approfondendo sempre più la sua unione con Gesù, Elisabetta pian piano veniva a prendere coscienza che tutti i tesori, rinchiusi nell'anima di Cristo, avrebbero potuto appartenere anche a lei[23]. La giovane carmelitana ottenne anche la grazia di comprendere che il *possedere* Gesù è l'inizio del cielo già sulla terra, sebbene non si possa vedere ancora la gloria divina[24]. Per questo motivo, ella, immersa nel silenzio del Carmelo, si concentrava specialmente sull'amare Dio[25].

L'8 dicembre 1901, per Elisabetta giunse finalmente il felice momento della solenne cerimonia della sua vestizione[26]. L'evento fu vissuto dalla giovane carmelitana come vero e proprio fidanzamento con Gesù, e contemporaneamente anche come il compimento della chiamata divina, sentita da lei dall'età dell'adolescenza. Da questo momento della sua vita, Elisabetta cercò di affidarsi totalmente al Maestro e di allietare il Suo Cuore (cfr. L 99). Desiderava di poter ripetere sinceramente le parole di S. Paolo: «non sono io a vivere, ma lui vive in me» (cfr. Ga 2,20)[27]. Nella poesia, composta in tale occasione, la giovane scrisse:

---

[22] Vedi il questionario riempito da Elisabetta, in NI 12. Cfr. pure: *Elpa*, 47-49.

[23] «[...] je sens que tous les trésors renfermés dans l'âme du Christ sont à moi, aussi je me sens si riche [...]» (L 91).

[24] «D. *Avez-vous de grands désir du Ciel?* – R. *J'en ai parfois la nostalgie, mais, sauf la vision, je le possède au plus intime de mon âme*» (NI 12; cfr. L 104 scritto all'inizio del 1902). Nonostante avesse già la convinzione che Iddio non ha bisogno della Santissima Comunione per venire all'uomo, Elisabetta pose l'accento sull'incontro sacramentale con Gesù: «C'est si bon de penser qu'après la Communion, nous possédons tout le Ciel en notre âme sauf la vision» (L 87). Cfr. *Elpa*, 65-66.

[25] Cfr. L 97.

[26] «Annexe I. Renseignements divers sur Élisabeth et son Carmel. Chronologie» in *Œuvres*, 1069.

[27] Cfr. L 99. Questo motto divenne per Elisabetta la forma della sua abnegazione, l'impegno nella rinuncia a se stessa, per lasciare libero il cuore, affinché Gesù potesse vivere in lei. Una volta affermò: «Ne plus vivre pour que le Christ vive en [moi] était [ma] forme d'abnégation» (*Elpa*, 78).

Enfin me voilà fiancée.
J'ai revêtu l'humble livrée.
Enveloppée du blanc manteau,
Partout je suivrai mon Agneau.

Lui et moi sommes si heureux
Et nous voilà partis tous deux
Jusqu'à la Maison du Père,
Séjour de paix et de lumière.

Qu'il fait bon en la Trinité,
Tout est clarté et charité. [...]

Suivant partout l'Agneau mystique
Nous chanterons le doux cantique
Et contemplerons les clartés
De l'immuable Trinité[28].

Elisabetta conosceva sempre più la persona di Gesù Cristo come la via che conduce al Padre. Comprendeva che unendosi con Lui, *Agneau mystique*, in modo mistico avrebbe aderito alla vita di tutta la Santissima Trinità. La giovane era convinta che avrebbe potuto contemplare presto il mistero della Comunità delle Tre Persone Divine; dopo la sua vestizione, infatti, confidò a suor Marie de la Trinité: «Je sens que je mourrai jeune. L'action de Dieu est si forte qu'elle m'use. Je crois bientôt que le Ciel viendra bientôt: j'en ai si soif! Je ne puis plus porter ce poids de grâces» (*Elpa*, 56)[29].

---

[28] P 74. La sua sempre più profonda consapevolezza che Gesù mostra il Padre e conduce al seno della Santissima Trinità, è evidente anche nella poesia P 75: «[*C'est pour moi qu'Il est venu*] *Noël 1901*». In essa leggiamo: «Il [l'Enfant Jésus] vient révéler le mystère, / Livrer tour les secrets du Père, / Mener de clartés en clartés / Jusqu'au sein de la Trinité». Davanti agli occhi di Elisabetta vi era lo Sposo Divino che voleva rivelarle i misteri di Dio (cfr. pure NI 12, L 101, 102). Nel componimento poetico P 75, la giovane espresse un altro pensiero molto interessante: nutrendosi di Gesù Eucaristico, desiderava ricambiarLo, diventando per Gesù nutrimento, un'«Ostia» come Lui. Il paragone, molto ardito, proveniva dal suo grande amore per il Signore: «Elle [Elisabeth] a faim de manger son Maître, / Surtout d'être mangée de Lui, / De bien Lui livrer tout son être / Afin qu'en elle tout soit pris. / Oh, que je sois ton envahie, / Celle qui ne vit que de toi, / Ta chose, ta vivante hostie / Consommée par toi sur la Croix / Ai-je bien rempli mon office, / O mon Christ, t'ai-je bien nourri?» (P 75). Cfr. L 190.

[29] La giovane carmelitana desiderava fortemente il Cielo. Molte volte ripeteva: «Je voudrais voir mes liens se rompre pour être avec le Christ» (*Elpa*, 127). Dio, che l'aveva arricchita delle sue grazie, volle condurla oltre sulla via della santità. Per

CAP. IV: L'ESISTENZA: NOTTE PASSIVA E ILLUMINATA

In quel momento, si compì il primo periodo della vita di Elisabetta in monastero, la fase delle delizie e delle consolazioni[30], ed iniziò il tempo della purificazione passiva, nel vero senso della parola[31]. La giovane carmelitana non lasciò intendere ad alcuno le sofferenze che viveva nel suo intimo; non parlò a nessuno delle sue inquietudini, delle pene dello spirito, degli strani fantasmi che le si presentavano nell'immaginaione[32] e del tormento procurato in lei dagli scrupoli, causati fra l'altro dalla volontà di essere in tutto perfetta[33]. Elisabetta soffriva per la mancanza di luce spirituale e per la sua troppa sensibilità[34]. Tutte queste prove erano la via da percorrere per entrare in una sempre più profonda unione con Gesù Cristo[35].

In questa situazione, in cui si venne a trovare la sua anima, la carmelitana non smise mai di pregare; in occasione delle domeniche e dei giorni di festa, ella passava intere giornate davanti al Santissimo Sacramento. Una volta confessò alla Madre Germaine de Jésus: «Si elles savaient mon état d'âme et combien je souffrais; je souffrais jusqu'à la tentation de fuir». Allora la Madre le chiese per quale motivo continuasse a stare là, davanti al Santissimo Sacramento, ed Elisabetta rispose: «Je ne pouvais pas m'en aller. Il était là» (*Elpa*, 68)[36].

In certi giorni particolarmente penosi, Elisabetta confessò (sempre alla madre Germaine): «Pour vous faire connaître mon état d'âme, c'est comme s'il n'y avait pas de Dieu pour moi»; «Il ne veut pas que j'aie une pensée en dehors de Lui. Et cependant, Il est si caché, que c'est de

---

questo era necessario aumentare la capacità della sua anima (che già veniva meno «sous le poids de sa grâce»), attraverso l'opera dello Spirito Santo che voleva scavare in essa nuove profondità, facendola passare attraverso la sofferenza (*Souvenirs*, 93).

[30] Elisabetta della Trinità aveva fino a quel momento gustato la gioia del Tabor, ma fu chiamata a seguire il Salvatore nelle angosce dell'agonia e tra i dolori del Calvario. Cfr. *Souvenirs*, 93.

[31] Nel Capitolo Primo, percorrendo l'itinerario spirituale della giovane, sono state riportate diverse opinioni a proposito dell'inizio della notte spirituale nella sua vita (prima o dopo la sua vestizione, avvenuta l'8 dicembre 1901). In questo lavoro adottiamo la ripartizione considerata in *Souvenirs* (pagine 93 e 95).

[32] *Souvenirs*, 95.

[33] La prima volta, gli scrupoli, Elisabetta li ebbe quando era bambina (dopo la prima Comunione; vedi: *Souvenirs*, 10).

[34] Cfr. *Œuvres*, 347.

[35] «Elisabetta sapeva restare nell'oscurità della fede. Riferendosi alle tenebre divine nelle quali Dio si nasconde, applicava a se stessa le parole della Scrittura: "Nescivi – je n'ai plus su"» (*Elpa*, 67).

[36] Cfr. *Souvenirs*, 132.

l'héroïsme qu'Il me demande» (*Elpa*, 69). Tale esperienza, sicuramente molto dura, doveva preparare Elisabetta a un'unione con Gesù Cristo, ancora più intima e profonda.

4. «Je suis partie dans l'âme de mon Christ [...]» (L 107)

Il cuore di Elisabetta si arricchiva sempre più spiritualmente, e il suo desiderio di condividere questa ricchezza fece delle sue lettere veri e propri consigli spirituali, incoraggiamenti e meditazioni sulla persona di Cristo (vedi per es.: L 100, 103, 107). La carmelitana voleva *condividere* Gesù con i propri amici.

L'esperienza della vita carmelitana aiutò la giovane ad ampliare i propri orizzonti spirituali: ella poteva guardare la realtà in maniera più ampia e intravedere in essa il riflesso dell'infinità di Dio. Il monastero divenne per lei come «un Ciel anticipé» (L 109)[37]. Vivendo l'eternità già da questa terra, Elisabetta intercedeva per gli altri e offriva al Maestro le sue *tenerezze*, le sue *riconoscenze* e, prima di tutto, i suoi voti (L 103).

Iniziò l'anno 1902. La giovane carmelitana, rendendosi conto dell'immenso amore di Gesù per lei (dandole, per esempio, la possibilità di vivere nel Carmelo), avrebbe voluto contraccambiarlo con il suo amore per non essere in debito verso Gesù, e per questo domandava a se stessa: «Mon Bien-Aimé, quand sera-ce mon tour?» (P 76). Ella bramava morire di amore e si chiedeva quando avrebbe potuto realizzarsi questo suo desiderio[38].

Dopo la sua vestizione, Elisabetta si sentiva *fidanzata* con Cristo e desiderava, attraverso la futura professione, diventare Sua *sposa* (la cerimonia della professione solenne si svolse l'11 gennaio 1903)[39].

In quel periodo della sua vita, l'*anelito* di «être épouse du Christ»[40] segnò, oppure addirittura costituì, la spiritualità della giovane. *Essere sposa* di Cristo significava per lei essere donata, come Gesù si è donato e continuamente si dona, e immolata *come Lui, da Lui e per Lui*. Essere sposa di Cristo significava anche amare sempre adorando e riparando;

---

[37] Cfr. L 111, 137, 139, 142, 181. Nella lettera L 123 la giovane affermò che se Dio è in noi, «notre vie est un Ciel anticipé». Cfr. le altre sue parole citate in *Elpa*, 50: «Le Carmel, c'est le Ciel».

[38] «Quand viendras-tu prendre ton affamée?» (P 76).

[39] Cfr. L 143 che Elisabetta scrisse a sua madre: «Cet Agneau [...], c'est Celui-là auquel ton Élisabeth est fiancée et dont il lui tarde tant de devenir épouse. [...]».

[40] Vedi: NI 13.

CAP. IV: L'ESISTENZA: NOTTE PASSIVA E ILLUMINATA 191

riposarsi completamente in Lui e permetterGli di riposare completamente nella propria anima; diventare «toute sienne» e quindi avere tutti i diritti sul Suo Cuore (cfr. NI 13). Elisabetta scrisse:

«Être épouse», c'est avoir les yeux dans les siens, la pensée hantée par Lui, le cœur tout pris, tout envahi, comme hors de soi et passé en Lui, l'âme pleine de son âme, pleine de sa prière, tout l'être captivé et donné...

C'est, en le fixant toujours du regard, surprendre le moindre signe et le moindre désir; c'est entrer en toutes ses joies, partager toutes ses tristesses. C'est être féconde, corédemptrice, enfanter les âmes à la grâce, multiplier les adoptés du Père, les rachetés du Christ, les cohéritiers de sa gloire.

«Être épouse», épouse du Carmel, c'est avoir le cœur brûlé d'Élie, le cœur transpercé de Thérèse [...].

Enfin être prise pour épouse, épouse mystique, c'est avoir ravi son Cœur au point qu'oubliant toute distance, le Verbe s'épanche dans l'âme comme au sein du Père avec la même extase d'infini amour! C'est le Père, le Verbe et l'Esprit envahissant l'âme, la déifiant, la consommant en l'Un par l'amour. C'est le mariage, l'état fixe, parce que c'est l'union indissoluble des volontés et des cœurs[41].

Questa era la spiritualità di Elisabetta. Ella sapeva che non era solo lei a bramare di essere sposa di Cristo, ma lo voleva lo Spirito Santo stesso, e questa volontà richiedeva una risposta di adesione, che Elisabetta era pronta a dare amando. Le parole scritte a sua mamma sono una testimonianza di questo suo intenso amore per Gesù: «Il est beau, mon Fiancé, maman, je l'aime passionnément et en l'aimant je me transforme en Lui» (L 130; cfr. pure *Elpa*, 59)[42]. La giovane voleva essere identificata con Colui che amava[43], deificata da Lui, cioè purificata e verginizzata[44]. Come Santa Teresa di Gesù, ella bramava di morire come «Victime de l'Amour» (P 85; cfr. L 169, n. 4).

---

[41] NI 13. Vedi e confronta pure la poesia P 83 [*La carmélite*] scritta «pour» il 29 luglio 1902, ed inoltre L 131, 133.
[42] Sempre in L 130 Elisabetta scrisse: «Puis c'est si bon, Il est toujours avec moi, Il me consomme en l'Un avec Lui, nous nous aimons tant!». In un'altra lettera affermò: «[...] je voudrais être toute silencieuse, tout adorante afin de pénétrer toujours plus en Lui et d'en être si pleine que je puisse le donner par la prière à ces pauvres âmes ignorantes du don de Dieu» (L 131).
[43] «Une carmélite [...] est identifiée avec Celui qu'elle aime» (L 133).
[44] Cfr. P 85: «Ah, restons [...] toutes silencieuses, / Fixant l'Immuable Beauté! / De notre Christ le regard clarifie / En imprimant la pureté de Dieu. / Sœur, demeurons, pour qu'Il nous déifie, *L'âme en son âme et les yeux dans ses yeux.* / [...]

Elisabetta si accorse che la presenza di Cristo in lei era come uno *spazio spirituale*, in cui ella avrebbe potuto *nascondersi*. Questa scoperta, che subito divenne nella sua vita una realtà, fu espressa distintamente dalla giovane con le parole seguenti: «Je suis partie dans l'âme de mon Christ […]» (L 107)[45]. Per questo motivo, la carmelitana da quel momento visse più intensamente come *prigioniera di Cristo*, di Colui che, essendo Dio, si è fatto *prigioniero* per gli uomini[46].

Dopo *essere passata nell'anima di Cristo*, Elisabetta sentì che dentro di lei cresceva fortemente l'amore; comprese che esso veniva divinizzato direttamente da Gesù[47], con cui ella si univa intimamente, trovandoLo nel suo cuore[48]. La giovane carmelitana sperimentava *au-dedans* una mirabile azione divina: la sua preghiera veniva fortificata dalla *preghiera divina* di Gesù presente in lei[49]. Anche il suo amore subì una sostanziale trasformazione: quello debole e umano, esistente in lei, venne sostituito dall'amore del Salvatore[50]. Elisabetta giunse al punto in cui comprese che Gesù, dimorante in lei, agiva nella sua anima *dal didentro*[51]. Nella poesia *Nouvelle résurrection* (P 77), composta in

---

Regardons-Le pour nous virginiser. / […] notre Agneau veut nous purifier». Elisabetta stimava la purezza del cuore e la custodiva con vigilanza. Un giorno disse a suor Marie de la Trinité: «Demandez que je sois vierge de tout ce qui n'est pas Lui pour l'aimer d'une passion toujours croissante» (*Elpa*, 83).

[45] Cfr. la lettera L 164, scritta più tardi: «Nous entrons en retraite de l'Ascension à la Pentecôte, je la ferai avec vous dans l'âme du Maître».

[46] Cfr. L 108, 109 («Il est prisonnier pour moi, et je suis prisonnière pour Lui»), 116, 137, 209 (indirizzata a sua madre: «[…] rappelle-toi le temps où nous venions nous agenouiller ensemble devant le pauvre Tabernacle, pense que je suis prisonnière du divin Prisonnier […]»); P 57, 72. Vedi anche: L 91 («[…] je contemple le divin Prisonnier qui m'a faite prisonnière dans ce cher Carmel»), 97.

[47] L 109.

[48] Cfr. L 123: «Je ne suis jamais seule: mon Christ est là [en mon âme] toujours priant en moi et je prie avec Lui».

[49] «[…] il me semble que ma prière est toute-puissante, car ce n'est pas moi qui prie, mais mon Christ *qui est en moi*!» (L 105). Scrisse anche: «Puisque le divin Tout-Petit demeure en mon âme, j'ai toute sa prière et j'aime la faire descendre sur ceux envers lesquels mon cœur reste toujours profondément reconnaissant» (L 190). Cfr. pure L 241.

[50] Cfr. L 141: «Oh, maman, Celui auquel tu m'as donnée est Amour et Charité et Il m'apprend à aimer comme Lui, Il me donne son amour pour t'aimer!».

[51] «Il [Jésus qui demeure en nous] est toujours vivant, toujours à l'œuvre en notre âme; laissons-nous bâtir par Lui et qu'Il soit l'Âme de notre âme, la Vie de notre vie, pour que nous puissions dire avec saint Paul: "Vivre, pour moi, c'est Jésus-Christ"» (L 145; cfr. Fil 1,21). Ed è per questo motivo che Elisabetta chiedeva a Gesù: «O mon

occasione della Pasqua del 1902, scrisse con gioia: «Je puis chanter toujours: / Il [Jésus] aime en moi» (P 77)[52]. Sperimentando nella sua anima una grande forza proveniente dalla presenza di Gesù, la carmelitana constatò che tutti gli uomini sono convocati ad essere «de vivantes hosties / Rayonnant le Seigneur»[53].

L'anima di Cristo, nella quale Elisabetta *era passata* a vivere una nuova realtà spirituale, fu la chiave che aprì alla giovane la porta attraverso la quale poté entrare, in maniera finora sconosciuta, nel mistero delle straordinarie relazioni tra le Tre Persone Divine, e quindi nel mistero della sua relazione con tutta la Santissima Trinità.

5. «Au sein des Trois [...]» (P 80)

Nel contempo, davanti a Elisabetta si evidenziò la verità che «au plus profond de nos âmes» (cfr. L 114), con Gesù, è presente tutta la Santissima Trinità[54]. In risposta a questa grazia, ella desiderò essere tutta colmata, riempita, invasa dalle Tre Persone Divine[55]. Elisabetta vedeva in modo sempre più chiaro che la vita divina, presente in lei, era il cielo già vissuto sulla terra[56]. Alla signora de Sourdon, scrisse: «Il me semble que j'ai trouvé mon Ciel sur la terre puisque le Ciel, c'est Dieu, et Dieu, c'est mon âme» (L 122)[57].

Seigneur, donne à mon âme / Donne-lui l'amour et la foi. / Esprit Saint, augmente ma flamme / Pour m'unir à mon divin Roi. / Jésus, Splendeur du Père / Jésus, regarde-moi, C'est en toi que j'espère, / Et pour aller à toi / Prépare-moi» (P 86).

[52] Cfr. L 135: «[...] que je vous enveloppe de ma prière, ou plutôt de celle de mon Christ qui vit en moi».

[53] P 77; cfr. P 88; anche Elisabetta voleva essere l'ostia di Gesù: cfr. L 190. Inoltre, essendo convinta che Gesù è la via che porta alla conoscenza del Padre, si rivolse a Lui con le parole seguenti: «[...] parle-moi du Père» (P 77).

[54] Elisabetta si sentiva conquistata dalla Santissima Trinità; la sentiva presente dentro di sé e soleva dire spesso: «Il me semble qu'Il est là! [Elle faisait le geste de Le tenir dans ses bras et de Le presser sur son cœur]» (*Elpa*, 32).

[55] Cfr. L 107, indirizzata a Mère Marie de Jésus l'11 febbraio 1902 (forse qualche giorno prima): «Oh! Ma bonne Mère, priez un peu pour que la petite "maison de Dieu" [Élisabeth] soit toute pleine, tout envahie par les Trois!».

[56] Cfr. L 111: «Vous connaissez ma nostalgie du Ciel, elle ne diminue pas, mais déjà je vis ce Ciel puisque je le porte en moi [...]».

[57] In seguito, Elisabetta a questa affermazione aggiunse: «Le jour où j'ai compris cela, tout s'est illuminé en moi et je voudrais dire ce secret tout bas à ceux que j'aime afin qu'eux aussi, à travers tout, adhèrent toujours à Dieu, et que se réalise cette prière du Christ: "Père, qu'ils soient consommés en l'Un!"» (L 122).

Durante la Solennità della Santissima Trinità, la giovane carmelitana sperimentò in modo nuovo, più profondo, il mistero della sua vocazione, cioè l'inabitazione della Santissima Trinità nella sua anima. Ella si rese conto che questo era dono dello Spirito Santo, che rafforzava la sua adesione a Cristo, a Colui che conduce l'anima al Padre[58]. Conoscendo che il Padre contempla nelle anime il suo Verbo adorato, Elisabetta desiderò di essere *Lui* e di «andare al Padre» nel movimento dell'anima divina di Gesù (cfr. L 121)[59]. Ed è proprio per questo che ella ripeteva spesso: «Je veux, comme Notre Seigneur, pouvoir dire: je fais tout ce qui plaît à mon Père... Ma nourriture est de faire sa volonté» (*Elpa*, 86).

Il suo *dimorare* nell'anima di Gesù e, attraverso essa, in Dio, conduceva la carmelitana a riconoscere in ogni situazione della vita Colui che amava (nei sacrifici, nelle immolazioni, ecc.)[60]. Ella era sicura che, con Gesù, tutta la realtà divina le apparteneva[61], perché Gesù le avrebbe svelato ogni mistero[62] e le avrebbe offerto i suoi tesori[63]. In Elisabetta cresceva contemporaneamente il desiderio di essere apostola di Cristo[64], ella infatti scriveva: «[...] la carmélite doit être apostolique: toutes ses prières, tous ses sacrifices tendent à cela!» (L 136).

---

[58] Cfr. L 113. In questo tempo (per il 15 giugno 1902), Elisabetta creò il componimento poetico P 80 sul mistero della Santissima Trinità [*Au sein des Trois*], in cui scrisse, fra l'altro: «Au sein des Trois, baignés en la lumière, / Sous les clartés de la Face de Dieu / Nous pénétrons le secret du Mystère / Et chaque jour paraît plus radieux! / [...] Tous réunis sous la même Lumière / O Déité, en toi nous nous perdons». L'eccezionale attrattiva di questo mistero portò Elisabetta a celebrare la festa della Santissima Trinità ogni domenica dell'anno (*Souvenirs*, 138).

[59] Cfr. P 88 («[...], en moi j'ai la prière / De Jésus-Christ, le divin adorant. / Elle m'emporte aux âmes et au Père, / Puisque c'est là son double mouvement»). Elisabetta era consapevole che unendosi con Gesù-Sposo sarebbe entrata, nello stesso tempo, in una relazione insolita con la Santissima Trinità. Il 2 agosto 1902, con una lettera, chiedeva al canonico Angles: «[...] mettez-moi dans le calice, afin que mon âme soit toute baignée dans ce Sang de mon Christ dont j'ai si soif! Afin d'être toute pure, toute transparente pour que la Trinité puisse se refléter en moi comme en un cristal» (L 131). Un giorno dopo la confessione, un testimone la sentì dire: «Je me vois comme toute rougie du Sang de Notre Seigneur» (*Elpa*, 111).

[60] Cfr. L 136; cfr. pure L 139: «Je fais tout avec Lui, aussi je vais à tout avec une joie divine; que je balaye, que je travaille ou que je sois à l'oraison, je trouve tout bon et délicieux, puisque c'est mon Maître que je vois partout!».

[61] Vedi L 143: «[...], tout ce monde divin est à moi».

[62] Cfr. L 145, 165; P 88 ([*Il en est un qui sait tout le mystère*] Noël 1903).

[63] Cfr. L 170.

[64] «Je veux être apôtre [...], je veux travailler pour la gloire de Dieu et pour cela il

CAP. IV: L'ESISTENZA: NOTTE PASSIVA E ILLUMINATA

La fine del 1902 e l'inizio del 1903 fu, nella vita di Elisabetta, il tempo dei preparativi definitivi per la sua professione solenne. La giovane carmelitana, con una gioia profonda, affermava che nel giorno dell'Epifania avrebbe pronunziato i voti che l'avrebbero unita a Gesù per sempre, e che Gesù l'avrebbe resa *Sua regina*[65]. Questo evento, che era prossimo a realizzarsi, rappresentava per Elisabetta la consumazione dell'unione, tanto da lei agognata, nell'infinita carità del suo Sposo (cfr. L 150); ella comprese che attraverso questi voti sarebbe diventata «épouse du Christ» in senso pieno (cfr. L 151).

Elisabetta sperimentava e riconosceva la propria impotenza, ma era convinta che Gesù in lei, l'avrebbe preparata alla professione. Tramite i voti solenni, voleva consolarLo e farGli «tout oublier» (L 149)[66]. La giovane carmelitana bramava rimanere nel silenzio fino alla morte, adorando il suo Sposo in un *cœur à cœur* con Lui (cfr. L 149)[67].

Durante i dieci giorni di ritiro spirituale nella solitudine e nel silenzio, prima della professione, Elisabetta era serena, tranquilla, ricolma di pace: si sentiva avvolta nella carità del Cristo ed era convinta che Dio le stava preparando qualcosa di grande (cfr. L 150, 151). Invece, durante il ritiro che precedeva immediatamente i voti, tutto cambiò: la giovane sperimentò una recrudescenza di quelle intime torture, che già in precedenza aveva sofferto. La vigilia del giorno della professione, la novizia era al colmo dell'angoscia[68]. Provvidenzialmente, in quel mo-

---

faut que je sois toute pleine de Lui; alors j'aurai toute-puissance: un regard, un désir deviennent une prière irrésistible qui peut tout obtenir, puisque c'est pour ainsi dire Dieu que l'on offre Dieu» (L 124).

[65] Cfr. L 149, 151.

[66] Cfr. L 150. Le prove interiori sofferte durante il noviziato fecero progredire molto Elisabetta nell'umiltà. A suor Marie de la Trinité disse: «C'est le double courant entre Celui qui est et celle qui n'est pas» (*Elpa*, 100). Cfr. *Souvenirs*, 97

[67] Sebbene Elisabetta camminasse nella notte della fede, lo Spirito Santo la faceva entrare nella sempre più perfetta pace interiore, nel silenzio e nell'adorazione (cfr. *Souvenirs*, 97-98). Esternamente la giovane non mostrava scompensi dell'immaginazione e della sua affettività, sicché nessuno di quanti si avvicinavano a lei poteva supporre le sue intime sofferenze. In questo periodo (del noviziato) la fede e la volontà si fortificarono, col favore delle tenebre che le avvolgevano, e la preghiera si semplificò sempre più. Tutto ciò veniva accolto da Elisabetta sempre con l'atteggiamento di un bambino e con molta umiltà (cfr. *Souvenirs*, 96-104, dove si trova ancora più precisa la descrizione della notte che Elisabetta visse nel periodo fra la vestizione *l'8 dicembre 1901* e la professione *l'11 gennaio 1903*).

[68] *Souvenirs*, 104; cfr. L 152 oppure *Elpa*, 57: «Je viens de voir Notre Mère qui m'a avoué son inquiétude de me voir prononcer mes vœux dans un pareil état d'âme.

mento di dura prova, l'aiuto e il conforto di p. Edmond Vergne[69], furono per Elisabetta un incoraggiamento e un invito a proseguire con decisione il cammino già intrapreso.

Durante la notte che precedette la sua professione, Elisabetta ricevette la grazia della comprensione che già qui sulla terra si deve iniziare a vivere la realtà della beatitudine celeste. Più tardi, la carmelitana descrisse quella notte nel modo seguente: «En la nuit qui précéda le grand jour, tandis que j'étais au chœur dans l'attente de l'Époux, j'ai compris que mon Ciel commençait sur la terre, le Ciel dans la foi, avec la souffrance et l'immolation pour Celui que j'aime!...» (L 169)[70].

Nei brevi istanti che precedettero la professione, la pace ritornò nel suo cuore e, dopo aver visto i suoi parenti, Elisabetta disse: «Oh! Le bon Dieu fera de moi tout ce qu'Il voudra! Je ne lui refuserai rien» (*Elpa*, 58).

6. «Enfin Il est tout à moi, et je suis tout à Lui» (L 156)

Dopo la cerimonia della professione, che ebbe luogo il giorno dell'Epifania (l'11 gennaio 1903)[71], Elisabetta, alla radice del suo essere, sentì pienamente inserita nella relazione sponsale con Gesù. Questo era l'evento che in un certo qual modo concludeva l'esperienza fino a quel momento vissuta dalla giovane, e apriva una nuova tappa del suo cammino verso la piena unificazione con Iddio[72]. Gesù divenne per Elisabetta «mon Époux» per sempre[73].

Priez pour votre pauvre petite qui est au comble de l'angoisse» (parole dette con molta umiltà e rivolte a suor Marie de la Trinité).

[69] *Œuvres*, 347; cfr. *Souvenirs*, 104.

[70] Da quel momento Elisabetta visse sempre questa verità del cielo *iniziato* sulla terra e numerose volte menzionò questa esperienza di vita. Cfr. L 182: «[...] je commence déjà mon Ciel sur la terre, mais parfois j'aimerais voir de l'autre côté pour le voir, Lui... pour l'aimer et me perdre en son Infini».

[71] La sua velazione, invece, ebbe luogo il 21 gennaio 1903 («Annexe I. Renseignements divers sur Élisabeth et son Carmel. Chronologie» in *Œuvres*, 1069).

[72] Cfr. Sicari, 139. Cfr. L 169: «L'Église m'a fait entendre le "Vieni sponsa Christi", elle m'a consacrée, et maintenant tout est "consommé", ou plutôt tout commence, car la profession n'est qu'une aurore, et chaque jour ma "vie d'épouse" m'apparaît plus belle, plus lumineuse, plus enveloppée de paix et d'amour».

[73] Cfr. L 153, 154. Elisabetta scrisse: «[...] la profession, c'est un jour sans déclin, il me semble que c'est déjà comme le commencement du jour qui ne finit plus» (L 154).

CAP. IV: L'ESISTENZA: NOTTE PASSIVA E ILLUMINATA 197

Da quel momento, la carmelitana desiderò amare Gesù sempre più intensamente, ardendo di zelo per il Suo onore come una vera sposa. Desiderava farLo felice, renderLo contento, preparandoGli una dimora e un rifugio nella sua anima, per farGli dimenticare, con la forza dell'amore, tutte le ingiurie e il male compiuti dagli uomini. Elisabetta aveva sete di rendere a Gesù *amore per amore*, di rimanere nel silenzio adorandoLo e contemplando il Suo Volto radioso (cfr. L 158)[74]. La sua vita divenne un'offerta di amore al sua Sposo, nei grandi come nei piccoli sacrifici[75].

Scelta da Gesù come Sua sposa, Elisabetta sentiva che Egli le dava diritti speciali sul Suo Cuore. Tale convinzione è espressa per esempio nella lettera scritta alla signora Bobet, dove la carmelitana assicurò la destinataria della sua ardente preghiera per la sua figlioletta malata: «j'use [...] de toute ma puissance sur le Cœur de mon divin Époux [...]» (L 155)[76].

In questo periodo di crescita spirituale, Elisabetta chiamò Gesù «foyer d'amour» (L 159). L'unica cosa importante per lei era *portare* il suo Sposo nel cuore, tutto il resto le sembrava non essere degno d'attenzione[77]. Elisabetta sentiva dentro sé una *solitudine*, nella quale dimorava Gesù, che nessuno avrebbe potuto strappare da lei[78]. Accanto a questa esperienza, cresceva contemporaneamente il desiderio di vivere solo d'amore[79].

---

[74] Cfr. P 88.
[75] Cfr. L 156, P 88. Elisabetta, fissando il suo sguardo sul Crocifisso, attingeva la forza di vivere le sofferenze. Ella desiderava identificarsi con tutti i movimenti dell'anima di Cristo (cfr. L 156, 179). Nella poesia P 87 [*Je suis la plus petite épouse*], dedicata a suor Marie de l'Incarnation, in occasione del suo giubileo, Elisabetta scrisse: «Je voudrais bien, je l'ose dire, / Vers l'Époux bientôt m'envoler. / [...] Mais je me sens toute petite / O ma Sœur, daigne m'enseigner / Ce qu'est une vraie carmélite / [...] Comment on s'immole en silence / En rayonnant sa Charité. / Dis-moi comment, dans la souffrance, / On regarde au Crucifié [...]».
[76] Cfr. L 173, 197 bis. Elisabetta viveva con confidenza il suo rapporto sponsale con Gesù; ecco come ella concluse una lettera indirizzata a sua madre e scritta nel settembre del 1903: «Je confie un baiser à mon Christ pour qu'Il aille te le porter de la part de son épouse, ta petite aimée» (L 178; cfr. L 192, 216).
[77] «[...] mon Unique Trésor je le porte "en moi", et tout le reste, c'est ce qui n'est pas» (L 160). Gesù è pure nominato dalla giovane: «Hôte adoré» (L 161).
[78] Cfr. L 162; cfr. pure L 168: «[...] je me tais, je l'écoute... c'est si bon de tout entendre de Lui [...]».
[79] «[...] je voudrais tant ne plus vivre que d'amour» (L 160); «Je voudrais tant l'aimer [Époux], l'aimer comme ma séraphique Mère en mourir [...]» (L 169); «[...] que je ne vive plus que d'amour, "c'est ma vocation"» (L 172).

Riacquistata una profonda pace interiore[80] con la convinzione della presenza *interiore* di Gesù, Elisabetta si affidò completamente a Lui:

> Alors qu'importe l'occupation en laquelle Il me veut: puisqu'Il [Époux] est toujours avec moi, l'oraison, le cœur à cœur ne doit jamais finir! Je le sens si vivant en mon âme, je n'ai qu'à me recueillir pour le trouver au-dedans de moi, et c'est cela qui fait tout mon bonheur. Il a mis en mon cœur une soif d'infini et un si grand besoin d'aimer que Lui seul peut rassasier: alors je vais à Lui, [...], pour qu'Il comble, qu'Il envahisse tout, et qu'Il me prenne en ses bras[81].

Elisabetta sapeva che era Gesù che la rendeva pura e la trasformava nella Sua stessa immagine[82]. Il Maestro era tutto per lei[83], e la sua esistenza aveva un solo scopo: scomparire, perdersi, lasciarsi invadere dai Tre ed essere santa come Loro (cfr. L 172). Elisabetta comprese che era necessario rientrare in se stessa, per perdersi nella Comunità delle Tre Persone Divine[84], e conosceva la via per giungere alla meta: era

---

[80] Cfr. L 167: «Si vous saviez quelle paix, quel bonheur inonde mon âme...». Cfr. *Souvenirs*, 113. Al termine del primo ritiro, dopo la sua professione, ella disse: «Il [Dieu] me communique la vie éternelle»; e da allora ripeteva spesso: «Il faut le regarder [Maître] tout le temps [...], il faut faire du silence, c'est si simple», «Je vais me taire pour lui donner toute facilité de s'écouler» (*Souvenirs*, 132-133). Sebbene una volta disse anche: «Bien souvent, c'est la nuit profonde en toutes ces heures [...]; mais à l'oraison du soir, parfois il me dédommage, et plus encore le lendemain. Je recueille alors le fruit des actes et du silence de la veille [...]» (*Souvenirs*, 132).

[81] L 169.

[82] In una lettera al canonico Angles, Elisabetta scrisse: «Envoyez-lui [à Élisabeth] votre meilleure bénédiction; à la sainte Messe baignez-la dans le Sang de l'Époux: n'est-Il pas la pureté de l'épouse, et elle en a si soif!» (L 169). Cfr. L 172: «[...] je dirais même nous ne sommes que misère, mais Il le sait bien, Il aime tant nous pardonner, nous relever, puis nous emporter en Lui, en sa pureté, en sa sainteté infinies; c'est comme cela qu'Il nous purifiera par son contact continuel, par des attouchements divins. Il nous veut si pures, mais Lui-même sera notre pureté: il faut nous laisser transformer en une même image avec Lui». Cfr. NI 14. Vedi: R. MORETTI, «Trasformata in Gesù crocifisso», 416-432.

[83] «Le Carmel, c'est comme le Ciel, il faut se séparer de tout pour posséder Celui qui est Tout» (L 170). Cfr. L 172, 187.

[84] L 179: «[...] tout mon exercice est de rentrer au dedans, de me perdre en Ceux qui sont là!...». Leggendo gli scritti di San Giovanni della Croce, Elisabetta comprese la verità che tutti gli uomini sono chiamati ad essere *trasformati* nelle Tre Persone Divine, e desiderava che questo si realizzasse nella sua vita per diventare «épouse dans le sens mystique du mot» (vedi: L 185). La sempre più profonda conoscenza del significato del suo nome religioso, Élisabeth de la Trinité, la aiutò ad approfondire il vero senso della sua vocazione: «[...] je l'aime [mon nom] tant, il me dit toute ma

CAP. IV: L'ESISTENZA: NOTTE PASSIVA E ILLUMINATA

Gesù. Con Lui voleva perdersi in quella Trinità che un giorno sarebbe stata la sua visione nel cielo (cfr. L 158). Verso il 27 agosto 1903, la giovane scrisse al canonico Angles:

> Il est en moi, je suis en Lui, je n'ai qu'à l'aimer, qu'à me laisser aimer, et cela tout le temps, à travers toutes choses: s'éveiller dans l'Amour, se mouvoir dans l'Amour, s'endormir dans l'Amour, l'âme en son Âme, le cœur en son Cœur, les yeux en ses yeux, afin que par son contact Il me purifie, Il me délivre de ma misère. Si vous saviez comme j'en suis pleine [...][85].

Farsi «uno» con Gesù-Sposo, segnò profondamente non solo la sua relazione con la Santissima Trinità, ma anche le relazioni *umane*, che fino a quel momento avevano legato Elisabetta alla sua famiglia e agli amici[86]. Di questa sua esperienza relazionale sono testimonianza, per esempio, le parole indirizzate a Marie-Louise Ambry:

> [...] avec mon divin Époux, «nous sommes» souvent avec vous. [...] il me semble que je me suis encore rapprochée de vous, que je vous aime plus profondément: c'est que Celui qui m'a prise toute à Lui est tout Amour, et j'essaie de m'identifier à tous ses mouvements; c'est avec son Cœur que je vous aime, avec son Âme que je prie pour vous[87].

Elisabetta godeva di un sempre più profondo raccoglimento interiore, nel quale sperimentava il silenzio, la quiete e la contemplazione. Affermò per iscritto: «Oh! je comprends les silences, les recueillements des saints qui ne pouvaient plus sortir de leur contemplation» (L 185)[88]. La giovane era interiormente illuminata e guidata da Dio. Un giorno, ella disse alla madre Germaine de Jésus: «Ce qu'Il m'enseigne sans

---

vocation; en y pensant mon âme est emportée sous la grande vision du Mystère de mystères, en cette Trinité qui dès ici-bas est notre cloître, notre demeure, l'Infini en lequel nous pouvons nous mouvoir à travers tout» (L 185).

[85] L 177.

[86] Già dall'inizio della sua permanenza nel Carmelo, Elisabetta provò un amore sempre più intenso verso il suo prossimo. Cfr. *Souvenirs*, 145.

[87] L 175; cfr. pure L 176, 188 (lettere indirizzate a sua madre. In L 188 Elisabetta scrisse, fra le altre cose: «Il m'apprend à t'aimer comme Il a aimé [...]. Mais pour faire la volonté de son Père Il a quitté cette Mère qu'Il aimait infiniment. Moi aussi c'est pour cela que je t'ai laissée, mais je suis plus près de toi [...]. Je passerai ma journée près de Lui avec toi»); cfr. L 182. Elisabetta non dimenticava nessuno (cfr. L 178).

[88] Alla domanda di suor Agnès de Jésus Marie, che le chiedeva se durante l'orazione non fosse disturbata dalla molteplicità delle idee e dalle distrazioni, Elisabetta rispose: «Oh, ma sœur, j'ai très peu de pensées» (*Elpa*, 80).

paroles, au fond de l'âme, est ineffable; Il éclaire tout, Il répond à tout» (*Elpa*, 79)[89].

Lo Spirito Santo suscitava in Elisabetta anche il desiderio di partecipare all'opera di Gesù per la salvezza del mondo[90]. Un giorno, ella comprese improvvisamente che una delle pene che più affliggono il Cuore di Gesù è il peccato annidato nei cuori umani; di conseguenza, capì anche che per consolare il Salvatore, per riparare questi oltraggi, era necessario lasciarsi *envahir* da Dio e dalla Sua azione d'amore (*Souvenirs*, 133), e aiutarLo nel condurre le anime all'incontro con la misericordia divina.

7. «O mon Dieu, Trinité que j'adore» (NI 15)

La notte spirituale, che Elisabetta stava vivendo, serviva anche a rafforzarla nella fede. La carmelitana pensava al tempo passato, a tutto quello che aveva lasciato per Gesù, e condivise questi suoi pensieri con la mamma, in una lettera che le scrisse il 1° gennaio 1904[91]. Dal punto di vista umano, Elisabetta sentiva solo solitudine e vuoto[92], le rimaneva solamente la fede. In una lettera scrisse: «[...] je ne puis dire que mon cœur n'ait pas souffert; mais si mon regard reste toujours fixé sur Lui, mon Astre lumineux, oh alors tout le reste disparaît et je me perds en Lui comme la goutte d'eau en l'Océan. C'est tout calme, tout apaisé [...]» (L 190); e aggiunse con forza: «Il est mon Tout, mon unique Tout»[93], «[...] J'ai si faim de Lui, Il creuse des abîmes en mon âme, abîmes que Lui seul peut remplir et pour cela Il m'emmène en des silences profonds dont je voudrais ne plus sortir» (L 190). La giovane descrisse così l'unità che esisteva fra lei e Gesù: «[...] je suis la prisonnière du divin Prisonnier, nous sommes captifs l'un de l'autre!» (L 198).

---

[89] Cfr. le parole simili in *Souvenirs*, 131.

[90] P 88: «Être Sauver avec mon Maître, / C'est encore ma mission». Vedi la poesia P 88, che è in un certo qual modo un compendio delle varie espressioni di amore, che Elisabetta sperimentò nel suo rapporto con Gesù, e che si esplicitavano nel suo desiderio di ascoltarLo, di irradiare il Suo amore, di rimanere sempre in unione con Lui, di adorarLo, di essere la Sua prigioniera e la preda del Suo amore. Ella ritrovava la sua identità nel proclamare il suo amore per Gesù: «Amo Christum», e in questa semplice professione, ripetuta numerose volte nella poesia (P 88), veniva svelato il cuore della carmelitana.

[91] Vedi: L 189.

[92] Cfr. L 190.

[93] L 190; cfr. L 198.

Con il passare del tempo, la spiritualità di Elisabetta si aprì fortemente alla dimensione ecclesiale e trinitaria. Attraverso la conoscenza della teologia paolina, la giovane carmelitana intese la Chiesa come un solo corpo, cioè il Corpo di Cristo. Nel grande organismo della Chiesa, ella desiderava sacrificarsi per conquistare anime e, poiché con abbondanza sperimentava in sé la forza della vita divina, volle comunicarla e diffonderla[94]. Elisabetta bramava diventare per Dio «la louange de sa gloire»[95] e, tramite Gesù Cristo, essere «ensevelie en la Sainte Trinité» (L 191). Un altro desiderio, che ardeva nel cuore di Elisabetta, era che tutta la terra fosse rinnovata in Cristo[96].

Ponendosi senza condizioni alla sequela di Cristo, Elisabetta vedeva la sua vita, sia presente che futura, in modo più profondo. Già in precedenza comprese che esisteva una certa continuità fra la vita terrena e quella nella patria eterna: la nostra storia nel tempo, grazie alla fede e al dono che Dio fa di Se stesso, può essere per tutti già una vita nel cielo[97]. La Patria Celeste, tanto bramata dalla giovane, nelle sue lettere diventò il luogo dell'appuntamento nel quale tutti si possono radunare a «chanter le Sanctus et le cantique de l'Amour à la suite de l'Agneau»[98].

Lo Spirito Santo conduceva Elisabetta ad entrare nelle regioni del distacco dal mondo, regioni in cui regna la pace, il profondo desiderio dell'Infinito e della vita eterna[99]. Consapevole della sua debolezza, la carmelitana scrisse:

[les âmes] c'est jusqu'à l'Infini de Dieu qu'elles pénètrent, et là, dans ce silence et ce calme où Il est Lui-même [...]. Le Ciel, il viendra un jour et nous verrons Dieu en sa lumière. Oh! La première rencontre! Elle fait tres-

---

[94] Cfr. L 191.

[95] L 191; cfr. Ef 1,12. In questa lettera, per la prima volta negli scritti di Elisabetta, è riportata questa formula paolina (cfr. L 191, n. 11), che ritroveremo successivamente in L 220 (5 gennaio 1905) e L 231, dove Elisabetta espresse il desiderio di essere la *lode di gloria di Dio*, e pure in L 232, dove la carmelitana manifestò il suo desiderio di essere *la lode di gloria di Cristo*; vedi anche P 94.

[96] Vedi la poesia P 89 [*Tout restaurer dans le Christ*].

[97] Vedi per es. P 89: «"L'héritage des saints" est devenu tout nôtre, / Et nous sommes déjà de "la Cité du Ciel"» (cfr. Col 1,12; Ef 2,19).

[98] Cfr. L 192, 193 (cfr. Ap 4,8; 14,3-4), 194 (alla signora Angles, Elisabetta scrisse: «Oui, chère Madame, commençons notre Ciel sur la terre, notre Ciel dans l'amour. Lui-même est cet amour [...]. Ce sera là notre Rendez-vous, n'est-ce pas?»); cfr. pure L 198: «[...] je pense que Dieu est bien bon de m'avoir prise toute pour Lui, et mise à part sur la montagne du Carmel. C'est l'hymne d'action de grâce qui se chante en mon âme en attendant d'aller chanter au Ciel à la suite de l'Agneau».

[99] Cfr. per es. L 208.

saillir mon âme! Priez pour moi; l'horizon est si beau, le divin Soleil fait briller sa grande lumière; demandez que le petit papillon brûle ses ailes à ses rayons[100]!...

Sperimentando la sua limitatezza, Elisabetta chiedeva spesso agli altri di affidarla a Dio, sia nelle loro preghiere personali che durante l'Eucaristia. Voleva essere battezzata, purificata, verginizzata nel Sangue di Cristo[101].

Alla fine di settembre e all'inizio di ottobre del 1904, la giovane ebbe la possibilità di fare un ritiro particolare di dieci giorni, durante il quale sperimentò un silenzio completo e un'assoluta solitudine (tra il 26 settembre ed il 5 ottobre 1904)[102]. Come scrisse successivamente nella lettera L 219, ringraziando Dio asserì di aver capito profondamente le parole di San Paolo: «Il a trop aimé» (cfr. Ef 2,4). Queste parole, la giovane le rapportò alla sua stessa persona, constatando che Iddio aveva troppo amato «sa petite Élisabeth» e che, se «l'amour appelle l'amour», ella avrebbe voluto imparare la scienza dell'amore, sondando la profondità di Dio e rimanendo nell'amore divino, cioè *nel cielo sulla terra*[103].

Giunse la festa della Presentazione al Tempio (21 novembre 1904), e quel giorno, immediatamente successivo al ritiro[104] predicato da P. Fages, domenicano, Elisabetta non lavorava e, come le altre carmelitane, rinnovò all'oratorio i suoi voti religiosi. Nel corso della giornata, probabilmente durante l'ora del grande silenzio, scrisse la sua famosissima preghiera NI 15 [*O mon Dieu, Trinité que j'adore*][105].

Questa preghiera è un *gioiello*, frutto della sua vita interiore, fino a quel momento vissuta; è anche una raccolta *sui generis* delle esperienze elisabettiane e, contemporaneamente, la testimonianza di una totalmen-

---

[100] L 203.
[101] Cfr. L 202. In questo periodo, Elisabetta scrisse a proposito della sua debolezza in P 90.
[102] «Annexe I. Renseignements divers sur Élisabeth et son Carmel. Chronologie» in *Œuvres*, 1070.
[103] Cfr. L 219 (scritta da Elisabetta al canonico Angles nei primi giorni del gennaio 1905).
[104] Gli esercizi spirituali svolsero fra il 12 (sera) e il 20 novembre 1904 («Annexe I. Renseignements divers sur Élisabeth et son Carmel. Chronologie» in *Œuvres*, 1070).
[105] Cfr. NI 15, n. 2. Questa preghiera personale di Elisabetta non è senza relazioni con le due preghiere da lei preferite: l'*Acte d'offrande* de S. Teresa di Lisieux e *O Trinité éternelle* di S. Caterina da Siena (NI 15, n. 3).

te nuova e molto intensiva grazia di Dio. Lo Spirito Santo svelò a Elisabetta il vero significato di essere *sposa di Cristo*, il mistero della dimora di Dio Triuno dentro la persona umana e, in modo particolare, il mistero dell'inabitazione dell'uomo stesso nella Santissima Trinità, cioè l'entrare nelle straordinarie relazioni con ciascuna delle Tre Persone Divine[106].

La preghiera NI 15 (detta: *Elevazione alla Santissima Trinità*[107]) inizia e finisce con invocazioni a tutta la Santissima Trinità. Il conoscere il Cuore di Cristo condusse Elisabetta sino alle profondità del mistero trinitario. Sotto l'influsso dell'irradiazione della luce divina, la carmelitana scrisse senza indugio e senza correzioni:

> O mon Dieu, Trinité que j'adore, aidez-moi à m'oublier entièrement pour m'établir en vous, immobile et paisible comme si déjà mon âme était dans l'éternité. Que rien ne puisse troubler ma paix, ni me faire sortir de vous, ô mon Immuable, mais que chaque minute m'emporte plus loin dans la profondeur de votre Mystère. Pacifiez mon âme, faites-en votre ciel, votre demeure aimée et lieu de votre repos. Que je ne vous y laisse jamais seul, mais que je sois là tout entière, tout éveillée en ma foi, tout adorante, toute livrée à votre Action créatrice. [...] O mes Trois, mon Tout, ma Béatitude, Solitude infinie, Immensité où je me perds, je me livre à vous comme une proie. Ensevelissez-vous en moi pour que je m'ensevelisse en vous, en attendant d'aller contempler en votre lumière l'abîme de vos grandeurs[108].

Oltre alle anafore, rivolte a Dio Triuno, Elisabetta inserì nella *Preghiera* anche frasi direttamente rivolte al Padre, al Figlio e allo Spirito Santo. Quella rivolta a Gesù Cristo costituisce il *cuore* dell'*Elevazione alla Santissima Trinità*:

> O mon Christ aimé, crucifié par amour, je voudrais être une épouse pour votre Cœur, je voudrais vous couvrir de gloire, je voudrais vous aimer... jusqu'à en mourir! Mais je sens mon impuissance et je vous demande de me «revêtir de vous-même», d'identifier mon âme à tous les mouvements de votre âme, de me submerger, de m'envahir, de vous substituer à moi, afin que me vie ne soit qu'un rayonnement de votre Vie. Venez en moi comme Adorateur, comme Réparateur et comme Sauveur. O Verbe éternel, Parole de mon Dieu, je veux passer ma vie à vous écouter, je veux me faire

---

[106] Elisabetta un giorno confidò ad una consorella, stringendosi le braccia sul cuore: «Oh! Est-ce que vous ne sentez pas les "Trois"? Moi, je les sens» (*Elpa*, 76).

[107] Cfr. BEATA ELISABETTA DELLA TRINITÀ, *Scritti*, 603.

[108] NI 15. Lo *stabilirsi in Dio* significava per Elisabetta stabilirsi nel Suo amore: cfr. L 221.

tout enseignable, afin d'apprendre tout de vous. Puis, à travers toutes les nuits, tous les vides, toutes les impuissances, je veux vous fixer toujours et demeurer sous votre grande lumière: ô mon Astre aimé, fascinez-moi pour que je ne puisse plus sortir de votre rayonnement[109].

Era proprio Lui, Gesù, il suo Sposo Divino, la porta attraverso la quale Elisabetta entrò nelle relazioni particolari con il Padre e lo Spirito Santo.

Desiderando ardentemente di essere simile a Maria, nel mistero della sua maternità divina e perciò della sua partecipazione al mistero dell'Incarnazione, Elisabetta chiese al Padre: «[...] ô Père, penchez-vous vers votre pauvre petite créature, "couvrez-la de votre ombre", ne voyez en elle que le "Bien-Aimé en lequel vous avez mis toutes vos complaisances"» (NI 15). Tutto questo doveva compiersi grazie all'opera dello Spirito Santo, a cui la carmelitana si rivolse così: «O Feu consumant, Esprit d'amour, "survenez en moi" afin qu'il se fasse en mon âme comme une incarnation du Verbe: que je Lui sois une humanité de surcroît en laquelle Il renouvelle tout son Mystère» (NI 15).

Tutta la preghiera *O mon Dieu, Trinité que j'adore* sorprende per la grande maturità di pensiero che esprime, ed anche per la profondità e l'intensità dell'esperienza spirituale in essa manifestata, che è il riflesso della stessa esperienza di Elisabetta.

Otto giorni dopo la composizione di questa preghiera, Elisabetta scrisse una lettera (L 214), in cui si possono scorgere tracce di ciò che era *appena accaduto* nella sua vita. La carmelitana scrisse al reverendo Chevignard:

> Je Lui ai demandé de s'établir en moi comme Adorateur, comme Réparateur et comme Sauveur, et je ne puis vous dire quelle paix cela donne à mon âme de penser qu'Il supplée à mes impuissances et que, si je tombe à chaque instant qui passe, Il est là pour me relever et m'emporter plus loin en Lui, au fond de cette essence divine que nous habitons déjà par la grâce et où je voudrais m'ensevelir en telles profondeurs que rien ne puisse m'en faire sortir[110].

Ambedue i testi menzionati (sia NI 15 che L 214) mostrano che, tramite l'unificazione con Gesù, Elisabetta entrò nella piena unione misti-

---

[109] NI 15.
[110] L 214. Da questa lettera si nota pure che Elisabetta era solita fare la «Via crucis» e chiedere il dono dell'umiltà e lo spirito di sacrificio.

ca con Dio, cioè nella comunione con la Santissima Trinità, che in lei aveva preso dimora.

Nella consapevolezza che Dio comunica il Suo amore ai piccoli, a loro si mostra e si rivela[111], Elisabetta si rese conto che per arrivare alla meta era necessario passare per l'annientamento e l'abbassamento[112]. Desiderava allora per questo essere umile, e si rivolse a Gesù con queste parole: «Mon cœur devient votre humble sacrement. / Venez en lui glorifier le Père / Dans le silence et le recueillement» (P 91).

Gradualmente, la giovane carmelitana comprendeva che il perfetto rendimento di grazie si compie in Gesù, perciò ella, per rendere gloria al Padre e a tutta la Santissima Trinità dimorante in lei, sentì la necessità di aprirsi alla lode adempiuta perennemente da Cristo, accogliendola in sé.

8. «[...] si Jésus semble dormir [...] ne le réveillons pas mais attendons dans la foi» (L 239)

All'inizio del 1905, Elisabetta visse momenti in cui sperimentò il peso della propria miseria[113]. Innanzi all'abbondanza della grazia, ricevuta da Dio[114], ella aveva spesso la convinzione, che i propri difetti sarebbero stati per lei causa di un lungo purgatorio, perché *molto le sarebbe stato richiesto, avendo tanto ricevuto*[115]. In questo stato della sua anima, la carmelitana cercò un aiuto specialmente nella divina misericordia[116]. Una grande consolazione le procuravano anche le parole di San

---

[111] Vedi anche la poesia P 91 (scritta il 25 dicembre 1904), in cui Elisabetta ricordava il momento della chiamata divina a lei rivolta, presentando il suo dialogo con il Cristo.

[112] Cfr. L 222.

[113] Vedi L 225. Un giorno, Elisabetta confessò alla sua Madre Priora, che talvolta, alla fine della ricreazione del mattino, aveva rivolto lo sguardo verso di lei cercando in lei consolazione. «Comme vous ne le remarquiez pas [...], je regagnais notre cellule avec ma souffrance. [...] Je cherchais à m'élever au-dessus ou à me glisser dessous; je prenais saint Paul qui avait toujours grâce pour moi, quoique bien dans la foi, je vous assure, à ces heures-là. Je relisais certains passages plus goûtés, ou bien je demandais à mon Maître de me conduire aux meilleurs pâturages, et ruminant ce que j'avais ainsi trouvé, je finissais par tout dominer. Mais si vous saviez ce que le bon Dieu veut de moi! Il ne me permet pas un seul regard en dehors de lui, pourtant si caché; c'est tout bonnement de l'héroïsme qu'il me demande» (*Souvenirs*, 167).

[114] Cfr. L 124: «Il [Notre Seigneur] a été si comblant envers sa petite épouse [Élisabeth]».

[115] Cfr. L 224; Lc 12,48.

[116] Cfr. L 224.

Paolo, che affermavano: «nous avons en Lui la rémission des péchés selon les richesses de la grâce qui a surabondé en nous» (Ef 1,7-8)[117]. La verità di Cristo Unico Redentore, che giustifica e salva, venne compresa dalla giovane in modo eccellente[118] e, attraverso di essa, Elisabetta scoprì un altro segreto velato nella persona del Salvatore che si dona *au-dedans* dell'anima: il giorno in cui ci verrà dato di comparire davanti alla santità infinita di Dio, per avere in quel momento una ferma fiducia nel Suo amore, sarà necessario, attraverso la rinunzia e il sacrificio, aver lasciato crescere Gesù nella propria anima e aver vissuto la Sua stessa vita[119]. Per Elisabetta era ovvio che solo grazie a Lui si può essere «saints et sans tache en sa présence dans la charité» (Ef 1,4)[120].

In questo periodo di dura prova, Elisabetta non cessò di vivere in un continuo rendimento di grazie, unendosi a «la louange éternelle qui se chante en le Ciel des Saints [...]» (L 225)[121]. Voleva che tutto nella sua vita fosse segno di una grande dedizione alla maggior gloria di Dio. Pensava che proprio in questo consistesse la «prédestination» (secondo il linguaggio di San Paolo) e lo scopo dell'esistenza di ogni uomo[122].

All'inizio di giugno del 1905, durante i ritiri, la giovane carmeliana affermò, in una sua lettera, di essere «cachée en Dieu avec le Christ» (L 231). Chiese al reverendo Chevignard di consacrarla a Cristo, nella celebrazione della Santa Messa[123]. Il cuore di Elisabetta diventava sempre più ardente nel desiderio di amare, di essere apostola di Gesù e di renderGli «amour pour amour» (P 94). La giovane agognava di essere immagine fedele dello Sposo immolato, il vivente modello del divin Crocifisso, e, come Santa Teresa di Lisieux, bramava di perdersi in Colui che amava e di *dimorare* nella Sua carità[124].

---

[117] L 225.
[118] «Oh, que c'est bon, aux heures où l'on ne sent que sa misère, d'aller se faire sauver par Lui» (L 225).
[119] Vedi la lettera L 224.
[120] L 226.
[121] Dopo queste parole, Elisabetta aggiunse con umorismo: «[...] je fais mon apprentissage ici-bas!...» (L 225).
[122] Cfr. L 228; cfr. Ef 1,11; Rm 8,29-30.
[123] Cfr. L 234: «Et puisque vous êtes le prêtre de l'Amour je viens vous demander [...] de vouloir bien *me consacrer* à Lui demain à la sainte Messe. Baptisez-moi dans le Sang de l'Agneau afin que, vierge de tout ce qui n'est pas Lui, je ne vive que pour aimer d'une passion toujours croissante, jusqu'à cette heureuse *unité* à laquelle Dieu nous a prédestinés en son vouloir éternel et immuable».
[124] Cfr. P 94 [*Aimer*] (Tutta la poesia P 94 è espressione del significato della parola «aimer», secondo una visione personale di Elisabetta). Cfr. pure *Elpa*, 62: «Tout mon

La notte di purificazione e di approfondimento della fede, che Elisabetta attraversò, fu da lei descritta, sebbene non in modo esplicito, nel componimento poetico P 95 [*Crois toujours à l'Amour*]:

«[...] Lorsque tu ne vois plus briller sa douce flamme
Et que la nuit profonde environne ton âme,
Crois toujours à l'Amour, c'est le flambeau divin
Qui doit guider tes pas jusqu'à l'Objet sans fin».
[...] par la foi notre cœur peut l'atteindre,
Se reposer en Lui, le toucher et l'étreindre[125]!

Il credere all'amore di Dio, alla dimora della Trinità nell'anima, non era per Elisabetta né sentimentalismo né immaginazione; la carmelitana lo sottolineò nella lettera L 236: «Tout cela, c'est de la foi pure [...]»[126].

Percorrendo il suo cammino di fede, la giovane non ebbe particolari manifestazioni soprannaturali (lei stessa lo dichiarò), come per esempio Santa Teresa che spesso sperimentò l'estasi, ma credeva molto alla divina presenza del Maestro, che le stava sempre accanto, nell'ordinarietà della vita quotidiana al Carmelo[127]; per Elisabetta tutta la natura sembrava essere indirizzata a Dio[128].

La sua felicità cresceva sempre di più, infatti lei stessa affermò: «il [bonheur] prend des proportions infinies comme Dieu Lui-même, et c'est un bonheur si calme, si doux [...]» (L 236). Tutto accettava per amore, sia le consolazioni che le aridità: «C'est aussi simple, quand on aime Dieu, de souffrir que de jouir» (*Elpa*, 70).

Meditando i testi di San Paolo, Elisabetta scoprì il mistero dell'adozione a figli di Dio, al quale Egli ha predestinato tutti gli uomini; la giovane carmelitana era affascinata da questa verità, e ne parlava a sua sorella senza celare le sue emozioni:

---

exercice est de demeurer dans l'amour». Un giorno Elisabetta confessò a suor Marie de la Trinité: «J'ai eu un fort mouvement que ma petite Mère et moi ne pourrions arriver à l'amour de l'humiliation et de la souffrance qu'en aimant le divin Crucifié et que c'est surtout de L'aimer qu'il fallait nous occuper».

[125] P 95; cfr. L 236.

[126] In questa lettera (L 236), Elisabetta chiamò Gesù: «un Époux de sang»; cfr. Es 4,26.

[127] Cfr. L 235.

[128] Cfr. L 236: «Toute la nature me semble si pleine de Dieu: le vent qui souffle dans les grands arbres, les petits oiseaux qui chantent, le beau ciel bleu, tout cela me parle de Lui».

Je viens de lire dans saint Paul des choses splendides sur le mystère de l'adoption divine. [...] tu peux saisir la grandeur de ce mystère: enfants de Dieu, [...] est-ce que cela ne te fait tressaillir? Écoute parler mon cher saint Paul: «Dieu nous a élus en Lui, avant la création. Il nous a prédestinés à l'adoption des enfants pour faire éclater la gloire de sa grâce» [Ef 1,4.5.6], c'est-à-dire qu'en sa toute-puissance Il semble ne pouvoir rien faire de plus grand. Et puis écoute encore: «Si nous sommes enfants, nous sommes aussi héritiers» [Rm 8,17]. Et quel est cet héritage? «Dieu nous a rendus dignes d'avoir part à l'héritage des saints dans la lumière» [Col 1,12]. Et puis, comme pour nous dire que cela n'est pas un avenir lointain, l'Apôtre ajoute: «Vous n'êtes donc plus des hôtes ou des étrangers mais vous êtes de la Cité des saints et de la Maison de Dieu»...[Ef 2,19]. Et encore: «Notre vie est dans les Cieux»...[Fil 3,20]. Oh! ma Guite, ce Ciel, cette maison de notre Père, il est au «centre de notre âme»! Comme tu le verras dans saint Jean de la Croix, lorsque nous sommes en notre centre le plus profond nous sommes en Dieu. N'est-ce pas que c'est simple, que c'est consolant[129]?

Infatti, questa verità era per Elisabetta una grande consolazione, nella quale la giovane carmelitana, come nella fede viva, trovava la forza di superare le tappe successive che segnavano il percorso della notte spirituale. Nella stessa lettera, Elisabetta scrisse a sua sorella: «[...] puisque nous le [Christ] possédons en nous, qu'importent les nuits qui peuvent obscurcir notre ciel: si Jésus semble dormir, oh reposons-nous aussi près de Lui; soyons bien calmes et silencieuses; ne le réveillons pas mais attendons dans la foi» (L 239).

Nel suo santuario interiore, Elisabetta giorno e notte viveva con Gesù, con il suo «Ami de tous les instants» (L 243)[130]. La giovane voleva sempre più profondamente radicare nell'Essere divino tutti i suoi atti, i suoi movimenti e le sue aspirazioni, desiderava che fossero adorazioni e omaggi alla santità infinita di Dio[131]. Elisabetta era vicina a scoprire *la vocazione nella sua vocazione carmelitana*, cioè che tutto il suo essere divenisse una lode a Dio.

---

[129] L 239; cfr. NI 16; L 244.
[130] Elisabetta aggiunse nella stessa lettera: «Qu'il fait bon vivre en cette douce intimité! Il [mon Ami] connaît sa petite épouse... Il sait comme son cœur a besoin d'aimer et Il veut être cet amour [...]» (L 243).
[131] Cfr. NI 16.

9. «[...] pour que je sois en vérité "Laudem gloriae"» (L 250)

Assai commossa dalle parole di San Paolo[132], la giovane aspirava a diventare per Iddio «comme *hostie de louange à sa gloire*»[133]. A tredici mesi dalla sua morte, Elisabetta espresse il suo ideale di lode, nella prospettiva dell'olocausto[134]. Restando sempre nel fermo desiderio di amare ed essere santa[135], avrebbe voluto che ogni sua aspirazione, ogni suo movimento, ogni suo atto, fossero un omaggio reso alla santità di Gesù Cristo (cfr. L 244).

Dopo il suo ritiro personale, svoltosi fra il 9 e il 18 ottobre del 1905, che fu come il coronamento di tutti gli altri ritiri[136], nella giovane carmelitana sorse uno slancio ancor più fervido verso le regioni della realtà soprannaturale, nelle quali non si vive che di Dio[137].

Alla fine dell'anno 1905, Elisabetta confessò al reverendo Chevignard, che il Divin Maestro la spingeva a separarsi da tutto ciò che non era Lui[138]. La grazia la condusse a vivere secondo le parole dell'Apostolo Paolo: «Vous n'es plus des hôtes ou des étrangers, mais vous êtes déjà de la Cité des saints et de la Maison de Dieu»[139]. Preparandosi all'anniversario della sua vestizione, la giovane chiese al reverendo di avere un'intenzione per lei, affinché Cristo Gesù, mediante l'effusione del suo Sangue, la rivestisse di quella purezza e verginità che permette all'anima di essere irradiata dallo splendore stesso di Dio. Nel cuore di Elisabetta pulsava il profondo desiderio di abitare nascosta con Cristo in Dio e di fare il vuoto nella sua anima, per permettere a Dio di slanciarsi in essa e comunicarle la Sua vita divina[140].

Immersa nel silenzio e nella preghiera, Elisabetta ascoltava Gesù e Gli chiedeva di volerla rendere autentica nell'amore e di trasformarla in

---

[132] Cfr. Ef 1,11-12: «In lui siamo stati fatti anche eredi, essendo stati predestinati secondo il piano di colui che tutto opera efficacemente conforme alla sua volontà, perché noi fossimo a lode della sua gloria, noi, che per primi abbiamo sperato in Cristo» (Ef 1,12: «louange de gloire»).
[133] L 244 [«Hostie de louange»: cfr. Sal 116 (114-115),17; Eb 13,15].
[134] L 244, n. 4.
[135] Cfr. L 245.
[136] *Souvenirs*, 169. Cfr. «Annexe I. Renseignements divers sur Élisabeth et son Carmel. Chronologie» in *Œuvres*, 1070.
[137] *Souvenirs*, 170.
[138] Cfr. L 250.
[139] Ef 2,19; cfr. L 250.
[140] Cfr. L 250.

vittima di sacrificio, dove il sacrificio non è altro che l'amore tradotto in azione[141].

Dalla stessa lettera (L 250) emerge la gradualità attraverso la quale Iddio mostrò a Elisabetta la sua vocazione particolare, cioè la missione che ella avrebbe dovuto compiere nella Chiesa. Facendo riferimento alla Bibbia, la giovane carmelitana spiegava al reverendo Chevignard:

«[...] le feu marchera devant le Seigneur» [Sal 97 (96),3]. Le feu, n'est-ce pas l'amour? Et n'est-ce pas aussi notre mission de préparer les voies du Seigneur par notre union à Celui que l'Apôtre appelle un «feu consumant» [Eb 12,29]? A son contact notre âme deviendra comme une flamme d'amour se répandant dans tous les membres du corps du Christ qui est l'Église; alors nous consolerons le Cœur de notre Maître et Il pourra dire en nous montrant au Père: «Déjà je suis glorifié en eux». Aidez-moi, monsieur l'Abbé, j'en ai grand besoin: plus la lumière se fait plus je sens mon impuissance.. Voulez-vous, le 8 décembre [...], me consacrer à la *puissance de son amour* pour que je sois en vérité «Laudem gloriae»; j'ai lu cela dans saint Paul et j'ai compris que c'était ma vocation dès l'exil en attendant le Sanctus éternel[142].

La scoperta della sua particolare vocazione nella vita della Chiesa, divenne per Elisabetta una sfida di amore, che in un certo modo le dava

---

[141] Cfr. L 250. Si vede chiaramente come, all'inizio della sua vita, lo Spirito Santo preparasse Elisabetta con il desiderio della sofferenza, più tardi invece, nelle tappe successive della sua esistenza, le donò il desiderio di amare, mostrandole che entrambi questi desideri non si contraddicevano. Elisabetta imparò da Dio che l'amore si esprime nell'accogliere la sofferenza (cfr. L 252). Lo Spirito Santo preparò la giovane carmelitana alla notte della sofferenza, che ella presto avrebbe dovuto trascorrere, subendo gli effetti di una malattia incurabile. A questo punto vale la pena citare la testimonianza che Elisabetta lasciò alla consorella Marthe de Jésus: «La souffrance du cœur est le martyre des vierges. Mon Maître m'a toujours travaillée dans ce sens du dépouillement intérieur. L'union ne se fait que dans la souffrance. Il ne faut pas la rêver ailleurs» (*Elpa*, 112).

[142] L 250 (cfr. L 256). Elisabetta per la prima volta citò l'espressione paolina «Louange de gloire» (Ef 1,12) in latino. Poco dopo (in L 260 scritta all'inizio del 1906) affermò che questo era il suo proprio nome; non conoscendo, però, bene la lingua latina, non cambiò l'accusativo («laudem») nel nominativo («laus»). Vedi L 250, n. 16; *Souvenirs*, 114-115. Elisabetta sviluppò il suo pensiero, riguardante il senso della sua vocazione, anche in CF 41-44, e sovente affermò di voler vivere per compiere la missione a lei affidata: vedi per es. L 304. In questo nome Elisabetta trovò sempre forza e coraggio. Spesso ripeté: «Être louange de gloire me soutient dans toutes mes difficultés» (*Elpa*, 145). Alla luce dell'esperienza spirituale della carmelitana, si deduce come il suo spirito di lode perfezionò in lei tutte le virtù (cfr. *Souvenirs*, 118).

la forza di non fermarsi nel cammino verso la piena unione con Gesù[143].

Anche un'altra lettera (L 256), scritta alla fine del 1905 e indirizzata al canonico Angles, testimonia come Elisabetta maturasse sempre più nel suo amore di dedizione alla Chiesa: «Comme l'on sent le besoin de se sanctifier, de s'oublier pour être tout aux intérêts de l'Église...»[144]. La giovane era consapevole dell'importanza dell'incarico che il Signore le aveva affidato: doveva essere «médiatrice avec Jésus-Christ, Lui être comme une humanité de surcroît en laquelle Il puisse perpétuer sa vie de réparations, de sacrifices, de louanges et d'adorations» (L 256).

Per questo motivo, Elisabetta desiderava amare sempre più, essere ancora più fedele al Maestro e consolarLo, tenendosi incessantemente unita a Lui[145]. Il canonico Angles ricevette dalla giovane una confidenza molto intima, a proposito della sua *nuova vocazione*; ella affermò: «[...] mon rêve, c'est d'être "la louange de sa gloire" [de mon Maître]» (L 256).

Era ovvio che il vivere secondo questa vocazione avrebbe richiesto a Elisabetta una grande fedeltà e una fede viva. Per essere *una lode di gloria* di Dio, bisognava morire a tutto ciò che non era Lui; e sebbene Elisabetta avesse la consapevolezza che a volte, purtroppo, avrebbe offeso il suo Maestro, sapeva anche che Egli l'avrebbe perdonata e il suo sguardo divino l'avrebbe purificata[146]. La carmelitana era pertanto convinta che la propria trasfigurazione in «louange de gloire» era possibile da realizzare, ma solamente grazie al sacrificio di Gesù[147]. Elisabetta allora intensificò la sua fiducia nella forza di Dio.

---

[143] Nella poesia P 96 [*Il est minuit*] *Noël 1905*, Elisabetta affermò: «[...] Je dois me rendre, non sans peine, / Auprès de notre doux Agneau. / J'avance en paix, sans nulle crainte / Malgré les rebuts et les croix. / Dieu me garde sous son étreinte / A travers tout, j'aime et je crois».

[144] Elisabetta nello stesso tempo manifestò anche il suo interesse per la salvezza della sua patria: «Pauvre France! J'aime la couvrir du sang du Juste» (L 256).

[145] Cfr. L 256.

[146] Cfr. L 256. Nella stessa lettera Elisabetta scrisse: «Oh, demandez-Lui que je sois à la hauteur de ma vocation et que je n'abuse pas des grâces qu'Il me prodigue; si vous saviez comme parfois cela me fait peur... Alors je me jette en Celui que saint Jean appelle "le Fidèle, le Véritable", et je le supplie d'être Lui-même ma fidélité!» (L 256).

[147] Un altro brano della lettera L 256, indirizzata al canonico Angles, contiene le parole seguenti: «Demandez-Lui que je me perde moi-même pour m'ensevelir en Lui. C'est le dimanche de l'Épiphanie le troisième anniversaire de mes noces avec

10. «En votre amour, mon Dieu, j'ai foi» (P 96)

Rimanendo nel fermo proposito di lasciarsi usare da Gesù, la giovane carmelitana voleva essere nelle Sue mani divine «comme un balai», che si prende e si lascia[148]. In un'atteggiamento di amore e di adorazione, Elisabetta era solita ripetere: «Je veux qu'en me voyant on pense à Dieu» (*Elpa*, 73).

Questa disposizione della sua anima fu alimentata da uno dei primi frutti della notte spirituale, *la fede nell'amore divino* che non si basava sui sentimenti, ma su una ferma volontà di adesione a questo amore. Un altro aiuto le proveniva dall'esempio offerto dal Maestro stesso, Gesù Cristo, umiliatosi liberamente. Elisabetta scrisse:

> Mon cœur Lui chantera sans cesse:
> «En votre amour, mon Dieu, j'ai foi».
> J'ai compris la leçon suprême
> De mon Maître et de mon Seigneur,
> «Qui s'est anéanti Lui-même
> Sous *la forme d'un serviteur*» [...] [cfr. Fil 2,7]
>
> Avec saint Paul je voudrais dire:
> «J'ai tout perdu pour son amour,
> Et ce que mon âme désire
> C'est le saisir mieux chaque jour.
> Ce que je veux, c'est le connaître,
> Lui, mon Christ et mon Rédempteur,
> Et c'est conformer tout mon être
> À l'image de mon Sauveur» [cfr. Fil 3,7-10].
>
> *Refrain*
>
> Il est ma vie en ce Carmel,
> Il est ma vie, Il est mon Ciel[149].

---

l'Agneau; voulez-vous, au saint Sacrifice, en consacrant l'hostie où Jésus s'incarne, consacrer aussi votre petite enfant à *l'Amour Tout-Puissant* pour qu'Il la transforme "en louange de gloire"».

[148] Cfr. P 96.

[149] P 96. Elisabetta volle offrire la sua oblazione a Gesù («Dieu prêtre et victime»: P 96), per partecipare intimamente alla Sua stessa missione. Desiderava immolarsi nel silenzio per diventare *riparatrice* e *mediatrice* con il divino Salvatore, per donare gloria immensa a Dio e partecipare alle nozze dell'Agnello, alla cena del Signore (vedi: P 96; cfr. Ap 19,7.9).

CAP. IV: L'ESISTENZA: NOTTE PASSIVA E ILLUMINATA   213

Un altro frutto della notte passiva fu la sempre più fervida preghiera, che Elisabetta viveva nella pace, nella fiducia e nell'abbandono dei figli di Dio[150], e sebbene non mostrasse i segni delle estasi, in cui avrebbe potuto sentire le parole di Dio direttamente rivolte a lei, una volta, prima di Natale, nell'anno 1905, mentre stava preparando il presepio, una consorella la udì parlare a Gesù Bambino: «Eh bien! Mon petit Roi d'amour, l'an prochain nous nous verrons de plus près»; e le chiese: «Comment le savez-vous?». A questa sua domanda la consorella si accorse che Elisabetta la guardava sorridendo, con aria serafica, senza dire alcuna parola[151].

All'inizio del 1906, la giovane affermò, in un suo scritto, di non aver paura di accogliere la sofferenza per portare la croce; nel dolore, ella intravedeva l'eredità delle carmelitane e addirittura un tesoro. Era felice di appartenere tutta a Dio[152]. Elisabetta spesso baciava la croce[153], adorando Colui che, appeso ad essa, manifesta in se stesso la potenza di Dio: Gesù è «le Fort, Celui qui donne la victoire par la sainteté de sa droite»[154]. Al momento della genuflessione, la giovane carmelitana era solita dire al Signore: *Amo Te* (*Elpa*, 74).

Ella si accorse che nel Carmelo Dio aveva cambiato il suo cuore, informandolo maggiormente all'amore. Elisabetta scrisse alla sua mamma:

Il me semble que mon cœur, que Dieu a fait si aimant, s'est dilaté depuis qu'il est enfermé derrière les grilles en contact continuel avec Celui que saint Jean appelle «Charitas», Amour. Ah, si tu savais comme il est doux de vivre en «société» avec Lui, selon l'expression du même saint, tu ne pour-

---

[150] Cfr. L 257. Françoise de Sourdon, un'amica di Elisabetta, le chiese un giorno che cosa avesse detto al Signore durante tutta una notte passata in adorazione. Ella, come già durante la sua giovinezza, rispose con semplicità: «[...] nous nous aimions» (*Elpa*, 72).

[151] *Souvenirs*, 170.

[152] «Il me semble que je comprends encore mieux mon bonheur et qu'il est plus profond qu'au beau jour de ma profession; oh, [...], qu'il est doux d'être toute à Dieu; après le Ciel je ne vois rien de plus beau que le Carmel» (L 258).

[153] Cfr. L 261. Elisabetta sapeva accogliere la sofferenza con amore, senza lamentarsi, riconoscendo in essa un dono di Dio. Nel gennaio del 1906, soffrendo molto il freddo nel monastero, che non era riscaldato, la giovane delicatamente concluse così la lettera indirizzata alla signora de Sourdon: «Pardon pour cette écriture, mais nous n'avons pas de feu et je ne puis tenir ma plume...» (L 263). In questa lettera, ritrovata nel 1979, si trovarono due piccoli biglietti in cui era impresso l'emblema del Sacro Cuore con le parole: «Cœur Sacré de Jésus, J'ai confiance en Vous» (L 263, n. 14).

[154] Vedi L 261; cfr. Sal 44 (43),4-5.

rais plus quitter cette divine compagnie, car Lui, Il est près de toi. [...] plus on vit avec cet Hôte divin, [...] plus on est heureux, plus on a de force pour aller au sacrifice[155].

All'inizio della Quaresima del 1906, Elisabetta, non sentendosi (al contrario delle altre sorelle) attirata a contemplare la Passione del Salvatore, si domandò se avrebbe potuto continuare la sua consueta forma di orazione. Rientrando in cella, chiese a San Paolo di aiutarla a trovare una risposta, e lesse «a caso» alcune sue lettere. La prima frase che risaltò alla sua attenzione fu la seguente: «Ce que je veux, c'est le connaître, lui, la communion à ses souffrances et la conformité à sa mort» (Fil 3,10). La conclusione di questa dichiarazione di S. Paolo la colpì notevolmente, perché riconosceva in essa la chiamata, a lei rivolta, di onorare i dolori e la morte del suo divino Maestro, però non attraverso pie considerazioni, ma piuttosto mediante una vera e propria partecipazione[156].

In tal modo, Elisabetta fu preparata interiormente a fare l'ultima offerta, quella della sua stessa vita. Il morbo di Addison si aggravò e, prima della fine di marzo del 1906, la giovane venne trasferita in infermeria[157]. Elisabetta della Trinità era posta innanzi a una prova durissima.

11. «Il nous aime, surtout quand Il nous éprouve» (L 267)

Per Elisabetta iniziò il tempo di una sempre più profonda solitudine e apparente monotonia[158], che la condussero a restare per lunghi periodi

---

[155] L 265. In una lettera scritta precedentemente alle *zie* Roland, Elisabetta affermò che Gesù Cristo aveva approfondito le sue relazioni con gli altri: «[...] ne croyez pas [petites tantes] que les souvenirs du passé soient effacés en mon cœur; si vous saviez comme vos noms y sont gravés en caractère ineffaçable, par la main de Jésus même...» (L 258).

[156] *Souvenirs*, 177.

[157] *Œuvres*, 662; L 278. Elisabetta testimoniò: «Le matin, après la récitation des petites Heures [...] je me sentais déjà à bout de forces et me demandais comment je pourrais arriver au soir. Après Complies, *ma lâcheté* était à son comble, aussi ai-je eu parfois la tentation d'envier une Sœur dispensée de l'Office de Matines. [...] La prière était encore le meilleur remède à mes maux. Je passais le temps du *grand silence* dans une véritable agonie que j'unissais à celle du divin Maître, me tenant à côté de lui, près de la grille du chœur. C'était une heure de pure souffrance, mais qui m'obtenait des forces pour Matines; j'avais alors une certaine facilité à m'appliquer à Dieu; ensuite, je retrouvais mes impuissances, et sans être aperçue, grâce à l'obscurité, je regagnais tant bien que mal notre cellule, m'appuyant souvent au mur» (*Souvenirs*, 174-175).

[158] *Œuvres*, 662; cfr. L 272 (scritta a Marie-Louise de Sourdon): «Si tu savais combien je pense à toi dans mes souffrances et dans ma solitude plus profonde en-

(ore, giornate, settimane) separata da tutto e da tutti[159]. Non poteva lavorare, mangiava poco, e soltanto tramite la corrispondenza epistolare poteva rendersi presente accanto alla sua priora, alle consorelle, alla famiglia e agli amici, continuando a coltivare con loro una relazione in Cristo. Le lettere scritte in questo periodo furono per Elisabetta uno strumento per esprimere la sua riconoscenza[160], per parlare di Dio, per consolare gli animi afflitti e per partecipare ai dolori e alle gioie di ognuno[161].

Il periodo della permanenza in infermeria fu anzitutto per la giovane il tempo della salita con Gesù al Calvario[162]. Preparata alla morte[163], per Elisabetta il momento del trapasso rappresentava il primo incontro «faccia a faccia» con lo Sposo, con Iddio, per il quale aveva lasciato tutto nella vita. Non stupisce allora il fatto che la giovane carmelitana attendesse la morte con una gioia misteriosa e radiante[164]. Al canonico

---

core»; cfr. L 278 (indirizzata a Germaine de Germeaux) oppure L 290 (a Cécile Lignon) e L 297 (a suor Marie du Saint-Sacrement): «Je suis encore plus séparée, plus seule avec le Seul». Nella lettera L 298, la giovane carmelitana affermò di amare la solitudine con Dio e di condurre una vita eremitica davvero deliziosa. Cfr. GV 13.

[159] Cfr. L 273.

[160] *Œuvres*, 662; cfr. per es. L 266.

[161] *Œuvres*, 662.

[162] Vedi: *Œuvres*, 663-664. Il suo atteggiamento nella sofferenza era riassunto in questa frase: «Mon Maître me demande d'aller à ma passion avec la majesté d'une reine» (*Elpa*, 166; cfr. *Souvenirs*, 258).

[163] Cfr. per es. L 266, 268, 269. Quest'ultima lettera fu indirizzata a sua sorella, e in essa leggiamo: «Quand le voile tombera, avec quel bonheur je m'écoulerai jusque dans le secret de sa Face, et c'est là que je passerai mon éternité, au sein de cette Trinité qui fut déjà ma demeure ici-bas. Pense, ma Guite! Contempler dans sa lumière les splendeurs de l'Être divin, scruter toutes les profondeurs de son mystère, être fondue avec Celui qu'on aime, chanter sans repos sa gloire et son amour, être semblable à Lui parce qu'on le voit tel qu'Il est!...»; cfr. P 97; L 301.

[164] Vedi: L 266 in cui Elisabetta scrisse a sua mamma anche le seguenti parole: «Comme je suis sûre d'être comprise par toi, je t'avouerai tout bas ma grosse déception de n'être pas montée vers Celui que j'aime tant»; a Françoise de Sourdon Elisabetta scrisse: «Oh, Framboise, quels jours divins j'ai passés dans l'attente de la grande vision de Dieu; [...] tu devines la joie de mon âme à la pensée de ce premier face à face avec la Beauté divine» (L 270); al canonico Angles invece scrisse: «[...] la perspective d'aller voir Celui que j'aime en son ineffable beauté, et de m'abîmer en cette Trinité qui fut déjà mon Ciel ici-bas me met une joie immense dans l'âme. [...] Oh! qu'il est doux de vivre dans l'attente de l'Époux! Priez pour que je Lui donne *tout* dans les souffrances où Il me met et que déjà je ne vive plus que d'amour» (L 271); cfr. pure L 274, 278, 280, 287, 293, 297; *Elpa*, 146.

Angles confessò di percepire che il Padre l'attirava fortemente[165].

In infermeria, Elisabetta passava il tempo *vigilando* vicino a Gesù:

> [...] mon Maître est là avec moi, et nous vivons nuit et jour en un doux cœur à cœur. J'apprécie encore plus mon bonheur d'être carmélite [...]. Depuis cette maladie je me suis encore rapprochée du Ciel [...]. Oh, petite maman, préparons notre éternité, vivons ave Lui, car seul Il peut nous suivre et nous aider en ce grand passage. Il est un Dieu d'amour; nous ne savons pas comprendre à quel point Il nous aime, *surtout quand Il nous éprouve*[166].

Dopo che Dio fece comprendere a Elisabetta, quale grande tesoro fosse la sofferenza, per la giovane carmelitana la croce divenne «un gage de son amour» (L 268)[167]. Ella, con una fermezza stupenda, si abbandonava interamente tra le braccia del Maestro, affinché compisse in lei ciò che volesse[168]: era una gioia poter soffrire per amore del suo Maestro[169].

---

[165] L 271.

[166] L 267; cfr. L 268 («[...] nous ne comprendrons jamais assez à quel point Il [Dieu] nous aime quand Il nous éprouve»), 270 («Dans la solitude de ma petite infirmerie, nous sommes si heureux tous deux; c'est un cœur à cœur qui dure nuit et jour, c'est délicieux!»), 300.

[167] Sperimentando un legame indissolubile tra la realtà della sofferenza e l'amore divino, Elisabetta giunse alla profonda convinzione che l'amore divino si esprime in un modo misterioso, offrendo la possibilità di soffrire. Nella lettera indirizzata a suor Marthe de Jésus affermò: «Si tu savais le don de Dieu et quel est Celui qui te crucifie: Il est l'AMOUR» (L 282). Cfr. le parole rivolte alla stessa suora e contenute in *Elpa*, 138: «Aimez bien votre Maître et n'aimez que Lui. Qui Le consolera si nous ne le faisons pas! On l'offense tant! Si on connaissait le don de Dieu, et quel est Celui qui nous crucifie!... C'est l'amour». A questo punto occorrerebbe sottolineare che la carmelitana si esprimeva con un linguaggio mistico (sponsale, simbolico), attraverso il quale descriveva ed interpretava le proprie esperienze (fra l'altro usando molte metafore). Per questo motivo, il paragone *amore divino = sofferenza*, bisognerebbe comprenderlo nel contesto elisabettiano della sua esperienza personale (certezza immediata, senza ragionamento, data da Dio individualmente a Elisabetta) che la condusse a una rilettura interpretativa del senso della sofferenza in relazione al proprio dolore vissuto (e questa era la risultante di un processo intellettivo). Sicuramente si può affermare che, soggettivamente, la giovane carmelitana non si trovava in errore. Su di lei vegliava lo Spirito Santo che la guidava proprio su questo cammino spirituale. È ovvio, però, che non si può affermare (e neppure Elisabetta lo fece) che ogni sofferenza umana sia la diretta volontà di Dio. L'antropologia odierna respinge tale tesi in modo evidente.

[168] Cfr. L 271 (dove Elisabetta scrive pure: «[...] le bonheur de mon Maître suffit pour faire le mien»).

[169] Cfr. L 272, 276: «Quelle miséricorde, quel amour du Maître pour sa petite

Verso la fine di aprile del 1906, Elisabetta ancora una volta affrontò la prova della notte del proprio nulla, sperimentando la realtà della sua miseria e della sua imperfezione. In questo stato della sua anima, si rivolse a sua sorella, scrivendole: «Tu prieras pour moi; j'ai offensé mon Maître plus que tu ne crois. Pardon, je t'ai donné souvent le mauvais exemple» (L 269). Nello stesso tempo, scrisse al canonico Angles: «Puisque vous êtes son prêtre, oh, consacrez-moi à Lui comme une petite hostie de louange qui veut le glorifier, au Ciel, ou sur la terre dans la souffrance tant qu'Il voudra. Et puis, si je m'en vais, vous m'aiderez à sortir du purgatoire. Oh, si vous saviez combien je sens qu'en moi tout est souillé, tout est misère [...]» (L 271).

Con tutta semplicità e umiltà, riponendo la propria fiducia nell'amore divino, la giovane bramava di vivere «dans l'Amour et pour glorifier l'Amour», di essere «Laudem gloriae» davanti al trono dell'Agnello (L 269)[170]. Questa sua umiltà *attirò* Dio a rivelarsi in modo più immediato.

12. «Je ne saurais dire comment les trois divines Personnes se sont révélées» (*Souvenirs*, 217)

La mattina del giorno dell'Ascensione, il 25 maggio 1906[171], Elisabetta ricevette una grazia divina tutta speciale. La Priora si accorse che la giovane aveva il viso tutto trasfigurato e, dopo averla interrogata, ascoltò la sua risposta:

O ma Mère [...] le bon Dieu m'a fait une telle grâce que j'ai perdu la notion du temps. Dans la matinée cette parole me fut dite au fond de l'âme: «Si quelqu'un m'aime, mon Père l'aimera; nous viendrons à lui et nous ferons en lui notre demeure» [Gv 14,23]. Et au même instant, j'ai vu combien

---

épouse que de lui envoyer cette maladie; parfois je me dis qu'Il agit comme s'Il n'avait que moi à aimer». Rimettendosi completamente alla divina volontà, Elisabetta era pronta a tutto, sia alla morte causata dalla malattia, che a qualsiasi martirio (cfr. L 280). Nella lettera L 287, affermò: «Oh! Que je serais heureuse si mon Maître voulait aussi que je verse mon sang pour Lui! Mais ce que je Lui demande surtout, c'est ce martyre de l'amour qui a consumé ma sainte Mère Thérèse que l'Église proclame "Victime de charité"; et puisque la Vérité a dit que la plus grande preuve d'amour était de donner sa vie pour celui qu'on aime, je Lui donne la mienne; elle est à Lui depuis longtemps pour qu'Il en fasse ce qu'il Lui plaira, et si je ne suis pas martyre du sang, je veux l'être de l'amour!». In questa lettera Elisabetta chiamò il Cuore di Gesù Cristo «ardente Fournaise d'amour».

[170] Cfr. pure L 271 e L 274, in cui la carmelitana esplicitava il suo desiderio di essere una «charitatis victima».

[171] Cfr. J. DE BONO, *La sofferenza*, 270.

c'était vrai. Je ne saurais dire comment les trois divines Personnes se sont révélées; mais pourtant je les voyais, tenant en moi leur conseil d'amour, et il me semble que je les vois encore ainsi. Oh! Que Dieu est grand et que nous sommes aimés! [...] Désormais, [...] ne vous préoccupez plus de contenter mes désirs; quand vous ne pourrez venir, vous penserez que je suis avec mes Hôtes divins; je ne dois et ne peux plus rien vouloir, sinon vivre en leur intimité. Je sens si bien qu'ils sont là [disait-elle, joignant les mains sur son cœur][172].

Questa intima grazia della manifestazione della Santissima Trinità fu, in un certo senso, la corona di tutte le grazie fino a quel momento ricevute. Sempre raccolta nella fede, nel mistero dell'inabitazione divina nella sua anima, Elisabetta sperimentò, in modo immediato, il rivelarsi del Dio Uno e Trino[173].

Dopo la breve parentesi di questo straordinario evento, ella riprese il suo cammino quotidiano, di prova e di sofferenza, affrontando una dura battaglia spirituale e sostenendo il peso della sua malattia; per lei però iniziò una nuova tappa della vita spirituale (dopo quella appena vissuta, cioè la prima *unione trasformante*): il cammino della *Notte illuminata*[174].

Elisabetta credeva che, in cielo, tutti i legami interpersonali, già purificati e rafforzati sulla terra da Dio, fossero ancora più saldi, assoluti e completi; credeva che la morte non l'avrebbe distaccata da coloro che amava[175]. Sperava inoltre che dal cielo avrebbe potuto aiutare meglio tutti i suoi cari[176], affinché anche loro fossero in grado di comparire con lei davanti all'Agnello[177]. Per questo motivo Elisabetta desiderava essere apostola, per testimoniare apertamente l'amore di Dio e così glorificarLo[178].

---

[172] *Souvenirs*, 217. Da questo momento la giovane carmelitana chiamò la Santissima Trinità: «mon Conseil tout-puissant» (*Ibid.*).

[173] Cfr. *Souvenirs*, 217-218.

[174] Questa tappa fu descritta da San Giovanni della Croce nelle opere: *Cantico Spirituale* (strofe: 22-40) e *Fiamma viva d'amore*. Vedi: J. DE BONO, *La sofferenza*, 265.270.

[175] Cfr. L 269 e 270 (indirizzata a Françoise de Sourdon: «Le Ciel n'aurait que rendre la fusion de nos âmes encore plus vraie»), 290, 295 e 298 (indirizzata a sua sorella: «[l'Amour infini] C'est la patrie des deux petites sœurs, c'est là qu'elles se retrouveront toujours»), 324; P 104, 105, 117, 119.

[176] Cfr. per es. L 293, 296, 304, 326, 331; P 106, 107.

[177] Cfr. L 303.

[178] Cfr. L 276. Tuttavia Elisabetta era molto sensibile alla sofferenza di sua mamma e sua sorella. Un giorno, dopo averle lasciate in lacrime, confidò a suor Marie-

Ella sapeva che questo desiderio di amare era un dono di Dio: era proprio Lui che per primo l'aveva amata. La giovane, durante l'esperienza della malattia, della solitudine e della sofferenza spirituale, ritornando spesso con la memoria alla sua vita passata, in particolare al momento della sua vocazione, trovava prima di tutto l'infinito amore divino. Il 12 giugno 1906, scrisse a sua mamma: «Oh, vois-tu, il y a un mot de saint Paul qui est comme un résumé de ma vie, et que l'on pourrait écrire sur chacun de ses instants: "Propter nimiam charitatem". Oui, tous ces flots de grâces, c'est "parce qu'Il m'a trop aimée"» (L 280)[179]. La certezza dell'amore di Dio dava a Elisabetta il coraggio di seguire Gesù Cristo che l'*aspettava al Calvario*.

13. «Le Maître saint nous entraîne au Calvaire» (P 102)

Durante il suo soggiorno in infermeria, Elisabetta ricevette la grazia di una profonda unificazione della sua volontà con quella di Dio, che si svolse nell'amore e nella piena libertà, e che fu testimoniata dalle parole che la giovane scrisse più tardi a sua madre: «[...] j'aime encore plus la volonté de mon Maître adoré, et il n'y a plus de sacrifices pour moi» (L 285)[180]. Da quel momento, la carmelitana cercò di mantenersi sempre in una costante unione con Dio, con uno sguardo di fede semplice e innamorato, per poter ripetere, alla fine di ogni giornata, le stesse parole del Maestro: «Parce que j'aime mon Père, je fais toujours ce qui Lui plaît» (cfr. L 293; Gv 8,29). L'amare Iddio divenne per Elisabetta l'unico obiettivo da realizzare in ogni istante[181].

Era ovvio, per lei, che l'amore consistesse nel compiere la volontà di Dio, e questa grazia ricevuta le permise di realizzare ogni piano divino con una inspiegabile facilità[182]. A sua sorella scrisse:

Xavier de Jésus: «Si vous saviez quelle force je trouve en mon nom [Laudem gloriae]. Voyant Maman et Marguerite si désolées, j'aurais été tentée de m'arrêter là un instant par la pensée. Mais au fond du cœur mon Maître m'appela: "Laudem, Laudem, où es-tu?" Aussitôt, me retournant vers Lui, je Lui confiai ces êtres chéris et je repris ma vie de prière et de recueillement» (*Elpa*, 144).

[179] Cfr. Ef 2,4. Elisabetta rimane sempre tutta abbandonata al suo Maestro, gioiosa in anticipo per tutto quello che Lui farà (cfr. L 289).

[180] Elisabetta aggiunse pure: «[...] si je ne puis aller à Lui, c'est Lui qui vient à moi pour étreindre mon âme avec la tendresse d'une mère. Ta fille est vraiment une heureuse créature, une enfant gâtée du bon Dieu» (L 285).

[181] Cfr. L 293.

[182] Per esempio, un giorno, quando i medici si consultavano in sua presenza a proposito di una eventuale operazione, Elisabetta disse: «Je me livre entre les mains des

Aimer, c'est si simple, c'est se livrer à toutes ses [de Jésus] volontés, comme Lui s'est livré à celles du Père; c'est demeurer en Lui, car le cœur qui aime ne vit plus en soi mais en celui qui fait l'objet de son amour; c'est souffrir pour Lui, recueillant avec joie chaque sacrifice, chaque immolation qui nous permettent de donner joie à son Cœur[183].

Per questo motivo, Elisabetta riconobbe nella sua malattia non solo l'espressione della volontà di Dio, ma anche la *presenza* di Gesù stesso! Poco dopo il 25 giugno del 1906, la carmelitana scrisse alla signora Hallo le seguenti parole: «Union dans la souffrance: il me semble que cette maladie me rapproche encore de vous car, comme la vôtre, elle me semble un peu mystérieuse et je l'appelle la maladie de l'amour, car c'est Lui, n'est-ce pas, [...] qui nous travaille, qui nous consume!» (L 289)[184]. Ella si accorse che il Maestro la *attirava* al Calvario, e che era proprio là che Egli voleva consumare l'unione con lei[185]. L'8 o il 9 luglio 1906, la carmelitana scrisse al canonico Angles:

> Oh, demandez que la ressemblance avec l'Image adorée soit chaque jour plus parfaite: «Configuratus morti ejus». Voilà encore ce qui me poursuit, ce qui donne de la force à mon âme dans la souffrance. Si vous saviez quelle œuvre de destruction je sens en tout mon être; c'est la route du Calvaire qui s'est ouverte, et je suis toute joyeuse d'y marcher comme une

---

médecins comme entre les mains de Notre-Seigneur. Ils ne feront que ce qu'Il voudra» (*Elpa*, 124; cfr. *Souvenirs*, 181-182). Quando si temeva che la Comunità, a causa delle vicende politiche, dovesse abbandonare il monastero e Elisabetta era troppo ammalata per poterla seguire, dopo la proposta della mamma di trasferirla a casa sua, la carmelitana rispose: «Si c'est la volonté de Dieu, j'irai mourir chez toi» (*Elpa*, 142).

[183] L 288, scritta il 24 giugno 1906.

[184] Cfr. L 293 con la frase: «notre Dieu est un Feu consumant» (Eb 12,29 che cita Dt 4,24). Elisabetta ripeteva: «Dieu est un feu consumant, Dieu est un Être simple, Il est amour, donc tous ses actes sont amour. Et j'aime à croire que c'est son amour qui me consume» (*Elpa*, 176), oppure: «Dieu est un feu consumant; c'est son action que je subis. Notre-Seigneur n'oublie rien de ce qui peut me rendre semblable à Lui» (*Elpa*, 177). Cfr. *Souvenirs*, 247, per l'interpretazione elisabettiana della propria sofferenza (*sofferenza = Dio che consuma*). Similmente, nella lettera a sua mamma, ella affermava che Iddio è *il riposo* (cfr. L 301).

[185] Cfr. P 102 dove la carmelitana scrivesse le seguenti parole: «Nous [Élisabeth et sœur Anne-Marie] gravissons cette montagne austère, / Allant ensemble à notre passion. / Quand nous aurons atteint ses hautes cimes, / Nous reposant sur la Croix du Sauveur, / Nous attendrons qu'Il prenne ses victimes, / Les blessant d'un trait de son Cœur». Cfr. anche P 103 e L 304, nelle quali Elisabetta chiese preghiere, affinché avesse la forza di percorrere il suo calvario come «épouse du Crucifié».

épouse à côté du divin Crucifié. Le 18 j'aurai vingt-six ans; je ne sais pas si cette année s'achèvera dans le temps ou dans l'éternité, et je vous demande comme une enfant à son père de vouloir bien, à la sainte Messe, me consacrer comme une hostie de louange à la gloire de Dieu. Oh, consacrez-moi si bien que je ne sois *plus moi mais Lui*, et que le Père, en me regardant, puisse le reconnaître; que «je sois conforme à sa mort [cfr. Col 1,24], que je souffre en moi ce qui manque à sa passion pour son corps qui est l'Église, et puis baignez-moi dans le Sang du Christ pour que je suis forte de sa force à Lui; je me sens si petite, si faible[186]...

Non avvertendo la presenza di Gesù, Elisabetta sentiva la necessità di cercare Colui che *si nascondeva* bene[187]. Soltanto la fede nell'amore immutabile di Gesù, in quel momento, fu per lei di sostegno nella sua ascesa al Calvario; proprio la fede la confermò nella certezza di essere amata da Gesù e le diede la speranza, pur sperimentando la propria indegnità, che l'abisso della propria debolezza richiama l'abisso della misericordia di Dio[188]. Proprio attraverso questa fede, Elisabetta si sentì attirata fortemente verso la sofferenza come dono di sé, che rappresentava per lei l'apice dell'amore.

Essendo convinta che la sofferenza sia il vincolo più forte, che unisce a Cristo in modo indissolubile, la carmelitana non volle tralasciare di offrire al Signore anche un solo sacrificio[189]. Nell'attraversare le tenebre della notte spirituale, era addirittura contenta di non godere della presenza di Cristo, per poter offrirGli il suo amore puro, distaccato da tutto, anche dalle consolazioni[190].

---

[186] L 294.
[187] Vedi: L 298. Alla sofferenza si aggiungeva l'oscurità spirituale: «Oh! Ma Mère, c'est à croire qu'il n'y pas de Dieu» (*Elpa*, 158).
[188] Cfr. L 298: «Qu'importe ce que nous sentons; *Lui*, Il [Jésus Christ] est l'Immuable, Celui qui ne change jamais: Il t'aime aujourd'hui comme Il t'aimait hier, comme Il t'aimera demain. Même si tu Lui as fait de la peine, rappelle-toi qu'un abîme appelle un autre abîme [Sal 42,8] et que l'abîme de ta misère, [...] attire l'abîme de sa miséricorde, oh! vois-tu, Il me fait tant comprendre cela», e anche L 301: «A Dieu, maman chérie, je te donne rendez-vous sous le regard du Maître, tenons-[nous] tout près de Lui, apportons-Lui toutes nos misères de corps et d'âme comme les malades jadis à travers la Judée venaient à Lui: "une vertu secrète" sortira encore du Maître, et quand même nous ne le sentirons pas, nous croirons, n'est-ce pas, maman chérie, à son action qui est toute amour».
[189] Cfr. L 298. Elisabetta testimoniò per esempio a suor Marie de la Trinité: «Pendant la délibération de médecins, j'étais unie au divin Maître devant les tribunaux, alors que ses juges délibéraient sur sa mort ou sa vie» (*Elpa*, 125; cfr. *Souvenirs*, 182).
[190] Cfr. L 298.

Mediante l'approfondimento degli scritti paolini[191], Elisabetta imparò che cosa fosse la morte mistica: la giovane comprese che attraverso di essa, l'anima si annienta e si dimentica di se stessa, tanto da morire alle cose del mondo per restare trasformata *in* Dio. Questa trasformazione dell'anima richiede il passaggio attraverso il fuoco della sofferenza, affinché essa distrugga tutto ciò che rimane nell'uomo ancora di *umano* e aiuti a mettere Dio al centro[192]. La giovane carmelitana era convinta che questa dottrina sulla morte mistica fosse la chiara espressione dell'opera che lo Spirito Santo stava compiendo dentro di lei: Egli la attirava a diventare, come S. Teresa di Gesù, *victime de charité*, per dare gloria al suo Maestro adorato[193].

Comprendendo il senso profondo della sofferenza, la carmelitana non si sentiva degna di tutti i dolori che le venivano dati[194]. Il 18 luglio 1906, Elisabetta scrisse alla mamma le parole seguenti:

> [...] avoir part aux souffrances de mon Époux crucifié, et aller avec Lui à ma passion pour être rédemptrice avec Lui... Saint Paul dit ceux que Dieu a connus en sa prescience, Il les a prédestinés pour être conformes à l'image de son Fils [cfr. Rm 8,29]. Réjouis-toi en ton cœur maternel en pensant que Dieu m'a prédestinée et m'a marquée du sceau de la Croix de son Christ[195].

L'umiltà della giovane e la sua consapevolezza della grandezza dei doni ricevuti da Dio, permisero allo Spirito Santo di prepararla alla trasfigurazione mistica e inviarla nella Chiesa affidandole una missione profetica: Elisabetta doveva diventare simile a Cristo.

---

[191] Essi venivano approfonditi anche con la lettura degli scritti di Santa Teresa d'Avila e di San Giovanni della Croce.

[192] Cfr. L 298.

[193] Cfr. L 299; cfr. pure L 287.

[194] Cfr. L 300. Paradossalmente, Elisabetta sapeva riconoscere l'amore di Gesù sia nella sofferenza, che nell'amore delle altre persone che la soccorrevano (vedi: P 108: «[...] hier soir pendant le grand silence / Je vis entrer chez nous mon Sauveur et mon Roi. / Dans sa grande bonté, dans son amour immense, / Il daigna s'installer à genoux près de moi. / Et puis Il me toucha. Sous cette onction sainte / Une plus douce paix inondait tout mon cœur. / Je fermais bien les yeux sous la divine étreinte / Pour mieux voir au-dedans la Face du Seigneur. / Mère, si tu savais [...] / Combien, à tout instant, tu donnes le bon Dieu...»); cfr. L 309.

[195] L 300. «[...] être rédemptrice avec Lui...» significava per Elisabetta: partecipare, prendere parte, all'opera della Redenzione, una ed unica, compiuta da Gesù Cristo. Elisabetta non intendeva sostituirsi o paragonarsi a Cristo, ma intendeva sottolineare con forza il suo legame di amore sponsale con Lui. Ella era molto fedele all'insegnamento della Chiesa.

14. «[...] je deviendrai comme un autre toi-même» (P 109)

In Elisabetta cresceva sempre più fortemente il desiderio di trasmettere agli altri il messaggio dell'amore divino, che era diventato la sua esperienza vitale[196]; ella era convinta che la sua dottrina, basata radicalmente sulla Bibbia, non potesse essere erronea[197]. Scrisse diverse sintesi della sua esperienza interiore[198], ma inizialmente non furono abbastanza elaborate. Approssimandosi il tramonto della sua esistenza terrena, invece, Elisabetta tentò di comporre sintesi più complete, espresse tramite l'esposizione di un più profondo pensiero, che col passare del tempo verranno denominate: i quattro *Trattati spirituali*[199].

Nella prima metà di agosto del 1906, durante la sua permanenza in infermeria, la giovane compose in dieci giorni il primo dei Trattati: *Le Ciel dans la foi* (CF)[200], che consta di venti orazioni (due preghiere per ogni giorno), che erano contemporaneamente riflessioni su ciò che ella aveva compreso e sperimentato nella propria vita. Queste preghiere esprimono gli elementi fondamentali della sua dottrina, ed inoltre sono la sua testimonianza della missione alla quale Iddio la stava preparando[201].

Nell'Opera *Le Ciel dans la foi*, Elisabetta si riconosceva incapace di progresso e di perseveranza, confidando nelle proprie forze; ricordava la propria povertà, nullità, miseria e impotenza, ma senza cadere nella disperazione. Ella depose tutte le sue numerose indigenze dinanzi alla misericordia del suo Maestro, confidando in Lui. Si può addirittura

---

[196] Cfr. per es. L 302: «Maman chérie, vis avec Lui. Ah, je voudrais pouvoir dire à toutes les âmes quelles sources de force, de paix et aussi de bonheur elles trouveraient si elles consentaient à vivre en cette intimité».

[197] Cfr. L 273 (indirizzata a sua mamma): «Tu peux croire ma doctrine, car elle n'est pas de moi; si tu lis l'Évangile selon saint Jean, tu verras qu'à tout instant le Maître insiste sur ce commandement: "Demeurez en moi, et moi en vous"»; cfr. Gv 15,4.

[198] Cfr. per es. le *sintesi* in: L 273, 278, 280, 291, 298; P 105, 106.

[199] *Le Ciel dans la foi* (CF), *Dernière retraite* (DR), *La grandeur de notre vocation* (GV) e *Laisse-toi aimer* (LA). Il contenuto della dottrina elisabettiana verrà trattato nel Quinto Capitolo. Per ora, l'analisi dei suoi Trattati spirituali metterà in rilievo la sua *relazione personale* con Gesù Cristo e, attraverso di Lui, con tutta la Santissima Trinità.

[200] Esso fu scritto da Elisabetta tre mesi prima della sua morte e dedicato a sua sorella Marguerite, come una «sorpresa» (*Œuvres*, 90).

[201] La carmelitana menzionò fra l'altro la morte mistica e contemporaneamente spiegò in che cosa essa consistesse; vedi per es. CF 11,14.

affermare che Elisabetta *gioisse* dinanzi al riconoscimento della propria miseria, con la consapevolezza che questa umiliazione avrebbe facilitato il suo cammino di immolazione e di annientamento, teso a formare nel suo cuore lo spazio dove Dio avrebbe compiuto la Sua opera. Questa attitudine interiore della giovane era manifestazione del suo desiderio di non vivere della propria vita, ma di essere trasformata in Gesù Cristo. Elisabetta bramava che la sua vita fosse più divina che umana, e che il Padre, chinatosi su di lei e mirandola, potesse riconoscere l'immagine del Suo Figlio diletto, nel quale ha posto tutte le sue compiacenze[202].

In un'altra parte di *Le Ciel dans la foi*, la giovane carmelitana affermava di voler compiere fino in fondo la volontà di Dio, anche se talvolta questo avrebbe implicato intense sofferenze, e nel silenzio salire il suo Calvario insieme al Divino Crocifisso. Elisabetta voleva che la sua esistenza fosse un incessante inno di ringraziamento al Padre, cantato nel profondo della sua anima[203]. Ella era convinta che «ceux qui marchent en cette voie douloureuse, ce sont ceux-là "qu'Il [le Père] a connus et prédestinés pour être conformes à l'image de son divin Fils", le Crucifié par l'amour!» (CF 30)[204].

Questo atteggiamento interiore di Elisabetta, trovò la sua conferma anche nella poesia. Nel componimento P 109 [*Dans le calme profond de ton Être éternel*], scritto nell'agosto 1906, Elisabetta si rivolse così al Divin Maestro:

> O Seigneur, je voudrais m'écouler en ton sein
> Comme une goutte d'eau dans une mer immense.
> Daigne détruire en moi ce qui n'est pas divin
> Pour que mon âme, libre, en ton Être s'élance.
> Il faut que je pénètre «en ce lieu spacieux»,
> Cet abîme insondable et ce profond mystère
> Pour t'aimer, ô Jésus, comme l'on t'aime aux Cieux
> Sans que rien du dehors ne puisse me distraire.
>
> Je désire habiter en ton Foyer d'amour
> Sous la rayonnement des clartés de ta Face
> Et vivre de toi seul, comme au divin Séjour,

---

[202] Cfr. CF 12; Rm 8,29; Mt 17,5.
[203] Cfr. CF 30.
[204] Nella lettera al padre Vallée (scritta il 2 agosto 1906), Elisabetta chiese consiglio sul modo di realizzare il piano di Dio, cioè come avrebbe potuto «être conforme à l'image du Crucifié» (L 304). Cfr. pure L 306.

CAP. IV: L'ESISTENZA: NOTTE PASSIVA E ILLUMINATA 225

En cette douce paix que nul bien ne surpasse.
C'est là que se fera la transformation,
Là que je deviendrai comme un autre toi-même [...][205].

Nella lettera del 14 agosto 1906, indirizzata alla Madre Marie de Jésus, la giovane carmelitana testimoniò l'operato compiuto da Gesù in lei per prepararla alla vita eterna: «si la sainte Vierge me voit prête, elle me revêtira du vêtement de gloire. La Béatitude m'attire de plus en plus: entre mon Maître et moi il n'est plus question que de cela, et tout son occupation est me préparer à la vie éternelle» (L 306)[206]. Questa preparazione fu per Elisabetta un'approssimarsi alla conformità e all'identità con il Maestro adorato, il Crocifisso per amore. Ella sapeva che, soltanto essendo interamente unita con Gesù, avrebbe potuto adempiere il suo ufficio-vocazione di *lode di gloria*, e cantare già su questa terra il *Sanctus eterno*, in attesa di andare ad intonarlo nei sagrati divini della casa del Padre. Elisabetta credeva fermamente che, nell'eternità, la sua unione con lo Sposo Divino sarebbe divenuta perfetta: Gesù in lei, e lei in Gesù[207].

Fra il 16 e il 31 agosto del 1906, la giovane compose il secondo Trattato spirituale: *Dernière retraite* (DR)[208]. Esso è una testimonianza dei preparativi di Elisabetta alla vita nel cielo, nell'eterna gloria di Dio. Ella completamente distaccata da tutto ciò che è terreno, scrisse: «Je ne sais plus rien, je ne veux plus rien savoir, sinon "le connaître, *Lui*, la communion à ses souffrances, la conformité à sa mort" [cfr. Fil 3,10]» (DR 1). La giovane sapeva che in tutte le situazioni doveva mantenersi *nella presenza di Dio, nella carità*, cioè *in Dio*; solo questo stretto rapporto con l'Essere divino la poteva rendere *immacolata e santa*[209].

---

[205] P 109.
[206] Nella stessa lettera (L 306) Elisabetta affermò di aspettare con ardore il momento in cui lo Sposo le avrebbe detto: «Viens, ma louange de gloire, tu as assez chanté ici-bas, entonne maintenant ton cantique dans mes parvis éternels, sous le rayonnement des clartés de ma Face».
[207] Cfr. L 307, 308, DR 1.
[208] Questi versi, scritti nel corso di penosissime insonnie, sotto la stretta di sofferenze così acute, da farla quasi venir meno, a prima vista non sembrano esprimere pensieri originali, ma si presentano come un elenco di moltiplici riferimenti biblici con commenti personali. Sono invece qualche cosa di più profondo: essi rivelano la comprensione che Elisabetta aveva della propria vocazione (*louange de gloire*) e della vocazione altrui, cioè che tutti gli uomini hanno la possibilità di vivere il cielo anticipato, qui sulla terra (cfr. *Souvenirs*, 218).
[209] Cfr. DR 6; Ef 1,4.

Elisabetta si rendeva conto che la fede doveva essere per lei come luce splendente nelle tenebre della notte spirituale. Ella accettava con amore di camminare avvolta nelle oscurità; credeva che in tal modo avrebbe incontrato il suo Maestro, che alla fine l'avrebbe circondata con la *sua sola* luce. La giovane era convinta, inoltre, che percorrendo questa strada sarebbe *diventata* l'inno di ringraziamento all'Invisibile[210] e, prendendo parte alla passione del Maestro, avrebbe potuto ripetere con San Paolo: «Avec Jésus-Christ je suis clouée à la Croix»[211]. Il «feu consumant» (cfr. Eb 12,29) avrebbe operato la beata trasformazione, solo quando avesse trovato l'anima vuota di tutto ciò che non rientrava in queste due parole: l'amore e la gloria di Gesù[212].

Nel Trattato *Dernière retraite*, Elisabetta affermò ripetutamente di volersi preparare al compito che le sarebbe stato affidato nei cieli insieme agli altri Beati, cioè al perenne rendimento di gloria a Dio. Perché questo potesse compiersi nel modo più perfetto possibile, tentò di essere radicata e fondata nell'amore (cfr. Ef 3,16-17)[213], di vivere nella solitudine interiore[214] e di compiere ogni cosa in conformità al volere di Dio[215].

La giovane bramava di essere interamente e interiormente «mue par son Esprit» (Rm 8,14)[216]. Il suo modello, inarrivabile, di questa transformazione era la persona di Maria, la Madre di Gesù.

---

[210] Cfr. DR 10. Quello che consolava molto Elisabetta era il pensiero che tutte le sue miserie — le impotenze, i disgusti, le oscurità, le stesse colpe — avrebbero potuto narrare la gloria dell'Eterno. Anche le sue sofferenze, dell'anima e del corpo, raccontavano la gloria del suo Maestro (vedi: DR 18, dove Elisabetta affermava: «[...] je mêle mon sang à celui de la sainte Victime, [...] alors ma souffrance est "un message qui transmet la gloire" de l'Éternel»).

[211] Cfr. DR 13; Ga 2,19.

[212] Cfr. DR 19.

[213] Cfr. DR 20.

[214] Cfr. DR 26, in cui Elisabetta scrisse: «Si mes désirs, mes craintes, mes joies ou mes douleurs, si tous les mouvements provenant de ces "quatre passions" ne sont pas parfaitement ordonnés à Dieu, je ne serai pas solitaire, il y aura du bruit en moi».

[215] Cfr. DR 28, dove possiamo leggere le seguenti parole: «Ne jamais me laisser [mon Maître] gouverner par les impressions, par les premiers mouvements de la nature, mais me posséder moi-même par la volonté».

[216] Cfr. DR 28. Un giorno Elisabetta disse a suor Marthe de Jésus: «Si j'étais morte dans l'état d'âme où j'étais autrefois, ç'aurait été de l'extase, mais maintenant c'est dans la foi. J'aime mieux cela. Je suis plus semblable à mon Maître, et plus dans la vérité» (*Elpa*, 159; cfr. *Souvenirs*, 255).

15. «Nul n'a pénétré le mystère du Christ en sa profondeur, si ce n'est la Vierge» (DR 1)

Lo Spirito Santo mostrava a Elisabetta, come modello di raccoglimento interiore, una persona che, essendo la Madre di Gesù, era diventata la Sua Perfetta Discepola: la Vergine Maria. La Madonna fu per Elisabetta un Ideale altissimo, verso il quale rivolgere lo sguardo, per tendere incessantemente al suo raggiungimento. Nel suo secondo Trattato spirituale, *Dernière retraite*, Ella scrisse: «Nul n'a Pénétré le mystère du Christ en sa profondeur, si ce n'est la Vierge. [...] tous les saints restent dans l'ombre quand on regarde aux clartés de la Vierge!...» (DR 1). La giovane carmelitana sapeva bene che, sebbene questo Ideale non fosse raggiungibile, ella sempre avrebbe potuto recarsi dalla Madonna, cercando in Lei un aiuto nel cammino verso la santità, cioè verso l'unione con Dio.

Maria era, per Elisabetta, la grande *lode di gloria della Trinità*, come troviamo scritto nel quindicesimo giorno di DR:

> Après Jésus-Christ, sans doute à la distance qu'il y a de l'Infini au fini, il est une créature qui fut aussi la grande louange de gloire de la Sainte Trinité. Elle répondit pleinement à l'élection divine, dont parle l'Apôtre [Paul]: elle fut toujours *«pure, immaculée, irrépréhensible»* aux yeux du Dieu trois fois saint. Son âme est si simple. Les mouvements en sont si profonds que l'on ne peut les surprendre. Elle semble reproduire sur la terre cette vie qui est celle de l'Être divin. [...] «La Vierge conservait ces choses en son cœur»: toute son histoire peut se résumer en ces quelques mots! C'est en son cœur qu'elle vécut et en une telle profondeur que le regard humain ne peut la suivre. Quand je lis en l'Évangile «que Maire parcourut en toute diligence les montagnes de Judée» pour aller remplir son office de charité près de sa cousine Élisabeth, je la vois passer si belle, si calme si majestueuse, si recueillie au-dedans avec le Verbe de Dieu. Comme Lui sa prière fut toujours celle-ci: *«Ecce*, me voici!» Qui? «La servante du Seigneur», la dernière de ses créatures: elle, sa Mère[217]!

Il rapporto con Maria, la contemplazione della sua persona, erano per Elisabetta fonte di luce, di forza e di discernimento, per conoscere la via preparata dal Signore. Gesù apriva sempre di più il cuore della giovane digionese a Sua Madre, così la spiritualità della carmelitana si arricchì di una dimensione mariana e missionaria.

---

[217] DR 40.

Per acquisire una più profonda conoscenza di Gesù, la carmelitana attinse anche alla ricchezza contenuta nella cristologia di San Paolo[218]. Grazie all'Apostolo, ella riscoprì che Cristo è pace, riconciliazione, perdono e risurrezione[219]. Per questo motivo, Elisabetta, volendo fare in tutto la volontà del Padre[220], si unì all'inno di lode che risuona nell'anima del Maestro: «Père, je vous rends grâce» (cfr. Gv 11,41)[221].

La dottrina espressa dalle parole dell'Apostolo Paolo, condusse Elisabetta a meditare di nuovo (in *Dernière retraite*) la Passione di Gesù Cristo, con considerazioni personali, nelle quali è manifestata la sua capacità di trovare la soavità divina e la forza di imitare il Crocifisso, proprio nell'amarezza della sua sofferenza. La giovane nutriva la speranza che, dopo aver compiuto ogni cosa, il Padre sarebbe venuto a prenderla per portarla nel Suo regno[222]. Elisabetta, ormai spogliata di se stessa (*senza se stessa*), pronta a tutto, viveva nell'attesa di questo momento (DR 42).

16. «Il veut que je Lui sois une humanité de surcroît» (L 309)

Elisabetta chiamò il tempo di attesa prima della morte «le soir des épousailles»[223], e visse la sua malattia come una Santa Messa, durante la quale lei stessa era l'ostia offerta a Dio per diventare *il Corpo di Cristo*[224]. Gli istanti della sua esistenza, segnati dalla sofferenza, scor-

---

[218] Cfr. DR 29,37.
[219] Vedi: DR 30-31. Elisabetta affermò: «Et si je tombe à tout instant, dans la foi toute confiante je me ferai relever par Lui [Christ], et je sais qu'Il me pardonnera, qu'Il effacera tout avec un soin jaloux, plus que cela qu'Il me "dépouillera", qu'Il me "délivrera" de toutes mes misères, de tout ce qui est obstacle à l'action divine, et "qu'Il entraînera toutes mes puissances", qu'Il les fera ses captives, triomphant d'elles en Lui-même. Alors je serai toute passée en Lui, je pourrai dire: "Je ne vis plus. Mon Maître vit en moi!" [cfr. Ga 2,20]. Et je serai "*sainte, pure irrépréhensible*" aux yeux du Père» (DR 31).
[220] Cfr. DR 37.
[221] Cfr. DR 35.
[222] Cfr. DR 39; L 308. Per Elisabetta, la Madre di Cristo è Colei che ha riprodotto fedelmente sulla terra la vita propria all'Essere Divino. Maria (che la giovane carmelitana chiamava «Janua coeli»), avvolta in una specie di maestà, mostrò come devono soffrire coloro che il Padre ha deciso di associare alla grande opera della redenzione (cfr. DR 40, 41).
[223] P 110 [*Toi qui m'unis à mon Roi*], dedicata a Madre Germaine, in cui Elisabetta ricordava la sua vestizione: «Rappelle-toi ce jour plein de la lumière / Où tu daignas fiancer à l'Amour / Élisabeth, afin que tout entière / Il la consume et la nuit et le jour».
[224] Cfr. L 309.

revano lentamente e conducevano i suoi *passi* alla pace e alla felicità interiore[225]. La giovane carmelitana era convinta che il Cristo, sofferente e presente in lei, le offrisse come dono la possibilità di partecipare all'opera della redenzione[226]. Lei stessa si sentiva chiamata a diventare per Gesù «une humanité de surcroît en laquelle Il puisse encore souffrir pour la gloire de son Père, pour aider aux besoins de son Église»[227].

Nel suo terzo Trattato spirituale: *La grandeur de notre vocation* (GV), Elisabetta confessò che questo suo Calvario quotidiano non le appariva austero, ma era per lei piuttosto la via della beatitudine; questo cammino era certo penoso per la sua natura[228], ma contemplando la realtà con *l'occhio dell'anima* alla luce della fede, la giovane sentiva che la sua felicità cresceva in proporzione all'intensità della sofferenza, e sperimentava le gioie del paradiso portando la croce con il Maestro[229].

Elisabetta aveva particolarmente a cuore l'*Ufficio delle Laudi*. Soffrendo di insonnia passava le prime ore della notte in orazione, accanto alla sua finestrella, sino al tempo in cui sopraggiunsero le fresche serate di autunno, a causa delle quali ella dovette rinunziare alle lunghe sue veglie. Fino all'ultima settimana di vita, Elisabetta si alzava sempre per partecipare al momento di preghiera dell'ufficio divino, cercando, in tale atto liturgico, quella serenità che poi la avrebbe aiutata ad addormentarsi[230]. A volte la giovane fu udita pronunciare le seguenti parole: «Mon Maître me fait sentir qu'il est heureux de ces Laudes nocturnes; cela m'encourage à continuer tant que je pourrai» (*Souvenirs*, 221).

---

[225] Elisabetta citò le parole paoline: «Je me réjouis, [...], d'accomplir en ma chair ce qui manque à la passion de Jésus-Christ pour son corps qui est Église» (L 309; Col 1,24). Cfr. GV 7.

[226] Si parla della soggettiva adesione (di Elisabetta) all'opera di Cristo.

[227] Cfr. L 309.

[228] La giovane scrisse alla sua amica Françoise de Sourdon: «N'as-tu jamais vu de ces images représentant la mort moissonnant avec sa faucille? Eh bien, c'est mon état, il me semble que je la sens me détruire ainsi... Pour la nature c'est parfois pénible, et je t'assure que si je restais là, je ne sentirais que ma lâcheté dans la souffrance... Mais ceci, c'est le regard humain! Et bien vite "j'ouvre l'œil de mon âme sous la lumière de la foi", et cette foi me dit que c'est l'amour qui me détruit, qui me consume lentement, et ma joie est immense et je me livre à lui comme une proie» (GV 7). Cfr. pure GV 13; L 315.

[229] Cfr. GV 13; cfr. L 315. Un giorno Elisabetta disse a suor Marie-Xavier de Jésus: «Je suis heureuse de souffrir pour être trouvée conforme à mon époux crucifié» (*Elpa*, 128).

[230] *Souvenirs*, 221.

Il 14 settembre 1906[231], Elisabetta, pur essendo molto stanca e priva addirittura della forza di tenere una matita[232], scrisse una poesia (P 112), in cui affermò di essersi rinchiusa «[en] l'Homme de douleurs» (cfr. Is 53,3). Il Cristo divenne per lei il suo «ermitage» e la sua «clôture aimée»; in tal modo ella tentò di rendere attuali le parole di San Paolo: «marcher en Jésus-Christ» (cfr. Col 2,6)[233].

Attingendo anche all'insegnamento della Beata Angela da Foligno, Elisabetta constatò che Gesù prende dimora nel dolore[234]; la sofferenza allora si cambia in un luogo d'incontro con il Signore. Sospinta dalla forza di questa verità, la giovane carmelitana espresse subito il desiderio di *abitare nel dolore* con il Maestro, per «exalter bien haut la Croix [du] Sauveur»[235]. Rivolgendosi a sua sorella, scrisse: «[...] il me semble que j'ai trouvé mon habitation: c'est cette douleur immense qui fut celle du Maître; en un mot, c'est Lui-même, l'Homme de douleurs» (L 311; Is 53,3)[236].

Elisabetta giunse perciò ad un'ancora più profonda convinzione, che il mistero della sofferenza sia legato all'amore divino[237]. Alla signora de Sourdon scrisse con disarmante chiarezza: «Jamais je n'avais tant compris que la souffrance est le plus grande gage d'amour que Dieu puisse donner à sa créature, et je ne me doutais pas qu'une telle saveur était cachée au fond du calice, pour celui qui en a bu toute la lie»

---

[231] Questa data, secondo J. De Bono, fu per Elisabetta il principio di una nuova e ultima fase della sua esistenza, cioè *la pienezza dell'amore*, descritta da San Giovanni della Croce nelle opere *Cantico Spirituale* (strofe: 36-40) e *Fiamma viva d'amore*. Vedi: J. DE BONO, *La sofferenza*, 265.

[232] Cfr. L 311.

[233] Cfr. P 112.

[234] Cfr. P 112. Cfr. pure la frase della Beata Angela da Foligno «Où donc habitait-Il, sinon dans la douleur?» citata in P 113 ed inoltre in L 311, 312, 314, 315, 324.

[235] Cfr. P 113 [*Mon Amour crucifié*]; cfr. L 314. Nella poesia P 113 Elisabetta menzionò l'immensità della sofferenza di Cristo e affermò: «En cette immensité, je fixe mon séjour. / Là je veux m'immoler en un sacré silence / Pour être transformée en "victime d'amour!..."» (P 113; cfr. Lam 1,12).

[236] Cfr. L 314.

[237] Soggettiva e molto profonda interpretazione elisabettiana della propria sofferenza, che corrispondeva ad un'autentica ed esemplare esperienza d'amore da lei stessa vissuta, e nella quale ogni uomo è chiamato ad incontrare Dio in un rapporto di profonda comunione. Entrando così nella sfera del rapporto tra Dio e l'uomo e quindi della relazionalità nell'amore, si possono azzardare conclusioni oggettive, pur nel rispetto delle particolarità proprie ad ogni singolo rapporto tra due o più persone.

(L 313)²³⁸. La giovane carmelitana cercava di superare l'amarezza del dolore, per ritrovarvi il suo *riposo*²³⁹. La sofferenza misteriosamente la attirava sempre di più; il desiderio di essa, addirittura, quasi dominava il suo anelito al cielo, che comunque in lei era fortissimo²⁴⁰. Elisabetta, come mai prima, comprese il valore della sofferenza²⁴¹. In ogni nuovo dolore, cercando la forza, era solita baciare la croce del Maestro e dirGli sottovoce: «Merci, je n'en suis pas digne» (L 314)²⁴².

Nel suo atteggiamento interiore verso la sofferenza, la giovane carmelitana non solo volle accoglierla con una pazienza inspiegabile, ma anche con riconoscenza²⁴³. Ella sapeva che, per giungere alla meta, occorre contemplare Dio crocifisso per amore. Questa contemplazione, se è autentica, porta infallibilmente ad amare la sofferenza²⁴⁴.

Facendo allusione alla trasfigurazione sul Tabor, Elisabetta, in una lettera indirizzata a sua madre, espresse la sua gioia di poter vivere con Gesù il Suo Calvario, e il desiderio di poter piantare la propria tenda accanto a quella del Maestro²⁴⁵. Coinvolta dalla Passione del suo Spo-

---

²³⁸ Cfr. L 314; cfr. pure GV 13, in cui Elisabetta scrisse le seguenti parole a Françoise de Sourdon: «Si tu savais quelle saveur on trouve au fond du calice préparé par le Père des Cieux». Cfr. L 315.

²³⁹ Cfr. L 313. Elisabetta diceva: «Je sens à côté de moi, l'Amour comme un être vivant qui me dit: "je veux vivre en société avec toi; pour cela je veux que tu souffres sans penser que tu souffres, te livrant simplement à mon action"» (*Elpa*, 171; cfr. *Souvenirs*, 245).

²⁴⁰ Cfr. L 314.

²⁴¹ Cfr. L 315. Un giorno, nelle ultime settimane di vita, Elisabetta poté ancora recarsi alla tribuna dell'infermeria e assistere all'esposizione del Santissimo, che si trovava proprio alla sua medesima altezza; allora disse: «La reine se tient à la droite du Roi: je profite du rang que j'occupe près de Celui qui m'a faite reine, pour puiser en son Cœur de nombreuses grâces» (*Elpa*, 170).

²⁴² Queste parole trovano spiegazione nella comprensione che Elisabetta aveva della sofferenza. Essa, come spiega la stessa carmelitana, fu anzitutto la compagna della vita di Cristo. La giovane non si sentiva meritevole di essere trattata come Lui dal Padre suo (cfr. L 314).

²⁴³ Quando facevano osservare a Elisabetta che Gesù la voleva come Lui sulla Croce, rispondeva: «Oh! Oui, c'est ravissant! mon Maître est d'une délicatesse infinie, Il n'oublie rien de ce qui peut me rendre semblable à Lui» (*Elpa*, 163; cfr. *Souvenirs*, 255). Cfr. L 314.

²⁴⁴ Cfr. L 314.

²⁴⁵ Cfr. L 317. Elisabetta constatò che la sua trasfigurazione in Cristo si sarebbe compiuta sul Calvario, attraverso la sofferenza. Si rese conto che il Calvario deve essere compreso alla luce del Tabor, ed è probabilmente per questo motivo che, negli scritti elisabettiani, il Tabor è divenuto il Calvario. Cfr. L 317, n. 4.

so, nel constatare e contemplare le pene che Cristo ha sofferto per noi nel Suo Cuore, nella Sua anima e nel Suo corpo, nella giovane nacque un intenso desiderio di ricambiare il Suo amore, soffrendo tutto ciò che Egli ha sofferto. Ella affermava di non amare la sofferenza in se stessa, ma di amarla come strumento attraverso il quale aveva la possibilità di giungere ad essere conforme a Colui che era il suo Sposo e il suo Unico Amore[246].

Lo Spirito Santo *versava* nel cuore di Elisabetta la capacità di amare «fino alla fine». Questo amore la preparava alla partecipazione alla vita della Santissima Trinità.

17. «[...] la Sainte Trinité m'a fait sentir sa présence en mon âme» (*Elpa*, 131)

Alla fine di settembre del 1906, Elisabetta della Trinità, poco prima della sua dipartita al Cielo, confidò alla signora Gout de Bize di sperimentare un amore simile a quello provato da Gesù prima della Sua Passione. Egli, come leggiamo nel Vangelo di Giovanni, amò i suoi che erano nel mondo sino alla fine (cfr. Gv 13,1); il Suo Cuore era *traboccante di amore*. La carmelitana affermò, con umiltà, che anche lei sentiva ardere nel suo cuore un amore tanto intenso: sentiva dentro di sé sprigionarsi effusioni d'amore, ancora più forti di quelle che aveva sperimentato in passato. Ella non pensava che il suo cuore fosse cambiato, ma lo sentiva dilatato grazie al suo contatto con Dio[247]. La sua anima, tuffata nell'Infinito già sulla terra, si preparava a far festa nel cielo con *immensus Pater, immensus Filius, immensus Spiritus sanctus*[248]. In quel periodo, la giovane sentiva fortemente la presenza delle Tre Persone Divine.

Un giorno, quando la Priora si scusò di essere in ritardo in occasione della sua visita abituale, Elisabetta rispose: «Ne vous inquiétez plus, ma Mère, lorsque vous ne pourrez pas venir me voir; tout à l'heure la Sainte Trinité m'a fait sentir sa présence en mon âme; il me semblait

---

[246] Cfr. L 317. Questa comprensione del dolore, ed il conseguente atteggiamento verso di esso, infondono nell'anima una pace dolce e una gioia profonda. Di conseguenza, l'uomo pone facilmente la propria felicità in tutto quanto lo contrasta (*Ibid.*).

[247] Cfr. L 315. Elisabetta era grata a Dio per aver riservato per lei una parte così bella, così illuminata dal raggio del suo amore (*Ibid.*).

[248] Vedi P 115 con la nota n. 2 (cfr. pure P 117, in cui la carmelitana affermò che si preparava a tuffarsi «dans l'ardente Fournaise»). La poesia P 115 è *una metafora* che, in un certo senso, racconta e riassume tutta la via e la vita spirituale di Elisabetta.

voir les trois divines Personnes tenant leur Conseil en moi. Je pense toujours avoir recours à Elles; c'est mon Conseil tout-puissant» (*Elpa*, 131).

La meta non era ancora raggiunta. Elisabetta sentiva che lo Spirito Santo voleva non solo renderla simile a Gesù, ma in un certo senso *identificarla* con Lui.

18. «[...] Il m'identifie à l'Homme de douleurs» (P 121)

Un giorno Elisabetta lesse le parole di un autore ignoto, che furono per lei motivo di consolazione: «Dieu a tant aimé la société de la douleur qu'Il l'a choisie pour son Fils, et le Fils s'est couché dans ce lit, et Il s'est accordé avec le Père en cet amour»[249]. La sofferenza fu allora intesa dalla giovane come un «trop grand amour» (cfr. Ef 2,4) e «la dispensation divine de la douleur»[250]. Elisabetta trasformò il dolore in orazione e, interamente rifugiata nella preghiera del suo Maestro, restò fiduciosa nella Sua virtù onnipotente[251].

Si avvicinava rapidamente la sua ultima ora, ed Elisabetta sempre più spesso si portava con il pensiero al Monte Calvario. Con il desiderio di rassomigliare a Gesù, rifletteva sul significato del nome Michele («Qui donc est comme Dieu?»): ella comprese che per diventare simile a Cristo, che si è annientato davanti al Padre, occorre scomparire, abbassarsi, vivere nella più profonda umiltà[252].

Nell'ottobre del 1906, Elisabetta confessò a Madre Germaine de Jésus la sua sofferenza e la sua angoscia che le impedivano di prendere sonno, ma subito aggiunse di sentirsi maggiormente ferita dalla felicità

---

[249] Vedi in L 318.
[250] L 319.
[251] Cfr. L 319. Molte volte Elisabetta si trovò nella tribuna dell'infermeria, prospiciente la Cappella, tormentata da un'intensa sofferenza, ma sempre serena. Ella confessò: «Je suis venue me réfugier sous le prière de mon Maître, car j'avais besoin de sa force divine, je souffre tant!» (*Elpa*, 140). Cfr. anche le parole scritte in *Elpa*, 141; *Souvenirs*, 210.
[252] Vedi P 118; cfr. P 120. Elisabetta concluse la poesia P 118 con le seguenti strofe: «Cultivons avec soin la douce violette, / Son suave parfum plaît tant à notre Époux, / Il sera si content d'en faire la cueillette / Lorsque viendra le soir du divin Rendez-vous. // Oh, précipitons-nous au fond du "double abîme": / "L'immensité de Dieu, notre propre néant". / Notre louange alors montera sublime / Et pourra rendre gloire au Seigneur tout-puissant. // Il aime tant trouver l'âme en cette attitude / D'anéantissement, d'humiliation: / Il s'élance vers elle avec sa plénitude / Afin de consommer la divine union».

che dal dolore[253]. In una sua lettera la giovane scrisse: «[...] je sens mes Trois si près de moi; [...] mon Maître m'a rappelé que c'était ma résidence et que je ne devais pas choisir mes souffrances; je me plonge donc avec Lui en la douleur immense, avec toute crainte et angoisse»[254].

In una poesia, invece, Elisabetta spiegò come Dio inizialmente l'aveva accolta come tenero padre e poi la prese per sacrificarla, conducendola al Calvario e identificandola con «l'Homme de douleurs», cioè con il «Modèle divin»[255]. La giovane testimoniò che, per questo motivo, ella, sulla *propria croce*, gustava gioie sconosciute[256] e, nella morte che si avvicinava, intravedeva il pegno d'amore di Dio[257].

Un giorno di ottobre del 1906, Elisabetta ricevette una grazia, una luce spirituale, che non seppe ben definire[258] e che riguardava la sua relazione con la Priora, relazione che già era profonda e pura. La giovane raccontò che il Maestro le fece capire che loro due dovevano iniziare una vita nuova, «toute présente à l'Amour, toute dans le pur Amour» (L 321). Questa grazia rafforzò il legame spirituale fra le due suore e lo perfezionò sino all'apice dell'amore: all'amore divino.

---

[253] Cfr. L 320. Elisabetta diceva con naturalezza: «Il est aussi simple de souffrir que de jouir» (*Elpa*, 172).

[254] L 320 (cfr. *Souvenirs*, 223); cfr. P 120: «Oh, que l'abaissement soit notre résidence / Notre palais royal, notre habitation». Un giorno Elisabetta disse: «Je le [Dieu] trouve en la croix [...] c'est là qu'il me donne sa vie» (*Souvenirs*, 256).

[255] P 121. Quando cercavano di proporle qualche sollievo rispondeva: «[...] mon Maître me fait comprendre que devant bientôt le voir face à face, loin de chercher à se reposer "Laudem gloriae" doit extraire de son être toute la prière et la souffrance possible» (*Elpa*, 155).

[256] Cfr. L 323: «[...] sur ma croix [...] je goûte des joies inconnues. Je comprends que la douleur est la révélation de l'Amour, et je m'y précipite: c'est ma résidence aimée, c'est là où je trouve la paix et le repos, là où je suis sûre de rencontrer mon Maître et de demeurer avec Lui». Cfr. L 323 bis, indirizzata alla signora de Vathaire: «(...) David a dit de Jésus-Christ: "Sa douleur est immense" [cfr. Lam 2,13]. En cette immensité j'ai fixé ma résidence, c'est la palais royal où je vis avec mon Époux crucifié. [...] Oh! Que je l'aime [la souffrance]! Elle est devenue ma paix, mon repos; priez pour que Dieu augmente ma capacité de souffrir». Cfr. L 324: «Je m'affaiblis de jour en jour et je sens que le Maître ne tardera plus beaucoup à venir me chercher. Je goûte, j'expérimente des joies inconnues. La joie de la douleur, oh! [...] qu'elle est suave et douce!...». Cfr. pure L 340, indirizzata al dottor Barbier, nella quale Elisabetta affermò che gli ultimi mesi di sofferenza erano stati mesi di benedizione, di gioia profonda, sconosciuta dal mondo.

[257] Cfr. P 121.

[258] Elisabetta affermò di non saper dire ciò che sentiva nel suo cuore. Cfr. L 321.

In questo stato d'animo, Elisabetta, immersa nell'*Amore puro*, si sentiva più vicina ai morti che ai vivi. Lei stessa spiegava che proprio le anime dei defunti, sia nel purgatorio che nel paradiso, sono fissate «dans le pur amour» di Dio e nulla può distoglierle da Lui[259]. La giovane nutriva una forte speranza che il Maestro non avrebbe tardato a venire a prenderla[260], e per questo si sentiva molto felice[261].

Il desiderio di essere «transformée en Jésus crucifié» dava alla carmelitana la forza nella sofferenza[262]. Alla luce dell'eternità comprendeva con maggior profondità le realtà spirituali, come per esempio l'importanza di non temere il sacrificio e l'imperversare delle lotte spirituali, ma piuttosto di rallegrarsi nella prova[263].

Nella preghiera, Elisabetta chiedeva alle beate carmelitane di ottenere per lei quella stessa forza dell'amore che aveva arso nel loro cuore, affinché anche lei, come Santa Teresa, potesse essere martire di questo amore. Guardava il crocifisso e voleva essere conforme all'immagine divina di Colui che per amore offre la Sua vita[264].

Il 14 ottobre, Elisabetta, scrivendo una lettera a sua mamma, le confessò di soffrire molto e di amare la sofferenza sempre più, come dono che il Maestro le elargiva in abbondanza[265]. Alla signora Ferrat, ella disse che mai la sua felicità era stata così grande e così vera, come invece lo fu da quando Dio si degnò di associarla ai dolori del Divino Crocifisso, per completare nel suo corpo ciò che manca ai patimenti del

---

[259] Cfr. L 323. La suora Marthe de Jésus confessò di sentire in Elisabetta la presenza del Signore, e talvolta baciava le sue mani. La malata lasciava fare e diceva: «C'est pour Lui» (*Elpa*, 167; cfr. *Souvenirs*, 258).

[260] Cfr. L 323, 324.

[261] Cfr. L 331.

[262] Cfr. L 324. In questa lettera, Elisabetta scrisse anche: «[...] nous ne devrions pas avoir d'autre idéal sinon de nous conformer à ce Modèle divin; alors, quelle ardeur nous porterait au sacrifice, au mépris de nous-mêmes, si nous avion toujours les yeux du cœur orientés vers Lui»; cfr. Ef 1,18. Nella lettera L 324, la carmelitana confessò: «[...] je vais chercher la force près de Celui qui a tant souffert parce qu'"Il nous a trop" aimés, comme dit l'Apôtre»; cfr. Ef 2,4.

[263] Cfr. L 324.

[264] Cfr. L 324. La giovane carmelitana confidò a suor Marie de la Trinité: «Je ne rêve plus seulement de mourir pure comme un ange, mais transformée en Jésus-Crucifié et cette pensée me donne force dans la souffrance» (*Elpa*, 175). Cfr. *Souvenirs*, 199: «Je n'envie plus seulement d'arriver au ciel pure comme un ange [...], mais transformée en Jésus crucifié».

[265] Cfr. L 325.

Cristo[266]; emblematiche di questo suo sentimento sono anche le seguenti parole: «Oui je suis heureuse de m'associer à l'œuvre de la Rédemption; ce que je souffre est comme une extension de la Passion»[267].

La sofferenza cresceva inesorabile, come una sorta di agonia fisica. Elisabetta si sentiva così debole, da non aver la forza neppure di lamentarsi[268]. Non poteva mangiare quasi niente, soffriva di mal di cuore, aveva perso in parte l'odorato e il gusto. Il Signore però, come la stessa giovane affermava, le teneva compagnia, la sosteneva nella sofferenza e le faceva trovare nel dolore la grazia di riposare in Lui[269].

La sofferenza non allontanò Elisabetta dagli altri, anzi si potrebbe addirittura affermare che essa, in maniera misteriosa, l'avvicinava ai fratelli. Ella disse per esempio ad Anne-Marie d'Avout: «Je ne vous oublie pas sur ma croix où je goûte des joies inconnues, et quand je serai au Ciel vos noms et vos souvenirs si bien gravés au fond de mon cœur y seront sans cesse présents devant le bon Dieu» (L 328 bis). La giovane *approfittava* della sofferenza, per offrirla come preghiera di intercessione per gli altri, come per esempio per la Priora («une neuvaine de souffrance»)[270], per la figlia della signora Gout de Bize[271] oppure per Clémence Blanc[272].

---

[266] Cfr. L 326; Col 1,24. Cfr. pure: *Elpa*, 122: «Je me réjouis d'accomplir en ma chair ce qui manque à la Passion du Christ, pour son corps qui est l'Église».

[267] *Elpa*, 123 (cfr. *Souvenirs*, 189); in cui possiamo leggere pure un'altra frase di Elisabetta: «Ce que je veux, c'est le connaître Lui, la communion à ses souffrances, la conformité à sa mort». Elisabetta ripeteva spesso il pensiero di S. Caterina da Siena: «Que ma vie se distille goutte à goutte pour toi, ô Christ, et pour l'Église, ta douce épouse» (*Elpa*, 160; cfr. *Souvenirs*, 262). Era sempre generosamente disposta ad offrire tutte le sue sofferenze per la Chiesa (cfr. *Elpa*, 161)

[268] Cfr. L 329, 334; *Souvenirs*, 247.

[269] Cfr. L 327. Vedi pure L 329: «Mais l'Être qui est la Plénitude d'Amour la visite, lui tient compagnie, la fait entrer en société avec Lui, tandis qu'Il lui fait comprendre que, tant qu'Il la laissera sur la terre, Il lui dispensera la douleur». Prima della morte Elisabetta disse: «On ne saura qu'au ciel [...] combien j'ai souffert en ma vie» (*Souvenirs*, 120).

[270] L 329. Elisabetta scrisse alla Priora: «[...] chaque nuit, tandis que vous reposez, nous [Dieu en lequel Élisabeth se sait assumée] irons vous visiter avec la Plénitude d'amour!» (L 329).

[271] Cfr. L 330.

[272] A quest'ultima, la giovane spiegò che, come il cuore di Cristo era traboccante d'amore quando stava per lasciare i suoi (cfr. Gv 13,1), allo stesso modo il suo cuore si sentiva spinto ad amare, specialmente quando le sofferenze diventavano più acute; cfr. L 331. Vedi pure L 333 indirizzata alla signore Bobet: «Jamais le Cœur du Maître ne fut si débordant d'amour qu'à l'instant suprême où Il allait quitter les siens!

Elisabetta si abbandonò completamente all'azione della Santissima Trinità, a tal punto che Iddio le concesse la grazia di ricevere da lui *una divina ferita*. Una mattina la giovane disse alla Priora:

> O ma Mère, encor un peu, et vous n'auriez plus retrouvé sur la terre *Laudem gloriae*. [...] Hier soir, mon âme était dans une sorte d'impuissance, quand tout à coup je me suis sentie comme envahie par l'Amour. Aucune expression ne me permet de rendre ce que j'ai éprouvé; c'était un feu d'une douceur infinie et, en même temps, il semblait qu'il me causât une blessure mortelle. Je crois que si cela s'était prolongé, j'aurais succombé[273].

La forza dell'Amore, che Elisabetta sperimentò in modo particolare prima della sua morte, la spingeva ad amare ancora di più, già qui sulla terra e, poi, nel cielo[274]. Come Gesù disse che sarebbe andato a *preparare* ai suoi discepoli *un posto nel cielo*, anche la giovane carmelitana voleva, dopo la sua morte, poter aiutare gli altri nel loro cammino verso la patria eterna; ella bramava ritrovarsi assieme a loro davanti al volto radioso di Dio.

19. «Je vais à la lumière, à l'amour, à la vie» (*Elpa*, 192)

Percorrendo la strada della sofferenza, Elisabetta della Trinità trovò nell'amore il segreto della felicità[275], e la irradiava intorno a sé per condividerla con gli altri. La giovane scriveva lettere che esprimevano il suo ardente desiderio che ognuno restasse trasfigurato nell'amore di Dio. Per esempio, a Clémence Blanc scrisse: «Tandis que je contemplerai l'Idéale en sa grand clarté, je Lui demanderai qu'elle s'imprime en votre âme, afin que déjà sur cette terre où tout est souillé, vous soyez belle de sa beauté, lumineuse de sa lumière» (L 331); poi aggiunse una frase che più tardi avrebbe rivolto pure agli altri: «Je vous donne rendez-vous en l'héritage des saints» (L 331)[276], e continuò:

[cfr. Gv 13,1] Il me semble qu'il se passe quelque chose d'analogue en sa petite épouse au soir de sa vie, et je sens comme un flot qui monte de mon cœur jusqu'au vôtre!...».

[273] *Souvenirs*, 248.

[274] Cfr. L 334, scritta alla signora Gout de Bize: «Ah, vous savez que je vous aime comme une vraie maman, et au Ciel croyez qu'il en sera toujours ainsi».

[275] Cfr. L 331. Una costante visione di fede aiutò Elisabetta a trionfare su tutte le sofferenze, sia fisiche che spirituali. Ella confessò: «Il me semble, que mon corps est suspendu et mon âme dans les ténèbres, mais je sais que l'Amour fait cela et je jubile en mon cœur» (*Elpa*, 162; *Souvenirs*, 255).

[276] Cfr. Col 1,12. Vedi L 335: «Je vous donne rendez-vous dans le Foyer d'amour;

C'est là que parmi le chœur des vierges, cette génération pure comme la lumière, nous chanterons le beau cantique de l'Agneau, le Sanctus éternel, sous le rayonnement de la Face de Dieu. Alors, dit saint Paul, «nous serons transformés en la même Image, de clarté en clarté» [cfr. 2 Cor 3,18]. Je vous embrasse avec tout l'amour de mon cœur et suis votre Ange pour l'éternité[277].

La carmelitana sentiva avvicinarsi la soglia dell'eternità. Riconoscendo con gratitudine le opere che Iddio già aveva compiuto in lei, fissando gli occhi della fede nella vita futura, confessò:

[...] parfois il me semble qu'Il va venir me prendre pour m'emporter où Il est dans la Lumière éblouissante. Déjà dans la nuit de la foi, les unions sont si profondes, les étreintes si divines! Que sera-ce, dans ce premier face à face, dans la grande clarté de Dieu, de cette première rencontre avec la Beauté divine! Ainsi je vais m'écouler dans l'infini du Mystère et contempler les splendeurs de l'Être divin. [...] Ensevelissons-nous dans un éternel silence, que le simple regard sur Lui nous sépare de tout et nous fixe en l'insondable profondeur du mystère des Trois, en attendant le «Vieni» de l'Époux[278].

Alla luce dell'eternità, tutto ciò che non fosse stato fatto per Iddio e con Dio, le sembrava essere vuoto. Elisabetta comprendeva il valore della vita e l'importanza di vivere ogni istante come un'occasione preziosa per radicarsi di più in Dio[279]. Ella affermò che se avesse potuto ripercorrere da principio la sua esistenza, avrebbe voluto che ogni suo attimo fosse segnato dall'amore[280].

Coll'intraprendere il suo lungo viaggio verso il grande *Foyer d'amour* (L 336), Elisabetta assicurò i suoi cari che non si sarebbe dimenticata di loro e che li avrebbe sempre aiutati[281] ed amati[282]. Le

---

c'est là que s'écoulera mon éternité, et vous pouvez déjà la commencer ici-bas. [...] vous savez le mot de saint Paul: "Notre conversation est dans les Cieux" [cfr. Fil 3,20]», 341: «J'ai l'espérance d'être ce soir dans "cette grande multitude" que saint Jean vit devant le trône de l'Agneau, le servant nuit et jour dans son temple [cfr. Ap 7,9.15]. Je vous donne rendez-vous dans ce beau chapitre de l'Apocalypse et dans le dernier, qui emporte si bien l'âme au-dessus de la terre dans la Vision en laquelle je vais me perdre pour toujours!».

[277] L 331. Cfr. L 335.
[278] L 332.
[279] Cfr. L 333.
[280] Cfr. L 335.
[281] Cfr. per es. L 333: «A Dieu, mon Antoinette [de Bobet], quand je serai là-haut, voulez-vous me permettre de vous aider, de vous reprendre même, si je vois que vous

CAP. IV: L'ESISTENZA: NOTTE PASSIVA E ILLUMINATA 239

ultime lettere da lei scritte acquisirono le caratteristiche di un testamento spirituale: erano la testimonianza della sua esperienza di vita[283]. Alla signora de Bobet, Elisabetta testimoniò:

> Je vous le confie: c'est cette intimité avec Lui «au-dedans» qui a été le beau soleil irradiant ma vie, en faisant déjà comme un Ciel anticipé; c'est ce qui me soutient aujourd'hui dans la souffrance. Je n'ai pas peur de ma faiblesse, c'est elle qui me donne confiance, car le Fort est en moi et sa vertu est toute-puissante; elle opère, dit l'Apôtre, au delà de ce que nous pouvons espérer![284].

Alla fine della sua vita terrena, la giovane conobbe con maggior chiarezza la sua vocazione che avrebbe dovuto compiere in cielo: oltre ad essere «Laudem gloriae», ella si sentiva chiamata a svolgere una missione di apostolato fra le anime[285]. Il 28 ottobre 1906, Elisabetta scrisse le seguenti parole a suor Marie-Odile:

> Il me semble qu'au Ciel, ma mission sera d'attirer les âmes en les aidant à sortir d'elles pour adhérer à Dieu par un mouvement tout simple et tout amoureux, et de les garder en ce grand silence du dedans qui permet à Dieu de s'imprimer en elles, de les transformer en Lui-même[286].

Nella medesima lettera, la giovane carmelitana svelò lo stato della sua anima, affermando di rendersi conto della necessità di soffrire molto, prima di morire. Preparata ad affrontare ogni prova, confessò: «Mon

---

ne donnez pas tout au Maître? Et ce, parce que je vous aime!»; L 335: «[...] en la Maison du Père je prierai bien pour vous. [...] et si par hasard, du sein de la Lumière, je vous voyais sortir de cette unique occupation [de l'amour][du divin], bien vite je viendrais vous rappeler à l'ordre [...]»; L 336: «[...] elle [Laudem gloriae] lui [à sœur Anne de Saint-Barthélemy] promet qu'elle l'aidera [...]»; cfr. pure: L 340, 341, 342; *Elpa*, 153: «Voulez-vous que je sois l'ange gardien de vos enfants?» (parole dette al medico curante Lucien).

[282] Cfr. L 342 (a Charles Hallo): «Quand je serai près de Dieu, recueille-toi dans la prière, nous nous retrouverons mieux encore. Je te laisse une médaille de mon chapelet, porte-la toujours en souvenir de ton Élisabeth qui t'aimera plus encore dans le Ciel!».

[283] Ella aveva iniziato a realizzare questo desiderio già qualche mese prima, scrivendo per es. GV, CF, L 273, 278, 280, 291, 298, 305; P 105, 106. Nella lettera indirizzata a suor Marie-Odile, scrisse un motto che riassumeva tutta la sua vita e la sua esperienza: «Petite sœur aimée, vivons d'amour pour mourir d'amour et pour glorifier le Dieu tout Amour» (L 335).

[284] L 333.

[285] Cfr. L 340: «Je voudrais pouvoir me faire entendre à toutes les âmes, pour leur dire la vanité, le néant de ce qui passe sans être fait pour Dieu».

[286] L 335.

Maître me presse, Il ne me parle plus que de l'éternité d'amour. C'est si grave, si sérieux; je voudrais vivre chaque minute pleine» (L 335)[287].

Gli ultimi giorni di ottobre del 1906, Elisabetta visse le ore che trascorreva in intimo rapporto con Dio, come il tempo del «contact unificant» (LA 1)[288]. Con l'intento di ringraziare la Priora, la giovane scrisse una lettera-testamento (considerata in seguito il quarto Trattato spirituale), che fu chiamata *Laisse-toi aimer*[289]. Elisabetta affidò alla Madre Germaine l'eredità di quella stessa vocazione alla quale, nel seno della Chiesa, era stata chiamata nella sua breve esistenza terrena, vocazione che la stessa giovane avrebbe continuato ad adempire incessantemente nel Cielo: «*Louange de gloire de la Sainte Trinité*» (LA 5)[290].

I primi giorni di novembre del 1906, Elisabetta dettò una lettera al dottor Barbier, che durante la sua malattia si prese cura di lei. In essa la giovane gli manifestò la sua gratitudine per le attenzioni ricevute, affermando che, a sua volta, da quel momento si sarebbe presa cura di lui, accompagnandolo come un angelo invisibile che lo avrebbe condotto alla *meta di ogni creatura nata da Dio*[291].

Il giorno della morte era vicino. Il 1° novembre Elisabetta ricevette per l'ultima volta la Santa Comunione e, durante l'ultima settimana della sua vita, le fu frequentemente rinnovata la grazia di poter accedere al sacramento della Penitenza[292].

---

[287] Cfr. L 340: «A cette dernière heure de mon exil, à ce beau soir de ma vie, comme tout me paraît grave sous la lumière qui me vient de l'éternité...».

[288] Elisabetta disse: «[...] nous nous sommes tant aimés [...] pressant sur son cœur le Christ du beau jour de sa profession. Cette lumière vient confirmer, au soir de ma vie, tous mes attraits de grâce..., je ne veux plus vivre que d'amour» (*Souvenirs*, 252); «Si Notre-Seigneur m'offrait le choix entre la mort dans une extase ou dans l'abandon du Calvaire, je la préférerais sous cette dernière forme, non pour le mérite, mais pour le glorifier et lui ressembler» (*Souvenirs*, 254).

[289] In questa lettera la carmelitana cercò di spiegare alla Madre Germaine il piano che Dio aveva preparato per lei (cfr. LA 3).

[290] Cfr. Col 2,7. In questa lettera, la giovane carmelitana scrisse a Madre Germaine le seguenti parole: «Si vous le lui permettez, votre petite hostie [Élisabeth] passera son Ciel au fond de votre âme». Tali parole mostravano la profondità della comprensione che Elisabetta aveva del mistero della comunione dei Santi. Se Iddio raduna tutti coloro che Gli appartengono ed entra nel loro cuore, noi, con Lui e in Lui, possiamo unirci con loro.

[291] Cfr. L 340.

[292] Era già da qualche anno che Elisabetta sentiva un particolare bisogno di immergere l'anima sua nel prezioso Sangue di Gesù Cristo, nel sacramento della Penitenza (*Souvenirs*, 256).

All'inizio di novembre del 1906, Elisabetta scrisse ancora una volta alla signora Hallo: «Voici, je crois, le grand jour si ardemment désiré, de ma rencontre avec l'Époux uniquement aimé, *adoré*. [...] Priez beaucoup pour votre petite Élisabeth; ne la laissez pas trop longtemps dans l'attente de la fusion divine» (L 341). All'infermiera, che le chiedeva quanto soffriva e se desiderava il Cielo, la giovane carmelitana rispose: «Oh! non, je n'en puis plus... Oui, jusqu'à présent je me suis abandonnée. Je suis épouse, et maintenant j'ai le droit de lui dire: "Partons". Quand on s'aime, il tarde de se voir. Oh! je l'aime. Nous nous aimons» (*Elpa*, 189).

La presenza di Maria, Madre di Cristo, fu per Elisabetta un consolante conforto, soprattutto nei momenti estremi della prova. La Santa Vergine era il suo Ideale, e la giovane sovente faceva riferimento alla sua persona, confidando in Lei: «Marie, debout au pied de la Croix, est mon idéal réconfortant» (*Elpa*, 185). Quando Elisabetta venne fotografata per l'ultima volta con la piccola statua di Maria, «Janua Cœli», fra le braccia, disse: «Oui, Janua Cœli laissera bien passer la petite "Louange de Gloire"»[293].

Dopo una crisi violenta, la giovane esclamò: «O Amour! Amour! [...] tu sais si je t'aime, si je désire te contempler; tu sais aussi si je souffre; cependant, trente, quarante ans encore si tu le veux, je suis prête. Épuise toute ma substance pour ta gloire; qu'elle se distille goutte à goutte pour ton Église» (*Souvenirs*, 261-262).

L'espressione del volto di Elisabetta testimoniava un profondo cambiamento avvenuto nella sua anima. *Les ténèbres*, che l'avevano avvolta nei primi giorni di agonia, avevano ceduto il posto alla luce[294]. Un giorno ella disse: «C'est plein de lumière! C'est grand!... C'est...», ma non potè finire[295].

Poco prima di morire, si rivolse con queste parole alla sua Comunità: «Tout passe. Au soir de la vie l'amour seul demeure. Il faut s'oublier

---

[293] *Elpa*, 187. Due giorni prima della sua morte, apprendendo dal suo medico che i battiti del polso erano irregolari, la giovane ritrovò le forze sufficienti per esprimere la sua felicità, esclamando: «Dans deux jours probablement, je serai "au sein de mes Trois", est-ce assez ravissant! Laetatus sum in his quae dicta sunt mihi... C'est la Vierge, cet être tout lumineux, tout pur de la pureté de Dieu, qui me prendra par la main pour m'introduire dans le Ciel, ce Ciel éblouissant à vous griser les yeux» (*Elpa*, 190; cfr. *Souvenirs*, 263).
[294] *Souvenirs*, 262.
[295] *Souvenirs*, 263.

sans cesse... Si je l'avais toujours fait!» (*Elpa*, 191)²⁹⁶. Senza più forza, prima di morire riuscì ad esclamare ancora: «Je vais à la lumière, à l'amour, à la vie» (*Elpa*, 192)²⁹⁷. Il 9 novembre 1906, il suo desiderio di incontrare lo Sposo fu finalmente appagato, in un abbraccio che non avrebbe avuto più fine...

20. Fra esperienza e dottrina

La realtà di Gesù sempre presente, che si rivela nel cuore dell'uomo (cristologia esistenziale), costituì la verità fondamentale dell'esperienza di Elisabetta²⁹⁸, verità che le permise di conoscere, nella personale e irripetibile storia della sua vita, la bellezza e la ricchezza dell'anima di Cristo e di tutta la Sua persona.

La giovane riconobbe Gesù in ogni singolo aspetto della propria esistenza. Ella visse ed interpretò la realtà della propria vita alla luce della vita del suo Sposo: alla luce *del Suo agire*²⁹⁹, *del Suo accogliere la volontà del Padre, dei Suoi desideri*³⁰⁰, *della Sua relazione con le altre persone*³⁰¹, *del Suo rapporto con il mondo dei valori*³⁰² e *degli anti-valori*³⁰³.

Approfondendo la conoscenza dell'esperienza mistica vissuta da Elisabetta della Trinità, si delinea con chiarezza l'opera che Gesù compì nell'intimo della sua anima, disponendola ad aprirsi alla realtà di un intimo rapporto con la Santissima Trinità, con il mondo delle persone create, con la natura e con se stessa. Ciascuna di queste relazioni divenne amore puro, con caratteristiche adeguate all'oggetto, come riflesso dell'amore trinitario che la giovane sperimentava in sé.

La sua spiritualità, che fu spiccatamente cristocentrica, veniva gradualmente arricchita dall'approfondimento di nuove dimensioni (come

---

[296] Cfr. le parole simili in *Souvenirs*, 254.

[297] Cfr. *Souvenirs*, 263.

[298] Per approfondire la conoscenza del significato della nozione «esperienza spirituale», vedi: A. GUERRA, «Natura e luoghi dell'esperienza spirituale», 25-55.

[299] Nell'opera della Redenzione e nella sua attualizzazione attraverso i sacramenti della Chiesa.

[300] Il rendere gloria al Padre e la salvezza degli uomini.

[301] Nella Santissima Trinità, con lo Spirito Santo e il Padre, e nell'ambito della Creazione con la Madre, Maria Santissima, e con tutte le persone create, nell'amicizia e nella comunione spirituale.

[302] Le virtù: fede, amore, speranza, purezza del cuore, castità, verginità; la bellezza della natura, della Creazione.

[303] Conoscenza della malizia del peccato.

per esempio quella trinitaria, quella mariana, ecc.), e si sviluppava in ambito ecclesiale (attraverso il servizio e la missione profetica a vantaggio di tutta la famiglia umana). Questa spiritualità o, meglio, questa esperienza cristocentrica vissuta da Elisabetta, determinò le basi per la sua dottrina. Sebbene sia molto difficile distinguere in Elisabetta la sua dottrina dalla sua esperienza (esse sono non solo coerenti, ma anche complementari, penetrandosi reciprocamente), il capitolo successivo sarà una prova, non cronologica, ma sistematica, di presentare la dottrina elisabettiana sotto l'aspetto cristologico.

Come la verità che afferma la presenza interiore di Cristo nell'uomo costituiva il punto centrale della vita della giovane, così la stessa influì in modo determinante anche sulla sua dottrina (anche se, col passare del tempo, la sua esperienza e la sua dottrina furono particolarmente caratterizzate dalla dimensione trinitaria). Perciò il Quinto Capitolo, *La cristologia esistenziale nella dottrina di Elisabetta*, sarà una proposta tesa non solamente ad inserire in un determinato sistema il pensiero elisabettiano, ma anche un tentativo di scoprire la chiave ermeneutica per comprendere meglio tutta la sua dottrina. La cristologia esistenziale di Elisabetta potrebbe costituire una certa introduzione al suo insegnamento trinitario (nel quale risalta, oltre all'aspetto dottrinale, anche quello esperienziale) oppure mariano, ecc.

CAPITOLO V

Cristologia esistenziale nella dottrina di Elisabetta

Nel suo Trattato spirituale *Dernière retraite*, Elisabetta scrisse: «[...] la créature avait besoin qu'Il descendît jusqu'à elle, qu'Il vécût de sa vie, afin qu'en mettant ses pas dans la trace des siens elle pût ainsi remonter jusqu'à Lui, et se faire sainte de sa sainteté. [...] Me voici en présence "du secret caché aux siècles et aux générations", du "mystère qui est le Christ"» (DR 29)[1].
La conoscenza della persona di Gesù Cristo condusse Elisabetta ad una ricchezza di riflessioni cristologiche che vertevano, in particolare, sull'azione che il Figlio di Dio esercita sull'anima, sull'attrattiva con la quale il Dio Incarnato conduce l'uomo nell'intimità del Suo mistero, sulle ricchezze dell'anima del Redentore, sulla dolcezza della Sua amicizia. Elisabetta sottolineava specialmente la verità della presenza interiore di Gesù nell'uomo giustificato, nel quale compie una molteplice azione salvifica[2]. Tutte queste considerazioni elisabettiane delineano un'irripetibile immagine esistenziale di Cristo, estremamente ricca e complessa.
L'«agire» del Verbo nell'intimo dell'uomo porta l'anima alla scoperta del senso profondo del mondo e di se stessa, perché in Cristo vede la realtà nella sua Sorgente. Unendosi con Gesù, l'uomo viene portato all'amore puro, al Padre, che con il Figlio «spira» l'Amore Eterno, cioè lo Spirito Santo[3]. Elisabetta dava molta importanza a questo intimo rapporto di comunione con Gesù Cristo, che apre davanti all'uomo il

---

[1] Cfr. Col 1,26-27.
[2] Cfr. R. MORETTI, *Introduzione a Elisabetta della Trinità*, 125.
[3] Cfr. R. MORETTI, *Introduzione a Elisabetta della Trinità*, 125.127.

vasto orizzonte della vita trinitaria ed ecclesiale, cioè l'esistenza nella comunione con le altre persone[4].

1. Verso la cristologia. I nomi elisabettiani di Gesù Cristo

Sembra essere superfluo e troppo ovvio il costatare che Elisabetta considerava Gesù come Dio, nondimeno vale la pena indicare che nei primi anni di vita, ed anche nel periodo dell'adolescenza, la giovane alternava liberamente le due espressioni: «Jésus» e «Dieu»[5], senza riferirsi in particolare né a Dio Padre né allo Spirito Santo. Nonostante che la giovane sicuramente conoscesse molto bene la verità dogmatica della Santissima Trinità, inizialmente «il più prossimo» fu, per lei, Gesù Cristo. L'esperienza di questo rapporto risalta con evidenza specialmente nelle poesie scritte da Elisabetta nel periodo della sua giovinezza; per esempio, nel componimento dell'8 aprile 1898, la giovane scrisse: «Car j'espère consoler le Cœur / De Jésus, mon Bien-Aimé Sauveur. [...] Je désire tant donner la mienne / A ce Dieu pauvre, à ce Dieu souffrant» (P 46)[6].

L'unione sempre più intima con Gesù sviluppò in Elisabetta una più approfondita conoscenza delle altre Persone Divine, che con il Figlio di Dio, costituiscono «una» Santissima Trinità, un Unico Dio.

Tratteggiando, senza scendere nel particolare, l'immagine della persona di Cristo, che Elisabetta portava nel proprio cuore (grazie alle catechesi ascoltate, alla lettura personale della Bibbia e degli scritti dei santi), si può affermare che la giovane vedeva in Gesù di Nàzaret: «[le] Dieu»[7], «le Dieu crucifié»[8], «[le] Dieu pauvre» (P 46), «[le] Dieu souffrant» (P 46), «le Christ» (P 85), «Verbe adoré [du Père]» (P 75)[9], «Splendeur du Père» (P 85)[10], «Verbe de Dieu» (P 84)[11], «Parole [du Père]» (P 88), «l'Éternelle Splendeur» (P 84), «Celui qui règne au sein

---

[4] Cfr. le parole di Elisabetta: «[...] en moi j'ai la prière / De Jésus-Christ, le divin adorant. / Elle m'emporte aux âmes et au Père» (P 88).

[5] Questa particolarità dell'esperienza elisabettiana è stata accennata nel primo paragrafo del Terzo Capitolo.

[6] Cfr. per esempio pure: P 51 (in cui Elisabetta parla della «divine Providence» di Gesù) oppure le altre poesie: P 46, 56, 57, 66.

[7] Per es. P 46.

[8] Per es. P 46, 48; NI 14; cfr. NI 15 («crucifié par amour»); L 214 («le Dieu crucifié par amour»).

[9] «Verbe de vie» (P 88); «Verbe de Vie» (L 129; cfr. 1 Gv 1,1).

[10] Cfr. P 86, 88.

[11] Cfr. CF 3.

du Père» (P 75), «Engendré du Père» (P 77), «Verbe incarné» (P 88)[12], «le Fils de sa tendresse [du Père]» (P 88), «le Fils de l'Éternel» (DR 2), «l'Emmanuel» (P 96)[13], «Dieu avec nous» (L 187), «Rédempteur» (P 94), «Sauveur»[14], «Seigneur»[15], «le Fidèle, le Véritable» (L 256; cfr. Ap 19,11), «Celui qui est "fidèle"» (L 187; cfr. 1 Cor 10,30); «[le] Juste» (L 256; P 89); «Jésus de l'Eucharistie»[16], «Jésus-Hostie»[17], «le divin Agneau» (P 34)[18], «le Pasteur» (DR 14); «[le] divin Roi» (P 65)[19], «le Souverain Roi» (P 94), «[le] Crucifié» (P 87)[20], «le Prince de la Paix» (P 90)[21], «l'Unique Nécessaire» (P 94)[22], «divin Libérateur» (P 96), «l'Astre» (P 96); «le Fort» (P 96; cfr. Is 9,6), «le Tout-Puissant» (P 96), «le Dieu caché» (P 96; cfr. Is 45,15), «l'Inaccessible» (P 96), «l'"*Invisible*"» (P 96; Col 1,15), «l'Homme de douleurs» (P 121), «*le Principe* et *la fin*» (P 96; Ap 21,6)[23], «la Source»[24], «la Fontaine de vie»[25], «le grand Adorateur» (L 256), «le divin Adorant» (L 179; DR 38), «[le] Dieu prêtre et victime» (P 96), «la sainte Victime» (DR 18); «Jésus Holocauste suprême» (J 123)[26]; «le Saint de Dieu» (DR 39; L 241; cfr. Mc 1,24), «le Grand Supliant» (L 241); «le don de Dieu» (L 219)[27], «la Vérité» (P 94), «l'Image adorée» (L 294), ecc.

Si può affermare che Elisabetta, riferendosi e rivolgendosi a Gesù attraverso questi «nomi», non usciva dall'orizzonte delineato dall'insegnamento della Chiesa, a proposito della Sua persona. Questo non significa però che la giovane non fosse «originale» nel suo relazionarsi al Signore. Grazie alla preghiera e alla contemplazione, tutte queste *dimensioni* del mistero della persona del Dio-Uomo diventavano per

---

[12] Cfr. L 158.
[13] Cfr. P 121; L 187.
[14] Per es. P 44, 45, 55, 65, 67. Oppure per es. «divin Sauveur» (P 7, 55, 57).
[15] Per es. P 32, 34, 35, 50, 58.
[16] Per es. P 21, 67; «Dieu de l'Eucharistie» (P 67).
[17] Per es. P 24.
[18] «Agneau mystique» (P 74). Cfr. L 256: «l'Agneau».
[19] Cfr. P 43: «le Roi»; J 124: «[le] Roi des rois»; DR 9: «[...] "[le] Roi des siècles immortel"» (cfr. 1 Tm 1,17).
[20] Cfr. P 94: «divin Crucifié».
[21] Cfr. L 224; Is 9,5(6).
[22] L 131, 164 («l'Unique nécessaire»); cfr. Lc 10,42.
[23] Cfr. L 250: «le "Principe"»; cfr. Gv 8,25.
[24] L 191; cfr. Ap 7,17; 21,6. Vedi anche: L 124.
[25] L 191; cfr. Ap 7,17; 21,6.
[26] Cfr. J 18: «l'Holocauste suprême».
[27] Cfr. L 183: «le Don de Dieu».

Elisabetta sempre più esperienza *vissuta, esistenziale*. I suoi incontri con Cristo, concentrati intorno all'Eucaristia, imprimevano in lei un'immagine viva del Figlio dell'Uomo e la portavano alla Sua conoscenza, non solo come un *fatto storico* o come *l'Autore della nuova dottrina*, ma soprattutto come *Colui che rimane sempre vicino a lei e in lei, Colui che ama* ed è *sempre vivente*. Di conseguenza, la sua relazione con Cristo diventava sempre più intima, e la giovane carmelitana scopriva sempre nuove verità riguardanti l'esistenza di Gesù. Dalla sua stessa esperienza derivarono tutti i «nomi», nei quali identificava il suo Sposo e che esprimevano il *carattere personale* del suo rapporto con Lui: «Dieu d'amour» (P 47), «tendre Ami» (P 52)[28], «Bien-Aimé» (P 50)[29], «Bien-Aimé de l'Eucharistie» (P 47), «Bien-Aimé Jésus» (P 31), «Humble Jésus, mon modèle» (P 23), «mon Jésus» (P 51), «mon Seigneur» (P 38), «mon Sauveur» (P 26)[30], «céleste Époux» (P 31)[31], «mon Époux» (P 64), «Époux de sang» (L 236)[32], «mon Soutien» (P 67), «ma Vie» (P 39)[33], «mon Agneau» (P 74), «mon Verbe adoré» (P 77), «mon Roi» (P 64; cfr P 67), «Bonté suprême» (P 51)[34], «doux Consolateur» (P 68)[35], «doux Frère» (P 72), «idéale Beauté» (P 51)[36], «divine Solitaire» (P 55), «Hôte divin» (P 66)[37], «mon bon Maître» (P 56)[38], «ma Force» (P 64), «ma Espérance» (P 64), «mon unique Amour» (P 39)[39], «tout Amour» (L 161), «mon Modèle divin» (P 121), «le seul Appui» (P 43), «Ô ma Passion [...], Jésus» (P 72 bis; cfr. P 72 ter), «mon Trésor» (P 67)[40], «mon Infini» (L 117), «mon Aigle divin» (P 77), ecc.

---

[28] Cfr. P 54. Oppure: «céleste Ami» (P 44), «mon céleste Ami» (P 51), «mon divin Ami» (P 56; cfr. P 57).
[29] Cfr. P 55, 56, 57, 65, 69; «mon Bien-Aimé» (P 66).
[30] Cfr. P 36, 39, 51, 56, 64. Oppure: «doux Sauveur» (P 38, 39, 55, 57), «Bien-Aimé Sauveur» (P 43, 44, 46, 55, 66).
[31] Oppure: «divin Époux» (P 31, 51, 55; L 154); «Époux Bien-Aimé» (P 66); «tendre Époux» (P 72), «Époux mystique» (P 94), «Époux sacrifié» (P 94).
[32] Es 4,26.
[33] Cfr. P 51, 67.
[34] Cfr. P 57.
[35] Cfr. «suprême Consolateur» (P 72).
[36] «Beauté suprême» (P 56), «Lumineuse Beauté» (P 77), «Bien suprême» (P 69), «Splendeur éternelle» (P 94).
[37] Cfr. L 161: «Hôte adoré».
[38] Cfr. P 71; «Maître suprême» (P 65).
[39] Cfr. P 54, 56, 67; «tout Amour» (P 57), «mon suprême Amour» (P 67), «mon Amour crucifié» (P 69).
[40] L 160: «mon Unique Trésor».

CAP. V: LA DOTTRINA CRISTOLOGICA 249

Elisabetta bramava ascoltare Gesù ed apprendere direttamente da Lui tutta la profondità della realtà: il mistero di Dio e l'uomo da Lui creato. La giovane scrisse: «Je voudrais me tenir sans cesse près de Celui qui sait tout le mystère, afin d'entendre tout de Lui» (L 165). In un'altra occasione affermò: «O mon Aigle divin, / [...] Dis-moi tout ce matin, oh! Parle-moi du Père, / Pour entendre ta voix je saurai bien me taire» (P 77); oppure: «O Verbe éternel, Parole de mon Dieu, je veux passer ma vie à vous écouter, je veux me faire toute enseignable, afin d'apprendre tout de vous» (NI 15). In tal modo Elisabetta si rese disponibile ad accogliere la rivelazione di uno dei molti *misteri nascosti* nella persona di Gesù: il senso della Creazione[41]...

2. Cristo come senso della Creazione

Elisabetta, domandandosi quale fosse il senso della propria esistenza (vocazione e predestinazione), trovò la risposta in un pensiero importante tratto dalla dottrina di S. Giovanni della Croce: «Tel a été le rêve du Créateur: pouvoir se contempler en sa créature, y voir rayonner toutes ses perfections, toute sa beauté comme au travers d'un cristal pur et sans tache; et n'est-ce pas là une sorte d'extension de sa propre gloire?...»[42]. La giovane era sicura che la creazione dell'uomo, anche se realizzata da Dio[43] *per la sua gloria*, fosse comunque un atto nel quale Egli comunica se stesso ad una realtà fuori di sé: la Santissima Trinità, nel creare l'uomo, svela la Sua volontà di comunicare il Suo amore *ad extra*. La risposta, che soddisfaceva pienamente il suo desiderio di comprendere il senso della Creazione, la carmelitana la trovò in Gesù Cristo.

2.1 *«Unique Nécessaire» (P 94)*

Citando il grande mistico Ruusbroec, la giovane spiegò il *ruolo* della persona di Gesù nell'atto della creazione:

---

[41] Nel nostro lavoro, il modo di presentazione della *cristologia esistenziale* di Elisabetta è sviluppo e continuazione di alcuni pensieri contenuti nella nostra Tesina di Licenza: J.K. MICZYŃSKI, *Misterium łaski niestworzonej w pismach bł. Elżbiety od Trójcy Świętej*, Lublin 1996 (*Il mistero della grazia increata negli scritti della Beata Elisabetta della Trinità*, dattiloscritto non pubblicato).
[42] DR 8 con la nota numero 13.
[43] Perenne, illimitato, e rimanente in un *éternel présent* (DR 44; cfr. pure: Balthasar, 70-71).

«Le Père se contemple Lui-même» «dans l'abîme de sa fécondité, et voici que, par l'acte même de se comprendre, Il engendre une autre personne, le Fils, son Verbe éternel. Le type de toutes les créatures, qui n'étaient pas encore sorties du néant, résidait éternellement en Lui, et Dieu les voyait et les contemplait dans leur type, mais en Lui-même. Cette vie éternelle que nos types possèdent sans nous en Dieu, est la cause de notre création» [...] Le Verbe «la Splendeur du Père, est le type éternel sur lequel sont dessinées les créatures au jour de leur création»[44].

Gesù le appariva, allora, come «l'Unique Nécessaire» per il mondo creato. Senza Dio, senza Cristo, la Creazione non esisterebbe: «Jésus, l'Unique Nécessaire. / Devant cet Être si divin / Disparaissait toute la terre»[45] (P 94).

La verità dell'uomo creato *a immagine e somiglianza di Dio* (cfr. DR 8; Gn 1,26)[46] avvicinò Elisabetta alla certezza che la Santissima Trinità non è solo *il Datore* della vita, ma pure *lo Scopo* della Creazione. Le Tre Persone Divine, dotando la natura umana della capacità di amare, invitano l'uomo ad entrare in una stretta relazione con Loro. In tal modo l'uomo ha la possibilità di rispondere al Creatore con gratitudine, per aver ricevuto il dono della vita. Elisabetta comprese anche che Dio, in attesa della risposta dell'uomo, non rimane indifferente, ma ha sete di sentirsi amato, fino a che tale amore diventi adorazione[47], e questo non perché in Lui ci sia qualche necessità, ma semplicemente perché Egli è l'Amore[48].

Per la giovane, il *permettere di esistere*, il *donare la vita alla Creatura*, è il segno dell'*amore di Dio*, perché, come lei stessa spiegò, Egli non può essere mosso che dall'amore[49], non sa che amare[50]. Elisabetta

---

[44] CF 22-23.
[45] Cfr. L 131.
[46] Sull'immagine di Dio impressa nell'anima vedi: M.-M. PHILIPON, *L'inabitazione della Trinità*, 77-79.
[47] Cfr. L 93 («Dans la journée pense quelquefois à Celui qui vit à toi et qui a si soif d'être aimé»), 186 («Il [le bon Dieu] est l'Ami qui veut être aimé pardessus tout»), 261 («rappelez-vous qu'Il [le Dieu tout Amour...] veut être aimé jusqu'à l'adoration»).
[48] Elisabetta scrisse: «[...] Dieu ne se divise pas, sa volonté c'est tout son Être. Il est tout entier en toutes choses, et ces choses ne sont en quelque sorte qu'une émanation de son amour» (L 264).
[49] Cfr. L 168: «[...] le bon Dieu est Amour et Il ne peut faire que de l'Amour!».
[50] L 266: «Remercions le bon Dieu de ces jours pourtant pénibles à ton cœur; je sens si bien qu'ils passent sur nous, chère maman, comme un flot d'amour; n'en perdons rien et disons merci à Celui qui ne sait que nous aimer».

CAP. V: LA DOTTRINA CRISTOLOGICA 251

scrisse: «Je le [Jésus] connais, Il est la bonté même, / Et puis donner, ah pour Lui c'est si doux»[51]. Per questo motivo ella sottolineava numerose volte, che Dio ci *avvolge* con il Suo amore[52].

Il Cristo appariva, allora, ad Elisabetta, come Colui per mezzo del quale tutta la Santissima Trinità desidera identificarsi con la Sua Creatura, per associarla a Sé[53]; mosso dall'amore, Gesù ha sete di trasformare l'uomo in «se stesso»[54]. Nella Bibbia, la giovane carmelitana trovò la conferma di questo pensiero: Iddio si manifesta come «Deus ignis consumens» (CF 13; cfr. Eb 12,29; Dt 4,24), che «transforme en lui-même tout ce qu'il touche»[55] (CF 13; cfr. LA 5).

In tal modo, Elisabetta vedeva in Gesù non solo l'«Unique Nécessaire» (espressione di carattere statico, che mostra piuttosto la causa dell'esistenza)[56], ma anche il «modèle» (espressione più dinamica, che rappresenta l'esempio di vita, lo scopo dell'esistenza, il suo adempimento, la predestinazione)[57]: Egli è «*le Principe* et *la fin*» (P 96; Ap 21,6) della Creazione. La giovane giunse alla verità del Salvatore che propone all'uomo di *camminare con Lui* e di essere addirittura «come» Lui: *un figlio del Padre*.

Ci sono due testi paolini[58] che aiutarono Elisabetta ad approfondire questa verità. Il primo di essi è tratto dalla *Lettera agli Efesini* (1,4-6). La carmelitana lo conosceva in francese: «Dieu nous a élus en Lui, avant la création. Il nous a prédestinés à l'adoption des enfants pour faire éclater la gloire de sa grâce»[59]. Il secondo passo è tratto dalla

---

[51] P 77.
[52] Vedi: L 129 («[...] nous n'avons pas assez confiance en Celui qui nous enveloppe de sa Charité») oppure L 172 («[...] écoutez tout ce qui se chante en son Âme, en son Cœur; c'est l'Amour, cet Amour Infini qui nous enveloppe et veut associer dès ici-bas à toutes ses béatitudes»).
[53] DR 22: «C'est toujours le désir du Créateur de s'identifier, de s'associer [à] sa créature!».
[54] Cfr. per es. L 179: «Il [le Christ] a si soif de nous associer à tout ce qu'Il est, de nous transformer en Lui».
[55] Parole di S. Giovanni della Croce; vedi: CF 13, n. 2.
[56] P 94.
[57] Cfr. per es. P 23.
[58] Vedi: Balthasar, 28-29. Secondo H. U. von Balthasar, entrambi i passi biblici (Ef 1,4-6 e Rm 8,29-30) costituiscono la chiave di lettura di tutta la costruzione spirituale di Elisabetta della Trinità (Balthasar, 29).
[59] Ef 1,4.5.6 in L 239. Elisabetta citava la Bibbia in lingua francese in modo libero, perciò gli stessi versi, riportati da lei in diverse occasioni, sono espressi in forme diverse. Per es. il testo di Ef 1,4, in L 244 fu citato nel modo seguente: «Dès l'éternité

Lettera ai Romani (8,29-30). Le parole citate dalla giovane nella lingua materna, suonano nel modo seguente: «Ceux que Dieu a connus en sa prescience, Il les a aussi prédestinés pour être conformes à l'image de son Fils»[60], «[...] Et ceux qu'Il a connus, Il les a appelés»[61]. Elisabetta ovviamente conosceva per intero il testo paolino, perciò, facendo riferimento al pensiero espresso dall'Apostolo, ella acquisì la consapevolezza dell'operato di Dio che ha *predestinato* coloro che da sempre ha *conosciuti*, ad essere conformi all'immagine del Figlio Suo, affinché Cristo sia il primogenito tra molti fratelli, ed in seguito li ha *chiamati*, *giustificati* e *glorificati* (cfr. Rm 8,30).

Elisabetta intravide che ambedue i testi da lei considerati si completavano a vicenda e mostravano il piano perenne del Padre nei confronti di tutta la Creazione, piano che può compiersi solamente *in* ed *attraverso* Gesù Cristo.

2.2 *«Modèle divin» (P 121)*

I testi paolini sopra citati (Ef 1,4-6 e Rm 8,29-30) aiutarono Elisabetta ad entrare nel mistero della predestinazione divina. La giovane carmelitana, non essendo una teologa e non conoscendo la storia della teologia, che comprendeva le discussioni filosofiche su questo tema,

---

Dieu nous a choisis dans le Christ afin que nous soyons immaculés, saints devant Lui dans l'amour»; invece in L 299 e DR 6 è scritto: «Dieu nous a élus en Lui avant la création, pour que nous soyons immaculés et saints en sa présance, dans la charité»; in J 22, DR 23, DR 36, L 331: «Dieu nous a élus en Lui avant la création, pour que nous soyons immaculés et saints en sa présance, dans l'amour»; in L 226: «saints et sans tache en sa présence dans la charité»; in L 238: «De toute éternité Il nous a élues en Lui, afin que nous soyons saintes en sa présence dans l'amour»; infine in NI 16: «Dès l'éternité Dieu nous a choisis, pour nous faire immaculés, saints devant Lui dans l'amour». Elisabetta, in CF 31, citò anche i versi Ef 1,5-8: «Dieu nous a prédestinés à l'adoption des enfants par Jésus-Christ, en union avec Lui, selon le décret de sa volonté, pour faire éclater la gloire de sa grâce par laquelle Il nous a justifiés en son Fils bien-aimé, dans lequel nous avons la rédemption par son sang, la rémission de péché; selon les richesses de sa grâce qui a surabondé en nous en toute sagesse et prudence».

[60] In questa forma, il verso Rm 8,29 è stato citato in GV 9; DR 37; L 231, 300, 304; P 105, 106. In DR 1 e L 307, Elisabetta aggiunse: «[...] son divin Fils». In L 249, invece, scrisse: «Il nous à prédestinés pour être conformes à son image"». Qui vale la pena sottolineare che, nel periodo in cui Elisabetta stava per morire, aggiunse alle parole paoline: «[...] pour être conformes à l'image de son Fils», l'aggettivo: «crucifié» (cfr. L 308, 324) oppure il nome: «le Crucifié» (cfr. L 312, 315).

[61] Parole contenute in GV 9.

CAP. V: LA DOTTRINA CRISTOLOGICA

fortunatamente evitò le opinioni di S. Agostino e Gottschalk, le dottrine dei giansenisti e dei riformatori (per es. G. Calvino)[62]. Con semplicità, Elisabetta accolse le parole dell'Apostolo Paolo sulla predestinazione dell'uomo, comprendendola come vocazione alla santità. In tal modo Elisabetta respinse la concezione della predestinazione, sia come un inesorabile destino che grava sulla storia dell'uomo, sia come certezza di essere salvati indipendentemente dall'operato svolto durante la vita terrena. La giovane entrò direttamente nell'originario splendore del mistero rivelato da Dio e scoprì l'abisso del Suo amore. Non avanzando la pretesa di formulare interpretazioni personali, in merito alla predestinazione paolina, Elisabetta fece riferimento soltanto al contenuto della Bibbia. Per questo motivo — come spiega H. U. von Balthasar — la giovane penetrò questo mistero in sintonia con il senso che Dio, attraverso la Sacra Scrittura, vuole trasmettere al credente[63].

Grazie a questi due testi, Elisabetta comprese che la vocazione dell'uomo (la sua predestinazione) deve essere compresa in una luce cristocentrica. Gesù Cristo diventa la *Chiave* con la quale si può entrare nel mistero del senso dell'esistenza umana, e per questo motivo Elisabetta chiamò Gesù: «Modèle divin» (P 121; CF 28).

Bisogna sottolineare che Elisabetta condivideva il pensiero paolino e affermava che l'elezione *in Cristo* non riguarda solo *alcuni*, ma *tutti* gli uomini, negando così la possibilità che il piano universale di Dio possa escludere qualcuno[64]:

> «Ceux que Dieu a connus en sa prescience, Il les a aussi prédestinés pour être conformes à l'image de son divin Fils... Et ceux qu'Il a prédestinés, Il les a appelés; et ceux qu'Il a appelés, Il les a justifiés; et ceux qu'Il a justifiés, Il les a glorifiés. Après cela que disons-nous? Si Dieu est pour nous, qui sera contre nous?... Qui me séparera de la charité de Jésus-Christ?» [cfr. Rm 8,29-31.35]. Tel apparaît au regard éclairé de l'Apôtre le mystère de la prédestination, le mystère de l'élection divine. «Ceux qu'Il a connus». N'avons-nous pas été du nombre? Dieu ne peut-Il pas dire à notre âme ce qu'Il disait jadis par la voix de son prophète: «J'ai passé près de vous et je vous ai considérée. J'ai vu que les temps était venu pour vous d'être aimée,

---

[62] Balthasar, 31.
[63] Vedi: Balthasar, 46-47.52.
[64] Il modo di dire che «Dio predestina gli eletti a essere suoi figli adottivi» rappresenta un linguaggio antropomorfico. Per questo la pre-dilezione divina non toglie la libertà umana. Il prefisso «pre-» (cfr. pre-destinazione, pre-scienza, pre-vedere, pre-conoscere, pre-dilezione...) manifesta soltanto lo sforzo dell'uomo per affermare che l'iniziativa non è sua, ma di Dio (X. LÉON-DUFOUR, «Predestinare», 963).

j'ai étendu sur vous mon vêtement, je vous ai juré de vous protéger, j'ai fait alliance avec vous, et vous êtes devenue mienne» [cfr. Ez 16,8][65].

H. U. von Balthasar assicura che Elisabetta intese l'idea della *predestinazione in Cristo* in senso sociale, ecclesiale e comunitario[66].

Se allora l'uomo, *eletto in Cristo*, risponde a Dio mediante la fede e offre la propria vita a Gesù, viene inserito nel progetto di Dio, in una certa *catena* (descritta dall'Apostolo Paolo) i cui anelli sono saldamente uniti l'uno all'altro: l'eletto (il prescelto, il conosciuto) è predestinato, il predestinato è chiamato, il chiamato è giustificato, il giustificato è glorificato[67]. Questa catena ha il suo punto di partenza nell'eternità (creazione) e il punto d'arrivo nell'eternità (salvezza). I confini della *catena* raggiungono l'Infinità, cioè la Comunità delle Tre Persone Divine[68]. Esse sono la Causa della Creazione e costituiscono il suo Adempimento. Il mondo allora è *avvolto* (cfr. L 129, 172) nella Santissima Trinità, nel suo amore. Per questo Elisabetta denominò il tempo «l'éternité commencée, mais toujours en progrès»[69], e la vita terrena «un Ciel anticipé»[70].

L'elezione *prima della creazione del mondo* (Ef 1,4) implica la successiva creazione. Il credente è predestinato ad essere redento nel sangue di Cristo e, quindi, ad essere conforme all'immagine del Figlio[71]. La persona di Gesù diventa allora per l'uomo una via (cfr. Gv 14,6) verso il Padre[72], verso l'eternità[73]. Un ruolo particolare in questo cammino lo esercita «l'Esprit d'amour qui préside à toutes les opérations de Dieu»[74], perciò Elisabetta si rivolgeva a Dio così: «[...] que je sois [...] toute livrée à votre Action créatrice» (NI 15). Il programma di vita, che ne deriva per l'uomo, è semplice: camminare «en Jésus-Christ», essere

---

[65] CF 26.
[66] Cfr. Balthasar, 49.
[67] Balthasar, 36.
[68] Cfr. Balthasar, 36.
[69] CF 1; cfr. Balthasar, 37.
[70] L 123.
[71] Balthasar, 36.
[72] Cfr. le parole di Elisabetta: «Demeurons toujours unies au pied de la Croix, restons silencieuses auprès du divin Crucifié et écoutons-le. Tous ses secrets, Il nous les dira, c'est Lui qui nous conduira au Père, à Celui qui nous a tant aimées "qu'Il nous a donné son Fils unique"» (L 58; Gv 3,16).
[73] Cfr. J 26: «La vie, c'est un torrent impétueux, un immense océan, dont chaque vague nous emmène vers [... l'] éternité [...]» (le note dei ritiri spirituali).
[74] CF 39.

CAP. V: LA DOTTRINA CRISTOLOGICA 255

radicato «en Lui», edificato «sur Lui», consolidato nella fede, «croissant en Lui dans l'action de grâce» (GV 10; cfr. Col 2,6-7)[75]. La predestinazione *in Cristo* venne compresa da Elisabetta come restaurazione di tutte le cose in Lui[76].

Elisabetta sapeva riconoscere nella dinamica spirituale che caratterizza la suddetta *catena paolina*, il ruolo importante che svolgono i sacramenti della Chiesa. Essi legano fortemente il credente[77] a Cristo e, tramite Lui, alla Santissima Trinità. La giovane carmelitana citava la domanda retorica dell'Apostolo Paolo che chiedeva: «Qui me séparera de la charité de Jésus Christ?»[78], ed affermava che, attraverso il Battesimo, l'uomo *conosciuto*[79] da Dio viene *chiamato* e riceve «le sceau de la Sainte Trinité»[80], perciò viene reso partecipe della natura divina[81], ricevendo *un principio dell'essere divino*[82], e diventa l'«enfant d'adoption» di Dio[83]. In seguito, mediante la fede, Iddio *giustifica* l'uomo con gli altri sacramenti[84]. Elisabetta affermava che questa giustificazione si realizza «selon la mesure de [...la] foi»[85] nella *redenzione* acquistata da Gesù Cristo, specialmente nel sacramento della penitenza e della riconciliazione[86]. Infine, Iddio, dopo aver giustificato l'uomo, vuole *glorificarlo* e farlo *capace di partecipare alla sorte dei santi nella luce*[87]. Nel pensiero elisabettiano, tale glorificazione si compie nell'uomo nella misura in cui questi si lascia conformare all'immagine del Figlio Divino[88].

---

[75] Vedi pure: Balthasar, 78-79; G. HELEWA, «Per me, vivere è Cristo», 61-62.
[76] Cfr. Philipon, 136.137. Vedi: P 89 [*Tout restaurer dans le Christ*].
[77] Elisabetta, nell'esporre queste sue convinzioni dovute a una fine comprensione delle realtà spirituali, fece uso del «noi»; questo significa che ella vedeva inserito il mistero della *predestinazione* nell'ambito di una vocazione comune.
[78] Cfr. CF 26; Rm 8,35.
[79] Cfr. GV 9.
[80] CF 27; GV 9.
[81] Cfr. CF 27; cfr. 2 Pt 1,4.
[82] CF 27; cfr. Eb 3,14.
[83] GV 9; cfr. Rm 8,15.
[84] CF 27; cfr. Rm 5,1.
[85] CF 27.
[86] Cfr. GV 9.
[87] Cfr. CF 27; Col 1,12.
[88] CF 27; cfr. Ef 1,9-10; cfr. pure: GV 9: «Mais rappelle-toi que notre degré de gloire sera le degré de grâce dans lequel Dieu nous trouvera au moment de la mort». Vedi pure il commento della *catena paolina* scritta in Philipon, 136-137; P.-M. FÉVOTTE, *Aimer la* Bible, 98-101; oppure in G. HELEWA, «La teologia di Paolo», 54.

Elisabetta riconosceva e contemplava in Gesù Cristo non solo «[son] Modèle divin» (P 121), ma pure la «Lumineuse Beauté» (P 77) che riflette lo splendore di tutta la Trinità...

2.3 *«Lumineuse Beauté» (P 77)*

Nella lettera L 269, Elisabetta scrisse a sua sorella che l'uomo è chiamato a «contempler dans sa [de Dieu] lumière les splendeurs de l'Être divin, scruter toutes les profondeurs de son mystère» e ad «être fondue avec Celui qu'on aime, chanter sans repos sa gloire et son amour, être semblable à Lui [...]», perché Lo vedrà così come Egli è[89].

La gloria divina, a cui l'uomo è stato predestinato, consiste nella manifestazione stupenda di ciò che Dio è, cioè nella manifestazione delle Sue perfezioni infinite, della Sua bellezza. Questa gloria intima di Dio (quella che Egli trova in Se stesso: nel Suo Verbo, nell'indivisibile Unità della Sua Essenza e nella Trinità delle Persone) si riflette nell'universo. La Creazione, allora, viene chiamata a *manifestare* la gloria esteriore di Dio[90]. Elisabetta ne parlò in una sua poesia:

> [...] en la Trinité le Père est la substance,
> Tout émane de Lui, Il opère toujours.
> C'est en se contemplant dans sa divine essence
> Qu'Il engendre son Verbe et fait naître l'Amour.
> Le mystère des Trois s'est reproduit sur terre [...].
> [...] au sein de Dieu [...],
> L'amour [...] est [...] le terme et le lien[91].

La giovane carmelitana riconosceva in Dio non solo il *Creatore* e il *Modello* per gli uomini, ma anche la *Bellezza*: infatti chiamava Gesù «Lumineuse Beauté»[92].

Alla luce dello splendore divino, viene elevata la dignità della Creazione. L'uomo, predestinato in Gesù Cristo a partecipare alla gloria divina, a gioire della bellezza di Dio e, addirittura, a rifletterla in se stesso, è invitato a vivere «en société avec Lui [Dieu]»[93] per «produire en Dieu la même aspiration d'amour que le Père produit avec le Fils, et

---

[89] L 269; cfr. 1 Gv 3,2.
[90] Cfr. Philipon, 120.
[91] P 101 [*Le mystère des Trois s'est reproduit*]. Elisabetta denomina lo Spirito Santo «le Foyer d'amour», «le lien du Père et de son Verbe» (CF 14).
[92] P 77.
[93] L 327: «Il y a un Etre qui est l'Amour et qui veut que nous vivions en société avec Lui»; cfr. 1 Gv 1,3.

le Fils avec le Père, aspiration qui n'est autre que l'Esprit Saint Lui-même!»[94].

Rivolgendosi a Clémence Blanc[95], Elisabetta affermò limpidamente che la Santissima Trinità vuole condividere il proprio splendore con le persone create: «Tandis que je contemplerai l'Idéale Beauté en sa grande clarté, je Lui demanderai qu'elle s'imprime en votre âme, afin que déjà sur cette terre où tout est souillé, vous soyez belle de sa beauté, lumineuse de sa lumière» (L 331). Iddio è glorificato nel contemplare la Sua bellezza nell'anima dell'uomo[96].

La giovane carmelitana sembrava essere addirittura ammaliata e come *intimidita* dalla Bellezza delle Tre Persone Divine: «Déjà dans la nuit de la foi, les unions sont si profondes, les étreintes si divines! Que sera-ce, dans cette première rencontre avec la Beauté divine! Ainsi je vais m'écouler dans l'infini du Mystère et contempler les splendeurs de l'Être divin» (L 332)[97].

Riflettendo sulla verità della salvezza, Elisabetta affermava, ispirandosi alle parole di S. Paolo, che «des glorifiés» conoscono Dio come loro sono «connus de Lui»[98]: «contemplent Dieu dans la simplicité de son essence» (DR 7). Questa contemplazione si realizza «par la vision intuitive, le regard simple» (DR 7), e la sua conseguenza è la trasformazione. La giovane carmelitana, secondo la dottrina appresa dall'Apostolo Paolo, affermava: «ils [les glorifiés] sont transformés de clarté en clarté, par la puissance de son Esprit, dans sa propre Image»[99]. Nel cielo, che è «[le] Séjour éternel», i glorificati godono dolci ebbrezze, vedono brillare la luce eterna e cantano «le sublime cantique / Qui ravit les habitants des Cieux» (P 32)[100].

---

[94] L 185. Elisabetta aggiunse: «Quel mystère adorable de charité!» (*Ibid.*).

[95] Ex postulante al Carmelo, poi ne uscì (L. BORRIELLO, «Introduzione», 142).

[96] L 131: «Elle [la Trinité] aime tant contempler sa beauté dans une âme, cela l'attire à se donner encore plus, à venir plus comblante, afin d'opérer la grande mystère d'amour et d'unité!».

[97] Lettera indirizzata a Marthe Weishardt, novizia al Carmelo, che successivamente uscì (L. BORRIELLO, «Introduzione», 145).

[98] DR 7; cfr. 1 Cor 13,12.

[99] DR 7; cfr. 2 Cor 3,18.

[100] Vedi la poesia P 32 [*A Sainte Thérèse*] e anche la lettera L 184: «Ce Ciel des saints, c'est notre patrie, c'est la "Maison du Père" [Gv 14,2] où nous sommes attendues, où nous sommes aimées, où un jour nous pourrons nous envoler nous aussi, et nous reposer au sein de l'Amour Infini!».

L'uomo che entra tramite Gesù Cristo nella già menzionata *catena paolina*[101], seguendo la sua predestinazione e vocazione di lodare Dio, venne chiamato da Elisabetta: *Louange de gloire*[102]. Questo nome disvela il vero senso della Creazione, rinchiudendo in sé tutta la profondità del piano divino riguardante ogni persona umana.

Elisabetta si rendeva conto che l'uomo, contando sulle proprie forze, non poteva riuscire a rispondere alla grandezza della vocazione ricevuta da Dio, cioè di vivere nella Comunione delle Tre Persone Divine e di essere *santo e immacolato* davanti al Suo volto[103]. La giovane era convinta che senza Iddio non possiamo fare nulla[104], e questa sua limpida consapevolezza la induceva ad interrogarsi: «Comment réaliser ce grand rêve du Cœur de notre Dieu, ce vouloir immuable sur nos âmes? Comment, en un mot, répondre à notre vocation et devenir parfaites *Louanges de gloire* de la Très Sainte Trinité?»[105].

Elisabetta trovò la risposta, a questa domanda, nella stessa azione salvifica del Creatore. Per aiutare l'uomo nel suo cammino verso l'eternità, Iddio stabilisce la Sua dimora in lui, donandosi con benevolenza. La Santissima Trinità s'inchina sulla persona umana che vive ai riflessi della grazia santificante, e crea in lei il cielo dell'anima[106]. Elisabetta scrisse: «[...] regardons là-haut, cela repose l'âme; quand on pense que le Ciel c'est la Maison du Père, que nous y sommes attendues comme des enfants bien-aimées qui retournent au foyer après un temps d'exil, et que pour nous y conduire Il se fait Lui-même notre compagnon de voyage!» (L 295)[107].

---

[101] L'eletto è predestinato, il predestinato è chiamato, il chiamato è giustificato, il giustificato è glorificato (Balthasar, 36; cfr. Rm 8,29-30).

[102] «"Nous avons été prédestinés par un décret de Celui qui opère toutes choses selon le conseil de sa volonté, afin que nous soyons la louange de sa gloire"» (CF 41). Questa espressione, tratta dalla Lettera agli Efesini (1,11-12), Elisabetta la conosceva in latino; per questo motivo, qualche volta, ella sostituiva l'*espressione francese* «Louange de gloire» con quella latina «Laudem gloriae». Non conoscendo, però, la grammatica latina, non cambiava l'accusativo *laudem* nel nominativo *laus* (correttamente dovrebbe essere: «Laus gloriae»). Cfr. L 250, n. 16.

[103] Cfr. Ef 1,4-7; Rm 8,29-30. Cfr. Balthasar, 54.

[104] Cfr. DR 20.

[105] CF 41.

[106] Vedi: G. HELEWA, «La teologia di Paolo», 58-60.

[107] Cfr. L 305: «Oh! que le Maître te révèle sa divine présence, elle est si suave et si douce, elle donne tant de force à l'âme; croire que Dieu nous aime au point d'habiter en nous, de se faire le Compagnon de notre exil, le Confident, l'Ami de tous les instants...»; oppure cfr. L 263: «Celui qui doit être notre Juge habite en nous, Il s'est fait

Era Gesù Cristo, l'Unico Mediatore[108], che avvicinava alla giovane carmelitana il Cielo: «[...] dans ma vie il n'y a plus que Lui [le Maître]! Et Lui, n'est-ce pas tout le Ciel!...» (L 187). Egli le svelava la dimora della Trinità nell'anima...

3. La dimora di Cristo con il Padre e con lo Spirito Santo nell'uomo

Elisabetta percepiva fortemente *la présence* di Dio in tutto il mondo creato[109] e la realtà della Creazione immersa nell'*Infini* delle Tre Persone Divine[110]. Quando entrò nel Carmelo, scrisse: «[au Carmel] Il n'y a que Lui partout. On le vit, on le respire»[111]; «Au jardin, dans les cloîtres, en tous lieux, [Il...] est tellement là, qu'un léger voile semble seulement nous séparer et qu'il est tout près d'apparaître»[112].

La giovane sperimentava quotidianamente che questa presenza divina si concretizza in modo meraviglioso e misterioso nei sacramenti della Chiesa e nel mistero dell'inabitazione divina[113] nell'uomo giustificato.

3.1 *«Hôte adoré» (L 161)*

Sebbene la Santissima Trinità si manifesti nella Sua realtà e nella Sua esistenza, rivelandosi presente nelle opere ad extra, rimane sempre

---

compagnon de notre pèlerinage pour nous aider à franchir le douloureux passage».
[108] Cfr. M.-M. PHILIPON, *L'inabitazione della Trinità*, 54-56.
[109] L 236: «Toute la nature me semble si pleine de Dieu».
[110] Elisabetta affermava per esempio: «En attendant je vis dans l'amour, je m'y plonge, je m'y perds: c'est l'infini, cet infini dont mon âme est affamée» (L 107); «Il est mon Infini, en Lui j'aime, je suis aimée et j'ai tout» (L 117); «Oh, qu'il est puissant sur les âmes, l'apôtre qui reste toujours à la Source des eaux vives; alors il peut déborder autour de lui sans que jamais son âme se vide puisqu'il communie à l'Infini!» (L 124); «Ici [au Carmel], c'est le grand silence qui enveloppe notre vie, et permet à nos âmes de franchir l'infini pour nous perdre, comme en un avant-goût du Ciel, en l'amour de Celui qui est notre Tout» (L 181); «Ce que vous me dites sur mon nom me fait du bien; je l'aime tant, il me dit toute ma vocation; en y pensant mon âme est emportée sous la grande vision du Mystère des mystères, en cette Trinité qui dès ici-bas est notre cloître, notre demeure, l'Infini en lequel nous pouvons nous mouvoir à travers tout» (L 185). Vedi il commento in Balthasar, 70.
[111] L 89; *Souvenirs*, 84; cfr. At 17, 28.
[112] *Souvenirs*, 83-84.
[113] La descrizione del fondamento dogmatico di questa verità si può trovare per es. in B. FORTE, *Fondamenti teologici dell'inabitazione trinitaria*, 33-52. L'esperienza elisabettiana dell'inabitazione trinitaria trova il suo fondamento nella Bibbia, in S. Teresa d'Avila, in S. Giovanni della Croce e pure, in modo indiretto, in S. Tommaso d'Aquino (il direttore spirituale di Elisabetta era un teologo domenicano); vedi: L. BORRIELLO, *Elisabetta della Trinità*, 81.

trascendente rispetto a queste ultime. L'uomo, quindi, per riconoscerLa deve trascendere se stesso[114]. Non rimane però da solo; anche se sperimenta l'abisso della propria miseria, incontra l'abisso della misericordia divina (CF 4). Proprio per tale ragione, Dio lo arricchisce di Sé[115]. Grazie allo Spirito Santo[116], l'uomo acquisisce la consapevolezza che la Santissima Trinità dimora in lui per aiutarlo e sollevare la sua debole natura umana[117]. Elisabetta non esitava ad affermare che le Persone Divine sono più vicine all'uomo di quanto egli lo sia a se stesso[118].

Questa realtà si attualizza in modo speciale nei sacramenti della Chiesa. Nel Battesimo la persona umana diventa il tempio della Santissima Trinità[119] che, presente nella profondità dell'anima, non cessa di

---

[114] Balthasar, 106.

[115] Cfr. un brano tratto dalla lettera indirizzata a Marguerite Gollot: «[...] jamais je n'ai autant senti ma misère, jamais je ne me suis vue aussi misérable, mais cette misère ne m'abat point, je m'en sers au contraire pour aller à Lui [Jésus], et je pense que c'est parce que je suis si fable qu'Il m'a tant aimée, qu'Il m'a tant donné» (L 53); cfr. Rm 5,20: «La legge poi sopraggiunse a dare piena coscienza della caduta, ma laddove è abbondato il peccato, ha sovrabbondato la grazia [...]».

[116] «[...] je demande à l'Esprit Saint de te révéler cette présence de Dieu en toi» (L 273).

[117] Cfr. L 330: «[...] un Ciel anticipé: croire qu'un Être qui s'appelle l'Amour habite en nous à tout instant du jour et de la nuit et qu'Il nous demande de vivre en société avec Lui, recevoir également comme venant directement de son amour toute joie, comme toute douleur; cela élève l'âme au-dessus de ce qui passe, ce qui broie, et la fait reposer dans la paix, la dilection des enfants de Dieu». Cfr. CF 23 (con le parole di Ruusbroec): "Les richesses immenses que Dieu a par nature, nous pouvons les avoir par la vertu de l'amour, par sa résidence en nous, par notre résidence en Lui"». Cfr. L 252.

[118] «[La carmélite] vit dans l'intimité avec le Dieu qui demeure en elle, qui lui est plus présent qu'elle ne l'est à elle-même» (L 236). Qui, Elisabetta si ispirò probabilmente al pensiero di S. Agostino: «Deus intimor intimo meo» (cfr. L 236, n. 6).

[119] «Tu seras bien bonne de me faire savoir le jour du baptême, car je pourrai accompagner ma petite nièce aimée [Élisabeth] aux fonts baptismaux, tandis que la Sainte Trinité descendra en son âme!» (L 196); «[...] je me réjouis d'adorer la Sainte Trinité en cette petite âme devenue son temple par le baptême. Quel mystère!...» (L 198); «[...] je me sens toute pénétrée de respect en face de ce petit temple de la Sainte Trinité; son âme m'apparaît comme un cristal qui rayonne le bon Dieu, et si j'étais près d'elle je me mettrais à genoux pour adorer Celui qui demeure en elle» (L 197). Philipon afferma che questo ritorno elisabettiano della vita spirituale alle sorgenti battesimali merita di essere sottolineato: «tutta la dottrina spirituale di suor Elisabetta della Trinità è basata sulla nostra vocazione battesimale» (M.-M. PHILIPON, *L'inabitazione della Trinità*, 52).

CAP. V: LA DOTTRINA CRISTOLOGICA

rimanervi, anche se l'uomo non se ne rende conto[120]. Nel sacramento dell'Eucaristia, invece, Iddio rivela la pienezza del Suo amore donato all'umanità: per essere unito all'uomo, Gesù Cristo dona Se stesso (il Suo Corpo e il Suo Sangue). La giovane scrisse: «Il me semble que rien ne dit plus l'amour qui est au Cœur de Dieu que l'Eucharistie: c'est l'union, la consommation, c'est Lui en nous, nous en Lui, [...]» (L 165). Nella Comunione, l'uomo riceve tutto il Cielo[121]. Elisabetta si domandava: «Oh! Que sera[-ce] là-haut puisque déjà ici-bas Il fait des unions si intimes?» (L 111).

E sebbene Elisabetta riconoscesse nei sacramenti un grande dono per l'uomo, apprezzandone il loro contenuto di amore, costatò che Iddio, nel Suo agire, non si limita ad essi. Le Tre Persone Divine possono rivelarsi e operare *a prescindere* dai segni sacramentali, non avendo necessariamente «bisogno» del Sacramento dell'Eucaristia per venire all'uomo[122]. Ovviamente, questo pensiero di Elisabetta non vuole mettere in dubbio la necessità dell'esistenza dei sacramenti, ma piuttosto rileva che essi non *determinano* Iddio nel Suo pieno donarsi alle persone da Lui create[123]. Elisabetta comprese che la Santissima Trinità dimora nell'uomo...

Con il mistero dell'inabitazione trinitaria, ci troviamo al centro della dottrina e dell'esperienza di Elisabetta[124]. La carmelitana non pretese di attribuirsi il ruolo di teologa, ma semplicemente sperimentò, come mistica contemplativa, il mistero più sublime della dogmatica cattoli-

---

[120] Cfr. per es.: «Et puis, quand vient le soir, après un dialogue d'amour qui n'a pas cessé en notre cœur, endormons-nous encore dans l'Amour» (L 172); «*Lui* [Jésus], Il est toujours là [au fond de votre cœur], encore que vous ne le sentiez pas» (L 249). Cfr. pure CF 44; L 47. Gesù Cristo è immutabile, si china davanti all'uomo e l'ama sempre: «Croyez alors que, *Lui* [Jésus], Il ne change jamais, qu'en sa bonté Il est toujours penché sur vous pour vous emporter et vous établir en Lui» (L 249).

[121] L 87: «C'est si bon de penser qu'après la Communion, nous possédons tout le Ciel en notre âme sauf la vision!». Cfr NI 12.

[122] È stato già menzionato in questo lavoro che, quando Elisabetta ebbe un versamento di sinòvia ad un ginocchio, scrisse: «Je suis privée de l'église, privée de la sainte Communion, mais voyez-vous, le bon Dieu n'a pas besoin du Sacrement pour venir à moi, il me semble que je l'ai tout autant; c'est si bon, cette présence de Dieu!» (L 62).

[123] Nella lettera L 273, la carmelitana spiegò che nella Comunione riceviamo la Santa Umanità di Gesù e che le Tre Persone Divine incessantemente dimorano in noi e comunicano questa «essence que les bienheureux adorent dans le Ciel», la Loro Divinità.

[124] Philipon, 73.

ca[125] e più caro alla dottrina mistica del Carmelo[126]. Nei suoi scritti, Elisabetta molte volte sottolineò la realtà della Santissima Trinità che abita nell'uomo: il Padre, il Figlio e lo Spirito Santo[127]; affermava che le Persone Divine sono presenti «au-dedans de nous, dans [...le] sanctuaire intime de nos âmes»[128], «au plus intime de nous»[129]. Ed è per questo che si può affermare che il Cielo, cioè il mistero della vita con la Santissima Trinità, inizia per l'uomo già qui sulla terra[130]. La giovane scrisse:

> Nous portons notre Ciel en nous puisque Celui qui rassasie les glorifiés dans la lumière de la vision se donne à nous dans la foi et le mystère, c'est le Même! Il me semble que j'ai trouvé mon Ciel sur la terre puisque le Ciel, c'est Dieu, et Dieu, c'est mon âme. Le jour où j'ai compris cela, tout s'est illuminé en moi et je voudrais dire ce secret tout bas à ceux que j'aime afin qu'eux aussi, à travers tout, adhèrent toujours à Dieu, et que se réalise cette prière du Christ: «Père, qu'ils soient consommés en l'Un!»[131].

Questa supplica rivela il fondamentale ruolo, che Gesù realizza nella Sua stessa persona, di *ponte* tra l'uomo e Dio: Egli è l'Unico Punto di Riferimento e l'Unico Mediatore. Nella Sua persona, Elisabetta trovò la chiave per accedere *al Cielo iniziato già sulla terra*. La giovane com-

---

[125] Cfr. L. BORRIELLO, *Elisabetta della Trinità*, 84.

[126] Philipon, 73.

[127] L 172: «C'est toute la Trinité qui repose en nous, tout ce mystère qui sera notre vision dans le Ciel»; L 273: «Pense que ton âme est le temple de Dieu [...]; à tout instant du jour et de la nuit les trois Personnes divines demeurent en toi». Cfr. per es. L 172, 223, 269. Elisabetta spesso espresse questo pensiero in generale, cioè senza sottolineare la distinzione delle Tre Persone Divine, affermando semplicemente che «Dieu» abita in noi (cfr. per es. L 217, 249).

[128] L 47. Nella dottrina di Elisabetta, l'espressione «au-dedans» diventa una parola-chiave.

[129] GV 8. Cfr. pure DR 42: «[...] mon Maître m'a dit: "Hâte-toi de descendre, car il faut que je loge chez toi..." Hâte-toi de descendre, mais où? Au plus profond de moi-même»; cfr. Lc 19,5. Vedi: Philipon, 86-87; M.-M. PHILIPON, *L'inabitazione della Trinità*, 56-60.

[130] Vedi: E. ANCILLI, «La preghiera come silenzio», 131-135. L'anima dell'uomo diventa «le temple de Dieu» (cfr. L 273). Sul significato di questa espressione vedi: MARATTIL LISIEUX THERESE, *Interior silence*, 19-24.

[131] L 122; cfr. Gv 17,23. Reminiscenze del pensiero di p. H. Lacordaire; cfr. L 75 con la nota n. 4. Bisogna comprendere queste parole («Dieu, c'est mon âme») in modo metaforico, non come uguaglianza fra l'anima dell'uomo e Dio, nella confusione delle sostanze. Elisabetta vuole esprimere la profondità della presenza di Dio nella creatura, l'inabitazione della Trinità nell'uomo.

prese che Gesù Cristo — «Hôte adoré» (L 161) — abita, come le altre Persone Divine, *au-dedans* dell'uomo[132]. Essendo presente nel suo intimo, Egli tenta pure di rivelargli il senso dell'inabitazione trinitaria, cioè di rispondere alle domande che possono sorgere in lui.

Infatti, Elisabetta si trovò di fronte ai seguenti interrogativi: *Dimorando con tutta la Trinità nell'uomo, in quale modo Gesù agisce come Mediatore?*; *In quale modo l'uomo può rispondere alla grazia della dimora divina?*; e ancora: *La persona umana è davvero capace di questa risposta?* È significativo come Gesù Cristo, rispondendo direttamente a queste domande, si riveli Lui come la Risposta.

Elisabetta era consapevole che l'inabitazione di Cristo nella sua anima era un invito a compiere la missione con Lui: «Qu'elle est sublime, la mission de la carmélite; elle doit être médiatrice avec Jésus-Christ, Lui être comme une humanité de surcroît en laquelle Il puisse perpétuer sa vie de réparations, de sacrifices, de louanges et d'adorations» (L 256). La giovane viveva nell'intima persuasione che Gesù abita in noi per continuare la propria vita di Unico Mediatore e unirci alla Santissima Trinità, per imprimere dentro di noi la Sua Immagine e trasformarci secondo il progetto di Dio.

Il nostro compito è di conservare fino alla fine e alimentare questo germe di vita divina che Dio ci ha donato[133], e lasciare che Gesù viva in noi, compiendo *au-dedans* del nostro cuore la Sua missione di Mediatore[134]. Elisabetta pregava Gesù così: «Venez en moi comme Adorateur, comme Réparateur et comme Sauveur» (NI 15).

3.2 *«Adorateur» (NI 15)*

Elisabetta spesso affermava che solo Gesù è l'adoratore attendibile. Egli viene ad abitare nell'uomo per adorare la Santissima Trinità e lodarla *insieme* a lui. Per ottenere ciò, Egli vuole immergere la persona umana nella propria adorazione, che Lui stesso offre come Figlio di

---

[132] «[...] Il [Jésus] est toujours avec moi [...]. Je le sens si vivant en mon âme, je n'ai qu'à me recueillir pour le trouver au-dedans de moi [...] Il a mis en mon cœur une soif d'infini et un si grand besoin d'aimer que Lui seul peut rassasier» (L 169). Cfr. pure L 161.

[133] Cfr. GV 3; cfr. Eb 3,14: «Siamo diventati infatti partecipi di Cristo, a condizione di mantenere salda sino alla fine la fiducia che abbiamo avuta da principio»).

[134] Vedi pure il punto sottotitolato *Il Cristo mediatore* nel libro: M.-M. PHILIPON, *L'inabitazione della Trinità*, 54-56.

Dio[135]. Comprendendo profondamente questo desiderio del Signore, Elisabetta scrisse alla Signora d'Anthès: «Combien j'unis ma faible prière à la votre, chère Madame, ou plutôt j'offre celle que le Christ, le grand Adorateur qui vit en nos âmes, fait Lui-même en nous. Unies à Lui, nous pouvons avoir toute puissance»[136].

L'uomo allora diventa capace di essere un adoratore gradito a Dio, *grazie a* Gesù Cristo e *con* Lui:

> Le Christ disait un jour à la Samaritaine que «le Père cherchait de vrais adorateurs en esprit et en vérité» [cfr. Gv 4,23]. Pour donner joie à son Cœur, soyons ces grandes adorantes. Adorons-le en «*esprit*», c'est-à-dire ayons le cœur et la pensée fixés en Lui, l'esprit plein de sa connaissance par la lumière de foi. Adorons-le en «vérité», c'est-à-dire par nos œuvres, car c'est par le actes surtout que nous sommes vraies; c'est faire toujours ce qui plaît au Père dont nous sommes les enfants. Enfin «adorons en esprit et en vérité», c'est-à-dire *par* Jésus-Christ et avec Jésus-Christ, car Lui seul est le véritable Adorateur en esprit et en vérité[137].

L'amore di Cristo redime, purifica, crea il nostro essere deificato, ci fa degni adoratori e *Louange de gloire* di Dio (L 191; cfr. Ef 1,12); Gesù-Adoratore è allora fonte di adorazione per tutta la Chiesa[138].

Le considerazioni elisabettiane portano inoltre a definire l'atto dell'adorazione. Nel suo Trattato spirituale, *Dernière retraite*, la giovane spiegò: «L'adoration, ah! c'est un mot du Ciel! Il me semble que l'on peut la définir: l'extase de l'amour. C'est l'amour écrasé par la beauté, la force, la grandeur immense de l'Objet aimé»[139]. Ciò che più attraeva Elisabetta, nel pensare alla visione del Cielo, non era tanto la beatitudine di cui ella stessa avrebbe goduto, quanto la gioia offerta a Dio, il desiderio di lodarLo e di glorificarLo[140]. Proprio a tale adorazione viene chiamato l'uomo in cui abita Gesù, che è il Perfetto Adoratore.

3.3 «*Réparateur*» (NI 15)

Nella preghiera *O mon Dieu, Trinité que j'adore*, Elisabetta implorava Gesù, affinché venisse come «Réparateur» (NI 15). Che vuol dire questa espressione? Al tempo di Elisabetta veniva particolarmente

---

[135] Cfr. J. REMY, *Élisabeth de la Trinité et la prière*, 117.
[136] L 257; cfr. J. REMY, *Élisabeth de la Trinité et la prière*, 117.
[137] CF 33.
[138] R. MORETTI, *Introduzione a Elisabetta della Trinità*, 152.
[139] DR 21.
[140] M.-M. PHILIPON, *L'inabitazione della Trinità*, 122.

sottolineata la mancata corrispondenza dell'uomo alla chiamata di amore di Dio: immerso nel peccato l'uomo offende Dio e diviene incapace di lodarLo, di glorificarLo e di adorarLo; tuttavia sorge la domanda: *chi è in grado di farlo in modo adeguato?* La risposta può essere una sola: Gesù Cristo. È Lui che viene ad abitare nell'uomo e a sostituire la disobbedienza umana, con la Sua obbedienza; l'indifferenza, con il Suo amore; la malignità, con la Sua bontà[141]. Egli vuole poter continuare dentro la persona umana la Sua vita di riparazione[142]...

Sin dalla sua giovinezza, Elisabetta viveva nella convinzione che Gesù vuole unirsi con noi in questa opera di riparazione, perciò ella stessa, lungo il corso di tutta la sua vita, tentò spesso di riparare le offese inflitte al Cuore di Dio[143]. Nel suo *Journal* la giovane annotò: «Oui, il est des âmes pures qui veulent expier les péchés du monde et qui s'offrent comme victimes pour le salut des âmes, à l'exemple du Jésus qui les appelle...» (J 79 Ac). Più tardi, dopo il suo ingresso al Carmelo, scrisse: «Le bon Dieu a tant besoin de sacrifices pour compenser tout le mal qui se fait... et cela est chose si peu comprise dans le monde» (L 258).

3.4 *«Sauveur» (NI 15)*

Per liberare il mondo dalla schiavitù del peccato, Gesù Cristo ha scelto la sofferenza e la morte, e «si è fatto obbediente fino alla morte e

---

[141] J. REMY, *Élisabeth de la Trinité et la prière*, 118.

[142] Vale la pena ancora una volta citare il brano tratto dalla lettera L 256: «Qu'elle est sublime, la mission de la carmélite; elle doit être médiatrice avec Jésus-Christ, Lui être comme une humanité de surcroît en laquelle Il puisse perpétuer sa vie de réparations [...]».

[143] Cfr. J. REMY, *Élisabeth de la Trinité et la prière*, 118. L'Autore, illustrando questo atteggiamento di Elisabetta, cita alcuni brani dei suoi scritti: (J 8, 123; L 138, 225; P 96: «Ah, devenons médiatrices / Avec notre divin Sauveur / Et soyons des réparatrices / Qui sachent venger son honneur. / Afin de donner gloire immense / A notre Dieu / Immolons-nous dans le silence / En ce saint lieu»). Cfr. pure J 7: «Pauvre Jésus! Je voudrais passer ces journées auprès de Lui afin de le consoler de l'oubli, de l'ingratitude des hommes [...]»; J 18: «Ah! Comme j'ai prié, supplié ce Dieu tout-puissant pour les pauvres pécheurs. Comme je Lui fait le sacrifice de ma vie, comme je me suis offerte en holocauste à l'image de Jésus, mon Époux Bien-Aimé, pour l'amour duquel je désire toutes les souffrances et les tribulations»; J 123: «Bon Jésus, je te rendrai amour pour amour, sacrifice pour sacrifice. Tu t'es immolé pour moi, a mon tour je m'offre à toi comme victime, je t'ai consacré ma vie, je veux te consoler [...]»; NI 15: «Je voudrais te consoler et je m'offre à toi comme victime, ô Maître, pour toi, avec toi». Vedi: la spiritualità di riparare le offese rivolte a Cristo — devozione vittimale — di cui si è parlato nel presente lavoro.

alla morte di Croce»; risuscitato, vive e viene ad abitare negli uomini per *attualizzare* e attuare l'opera della redenzione nel mondo di oggi. Nella preghiera *O mon Dieu, Trinité que j'adore*, Elisabetta chiese a Gesù di venire anche in lei, a continuare e realizzare questa opera salvifica[144].

Il dono della salvezza è profondamente legato al perdono e alla riconciliazione con Dio; Elisabetta scrisse: «Il [Jésus] ne veut point qu'il y ait de tristesse en votre âme en regardant ce qui n'a pas été fait uniquement pour Lui. Il est Sauver, sa mission est pardonner; et [...] "Il n'y a qu'un mouvement au Cœur du Christ: effacer le péché et emmener l'âme à Dieu"» (L 145).

La carmelitana si rendeva conto che la natura umana è debole, ma era consapevole che proprio per questo motivo viene a noi il Salvatore:

[...] nous sommes bien faibles, je dirais même nous ne sommes que misère, mais Il le sait bien, Il aime tant nous pardonner, nous relever, puis nous emporter en Lui, en sa pureté, en sa sainteté infinies; c'est comme cela qu'Il nous purifiera par son contact continuel, par des attouchements divins. [...] il faut nous laisser transformer en une même image avec Lui, et cela tout simplement, en aimant tout le temps de cet amour qui établit l'unité entre ceux qui s'aiment[145]!

Gesù allora abita in noi per perdonarci, purificarci, divinizzarci e trasformarci in Se stesso[146]. La giovane descrisse questo agire salvifico di Gesù nell'anima dell'uomo, con le seguenti parole:

Voilà l'œuvre du Christ en face de toute âme de bonne volonté, et c'est le travail que son immense amour [...] le presse de faire en moi. Il veut être ma paix afin que rien ne puisse me distraire ou me faire sortir de «la forteresse inexpugnable du saint recueillement». C'est là qu'Il me donnera «accès auprès du Père» et me gardera immobile et paisible en sa présence, comme si déjà mon âme était dans l'éternité. C'est par le Sang de sa Croix qu'Il pacifiera tout en mon petit ciel, pour qu'il soit vraiment le repos des Trois. Il me remplira de Lui, Il m'ensevelira en Lui, Il me fera revivre avec Lui, de sa vie: «Mihi vivere Christus est»! [Fil 1,21] Et si je tombe à tout instant, dans la foi toute confiante je me ferai relever par Lui, et je sais qu'Il me pardonnera, qu'Il effacera tout avec un soin jaloux, plus que cela qu'Il me «dépouillera», qu'Il me «délivrera» de toutes mes misères, de tout ce qui est obstacle à l'action divine, et «qu'Il entraînera toutes mes puissances», qu'Il les fera ses

---

[144] Cfr. J. REMY, *Élisabeth de la Trinité et la prière*, 121.
[145] L 172.
[146] Cfr. Philipon, 239.

captives, triomphant d'elles en Lui-même. Alors je serai toute passée en Lui, je pourrai dire: «Je ne vis plus. Mon Maître vit en moi!» [Ga 2,20] Et je serai «*sainte, pure, irrépréhensible*» aux yeux du Père[147].

Si nota con evidenza che l'opera salvifica di Gesù nell'anima, descritta da Elisabetta, ha in sé un carattere dinamico: «Il est toujours vivant, toujours à l'œuvre en notre âme» (L 145). Non c'è allora nessun momento nella vita dell'uomo, in cui Dio lo dimentichi e non voglia operare in lui la salvezza.

C'è inoltre un'altra dimensione che caratterizza la dimora salvifica di Gesù nell'uomo. Durante la sua vita, Elisabetta sperimentò che, tramite la sua malattia, Gesù le offriva la possibilità di *prendere parte* all'opera della redenzione, e affascinata da questo mistero affermava: «[...] pense donc, avoir part aux souffrances de mon Époux crucifié, et aller avec Lui à ma passion pour être rédemptrice avec Lui...» (L 300)[148]. Cristo-Salvatore abita, perciò, *au-dedans* dell'anima, sia per salvarla che per associarla all'opera della redenzione.

Elisabetta scoprì che Cristo come Adoratore, Riparatore e Salvatore, la conduceva al Padre[149] e allo Spirito Santo: Egli è la via che conduce alla Santissima Trinità. Gesù-Figlio si mostrava a lei come *la parfaite louange de la gloire de son Père* (DR 2), come la perfetta lode della Trinità (cfr. DR 40).

4. Gesù come «parfaite louange» della Trinità (cfr. DR 2, 40)

Ispirandosi alla dottrina paolina sulla sublime vocazione dell'uomo di diventare la *Louange de gloire de la Sainte Trinité*[150], Elisabetta

---

[147] DR 31. Cfr. con la preghiera NI 15.

[148] Elisabetta sicuramente sapeva che solo Gesù è Redentore, ma era assai coraggiosa nell'esprimere la sua intuizione, basata sull'insegnamento di S. Paolo, secondo cui il Maestro sceglie alcuni uomini come quel *luogo* in cui Egli possa perpetuare *la Sua sofferenza*, estendendo in loro la *Sua Passione*: «Oh, comme ton cœur de mère devrait divinement tressaillir en pensant que le Maître a daigné choisir ta fille, le fruit de tes entrailles, pour l'associer à sa grande œuvre de rédemption, et qu'Il souffre en elle comme une extension de sa passion. L'épouse est à l'Époux, le mien m'a prise, Il veut que je sois une humanité de surcroît en laquelle Il puisse encore souffrir pour la gloire de son Père, pour aider aux besoins de son Église» (L 309; cfr. Col 1,24); cfr. J. REMY, *Élisabeth de la Trinité et la prière*, 121-122; cfr. pure: NI 13. Sulla partecipazione dell'uomo all'opera redentrice di Cristo nel pensiero di Elisabetta, vedi: CARMELO DI AREZZO, «"Associata all'opera della redenzione"», 469-495.

[149] Cfr. R. VALABEK, «In comunione con la Trinità», 98

[150] Cfr. LA 5; Ef 1,12; ed inoltre: L 191 e CF 41.

comprese che l'Unica e Perfetta Lode del Padre (DR 2) e di tutta la Santissima Trinità (cfr. DR 40) è Gesù Cristo.

La piena lode, che Egli diede al Padre durante la sua vita terrena, si attuò nel mistero pasquale della sua Incarnazione, Passione, morte sulla Croce, Risurrezione e Ascensione, ed inoltre nella discesa dello Spirito Santo, che Gesù stesso aveva preannunziato. Egli, umiliandosi liberamente, offrendo la Sua vita in riscatto per gli uomini, rivelò in modo assoluto la volontà del Padre e di tutta la Santissima Trinità nei confronti della Creazione[151].

Rievocando questi eventi pasquali, Elisabetta mise in evidenza il grande ruolo che tutte le Persone Divine compiono nell'opera della Redenzione; di conseguenza, ella diede respiro al suo insegnamento cristologico aprendone gli orizzonti sulla dimensione trinitaria, creando così una certa trinitologia della Redenzione.

4.1 «*Verbe incarné*» (P 88)

L'Incarnazione del Verbo si compie nel giorno dell'Annunciazione; parlandone, Elisabetta sottolineava che già in essa si riscontra un carattere trinitario: l'Incarnazione è opera di tutta la Santissima Trinità e, nonostante si sia incarnato solo il Figlio, in quel momento si sono rivelate tutte le Persone Divine: «[...] je m'unirai à l'âme de la Vierge alors que le Père la couvrait de son ombre, tandis que le Verbe s'incarnait en elle, et que l'Esprit Saint survenait pour opérer le grand mystère. C'est toute la Trinité qui est en action, qui se livre, qui se donne [...]»[152]. Perciò l'umanità di Gesù è profondamente radicata nella Trinità; Egli si manifesta come il Figlio del Padre e come Colui che deve nascere per opera dello Spirito Santo (cfr. Lc 1,35).

Nella sua dottrina, Elisabetta mostrò l'eccezionalità della persona di Cristo, Dio-Uomo, alla luce delle Sue straordinarie relazioni con le altre Persone Divine. Gesù è costantemente unito al Padre nello Spirito Santo; nella Sua vita terrena, Egli realizza solo la volontà del Padre; è «Verbe adoré [du Père]» (P 75), «Parole [du Père]» (P 88), «Splendeur

---

[151] Cfr. CZ.S. BARTNIK, *Chrystus*, 208.

[152] L 246. In un altro passo, Elisabetta scrisse:: «[...la Vierge] attirait les complaisances de la Trinité sainte [...] Le Père se penchant vers cette créature si belle, si ignorante de sa beauté, voulut qu'elle soit la Mère dans les temps de Celui dont Il est le Père dans l'éternité. Alors l'Esprit d'amour qui préside à toutes les opérations de Dieu survint; la Vierge dit son fiat [...], et le plus grand des mystères fut accompli» (CF 39).

du Père» (P 86). È proprio attraverso Lui che il Padre si rivolge agli uomini e che si rivela tutta la Santissima Trinità. Solo Gesù vede Iddio e solo Lui può rivelare il mistero del Padre[153].

L'Incarnazione ha anche carattere di redenzione: è il Dio d'amore che viene a salvarci. La giovane carmelitana non si occupò di formulare sottili considerazioni sulla generazione eterna del Verbo e sul modo in cui si compie l'Incarnazione per mezzo dell'unione ipostatica; a Elisabetta interessava approfondire la verità ricevuta per mezzo della fede nella parola rivelata: «Egli si è incarnato per mezzo dello Spirito Santo nel seno di Maria Vergine, per noi uomini e per la nostra salvezza»[154].

> «Verbo caro factum est et habitavit in nobis» [Gv 1,14]. Dieu avait dit: «Soyez saints, parce que je suis saint» [1 P 1,16; Lv 11,44.45], mais Il restait caché en son inaccessible [lumière] et la créature avait besoin qu'Il descendît jusqu'à elle, qu'Il vécût de sa vie, afin qu'en mettant ses pas dans la trace des siens elle pût ainsi remonter jusqu'à Lui, et se faire sainte de sa sainteté. «Je me sanctifie pour eux, afin qu'eux aussi soient sanctifiés dans la vérité» [Gv 17,19]. Me voici en présence «du secret caché aux siècles at aux générations», du «mystère qui est le Christ»: «pour nous, dit saint Paul, l'espérance de la gloire [cfr. Col 1,26-27]»! [...] C'est donc près du grand Apôtre que je vais m'instruire afin de posséder cette science qui, selon son expression, «dépasse toute autre science: la science de la charité du Christ Jésus» [Ef 3,19][155].

Nondimeno, l'elisabettiana cristologia dell'Incarnazione non si limita all'evento storico di duemila anni fa; usufruendo del linguaggio mistico, la giovane carmelitana affermò che, in un certo senso, nel corso della storia dell'umanità, l'Incarnazione del Verbo si ripete constantemente nelle anime dei cristiani. A sua sorella scrisse:

> Je te laisse ma dévotion pour les Trois, à l'«Amour» [1 Gv 4,16]. Vis audedans avec Eux dans le ciel de ton âme; le Père te couvrira de son ombre [cfr. Mt 17,5 e pure Lc 1,35], mettant comme une nuée entre toi et les choses de la terre pour te garder toute sienne, Il te communiquera sa puissance pour que tu l'aimes d'un amour fort comme la mort; le Verbe imprimera en ton âme comme en un cristal l'image de sa propre beauté, afin que tu sois pure de sa pureté, lumineuse de sa lumière; l'Esprit Saint te transformera en

---

[153] Cfr. DR 2: «"Nul n'a vu le Père, nous dit saint Jean, si ce n'est le Fils et ceux auxquels Il a plu au Fils de le révéler" [Gv 1,18]».
[154] Cfr. M.-M. PHILIPON, *L'inabitazione della Trinità*, 133-136.
[155] DR 29.

une lyre mystérieuse qui, dans le silence, sous sa touche divine, produira un magnifique cantique à l'Amour [...][156].

La poesia P 75 *[C'est pour moi qu'Il est venu] Noël 1901* è una sintesi delle riflessioni di Elisabetta sull'Incarnazione, sulla rivelazione trinitaria nel Verbo Incarnato e sulla *nuova incarnazione* che si svolge nell'anima del credente:

Dans la froide, dans l'humble étable,
Qu'Il est joli, l'Enfant Jésus!
Ô grâce, ô prodige, ô miracle,
Oui, c'est pour moi qu'Il est venu.

Contemplant la grande détresse
Des enfants qu'Il a trop aimés,
Le Père en une sainte ivresse
Leur donne son Verbe adoré.

Ce doux Agneau, ce Tout-Petit,
C'est l'éternelle et vraie lumière,
Celui qui règne au sein du Père
Et vient nous dire tout de Lui.

Ô pure, ô douce vision!
C'est en mon âme que s'opère
Le grand, le sublime mystère,
La nouvelle incarnation! [...]

Il vient révéler le mystère,
Livrer tous les secrets du Père,
Mener de clartés en clartés
Jusqu'au sein de la Trinité[157].

Di primo acchito, sembra essere pretenziosa e audace l'affermazione che un uomo possa ripercorrere le orme della Madonna nella Sua irripetibile esperienza di portare nel grembo il Figlio Divino: l'Incarnazione

---

[156] L 269; cfr. L 278, indirizzata a Germaine de Gemeaux: «[...] je ne parle pas de la vie religieuse, qui est la grande séparations avec le monde, mais de la dégagement, de cette pureté qui met comme un voile sur tout ce qui n'est pas Dieu et qui nous permet d'adhérer sans cesse à Lui par la foi. Que le Père vous couvre de son ombre et que cette ombre soit comme une nuée qui vous enveloppe et vous sépare; que le Verbe imprime en vous sa beauté, pour se contempler en votre âme comme en un autre Lui-même; que l'Esprit Saint qui est l'Amour fasse de votre cœur un petit foyer qui réjouisse les Trois Personnes divines par l'ardeur de ses flammes [...]».
[157] P 75.

è un evento unico e irripetibile. In realtà Elisabetta non era intenzionata a negare questa fondamentale verità di fede, ma cercava di sottolineare con vigore il dono della reale partecipazione dell'uomo al mistero dell'Incarnazione, esprimendo così la profondità del dono che Cristo fa di Se stesso all'uomo. Tutti i credenti, in quanto Chiesa, sono convocati a diventare il Corpo mistico di Cristo. Il Verbo si incarnò nell'uomo Gesù di Nazareth e vuole continuamente *incarnarsi* in ogni uomo[158]. Elisabetta, per stemperare l'ardire di questa espressione, aggiunse la parola «comme»; nella sua preghiera *O mon Dieu, Trinité que j'adore* (NI 15), ella scrisse: «O Feu consumant, Esprit d'amour, "survenez en moi", afin qu'il se fasse en mon âme comme une incarnation du Verbe: que je Lui sois une humanité de surcroît en laquelle Il renouvelle tout son Mystère» (NI 15).

Attraverso un'altra comparazione, Elisabetta paragonò la vita di sacerdoti e carmelitane all'Avvento, che introduce e prepara i fedeli al mistero dell'Incarnazione meditato durante il periodo del Natale. Secondo la giovane, sia i sacerdoti che le carmelitane, hanno il compito di predisporre gli altri a ricevere il dono dell'*incarnazione* del Verbo nelle loro anime: «J'aime cette pensée que la vie du prêtre (et de la carmélite) est un Avent qui prépare l'Incarnation dans les âmes» (L 250).

Nell'uomo che accoglie l'opera della Santissima Trinità, «nasce» il Verbo Divino che attualizza in lui l'Evento Pasquale, per portarlo alla gloria della salvezza nell'eternità[159]. Gesù, che prende dimora nell'uomo, lo invita ad immergersi nel mistero salvifico della Croce.

4.2 *«Divin Crucifié» (P 94)*

La Croce svela il motivo della venuta di Gesù nel mondo; Egli, «Rédempteur» (P 96), si fece presente in mezzo agli uomini per rivelare tutta la ricchezza[160] dell'eterno Amore Trinitario e la fedeltà divina verso la Creazione. Umile e obbediente fino alla morte di Croce, Cristo

---

[158] Cfr. J. REMY, *Élisabeth de la Trinité et la prière*, 155. Lo Spirito Santo discese sulla Vergine e la fece diventare Madre di Dio; discende durante la Santa Messa sul pane e il vino e li fa Corpo e Sangue di Cristo, ed infine discende su ogni persona, come su Elisabetta, perché tutti siano trasformati in Gesù Cristo (*Ibid.*, 156). Bisogna sottolineare la differenza fra l'unione del Verbo con l'umanità di Gesù di Nazareth, e l'inabitazione di Cristo dentro l'uomo per lo Spirito Santo (F. FERLAY, *Ô mon Dieu*, 79).
[159] Cfr. F. FERLAY, *Ô mon Dieu*, 79.
[160] Cfr. F. FERLAY, *Ô mon Dieu*, 47.

compì l'opera della redenzione, rendendo la *parfaite louange de la gloire* (cfr. DR 2) a Dio Padre.

Elisabetta tentò di esprimere la profondità di questo mistero, attraverso i nomi che attribuiva al suo Signore: «Humble Jésus, mon modèle» (P 23), «l'Homme de douleurs» (P 121), «[le] Dieu souffrant» (P 46), «le Dieu crucifié»[161], «mon Christ aimé, crucifié par amour»[162], «[le] Crucifié» (P 87), «divin Crucifié» (P 94). Tutti questi *titoli* rappresentano Gesù nel Suo atto di offrirsi, nell'amore, all'umanità: è per amore che Egli è *le Crucifié*[163].

Gesù fu tentato in tutto, a somiglianza degli uomini; volle patire per primo[164], e la Sua sofferenza «était immense comme la mer»[165]. Elisabetta, ispirandosi ai Testi Sacri, affermava che Egli può compatire gli uomini ed è «Véritable»[166] nel convincerli all'amore che prova per loro[167], essendo stato Lui stesso provato in ogni cosa, a somiglianza di ogni uomo, escluso il peccato. Il Suo amore *crocifisso* invoca fortemente una risposta da parte della Creazione intera[168]; questa risposta, per essere degna, non può essere che una sola: l'amore donato a Dio e ai fratelli, che non esita a prendere, nella vita, la propria croce. Elisabetta scrisse alla Signora Angles: «[…] je crois que c'est sur la Croix que le Maître veut consommer son union avec vous. Il n'est pas de bois comme celui de la Croix pour allumer dans l'âme le feu de l'amour!» (L 138). Nella visione mistica di Elisabetta, la Croce diventa il luogo dove può consumarsi l'unione, l'estasi d'amore, fra Gesù-*Époux* e la Sua *épouse*, intesa sia come Chiesa[169] sia come persona individuale[170]. Questo *luogo* si attualizza nell'Eucaristia, perciò Elisabetta affermò:

---

[161] Per es. P 46, 48; NI 14; cfr. NI 15.
[162] NI 15.
[163] F. FERLAY, *Ô mon Dieu*, 48.
[164] Cfr. L 263; Eb 4,15.
[165] Cfr. L 263; Lm 2,13.
[166] L 256; cfr. Ap 19,11; Eb 4,15.
[167] Cfr. L 263.
[168] La carmelitana citò una frase di cui l'origine è sconosciuta: «Il a encore souffert plus que moi, et cela pour me dire son amour, et pour réclamer le mien» (L 263). Cfr. F. FERLAY, *Ô mon Dieu*, 48.
[169] Cfr. *Elpa*, 160: «Que ma vie se distille goutte à goutte pour toi, ô Christ, et pour l'Église, ta douce épouse».
[170] Cfr. L 198 («On pénètre si profondément dans le Mystère du Crucifié… Car Celui-là, c'est l'Époux, l'Unique Tout»), 294 («[…] c'est la route du Calvaire qui s'est ouverte, et je suis toute joyeuse d'y marcher comme une épouse à côté du divin Crucifié»), 304.

«Oh, que je sois ton envahie, / Celle qui ne vit que de toi, / Ta chose, ta vivante hostie / Consommée par toi sur la Croix» (P 75)[171].

Nel pensiero della giovane, la Croce di Gesù, della *parfaite louange de la gloire [...du] Père* (cfr. DR 2), è una realtà presente nell'uomo in diversi modi: mediante l'inabitazione del «Crucifié» nel cuore del credente, mediante il sacramento dell'Eucaristia che attualizza l'Evento Pasquale (la Comunione)[172], oppure per la sofferenza vissuta come esperienza nella quale Gesù *fa provare* il Suo stesso dolore[173]. Alla luce di queste riflessioni, è importante sottolineare le parole di Elisabetta che definiscono la sofferenza come realtà necessaria alla salvezza: «Il n'est qu'un voie, celle de la Croix, hors cette voie point de salut» (J 94). La Croce è il sigillo con il quale sono segnati coloro che sono stati *scelti* e *predestinati*[174], è «un gage» d'amore (L 268), attraverso cui il Padre li destina ad essere simili al Suo Figlio Crocifisso[175]: salendo il proprio Calvario, possono fare «monter vers le Père un humne d'action de grâces» (CF 30).

La giovane carmelitana invitava a non soffermarsi sulla realtà accidentale caratteristica della croce, e sottolineava la necessità di scoprire e contemplare in essa, mediante la fede, lo strumento che manifesta e comunica all'uomo l'amore di Dio, *il mezzo* mediante il quale Gesù ha salvato il mondo: «Il ne faut pas s'arrêter en face de la Croix et la regarder en elle-même, mais, se recueillant sous les clartés de la foi, il faut monter plus haut et penser qu'elle est l'instrument qui obéit à l'Amour divin»[176].

---

[171] Cfr. L 165: «Il me semble que rien ne dit plus l'amour qui est au Cœur de Dieu que l'Eucharistie: c'est l'union, la consommation, c'est Lui en nous, nous en Lui, et n'est-ce pas le Ciel sur la terre?»

[172] Cfr. L 294, indirizzata al canonico Angles («[...] je vous demande comme une enfant à son père de vouloir bien, à la sainte Messe, me consacrer comme une hostie de louange à la gloire de Dieu. Oh, consacrez-moi si bien que je ne sois plus moi mais Lui, et que le Père, en me regardant, puisse le reconnaître; que "je sois conforme à sa mort", que je souffre en moi ce qui manque à sa passion pour son corps qui est l'Église, et puis baignez-moi dans le Sang du Christ pour que je sois forte de sa force à Lui [...]»); Ga 2,20; Fil 3,10; Col 1,24; la Santa Messa – Calvario rinnovato, vedi: Balthasar, 128.

[173] Gesù dà il suo dolore ai Suoi amici; vedi per es.: L 147, 258; P 55, 59. Il dolore porta l'anima alla partecipazione della Croce di Cristo; vedi per es.: L 314.

[174] Cfr. per es.: L 237, 241, 300.

[175] Cfr. L 324; CF 30 («[...] car ceux qui marchent en cette voie douloureuse, ce sont ceux-là "qu'Il a connus et prédestinés pour être conformes à l'image de son Fils" [Rm 8,29], le Crucifié par amour!»).

[176] L 129.

Elisabetta si fermava presso la Croce non per formulare speculazioni intellettuali sul mistero trinitario (anche se ella ben comprendeva che il Calvario è il luogo privilegiato della rivelazione trinitaria), ma per contemplare *le Crucifié*: Gesù in essa si rivela non solo come *le Maître* che insegna, ma come Colui che attira con la Sua affascinante potenza[177].

4.3 «*Agneau mystique*» (P 74)

Elisabetta sapeva contemplare, nel mistero della Passione di Gesù, lo splendore che riflette l'eternità. La giovane era consapevole che la preghiera elevata da Gesù al Padre sulla Croce, per i peccatori (cfr. Lc 23,34)[178], ha una portata universale: «petite sœur, sur sa Croix Il vous voyait, Il priait pour vous, et cette prière est éternellement vivante et présente devant son Père; c'est elle qui vous sauvera de vos misères» (L 324)[179]. Approfondendo questo pensiero, la giovane carmelitana rievocò un passo della Lettera agli Ebrei, in cui Cristo appare Vittorioso, Colui che è eternamente alla presenza del Padre Suo e intercede senza fine per gli uomini (cfr. Eb 7,25)[180]. La Croce è l'espressione concreta della perenne supplica di Gesù rivolta al Padre, e quindi del Suo amore per l'uomo.

Mediante queste riflessioni, Elisabetta si soffermava a contemplare Gesù glorificato, Gesù che intercede per gli uomini e appare come l'*Agneau* che versa per loro il Suo sangue[181] e guida le nazioni come un pastore il suo gregge. Nel *Dernière retraite* la giovane contemplava il Libro dell'Apocalisse:

«Je vis une grande multitude que nul ne pouvait compter... Ce sont ceux qui viennent de la grande tribulation, e qui ont lavé et blanchi leurs robes

---

[177] Cfr. F. FERLAY, *Ô mon Dieu*, 48.

[178] Sebbene Elisabetta non avesse mai citato questa preghiera, in cui Gesù si rivolse così al Padre: «Padre, perdonali, perché non sanno quello che fanno» (Lc 23,34).

[179] La lettera indirizzata a Germaine de Gemeaux.

[180] A questo testo, tratto dalla Lettera agli Ebrei, Elisabetta si riferì due volte: in L 256 e in L 324. La giovane sperimentava la costante presenza di Gesù accanto a lei e sentiva che Lui agiva nel profondo dell'anima sua. In infermeria, dal suo letto, la si udiva mormorare: «In questo momento Lui intercede per me» (M.-M. PHILIPON, *L'inabitazione della Trinità*, 135).

[181] Nella poesia P 34, la giovane rivolse il suo pensiero all'agonia del «divin Agneau» nel Getsemani: «[...] Où l'on voit le divin Agneau / Au triste soir de l'agonie / Qui pour les humains veille et prie».

dans le Sang de l'Agneau. C'est pourquoi il sont devant le trône de Dieu, et ils le servent nuit et jour dans son temple, et Celui qui est assis sur le trône habitera sur eux. Ils n'auront plus désormais ni faim ni soif, et le soleil ne tombera pas sur eux, ni aucune ardeur. Parce que l'Agneau sera leur pasteur, et Il les conduira aux fontaines des eaux de la vie, et Dieu essuiera toute larme de leur yeux...» [Ap 7,9.14-17]. Tous ces élus qui ont la palme en main, et qui sont tout baignés dans la grande lumière de Dieu ont dû auparavant passer par la «grande tribulation» [...]. Avant de contempler «à face découverte la gloire du Seigneur» [2 Cor 3,18], ils ont communié aux anéantissements de son Christ; avant d'être «transformés de clarté en clarté en l'image de l'Être divin» [cfr. 2 Cor 3,18], ils ont été conformes à celle du Verbe incarné, le Crucifié par amour[182].

Gesù-*Agneau* è *le Modèle* di coloro che formano il corteo di tutti i salvati, i beatificati e i glorificati, i quali per diventare come Lui, *la louange de gloire de la Trinité*, e per essere conformi a Lui, *Verbe incarné, le Crucifié par amour* (cfr. DR 12, 13), sono dovuti passare attraverso la grande tribolazione, la purificazione nel Suo Sangue (dell'*Agneau*). Elisabetta affermava che tutti quelli che seguono l'*Agneau* sulla via del Calvario, vengono condotti da Lui «aux sources de la vie», là dove Lui vuole, come a Lui piace, perché non guardano più i sentieri che percorrono, ma fissano semplicemente «le Pasteur» che li conduce[183]. La giovane faceva riferimento a un altro testo, relativo alla visione che S. Giovanni Apostolo ebbe sull'Isola di Patmos:

«Et je vis, et voilà l'Agneau debout sur la montagne de Sion, et avec Lui cent quarante-quatre mille qui avaient son nom et le nom de son Père écrits sur leur fronts. Et j'entendis une voix, comme la voix des grandes eaux, et comme la voix d'un grande tonnerre; et la voix que j'entendis était comme de plusieurs joueurs de harpe qui jouent sur leur harpes. Et ils chantaient comme une cantique nouveau devant le trône; et nul ne pouvait dire le cantique, sinon ces cent quarante-quatre mille, car ils sont vierges... Ceux-là suivent l'Agneau partout où Il va...» [Ap 14,1-4] Il est des êtres qui dès ici-bas font partie de cette «génération pure comme la lumière», ils portent déjà sur leurs fronts le nom de l'Agneau et celui de son Père. «*Le nom de*

---

[182] DR 12.
[183] Cfr. DR 14; Sal 23 (22),1. Vedi anche: «Dieu se penchant sur cette âme, sa fille adoptive, si conforme à l'image de son Fils "premier-né d'entre toutes les créatures", la reconnaît pour une de celles qu'Il a "prédestinées, appelées, justifiées". Et Il tressaille en ses entrailles de Père en pensant à consommer son œuvre, c'est-à-dire à la "glorifier" en la transférant en son royaume, pour y chanter dans les siècles sans fin "la louange de sa gloire" [Ef 1,12]» (DR 14).

l'Agneau»: par leur ressemblance et conformité avec Celui que saint Jean appelle «le Fidèle, le Véritable» [Ap 19,11] et nous montre "vêtu d'une robe teinte de sang" [...]. «Le nom de son Père»: parce qu'Il rayonne en eux la beauté de ses perfections, tous ses attributs divins se reflétant dans ces âmes; et ils sont comme autant de cordes qui vibrent et chantent «*le cantique nouveau*» [...][184].

La stessa spiritualità del Carmelo si riferisce a questa immagine apocalittica del corteo dei salvati. Le cerimonie della vestizione e della professione mostrano Gesù come *Époux* e *Agneau*, che sta di fronte a quelli che Lo scelsero[185]. Elisabetta — a modo suo — *arricchì* questa tradizione carmelitana con la dimensione trinitaria; ella spiegò che l'Agneau conduce gli uomini alla Santissima Trinità per farli cantare l'inno di lode, per farli diventare «la louange de gloire» della Trinità; nella poesia P 74 [*Enfin me voilà fiancée*], leggiamo:

Lui et moi sommes si heureux
Et nous voilà partis tous deux
Jusqu'à la Maison du Père,
Séjour de paix et de lumière.

Qu'il fait bon en la Trinité,
Tout est clarté et charité.
O Christ, toi qui daignas me prendre
Tiens-moi, je ne veux plus descendre.

Chez ces Trois, je fixe ma tente,
Je suis petite, peu encombrante,
Ne fatiguant point mon Agneau
A m'emmener bien haut, bien haut. [...]

---

[184] DR 15.
[185] In occasione della vestizione, la carmelitana si rivolse a suor Madeleine de Jésus con queste parole: «Attirez donc ce cher troupeau / A la suite de votre Agneau / car ses petites fiancées / De son amour sont affamées» (P 73); e a questo proposito scrisse pure una testimonianza personale: «Enfin me voilà fiancée. / J'ai revêtu l'umble livrée. / Enveloppée du blanc manteau, / Partout je suivrai mon Agneau» (P 74; cfr. L 256, 258); «Cet Agneau que les bienheureux adorent dans la Vision, c'est Celui-là auquel ton Élisabeth est fiancée et dont il lui tarde tant de devenir épouse. Oh! Maman, que ma part est belle, tout ce monde divin est à moi, c'est le centre où je dois vivre et dès ici-bas suivre partout mon Agneau» (L 143). Nel Carmelo, prima della professione, ogni novizia veniva chiamata «*fiancée du Seigneur*»; invece, dopo la professione, «*l'épouse*» (cfr. P 73, n. 4).

Suivant partout l'Agneau mystique
Nous chanterons le doux cantique
Et contemplerons les clartés
De l'immuable Trinité[186].

Il Libro dell'Apocalisse aprì davanti alla giovane carmelitana «Les portes éternelles»[187], attraverso le quali ella poteva contemplare la *sainte Jérusalem*. Nella Città Santa l'*Agneau* appare come «le flambeau» (DR 9; Ap 21,23)[188] che illumina tutta la realtà, come «*le Principe et la fin*» (P 96; Ap 21,6), il Centro di tutta l'opera salvifica dell'umanità: della creazione, dell'Incarnazione[189], della redenzione e, infine, della glorificazione; Egli è contemporaneamente «Celui qui règne au sein du Père» (P 75). Mediante queste considerazioni cristologiche, Elisabetta si avvicinò molto alla questione della ricapitolazione di tutte le cose in Cristo.

Egli, realizzando il mistero pasquale, ha come obiettivo di rendere gloria a Dio e dare la possibilità agli uomini di diventare *la louange de sa gloire*[190]: «Je vous ai glorifié sur la terre, j'ai consommé l'œuvre que vous m'avez donnée à faire» (Gv 17,4 in L 264)[191].

Il segreto della glorificazione del Padre nel Figlio si trova al centro della dottrina cristologica di Elisabetta. L'uomo che vuole rispondere alla sua vocazione di *glorificare* Dio e di *essere glorificato* da Lui, deve entrare nella stessa relazione che intercorre fra il Figlio e il Padre; e per giungere a ciò, deve lasciarsi unire a Cristo, a Colui che già adesso prende dimora *au-dedans* del suo cuore. Gesù, essendo «la parfaite louange de la gloire de son Père» (DR 2), «de la Sainte Trinité» (cfr. DR 40)[192] è per l'uomo «[le] Maître»[193] della vita spirituale. Elisabetta comprese che l'uomo avrebbe potuto diventare *la louange* della Trinità,

---

[186] P 74.
[187] Sal 24 (23),7.9.
[188] Elisabetta collocò «la sainte cité, la nouvelle Jérusalem» (Ap 21,2; cfr. DR 42) nel *ciel de l'âme* (cfr. DR 9 con la nota n. 6); e in efetti l'*Agenau* diventa *le flambeau* dell'anima (cfr. DR 9).
[189] Nella poesia P 75, Elisabetta chiamò «l'Enfant Jésus» «[le] doux Agneau».
[190] Cfr. DR 14.
[191] Elisabetta citò questo versetto pure in DR 14; L 218 e P 89.
[192] «Suor Elisabetta della Trinità ebbe coscienza, in grado veramente raro, dell'assoluta preminenza che la gloria del Padre aveva su tutti i sentimenti più intimi dell'anima di Gesù, di Colui che fu "la più perfetta lode di gloria del Padre" e della Trinità» (Philipon, 146).
[193] CF 28, 30.

che stabilisce in lui la Sua dimora, in virtù dell'unificazione[194] con il Redentore.

5. L'unificazione con Cristo-«Époux» (P 73)

Alla luce della dottrina che si desume dall'esperienza vissuta di Elisabetta, l'unificazione fra Gesù e l'uomo ha carattere sponsale, cioè riguarda l'*Époux* (Gesù Cristo) e l'*épouse* (la persona umana). A tale proposito la giovane carmelitana sottolineò una premessa importante: l'*Époux* è già presente nell'anima dell'*épouse*, addirittura prende dimora dentro di lei. Questo lascia intendere che l'unificazione si compie nell'interiorità dell'uomo e raggiunge il fondo dell'essere della persona, cioè le sue motivazioni, i suoi desideri, le sue emozioni, i suoi ragionamenti, i suoi atteggiamenti, ecc.

5.1 «L'âme du Christ» (NI 12)

Rimane da rispondere alla questione sulla modalità con cui l'uomo può unirsi con Cristo che abita in lui, oppure, per meglio dire, sulla modalità con cui la persona umana può lasciarsi unire con il Salvatore. Elisabetta, dopo aver compreso fino a che punto Gesù sia *nostro*[195], affermò che la risposta si trova nell'anima di Cristo, che viene *data* all'uomo *in dono*: «[...] je sens que tous les trésors renfermés dans l'âme du Christ sont à moi, aussi je me sens riche [...]»[196].

L'unificazione allora consiste nell'accogliere tutte le ricchezze racchiuse in Cristo (le virtù, le mete, le speranze, ecc., che con Lui sono già presenti *in noi*), per giungere alla realtà descritta dall'Apostolo: «"Il [Dieu] vous prédestinait à être conformes à l'image de son Fils Jésus, et par le saint baptême Il vous a revêtues de Lui, vous faisant ainsi ses enfants, en même temps que son temple vivant" (saint Paul)»[197]; «"Je ne vis plus, c'est Lui qui vit en moi"» (CF 28; Ga 2,20)[198].

Per questo motivo Elisabetta, nella sua preghiera *O mon Dieu, Trinité que j'adore*, si rivolse così a Gesù:

---

[194] Vedi: D. WIDER, «Zjednoczenie z Chrystusem Ukrzyżowanym», 73-88.
[195] Cfr. Philipon, 144.
[196] L 91.
[197] L 240; Ga 3,27.26; cfr. L 316, DR 33, 39.
[198] Ga 2,20 fu citato più volte da Elisabetta per es. in CF 12; DR 16 («"Je vis, non plus moi, mais c'est le Christ qui vit en moi"»), 30 («"Je ne vis plus. Mon Maître vit en moi!"»), 37; cfr. L 99, 105, 107, 150, 151, 179, 214, 224, 241, 264, 294 («Oh, consacrez-moi si bien que je ne sois *plus moi mais Lui*»).

O mon Christ aimé, [...], je voudrais être une épouse pour votre Cœur, [...]. Mais je sens mon impuissance et je vous demande de me «revêtir de vous-même», d'identifier mon âme à tous les mouvements de votre âme, de me submerger, de m'envahir, de vous substituer à moi, afin que ma vie ne soit qu'un rayonnement de votre Vie[199].

La realtà dell'inabitazione di Cristo nell'uomo si muta nella realtà del «substituer» l'interiorità della persona con *quella* di Gesù, cioè con la Sua anima. Nel pensiero di Elisabetta, si nota come la realtà dell'esistenza di Gesù *au-dedans* dell'uomo sia caratterizzata da un atto crescente, che la approssima gradualmente alla sua pienezza: la presenza in virtù della creazione continua di Dio; l'inabitazione in virtù del Battesimo e della grazia di giustificazione (che esigono la buona volontà dell'uomo); e infine l'unità in virtù della *sostituzione* realizzata dallo Spirito Santo, con la collaborazione della persona che si lascia identificare volontariamente con l'anima di Cristo, fino alla fusione in Lei, fino all'*identificazione*[200]. Tale unificazione è l'accogliere tutta la persona di Cristo nella propria vita, nella propria esistenza, nel proprio evolversi: «"Être épouse", c'est avoir les yeux dans les siens, la pensée hantée par Lui, le cœur tout pris, tout envahi, comme hors de soi et passé en Lui, l'âme pleine de son âme [...], tout l'être captivé et donné...» (NI 13)[201].

All'uomo resta soltanto il compito di conoscere, interiorizzare, contemplare l'anima di Cristo, ed accoglierLa in tutte le dimensioni della propria esistenza, come per esempio la fede, la speranza e l'amore. Ciascuna delle ricchezze di Gesù costituisce un certo vincolo addizionale, mediante il quale l'uomo viene legato sempre più fortemente a Cristo. L'amore umano viene sostituito dall'amore divino; la speranza umana, dalla speranza divina; la fede e la fedeltà umana, dalla fedeltà di Gesù; ecc.

Elisabetta sottolineava la necessità e il valore della conoscenza dell'anima di Cristo, che per lei divenne il suo *livre préféré*, che le

---

[199] NI 15.
[200] Vedi: M.-M. PHILIPON, *L'inabitazione della Trinità*, 101. Non si deve intendere qui un'identificazione fisica con il Verbo Incarnato. La persona di Gesù Cristo è Unica. Si tratta di una identificazione mistica, la quale fa degli uomini le membra vive del Cristo (*Ibid.*, 81).
[201] Cfr. L 156: «Alors, si nous sommes fidèles à vivre de sa vie, si nous nous identifions à tous les mouvements de l'âme du Crucifié, tout simplement, alors nous n'avons plus à craindre nos faiblesses, car Lui sera notre force, et qui peut nous arracher à Lui?».

rivelava «tous les secrets du Père qui est aux Cieux» (NI 12)[202]. La conoscenza delle ricchezze spirituali di Gesù divenne per Elisabetta una passione, un'inclinazione, un interesse prioritario: «Ô ma Passion [...], Jésus»[203]. La giovane carmelitana sottolineava l'importanza di sapere in quale «luogo» l'uomo deve vivere con Cristo: «Il importe donc de savoir où nous devons vivre avec Lui [...]» (CF 1); e come per rispondere a questa esigenza scrisse:

> «Demeurez en moi» [Gv 15,4]. C'est le Verbe de Dieu qui donne cet ordre, qui exprime cette volonté. Demeurez en moi, non pas pour quelques instants, quelques heures qui doivent passer, mais «demeurez...» d'une façon permanente, habituelle. Demeurez en moi, priez en moi, travaillez, agissez en moi. Demeurez en moi pour vous présenter à toute personne ou à toute chose, pénétrez toujours plus avant en cette profondeur[204].

Invitando tutti a dimorare in Cristo, Elisabetta per prima fece questo passo e lei stessa affermò: «Je suis partie dans l'âme de mon Christ [...]» (L 107)[205].

Gesù Cristo, disvelando all'uomo i segreti della Sua anima, non rimane passivo nel Suo rapporto con lui: «Il [Jésus] est toujours vivant, toujours à l'œuvre en notre âme» (L 145)[206]; «[...] par nous-mêmes nous ne sommes que néant et péché, mais Lui [notre Seigneur], Il est le seul Saint, et Il habite en nous afin de nous sauver, de nous purifier, de nous transformer en Lui» (L 252).

5.2 *Fede e fedeltà* – *«le Fidèle» (L 256)*

L'*elezione in Cristo* (cfr. Ef 1,3-4) aspetta dall'uomo una risposta personale, un'adesione alla volontà divina, cioè una fede viva[207], una

---

[202] Sulla conoscenza di Gesù, vedi anche CF 28.
[203] P 72 bis; cfr. P 72 ter.
[204] CF 3. Vedi: L. BORRIELLO, *Elisabetta della Trinità*, 47
[205] Sull'anima di Cristo nel pensiero di Elisabetta vedi anche: ALBINO DEL BAMBINO GESÙ, «L'anima di Cristo», 289-303.
[206] Cfr. L 249: «[...] elle [l'âme] possède au centre d'elle-même un Sauveur qui veut à toute minute la purifier».
[207] Cfr. CF 19: «"Pour s'approcher de Dieu il faut croire" [Eb 11,6]. C'est saint Paul qui parle ainsi. Il dit encore: "La foi est la substance des choses que l'on doit espérer et la démonstration de celles que l'on ne voit pas" [Eb 11,1]. C'est-à-dire que "la foi nous rend tellement certains et présents les biens futurs que, par elle, ils prennent être en notre âme et qu'ils y subsistent avant que nous en jouissions". Saint Jean de la Croix dit qu'elle nous sert de "pieds" pour aller "à Dieu", et encore qu'elle est "possession à l'état obscur". "C'est elle qui verse à flots au fond de nous tous les

corrispondenza all'amore di Dio, che secondo Elisabetta si basa sul *croire à son amour*[208]. Da questa fede nell'amore divino, nasce nell'uomo il desiderio di rispondere al Creatore, con l'ausilio di Gesù Cristo che insegna come rispondere con fede all'amore di Dio, e perciò come diventare *la louange* della Trinità. A questo proposito, la carmelitana scrisse: «Cela est bien simple. Notre Seigneur nous en donne le secret lorsqu'Il nous dit: "Ma nourriture est de faire la volonté de Celui qui m'a envoyé"»[209]. Elisabetta riconobbe in Gesù Cristo il significato e il senso profondo di essere *la louange* di Dio, cioè compiere la volontà del Padre, nel Suo disegno eterno:

> Et d'abord, entrant dans le monde, qu'a-t-Il dit? «Les holocaustes ne vous sont plus agréables; alors j'ai pris un corps: me voici, ô Dieu, pour faire votre volonté» [Eb 10,5-7]. Durant ses trente-trois années cette volonté fut si bien son pain de chaque jour, qu'au moment de remettre son âme entre les mains de son Père Il pouvait Lui dire: «Tout est consommé» [Gv 19,30], oui, toutes vos volontés, *toutes* ont été accomplies, c'est pourquoi «je vous ai glorifié sur la terre» [Gv 17,4][210].

La devozione di Elisabetta all'anima di Cristo, che è il capolavoro della Santissima Trinità, afferma che tutta la sublime attività degli Spiriti e dei Santi non ha lo stesso valore del più piccolo atto di virtù dell'anima del Signore, rivestita di una pienezza di grazia. In Essa, nella quale vi sono abissi di luce, di amore, di divine bellezze, la Santissima Trinità trova infinite compiacenze. L'anima di Cristo è la gioia dei salvati nel Cielo, infatti Egli stesso disse: «Questa è la vita eterna: che conoscano te, l'unico vero Dio, e colui che hai mandato, Gesù Cristo» (Gv 17,3)[211].

Elisabetta si rendeva conto che la debolezza che appesantisce la natura umana non permette all'uomo di essere fedele a Dio, nemmeno in minimo grado, della stessa fedeltà di Cristo: solo Lui è «Celui qui est "fidèle"» (L 187), è «le Fidèle» (L 256; P 96). Nonostante questo immenso divario tra la perfezione di Gesù e la nostra miseria umana, la

---

biens spirituels". [...] "Ainsi donc la foi nous donne Dieu dès cette vie, revêtu, il est vrai, du voile dont elle le couvre, mais pourtant Dieu Lui-même"». Sulla fede vedi anche: DR 10-11.

[208] Cfr. CF 20 con la citazione 1 Gv 4,16: «Nous, nous avons connu l'amour que Dieu a pour nous et nous y avons cru»; L 263, 269. Vedi anche: Philipon, 88-89.

[209] L 264; Gv 4,34; cfr. L 138, CF 29; DR 38.

[210] CF 29; cfr. L 252.

[211] Cfr. Philipon, 143-144.

giovane carmelitana confidava fermamente nell'aiuto di Gesù: «[...] Il ne nous laissera pas seules, mais Il demeurera au centre de notre âme pour être Lui-même notre fidélité» (L 252), e descriveva la *notte della fede* come la *luce* che porta allo Sposo Divino e come il vestito luminoso ricevuto da Cristo per rendere la Sua sposa simile a Lui:

> Voici la foi, la belle lumière de foi, qui m'apparaît. C'est elle seule qui doit m'éclairer pour aller au-devant de l'Époux. Le psalmiste chante qu'Il se «cache dans les ténèbres» [Sal 18 (17),12], puis semble d'autre part se contredire en disant que «la lumière l'environne comme d'un vêtement» [Sal 104 (103),2]. Ce qui ressort pour moi de cette contradiction apparente, c'est que je dois me plonger dans "la ténèbre sacrée" en faisant la nuit et le vide dans toutes mes puissances; alors je rencontrerai mon Maître, et «la lumière qui l'environne comme d'un vêtement» m'enveloppera aussi, car Il veut que l'épouse soit lumineuse de sa lumière, *de sa seule* lumière, *«ayant la clarté de Dieu»*[212].

La fedeltà, profondamente legata alla fede, diventa per Elisabetta il luogo dell'incontro con lo Sposo: «Lorsqu'une âme est fidèle à tous les moindres désirs de son Cœur, Jésus à son tour est fidèle à la garder et Il s'établit entre eux une si douce intimité...» (L 278).

La *fede* e la *fedeltà* devono avere il loro fondamento nella volontà[213] e nel profondo desiderio dell'uomo di rimanere con il Signore: «L'âme qui le [Jésus] cherche et qui l'aime: / En la mesure de sa foi / Elle atteint le Souverain Roi» (P 94). Secondo l'insegnamento della giovane carmelitana, la fede viva[214], incrollabile e pura, diventa il *faccia a*

---

[212] DR 10; vedi anche DR 11.

[213] «Vivez plus par la volonté que par l'imagination» (L 278, indirizzata a Germaine de Gemeaux). Cfr. L 323; CF 12. Elisabetta descrisse così, alla signora Angles, l'unificazione con Gesù attraverso la volontà: «Attachez-vous donc [...] aux volontés de ce Maître adorable, regardez chaque souffrance, ainsi que chaque joie, comme venant directement de Lui, et alors votre vie sera comme une communion continuelle, puisque chaque chose sera comme un sacrement qui vous donnera Dieu. Et cela est très réel, car Dieu ne se divise pas, sa volonté c'est tout son Être» (L 264). Occorre allora rinunciare alla propria volontà: «Oui, le Saint de Dieu aura été glorifié en cette âme, parce qu'Il y aura tout détruit, pour la "revêtir de Lui-même", et qu'elle aura pratiquement vécu la parole du Précurseur: "Il faut qu'Il croisse et que je diminue" [Gv 3,30]» (DR 39; cfr. CF 12). La stessa giovane carmelitana scrive nel suo *Journal*: «O Jésus, ma Vie, mon Amour, mon Époux, aidez-moi [...] à faire toujours en toutes choses le contraire de ma volonté. Bon Maître, Jésus, suprême Amour, je vous immole cette volonté, qu'elle en fasse qu'un avec la vôtre» (J 16).

[214] Sulla fede in Elisabetta, vedi: J. RÉMY, *Élisabeth de la Trinité. Le secret*, 17-26, ove l'Autore sottolinea nel pensiero di Elisabetta la necessità di chiedere a Dio il dono

CAP. V: LA DOTTRINA CRISTOLOGICA 283

faccia nelle tenebre[215]; essa è la fonte di un'altra virtù che lega l'anima con lo Sposo, è la fonte della speranza.

5.3 *Speranza e confidenza* – «*ma Espérance*» *(P 64)*

Secondo la dottrina di Elisabetta, la debolezza e la miseria che l'uomo sperimenta nella sua interiorità, possono diventare per lui uno spazio, un luogo, nel quale accogliere il dono della speranza e, con essa, il Salvatore. La speranza appare allora come le ali che conducono l'anima al Cielo[216]:

> Il me semble que l'âme la plus faible, même la plus coupable, est celle qui a le plus lieu d'espérer, et cet acte qu'elle fait pour s'oublier et se jeter dans les bras de Dieu le glorifie et Lui donne plus de joie que tous les retours sur elle-même et tous les examens, qui la font vivre avec ses infirmités, tandis qu'elle possède au centre d'elle-même un Sauveur qui veut à tout minute la purifier[217].

Per la giovane carmelitana il fondamento della speranza si trova nella Croce di Gesù Cristo; essa, pegno della redenzione, è la fonte della forza spirituale e di ogni sostegno: «Ah, je veux la Croix, je veux vivre avec elles pour force et pour soutien, avec elles pour trésor, puisque Jésus l'a choisie pour Lui, puisqu'Il l'a choisie aussi pour moi. Je le remercie de cette marque de prédestination. O Crux, ave, spes unica!» (J 126). La fede nella potenza della Croce di Gesù permette all'anima di nutrire una speranza inflessibile: «Voilà [...] ce qu'il faut Lui [à Notre Sei-

---

della fede (cfr. L 261), l'opportunità di alimentare la fede (cfr. GV 11), di viverla (cfr. NI 12), di risvegliarla (cfr. L 298) e di condividerla (cfr. P 94). J. Rémy descrive inoltre come per Elisabetta la fede sia *le secret du bonheur*.

[215] «La foi, c'est le face à face dans les ténèbres» (L 165, 193; cfr. 1 Cor 13,12-13); sulla fede come incontro con Gesù, con Dio, *faccia a faccia*, vedi: J. RÉMY, *Élisabeth de la Trinité. Le secret*, 17-22; M.-M. PHILIPON, *L'inabitazione della Trinità*, 72. La realtà della fede come *faccia a faccia nelle tenebre*, nel cielo cambia in un *faccia a faccia nella luce* (cfr. L 177: «[...] en attendant le face à face en la lumière»). Cfr. anche L 274: «Ah combien je serais heureuse s'Il voulait faire tomber le voile afin que mon âme s'élance en Lui et contemple sa Beauté dans un face à face éternel. En attendant, je vis dans le ciel de la foi au centre de mon âme et je tâche de faire le bonheur de mon Maître en étant déjà sur la terre "la louange de sa gloire"». Sulla fede in Elisabetta vedi: ERMANO DEL SS. SACRAMENTO, «La luce della fede», 322-355; S.T.M., «"Vivere al di là di ogni velo"», 128-150.

[216] Elisabetta nella preghiera alla sua Santa Protettrice scrisse: «[...] ô sainte Élisabeth, [...]. Donne-moi pour voler au Ciel les ailes de l'espérance [...]» (NI 1).

[217] L 249.

gneur] donner: espérer contre toute espérance [cfr. Rm 4,18] et ne douter jamais de sa bonté» (L 262). Lui stesso, Gesù Cristo, diventa *au-dedans* dell'uomo la sua «Espérance» (cfr. P 64; L 249).

Elisabetta si rendeva conto che tale speranza, legata strettamente alla confidenza, è molto gradita a Gesù, a Dio; Egli non resiste all'anima che è in possesso di questa virtù: «Nous voyons dans l'Évangile que le bon Dieu veut parfois nous faire attendre, mais Il ne refuse rien à la foi, à la confiance, à l'amour» (L 206; cfr. L 262).

La fede e la fedeltà, la speranza e la confidenza, aiutano l'uomo ad *avvicinarsi* all'amore, alla virtù più importante che unisce l'anima e Dio con un legame indissolubile; per questo motivo Elisabetta scrisse: «Ayons [...] confiance en son amour [de Dieu]» (L 246); «[...] Il [Dieu] est si bon qu'il faut tout espérer de son amour!» (L 167); «Crois à son amour [...]» (GV 11); «Quel sujet de confiance pour l'âme qui dit avec saint Jean: "Je crois à son amour"!» (L 263; cfr. 1 Gv 4,16).

5.4 *Amore – «mon unique Amour» (P 39)*

Sulle orme di San Paolo, Elisabetta comprese con chiarezza che il pegno, il fondamento stabile dell'amore divino è da ricercarsi nella realtà della redenzione compiuta sulla Croce da Gesù Cristo: «"Il m'a aimé, Il s'est livré pour moi". Il me semble que toute la doctrine de l'amour, celui qui est vrai et fort, est renfermée en ces quelques mots» (L 252; Ga 2,20)[218]. Nel Mistero della Croce, Gesù ha rivelato l'intensità dell'amore che unisce la Santissima Trinità e la misura dell'amore con cui le Tre Persone divine si comunicano alla Creazione. Questo amore, che non esita a lasciarsi crocifiggere[219], venne chiamato da Elisabetta un «*trop grand amour*»[220].

---

[218] Elisabetta spesso faceva riferimento a queste parole di San Paolo (cfr. per es. CF 28, GV 11, DR 16, L 194, 214, 278, 291): «Sono stato crocifisso con Cristo e non sono più io che vivo, ma Cristo vive in me. Questa vita nella carne, io la vivo nella fede del Figlio di Dio, che mi ha amato e ha dato se stesso per me» (Gal 2,20).

[219] La giovane carmelitana chiamava Gesù: «crucifié par amour» (NI 15); «le Dieu crucifié par amour» (L 214).

[220] DR 31; cfr. Ef 2,4: «Ma Dio, ricco di misericordia, per il grande amore con il quale ci ha amati, da morti che eravamo per i peccati, ci ha fatti rivivere con Cristo: per grazia infatti siete stati salvati». Mediante questa espressione *trop grand amour*, Elisabetta intendeva esprimere sia *l'amore di Gesù*, in particolare, che *quello di Dio*, più in generale; vedi: CF 20; GV 11; DR 10, 34; L 161, 191 («trop grande charité»), 263, 284 («Propter nimiam charitatem»; pure in P 89, 106, 122), 298, 319, 323 bis, 332; P 88 («un divin excès d'amour»). Entrando nel mistero dell'amore di Dio, ella

CAP. V: LA DOTTRINA CRISTOLOGICA

La giovane carmelitana si ispirò alla dottrina paolina nell'affermare che la conoscenza dell'amore di Cristo è il culmine della scienza umana: «C'est [...] près du grand Apôtre que je vais m'instruire afin de posséder cette science qui, selon son expression, "dépasse toute autre science: la science de la charité du Christ Jésus"»[221].

Nell'uomo che sperimenta la dolcezza di Cristo, nasce il desiderio di corrispondere alla Sua grazia; a questo proposito Elisabetta scrisse: «[...] Il [le Maître] nous a "trop aimés" [...]: alors on a soif de Lui rendre amour pour amour!» (L 156; Ef 2,4)[222]. Quando la persona *si innamora* del suo Signore ed Egli diventa per lei il suo «unique Amour» (cfr. P 39), anche se ella riconosce la propria debolezza, conosce che l'*abisso della sua miseria* richiama l'*abisso della misericordia divina*[223] e che tutto verrà avvolto dall'amore di Cristo[224]: Gesù stesso, dimorando *au-dedans* del cuore, *sostituisce* in lei il debole amore umano con il Suo[225]. Cristo *insegna* all'anima ad amare come Lui ama[226] e, contemporaneamente, ella accesa di passione per Cristo[227] si *trasforma* in Lui[228]. La giovane carmelitana affermava che l'amore unisce l'anima

---

stessa *si sentiva amata di un amore eccessivo*: «[...] Il m'a trop aimée» (L 280; cfr. Ef 2,4; vedi anche P 87; L 219).

[221] DR 29; cfr. Ef 3,19.

[222] Per l'espressione «Il nous "trop aimés"» vedi anche in L 156, 165, 169, 219, 246, 303, 308, 324; P 75, 83; invece le parole «rendre amour pour amour» si trovano in L 156; P 51; *Elpa*, 84.

[223] Le espressioni molto gradite a Elisabetta: «un abîme appelle un autre abîme» (L 298) e «double abîme» (P 118), servono a spiegare il mistero nel quale, grazie alla mediazione di Cristo, si dissolve l'abisso che distingue l'Infinità e la Creazione, la Santissima Trinità e l'uomo-peccatore, perché «[...] l'abîme de [... la] misère [...] attire l'abîme de sa miséricorde» (L 298). Cfr. CF 12; Sal 42-43 (41-42),8 («Un abisso chiama l'abisso al fragore delle tue cascate»). La misericordia divina procede proprio dall'amore smisurato di Dio, un *amore troppo grande*: «"[...] notre Dieu est appelé un "Feu consumant" [Eb 12,29] et aussi "le riche en miséricorde à cause de son trop grande amour" [Ef 2,4]» (L 263; cfr. L 323; P 89).

[224] L 150: «[...] je me sens tout enveloppée dans la charité du Christ».

[225] Cfr. L 141: «Oh, maman, Celui auquel tu m'as donnée est Amour et Charité et Il m'apprend à aimer comme Lui, Il me donne son amour pour t'aimer!». Elisabetta affermava che «[...] l'Amour habite en nous à tout instant du jour et de la nuit [...]» (L 330; cfr. L 180).

[226] Cfr. L 141.

[227] L 99, 128, 130.

[228] L 130: «Il est si beau, mon Fiancé, maman, je l'aime passionnément et en l'aimant je me transforme en Lui». Cfr. *Elpa*, 59 («Je L'aime, et, en L'aimant, je me transforme en Lui»).

a Dio[229] e, addirittura, che l'anima «en aimant *s'identifie à Dieu*» (P 85)[230], sino al punto di amare Gesù con il Suo stesso amore[231].

Per tutto ciò che è stato detto riguardo all'amore di Cristo, di Dio, il *compito* dell'uomo consiste nell'*immergersi*, nel *tuffarsi*, nello *scomparire*, nel *perdersi*[232], nel *dimorare*[233] in Gesù presente nell'anima. A questo proposito la giovane carmelitana scrisse a Françoise de Sourdon le seguenti parole: «Oh! si tu savais comme Il [le Maître] est bon, comme Il est tout Amour! Ce n'est pas un sermon que je veux te faire, c'est le trop-plein de mon âme qui déborde en la tienne pour qu'ensemble nous allions nous perdre en Celui qui nous aime, comme dit saint Paul "d'un trop grand amour"!» (L 161), e a Germaine de Gemeaux scrisse: «Peut-être verrons-nous des fautes, des infidélités, abandonnons-les à l'Amour: c'est un feu qui consume, faisons ainsi notre purgatoire dans son Amour!» (L 172).

5.5 *Umiltà e povertà di spirito – «Humble Jésus, mon modèle» (P 23)*

Elisabetta affermava che Gesù *si nasconde* nell'abbassamento[234]; per questo motivo, l'uomo che desidera unirsi con Lui deve rassomigliarGli, cioè deve diventare umile come Lui; l'«Humble Jésus» diventa il suo «modèle» (cfr. P 23):

Sachons toujours descendre à la dernière place
Afin de ressembler à Jésus notre Époux:

---

[229] Cfr. CF 6, in cui Elisabetta citò le parole di S. Giovanni della Croce: «"Comme c'est l'amour qui unit l'âme à Dieu, plus cet amour est intense, plus elle entre profondément en Dieu et se concentre en Lui"; lorsqu'elle "possède un seul degré d'amour elle est déjà en son centre"; mais quand cet amour aura atteint sa perfection, l'âme aura pénétré en son "centre le *plus* profond"»; L 121: «[...] l'Amour "[...] *établit l'Unité*"»; cfr. L 60 («[...] plus on est près du bon Dieu, plus on aime!») e L 172.

[230] L 172: «[...] il faut nous laisser transformer en une même image avec Lui, et cela tout simplement, en aimant tout le temps de cet amour qui établit l'unité entre ceux qui s'aiment!».

[231] L 131: «[...] je l'aime [le Christ] avec son amour à Lui, c'est un double courant entre Celui qui est et celle qui n'est pas!». Sul profondo significato e senso dell'amore vedi la poesia P 94 [*Aimer*].

[232] L 194: «"Il m'a aimée, Il s'est livré pour moi"; c'est donc là le terme de l'amour: se donner, s'écouler tout entier en Celui que l'on aime».

[233] Cfr. Gv 15,4; vedi: CF 3, L 128, 160 («Demeurez en moi, et moi en vous»), 219, 236, 273. Cfr. le seguenti parole di Elisabetta: «Demeurons en son [de Dieu] Amour et que son Amour demeure en nous» (L 194). A questo proposito cfr. anche L 172.

[234] P 94: «[...] Jésus [...] / Se cache dans l'abaissement [...]».

Alors luira sur nous la clarté de sa Face
Car Il est attiré vers les humbles, les doux[235].

Nel suo cammino spirituale, che consiste fra l'altro in un costante processo di morte progressiva al proprio orgoglio[236], l'uomo ha la possibilità di trovare un grande ausilio nella contemplazione del Crocifisso[237] e nella povertà di spirito, che si può raggiungere attraverso la conoscenza della verità su se stesso[238], cioè della propria fragilità e della grandezza della misericordia divina che si inchina su di lui:

> «Quotidie morior» [1 Cor 15,31]. «Je meurs chaque jour», je diminue, je me renonce plus chaque jour afin qu'en moi le Christ grandisse et soit exalté; je «réside» toute petite «au fond de ma pauvreté», je vois «mon néant, ma misère, mon impuissance, je m'aperçois incapable de progrès, de persévérance, je vois la multitude de mes négligences, de mes défauts, je m'apparais dans mon indigence», «je me prosterne dans ma misère, recon-

---

[235] P 120.
[236] Negli scritti elisabettani troviamo alcuni suoi appunti, redatti durante un ritiro spirituale nel marzo del 1899 (J 97), che riguardano la virtù dell'umiltà. La giovane carmelitana in essi scriveva: «L'humilité, c'est la source de grâces. Celui qui se croit vil, méprisable, Dieu le comble de faveurs» (J 97 A); «L'humilité, c'est une assurance de voir nos prières exaucées. Devant l'âme qui prie humblement Jésus ouvre son Cœur et Il laisse sortir tous ses dons, ses faveurs, ses bénédictions. Pensez à la prière du publicain» (J 97 B); «Être humble, c'est être beaucoup aimé de Jésus. Les orgueilleux, Il ne peut les voir. [...] Le monde ne peut les supporter, il les critique. Dieu aussi ne peut pas les aimer!...» (J 97 C). Questo ultimo appunto può essere meglio compreso se lo si considera inserito nel contesto dell'epoca in cui fu scritto: era comune la visione di un Dio severo e implacabile. Come è stato già accennato, gli appunti scritti da Elisabetta durante alcuni ritiri spirituali a Digione non sono espressione dei *suoi* pensieri, ma un tentativo di trascrizione dei discorsi dei predicatori. Per quanto riguarda Dio, che «non può amare gli orgogliosi», bisogna chiarire che Iddio non ama l'orgoglio, cioè il peccato, ma ama i peccatori; infatti San Paolo scrisse nella Lettera ai Romani: «[...] mentre noi eravamo ancora peccatori, Cristo morì per gli empi nel tempo stabilito. Ora, a stento si trova chi sia disposto a morire per un giusto; forse ci può essere chi ha il coraggio di morire per una persona dabbene. Ma Dio dimostra il suo amore verso di noi perché, mentre eravamo ancora peccatori, Cristo è morto per noi» (Rm 5,6-8). Sull'orgoglio nell'insegnamento di Elisabetta, vedi: Balthasar, 104-105.
[237] In L 214 indirizzata al reverendo Chevignard, Elisabetta scrisse: «Ne croyez-vous pas que, pour arriver à l'anéantissement, au mépris de soi-même, et à cet amour de la souffrance qui étaient au fond de l'âme des saints, il faille regarder bien longtemps le Dieu crucifié par amour, recevoir comme un écoulement de sa vertu par un contact continuel avec Lui?».
[238] Elisabetta ripeté la definizione dell'umiltà di S. Teresa di Gesù: «L'humilité, c'est la vérité» (*Elpa*, 99).

naissant ma détresse, je l'étale devant la miséricorde» de mon Maître «Quotidie morior», je mets la joie de mon âme (ceci quant à la volonté et non pour la sensibilité) dans tout ce qui peut m'immoler, me détruire, m'abaisser, car je veux faire la place à mon Maître[239].

Ispirandosi alle considerazioni di Ruusbroec, la giovane carmelitana affermava che anche i propri peccati commessi nel passato, in un certo qual modo, possono diventare *strumento* per accrescere nel cuore dell'uomo l'umiltà[240], la quale, maturando[241], diventa il *luogo* dell'incontro con Dio stesso: «"Il me semble pourtant qu'être plongé dans l'humilité c'est être plongé en Dieu"» (CF 37). Il Signore, vedendo l'anima umile, si dona a lei pienamente:

> Il [le Seigneur] aime tant trouver l'âme en cette attitude
> D'anéantissement, d'humiliation:
> Il s'élance vers elle avec sa plénitude
> Afin de consommer la divine union[242].

Secondo la giovane carmelitana, l'umiltà è la più bella testimonianza resa alla maestà divina[243]; il modello di tale testimonianza è la Vergine Maria, la Madre di Cristo[244].

---

[239] CF 12; vedi anche: CF 11.

[240] CF 35: «"Le Seigneur, dans sa clémence, a voulu retourner nos péchés contre eux-mêmes et pour nous; il a trouvé le moyen de nous les rendre utiles, de les convertir entre nos mains en instruments de salut. Que ceci ne diminue en rien ni notre terreur de pécher, ni notre douleur d'avoir péché. Mais nos péchés" "sont devenus pour nous une source d'humilité"». Queste citazioni fatte da Elisabetta si riferiscono agli scritti di Ruusbroec. Sull'umiltà vedi anche CF 37.

[241] Cfr. CF 37 (pensiero di Ruusbroec: «"[...] l'humilité, comme la charité, est toujours capable de grandir"») e GV 2 («[...] nul ne peut "troubler" l'humble, qu'il possède "la paix invincible, car il s'est précipité dans un tel abîme que nul n'ira le chercher jusque-là". [...] l'humble trouve la plus grande saveur de sa vie dans le sentiment de son "impuissance" "en face de Dieu". [...] l'orgueil n'est point une chose qui se détruirait par un beau coup d'épée! Sans doute certains actes d'humilité héroïques, comme on en voit dans la vie de saints, lui portent un coup sinon mortel, du moins qui l'affaiblit considérablement; mais sans cela c'est chaque jour qu'il faut le faire mourir!»).

[242] P 118.

[243] P 118: «A sa [de Dieu] Toute-puissance et à sa Majesté, / Pour être à chaque instant vrai dans ce témoignage, Je crois qu'il faut chérir la belle humilité».

[244] P 94: «Car Jésus, Splendeur éternelle, / Se cache dans l'abaissement. / C'est toujours par humilité / Que votre [ô Vierge fidèle] âme le magnifie». Sull'umiltà di Maria vedi DR 40 («[...] la dernière de ses créatures: elle, sa Mère! Elle fut si vraie en son humilité, parce qu'elle fut toujours oublieuse, ignorante, délivrée d'elle-même»),

5.6 Castità e verginità – «*notre pureté*» (L 172)

Un giorno, durante un ritiro spirituale, Elisabetta annotò: «La chasteté. C'est la plus belle des vertus, celle que Jésus préfère» (J 76 B)[245]. Questa virtù era da lei considerata come uno dei più forti legami che uniscono l'*épouse* con l'*Époux*: «[...] si vous saviez comme le bon Dieu aime les cœurs purs! C'est là qu'Il aime à régner» (*Elpa*, 119).

Nella prospettiva del pensiero di Elisabetta, l'uomo raggiunge ogni virtù, e perciò anche la purezza del cuore e la castità, non con le proprie forze, ma grazie all'unione con Gesù[246]. È proprio l'intima presenza del Maestro che purifica l'anima dalle debolezze[247] ed è Lui stesso la *pureté* della Sua sposa[248]. In una lettera indirizzata a Germaine de Gemeaux, la giovane carmelitana scrisse:

[...] nous sommes bien faibles, je dirais même nous ne sommes que misère, mais Il le sait bien, Il aime tant nous pardonner, nous relever, puis nous emporter en Lui, en sa pureté, en sa sainteté infinies; c'est comme cela qu'Il nous purifiera par son contact continuel, par des attouchements divins. Il nous veut si pures, mais Lui-même sera notre pureté: il faut nous laisser

---

GV 4 («une âme qui vivrait dans la foi sous le regard de Dieu, qui aurait cet "œil simple" dont parle le Christ en l'Évangile [cfr. Mt 6,22], c'est-à-dire cette pureté "d'intention" "qui ne vise qu'à Dieu", cette âme-là, il me semble, vivrait aussi dans l'humilité: elle saurait reconnaître ses dons à son égard, car "l'humilité c'est la vérité". Mais elle ne s'approprie rien, elle rapporte tout à Dieu, comme faisait la sainte Vierge»), e anche CF 39-40.

[245] Sulla impurità vedi J 55 («Le vice le plus honteux, qui fait le plus de mal à Jésus»). In questo punto di J 55, Elisabetta eliminò tre fogli del suo *Journal* e li sostituì più tardi con un foglio più piccolo, aggiungendo la frase: «Merci, Bien-Aimé, d'avoir gardé pur ce cœur qui est tout à toi. Marie, ma Mère, veillez toujours sur moi» (J 56).

[246] Quando, durante la ricreazione, una consorella espresse il suo parere sul primato dell'esercizio delle virtù nella vita spirituale, Elisabetta testimoniò: «Je crois que cette sœur a raison: la vertu doit passer avant tout; néanmoins je sens en moi un si grand fonds de misères que je ne pourrais pas procéder ainsi. Ce n'est qu'en étant unie à Dieu que je me sens forte et capable de vaincre mes défauts et de pratiquer la vertu... Par le fait d'être unie à Dieu, de combien de choses on se sent délivrée et dans quelle paix cette union vous établit!» (*Elpa*, 92).

[247] Cfr. L 249: «[...] tandis qu'elle [l'âme] possède au centre d'elle-même un Sauveur qui veut à toute minute la purifier. [...] Ce n'est pas en regardant cette misère que nous serons purifiées, mais en regardant Celui qui est toute pureté et sainteté» e L 177: «[...] afin que par son contact Il [Dieu] me purifie, Il me délivre de ma misère».

[248] Cfr. L 169 in cui Elisabetta scrisse al canonico Angles: «[...] à la sainte Messe baignez-la [Élisabeth] dans le Sang de l'Époux: n'est-Il pas la pureté de l'épouse, et elle en a si soif».

transformer en une même image avec Lui, et cela tout simplement, en aimant tout le temps de cet amour qui établit l'unité entre ceux qui s'aiment[249]!

L'anima dell'uomo che vive unito a Cristo diventa simile a Lui, *pura della Sua purezza* e *luminosa della Sua luce*[250].

Nell'esperienza e nella dottrina di Elisabetta, la castità e la purezza del cuore sono intimamente legate alla verginità, non soltanto biologica, ma soprattutto spirituale[251]. *Essere vergine* significa, per la giovane carmelitana, *essere libero e separato* da tutto ciò che non conduce a Dio, specialmente dal proprio egoismo, e *mantenere l'unione con Lui*[252]. La verginità è una radicale povertà spirituale, vivendo nella quale il cuore dell'uomo necessita soltanto del nutrimento dell'Amore[253]. Nel *Dernière retraite* Elisabetta descrisse il corteo dei beati nel cielo, che hanno lasciato tutto per Gesù: «[...] c'est que ces âmes-là sont *vierges*, c'est-à-dire libres, séparées, dépouillées, libres de tout sauf de leur amour, séparées de tout et surtout d'elles-mêmes, dépouillées de toutes choses aussi bien dans l'ordre surnaturel, que dans l'ordre naturel» (DR 15). Altrove la carmelitana sottolineò l'importanza della *separazione* da tutto ciò che non è Gesù, per *unificarsi* a Lui:

> Le Maître me presse de me *séparer* de tout ce qui n'est pas Lui — ce mot me dit tant choses —, et c'est ainsi que je me prépare à la fête de l'Immaculée, anniversaire de ma prise d'habit. Je vous demande, ce jour-là, une intention toute spéciale afin que le Christ, par l'effusion de son Sang, me revête de cette pureté, de cette virginité qui permet à l'âme d'être irradiée de la clarté même de Dieu[254].

La giovane scoprì un nesso profondo tra la *verginità* e l'*amore*, affermando che, per restare nella purezza verginale, occorre dimorare nell'Amore, in Dio[255]. L'*Époux* rende la Sua *épouse* vergine[256] e, sollevandola, la *deifica*:

---

[249] L 172.
[250] Elisabetta scrisse a sua sorella: «[...] le Verbe imprimera en ton âme comme en un cristal l'image de sa propre beauté, afin que tu sois pure de sa pureté, lumineuse de sa lumière» (L 269).
[251] Cfr. P.-M. FEVOTTE, *Virginité, chemin d'amour*, 69.
[252] Cfr. P.-M. FEVOTTE, *Virginité, chemin d'amour*, 68-69.
[253] Cfr. P.-M. FEVOTTE, *Virginité, chemin d'amour*, 67.
[254] L 250.
[255] «"Dès l'éternité Dieu nous a choisis dans le Christ afin que nous soyons immaculés, saints devant Lui dans l'amour" [Ef 1,4]. C'est donc là le secret de cette pureté

CAP. V: LA DOTTRINA CRISTOLOGICA

Ah, restons [...] toutes silencieuses,
Fixant l'Immuable Beauté [l'Époux, la Trinité]!
De notre Christ le regard clarifie
En imprimant la pureté de Dieu.
Sœur, demeurons, pour qu'Il nous déifie,
L'âme en son âme et les yeux dans ses yeux.

Il vient Lui-même au devant de ses vierges
Pour leur donner l'ineffable baiser.
Il plane ici, son ombre nous protège
Regardons-Le pour nous virginiser[257].

Elisabetta affermava che la purezza del cuore è necessaria per entrare nel Regno di Dio[258] e per contemplare il Suo Volto[259]. Il modello unico e irripetibile di castità, di verginità, di purezza di cuore e di povertà di spirito, è Maria Santissima, la Madre di Dio, l'Immacolata[260]; Elisabetta celebrò la sua bellezza con le parole seguenti: «C'est la Vierge, cet être tout lumineux, tout pur de la pureté de Dieu» (*Elpa*, 190).

5.7 *Abnegazione e sacrificio – «mon Soutien» (P 67)*

Per custodire la purezza del cuore è necessaria l'ascesi, che consiste nel rinnegamento di sé[261], e questa kenosi permette a Dio di creare nell'interiore dell'uomo *les vides*, che accrescono in lui la capacità di riceverLo[262]; Dio, infatti, come affermava Elisabetta, non fa il vuoto se

---

virginale: demeurer en l'Amour, c'est-à-dire en Dieu, "Deus Charitas est" [1 Gv 4,16]» (L 244).

[256] L 177: «[...] dites à l'Époux de me faire toute pure, toute vierge, tout une avec Lui».

[257] P 85. Il termine *virginiser* è un'espressione teresiana (*Œuvres*, 413). Cfr. anche: L 126 («Demeurons en son amour. Qu'Il virginise, qu'Il imprime en nous sa divine beauté, et que toutes pleines de Lui nous puissions le donner aux âmes...») e P 84 («Ah! qu'Il te virginise et te béatifie»). Elisabetta comprese, in maniera molto profonda, che la verginità esiste solo in Dio e che Egli ne fa dono agli uomini (vedi: P.-M. FÉVOTTE, *Virginité, chemin d'amour*, 73).

[258] L 201: «Il faut cependant être si pur pour y [en son Royaume] entrer...».

[259] L 323: «[...] il faut être si pur pour contempler sa Face [de Dieu]!...».

[260] Un giorno, Elisabetta affidò alla Madonna la propria purezza; vedi: P 65.

[261] Elisabetta ne trattò ampiamente in *Le Ciel dans la foi* (CF).

[262] L 249 (indirizzata alla signora Angles): «[...] il me semble que le bon Dieu vous demande un abandon et une confiance sans limites à ces heures douloureuses où vous sentez ces vides affreux. Pensez qu'alors Il creuse en votre âme des capacités plus grandes pour le recevoir».

non per riempirlo[263]. Quando l'*Époux* trova l'anima vuota di tutto ciò che non è il Suo amore e la Sua gloria, la sceglie per farne *sa chambre nuptiale* e si «slancia» in essa come *feu consumant*, che opera la beata trasformazione in *uno*, per essere insieme *«louange de gloire» du Père* (DR 19; cfr. Eb 12,29)[264].

Elisabetta aveva compreso con chiarezza che per essere uniti con Gesù bisogna percorrere la via dell'annientamento, dell'abbassamento[265], dell'abnegazione, del sacrificio, della rinuncia[266], della mortificazione interiore[267], del distacco[268], dello spogliamento[269], dell'oblio[270], della

---

[263] L 159: «Maman chérie, si tu sens de la glas tomber sur ton cœur [sa solitude depuis le mariage de Guite], va te réchauffer près de Celui-là qui est un foyer d'amour et qui ne fait du vide que pour tout remplir!...»; L 250: «Faisons le vide dans notre âme afin de Lui permettre de s'élancer en elle pour venir lui communiquer cette vie éternelle qui est la sienne [...]».

[264] A questo proposito, in DR 19, la giovane carmelitana riprese il pensiero di San Giovanni della Croce, citandolo: «Chacun semble être l'autre et tous deux ne sont qu'un» (*Cantico Spirituale*).

[265] P 120: «Pour pouvoir demeurer sans cesse en sa présence, / Il faut s'anéantir, c'est la condition».

[266] L 278 (indirizzata a Germaine de Gemeaux): «[...] le conseil qui vous a été donné est très bon; [...], exercez-vous dans la voie du sacrifice et du renoncement, car pour toute vie chrétienne ce doit être la grande loi [...]». La carmelitana affermava, inoltre, che attraverso la rinunzia Gesù cresce nella nostra anima (CF 11-12) e le dà sicurezza davanti alla realtà della morte (cfr. L 224).

[267] L 278: «Vivez toujours avec Lui au-dedans; cela suppose une grande mortification, car pour s'unir ainsi sans cesse à Lui, il faut savoir tout Lui donner. Lorsqu'une âme est fidèle à tous les moindres désirs de son Cœur, Jésus à son tour est fidèle à la garder et Il s'établit entre eux une si douce intimité...». La mortificazione fisica, come annotò la giovane carmelitana nel suo *Journal*, è un mezzo per arrivare alla mortificazione interiore (J 16). Vedi anche: J 13.

[268] L 278: «[...] je ne parle pas de la vie religieuse, qui est la grande séparation avec le monde, mais de ce dégagement, de cette pureté qui met comme un voile sur tout ce qui n'est pas Dieu et qui nous permet d'adhérer sans cesse à Lui par la foi». Il Signore ricompensa l'anima per i distacchi che le chiede, e la benedice (cfr. L 103).

[269] Elisabetta si riferiva allo spogliamento del proprio «io»; vedi: DR 24: «"Dépouillez-vous du vieil homme selon lequel vous avez vécu dans votre première vie, me dit-il [saint Paul], et revêtez-vous de l'homme nouveau qui a été créé selon Dieu, dans la justice et la sainteté" [Ef 4,22.24]. Voilà le chemin tracé, il ne s'agit que de se dépouiller pour le parcourir comme Dieu l'entend! Se dépouiller, mourir à soi, se perdre de vue, il me semble que c'est là que le Maître regardait lorsqu'Il disait: "Si quelqu'un veut venir après moi, qu'il prenne sa croix et se renonce" [cfr. Mt 16,24]».

[270] Occorre dimenticarsi per stabilirsi in Dio; cfr. NI 15: «O mon Dieu, Trinité que j'adore, aidez-moi à m'oublier entièrement pour m'établir en vous [...]».

penitenza[271], ecc[272]. La giovane carmelitana illustrò il senso profondo di tale ascesi: Gesù, che stabilisce la Sua dimora nel nostro interiore, vuole viverci *seul et séparé*[273], cioè vuole che l'anima viva distaccata da tutto ciò che non è Dio, in modo da non essere riempita dallo *spirito del mondo*. L'anima, spogliata di se stessa e rivestita di Cristo, non ha da temere più nulla e ottiene la vera libertà in dono, per avanzare nel suo cammino spirituale:

> *Marcher en Jésus-Christ*, il me semble que c'est sortir de soi, se perdre de vue, se quitter, pour entrer plus profondément en Lui à chaque minute qui passe, si profondément que l'on y soit *enraciné* [...]. Lorsque l'âme est fixée en Lui en de telles profondeurs, quand ses *racines* y sont ainsi plongées, la sève divine s'épanche à flots en elle, et tout ce qui est vie imparfaite, banale, naturelle est détruit; alors, selon le langage de l'Apôtre, «ce qui est mortel est absorbé par la vie» [2 Cor 5,4]. L'âme ainsi «dépouillée» d'elle-même et «revêtue» de Jésus-Christ n'a plus à craindre les contacts du dehors, ni les difficultés du dedans, car ces choses, loin de lui être un obstacle, ne font que «l'enraciner plus profondément en l'amour» de son Maître[274].

Lo *spogliamento* di se stessi non solo conduce l'uomo a radicarsi in Gesù Cristo per trovare forza vitale, ma lo conduce anche ad una più piena *conoscenza* del Suo spirito di sacrificio, all'intima unione con *la Sua anima*:

> Je vais vous dire comment je fais lorsqu'il y a une petite fatigue: je regarde le Crucifié et quand je vois comme *Lui* s'est livré pour *moi*, il me semble que moi, je ne puis moins faire pour *Lui* que de me dépenser, de m'user, pour Lui rendre un peu de ce qu'Il m'a donné! [...] le matin à la sainte Messe, communions à son esprit de sacrifice: nous sommes ses épouses, nous devons donc Lui être semblables. Puis, après cela, dans la journée, tenons-nous toujours en Lui. Alors, si nous sommes fidèles à vivre de sa vie, si nous nous identifions à tous les mouvements de l'âme du Crucifié [...][275].

---

[271] Per es. L 221 («[...] l'esprit de pénitence [...] préside à tout dans la vie d'une carmélite»); cfr. J 31 [*La pénitence*].
[272] Vedi: NI 8 [*La cellule de mon Bien-Aimé*].
[273] Espressione di San Giovanni della Croce; vedi: L 278.
[274] DR 33. Vedi anche DR 34, ove la carmelitana spiegava cosa significava per lei *Marcher en Jésus-Christ* ed *être édifié sur Lui*.
[275] L 156.

Elisabetta intese che l'amore per Gesù implica amore al sacrificio[276], che è amore tradotto in azione[277]; il sacrificio, congiunto all'immolazione quotidiana, rende l'uomo conforme al Crocifisso[278]. In tal modo *le sacrifice* diventa per l'anima un misterioso *sacrement* donato da Dio[279], che consola il Cuore di Gesù[280].

Davanti all'uomo che percorre la via dell'ascesi, del sacrificio e dell'immolazione, il Cristo appare come «doux Consolateur» (P 68) e «[...le] Soutien» (P 67), Colui che dà la forza per proseguire il cammino che conduce alla perfetta comunione con Lui.

5.8 *Solitudine – «divine Solitaire» (P 55)*

Elisabetta si rendeva conto che tra Dio Infinito e la Sua Creazione esiste un incolmabile abisso ontologico; facendo riferimento alle parole di Santa Caterina da Siena, la giovane affermava che Dio è «Celui qui est» (cfr. Es 3,14) e la persona umana, invece, è «celle qui n'est pas»[281]. Per questo motivo, nella dottrina di Elisabetta, Iddio viene chiamato «le grand solitaire»[282]: «L'Être divin vit dans une éternelle,

---

[276] Cfr. L 179 (indirizzata a Germaine de Gemeaux): «[...] vous aimez le sacrifice parce que vous aimez le Crucifié!»; cfr. anche L 214, 324.

[277] L 250 («[...] il me semble que le sacrifice n'est que l'amour mis en action»), *Elpa*, 63 («Le sacrifice, c'est l'amour en acte»).

[278] L 298 («[...] je dois m'immoler à tout instant pour être conforme à mon Époux crucifié. Saint Paul disait: "Ce que je veux, c'est le connaître, Lui le Christ, et la communion à ses souffrances, et la conformité à sa mort" [cfr. Fil 3,10]. Ceci s'entend de cette mort mystique par laquelle l'âme s'anéantit et s'oublie si bien elle-même s'en va mourir en Dieu pour se transformer en Lui»); cfr. CF 11-12, DR 36.

[279] L 174: «[...] le sacrifice est un sacrement qui nous donne le bon Dieu, Il l'envoie à ceux qu'Il aime et qu'Il veut tout près de Lui!».

[280] L 288 («[...] c'est souffrir pour Lui, recueillant avec joie chaque sacrifice, chaque immolation qui nous permettent de donner joie à son Cœur»); cfr. L 179.

[281] Cfr. NI 12 con la nota n. 5. Vedi anche L 50, 73.

[282] DR 29; Elisabetta intendeva, in tal modo, evidenziare la trascendenza di Dio, probabilmente ispirandosi alla teologia dello Pseudo-Dionigi (cfr. DR 26, n. 9), teologia che si basa sulla filosofia plotiniana, che pone l'accento sulla natura di Dio (cfr. Balthasar, 117; F. COPLESTON, *Storia della filosofia*, II, 125). Dal punto di vista dogmatico, Elisabetta commise inconsapevolmente, e perciò involontariamente, un'inesattezza; infatti il termine «solitaire» non è adeguato alla dimensione personale della realtà trinitaria, che si identifica con le relazioni di amore fra le Tre Divine Persone. Nondimeno, è necessario sottolineare che questa improprietà di definire Dio come *solitaire* è stata colta solo dal personalismo, ciò significa che al tempo della giovane carmelitana questa espressione non era erronea. Inoltre è probabile che Elisabetta facesse uso di questo termine ispirandosi alle parole della Regola carmeli-

une immense solitude; Il n'en sort jamais, tout en s'intéressant aux besoins de ses créatures, car Il n'en sort jamais de Lui-même; et cette solitude n'est autre que sa divinité» (DR 26).

Il Creatore, essendo *Tout Amour*[283], attira la persona creata nella solitudine, in cui Lui stesso vive, per poter parlare direttamente al suo cuore[284], nel quale mette una sete d'infinità e un bisogno di amare così intenso, che l'anima si rende conto che solo Dio può saziarla[285]. In tal modo Dio richiama l'uomo nell'abisso del Suo Essere Divino, della Sua Divinità, e aspetta da parte della persona creata una «solitude du cœur»[286], cioè l'abbandono totale a Lui[287].

La solitudine è perciò una virtù che conduce all'unione con Dio[288], e per questo Elisabetta scrisse: «Dieu [...] est "le grand solitaire". Mon Maître me demande d'imiter cette perfection, de Lui rendre hommage en étant une grande solitaire» (DR 26).

Nel pensiero cristiano, e perciò anche nella dottrina della giovane carmelitana, *la solitude* è una solitudine a due, l'esistere l'uno per l'altro, un vicendevole stare insieme nell'amore, un *cœur à cœur* (L 138)[289].

---

tana scritta da S. Teresa di Gesù: «solus cum Solo» (cfr. L 109, n. 5), che esprimevano la sponsale-mistica relazione dell'unità fra l'anima e Dio, non turbata da alcuna realtà tanto esteriore quanto interiore. In questo caso, trattandosi di linguaggio mistico, non si può parlare di alcun errore commesso da Elisabetta.

[283] P 57; L 57, 58, 94; questa espressione probabilmente proviene da una citazione di S. Ignazio (cfr. L 94, n. 5).

[284] Cfr. CF 3; L 156 (indirizzata alla signora Angles): «Pendant ce Carême je vous donne rendez-vous en l'Infini de Dieu, en sa Charité: voulez-vous que ce soit le désert où, avec notre divin Époux, nous allons vivre en une profonde solitude, puisque c'est dans cette solitude qu'Il parle au cœur»; cfr. Os 2,16.

[285] L 169: «Il a mis en mon cœur une soif d'infini et un si grand besoin d'aimer que Lui seul peut rassasier»; cfr. L 162: «Au-dedans de moi est une solitude où Il [le Christ] demeure, et celle-là, nul ne peut me la ravir!...».

[286] J 138: «Puisque je ne puis rompre avec le monde et vivre dans votre solitude, ah du moins donnez-moi la solitude du cœur».

[287] Dell'*abbandono a Dio*, si è trattato nel punto precedente di questo lavoro.

[288] L 184: «[...] C'est cette union divine et tout intime qui est comme l'essence de notre vie du Carmel; c'est ce qui fait que notre solitude nous est si chère [...]»; cfr. L 133.

[289] Cfr. L 161 («[...] que l'on est heureux quand on vit dans l'intimité avec le bon Dieu, quand on fait de sa vie un cœur à cœur, un échange d'amour, quand on sait trouver le Maître au fond de son âme. Alors on n'est plus jamais seule et on a besoin de solitude afin de jouir de la présence de cet Hôte adoré»), 267, 270 («Dans la solitude de ma petite infirmerie nous [Élisabeth et Dieu] sommes si heureux tous deux; c'est un cœur à cœur qui dure nuit et jour, c'est délicieux»), 298 («[...] j'aime

Elisabetta esprimeva questa realtà con la parola «présence»[290], oppure attraverso l'espressione, precedentemente menzionata, «solus cum Solo»[291], che descrive la relazione sponsale dell'anima con Dio.

La giovane carmelitana considerava perciò la *solitude intérieure* come quel luogo in cui l'uomo deve entrare per incontrarsi con Gesù, con Dio, che è presente *au-dedans* del suo cuore[292]. L'anima, vivendo *la realtà interiore della solitudine*, risponde alla *presenza* di Dio e si presenta lei stessa davanti al Creatore; questa *reciproca presenza* (di Dio e dell'uomo) supera ogni confine e ogni distanza che sembrano frapporsi tra il Creatore e la creatura umana. La profondità della miseria e della debolezza umana viene assorbita dalla profondità dell'amore divino[293], e l'uomo riceve la capacità di sperimentare nella pace l'incontro con il suo «Maître», il suo «Bien-Aimé», il suo «Sauveur», il suo «bon Jésus», il suo «[...] Dieu captif et solitaire» (P 56), il suo «divin Solitaire...» (P 55).

---

tant la solitude avec Lui seul [Dieu, Maître], et je mène une petite vie d'ermite vraiment délicieuse»).

[290] Balthasar, 94. Cfr. P 72 ter [*Union de l'âme à Notre Seigneur*]: «Je jouirai de ta présence / Et m'abandonnant tout à toi / J'écouterai parler ta voix»; L 226, che riporta la citazione di San Paolo «[...] afin que notre Christ nous garde "saints et sans tache en sa présence dans la charité"» (Ef 1,4).

[291] Balthasar, 69-70.94; L 109 («seul à seul»; vedi la nota n. 5), 162 («seule avec le Seul»), 297, 302 («seule avec Dieu seul»); DR 23. Questa espressione può essere oggetto di una triplice interpretazione: può essere considerata come relazione dell'uomo con Dio trascendente; oppure, come relazione dell'uomo con Gesù abbandonato, solo, nell'Orto degli Ulivi (vedi per es. P 34); ed inoltre, come relazione diretta e assolutamente libera da ogni condizionamento: un amore reciproco *a tu per tu*. Elisabetta si concentrava specialmente su questa terza dimensione.

[292] Cfr. L 288; Elisabetta parlò della *solitude intérieure* anche in L 239, 293; DR 25-28 (specialmente DR 27).

[293] Elisabetta molte volte affermò che l'amore di Dio colma questa *distanza* esistente tra il Creatore e la Creazione: «*Lui*, Il est l'Immuable, Celui qui ne change jamais: Il t'aime aujourd'hui comme Il t'aimait hier, comme Il t'aimera demain. Même si tu Lui as fait de la peine, rappelle-toi qu'un abîme appelle un autre abîme et que l'abîme de ta misère [...] attire l'abîme de sa miséricorde» (L 298); «"Un abîme appelle un autre abîme". C'est là tout au fond que se fera le choc divin, que l' abîme de notre néant, de notre misère, se trouvera en tête à tête avec l'Abîme de la miséricorde, de l'immensité du tout de Dieu» (CF 4); cfr. Sal 42-43 (41-42),8: «Un abisso chiama l'abisso al fragore delle tue cascate».

5.9 Silenzio interiore e pace – «ma paix» (DR 30)

Nel pensiero di Elisabetta la *solitude intérieure* (DR 27) è legata strettamente al *silence intérieur* (DR 3), al *silence du dedans* (L 335)[294] e alla *paix* (DR 31)[295]. La risposta esistenziale dell'uomo alla realtà dell'amore di Dio che dimora nell'anima, è il silenzio esteriore e interiore[296]; il continuo rimanere nel silenzio[297] è necessario per ascoltare l'*Époux*[298], perché si crea il presupposto per un'intima unione con Lui. La giovane carmelitana affermava che «ce grand silence, écho de celui qui est en Dieu» (L 165)[299] permette a Gesù di colmare l'anima di pace interiore[300], «permet à Dieu de s'imprimer» in essa e la «transformer en Lui-même» (L 335)[301].

---

[294] L 38: «le silence d'un cœur».
[295] Cfr. MARATTIL LISIEUX THERESE, *Interior silence*, 20.
[296] MARATTIL LISIEUX THERESE, *Interior silence*, 21.23. Sul silenzio interiore vedi: DR 3, 5.
[297] In DR 26 leggiamo: «Pour que rien ne me sorte de ce beau silence du dedans: toujours même condition, même isolement, même séparation, même dépouillement! [...] "Ecoute, ma fille, prête l'oreille, oublie ton peuple et la maison de ton père, et le Roi sera épris da ta beauté" [Sal 45 (44),11-12]», e in DR 27: «Le Créateur, en voyant le beau silence qui règne en sa créature, en la considérant toute recueillie en sa solitude intérieure, est épris de sa beauté et Il la fait passer en cette solitude immense, infinie, en ce "lieu spacieux" chanté par le prophète et qui n'est autre que Lui-même: "J'entrerai dans les profondeurs de la puissance de Dieu" [Sal 70,16 Volgata]»; cfr. L 133, 183 («Oh! Tenons-nous tout près de Lui, en ce silence, avec cet amour de la Vierge [...]»).
[298] Cfr. L 50 («Ne trouvez-vous pas que par moments ce besoin de silence se fait plus sentir encore? Oh! faisons taire tout, pour ne plus entendre que Lui, c'est si bon le silence près du divin Crucifié»), 158, 164, 165 («Je voudrais me tenir sans cesse près de Celui qui sait tout le mystère, afin d'entendre tout de Lui [du Maître]. [...] c'est bien ainsi qu'Il parle à notre âme dans le silence»), 168.
[299] Cfr. L 166 (indirizzata a sua sorella: «Qu'en l'âme de ma Guite se fasse un profond silence, écho de celui qui se chante en la Trinité»), 220 (indirizzata alla signora Angles: «Je vous souhaite [...] cette paix profonde dans le bon plaisir divin»), 306 («[...] c'est en ce silence sacré de la Trinité sainte que je me renferme [...]»); cfr. DR 21 («"Le silence est ta louange!..." [Sal 65,1; trad. Eyragues]. Oui, c'est la plus belle louange, puisque c'est celle qui se chante éternellement au sein de la tranquille Trinité [...]»).
[300] L 167: «Maintenant je suis toute seule dans notre petite cellule, seule avec Lui... le "Tout"... Si vous saviez quelle paix, quel bonheur inonde mon âme...».
[301] Sul *silence chez Élisabeth de la Trinité* vedi: J. REMY, *Élisabeth de la Trinité. Le secret*, 149-160, ove l'Autore spiega la relazione del silenzio con l'*oraison*, e come il «tacere» aiuti la persona ad adorare, ad ascoltare, ad aspettare, a ricevere, a donarsi, ad imitare Maria.

Elisabetta comprese che Gesù stesso è la *paix* dell'uomo; Egli essendo «le Prince de la Paix» (P 90; cfr. Is 9,6) pacifica l'anima *par le Sang de sa Croix* (DR 30)[302]. Facendo riferimento al pensiero di San Giovanni della Croce, la giovane carmelitana affermò:

> Il [le Christ] veut être ma paix afin que rien ne puisse me faire sortir de «la forteresse inexpugnable du saint recueillement». C'est là qu'Il me donnera «accès auprès du Père» et me gardera immobile et paisible en sa présence, comme si déjà mon âme était dans l'éternité. C'est par le Sang de sa Croix qu'Il pacifiera tout en mon petit ciel, pour qu'il soit vraiment le repos des Trois. Il me remplira de Lui, Il m'ensevelira en Lui, Il me fera revivre avec Lui, de sa vie: «Mihi vivere Christus est» [Fil 1,21][303].

L'uomo viene condotto alla pace vera, immutabile, perfetta, in virtù dell'unificazione con Gesù Cristo, con Dio[304], mediante lo spogliamento, l'annientamento, l'umiliazione[305], il sacrificio offerto per amore[306], l'abbandono, l'oblio di sé[307], l'intimità con Lui[308], una risposta sincera alla vocazione[309], ecc. L'anima umile possiede una pace invincibile[310] e sa conservarla anche nella sofferenza[311].

---

[302] Cfr. Col 1,19-20. Nella poesia P 88 Elisabetta scrisse: «Il [Jésus] est en moi, je suis son sanctuaire / Oh, n'est-ce pas la "vision de paix"?».

[303] DR 31. Cfr. NI 15: «O mon Dieu, Trinité que j'adore, [...]. Que rien ne puisse troubler ma paix, ni me faire sortir de vous, ô mon Immuable [...]. Pacifiez mon âme, faites-en votre ciel, votre demeure aimée et le lieu de votre repos».

[304] *Elpa*, 92: «Ce n'est qu'en étant unie à Dieu que je me sens forte et capable de vaincre mes défauts et de pratiquer la vertu... Par le fait d'être unie à Dieu, de combien de choses on se sent délivrée et dans quelle paix cette union vous établit!»; cfr. L 214.

[305] Cfr. DR 21.

[306] Cfr. L 98 (indirizzata a Françoise de Sourdon, in cui Elisabetta incoraggiava la sua amica ad intraprendere un radicale cammino di conversione): «Il est certain qu'au début tu ne sens que sacrifice, mais tu verras, ma Framboise, comme après cela on goûte une paix délicieuse!».

[307] L 249 («[...] je crois que le secret de la paix et du bonheur, c'est de s'oublier, de se désoccuper de soi-même.»).

[308] L 302 («Ah, je voudrais pouvoir dire à toutes les âmes quelles sources de force, de paix et aussi de bonheur elles trouveraient si elles consentaient à vivre en cette intimité [avec Dieu]»), 330 («[...] un grâce d'union, d'intimité avec le Maître; [...] un Ciel anticipé: croire qu'un Être qui s'appelle l'Amour habite en nous à tout instant du jour et de la nuit et qu'Il nous demande de vivre en société avec Lui, recevoir également comme venant directement de son amour toute joie, comme toute douleur; cela élève l'âme au-dessus de ce qui passe, de ce qui broie, et la fait reposer dans la paix»).

[309] L 171: «[...] à son appel l'âme ne peut pas résister, Il captive, Il enchaîne, on ne s'appartient plus, mais on est la proie de son amour; il peut y avoir des déchire-

Questo *silenzio interiore* conduce l'uomo alla pura preghiera contemplativa, alla contemplazione[312]: «L'âme a besoin de silence pour adorer...» (L 210).

5.10 *Preghiera – «mon Christ [...] toujours priant en moi» (L 123)*

Durante un ritiro spirituale che si svolgeva a Digione, Elisabetta annotò: «Devant l'âme qui prie humblement Jésus ouvre son Cœur et Il laisse sortir tous ses dons, ses faveurs, ses bénédictions» (J 97 B)[313]. Fra tutti questi doni, questi tesori, che si trovano nell'anima di Cristo, vi è la Sua preghiera: «Puisque Notre Seigneur demeure en nos âmes, sa prière est à nous»[314].

L'uomo che desidera lasciarsi unire con Cristo, viene attirato nel mistero dell'*unità della preghiera*: quella sua, umana e debole, forma una sola preghiera con quella del Salvatore; e questa è la testimonianza di Elisabetta: «Je ne suis jamais seule: mon Christ est là [en mon âme] toujours priant en moi et je prie avec Lui» (L 123). Ella sottolineava inoltre che l'«être épouse» di Cristo significa «[...] avoir [...] l'âme pleine de son âme, pleine de sa prière [...]» (NI 13). L'anima viene invitata da Gesù a pregare *insieme* a Lui: «[...] le divin Adorant est en nous, donc nous avons sa prière, offrons-la, communions-y, prions avec son Âme!» (L 179)[315].

La preghiera di Cristo è rendere gloria al Padre, perciò l'anima che si unisce con essa diventa come Cristo *«louange de gloire» du Père* (DR 19):

> Dépouillée, affranchie d'elle-même et de tout, elle [l'épouse] pourra suivre le Maître sur la montagne pour y faire avec Lui, en son âme, «une oraison de Dieu» [Lc 6,12; trad. du *Manuel*]. Puis, toujours par le divin Adorant,

---

ments pour le cœur, mais dans l'âme règne une ineffable paix [...]». Vedi: J. MACHNIAK, «Dynamika modlitwy», 101-118.

[310] Vedi: GV 2; DR 21; L 333.

[311] Vedi: L 317, 323; DR 21; GV 6 («Quand on sait mettre sa joie dans la souffrance, quelle paix délicieuse!»). Sulla sofferenza nell'esperienza e nella dottrina di Elisabetta vedi: VALENTINO DI S. MARIA, «"Conforme alla sua morte..."», 304-319.

[312] MARATTIL LISIEUX THERESE, *Interior silence*, 32.

[313] Sulla preghiera vedi J 23, 75, 77 [*La prière*].

[314] L 191.

[315] Sul pregare con l'anima di Cristo che vive in noi vedi inoltre: L 257 («[...] j'offre celle [prière] que le Christ, le grand Adorateur qui vit en nos âmes, fait Lui-même en nous»); P 88 («[...] en moi j'ai la prière / De Jésus-Christ, le divin adorant / [...] je dois [...] / Me perdre en Lui par l'union»).

Celui-là qui fait la grande louange de la gloire du Père, elle «offrira sans cesse une hostie de louange, c'est-à-dire le fruit des lèvres qui rendent gloire à son nom» [Eb 13,15] (saint Paul). Et, comme chante le psalmiste, elle le louera «dans l'expansion de sa puissance, selon l'immensité de sa grandeur» [Sal 150, 1-2; trad. d'Eyragues][316].

Si può allora parlare di partecipazione alla preghiera di Gesù Cristo, la quale conduce l'uomo all'irripetibile relazione del Figlio con il Padre Suo nello Spirito Santo. Elisabetta, infatti, affermò che l'orazione mette l'anima nelle condizioni di vivere in continua comunione con la Santissima Trinità[317]. Si rendeva conto dell'*efficacia* di tale preghiera, della forza proveniente dal Signore: «[...] il me semble que ma prière est toute-puissante, car ce n'est pas moi qui prie, mais mon Christ *qui est en moi*» (L 105); «Je suis tout entière réfugiée sous la prière de mon Maître et je demeure toute confiante en sa vertu toute-puissante!...» (L 319).

Gesù, che stabilisce la Sua dimora nell'uomo come «Adorateur» (L 214, 256; NI 15), «Adorant» (L 179; DR 38; cfr. P 88), si rivolge costantemente al Padre e intercede per i peccatori, in un *double mouvement* della Sua anima verso il Padre e verso gli uomini[318]. La Sua preghiera elevata al Padre dalla Croce, «Padre, perdonali, perché non sanno quello che fanno» (Lc 23,34), è sempre presente al cospetto del Padre[319] e, contemporaneamente (sebbene Elisabetta non lo affermasse in modo esplicito), in un certo qual modo essa è *impressa* nell'inte-

---

[316] DR 38.

[317] Cfr. L 252 (indirizzata a Germaine de Gemeaux): «Aimez toujours la prière [...], et quand je dis la prière, ce n'est pas tant s'imposer quantité de prières vocales à réciter chaque jour, mais c'est cette élévation de l'âme vers Dieu à travers toutes choses qui nous établit avec la Sainte Trinité en une sorte de communion continuelle, tout simplement en faisant tout sous son regard». La preghiera è un *cœur à cœur* con Dio (cfr. J 8), è il lasciarsi *invadere* da Dio (cfr. L 131 indirizzata al canonico Angles: «Ah, quand je sens mon Dieu envahir toute mon âme, comme je le prie pour vous [...]»).

[318] P 88: «[...], en moi j'ai la prière / De Jésus-Christ, le divin adorant. / Elle m'emporte aux âmes et au Père, Puisque c'est là son double mouvement»; nella preghiera, l'anima può seguire questo *duplice movimento* dell'anima di Gesù, offrendosi a Dio e intercedendo per i peccatori (cfr. P 43: «Souffrir pour Dieu, Lui donner la vie / En priant pour de pauvres pécheurs»). Sul duplice movimento dell'anima di Cristo, vedi anche: Philipon, 145.

[319] Cfr. L 324 (indirizzata a Germaine de Gemeaux): «Aux heures de défaillance, allez vous réfugier sous la prière de votre Maître; [...] sur sa Croix Il vous voyait, Il priait pour vous, et cette prière est éternellement vivante et présente devant son Père».

riorità di coloro che sono disposti ad accoglierla: Gesù la pronuncia *au-dedans* di ciascuno che si unisce a Lui. Il Cristo esprime sempre l'intimo desiderio e la necessità di fare la volontà di Suo Padre[320]; la Sua preghiera diventa allora per l'uomo una scuola del fare la volontà divina, del rivolgersi al Padre per ringraziarLo (cfr. DR 35) e per intercedere a favore di ogni uomo.

La giovane carmelitana affermava che la vita dell'uomo deve essere un'*oraison continuelle*[321], anche se a volte la stessa *oraison ordinaire* richiede sforzo e fatica (J 14)[322]. La preghiera è sorgente di forza, di pace, di felicità[323]; costituisce la radice della vita cristiana (J 75 A), infonde forza nella sofferenza (cfr. P 66) e conduce l'anima a condividere con gli altri la propria esperienza di Dio[324].

Nel pensiero di Elisabetta, la preghiera[325] si identifica con l'*adoration*[326], la *reconnaissance*[327], l'*action de grâces*[328], la *contemplation*[329] ed anche la *souffrance*, che offerta a Dio diventa la *meilleure prière* (L 207): «Si la prière est une bien belle, bien consolante chose, s'il est

---

[320] Cfr. DR 40: «Comme Lui [le Verbe de Dieu] sa prière [de Marie] fut toujours celle-ci: "*Ecce, me voici!*"».

[321] Cfr. NI 5, 6; J 75, 138, 156; L 47 («[...] que nos vies soient une oraison continuelle»), 169 («[...] puisqu'Il [Époux] est toujours avec moi, l'oraison, le cœur à cœur ne doit jamais finir!»), 225 («prière continuelle»; vedi: L 206, n. 3).

[322] Vedi: L 235 («[...] prions avec persévérance, c'est elle qui blesse le Cœur du bon Dieu»).

[323] L 278 («Oh! n'est-ce pas, que notre âme a besoin d'aller puiser la force dans la prière, surtout dans l'oraison, le cœur à cœur intime où toute l'âme s'écoule en Dieu, tandis que Dieu s'écoule en elle pour la transformer en Lui-même»), 302.

[324] L 191: «[...] je voudrais y [à la prière de Jésus] communier sans cesse, me tenant comme un petit vase à la Source, à la Fontaine de vie, afin de pouvoir ensuite la communiquer aux âmes, en laissant déborder ses flots de charité infinie».

[325] Sulla preghiera in Elisabetta vedi: J. LAFRANCE, *Apprendre à prier*, 61-103, ove l'Autore tratta: la *prière continuelle*, l'*oraison de Sœur Élisabeth*, la *prière contemplative à base d'Écriture*, la *prière vitale de l'instant présent*, la *prière ecclésiale*, l'*oraison mariale*; oppure vedi: J. REMY, *Élisabeth de la Trinité. Le secret*, 129-148, ove l'Autore parla della preghiera *vitale, multiforme, amoureuse, trinitaire, céleste, courageuse, altruiste, apostolique, communautaire, eucharistique* e *continuelle*.

[326] DR 21: «L'adoration, ah! C'est un mot du Ciel! Il me semble que l'on peut la définir: l'extase de l'amour».

[327] Cfr. *Elpa*, 96: «J'ai l'âme reconnaissante».

[328] DR 35: «Enfin, il veut que "je croisse en Jésus-Christ par *l'action de grâces*": c'est que c'est en elle que tout doit s'achever! "Père, je vous rends grâce!". Voilà ce qui se chantait en l'âme de mon Maître et Il veut en entendre l'écho en la mienne».

[329] Cfr. per es. J 14.

admirable aussi de travailler pour Dieu, rien cependant n'égale le mérite, la beauté de la souffrance» (J 65 C).

5.11 Sofferenza – «*[le] Dieu souffrant*» (P 46)

Nella sua dottrina, Elisabetta della Trinità sottolineò il grande ruolo della sofferenza nel processo di unificazione dell'uomo con Cristo. Essa non solo purifica il cuore[330], ovvero permette all'anima di esprimere il suo puro amore verso Gesù[331], ma addirittura rende l'uomo simile al Crocifisso. In una delle sue numerose lettere indirizzate a sua mamma, la giovane carmelitana scrisse:

> Oh, si tu savais combien la souffrance est nécessaire pour faire l'œuvre de Dieu dans l'âme... Le bon Dieu a un désir immense de nous enrichir de ses grâces, mais c'est nous qui Lui faisons la mesure dans la proportion où nous savons nous laisser immoler par Lui, immoler dans la joie, dans l'action de grâces, comme le Maître, disant avec Lui: «Le calice que mon Père m'a préparé, ne le boirai-je pas?» [Gv 18,11][332].

Attingendo dal contenuto di un pensiero della Beata Angela da Foligno, Elisabetta sosteneva che Gesù Cristo abita *dans la douleur*[333]. La sofferenza, che appartiene alla realtà terrena, costituisce allora uno spazio unico e irripetibile per l'incontro con «[le] Dieu souffrant» (P 46). La giovane carmelitana, in una lettera alla signora Angles, scrisse: «Je vois que le Maître vous traite en "épouse" et qu'Il vous fait partager sa Croix. C'est quelque chose de si grand, de si divin que la souffrance! Il me semble qu'au Ciel, si les bienheureux pouvaient envier quelque chose, ce serait ce trésor-là; c'est un si puissant levier sur le cœur du bon Dieu!»[334]. Queste parole di Elisabetta, non alludono

---

[330] P 65: «Je te [la Vierge] disais: Garde mon cœur, / Façonne-le pour le Sauveur, / Épure-le par la souffrance [...]».

[331] Cfr. L 308: «Quand une grande souffrance ou un tout petit sacrifice se présente à nous, oh, pensons bien vite que "c'est notre heure", l'heure où nous allons prouver notre amour à Celui qui nous a "trop aimés" [cfr. Ef 2,4]».

[332] L 308.

[333] L 311, 312 («"Où donc habitait-Il, sinon dans la douleur?" Toute âme plongé dans la souffrance vit donc à ses côtes; elle habite avec Jésus-Christ cette immensité de la douleur chantée par le prophète [cfr. Lam 1,12]; cette demeure est celle des prédestinés, de ceux que le "Père a connus et qu'Il veut conformes à son divin Fils, le Crucifié" [cfr. Rm 8,29]»), 314, 315, 323, 324; P 113, 114.

[334] L 207. Elisabetta comprese che Gesù, mediante la Croce, divinizzò il dolore; vedi: P 46 («N'as-tu pas été divinisée, / O douleur, par le Dieu crucifié [...]?»).

CAP. V: LA DOTTRINA CRISTOLOGICA 303

al valore del dolore in se stesso, non solo un elogio alla sofferenza come tale[335], per dolorismo[336], ma illuminano la realtà della vocazione dell'uomo, chiamato a diventare simile a Cristo, specialmente mediante *la Croce*, cioè la partecipazione alla Sua sofferenza di amore. È la contemplazione di «Dieu crucifié par amour» che conduce l'anima «à l'amour de la souffrance» (L 314). Elisabetta stessa nel soffrire testimoniava: «Je goûte, j'expérimente des joies inconnues. La joie de la douleur, oh! [...] qu'elle est suave et douce!... Avant de mourir, je rêve d'être transformée en Jésus crucifié et cela me donne tant de force dans la souffrance...»[337].

L'*épouse*, che vuole essere trasformata nella «louange de gloire» della Trinità, deve andare «dans la paix, joyeuse, à toute immolation avec son Maître, se réjouissant *"d'avoir été connue"* par le Père, puisqu'Il la crucifie avec son Fils»[338]. La giovane carmelitana, riferendosi alla *catena paolina* espressa nella lettera ai Romani (8,29-30) — l'uomo eletto da Dio (prescelto, conosciuto) è predestinato, il predestinato è chiamato, il chiamato è giustificato, il giustificato è glorificato — aggiunge al pensiero paolino, a questa sua *catena*, un altro anello: l'uomo giustificato da Dio è crocifisso e il crocifisso è glorificato[339]. Questa *crocifissione* (cioè la sofferenza accolta dall'uomo con amore, sia quella fisica che quella spirituale)[340] va vissuta come «le plus grand gage d'amour que Dieu puisse donner à sa créature»[341], cioè come una

---

[335] L 129 («Il ne faut pas s'arrêter en face de la Croix et la regarder en elle-même, mais, se recueillant sous les clartés de la foi, il faut monter plus haut et penser qu'elle est l'instrument qui obéit à l'Amour divin»), 317 («Je ne peux pas dire que j'aime la souffrance en elle-même, mais je l'aime parce qu'elle me rend conforme à Celui qui est mon Époux et mon Amour»).

[336] F. FERLAY, *Ô mon Dieu*, 49.

[337] L 324; cfr. L 156 («Alors, si nous sommes fidèles à vivre de sa vie, si nous nous identifions à tous les mouvements de l'âme du Crucifié, tout simplement, alors nous n'avons plus à craindre nos faiblesses, car Lui sera notre force, et qui peut nous arracher à Lui?»).

[338] DR 38.

[339] Cfr. L 308 (indirizzata a sua mamma): «Maman chérie, réjouis-toi en pensant que dès l'éternité nous avons été connus par le Père, comme dit saint Paul, et qu'Il veut retrouver en nous l'image de son Fils crucifié [cfr. Rm 8,29]».

[340] Vicino a Gesù il dolore si trasfigura; vedi: P 36: «Près de toi, divin ami / La souffrance a des charmes».

[341] L 315; cfr. L 314 («Jamais le bon Dieu ne m'avait fait aussi comprendre que la douleur est le plus grand gage d'amour qu'Il puisse donner à sa créature»); vedi anche: L 257 («[...] cette volonté [de Dieu] parfois si crucifiante ne cesse pas d'être

grazia che rende simile a «l'Homme de douleurs»[342]. Elisabetta della Trinità sottolineava con convinzione che il dolore vissuto con Cristo, l'«amour de la Croix», «fait les saints» (L 311). La Croce accolta diventa «[le] sceau des prédestinés»[343], «[le] sceau des élus»[344], cioè una realtà che caratterizza e distingue l'*uomo nuovo*. La giovane carmelitana si rendeva conto che non tutti gli uomini percorrono questa strettissima via del dolore; in una lettera scrisse: «C'est quelque chose de si grand que la souffrance, et il y a si peu d'âmes qui consentent à suivre Notre Seigneur jusque-là...» (L 216).

Elisabetta era convinta che alla piena unione con Gesù si arriva attraverso la sofferenza[345]; essa, se è concorde con la volontà di Dio, offre all'anima la possibilità di partecipare al *Mystère du Crucifié* (cfr. L 198), cioè alle Sue sofferenze e alla Sua missione salvifica[346], rivestendola «de l'Homme des douleurs»[347], di «Dieu crucifié», di «Dieu souffrant» (P 46), del suo *Époux* (cfr. L 198). Offrendosi per la salvez-

---

tout amour, puisque la charité est l'essence même de Dieu»). Vale la pena ancora una volta sottolineare che Elisabetta vedeva nella sofferenza la possibilità, concessa da Dio, di diventare simili a Gesù Crocifisso; ella tuttavia non affermava che tutte le sofferenze esistenti nel mondo, specialmente quelle causate dai peccati umani, siano una volontà diretta di Dio. Vedi anche: R. VALABEK, «The Human Side», 43-45, ove l'Autore spiega e «difende» il concetto della sofferenza, compresa nella dottrina di Elisabetta.

[342] L 311; P 121; cfr. Is 53,3.
[343] L 237.
[344] L 241: «Il vous marque du sceau des élus, celui de sa Croix». Cfr. L 300: «Réjouis-toi en ton cœur maternel en pensant que Dieu m'a prédestinée et m' marquée du sceau de la Croix de son Christ».
[345] Cfr. *Elpa*, 112: «La souffrance du cœur est le martyre des vierges. Mon Maître m'a toujours travaillée dans ce sens du dépouillement intérieur. L'union ne se fait que dans la souffrance. Il ne faut pas la rêver ailleurs». Cfr. DR 12, ove Elisabetta, facendo riferimento al Libro dell'Apocalisse, evidenziò che tutti gli eletti sono passati attraverso il dolore.
[346] Cfr. per es. L 225, 300 («[...] avoir part aux souffrances de mon Époux crucifié, et aller avec Lui à ma passion pour être rédemptrice avec Lui...»), 326; NI 13 («"Être Épouse", c'est [...] être féconde, corédemptrice, enfanter les âmes à la grâce, multiplier les adoptés du Père, les rachetés du Christ, les cohéritiers de sa gloire [cfr. Ga 4,5-7]»). Il concetto elisabettiano di essere «rédemptrice», «corédemptrice» — come è stato già detto in questo lavoro — lo si deve intendere come partecipazione all'unica e irripetibile opera redentrice e salvifica dell'Unico Mediatore Gesù Cristo.
[347] «[...] revêtue de l'Homme des douleurs, [...] bien conforme à Jésus crucifié». (cfr. *Souvenirs*, 261). Elisabetta comprese con molta chiarezza che il mistero della Croce rivela in modo più profondo la verità della persona di Cristo (F. FERLAY, *Ô mon Dieu*, 48).

za dei peccatori, l'uomo diventa *victime à l'image du divin Sauveur* (P 55).

Nella dottrina elisabettiana, la sofferenza è legata strettamente alla gloria divina. La giovane carmelitana osservò che il dolore, accolto dall'uomo con amore, prolunga la passione di Cristo per la gloria del Padre e per la Chiesa; ella affermò addirittura che è Gesù stesso che soffre nella persona a Lui unita mediante la sofferenza[348]. In tale prospettiva, il dolore umano diventa *il messaggio che trasmette la gloria dell'Eterno*[349] e la strada che conduce alla beatitudine[350]. L'uomo raggiunge una più profonda unione con Cristo e partecipa alla gloria che Egli condivide con le altre Persone Divine, nella Santissima Trinità.

5.12 *Beatitudine e gloria – «la Béatitude» (L 306)*

Gesù Cristo vuole che «l'épouse soit lumineuse de sa lumière, de sa seule lumière, "ayant la clarté de Dieu"»[351]; offrendole in dono la Sua castità[352], la Sua fedeltà[353], la Sua forza[354], la Sua preghiera[355], ecc., vuole essere la sua santità[356], affinché l'anima sappia amare Dio con il Suo stesso amore[357]. In altre parole Gesù, unendosi all'uomo, vuole

---

[348] L 309 (indirizzata a sua madre): «"Je me réjouis, disait saint Paul, d'accomplir en ma chair ce qui manque à la passion de Jésus-Christ pour son corps qui est Église" [Col 1,24] Oh, comme ton cœur de mère devrait divinement tressaillir en pensant que le Maître a daigné choisir ta fille, le fruit de tes entrailles, pour l'associer à sa grande oeuvre de rédemption, et qu'Il souffre en elle comme une extension de sa passion. L'épouse est à l'Époux, le mien m'a prise, Il veut que je Lui sois une humanité de surcroît en laquelle Il puisse encore souffrir pour la gloire de son Père, pour aider aux besoins de son Église [...]».

[349] Vedi: DR 18, ove Elisabetta scrisse: «[...] alors ma souffrance est "un message qui trasmet la gloire" de l'Eternel».

[350] Cfr. DR 13: «[...] telle est l'attitude de cette âme; elle marche sur la route du Calvaire à la droite de son Roi crucifié, anéanti, humilié, et pourtant toujours si fort, si calme, si plein de majesté, allant à sa passion pour "faire éclater la gloire de sa grâce" [Ef 1,6]». Vedi: DR 12-14.

[351] DR 10.

[352] Cfr. L 172.

[353] L 256: «[...] je me jette en Celui que saint Jean appelle "le Fidèle, le Véritable" [Ap 19,11], et je le supplie d'être Lui-même ma fidélité!».

[354] Cfr. L 294.

[355] Cfr. per es. L 123.

[356] Cfr. NI 5 («O Jésus, [...] sois ma sainteté»).

[357] L 131 («Je me sens si petite, si pleine de misère, mais je l'aime, je ne sais faire que cela, je l'aime [le Christ] avec son amour à Lui»).

glorificarlo e renderlo degno «[...] d'avoir part à l'héritage des saints dans la lumière» [Col 1,12][358].

L'anima che fissa lo sguardo in Cristo e si unisce a Lui, a tutti i movimenti della Sua anima[359], si santifica[360] ed entra a far parte di tutti «les adoptés du Père, les rachetés du Christ, les cohéritiers de sa gloire» (NI 13)[361], che «avant de contempler "à face découverte la gloire du Seigneur" [2 Cor 3,18], ils [tous ces élus] ont communié aux anéantissements de son Christ; avant d'être "transformés de clarté en clarté en l'image de l'Être divin", ils ont été conformes à celle du Verbe incarné, le Crucifié par amour» (DR 12)[362]. In cielo, queste anime vedranno Gesù Cristo in se stesse[363]; il grado di grazia, che avranno raggiunto nel punto della morte sarà la misura della loro gloria. In una lettera indirizzata a Françoise de Sourdon, Elisabetta scrisse:

> Framboise chérie, lorsque viendra aussi pour nous l'heure *décisive* (puisque nous serons fixées pour l'éternité dans l'état où bon Dieu nous trouvera et que notre degré de grâce sera notre mesure de gloire), il ne faut pas croire que Dieu viendra *au-devant* de nous pour nous juger, mais, par le fait de la délivrance de notre corps, notre âme pourra le voir sans voile *en elle-même*, tel qu'elle *le possédait durant toute sa vie* mais sans pouvoir le contempler face à face[364].

---

[358] CF 27.
[359] Cfr. NI 13: «"Être épouse", c'est entrer en toutes ses joies, partager toutes ses tristesses».
[360] Cfr. L 249: «Ce n'est pas en regardant cette misère que nous serons purifiées, mais en regardant Celui qui est toute pureté et sainteté [le Dieu]».
[361] Cfr. Ga 4,5-7.
[362] Cfr. DR 14, 17, 19.
[363] Cfr. L 239 (indirizzata a sua sorella): «Oh, petite sœur, au Ciel, je me réjouirai en voyant paraître mon Christ si beau en ton âme [...]».
[364] L 238; cfr. GV 9: «Mais rappelle-toi que notre degré de gloire sera le degré de grâce dans lequel Dieu nous trouvera au moment de la mort [...]». Elisabetta ovviamente non rinnegava l'insegnamento della Chiesa a proposito del purgatorio, come risulta evidente per es. in L 224 (indirizzata a madame Angles): «Souvent je pense que j'aurai un bien long purgatoire, car il sera beaucoup demandé à qui a beaucoup reçu [...]»; cfr. anche L 271 (al canonico Angles): «[...] vous m'aiderez à sortir du purgatoire. Oh, si vous saviez combien je sens qu'en moi tout est souillé, tout est misère [...]»; P 20. La giovane carmelitana intendeva il purgatorio come uno stato dell'anima nel quale si incomincia a vivere qui sulla terra (vedi L 172: «Peut-être verrons-nous des fautes, des infidélités, abandonnons-les à l'Amour: c'est un feu qui consume, faisons ainsi notre purgatoire dans son Amour!»).

CAP. V: LA DOTTRINA CRISTOLOGICA 307

La giovane carmelitana precisò che cosa significa la *mesure de gloire* secondo la quale l'uomo sarà glorificato: essa è la conformità all'immagine di Cristo Crocifisso: «[...] nous serons glorifiées dans la mesure où nous aurons été conformes à l'image de son [de Dieu] divin Fils»[365]. Perciò conoscendo e contemplando la bellezza del Signore, Elisabetta rimase ammaliata dalla verità che manifesta l'abisso di gloria al quale è chiamata l'anima[366].

Per descrivere la realtà della rivelazione della gloria divina nel cielo, la giovane carmelitana usava la parola *béatitude*, riferendola sia alla persona di Cristo[367] che a tutta la Santissima Trinità[368]. L'*Époux* allora è per la Sua *épouse*, il compimento della sua speranza[369], «la Béatitude» (L 306), che la conduce alla gloria delle Tre Persone Divine[370].

Per l'uomo, la realtà dell'unificazione con Cristo diventa contemporaneamente realtà di unificazione con tutta la Santissima Trinità[371]; Gesù, la Perfetta Lode di Gloria, conduce l'uomo al mistero della dimora trinitaria in lui, cioè all'inabitazione delle Tre Persone Divine[372].

---

[365] CF 27; cfr. DR 12-14.

[366] L 185 («[...] à quel abîme de gloire nous sommes appelés! [...] l'âme devenue épouse dans les sens mystique du mot. Notre bienheureux Père [Saint Jean de la Croix] dit qu'alors l'Esprit Saint l'élève à une hauteur si admirable qu'Il la rend capable de produire en Dieu la même aspiration d'amour que le Père produit avec le Fils, et le Fils avec le Père, aspiration qui n'est autre que l'Esprit Saint Lui-même!»); cfr. GV 3.9; CF 31-32; *Souvenirs*, 138.

[367] Alla luce della sua relazione *sponsale* con Gesù, Elisabetta scrisse: «La Béatitude m'attire de plus en plus: entre mon Maître et moi il n'est plus question que de cela, et tout son occupation est me préparer à la vie éternelle» (L 306); cfr. DR 13, ove la giovane chiamò la via di Cristo che conduce al Calvario «la route de la Béatitude».

[368] L 166 (indirizzata a sua sorella): «Qu'en l'âme de ma Guite se fasse un profond silence, écho de celui qui se chante en la Trinité. Que son oraison ne cesse jamais, puisqu'elle possède ce qui sera un jour [...] sa Béatitude»; cfr. NI 15; DR 14: «ma Béatitude».

[369] Cfr. DR 29 («[...]le "mystère qui est le Christ": "pour nous, dit saint Paul, l'espérance de la gloire" [cfr. Col 1, 26-27]»).

[370] Sulla lode e sulla gloria in Elisabetta vedi anche: MARIANO DELLA SS. TRINITÀ, «La perfetta lode di gloria», 302-316; V. NOÈ, «Gloria Tibi, Trinitas!», 382-387.

[371] Cfr. Col 3,3: «Voi infatti siete morti e la vostra vita è ormai nascosta con Cristo in Dio»; 1 Cor 3,22-23: «[...] tutto è vostro! Ma voi siete di Cristo e Cristo è di Dio».

[372] Per approfondire quest'argomento vedi: CASTELLANO CERVERA, J., «Dalla Trinità che dimora in noi a noi destinati a dimorare nella Trinità. L'esperienza spirituale nei santi del Carmelo di due testi trinitari giovannei (Gv 14,23 e Gv 17)», in L. BORRIELLO, *In comunione con la Trinità*, Città del Vaticano 2000, 285-312.

In tal modo, Elisabetta, considerando inizialmente la verità dell'inabitazione divina nell'uomo e in seguito descrivendo l'unificazione dell'anima con Cristo, entrò nella ancora più profonda realtà mistica dell'inabitazione dell'uomo in Dio.

6. La vita nascosta con Cristo in Dio

Negli scritti di Elisabetta appare una formula molto significativa, che riguarda la persona di Cristo: «en Lui, avec Lui, par Lui, et pour Lui» (DR 20)[373]. Tramite questa formula, ispirata probabilmente alle parole pronunciate alla fine di ogni preghiera eucaristica, la giovane carmelitana mirava a sottolineare il ruolo che Gesù compie come Unico Mediatore. Ella comprese che Gesù, la Sua anima, è *la porta* che conduce l'uomo alla vita trinitaria presente in lui[374].

Grazie a Cristo, l'uomo può *rispondere* alla sua *predestinazione* di vivere in comunione con le Tre Persone Divine e di divenire la Loro «louange de gloire»[375]. Alla luce della Santissima Trinità, l'uomo è in grado di scoprire il mistero del senso della propria esistenza, cioè diventare «"*vrais de sa vérité*"»[376].

Nella vita interiore, che nella prospettiva elisabettiana consiste nell'*entrare nei movimenti* dell'anima di Gesù, nella relazione del Figlio con il Padre, nell'Amore che è «le lien du Père et de son Verbe» (CF 14)[377], l'unificazione all'anima di Cristo[378] si realizza contempora-

---

[373] Cfr. L 172: «avec Lui, en Lui, pour Lui seul»; DR 31: «C'est par le Sang de sa Croix qu'Il pacifiera tout en mon petit ciel, pour qu'il soit vraiment le repos des Trois. Il me remplira de Lui, Il m'ensevelira en Lui, Il me fera revivre avec Lui, de sa vie: "Mihi vivere Christus est" [Fil 1,21]».

[374] Cfr. DR 27: «"Le Seigneur m'a fait entrer dans un lieu spacieux, Il a eu de la bonne volonté pour moi..." [cfr. Sal 18 (17),20]».

[375] Cfr. Ef 1,12; vedi per es. L 191; DR 1, 2.

[376] L'espressione è di Padre Vallée; L 231.

[377] L'essenza della dottrina di Elisabetta, a tale proposito, è contenuta nella sua preghiera *O mon Dieu, Trinité que j'adore* (NI 15), nelle parole rivolte a Gesù: «O mon Christ aimé, crucifié par amour, [...] je vous demande de me "revêtir de vous-même", d'identifier mon âme à tous les mouvements de votre âme, de me submerger, de m'envahir, de vous substituer à moi, afin que ma vie ne soit qu'un rayonnement de votre Vie». Tale unione con Cristo conduce l'uomo al mistero del vivere della stessa vita del Signore. A proposito dei *movimenti* dell'anima di Cristo, Elisabetta scrisse, inoltre: «[...] en communiant à Lui [à Notre-Seigneur], l'âme entre dans le mouvement de son âme divine et tout son idéal est de réaliser la volonté de ce Père qui nous a aimées d'un éternel amour! [cfr. Ger 31,3]» (L 138). La giovane, come abbiamo già accennato in questo lavoro, sottolineò il *double mouvement* dell'anima di Cristo:

neamente all'*entrare* nella comunione con tutta la Santissima Trinità. Elisabetta affermava che l'uomo, la cui fede ama e spera, sperimenta una stupenda partecipazione alla vita di comunione, che si realizza nella «société» delle Tre Persone Divine[379].

6.1 Cristo, via alla Trinità – «Parole de mon Dieu» (NI 15)

Elisabetta comprese profondamente che Gesù — *le Christ Homme, l'Époux, crucifié par amour* — è anche «Verbe incarné» (P 88)[380], «Verbe éternel, Parole de [...] Dieu» (NI 15)[381], che rivela la verità, il mistero di Dio. Fu per lei chiaro che Cristo compie la missione di indicare all'uomo la via per accedere alla vita trinitaria[382]. Affascinata da questa verità, la giovane scrisse: «Je voudrais me tenir sans cesse près de Celui qui sait tout le mystère, afin d'entendre tout de Lui» (L 165); ella nella sua vita cercava di rimanere sempre raccolta nell'ascolto della Parola, «"cachée en Dieu avec le Christ" [Col 3,3]»[383].

Nella dottrina elisabettiana è presente la verità di Cristo, *Verbo di Dio*, e quindi *Parole créatrice* che esiste fin da principio in Dio e per

---

verso il Padre e verso gli uomini (vedi P 88: «[...], en moi j'ai la prière / De Jésus-Christ, le divin adorant. / Elle m'emporte aux âmes et au Père, Puisque c'est là son double mouvement»).

[378] «Je suis partie dans l'âme de mon Christ» (L 107). Cfr. DR 21: «L'âme [...] vit dans un Ciel anticipé, au-dessus de ce qui passe, au-dessus des nouages, au-dessus d'elle-même! Elle sait que Celui qu'elle adore possède en Lui tout bonheur et toute gloire et, "jetant sa couronne" en sa présence comme les bienheureux, elle se méprise, elle se perd de vue et trouve sa béatitude en celle de l'Être adoré, parmi toute souffrance et douleur. Car elle s'est quittée, elle est *"passée"* en un Autre». Cfr. NI 13 («"Être Épouse", c'est avoir les yeux dans les siens, la pensée hantée par Lui, le cœur tout pris, tout envahi, comme hors de soi et passé en Lui, l'âme pleine de son âme, pleine de sa prière, tout l'être captivé et donné...»); CF 44 («[...] elle [Élisabeth] est pour ainsi [dire] toute passée dans la louange et l'amour, dans la passion de la gloire de son Dieu»); DR 31.

[379] DR 43; sulla fede, che «ama e spera», vedi: Balthasar, 39; JEAN DE LA RÉSURRECTION, «La christologie de la Bienheureuse Élisabeth», 37-43.

[380] Elisabetta, come la sua madre e maestra Santa Teresa d'Avila, comprese che solo mediante l'umanità del Cristo si può raggiungere Dio nella Sua intimità comunitaria e nelle Sue interne comunicazioni col Figlio e con lo Spirito Santo (vedi: L. BORRIELLO, *Elisabetta della Trinità*, 46.48).

[381] Cfr. J. REMY, *Élisabeth de la Trinité et la prière*, 122-123.

[382] La giovane carmelitana affermò che Gesù è il più grande tesoro, «le don de Dieu» (L 219), offerto all'uomo.

[383] L 231; cfr. L 158 («"m'ensevelir en Dieu avec le Christ"»), 164, 250, 252, 278, 339; NI 15, 16; DR 16; CF 11.

cui «tutto è stato fatto»[384] (perché Lui stesso è Dio):

[...] en la Trinité le Père est la substance,
Tout émane de Lui, Il opère toujours.
C'est en se contemplant dans sa divine essence
Qu'Il engendre son Verbe et fait naître l'Amour.
Le mystère des Trois s'est reproduit sur terre [...][385].

«Le Père se contemple Lui-même» «dans l'abîme de sa fécondité, et voici que, par l'acte même de se comprendre, Il engendre une autre personne, le Fils, son Verbe éternel»[386].

Inoltre, il pensiero della carmelitana riconosce Gesù come *la Parola illuminatrice*[387] e *la Parola redentrice* di Dio[388]. Elisabetta, commentando la parola di Dio dell'Ultimo Libro della Bibbia, scrisse: «"Voilà que je suis à la porte, et je frappe. Si quelqu'un entend ma voix et m'ouvre la porte, j'entrerai chez lui, et je souperai chez lui, et lui avec moi" [Ap 3,20]. Heureuses les oreilles de l'âme assez éveillée, assez recueillie pour entendre cette voix du Verbe de Dieu [...]» (CF 17). Gesù compie nell'anima dell'uomo l'opera della salvezza, aiutandolo ad aprirsi alla relazione con ognuna delle Tre Persone Divine:

Il [le Christ] veut être ma paix afin que rien ne puisse me distraire ou me faire sortir de «la forteresse inexpugnable du saint recueillement». C'est là qu'Il me donnera «accès auprès du Père» et me gardera immobile et paisible en sa présence, comme si déjà mon âme était dans l'éternité. C'est par le Sang de sa Croix qu'Il pacifiera tout en mon petit ciel, pour qu'il soit vraiment le repos des Trois[389].

---

[384] Cfr. Gv 1,3; CF 22-23. Vedi anche L 250: «Et puis, dans le silence de l'oraison, écoutons-le, Il est le "Principe" [Gv 8,25] qui parle au-dedans de nous, et n'a-t-Il pas dit: "Celui qui m'a envoyé est vrai et tout ce qui j'ai entendu de Lui, moi je le dis" [Gv 8,26]».

[385] P 101. Cfr. P 96, in cui Elisabetta scrisse: «"Qu'Il [mon Seigneur] est engendré par le Père / Avant l'étoile du matin. / Dans le soleil et la lumière / Il a placé son pavillon, / Et nul ne saurait se soustraire / A sa bienfaisante action"»; cfr. Sal 19 (18), 5.7.

[386] CF 22. L'autore di queste parole citate da Elisabetta è il Beato Giovanni Ruusbroec.

[387] Per questo motivo, Elisabetta si rivolse a Cristo con le parole seguenti: «O Verbe éternel, Parole de mon Dieu, je veux passer ma vie à vous écouter, je veux me faire tout ensignable, afin d'apprendre tout de vous» (NI 15).

[388] Sebbene Elisabetta non usasse queste espressioni, il loro significato emerge dalla sua dottrina; cfr. J. RÉMY, *Élisabeth de la Trinité et la prière*, 123-124.

[389] DR 31.

CAP. V: LA DOTTRINA CRISTOLOGICA 311

L'amore di Cristo rivela l'amore del Padre Suo, con cui rimane sempre unito nello Spirito Santo; infatti Gesù stesso disse: «chi vede me, vede colui che mi ha mandato» (Gv 12,45).

Il *Verbo di Dio*, rivelando la verità dell'esistenza delle Tre Persone Divine, forma la Sua dimora nell'uomo e gli *comunica* la vita trinitaria; a tale proposito, Elisabetta scrisse: «Faisons le vide dans notre âme afin de Lui [Jésus-Christ] permettre de s'élancer en elle pour venir lui communiquer cette vie éternelle qui est la sienne; le Père lui à donné pour cela "puissance sur toute chair" [Gv 17,2]» (L 250). La giovane carmelitana precisò inoltre che il luogo in cui si realizza l'unione dell'uomo con la Santissima Trinità è sempre l'intimo della persona umana: «Qu'en nos âmes se consomme l'"Un" avec le Père, le Fils, et le Saint-Esprit» (L 59).

Per Elisabetta divenne chiaro che camminare in Gesù Cristo, seguire le sue orme fedelmente, imitare i Suoi atteggiamenti, significa inoltrarsi sempre più nel mistero della Trinità[390], della Sua vita, fino alla realtà dell'*inabitazione in Dio*.

6.2 *L'abitazione con Gesù nella Trinità*

L'esperienza e la dottrina di Elisabetta offrono una risposta alla questione del perché Gesù Cristo, con il Padre e lo Spirito Santo, prende dimora nell'uomo: Egli, *dimorando perennemente* nella Trinità, prende «un'altra» dimora, quella nell'uomo, affinché la persona umana dimori con Lui in Dio[391] e, vivendo già sulla terra nella comunione trinitaria, possa *abituarsi* alla stessa vita dei glorificati nel cielo. In una delle sue lettere, la giovane digionese affermò che il cielo è il centro della nostra anima, e se ci troviamo nel centro più profondo di noi stessi, siamo in Dio[392].

---

[390] L. BORRIELLO, *Elisabetta della Trinità*, 46. Su Cristo come *via alla Trinità*, vedi anche: Balthasar, 123-124.

[391] Gesù espresse questo Suo desiderio nella preghiera rivolta al Padre nell'ora del sacrificio: «Padre voglio che anche quelli che mi hai dato siano con me dove sono io, perché contemplino la mia gloria, quella che mi hai dato; poiché tu mi hai amato prima della creazione del mondo» (Gv 17,24). Elisabetta della Trinità commentò queste parole nel modo seguente: «Telle est la dernière volonté du Christ, sa prière suprême avant de retourner à son Père. Il veut que là où Il est, nous y soyons aussi, non seulement durant l'éternité, mais déjà dans le temps qui est l'éternité commencée, mais toujours en progrès» (CF 1). Vedi: ADOLFO DE LA MADRE DE DIOS, «Nuestra incorporación a Cristo», 466-468.

[392] L 239 (indirizzata a sua sorella): «[...] l'Apôtre ajoute: "Vous n'êtes donc plus

Giacché «Dio è amore» (1 Gv 4,16), rimanere nell'amore significa rimanere in Dio[393]; Elisabetta perciò scrisse: «[...] je m'y [dans l'amour] perds: c'est l'infini, cet infini dont mon âme est affamée»[394], e in un altra occasione: «[...] c'est l'"Amour", cet Amour qui habite en nous; aussi tout mon exercice est de rentrer au-dedans, de me perdre en Ceux qui sont là!...»[395]. La Santissima Trinità è «l'immense Foyer d'amour»[396]. Ogni istante è donato all'uomo affinché egli si radichi di più in Dio, affinché entri più profondamente nel Suo Mistero[397].

Elisabetta molte volte sottolinò il legame fra queste due verità: *l'inabitazione della Trinità nell'uomo* e *la dimora dell'uomo nella Santissima Trinità*[398]; nel Trattato *Dernière retraite*, scrisse:

«Il faut que je loge chez toi!» C'est mon Maître qui m'exprime ce désir! Mon Maître qui veut habiter en moi, avec le Père et son Esprit d'amour, pour que, selon l'expression du disciple bien-aimé, j'aie «société» [1 Gv 1,3] avec Eux. «Vous n'êtes plus des hôtes ou des étrangers, mais vous êtes déjà de la maison de Dieu», dit saint Paul [Ef 2,19]. Voilà comment j'entends être «de la maison de Dieu»: c'est en vivant au sein de la tranquille Trinité, en mon abîme intérieur, en cette «forteresse inexpugnable du saint recueillement» dont parle saint Jean de la Croix[399]!

L'uomo che mediante la fede scopre in sé la presenza della Santissi-

---

des hôtes ou des étrangers mais vous êtes de la Cité des saints et de la Maison de Dieu" [Ef 2,19]... Et encore "Notre vie est dans les Cieux"... Oh! Ma Guite, ce Ciel, cette maison de notre Père, il est au "centre de notre âme"! Comme tu le verras dans saint Jean de la Croix, lorsque nous sommes en notre centre le plus profond nous sommes en Dieu».

[393] Cfr. L 244; 1 Gv 4,16 («[...] chi sta nell'amore dimora in Dio»). Occorre che la risposta su misura del «grande amore» di Dio (cfr. Ef 2,4) si svolga solamente attraverso *il credere all'amore* (cfr. 1 Gv 4,16), ma anche attraverso *il radicarsi* in esso (cfr. Ef 3,17). Nel pensiero biblico, *radicarsi nell'amore* significa *radicarsi in Cristo, radicarsi in Dio*.

[394] L 107; vedi CF 14.
[395] L 179.
[396] LA 1.
[397] Cfr. NI 15: «[...] que chaque minute m'emporte plus loin dans la profondeur de votre [mon Dieu, Trinité] Mystère».
[398] Vedi per es. L 261 (indirizzata alla signora de Bobet: «Oh oui, que le Dieu tout Amour soit votre demeure immuable, votre cellule et votre cloître au milieu du monde; rappelez-vous qu'Il demeure au centre le plus intime de votre âme comme en un sanctuaire où sans cesse Il veut être aimé jusqu'à l'adoration»). Sulla dimora dell'uomo nella Santissima Trinità vedi anche per es.: CF 2; L 269, 271.
[399] DR 43.

ma Trinità, gradualmente «s'habitue à vivre en sa douce compagnie» e respira in «une atmosphère divine»[400]. Solo il corpo di quella persona è sulla terra, la sua anima invece già «habite au-delà des nuages et des voiles, en Celui qui est l'Immuable»[401].

Gesù indica la Santissima Trinità come «notre demeure [...], la maison paternelle d'où nous ne devons jamais sortir»[402], perciò quegli uomini che hanno nella Santissima Trinità la propria dimora, diventano *concittadini dei santi e familiari di Dio* (cfr. Ef 2,19)[403]; «[...] ces âmes [...] vivent, selon l'expression de saint Jean, en "société" [1 Gv 1,3] avec les Trois adorables Personnes, leur vie est "commune", et c'est "là la vie contemplative"; cette contemplation "conduit à la possession"»[404].

Cristo, unendosi all'uomo, gli comunica la vita eterna che è la Sua stessa vita divina[405]; in tal modo l'uomo può sperimentare la realtà espressa da San Paolo: «Voi infatti siete morti e la vostra vita è ormai nascosta con Cristo in Dio!» (Col 3,3)[406].

Vissute da Elisabetta, le verità dell'*inabitazione di Dio nell'uomo* e della *vita dell'uomo nella Santissima Trinità*[407], furono il presupposto per definire il motto della sua vita: «Dieu en moi, moi en Lui»[408]: «[...] oh! c'est si bon, n'est-ce-pas, de penser que, sauf la vision, nous le [Dieu] possédons déjà comme les bienheureux le possèdent là-haut; que nous pouvons ne jamais le quitter, ne jamais nous laisser distraire de Lui»[409]. La giovane carmelitana espresse un simile pensiero nella preghiera *O mon Dieu, Trinité que j'adore*: «O mes Trois, mon Tout, ma Béatitude [...]. Immensité où je me perds, je me livre à vous comme une proie. Ensevelissez-vous en moi pour que je m'ensevelisse en vous, en attendant d'aller contempler en votre lumière l'abîme de vos grandeurs» (NI 15).

---

[400] L 249.
[401] L 249.
[402] CF 2.
[403] Elisabetta citò questo versetto per es. in CF 2; DR 43; L 191.
[404] CF 14.
[405] L 250.
[406] Cfr. per es. CF 11.
[407] Elisabetta descrive la prima di queste due verità, attraverso il termine «le temple de Dieu» (cfr. L 273), la seconda, invece, mediante l'espressione paolina «la Maison de Dieu» (cfr. L 250; CF 2; Ef 2,19). Vedi anche: MARATTIL LISIEUX THERESE, *Interior silence*, 19-24.
[408] NI 12; L 46, 62.
[409] L 62.

L'«inabitazione dell'uomo in Dio» è una realtà molto profonda, personale, è relazione con il Padre, con il Figlio e con lo Spirito Santo. Questo *rimanere* in Dio, rende felice l'uomo e cambia la sua vita nella vita «à l'image de la Trinité immuable, en un *éternel présent*» (DR 44). LodandoLa incessantemente, l'uomo diviene, *similmente* a Cristo, *la louange de la Sainte Trinité* (cfr. DR 2, 40): «la splendeur de sa gloire»[410] e «l'incessante louange de gloire de ses perfections adorables»[411]. La vita di tale uomo cambia allora in «un Ciel anticipé» (L 109)[412]; a tale proposito Elisabetta scrisse in una sua poesia:

[...] habitons «le secret de sa Face»,
En un profond mystère, un silence éternel.
Durant l'éternité ce sera notre place,
Et nous pouvons déjà commencer notre Ciel[413].

Elisabetta sperimentò che in virtù dell'unione nell'amore con Gesù, l'uomo può non solo entrare nella sfera intratrinitaria, ma fare sue le ricchezze della Trinità, nella quale si immerge[414]. Per questo motivo, nella sua dottrina, ella affermò che le persone che sono state introdotte da Gesù nella vita trinitaria (che vivono «au fond de [... son] âme»[415] in «un Ciel anticipé»[416]), gradualmente vengono «"transformées en l'image" divine»[417] della Santissima Trinità.

6.3 *La trasformazione dell'anima nelle Tre Persone Divine*

La realtà dell'unione dell'uomo con la Santissima Trinità (perciò anche la sua trasformazione nelle Divine Persone) inizia — in modo sacramentale — nel Battesimo. Questo evento rende l'uomo figlio

---

[410] Cfr. DR 44; Eb 1,3.
[411] DR 44.
[412] Cfr. L 111, 123, 137, 139, 142, 181; CF 1 («Il importe donc de savoir où nous devons vivre avec Lui pour réaliser son rêve divin. "Le lieu où est caché le Fils de Dieu, c'est le sein du Père, ou l'Essence divine, invisible à tout regard mortel, inaccessible à toute intelligence humaine", ce qui faisait dire à Isaïe: "Vous êtes vraiment un Dieu caché" [cfr. Is 45,15]. Et pourtant sa volonté c'est que nous soyons fixés en Lui, que nous demeurions où Il demeure, dans l'unité d'amour, que nous soyons pour ainsi dire comme l'ombre de Lui-même"»).
[413] P 97.
[414] Cfr. L. BORRIELLO, *Elisabetta della Trinità*, 86.
[415] LA 6.
[416] L 109.
[417] CF 14. Probabilmente, innanzitutto in senso morale.

CAP. V: LA DOTTRINA CRISTOLOGICA 315

adottivo di Dio, figlio che partecipa della natura divina (cfr. 2 P 1,4)[418]. Da questo momento, in virtù dell'immersione nella morte e nella risurrezione di Gesù Cristo, si accresce nell'uomo la vita trinitaria.

L'inabitazione delle Tre Persone Divine nella persona umana è una realtà obiettiva, cioè non dipende né dai sentimenti né dalle emozioni vissute[419]; essa è un invito divino ad unirsi con Lui nell'amore. Il pensiero di Elisabetta delinea un certo processo di sviluppo del rapporto di intimità con Dio, sottolineando che Egli vuole rendere questa unione sempre più piena e profonda. E giacché l'amore del Creatore è infinito, il grado di tale unione con Lui dipende dal cuore umano, dalla sua capacità di amare. La Santissima Trinità, perciò, invita l'uomo ad abitare in Lei affinché diventi simile alle Persone Divine, affinché sappia amare Dio con il Suo amore divino[420]. Il Creatore allora *va incontro* all'uomo ferito dal peccato, si china su di lui, lo solleva e l'attira a Sé[421]. In tal modo, l'uomo che abita nella Santissima Trinità compie il suo purgatorio nell'Amore divino, già qui sulla terra[422].

Per poter partecipare *in modo pieno* alla vita trinitaria, l'uomo deve essere trasformato[423], deificato[424]; Dio scava nella sua anima «des

---

[418] CF 27 («Oui, nous sommes devenues siennes par le baptême, c'est ce que saint Paul veut dire par ces paroles: "Il les a appelés"; oui, appelées à recevoir le sceau de la Sainte Trinité; en même temps que nous avons été faites selon le langage de saint Pierre "participantes de la nature divine" [2 P 1,4], nous avons reçu "un commencement de son être" [Eb 3,14]...»); cfr. GV 9 («[...] c'est le baptême qui t'a faite enfant d'adoption [cfr. Rm 8,15], qui t'a marquée du sceau de la Trinité Sainte!»).

[419] Cfr. L 249: «*Lui* [le Christ], Il est toujours là [au fond de votre cœur], encore que vous ne le sentiez pas; Il vous attend et veut établir avec vous "un admirable commerce", [...] une intimité d'Époux et d'épouse [...]».

[420] L 131: «[...] je l'aime [Dieu, le Christ] avec son amour à Lui».

[421] Cfr. per es. L 172, 249.

[422] L 172: «Peut-être verrons-nous des fautes, des infidélités, abandonnons-les à l'Amour: c'est un feu qui consume, faisons ainsi notre purgatoire dans son Amour!». Cfr. CF 14 («Pour [...certaines âmes], la mort mystique [...] devient si simple, si suave! Elles pensent beaucoup moins au travail de destruction et de dépouillement qui leur reste à faire qu'à se plonger dans le Foyer d'amour qui brûle en elles, et qui n'est autre que l'Esprit Saint, ce même Amour qui dans la Trinité est le lien du Père et de son Verbe»).

[423] Cfr. CF 13 in cui Elisabetta citò alcuni pensieri di San Giovanni della Croce: «"Deus ignis consumens" [cfr. Eb 12,29; Dt 4,24]. Notre Dieu [...] est un Feu consumant, c'est-à-dire "un feu d'amour" qui détruit, qui "transforme en lui-même tout ce qu'il touche"».

capacités plus grandes pour le recevoir»[425], che devono essere, in un certo modo, «infinies comme Lui-même»[426]. A tal punto l'uomo diventa un riflesso della bellezza di Dio e — come Elisabetta scrisse — «cela l'attire [la Trinité] à se donner encore plus, à venir plus comblante, afin d'opérer le grand mystère d'amour et d'unité»[427]. Quando si compie la trasformazione dell'uomo, egli diventa tutto puro e trasparente, e la Santissima Trinità può riflettersi in lui come in un cristallo[428]. Sperimentando che l'unione trasformante con Gesù Cristo ha anche — in modo misterioso — *carattere intratrinitario*[429], Elisabetta scrisse:

> Je lis en ce moment de bien belles pages dans notre bienheureux Père saint Jean de la Croix sur la transformation de l'âme en les trois Personnes divines. [...] à quel abîme de gloire nous sommes appelés! Oh! je comprends les silences, les recueillements des saints qui ne pouvaient plus sortir de leur contemplation; aussi Dieu pouvait les emmener sur les sommets divins où l'«un» se consomme entre Lui et l'âme devenue épouse dans le sens mystique du mot. Notre bienheureux Père dit qu'alors l'Esprit Saint l'élève à une hauteur si admirable qu'Il la rend capable de produire en Dieu la même aspiration d'amour que le Père produit avec le Fils, et le Fils avec le Père, aspiration qui n'est autre que l'Esprit Saint Lui-même! Dire que le bon Dieu nous appelle de par notre vocation à vivre sous ces clartés saintes! Quel mystère adorable de charité! Je voudrais y répondre en passant sur la terre comme la sainte Vierge, «gardant toutes ces choses en mon cœur» [cfr. Lc 2,19.51], m'ensevelissant pour ainsi dire dans le fond de mon âme afin de me perdre en la Trinité qui y demeure, pour me transformer en elle[430].

---

[424] Cfr. P 85: «Ah, restons là toutes silencieuses, / Fixant l'Immuable Beauté! / De notre Christ le regard clarifie / En imprimant la pureté de Dieu. / [...], demeurons, pour qu'Il nous déifie, / *L'âme en son âme et les yeux dans ses yeux*».
[425] L 249.
[426] L 249.
[427] L 131; cfr. L 261 (lettera indirizzata alla signora de Bobet: «Il [Dieu] se tient là [au centre plus intime de votre âme] pour vous combler de ses grâces, pour vous transformer en Lui»).
[428] L 131: «[...] afin d'être toute pure, toute transparente pour que le Trinité puisse se refléter en moi comme en un cristal»; cfr. P 79, 82, 95, 104; L 136.
[429] Vedi: L. BORRIELLO, *Elisabetta della Trinità*, 47.88.
[430] L 185. Elisabetta citò il pensiero di San Giovanni della Croce che in spagnolo suona nel modo seguente: «Este *aspirar de el aire* es una habilidad que el alma dice que le dará Dios allí en la comunicación de el Espíritu Santo, el cual, a manera de aspirar, con aquella su aspiración divina muy subidamente levanta el alma y la infor-

Elisabetta sottolineò che la sempre più profonda unione con Gesù Cristo conduce a questa trasformazione dell'anima; ella affermava che ogni uomo può sperimentare che quando

> [...] l'âme est fixée en Lui [en Jésus-Christ] en de telles profondeurs, quand ses *racines* y sont ainsi plongées, la sève divine s'épanche à flots en elle, et tout ce qui est vie imparfaite, banale, naturelle est détruit [...]. À travers tout, envers et contre tout, elle est en état de «l'adorer toujours à cause de Lui-même» [Sal 71,15]⁴³¹.

Attingendo al pensiero di San Giovanni della Croce, la giovane carmelitana scrisse, inoltre:

> «Dieu est le centre de l'âme. Lorsque l'âme selon toute» sa «force connaîtra Dieu parfaitement, l'aimera et en jouira entièrement, elle sera arrivée au centre le plus profond qu'elle puisse atteindre en Lui». Avant d'être arrivée là, l'âme est bien déjà «en Dieu qui est son centre», «mais elle n'est pas dans son centre *le plus profond* puisqu'elle peut aller plus loin. Comme c'est l'amour qui unit l'âme à Dieu, plus cet amour est intense, plus elle entre profondément en Dieu et se concentre en Lui»; lorsqu'elle «possède un seul degré d'amour elle est déjà en son centre»; mais quand cet amour aura atteint sa perfection, l'âme aura pénétré en son «centre le *plus* profond. C'est là qu'elle sera transformée au point de devenir très semblable à Dieu»⁴³².

Elisabetta descrisse la profondità di questa unione, attraverso le espressioni: «être fondue» con Dio⁴³³ oppure «le mariage»⁴³⁴; e affermò

---

ma y habilita para que ella aspire en Dios la misma aspiración de amor que el Padre aspira en el Hijo y el Hijo en el Padre, que es el mismo Espíritu Santo que a ella la aspira en el Padre y el Hijo en la dicha transformación para unirla consigo» (CB 39,3). Cfr. anche L 124: «Mais c'est le Même [Dieu], et nous le portons en nous. Il est penché sur nous avec toute sa charité, de jour et de nuit voulant nous communiquer, nous infuser sa vie divine, afin de faire de nous des êtres déifiés, qui le rayonnent partout».

⁴³¹ DR 33.

⁴³² CF 6; cfr. CF 32. Vedi anche il pensiero di San Giovanni della Croce: «Es de notar, para inteligencia de esto, que Dios, así como no ama cosa fuera de sí, así ninguna cosa ama más benjamente que a sí, porque todo lo ama por sí, y así el amor tiene la razón del fin; de donde no ama las cosas por lo que ellas son en sí. Por tanto, amar Dios al alma es meterla en cierta manera en sí mismo, igualándola consigo, y así ama a el ama en sí consigo con el mismo amor que El se ama. Y por eso en cada obra — por cuanto la hace en Dios — merece el alma el amor de Dios, porque, puesta en esta gracia y alteza, en cada obra merece al mismo Dios» (CB 32,6).

⁴³³ L 269: «Contempler dans sa lumière les splendeurs de l'Être divin, scruter toutes les profondeurs de son mystère, être fondue avec Celui qu'on aime, chanter sans repos sa gloire et son amour, être semblable à Lui parce qu'on le voit tel qu'Il est!...».

che uno sguardo, un desiderio, di un'anima così trasformata, diventano una preghiera irresistibile[435]:

> L'âme qui pénètre et qui demeure en ces «profondeurs de Dieu» [1 Cor 2,10] [...] – cette âme par chacun de ses mouvements, de ses aspirations, comme par chacun de ses actes, quelques ordinaires qu'ils soient, «s'enracine» plus profondément en Celui qu'elle aime. Tout en elle rend hommage au Dieu trois fois saint: elle est pour ainsi dire un Sanctus perpétuel, une louange de gloire incessante[436].

L'uomo deificato loda Dio con il Suo amore e nel proprio cuore Gli rivolge questa preghiera: «*Louez-vous vous-même en vous; louez-vous vous-même en moi et par moi*»[437]. Tale persona diventa — come Gesù Cristo e come la Madonna — una vera «louange de gloire de la Sainte Trinité»[438].

Elisabetta, nella sua dottrina, spiegò in che cosa consiste essere la «louange de gloire», sia qui sulla terra che in cielo. Le parole che citeremo qui di seguito costituiscono una sintesi del suo pensiero sul tema della vocazione dell'uomo, e il suo compimento:

> Une louange de gloire, c'est une âme qui demeure en Dieu, qui l'aime d'un amour pur et désintéressé, sans se rechercher dans la douceur de cet amour; qui l'aime par dessus tous ses dons et quand même elle n'aurait rien reçu de Lui, et qui désire du bien à l'Objet ainsi aimé. [...] c'est une âme de silence qui se tient comme une lyre sous la touche mystérieuse de l'Esprit Saint [...]; elle sait que la souffrance est une corde qui produit des sons plus beaux encore [...]. Une louange de gloire, c'est une âme qui fixe Dieu dans

---

[434] NI 13: «[...] être prise pour épouse, épouse mystique, c'est avoir ravi son Cœur au point qu'oubliant toute distance, le Verbe s'épanche dans l'âme comme au sein du Père avec la même extase d'infini amour! C'est le Père, le Verbe et l'Esprit envahissant l'âme, la déifiant, la consommant en l'Un par l'amour. C'est le mariage, l'état fixe, parce que c'est l'union indissoluble des volontés et des cœurs. Et Dieu dit: Faisons-Lui compagne semblable à Lui, ils seront deux en un... [Gen 2,18.24]».

[435] L 121. Descritta da Elisabetta, la realtà dell'inabitazione di Dio nell'uomo e dell'uomo in Dio provoca nell'anima due effetti: *la morte mistica* e *l'unione trasformante a Dio* (M.-M. PHILIPON, *L'inabitazione della Trinità*, 62-68; vedi anche: Philipon, 101-109). Sulla trasformazione dell'anima vedi anche: MARATTIL LISIEUX THERESE, *Interior silence*, 63-70 (specialmente le pagine 66-70, ove è trattata la «Transformation as an Imprinting of the Trinity in the Soul»).

[436] DR 20.

[437] A queste parole degli *Esercizi di santa* Geltrude, Elisabetta esclamava: «Oh! C'est cela!» (*Souvenirs*, 257).

[438] Cfr. per es. DR 40; LA 5; L 220, 269 (nella quale Elisabetta sottolineò la presenza attiva delle Tre Persone Divine nella trasformazione dell'uomo).

la foi et la simplicité; c'est un réflecteur de tout ce qu'Il est; c'est comme un abîme sans fond dans lequel Il peut s'écouler, s'épancher; c'est aussi comme un cristal au travers duquel Il peut rayonner et contempler toutes ses perfections et sa propre splendeur. Une âme qui permet ainsi à l'Être divin de rassasier en elle son besoin de communiquer «tout ce qu'Il est et tout ce qu'Il a», est en réalité la louange de gloire de tous ses dons. Enfin une louange de gloire est un être toujours dans l'action de grâces. Chacun de ses actes, de ces mouvements, chacune de [ses] pensées, de ses aspirations, en même temps qu'ils l'enracinent plus profondément en l'amour, sont comme un écho du Sanctus éternel[439].

La vocazione dell'uomo di diventare la «louange de gloire» ha il carattere della chiamata individuale, ma anche della chiamata comunitaria, ecclesiale; ciò vuol dire che essa si compie e si realizza «en l'Église militante et [...] en l'Église triomphante»[440], nel Corpo mistico di Cristo.

7. La vita con Cristo nel mistero della Chiesa

L'unione con la persona di Gesù Cristo conduce l'uomo ad entrare non solo nelle relazioni intratrinitarie, ma anche in relazione con le persone create, con la Chiesa, della quale Cristo è lo Sposo Mistico[441]. Elisabetta infatti era convinta che un duplice movimento spirituale faceva vibrare senza posa l'anima di Gesù Cristo: la gloria del Padre resa nello Spirito Santo e la redenzione del mondo[442]. L'uomo, che fa sua l'anima di Gesù, entra nelle relazioni delle Persone Divine e in relazione con le persone create; davanti a lui, si apre la realtà della comunità interpersonale, la realtà della Chiesa.

7.1 La figliolanza divina dei cristiani – «tendre Ami des petits enfants» (P 52)

L'uomo, con cui si unisce il Cristo, viene condotto al mistero della figliolanza divina. Gesù, offrendo alla persona creata tutta la Sua ani-

---

[439] CF 43.
[440] LA 5.
[441] Cfr. *Elpa*, 160: «Que ma vie se distille goutte à goutte pour toi, ô Christ, et pour l'Église, ta douce épouse».
[442] Cfr. Philipon, 145; P 88: «[...], en moi j'ai la prière / De Jésus-Christ, le divin adorant. / Elle m'emporte aux âmes et au Père, Puisque c'est là son double mouvement».

ma, tutta la Sua esistenza, vuole condividere con l'uomo la realtà del Suo essere *Figlio di Dio*.

La dottrina di Elisabetta attinge prevalentemente al pensiero di San Paolo, particolarmente per quanto riguarda il mistero dell'adozione divina: con il dono della figliolanza divina, l'uomo riceve dal Padre *in eredità* — come *héritier de Dieu et cohéritier de Jésus-Christ*[443] — la Sua casa, il cielo. La giovane carmelitana affermava che la vita dentro *la Maison de Dieu* inizia — come anche la realtà di essere figlio di Dio — già qui sulla terra, e si svolge nell'anima[444]. Elisabetta precisò inoltre che il momento in cui l'uomo è reso figlio adottivo è il suo Battesimo[445].

Per la persona umana, vivere la realtà della sua adozione a *figlio* significa guardare Dio per perdersi di vista, passare tutta intera nel Suo Essere e morire in Lui perché Egli viva in lei[446]. Elisabetta scrisse: «L'âme réellement devenue fille de Dieu est […] mue par l'Esprit Saint Lui-même: "Tous ceux qui sont poussés par l'Esprit de Dieu, ceux-là

---

[443] Cfr. CF 32; Rm 8,17.

[444] Cfr. L 239 (indirizzata a sua sorella): «Je viens de lire dans saint Paul des choses splendides sur le mystère de l'adoption divine. […] toi qui es mère et qui sais quelles profondeurs d'amour le bon Dieu a mises en ton coeur pour tes enfants, tu peux saisir la grandeur de ce mystère: enfants de Dieu, ma Guite, est-ce que cela ne te fait pas tresallir? Ecoute parler mon cher saint Paul: "Dieu nous a élus en Lui, avant la création. Il nous a prédestinés à l'adoption des enfants pour faire éclater la gloire de sa grâce" [Ef 1,4.5.6], c'est-à-dire qu'en sa toute-puissance Il semble ne pouvoir rien faire de plus grand. Et puis écoute encore: "Si nous sommes enfants, nous sommes aussi héritiers" [Rm 8,17]. Et quel est cet héritage? "Dieu nous a rendus dignes d'avoir part à l'héritage des saints dans la lumière" [Col 1,12]. Et puis, comme pour nous dire que cela n'est pas un avenir lointain, l'Apôtre ajoute: "Vous n'êtes donc plus des hôtes ou des étrangers mais vous êtes de la Cité des saints et de la Maison de Dieu" [Ef 2,19]… Et encore: "Notre vie est dans les Cieux" [Fil 3,20]… Oh ma Guite, ce Ciel, cette maison de notre Père, il est au "centre de notre âme"!». Cfr. GV 4; CF 26-27, 31-32.

[445] GV 9: «[…] c'est le baptême qui t'a faite enfant d'adoption, qui t'a marquée de sceau de la Trinité Sainte!»; cfr. Rm 8,15; 6,3-4.

[446] DR 24: «Voilà la mort que Dieu demande […]. O âme, ma fille adoptive, regarde-moi et tu te perdras de vue; écoule-toi tout entière en mon Être, viens mourir en moi, pour que je vive en toi!…». Cfr. CF 34: «Alors nous [Élisabeth avec sa sœur Guite] serons le filles de Dieu […]. En effet, "toute l'occupation de Dieu semble être de combler l'âme de caresses et de marques d'affection, comme une mère qui élève son enfant et le nourrit de son lait [cfr. Is 66,12]". Oh! Soyons attentives à la voix mystérieuse de notre Père! "Ma fille, dit-il, donne-moi ton cœur" [cfr. Pr 23,26]»; L 175: «Ne craignez pas, soyez toute dans la paix du bon Dieu, Il vous aime, Il veille sur vous comme la mère sur son petit enfant».

sont enfants de Dieu" [Rm 8,14]»⁴⁴⁷. L'*esprit d'adoption des enfants* permette di *crier*: «Abba, Père!»⁴⁴⁸. Lo Spirito stesso attesta allo spirito dell'uomo che è figlio di Dio e che la partecipazione alle sofferenze di Cristo conduce alla partecipazione alla Sua gloria⁴⁴⁹. Per questo motivo, la grazia di *essere il figlio assunto del Padre*, implica la vocazione di «être saint comme Dieu, être saint de la sainteté de Dieu»⁴⁵⁰, e anche l'*annuncio* della grazia ancora *sconosciuta*, che sarà donata all'uomo dopo la sua vita terrena⁴⁵¹.

Alla luce della realtà del dono concesso all'uomo di vivere il cielo già dentro di sé, Elisabetta scrisse un breve commento alla più conosciuta preghiera cristiana «"Notre Père qui êtes aux Cieux..." [Mt 6,9]»⁴⁵², che Gesù insegnò ai Suoi discepoli: «C'est dans "ce petit ciel" qu'Il s'est fait au centre de notre âme que nous devons le chercher et surtout que nous devons demeurer»⁴⁵³. La giovane carmelitana si rendeva conto che, grazie a Gesù Cristo e lo Spirito Santo, i figli di Dio possono adorare il loro Padre *au-dedans*⁴⁵⁴ della propria anima, della propria esistenza.

In questa prospettiva di relazione filiale con il Padre, la vocazione ad essere *épouse du Christ* dovrebbe consistere — secondo il pensiero di Elisabetta — nell'«être féconde, [...], enfanter les âmes à la grâce, multiplier les adoptés du Père, les rachetés du Christ, les cohéritiers de sa gloire [cfr. Ga 4,5-7]»⁴⁵⁵.

Per Elisabetta era ovvio che la grazia della filiazione divina è una grazia data da Dio a tutta la comunità umana, e che il desiderio di rispondere a tale grazia apre l'uomo alla realtà comunitaria⁴⁵⁶.

---

⁴⁴⁷ CF 31 (pensiero attinto da San Giovanni della Croce).
⁴⁴⁸ Cfr. CF 31; Rm 8,15.
⁴⁴⁹ Cfr. CF 31; Rm 8,16-17.
⁴⁵⁰ CF 32; cfr. 1 Gv 3,3.
⁴⁵¹ Cfr. CF 31: «"Dès maintenant nous sommes enfants de Dieu et on n'a pas encore vu ce que nous serons. Nous savons que lorsqu'Il se montrera nous serons semblables à Lui, parce que nous le verrons tel qu'Il est. Et quiconque a cette espérance en lui se sanctifie, comme Lui-même est saint" [1 Gv 3, 2-3]».
⁴⁵² CF 32.
⁴⁵³ CF 32.
⁴⁵⁴ Cfr. per es. CF 32.
⁴⁵⁵ NI 13. Sulla filiazione divina nel pensiero di Elisabetta, vedi anche: M.-M. PHILIPON, *L'inabitazione*, 83-88.
⁴⁵⁶ Cfr. per es. CF 31-32.

La giovane carmelitana raggiunse anche la profonda verità dell'identificazione con il Figlio, per *esprimerLo* inanzi agli occhi del Padre: «Il importe donc que j'étudie ce divin Modèle [son Fils], afin de m'identifier si bien avec Lui que je puisse sans cesse l'exprimer aux yeux du Père»[457]. L'*épouse* di Cristo deve assomigliarGli in ogni aspetto, anche nel Suo essere Figlio del Padre, che si traduce nel costante desiderio di compiere la volontà del Padre. Perciò la preghiera filiale di Gesù «Me voici, je viens, ô Dieu, pour faire votre volonté»[458], diventa la preghiera comune del Figlio-Gesù e della figlia-*épouse*: «*Nous* voici, ô Père, pour faire votre volonté!» (DR 37).

La realtà della partecipazione alla figliolanza divina conduce alla spiritualità dell'«infanzia spirituale» di Santa Teresa di Lisieux; Elisabetta in un certo qual modo continuò il suo pensiero: «[...] faisons-nous toutes petites, nous laissant porter, comme l'enfant dans les bras de sa mère, par Celui qui est notre Tout»[459], «Demandons bien cette grâce de simplicité et d'abandon à sœur Thérèse de l'Enfant-Jésus»[460]; e forse per questo motivo alla giovane carmelitana piaceva chiamare Gesù «tendre Ami des petits enfants» (P 52; cfr. P 50).

7.2 *Lo Spirito Santo e il cristiano*

L'operato di assimilazione e di unificazione dell'uomo a Gesù Cristo e alla Santissima Trinità si può comprendere pienamente, quando si riconosce in questo processo l'agire dello Spirito Santo. Elisabetta non si dimenticò della Terza Persona Divina e, citando il pensiero di p. Irénée Vallée, scrisse: «Que l'Esprit Saint vous emporte au Verbe, que le Verbe vous conduise au Père, et que vous soyez consommée en l'Un [...]»[461].

Sebbene nella dottrina della giovane carmelitana non si trovi una sviluppata pneumatologia, il suo pensiero, a questo proposito, è sempre

---

[457] DR 37. Cfr. CF 12: «[...] je ne veux "plus vivre de ma propre vie, mais être transformée en Jésus-Christ afin que ma vie soit plus divine qu'humaine" et que le Père en se penchant sur moi puisse reconnaître l'image [cfr. Rm 8,29] du Fils bien-aimé en qui Il a mis toutes ses complaisances [cfr. Mt 17,5]». Cfr anche CF 15.

[458] DR 37; Eb 10,9.

[459] L 172; cfr. L 169: «[...] je vais à Lui [Dieu], comme le petit enfant à sa mère, pour qu'Il comble, qu'Il envahisse tout, et qu'Il me prenne et m'emporte en ses bras; il me semble qu'il faut être si simple avec le bon Dieu». Vedi anche: L 116, n. 2.

[460] L 179.

[461] L 113.

profondo. Ella conosceva dello Spirito Santo solamente ciò che è espresso negli scritti di San Paolo[462], perciò le sue considerazioni erano anzitutto frutto della sua intuizione illuminata dalla grazia divina.

Nel suo pensiero, Elisabetta sottolineò che lo Spirito Santo rivela all'uomo la vocazione che colma l'anima dei Suoi doni e che la conduce all'unione sponsale con Gesù (all'unione interiore con Dio), rendendo capace l'uomo di amare e fare la volontà divina[463]; inoltre, la giovane digionese affermò che, grazie allo Spirito Santo, la persona umana può riconoscere in sé l'inabitazione della Santissima Trinità e, perciò, anche la presenza interiore del suo amato *Époux*-Gesù[464].

L'unificazione con Cristo e con la Santissima Trinità si svolge per opera dello Spirito Santo, che *brucia* la persona umana nelle Sue «brûlantes», «pures», «divines flammes», e la *consuma* «du divin amour»[465]. L'«Esprit de Dieu» — come scrisse Elisabetta — è «brillante lumière», «Bonté», «Beauté suprême»[466], «Feu consumant» e «Esprit d'amour»[467], che solleva la natura umana dalla corruzione del peccato.

L'attività dello Spirito Santo è un moto continuo, anche se l'uomo non se ne rende conto; a tale proposito, la giovane carmelitana scrisse:

> Dans le ciel de son âme, la louange de gloire commence déjà son office de l'éternité. Son cantique est ininterrompu, car elle est sous l'action de l'Esprit Saint qui opère tout en elle [cfr. 1 Cor 12,11]; et quoiqu'elle n'en ait pas toujours conscience, car la faiblesse de la nature ne lui permet pas d'être fixée en Dieu sans distractions, elle chante toujours, elle adore toujours, elle est pour ainsi [dire] toute passé dans la louange et l'amour, dans la passion de la gloire de son Dieu. Dans le ciel de notre âme soyons louanges de gloire de la Sainte Trinité[468].

È evidente, che il compimento del perenne desiderio di Dio Padre, che la Creazione si trasformi a somiglianza del Suo Figlio Unigenito, è opera della Terza Persona Divina.

---

[462] Cfr. Balthasar, 130.
[463] Vedi: P 54.
[464] Cfr. L 273 (indirizzata a sua madre): «[...] je demande à l'Esprit Saint de te révéler cette présence de Dieu en toi dont je t'ai parlé».
[465] P 54.
[466] P 54. È di notevole importanza osservare che gli stessi nomi «Bonté», «Beauté suprême», Elisabetta li usava nei confronti della persona di Gesù; vedi: P 51 («Bonté suprême») e P 56 («Beauté suprême»).
[467] NI 15.
[468] CF 44.

Nella sua dottrina, Elisabetta pian piano si *allontanò dalla terra* per penetrare nell'eterno Infinito. La rivelazione divina, che si compie nell'Incarnazione, fu da lei compresa alla luce dello Spirito Santo, che rivela Gesù Cristo continuamente al mondo nei sacramenti (specialmente nell'Eucaristia) e anche nell'inabitazione di Dio in ogni singola anima[469], la quale — grazie alla somiglianza con il Salvatore — viene resa capace di vivere nella Comunità delle Tre Persone Divine.

Elisabetta espresse il suo desiderio: «[...] que je ne le contriste pas, cet Esprit d'amour [cfr. Ef 4,30], mais que je Lui permette d'opérer en mon âme toutes les créations de sa grâce» (L 230); e affermò: «C'est le Père, le Verbe et l'Esprit envahissant l'âme, la déifiant, la consommant en l'Un par l'amour» (NI 13). Occorre quindi offrirsi «[...] à l'Esprit Saint afin qu'Il [...] transforme [l'âme] en Dieu, qu'Il imprime en [... l'âme] l'Image de la Beauté divine» (L 239). In tal modo l'anima viene «"revêtue" de Jésus Christ»[470] e viene introdotta «[...] dans la profondeur de l'Abîme, avec le Père et l'Esprit d'amour» (L 316). Ispirandosi al pensiero di San Giovanni della Croce, Elisabetta non ebbe timore di esprimere la verità che il cristiano può essere elevato a così mirabile altezza, da divenire capace di *produrre* in Dio la stessa persona dello Spirito Santo[471]. È di notevole importanza il fatto che la giovane carmelitana citasse due volte[472] il seguente pensiero di San Paolo: «Ma chi si unisce al Signore forma con lui un solo spirito» (1 Cor 6,17).

Elisabetta comprese con chiarezza che questa opera santificante dello Spirito Santo nell'anima del cristiano, non si limita alle persone singole, ma ha una dimensione ecclesiale, comunitaria. Anime che vengono consumate dall'*Esprit d'amour*, che vengono rese capaci di amare come amano le Tre Persone Divine, non solo appartengono alla Chiesa, ma anche la costruiscono. A questo proposito, la giovane carmelitana scrisse: «Le feu, n'est-ce pas l'amour? [...] A son contact notre âme deviendra comme un flamme d'amour se répandant dans tous les membres du corps du Christ qui est l'Église» (L 250).

---

[469] Cfr. Balthasar, 130-131.

[470] DR 33; Ga 3,27

[471] L 185: «[...] l'Esprit Saint l'élève [l'âme] à une hauteur si admirable qu'Il la rend capable de produire en Dieu la même aspiration d'amour que le Père produit avec le Fils, et le Fils avec le Père, aspiration qui n'est autre que l'Esprit Saint Lui-même!». Cfr. il pensiero di San Giovanni della Croce espresso in CB 39,3.

[472] Cfr. L 175, 239 («Celui qui s'unit au Seigneur devient un même esprit avec Lui» – Elisabetta usò questa frase come intestazione della lettera).

La giovane carmelitana indicò lo Spirito Santo come Colui che ravviva la Chiesa infiammando di amore le anime dei cristiani; essi, vivendo d'amore, consolano il Cuore di Gesù che, dimorando in loro, può mostrarli a Suo Padre e dire[473]: «Déjà je suis glorifié en eux»[474].

7.3 La Chiesa di Cristo e la Santissima Trinità

Elisabetta era consapevole che la persona dello Spirito Santo non solo convince l'uomo dell'inabitazione trinitaria nell'anima[475], ma crea in essa il cielo[476]. Comprese, inoltre, che il Dio Uno e Trio, oltre che per l'inabitazione nell'anima, è presente ovunque; perciò l'inabitazione trinitaria nell'uomo fa sì che egli venga, in un certo qual modo, unito con tutta la Creazione, con tutto il mondo interpersonale. In altre parole, l'unione con la Santissima Trinità apre alla persona umana il vasto orizzonte della Chiesa. Infatti Dio, essendo presente nelle anime umane, crea tra loro una comunione particolare, che diventa mistero della loro «reciproca presenza» in Lui.

Elisabetta della Trinità aveva una profonda consapevolezza di questa verità, consapevolezza che fu basata non tanto sulla speculazione, quanto sull'intuizione; ne sono testimonianza alcune sue frasi: «[...] dans le bon Dieu j'ai tout. Tous ceux que j'ai quittés, je les retrouve près de Lui»[477]; «[...] je place devant mon Jésus tout ceux qui sont dans mon cœur, et là près de Lui je les retrouve»[478]. La giovane carmelitana non si riferiva solamente ai vivi, ma anche a quelli che hanno concluso la propria vita terrena: «[...] vivons [...] en Lui... en nous... [...] par la communion des saints nous sommes en rapport avec ceux qui nous ont quittés [...]»[479]. In tal modo, la Santissima Trinità che stabilisce la propria dimora nell'anima, diventa per l'uomo — secondo il pensiero di Elisabetta — il centro, in cui egli può ritrovare quelli che ancora percorrono la via verso la patria eterna[480] e quelli che già vi sono ritornati.

---

[473] Cfr. L 250: «[...] alors nous consolerons ce Cœur de notre Maître et Il pourra dire en nous montrant au Père: [...]».
[474] Gv 17,10; L 250.
[475] Cfr. L 273.
[476] Cfr. L 239 (indirizzata a sua sorella): «[...] en celui [Ciel] que l'Esprit Saint crée en toi».
[477] L 84.
[478] L 91.
[479] L 200.
[480] Cfr. per es. L 113 (indirizzata a sua sorella: «Je t'ai donnée aux Trois [...], tu vois comme je dispose de toi. Oui, c'est dans ce grand Mystère que je te donne

Il mistero della *communion des saints* (cfr. L 200) unisce l'*Église militante* (dei cristiani impegnati ancora sulla terra nella lotta spirituale) e l'*Église triomphante* (dei beati nel cielo), cioè gli uomini già salvati (in paradiso o tra le «fiamme purificatrici» nel purgatorio) e i fedeli sulla terra.

Elisabetta era consapevole che Gesù Cristo, con tutta la Santissima Trinità, non solo stabilisce dimora nelle anime, ma, essendo presente in loro, le fa avvicinare a vicenda, fino alla *fusion des cœurs et des âmes* nel cielo[481]. La giovane carmelitana non esitò a fare uso, a tale proposito, della parola *habitation*; prossima alla morte, credendo che Dio l'avrebbe salvata, scrisse alla sua Priora:

> Si vous le lui permettez, votre petite hostie [Élisabeth] passera son Ciel au fond de votre âme: elle vous gardera en société avec l'Amour, croyant à l'Amour; ce sera le signe de son habitation en vous. Oh, dans quelle intimité nous allons vivre. [...] Je viendrai vivre en vous, cette fois je serai votre petite Mère [...][482].

In questo modo Dio compie nella storia dell'uomo la preghiera che Gesù rivolse al Padre poco prima della Sua Passione: «Père, qu'ils soient consommés en l'Un!» (L 122; Gv 17,23).

7.4 Cristo Eucaristico – «[le] Dieu prêtre et victime» (P 96)

Alla luce di tutto ciò che abbiamo detto, a proposito del pensiero di Elisabetta, sull'unione interiore fra la Santissima Trinità e l'uomo, sorge la domanda seguente: *quale ruolo compie l'Eucaristia nella vita della persona che si unisce intimamente alle Tre Persone Divine che dimorano in lei, visto che Elisabetta stessa affermò che Gesù Cristo non avrebbe avuto bisogno del Sacramento per venire a lei...?* (cfr. NI 10).

---

rendez-vous. Qu'Il soit notre Centre, notre Demeure»), 117 (anch'essa indirizzata a sua sorella: «Continue de communier aux Trois, à travers tout, c'est là le centre où nous nous retrouvons»), 214 (al reverendo Chevignard: «[...] Il [Jésus] est là [en moi] pour me relever et m'emporter plus loin en Lui, au fond de cette essence divine que nous habitons déjà par la grâce et où je voudrais m'ensevelir en de telles profondeurs que rien ne puisse m'en faire sortir. C'est là que mon âme retrouve la votre et qu'avec elle, à l'unisson, je me tais pour adorer Celui qui nous a si divinement aimés»).

[481] L 169 (indirizzata al canonico Angles: «Et c'est là [près du bon Dieu] qu'elle [Élisabeth] aussi vous retrouve; alors plus de distance, plus de séparation mais déjà, comme au Ciel, la fusion des cœurs et des âmes!...»).

[482] LA 4.

CAP. V: LA DOTTRINA CRISTOLOGICA 327

È vero che la giovane carmelitana era convinta che Dio può realizzare l'unione con l'uomo non necessariamente mediante l'ordinaria via sacramentale, nondimeno ella, come abbiamo già sottolineato in questo lavoro, non tentò di sminuire il valore della Santa Messa, della Comunione, dell'Eucaristia e degli altri sacramenti[483]. Anzi, era proprio la consapevolezza dell'esistenza dei diversi modi mediante i quali si compie la rivelazione divina, che le permise di riscoprire un valore unico e irripetibile, racchiuso nel sacramento dell'Eucaristia; la giovane carmelitana tentò di descriverlo attraverso la parola «consommation», che appartiene al linguaggio mistico e nuziale:

> «Ayant aimé les siens qui étaient dans le monde, Il les aima jusqu'à la fin» [Gv 13,1]. Il me semble que rien ne dit plus l'amour qui est au Cœur de Dieu que l'Eucharistie: c'est l'union, la consommation, c'est Lui en nous, nous en Lui, et n'est-ce pas le Ciel sur la terre? Le Ciel dans la foi en attendant la vision du face à face tant désirée. [...] Il est tellement «nôtre», tout ce mystère, [...]. Oh! [...] que je vive pleinement ma dot d'épouse[484].

L'Eucaristia è una *realtà* in cui l'anima *sperimenta* in modo particolare l'amore sponsale di Cristo[485], che si manifesta come «[le] Dieu prêtre et victime» (P 96).

E sebbene la giovane carmelitana non descrivesse nei particolari questa ultima espressione, dalla sua dottrina risulta che, come «victime», Gesù è l'Ostia che si offre continuamente a lode del Padre e che si dona agli uomini quale nutrimento; e come «prêtre», Gesù è Colui che *celebra la Messa della vita dell'uomo,* durante la quale lo offre quale ostia-pane, affinché consacrato nell'amore divino, diventi il Suo sacramento[486].

---

[483] Negli scritti di Elisabetta troviamo pochi elementi riguardanti l'azione santificatrice di Cristo attraverso i segni sacramentali (R. MORETTI, *Introduzione a Elisabetta della Trinità*, 152). Sul Battesimo (inteso come l'immagine o sigillo della Santissima Trinità), sulla Confessione e sull'Eucaristia (che occupa un ruolo preminente nella sua esperienza), nel pensiero della giovane carmelitana, vedi: *Ibid.*, 152-154. Sul valore del sacerdozio nel pensiero di Elisabetta vedi: BENIAMINO DELLA TRINITÀ, «L'angelo del sacerdozio», 356-370.

[484] L 165 (scritta da Elisabetta circa due anni e mezzo dopo aver «scoperto» il dono che Gesù fa di Se stesso anche al di fuori dei sacramenti; cfr. NI 10). Vedi anche le poesie scritte in onore dell'Eucaristia: P 21, 24, 50, 52, 55, 56, 67; e anche: J 106, 122.

[485] L'amore dell'*épouse* (cfr. per es. L 165) con l'*Époux* (cfr. per es. P 73).

[486] Alla fine della sua vita, soffrendo molto, Elisabetta scrisse a sua madre: «[...] c'est le bon Dieu qui se plaît à immoler sa petite hostie, mais cette messe qu'Il dit avec moi, dont son Amour est le prêtre, peut durer longtemps encore. La petite vic-

In altre parole, Elisabetta scoprì nell'Eucaristia la complementarietà di due realtà: quella riguardante la reale presenza di Cristo nel Santissimo Sacramento e quella riguardante la vita quotidiana dell'uomo, nel quale, al di fuori del sacramento, la Santissima Trinità stabilisce la Sua dimora. La carmelitana era profondamente convinta che nell'Eucaristia la prima realtà, quella *sacramentale*, serve a dare una *giusta direzione* al cammino spirituale dell'uomo, affinché egli stesso diventi simile all'Ostia che riceve. Elisabetta si riferiva a un cambiamento esistenziale della persona che, comunicando al Cristo Eucaristico e *mescolando* il proprio sangue con quello del Salvatore[487], può diventare lei stessa il Suo misterioso ed ammirabile sacramento.

7.5 *Il cristiano come «humble sacrement» di Cristo (cfr. P 91)*

Nella sua dottrina, la giovane carmelitana paragonò l'*âme* (in cui Gesù con tutta la Santissima Trinità stabilisce la Sua dimora) all'*Hostie* nel tabernacolo: «Il [Notre Seigneur] est toujours vivant! Vivant au tabernacle dans son adorable Sacrement, vivant en nos âmes; c'est Lui-même qui l'a dit: "Si quelqu'un m'aime, il gardera ma parole, et mon Père l'aimera et nous viendrons à lui et nous ferons en lui notre demeure" [Gv 14,23]» (L 184)[488]. Questa comparazione creò i presupposti per esprimere, con maggiore evidenza, che il cuore umano, in cui abita Gesù Cristo, diventa il Suo sacramento. Nella poesia [*Dans une humble et pauvre étable*] *Noël 1904*, la giovane carmelitana scrisse: «Mon cœur devient votre humble sacrement. / Venez en lui glorifier le Père / Dans le silence et le recueillement» (P 91)[489].

---

time ne trouve pas le temps long dans la Main de Celui qui la sacrifie [...]. Oh, comme ton cœur de mère devrait divinement tressaillir en pensant que le Maître a daigné choisir ta fille [...] pour l'associer à sa grande œuvre de rédemption, et qu'Il souffre en elle comme une extension de sa passion. L'épouse est à l'Époux, le mien m'a prise, Il veut que je Lui sois une humanité de surcroît en laquelle Il puisse encore souffrir pour la gloire de son Père [...]» (L 309). Cfr. anche L 294.

[487] Vedi DR 18: «[...] je le prends, ce calice empourpré du Sang de mon Maître et que, dans l'action de grâces, toute joyeuse, je mêle mon sang à celui de la sainte Victime [...]»; cfr. L 131 (indirizzata al canonico Angles: «[...] mettez-moi dans le calice, afin que mon âme soit toute baignée dans ce Sang de mon Christ dont j'ai si soif! Afin d'être toute pure, toute transparente pour que la Trinité puisse se refléter en moi comme en un cristal»).

[488] Cfr. L 186: «[...] et je demande au Maître divin, à Celui qui demeure en votre âme comme en la petite Hostie du Tabernacle, de vous communiquer une surabondance de sa vie divine».

[489] Cfr. anche P 88: «Jésus, Verbe de vie, / Unie à toi toujours, / Ta vierge et ton

CAP. V: LA DOTTRINA CRISTOLOGICA 329

La realtà dell'*uomo-sacramento* si attua in virtù dell'azione dello Spirito Santo; Egli compie nella persona umana «comme une incarnation du Verbe» (NI 15) e, tramite essa, l'uomo diventa per Gesù Cristo «une humanité de surcroît» (NI 15)[490].

Elisabetta, sviluppando le sue considerazioni, non solo *paragonò* l'uomo all'Ostia, ma affermò che, in un certo qual modo, egli addirittura *può diventare* Ostia[491]. La carmelitana era convinta che, come il pane consacrato durante la Santa Messa diventa il Corpo di Cristo, allo stesso modo anche l'uomo può essere *consacrato* e *trasfigurato* nell'*hostie de louange*[492].

La giovane affermava che per il cristiano che possiede una fede viva e vive nella volontà divina, non solo tutta la vita diventa *comme un sacrament* che Dio gli dà[493], ma addirittura lui stesso diventa *le sacra-*

---

hostie, Rayonnera l'amour [...]».

[490] Cfr. L 256 («Qu'elle est sublime, la mission de la carmélite; elle doit être médiatrice avec Jésus-Christ, Lui être comme une humanité de surcroît en laquelle Il puisse perpétuer sa vie de réparations, de sacrifices, de louanges et d'adorations»), 309 («L'épouse est à l'Époux, le mien m'a prise, Il veut que je Lui sois une humanité de surcroît en laquelle Il puisse encore souffrir pour la gloire de son Père, pour aider aux besoins de son Église [...]»). Sull'«humanité de surcroît» nel pensiero di Elisabetta, vedi anche: R. MORETTI, *Introduzione a Elisabetta della Trinità*, 154-155. Cfr. inoltre: L 214, 225, 309.

[491] Cfr. P 75 («Oh, que je sois ton envahie, / Celle qui ne vit que de toi, / Ta chose, ta vivante hostie / Consommée par toi sur la Croix»; L 54: «Nous sommes ses hosties vivantes, ses petites ciboires [...]»), 77 (la carmelitana constatò che tutti gli uomini sono convocati ad essere «vivantes hosties / Rayonnant le Seigneur»); cfr. anche P 88.

[492] Alla fine della sua vita, Elisabetta ardeva dal desiderio di essere come «une hostie de louange»; cfr. L 244 (indirizzata al reverendo Chevignard: «Lorsque vous consacrez cette hostie où Jésus [...] va s'incarner, voulez-vous me consacrer avec Lui "comme *hostie de louange à sa gloire*", afin que toutes mes aspirations, tous mes mouvements, tous mes actes soient un hommage rendu à sa Sainteté»), 256 (indirizzata al canonico Angles: «[...] voulez-vous, au saint Sacrifice, en consacrant l'hostie où Jésus s'incarne, consacrer aussi votre petite enfant [Élisabeth] à l'*Amour Tout-Puissant* pour qu'Il la transforme "en louange de gloire"»), 271 (indirizzata al canonico Angles: «Puisque vous êtes son prêtre, oh, consacrez-moi à Lui comme une petite hostie de louange qui veut le glorifier, au Ciel [...]»), 294 (indirizzata al canonico Angles: «[...] je vous demande comme une enfant à son père de vouloir bien, à la sainte Messe, me consacrer comme une hostie de louange à la gloire de Dieu. Oh, consacrez-moi si bien que je ne sois *plus moi mais Lui*, et que le Père, en me regardent, puisse le reconnaître [...]»).

[493] Cfr. L 264: «[...] regardez chaque souffrance, ainsi que chaque joie, comme venant directement de Lui, et alors votre vie sera comme une communion continuelle, puisque chaque chose sera comme un sacrement qui vous donnera Dieu».

ment che offre Dio agli altri. La giovane carmelitana, citando alcuni versetti degli scritti di Giovanni Ruusbroec, scrisse:

> «Celui qui mange ma chair et boit mon sang, demeure en moi et moi en lui» [Gv 6,56]. «Le premier signe de l'amour c'est que Jésus nous a donné sa chair à manger, son sang à boire». [...] Il veut consumer notre vie, pour la changer en la sienne, la notre pleine de vices, la sienne pleine de grâce et de gloire, toute préparée pour nous [...]. [...] «nous allons au-devant de Lui, au-devant de son Esprit, qui est son amour, et cet amour nous brûle, nous consume et nous attire dans l'unité où nous attend la béatitude». «Jésus-Christ regardait là quand Il disait: "J'ai désiré d'un grand désir de manger cette pâque avec vous"»[494].

L'uomo, nutrendosi di Gesù e trasformandosi nel Suo «sacrament», diventa per Lui un *nutrimento*; a tale proposito, Elisabetta scrisse coraggiosamente: «Elle [Élisabeth] a faim de manger son Maître, / Surtout d'être mangée de Lui, / De bien Lui livrer tout son être / Afin qu'en elle tout soit pris. / [...] Ta chose, ta vivante hostie [...]» (P 75).

7.6 *Madre di Cristo come modello del cristiano*

Per Elisabetta era ovvio che nessuno tra gli uomini conosce Gesù Cristo come Lo conosce la Madonna; nessuno come Lei possiede così profonde relazioni con tutte le Persone Divine e risponde a Dio con tale pienezza di amore. Nella dottrina di Elisabetta della Trinità, alla persona di Maria è riservato un posto *particolarmente privilegiato*:

> Après Jésus-Christ, sans doute à la distance qu'il y a de l'Infini au fini, il est une créature qui fut aussi la grande louange de gloire de la Sainte Trinité. Elle répondit pleinement à l'élection divine, dont parle l'Apôtre: elle fut toujours «pure immaculée, irrépréhensible» [Col 1,22] aux yeux du Dieu trois fois saint. Son âme est si simple. Les mouvements en sont si profonds que l'on ne peut les surprendre. Elle semble reproduire sur la terre cette vie qui est celle de l'Être divin, l'Être simple[495].

Meditando la vita della Madre di Dio, Elisabetta si concentrò anzitutto sul mistero dell'Incarnazione, che le svelava la triplice relazione della Madonna con le Persone Divine; la giovane carmelitana scrisse:

> J'aime tant ce mystère [l'Annonciation...]. [...] je m'unirai à l'âme de la Vierge alors que le Père la couvrait de son ombre, tandis que le Verbe

---

[494] CF 18; vedi anche: M.-M. PHILIPON, *L'inabitazione*, 71-72.
[495] DR 40.

s'incarnait en elle, et que l'Esprit Saint survenait [cfr. Lc 1,35] pour opérer le grand mystère. C'est toute la Trinité qui est en action, qui se livre, qui se donne [...]⁴⁹⁶.

Lo splendore e l'incanto di questo mistero influivano molto su Elisabetta, che in un'altra occasione affermò:

[...] la Vierge fidèle, «celle qui gardait toutes choses en son cœur» [cfr. Lc 2,19.51]. Elle se tenait si petite, si recueillie en face de Dieu [...], qu'elle attirait les complaisances de la Trinité sainte [...]. Le Père se penchant vers cette créature si belle, si ignorante de sa beauté, voulut qu'elle soit la Mère dans le temps de Celui dont Il est le Père dans l'éternité. Alors l'Esprit d'amour qui préside à toutes les opérations de Dieu survint; la Vierge dit son fiat: «Voici la servante du Seigneur, qu'il me soit fait selon votre parole» [Lc 1,38], et le plus grand des mystères fut accompli⁴⁹⁷.

Nella relazione con il Padre, Maria riceve il particolare privilegio, che consiste nella somiglianza fra la sua maternità e la paternità di Dio⁴⁹⁸. Dalla volontà di Dio Padre⁴⁹⁹, ella può generare nel tempo il Suo Figlio, che esiste perennemente nell'eternità; ovviamente, questo essere *Madre di Dio*, mette la Madonna in un unica, irripetibile, relazione con la Seconda Persona della Santissima Trinità. Anche il legame di *Maria con lo Spirito Santo* ha una connotazione tutta particolare: in virtù della *Sua discesa* (Lc 1,35), la Madonna *concepì* nel suo grembo *Dio stesso*.

Per la giovane carmelitana era chiaro che, in Maria, che possiede particolari relazioni con tutte e tre le Persone Divine, anche l'inabitazione della Santissima Trinità raggiunge la perfezione. Il privilegiato legame con la Santissima Trinità dona alla Madonna una dignità superiore alla dignità offerta da Dio a ogni uomo.

---

⁴⁹⁶ L 246; cfr. P 79: «Elle [Marie, Vierge fidèle] attire le Ciel, et voici que le Père / va lui livrer son Verbe, pour en être la Mère! / Alors l'Esprit d'amour de son ombre la couvre [cfr. Lc 1,35], / Les Trois viennent à elle, c'est tout le Ciel qui s'ouvre, / Qui se penche et s'incline, adorant le mystère / De ce Dieu qui s'incarne en cette Vierge Mère!». Cfr. titolo mariano «vierge-mère» in L 199.

⁴⁹⁷ CF 39.

⁴⁹⁸ Vedi le parole in CF 39: «Le Père [...] voulut qu'elle soit la Mère dans le temps de Celui dont Il est le Père dans l'éternité»; P 79: «Elle [Marie, Vierge fidèle] attire le Ciel, et voici que le Père / va lui livrer son Verbe, pour en être la Mère!».

⁴⁹⁹ Maria si trovava, in modo unico e irripetibile, inserita nel disegno d'amore di Dio Padre e ha compiuto perfettamente la Sua volontà; la preghiera della Madonna era come la preghiera di Suo Figlio: «"Ecce, me voici!" Qui? "La servante du Seigneur" [Lc 1,38]» (DR 40).

Parlando di Maria, Elisabetta conservò nelle sue considerazioni una linea cristocentrica; la Madonna era per lei soprattutto *cristologica*. Maria è stata *data* da Cristo agli uomini quale loro Madre, affinché li aiutasse nel loro cammino spirituale che conduce verso la *configurazione a Lui*[500].

Elisabetta allora riconobbe Maria come propria Madre, che «va former [...son] âme afin que sa petite enfant soit une image vivante, "saisissante", de son premier-né, le Fils de l'Éternel, Celui-là qui fut la parfaite louange de la gloire de son Père»[501]. La giovane digionese era convinta che nessuno, come una madre, può conoscere il proprio figlio, e perciò scrisse: «"Nul n'a vu le Père, nous dit saint Jean, si ce n'est le Fils et ceux auxquels Il a plu au Fils de le révéler". Il me semble que l'on peut dire aussi: "Nul n'a pénétré le mystère du Christ en sa profondeur, si ce n'est la Vierge"»[502].

Maria non solo conobbe suo Figlio intimamente, ma corrispose anche nel miglior modo possibile al dono della Sua Inabitazione; a questo proposito, la giovane carmelitana affermò:

> Il me semble que l'attitude de la Vierge durant les mois qui s'écoulèrent entre l'Annonciation et la Nativité est le modèle des âmes intérieures, des êtres que Dieu a choisis pour vivre au-dedans, au fond de l'abîme sans fond. Dans quelle paix, dans quel recueillement Marie se rendait et se prêtait à toutes choses! Comme celles qui étaient les plus banales étaient divinisées par elle! Car à travers tout la Vierge restait l'adorante du don de Dieu[503]!

La Madonna è *il modello dell'unione con Gesù*[504] presente *au-dedans*. Ella, Madre di Dio, era sempre raccolta interiormente nell'ascolto della Parola di Dio e divenne *la Sua lode*.

---

[500] DR 41: «Elle [cette Reine des vierges] est là au pied de la Croix, *debout*, dans la force et la vaillance, et voici mon Maître qui me dit: "Ecce Mater tua" [cfr. Gv 19,27], Il me la donne pour Mère... Et maintenant qu'Il est retourné au Père, qu'Il m'a substituée à sa place sur la Croix afin que "je souffre en mon corps ce qui manque à sa passion, pour son corps qui est l'Église" [Col 1,24], la Vierge est encore là pour m'apprendre à souffrir comme Lui, pour me dire, pour me faire entendre ces derniers chants de son âme que nul autre qu'elle, sa Mère, n'a pu surprendre». Cfr. L 316.

[501] DR 2.

[502] DR 2; cfr. Gv 1,18; 6,46; 1 Gv 4,12; Mt 11,27.

[503] CF 40.

[504] L 188: «Jésus, Marie, il s'aimaient tant: tout le cœur de l'un s'écoulait en l'autre! Je suis à bonne école [...]».

Riconoscendo la bellezza spirituale di Maria, la giovane carmelitana voleva essere formata da lei: «Mère du Verbe, oh dis-moi ton mystère. / Depuis l'instant de l'Incarnation, / Dis-moi comment tu passas sur la terre / Ensevelie en l'adoration» (P 88). Elisabetta era addirittura ammaliata dalla bellezza dell'anima di Maria:

> Penses-tu ce que ce devait être en l'âme de la Vierge, lorsqu'après l'Incarnation elle possédait en elle le Verbe Incarné, le Don de Dieu... En quel silence, quel recueillement, quelle adoration elle devait s'ensevelir au fond de son âme pour étreindre ce Dieu dont elle était Mère. [...] Il est en nous. Oh! Tentons-nous tout près de Lui, en ce silence, avec cet amour de la Vierge; c'est comme cela que nous passerons l'Avent, n'est-ce pas[505]?

La Madre di Cristo è *il modello della confidenza in Dio*; ella, come scrisse Elisabetta, «[...] est si transparente, si lumineuse qu'on la prendrait pour la lumière, pourtant elle n'est que le "miroir" du Soleil de justice "Speculum justitiae!"... [...] Elle fut si vraie en son humilité, parce qu'elle fut toujours oublieuse, ignorante, délivrée d'elle-même»[506]. Sottolineando la grandezza dell'umiltà di Maria, Elisabetta affermò che la Madonna è una creatura «[...] dont la vie fut si simple, si perdue en Dieu que l'on ne peut presque rien en dire»[507].

Elisabetta, convinta che la Madonna aiuta l'uomo a corrispondere alla presenza della dimora divina in lui, desiderava *meditare* e *scrutare* l'anima di Maria, il mistero dell'unica inabitazione di Dio in lei[508]; la giovane digionese era solita dire: «Je n'ai besoin d'aucun effort [...] pour entrer dans ce mystère de l'habitation divine en la Vierge; il me semble y trouver mon mouvement d'âme habituel, qui fut le sien: adorer en moi le Dieu caché»[509]. Nella persona di Maria, la giovane carme-

---

[505] L 183 (indirizzata a sua sorella); vedi anche: CF 40.

[506] DR 40; il titolo «Speculum justitiae», Elisabetta lo attinse dalle Litanie Loretane. Cfr. CF 40, dove Elisabetta citò alcune parole di Ruusbroec: «"Qu'un ordre du Ciel arrive, elle [la Vierge] se retourne vers les hommes, compatit à toutes leurs nécessités, se penche vers toutes leurs misères; il faut qu'elle pleure et qu'elle féconde. Elle éclaire comme le feu; comme lui, elle brûle, absorbe et dévore, soulevant vers le Ciel ce qu'elle a dévoré. Et quand elle a fait son action en bas, elle se soulève, et reprend, brûlante de son feu, le chemin de la hauteur"».

[507] CF 39.

[508] Elisabetta contemplava la Santissima Trinità nell'anima di Maria; cfr. L 199 (indirizzata al reverendo Chevignard: «Pendant ce mois de mai je vous serai tout unie en l'âme de la Vierge, c'est là que nous adorerons la Sainte Trinité»). Vedi anche: P 79.

[509] *Souvenirs*, 140.

litana riconosceva l'Ausiliatrice che aiuta l'uomo ad entrare nella dimora divina, che si stabilisce dentro di lui; per questo motivo, affermò: «[...] approchons-nous [...] de la Vierge toute pure, toute lumineuse afin qu'elle nous introduise en Celui qu'elle pénétra si profondément [...]»[510]. Il raccoglimento e la contemplazione insegnati da Maria permettono di seppellirsi nella Santissima Trinità:

> [...] à quel abîme de gloire nous sommes appelés! [...] Je voudrais y répondre en passant sur la terre comme la sainte Vierge, «gardant toutes ces choses en mon cœur» [cfr. Lc 2,19.51], m'ensevelissant pour ainsi dire dans le fond de mon âme afin de me perdre en la Trinité qui y demeure, pour me transformer en elle[511].

Occorre, allora, chiedere alla Madonna che insegni ai suoi figli «[...] à adorer Jésus dans des recueillements profonds [...]»[512].

La Madre di Cristo insegna, inoltre, all'uomo che vuole diventare *louange de gloire de la Sainte Trinité* (cfr. per es. LA 5), come accogliere la sofferenza. Lei stessa, come spiegò Elisabetta, «[...] avait appris du Verbe Lui-même comment doivent souffrir ceux que le Père a choisis comme victimes, ceux qu'Il a résolu d'associer au grand œuvre de la rédemption, ceux qu'Il "a connus et prédestinés pour être conformes à son Christ", crucifié par amour»[513]. Maria è «Reine des martyrs», e la sua anima fu trafitta dal *gleive* (cfr. Lc 2,35)[514].

Nell'esperienza e nella dottrina di Elisabetta, la Madonna non solo aiuta l'uomo a corrispondere alla grazia dell'inabitazione trinitaria nell'anima, non solo lo aiuta ad unirsi a suo Figlio Gesù, ma anche lo accompagna nel suo varcare la soglia dell'eternità alla fine della vita terrena; Elisabetta scrisse: «Quand j'aurai dit mon "consummatum est" (Gv 19,30), c'est encore elle, "Janua cœli", qui m'introduira dans les parvis divins [...]»[515]. La Madre di Dio unisce l'*Église militante* con l'*Église triomphante* (cfr. LA 5), con la realtà escatologica della *communion des saints* (cfr. L 200) che godono la vita nella comunione con la Santissima Trinità.

---

[510] L 165 (indirizzata al reverendo Chevignard).
[511] L 185 (indirizzata al reverendo Chevignard).
[512] L 136.
[513] DR 41; cfr. Rm 8,29.
[514] Cfr. DR 41.
[515] DR 41; vedi anche L 294. Il titolo mariano: «Janua cœli» proviene dalle Litanie Loretane.

Il mistero della persona di Maria dimostra come l'inabitazione divina può universalizzare l'«io» della persona umana[516]; diventando Madre degli uomini, Maria diviene Madre della storia della salvezza, Madre di tutti gli *eletti* (*prescelti, conosciuti*), *chiamati* e *predestinati* (Rm 8,29-30) alla vita nella comunione con Dio Triuno: il Padre, il Figlio e lo Spirito Santo.

Nella dottrina di Elisabetta, la vita del cristiano deve essere, in un certo qual modo, una *replica* della vita di Maria, specialmente nell'irripetibile e unico evento dell'Incarnazione[517], tramite cui la Madonna entra in profonda relazione con ciascuna delle Tre Persone Divine:

> [...] le Père te couvrira de son ombre [cfr. Mt 17,5 e pure Lc 1,35], mettant comme une nuée entre toi et les choses de la terre pour te garder toute sienne, Il te communiquera sa puissance pour que tu l'aimes d'un amour fort comme la mort; le Verbe imprimera en ton âme comme en un cristal l'image de sa propre beauté, afin que tu sois pure de sa pureté, lumineuse de sa lumière; l'Esprit Saint te transformera en une lyre mystérieuse qui, dans le silence, sous sa touche divine, produira un magnifique cantique à l'Amour; alors tu seras «la louange de sa gloire [...]»[518].

La giovane carmelitana riconobbe il particolare ruolo che Maria svolge nella vita dell'uomo, nel condurlo ad entrare nella comunione con la Santissima Trinità[519]; riconoscendo perciò la grande dignità della Madonna, Elisabetta colse nella vocazione cristiana una nuova dimensione: gli uomini sono chiamati a diventare sia «louanges de gloire de la Sainte Trinité» che «louanges d'amour de notre Mère Immaculée» (vedi: CF 44).

---

[516] Balthasar, 116. Vedi anche: R. MORETTI, *Introduzione a Elisabetta della Trinità*, 157-160 (ove l'Autore sottolinea due aspetti della *mariologia* di Elisabetta: Maria come anima contemplativa [in CF] e la cooperazione vittimale di Maria al sacrificio di Cristo, come modello della cooperazione cui sono chiamati i discepoli di Cristo [in DR]).

[517] E sebbene tale pensiero non sia stato espresso da Elisabetta in modo esplicito, questa verità risulta dai suoi scritti.

[518] L 269; cfr. L 278 (indirizzata a Germaine de Gemeaux: «Que le Père vous couvre de son ombre et que cette ombre soit comme une nuée qui vous enveloppe et vous sépare; que le Verbe imprime en vous sa beauté, pour se contempler en votre âme comme en un autre Lui-même; que l'Esprit Saint qui est l'Amour fasse de votre cœur un petit foyer qui réjouisse les Trois Personnes divines par l'ardeur de ses flammes [...]»).

[519] Sulla Madonna come modello delle anime interiori nella prospettiva di Elisabetta, vedi: FILIPPO DELLA MADRE DI DIO, «La Vergine della vita interiore», 371-390; SZ.T. PRAŚKIEWICZ, «Najświętsza Dziewica», 89-100.

7.7 La missione nella Chiesa di Cristo

L'uomo, che si unisce all'anima di Cristo entra nel mistero della Sua missione redentrice e salvifica; lo Spirito Santo dischiude davanti all'uomo l'orizzonte della vita di tutta la Chiesa e suscita in lui il desiderio di offrirsi ai fratelli. A questo proposito, Elisabetta scrisse: «Avec ce Dieu prêtre et victime, / Ah, faisons notre oblation / Pour avoir une part intime / A sa divine mission» (P 96).

Alla luce di queste parole, si può affermare che la giovane carmelitana comprese *la missione del cristiano*, compiuta nella Chiesa, come vera e propria *cooperazione* all'opera realizzata da Gesù Cristo, nel Suo donarsi al Padre e nel Suo sacrificarsi per gli altri[520]:

«Je me sanctifie pour eux, afin qu'eux aussi soient sanctifiés dans la vérité» [Gv 17,19]. Cette parole de notre Maître adoré, faisons-la toute nôtre, oui sanctifions-nous pour les âmes, et puisque nous sommes tous les membres d'un seul corps [cfr. Ef 4,25; 5,30; Rm 12,4-5; 1 Cor 12], dans la mesure où nous aurons abondamment la vie divine nous pourrons la communiquer dans le grand corps de l'Église[521].

In tal modo, Elisabetta comprese con chiarezza l'essenza di ogni apostolato e di ogni impegno del cristiano; a sacerdoti e a laici sentì la necessità di ribadire che l'efficacia dell'apostolato è legata al rapporto personale dell'uomo con la Santissima Trinità[522]. Nonostante che la giovane carmelitana non avesse descritto i diversi modi e possibilità di operare in seno alla Chiesa, la sua esperienza e la sua dottrina non evidenziano un atteggiamento passivo della creatura, ma una cooperazione attiva. Nella dottrina di Elisabetta, accanto alla realtà dell'azione santificante divina, vi è anche la necessità di un serio impegno dell'uomo, come risposta attiva e consapevole alla chiamata di Dio (sia nella

---

[520] Cfr. P 88: «[...], en moi j'ai la prière / De Jésus-Christ, le divin adorant. / Elle m'emporte aux âmes et au Père, Puisque c'est là son double mouvement».

[521] L 191 (indirizzata al reverendo Chevignard). Qualche riga prima, Elisabetta affermava nella stessa lettera: «Mon âme aime s'unir à la vôtre dans une même prière pour l'Église, pour le diocèse. Puisque Notre Seigneur demeure en nos âmes, sa prière est à nous et je voudrais y communier sans cesse, me tenant comme un petit vase à la Source, à la Fontaine de vie [cfr. Ap 7,17; 21,6], afin de pouvoir ensuite la communiquer aux âmes, en laissant déborder ses flots de charité infinie».

[522] R. MORETTI, *Introduzione a Elisabetta della Trinità*, 184. A tale proposito vedi: L 124 («Oh, qu'il est puissant sur les âmes, l'apôtre qui reste toujours à la Source des eaux vives [cfr. Ap 7,17]; alors il peut déborder autour de lui sans que jamais son âme se vide puisq'il communie à l'Infini!»); cfr. L 191.

CAP. V: LA DOTTRINA CRISTOLOGICA 337

sua vita personale, che nella vita ecclesiale)[523]. La giovane carmelitana affermava con decisione: «Il y a deux mots qui pour moi résument toute sainteté, tout apostolat: "Union, Amour"» (L 191)[524]. Tutti i suoi scritti sono una testimonianza del suo confermare, nel corso di tutta la sua vita, il valore e la necessità dell'apostolato[525]. In una delle sue lettere, Elisabetta scrisse: «Comme l'on sent le besoin de se sanctifier, de s'oublier pour être toute aux intérêts de l'Église...»[526].

La giovane carmelitana — come abbiamo già sottolineato nel nostro lavoro — identificò la propria vocazione, il proprio apostolato, nell'essere «corédemptrice» (NI 13) e «médiatrice» (L 256)[527] con Cristo, cioè nel *continuo intercedere* per i peccatori. Al pensiero paolino «J'accomplis en ma chair ce qui manque à la passion de Jésus-Christ pour son corps qui est l'Église» (Col 1,24)[528], Elisabetta riferiva il modo di compiere la propria missione nella Chiesa: «[...] la mission de la carmélite; elle doit être médiatrice avec Jésus-Christ, Lui être comme une humanité de surcroît en laquelle Il puisse perpétuer sa vie de réparations, de sacrifices, de louanges et d'adorations»[529].

---

[523] Cfr. R. MORETTI, *Introduzione a Elisabetta della Trinità*, 162-163.

[524] Questa frase occorre intenderla sia come invito ad amare e ad unirsi alla Santissima Trinità, sia come invito all'amore e all'unione con i fratelli.

[525] Cfr. R. MORETTI, *Introduzione a Elisabetta della Trinità*, 182-183; vedi: J 7 («Tu as assez souffert pour moi, je veux maintenant te consoler, je me charge des péchés du monde, ne vois que moi, ne frappe que moi, je suis ta victime»), 8 («Je veux l'aimer [Jésus] pour tous ceux qui ne l'aiment pas, et je veux aussi Lui ramener ces âmes qu'Il a tant aimées!»), 12, 27, 32; L 136 («[...] la carmélite doit être apostolique: tout ses prières, tous ses sacrifices tendent à cela!»), 179 («Donnons-Lui [à Jésus] aussi des âmes, notre sainte Mère Thérèse veut ses filles tout apostoliques [...]»), 275, 276 («[...] en vraie fille de sainte Thérèse, je désire être apôtre pour donner toute gloire à Celui [au Maître] que j'aime et, comme ma sainte Mère, je pense qu'Il m'a laissée sur la terre afin que je zèle son honneur ainsi qu'une véritable épouse»). Vedi: M. ZAWADA, «Apostolat kontemplacyjny», 183-216.

[526] L 256; cfr. Eb 4,16; 7,25. Vedi anche: *Elpa*, 161 («O Amour! Amour! [...] Épuise toute ma substance pour ta gloire, qu'elle se distille goutte à goutte pour ton Église»).

[527] Cfr. Eb 4,16; 7,25. Le espressioni: «médiatrice avec Jésus-Christ» (L 256) e «corédemptrice» (NI 13), usate da Elisabetta nel linguaggio mistico, non mirano a diminuire il valore dell'unica e irripetibile mediazione e della redenzione compiuta solo da Gesù Cristo. Come abbiamo già sottolineato in questo lavoro, la giovane carmelitana, usando queste espressioni, considerate imprecise nell'ambiente della teologia dogmatica, tentava di dimostrare la realtà della cooperazione con Gesù nell'opera dell'evangelizzazione, alla quale Egli invita ogni uomo.

[528] Cfr. GV 7; DR 13, 41; L 259, 294, 309, 326.

[529] L 256. Per l'espressione «une humanité de surcroît», vedi anche in L 214, 225,

La conoscenza esperienziale dell'immensurabile carità di Dio, manifestata in Gesù Cristo, condusse Elisabetta all'intimo mistero della Chiesa. Elisabetta si rese conto che la sua ricchezza interiore, l'esperienza dell'unione sponsale con Cristo e dell'inabitazione con Lui nella Trinità, già sulla terra, non era un bene da conservare solo per sé, ma da condividere come bene appartenente a tutta la Chiesa. Per questo motivo la giovane carmelitana lo voleva comunicare a tutti[530]. Prima della sua morte, cercando di trasmettere agli altri la sua *dottrina spirituale*, compose alcune *piccole raccolte* (*résume*), che manifestassero la sua esperienza testimoniata nei suoi scritti. Come tali possono essere considerati tutti e quattro i suoi Trattati spirituali (CF, GV, DR e LA), e anche alcune lettere (per esempio: L 273, 278, 280, 291, 298, 305, 330, 333) e poesie (per es. P 93, 105, 106). In una di queste lettere, Elisabetta scrisse:

> Pour vous, si vous voulez, je demanderai, et ce sera le signe de mon entrée au Ciel, une grâce d'union, d'intimité avec le Maître; c'est ce qui a fait de ma vie, je vous le confie, un Ciel anticipé: croire qu'un Être qui s'appelle Amour habite en nous à tout instant du jour et de la nuit et qu'Il nous demande de vivre en société avec Lui [..][531].

La giovane carmelitana era convinta che la sua morte non avrebbe posto fine alla missione-apostolato che il Signore le aveva dato da compiere nella Chiesa. Prima di partire per continuare questa missione in cielo[532], scrisse alla sua Priora: «Mère vénérée [...], en partant je vous lègue cette vocation qui fut mienne au sein de l'Église militante et que je remplirai désormais incessamment en l'Église triomphante: "Louange de gloire de la Sainte Trinité"» (LA 5).

Durante i processi di Beatificazione[533] è stato scritto: «Proprio da vera mistica, Elisabetta ha esperimentato e realizzato nella sua vita la

---

309; NI 15.

[530] Cfr. R. MORETTI, *Introduzione a Elisabetta della Trinità*, 183.

[531] L 330 (indirizzata alla signora Gout de Bize).

[532] Cfr. L 335: «Il me semble qu'au Ciel, ma mission sera d'attirer les âmes en les aidant à sortir d'elle pour adhérer à Dieu par un mouvement tout simple et tout amoureux, et de les garder en ce grand silence du dedans qui permet à Dieu de s'imprimer en elles, de les transformer en Lui-même».

[533] Per approfondire la conoscenza dello svolgimento del processi di Beatificazione, vedi i seguenti documenti: 1). *Beatificationis et canonizationis Servae Dei Elisabeth a SS.ma Trinitate (in saeculo Élisabeth Catez) Monialis Professae Carmelitarum Discalceatarum. Animadversiones Promotoris Generalis Fidei*, Roma 1969. 2). *Beatificationis et canonizationis Servae Dei Elisabeth a SS.ma Trinitate (in saeculo Élisabeth Catez) Monialis Professae Carmelitarum Discalceatarum. Positio super non*

dottrina che la ispirava, non tenendola però solo per sé, ma riversandola sugli altri» *(Inform.*, 31).

8. La cristologia «vissuta». L'Icona di Cristo in Elisabetta

L'insegnamento cristologico di Elisabetta e la sua personale esperienza mistica si compenetrano; ambedue queste realtà, fortemente impresse nella sua personalità, dimostrano come la viva relazione con Gesù Cristo permette alla persona di svilupparsi e di raggiungere una certa maturità in Lui.

La personalità della carmelitana, plasmata, formata e modellata dalla grazia divina, divenne una viva Icona di Gesù, la quale, in un certo qual modo, costituisce una componente molto importante della cristologia esistenziale di Elisabetta della Trinità. La persona di Elisabetta, conforme a Cristo, rivela il Volto del Signore sia nella dimensione umana che nella dimensione soprannaturale, cioè quella riguardante la santità.

8.1 *La maturità umana di Elisabetta in Cristo*

Rimane dunque da rispondere alla questione: *Come la relazione personale di Elisabetta con Gesù Cristo (la relazione che si riflesse nell'e-*

---

cultu, Roma 1962. 3). *Beatificationis et canonizationis Servae Dei Elisabeth a SS.ma Trinitate (in saeculo Élisabeth Catez) Monialis Professae Carmelitarum Discalceatarum. Super dubio. An constet de validitate Processuum tam Ordinaria quam Apostolica Auctoritate constructorum; testes sint rite recteque examinati, iura producta legitime compulsata in casu et ad effectum de quo agitur*, Roma 1967. 4). *Decretum. Beatificationis et Canonizationis Servae Dei Elisabeth a SS.ma Trinitate, Monialis Professae Carmelitarum Discalceatarum. Super dubio*, Roma 1961. 5). SACRA CONGREGATIO PRO CAUSIS SANCTORUM, *Divionen. Beatificationis et Canonizationis Servae Dei Elisabeth a SS. Trinitate (in saeculo: Élisabeth Catez). Monialis Professae ordinis Carmelitarum Discalceatorum (18 iul. 1880 – 9 nov. 1906). Positio super virtutibus*, Roma 1979. 6). SACRA RITUUM CONGREGATIONE. E.mo ac Rev.mo Domino Cardinali Andrea Jullien, Ponente, *Divionen. Beatificationis et Canonizationis Servae Dei Elisabeth a SS.ma Trinitate (in saeculo: Élisabeth Catez). Monialis Carmelitarum Dixcalceatarum. Positio super causa introductione*, Roma 1956. Vedi anche: GIOVANNI DI GESÙ MARIA, «La Causa di Beatificazione di Suor Elisabetta della Trinità», 388-390; SIMEÓN DE LA SAGRADA FAMILIA, «Isabel de la Trinidad hacia los altares», 287-293; «Documentazione. I. Testimonianze raccolte» in M.-M. PHILIPON, *L'inabitazione della Trinità nell'anima*, Milano 1966, 217-245; *Merveilleusement humaine. Actualité d'une béatification. Élisabeth de la Trinité, Carmel* 40 (1985) numero unico; IOANNES PAULUS PP. II, «Venerabili Servae Dei Elisabethae a Trinitate Beatorum honores decernuntur», *AAS* 79 (1987) 1268-1273.

sistenza e nella dottrina della giovane carmelitana) influì sulla sua personalità?

Per scoprire l'armonia dell'opera compiuta dal Dio Triuno in Elisabetta, cioè la sua somiglianza con Gesù, esamineremo la questione dal punto di vista psicologico nei seguenti aspetti: la struttura dei suoi bisogni, il sistema dei valori, la sua emotività, l'unione con la volontà divina, l'atteggiamento verso gli altri, e infine *la profondità* della sua *conversione*[534]. In ogni dimensione, mireremo a rendere visibile l'Icona di Gesù impressa nella personalità della giovane carmelitana.

8.1.1 La struttura dei bisogni

Nella struttura dei bisogni individuali della persona, sono compresi: *i bisogni fisiologici* (la conservazione dell'«io», la conservazione della specie che passa attraverso il bisogno di attuazione dell'istinto sessuale, materno, ecc.), *i bisogni psicologici* (bisogno di conoscenze, bisogno di una giusta stima di sé, bisogno di sicurezza), *i bisogni sociali* (bisogno di soddisfacenti rapporti interpersonali, bisogno di appartenenza, bisogno di amicizia, bisogno di dominio), *i motivi superiori o di crescita* (bisogno di auto-realizzazione, bisogno di un alto livello di aspirazione, bisogno di dare senso alla vita)[535].

Quale era il mondo dei bisogni di Elisabetta della Trinità? Per quanto riguarda *i bisogni fisiologici*, si può affermare che *il bisogno della conservazione dell'«io»* di Elisabetta era indirizzato a Dio; la giovane non era legata alla sua vita terrena. Essendo vicino a Gesù non aveva paura né di soffrire (infatti desiderava soffrire per Gesù; vedi: P 67; J 95) né di morire (nel suo *Journal*, scrisse: «O mon Dieu, que je meure avec toi. Que je meure en t'emportant dans mon cœur!»; J 143).

Anche *il bisogno di conservazione della specie* era in armonia con Dio. Volendo essere tutta di Gesù, la giovane, all'età di quattordici anni, fece il voto di castità[536]; in seguito, non accolse una proposta di matrimonio, per rispondere alla vocazione al Carmelo (vedi: J 124). Il 16 luglio 1900 rinnovò il suo voto di castità (NI 7). Tutto ciò non signi-

---

[534] Prendendo in considerazione alcune componenti della personalità umana, si può fare riferimento alle seguenti pubblicazioni: B. GOYA, *Psicologia e vita spirituale*, 141-206 (ove l'Autore tratta i bisogni individuali, il mondo affettivo e la sua integrazione nella carità, e la volontà umana); M. SZENTMÁRTONI, *In cammino verso Dio*, 55-73 (ove l'Autore tratta il tema della conversione).

[535] B. GOYA, *Psicologia e vita spirituale*, 146-159.

[536] Vedi: *Souvenirs*, 18-19.

CAP. V: LA DOTTRINA CRISTOLOGICA 341

fica che Elisabetta fosse estranea e indifferente alla realtà della maternità; al contrario, restando costantemente vicina a Gesù e a Sua Madre, ne comprese meglio il significato e lei stessa fece esperienza di *maternità spirituale* nei confronti di alcune persone che si affidarono *alle sue cure*[537].

Facendo un'analisi dei *bisogni psicologici* di Elisabetta, si può verificare che anch'essi erano indirizzati a Dio. La giovane digionese aveva *bisogno di* acquisire *conoscenze*, specialmente la conoscenza di sé in Dio, delle proprie possibilità e dei propri limiti, e per questo dedicava spesso il suo tempo ad approfonditi esami di coscienza (vedi per es. J 34). A questo *bisogno* era molto legata la sua *attività conoscitiva*; Elisabetta era curiosa di conoscere il mondo[538], voleva comprendere e capire il senso più profondo della realtà. Lo splendore della natura le ricordava sempre il Creatore:

> Doux oiseaux, chantres de la nature,
> Monts et collines, fleurs et verdures,
> Etoiles qui brillez au ciel bleu,
> Soleil au brillant disque de feu,
> Belle mer à la vague écumante,
> Terre fertile et resplendissante,
> Vous tous enfin, chefs-d'œuvre de Dieu,
> Unissez donc vos voix à la mienne!
> Entonnons une admirable antienne,
> Un de ces cantiques harmonieux
> Une de ces hymnes délicieuses,

---

[537] Come approfondimento del tema della *maternità* in Elisabetta, vedi per es. le lettere indirizzate a Françoise de Sourdon: L 84 («Ah! Comme je Lui [à Dieu] confie ma petite Framboise. Je serai toujours sa petite mère [...]»), 98 («[...] tu sais que tu es mon petit enfant [...]»), 270 («Souvent tu m'as dit que j'étais pour toi comme une petite mère, et je sens en effet que mon cœur renferme pour toi des tendresses maternelles [...]»); la lettera indirizzata a sua sorella: L 260 («Je vous embrasse [...], avec vos deux trésors, dont je suis toute fière en mon amour de tante un peu maternel»); la lettera indirizzata a sua madre: L 176 («Jadis c'est toi qui veillais sur moi, et tu me gardais si bien, maintenant il me semble que c'est moi qui te garde avec Lui, et cela m'est si doux; maman chérie, tu veux bien, n'est-ce pas?»); la lettera indirizzata a Cécile Lignon: L 290 («Tu sais, par le cœur je suis toujours ta petite maman, et si j'étais allée au Ciel je l'aurais été bien plus encore»); il testo scritto alla Madre Germaine: LA 4 («Je viendrai vivre en vous, cette foi je serai votre petite Mère [...]»).

[538] Sebbene un giorno Elisabetta affermasse: «Le monde, il m'effrayait» (*Souvenirs*, 24). In questo caso, per «monde» bisognerebbe intendere non la natura (in se stessa bella), ma il male esistente nell'uomo.

Hymne où débordera le bonheur,
Hymne reconnaissante et joyeuse,
Hymne qui chantera mon amour
En l'anniversaire de ce jour
Où Jésus fit en moi sa demeure,
Où Dieu prit possession de mon cœur, [...][539].

Elisabetta rivolse la propria sensibilità a Dio, riconoscendoLo come Bellezza Suprema (cfr. P 56). Infine, tutta la forza e il vigore della giovane, nelle sue facoltà cognitive, vennero indirizzati a conoscere meglio Gesù e il mistero di tutta la Santissima Trinità[540].

Per quanto riguarda *il bisogno di una giusta stima di sé*, la giovane digionese ritrovava la sua identità in Dio: Egli era il suo unico punto di riferimento. Elisabetta era umile, conosceva i propri valori e le proprie debolezze (NI 4; J 150), sapeva ridere di se stessa[541], amava frequentare i ritiri spirituali, durante i quali poteva ascoltare la voce di Dio, che la condusse a scoprire la grande *dignità* alla quale era chiamata: essere *épouse de Jésus* (cfr. per es. J 2).

Questa certezza di essere sempre amata da Gesù, influì fortemente e positivamente sul *bisogno di sicurezza* di Elisabetta. Le suore del Carmelo in Digione affermarono che la giovane carmelitana non aveva *istinto di autodifesa*[542]. Ella, attraverso un accurato lavoro sul proprio carattere, cercava di controllare le sue reazioni, anche nei confronti delle accuse ingiuste (cfr. J 89: «O mon Jésus, désormais jamais une

---

[539] P 47.

[540] Cfr. L 165: «Je voudrais me tenir sans cesse près de Celui [du Maître], afin d'entendre tout de Lui».

[541] A Marie-Louise Maurel raccontò: «J'ai eu le bonheur d'aller à Montmartre (...). Nous avons été deux fois à l'Exposition, c'est bien beau, mais je déteste ce bruit, cette foule. Marguerite se moquait de moi et prétendait que j'avais l'air de revenir du Congo!» (L 35).

[542] Vedi: *Souvenirs*, 123. Si possono distinguere due sistemi di difesa: i meccanismi di difesa dell'«io» *contro i propri affetti*, qualora questi risultassero perturbanti o squilibranti, e i meccanismi di difesa *sociale*. Nell'ambito di questi due sistemi si possono differenziare i meccanismi automatici e inconsci (la dimenticanza, la regressione ad un livello di comportamento anteriore, la negazione della realtà, le compensazioni passive – contro i propri affetti; il diniego, l'aggressività difensiva, l'ironia, la giustificazione-razionalizzazione – in difesa sociale), e i meccanismi implicanti un'operazione positiva dell'«io» (compensazioni attive, ricerca di affermazione di sé, la surcompensazione, le sublimazioni – contro i propri affetti; il cercare di porgere alla gente quell'immagine di sé che la gente si aspetta); cfr. D. HUISMAN, *Enciclopedia della psicologia*, 291).

parole contre mon prochain ne sortira de mes lèvres, je l'excuserai toujours, et si l'on m'accuse injustement, je penserai à vous, mon Bien-Aimé Époux, et je saurai tout supporter sans me plaindre!...»).

Prendendo in considerazione *i bisogni sociali* di Elisabetta, specialmente il suo *bisogno di soddisfacenti rapporti interpersonali* e il *bisogno di amicizia*[543], occorre indicare che ella, stimata da tutti come «le charme de toutes les fêtes» (*Souvenirs*, 58), entrava facilmente in rapporto con molte persone e rimaneva fedele nell'amicizia[544]. La giovane gioiva, sapendo che i suoi amici e i suoi cari trascorrevano volentieri il loro tempo insieme a lei[545]. Nonostante questo, era pronta a lasciare tutto e tutti, per Gesù[546]; lei stessa affermò: «Je vais perdre deux amies

---

[543] Elisabetta provava gioia quando qualcuno si ricordava di lei (cfr. per es. L 19, 37, 38); gradiva molto ricevere lettere (cfr. L 21, 29, 35) e regali (cfr. L 37); era contenta quando poteva sentirsi utile (cfr. L 35: «Vous pensez bien, chère Marie-Louise, si nous sommes heureuses de cela, dites-le à votre bonne mère que nous aimons tant et à laquelle nous sommes bien contentes de pouvoir être agréables»). È di notevole importanza il fatto che Elisabetta vedeva in Gesù Cristo il suo «tendre Ami» (P 52).

[544] Per tutta la vita, Elisabetta non si dimenticò mai degli amici, scrivendo loro molte lettere e ricordandoli nelle proprie preghiere.

[545] L 35: «Aujourd'hui nous avons été ensamble à une distribution de récompenses aux enfants du patronage dont je m'occupe; je ne les avais pas vues depuis trois mois et ces pauvres petites étaient si heureuses de me revoir que j'en étais touchée!». Elisabetta non era gelosa di questa *popolarità*: «Que j'aimerais vous emmener là avec moi, chère amie, nos pauvres petites vous aimeraient tant» (L 35).

[546] Cfr. J 102: «Ah oui, je suis prête à mourir au monde, à quitter celles que je chéris, à renoncer à tout bonheur, seulement pour te consoler un peu, pour te dire mon amour, pour souffrir avec toi». Inizialmente Elisabetta era molto legata alle sue amiche (per es. a Yvonne, della quale parlò in L 16, a Françoise de Sourdon, a Marie-Louise Maurel; vedi per es. la lettera L 21), però costruiva le sue amicizie sul solido fondamento del rapporto con Gesù Cristo. Quando non poteva incontrarsi con le sue amiche, le invitava alla preghiera vicendevole: «La prière est le lien des âmes [...]» (L 20). La giovane digionese scoprì che prima di tutto si deve cercare un intenso rapporto di amore con Dio, e che questo deve illuminare le relazioni con i propri amici (J 15: «O mon Jésus, oui, je le sens, j'ai trop aimé les créatures, je me suis trop donnée à elles, et j'ai trop désiré leur amour. Ou plutôt je n'ai pas su aimer, aimer divinement! Mais maintenant, je le sens, je ne tiens qu'à vous [...]»). Elisabetta si rese conto che Gesù deve occupare il primo posto nel cuore e che tutte le amicizie devono dipendere dal rapporto con Dio (cfr. L 33, 34, 35). Vedendo che Marguerite Gollot, una delle sue amiche, era troppo legata a lei, la giovane digionese seppe esprimerle la necessità d'amore di sublimare la loro amicizia in un'intima e personale comunione con Gesù (vedi: L 75). Un giorno, Elisabetta si rivolse a Gesù dicendoGli: «Je voudrais pouvoir [...] dire adieu à celles que j'aime si tendrement, et quitter aussi tout

qui vont de marier, une surtout que j'aimais beaucoup et qui quittera Dijon [...]. Nous nous voyons souvent et je regrette de voir finir notre douce intimité, tout en me réjouissant du bonheur de mon amie: il ne faut pas être égoïste dans ses affections» (L 23). Entrando nel Carmelo, il più grande sacrificio che Elisabetta offrì a Gesù — come testimoniò lei stessa — era *lasciare sole* sua madre e sua sorella[547]. *Il bisogno di appartenenza* finalizzato a Gesù, dava a Elisabetta la luce necessaria per instaurare con le altre persone rapporti sempre più profondi e maturi, che comunque esulavano da legami vincolanti, e in questi rapporti non si lasciò irretire da un inadeguato *bisogno di dominio*[548]. I diversi insegnamenti che Elisabetta offriva loro, erano suggerimenti, proposte e soprattutto la sua testimonianza dell'amore di Gesù.

L'analisi dei *motivi superiori di crescita* di Elisabetta indica, con ancora più evidente chiarezza, la presenza di Gesù Cristo nella vita della giovane carmelitana, nella sua persona. Tutte le componenti riguardanti il dinamismo della persona di Elisabetta, cioè il suo *bisogno di autorealizzazione, il bisogno di un alto livello di aspirazione* e, infine, *il bisogno di dare senso alla vita*, si concatenarono nella sempre più determinata volontà di unirsi perennemente con Gesù e con tutta la Santissima Trinità[549].

---

pour toi. [...] Prends-moi, prends ma volonté, prends tout mon être» (J 156).

[547] A proposito di questa separazione da sua madre e da sua sorella, Elisabetta scrisse: «Ah, elles comprennent que, malgré mon amour pour elles, je suis prête à les quitter pour mon Jésus» (J 105). Cfr. J 101: «Ah, elle [la Vierge du Perpétuel-Secours] sait que je n'agis que pour son Jésus, elle sait combien sera atroce le brisement de mon cœur en quittant ma mère bien-aimée, ma chère petite sœur, mais elle sait que Jésus peut tout remplacer dans mon cœur»; vedi anche: J 111 («C'est Lui [Jésus] qui t'appelle [mon âme] pour que tu puisses quitter sans briser ton cœur ces deux créatures tant aimées»); P 64; *Elpa*, 41. Per Elisabetta, lasciare la madre e la sorella non significava rinunciare ai suoi sentimenti; l'affetto che provava per loro la spingeva a domandare a Dio che le consolasse in tanto dolore; cfr. P 68: «"[...] Soutiens-les aussi dans leur douleur, / Console-les, doux Consolateur, / Quand elles verront leur sœur, leur fille / Disparaître derrière la grille. / O Marie, ô Mère de douleurs / Mets alors un baume dans leur cœur; / Montre-leur combien est grande et belle / La voie où le Bien-Aimé m'appelle"».

[548] Elisabetta scriveva: «Oui, mon Bien-Aimé, je vous promets de m'humilier et de me renoncer chaque fois que j'en aurai l'occasion» (J 151). Secondo le suore del monastero di Digione, l'«io» di Elisabetta sembrava non esistere (*Souvenirs*, 11).

[549] La giovane digionese diceva a Gesù: «Je veux accomplir parfaitement ta volonté, répondre toujours à ta grâce; je désire être sainte avec toi et pour toi, mais je sens mon impuissance, oh, sois ma sainteté» (NI 5). Questa era la *filosofia di vita* di Elisabetta, che l'accompagnò fino alla fine. Lo scopo principale della sua esistenza

Da questo studio sulla personalità di Elisabetta, risulta che la giovane *indirizzò* tutti i suoi bisogni e *sottopose* tutti i suoi desideri a Gesù. Nella sua vita ella realizzò le parole che aveva scritto rivolgendosi a Gesù: «O Bien-Aimé, réglez mes désirs, que votre volonté soit toujours la mienne [...]. Ah! Qu'Élisabeth disparaisse, qu'il ne reste que son Jésus» (NI 6, cfr. J 156). Per questo motivo tutti i suoi desideri, di amare e di adorare Dio Padre e tutta la Santissima Trinità, di ascoltare lo Spirito Santo, di offrire se stessa in sacrificio per gli altri, di venerare la Madonna, ecc., *riflettevano i desideri nascosti nell'anima di Cristo* e ne erano *una continuazione*, un'attualizzazione nel mondo contemporaneo.

8.1.2 Altre componenti della personalità

La personalità umana *si esprime*, oltre che nell'indirizzare adeguatamente i propri bisogni, anche nel proprio sistema dei valori, nella propria emotività, nell'unione della propria volontà con la volontà divina, nell'atteggiamento verso gli altri.

Per quanto riguarda *il sistema dei valori* in Elisabetta, dopo lo studio della sua esistenza e della sua dottrina, dopo l'esercizio delle strutture dei suoi bisogni, rimane fuori dubbio che in cima alla scala dei valori della giovane si trovava Dio stesso: Gesù Cristo con tutta la Santissima Trinità. Nell'approfondimento della conoscenza della persona di Elisabetta, si scorge l'opera mediante la quale Dio unì in lei tutte le *conoscenze* e mise ordine agli ideali da raggiungere, in modo da offrirle la possibilità di conseguire la maturità[550]. La giovane carmelitana, conservando un costante rapporto di comunione con il suo «Beauté suprême» (P 56), «Bien suprême» (P 69), sapeva apprezzare con equilibrio ogni valore positivo. Fra essi si possono distinguere i valori[551] *naturali* (la famiglia, il matrimonio[552], la nascita di un bambino[553], l'amicizia[554], la

---

era amare Dio e farLo amare (*Souvenirs*, 20); cfr. J 3: «Ah, je voudrais le [Jésus] faire connaître, le faire aimer de toute la terre! Je suis si heureuse de Lui appartenir, je voudrais que le monde entier se place sous ce joug si doux, sous ce fardeau si léger!...». Avendo dato tale senso alla propria vita, Elisabetta desiderava procedere velocemente sulla strada che le indicava Gesù; vedi anche: J 27.

[550] Cfr. B. GOYA, *Psicologia e vita spirituale*, 162.
[551] Cfr. B. GOYA, *Psicologia e vita spirituale*, 162-163.
[552] Cfr. L 242: «Le mariage est aussi une vocation [...]».
[553] Cfr. per es. L 204.
[554] Cfr. per es. L 155.

bellezza della natura[555], ecc.) e *soprannaturali* (le virtù[556], la grazia divina[557], ecc.); i valori *terminali* (unione trasformante con le Tre Persone Divine[558], il matrimonio spirituale[559], ecc.) e *strumentali* (la lettura della Bibbia[560], la liturgia, i sacramenti, l'orazione, i ritiri spirituali, il dolore[561], ecc.).

È molto interessante notare che quasi tutti i *valori proclamati* da Elisabetta, furono da lei *incarnati* nella propria vita[562]; per questo motivo essi furono per la giovane *valori vissuti* (specialmente per quanto riguarda la sua vita spirituale).

La personalità di Elisabetta evidenzia una giusta *gerarchia dei valori*[563] correlata alla *struttura dei bisogni*. I valori superiori, *i valori evangelici*, formarono la sua persona conducendola alla maturità; Elisabetta era testimone di *una nuova scala di valori*, dei quali la persona di Gesù Cristo è portatrice[564].

Prendendo in considerazione *il mondo affettivo* di Elisabetta, si nota in lei un'indole molto sensibile e amichevole[565]. Si emozionava fortemente durante i suoi viaggi, che le offrivano la possibilità di conoscere nuovi luoghi[566]. Inizialmente *troppo legata* (come abbiamo già accen-

---

[555] Elisabetta conosceva, inoltre, la vanità delle cose di questo mondo, cioè *i valori che non possono essere innalzati in modo assoluto* (vedi: J 54).

[556] *Elpa*, 92: «[...] la vertu doit passer avant tout [...]».

[557] Cfr. L 308: «Le bon Dieu a un désir immense de nous enrichir de ses grâces [...]».

[558] Cfr. L 185: «[...] la transformation de l'âme en les trois Personnes divines».

[559] Cfr. NI 13: «[...] l'Esprit envahissant l'âme, la déifiant, la consommant en l'Un par l'amour. C'est le mariage, l'état fixe [...]».

[560] Cfr. J 29: «[...] cette parole divine [...] est la lumière qui doit nous éclairer dans les ténèbres d'ici-bas».

[561] Cfr. L 315: «[...] et cette lumière nous montre que la douleur, sous quelque forme qu'elle se présente, est le plus grand gage d'amour que Dieu puisse donner à sa créature».

[562] Alcuni valori furono *proclamati* da Elisabetta solamente come affermazione del bene che portano in sé (come per esempio il matrimonio, la nascita di un bambino, ecc.).

[563] E legata ad essa una gerarchia di anti-valori (il peccato, i difetti, ecc.).

[564] Cfr. le parole di Elisabetta rivolte a Gesù: «[...] je vous dis merci, oh, je vous bénis, vous vous êtes servi de cette horrible épreuve pour me détacher des choses d'ici-bas et m'attacher tout à vous seul, mon Amour, ma Vie [...]» (J 46).

[565] Questo risulta per es. nelle parti finali di alcune sue lettere; un giorno Elisabetta scrisse a Marie-Louise Maurel: «Je vous envoie une pluie de baisers bien affectueux» (L 33).

[566] Vedi per esempio: L 16, 18.

nato in questo lavoro) alle sue amiche, spesso rivolgeva loro il pensiero, anche mediante la rilettura delle stesse lettere da loro ricevute (cfr. L 19). Comunque nella sua struttura affettiva, Elisabetta conservava un certo equilibrio, che le permetteva di vivere in modo ordinato la passionalità e la tenerezza che erano in lei (*Souvenirs*, 10); nonostante che attraversasse diverse lotte spirituali, si presentava sempre calma e sorridente[567]. Elisabetta sapeva che l'amore supera ogni emozione, affetto e sentimento, che a volte possono portare l'uomo all'egoismo[568]. Sotto l'influsso della grazia divina, Elisabetta non si sottomise alle sensazioni; non combatté la sua sensibilità, ma la formò attraverso la fede nell'amore di Gesù: «Qu'importe ce que nous sentons; *Lui* [Jésus-Christ], Il est l'Immuable, Celui qui ne change jamais: Il t'aime aujourd'hui comme Il t'aimait hier, comme Il t'aimera demain» (L 298).

Nella personalità di Elisabetta le emozioni negative venivano *neutralizzate*[569], perciò la giovane poteva *controllare* le sue espressioni *emozionali*, coltivando le emozioni positive. Invece *i sentimenti* (come per esempio la compassione, la gioia), e anche *le passioni*, furono *integrati, indirizzati a Gesù*; lei stessa chiamava il suo Signore: «Ô ma Passion [...], Jésus» (P 72 bis; cfr. P 72 ter), Lo compativa, Lo consolava (J 120) e, vivendo con Lui, era nella gioia (cfr. J 52). Lo scopo di Elisabetta *era rivestirsi dei sentimanti di Cristo*[570].

Un'altra componente della personalità è *la sfera degli atti volitivi*. Come abbiamo già sottolineato in questo lavoro, il problema di Elisabetta nella sua infanzia era la sua impulsività. Il lavoro di perfezionamento, intrapreso dalla giovane digionese sul proprio carattere, la condusse alla padronanza di sé[571]. Ella voleva unire la sua volontà umana alla volontà divina: «Ah, que ta volonté soit faite, je ne veux que ce que tu veux. Tu sais, j'ai t'ai tout donné, je ne veux même plus avoir d'autres désirs que ce que tu veux»[572]. Sperimentando la *sintonia con la*

---

[567] Cfr. *Souvenirs*, 10.72-73.

[568] L 23: «[...] il ne faut pas être égoïste dans ses affections!».

[569] Vedi l'analisi del carattere di Elisabetta, realizzata nel primo capitolo di questo lavoro.

[570] Vedi per es. L 107: «Je suis partie dans l'âme de mon Christ [...]»; cfr. anche: B. GOYA, *Psicologia e vita spirituale*, 182.

[571] Vedi: *Souvenirs*, 25: «"A dix-huit ans, ce fut fini de la lutte, disait-elle [Élisabeth]; au milieu des fêtes, prise par la présence du divin Maître et par la pensée de ma communion du lendemain, je devenais comme étrangère, insensible à tout ce qui se passait autour de moi"».

[572] J 143; cfr. J 156: «Prends-moi, prends ma volonté, prends tout mon être».

volontà divina, Elisabetta scrisse: «Que c'est bon de se perdre, de disparaître en Lui, on sent si bien que l'on n'est plus qu'une machine, que c'est Lui qui agit, qui est Tout! [...] Il est tout-puissant [...], je ne veux que ce qu'Il veut, je ne désire que ce qu'Il désire» (L 38).

La volontà di Elisabetta, nell'amorosa adesione al progetto divino, divenne quella «pietra angolare» che sosteneva l'intero edificio della sua personalità, e quell'equilibrio esistenziale della totalità delle forze, che è l'espressione e la realizzazione massima della personalità umana sulla terra: *la trasfigurazione* in Cristo[573].

Il fattore che verifica la maturità umana di una persona in modo più evidente, sembra essere l'«egotismo infranto», cioè il suo atteggiamento verso gli altri. Elisabetta era generosa e sapeva amare; per lei la carità equivaleva a darsi, sacrificarsi, immolarsi[574]; era rispettosa della libertà altrui, perciò il suo amore non era *egoistico*[575]. La sapienza dell'amore, Elisabetta l'apprendeva dal suo «[...] Christ aimé, crucifié par amour» (NI 15). *La sua carità*, informandosi a quella di Gesù, aveva il carattere dell'*amore misericordioso*: la giovane voleva accogliere la propria croce e offrirsi per i peccatori (cfr. P 55), chiedendo a Dio il perdono dei loro peccati[576]. Desiderava che la gioia che Dio le concedeva, fosse sperimentata da tutti: «[...] je voudrais que toutes les âmes goûtent ce bonheur» (J 138).

Dall'analisi della personalità di Elisabetta, risulta che diverse sue componenti (la struttura dei bisogni, la giusta gerarchia dei valori, la dimensione affettiva, la sfera volitiva) venivano integrate nella carità, secondo il modello che la giovane carmelitana identificava in Gesù Cristo Crocifisso.

8.1.3 Le dimensioni della maturità

Lo studio della persona di Elisabetta della Trinità conduce alla conclusione che la giovane carmelitana arrivò ad una maturità *personale*

---

[573] Vedi: B. GOYA, *Psicologia e vita spirituale*, 206. Cfr. P 121: «[...] Il m'identifie à l'Homme de douleurs».

[574] *Souvenirs*, 71.

[575] L 36: «[...] alors ce sera de nouveau la séparation, mais je ne veux pas être égoïste: puisque le bon Dieu la [Marie-Louise] veut là et qu'elle y trouve son bonheur, je la Lui donne!...».

[576] Elisabetta scrisse: «Je donnerais ma vie seulement pour contribuer au rachat d'une de ces âmes que Jésus a tant aimées» (J 3). Cfr. anche per es. P 58; J 18, 20, 22, 24, 120, 123, 140.

CAP. V: LA DOTTRINA CRISTOLOGICA 349

(intrapsichica, affettiva, sociale, cosmica e valoriale)[577] e *religiosa*, caratterizzata da *una vera e propria libertà*, sia transpersonale che spirituale, e da una ben formata coscienza.

Per quanto riguarda *la maturità personale* di Elisabetta, risulta con evidenza il suo «coraggio di essere»[578] nei confronti delle difficoltà[579], e inoltre il suo *autocontrollo*[580], il suo *altruismo*, la sua *autenticità* e *autonomia*[581], alla quale era strettamente legata la *maturità della sua coscienza*[582], che era caratterizzata dalla *capacità di scegliere*[583] e dall'*autonomia delle sue convinzioni*[584], fondate sulle mature motivazioni da lei esposte[585]. La giovane desiderava offrirsi tutta a Gesù: «Je vous [ô Maître] abandonne tout, corps et âme, désirs et volonté, je vous donne tout» (J 148).

Nella maturità personale di Elisabetta si possono mettere in evidenza diverse dimensioni: *intrapsichica* (conoscenza e accettazione di sé[586], conoscenza e accettazione della dignità cristiana[587]), *affettiva* (la sua sicurezza[588]), *sociale* (rapporti umani cordiali[589]), *cosmica* (il senso

---

[577] Vedi: B. GOYA, *Psicologia e vita spirituale*, 95-117.

[578] Secondo il criterio della maturità personale data dagli *esistenzialisti*, per es. da Tillich (B. GOYA, *Psicologia e vita spirituale*, 98).

[579] Esistenti per esempio nell'ambiente anticlericale della Terza Repubblica Francese, nell'ambito del Carmelo a Digione, in cui si trovavano suore ostili alla giovane, ecc.

[580] Cfr. *Souvenirs*, 25.

[581] I criteri di *autonomia*, *autocontrollo*, *altruismo* e *autenticità*, sono stati introdotti da E. J. Shoben (B. GOYA, *Psicologia e vita spirituale*, 98-99).

[582] Anche se nel periodo dell'adolescenza — come abbiamo già trattato in questo lavoro — Elisabetta attraversò un periodo di scrupoli e di inquietudini (*Souvenirs*, 10).

[583] Cfr. per esempio il fatto che Elisabetta non accolse la proposta del matrimonio: J 124. Nella sua breve vita, la giovane carmelitana imparò a prendere le sue decisioni consultando e ascoltando Gesù, prima di tutti (cfr. P 66: «Que faut-il faire, ô mon Bien-Aime?»).

[584] Elisabetta non parlava male degli altri, non lodava a sproposito, sapeva far risaltare il lato buono di ogni persona, non negandone le manchevolezze. La sua indulgenza non le impediva di essere ferma (*Souvenirs*, 20); quando era necessario, sapeva rimproverare (cfr. L 98).

[585] Sulle motivazioni e sui valori vedi anche: A.M. RAVAGLIOLI, *Psicologia*, 251-254.

[586] Cfr. per es. L 333: «Je n'ai pas peur de ma faiblesse, c'est elle qui me donne confiance, car le Fort est en moi et sa vertu est toute-puissante [...]».

[587] Come abbiamo già affermato, Elisabetta ritrovava la propria dignità nell'essere «épouse du Christ» (L 154).

[588] I timori, le paure, le preoccupazioni venivano controbilanciate da una certa fiducia, che proveniva generalmente dalla fiducia in Dio: in Lui Elisabetta si *sentiva sicura*. Cfr. L 169: «Alors qu'importe l'occupation en laquelle Il [mon Époux] me

della responsabilità[590], l'impegno evangelico[591]) e *valoriale* (la capacità di formazione del suo «ideale», cioè dell'immagine di ciò che pensava di diventare[592]).

A proposito della *maturità religiosa* di Elisabetta, occorre rievocare alcune parole di un sacerdote, cui venne affidata la direzione spirituale della giovane:

> [...] s'ouvrit à mon regard de directeur cette âme toute de candeur et d'innocence, limpide [...]. Un enthousiasme contenu y échauffait une piété simple, régulière, bien naturelle dans son surnaturel; pas d'exaltation, pas d'exigences extraordinaires. Les *moi* haïssable semblait n'avoir, pour ainsi dire, pas pris naissance en elle[593].

Sebbene nella sua adolescenza ella avesse attraversato un periodo di inquietudini, nel suo cuore rimase impressa l'immagine di Dio misericordioso[594], che cancellò ogni paura e ogni angoscia nel suo rapporto con Lui[595].

Alla maturità religiosa è legata *la maturità di conversione*. In Elisabetta non si verificò una conversione improvvisa (come per es. nel caso di Paul Claudel, André Frossard, Matt Talbot e altri[596]), ma piuttosto *un processo di conversione*, cioè un cammino verso la piena unione con la

---

veut: puisqu'Il [Époux] est toujours avec moi, l'oraison, le cœur à cœur ne doit jamais finir! Je le sens si vivant en mon âme, je n'ai qu'à me recueillir pour le trouver audedans de moi, et c'est cela qui fait tout mon bonheur. Il a mis en mon cœur une soif d'infini et un si grand besoin d'aimer que Lui seul peut rassasier: alors je vais à Lui, [...], pour qu'Il comble, qu'Il envahisse tout, et qu'Il me prenne en ses bras». Gesù Cristo divenne «la paix» di Elisabetta (cfr. DR 31).

[589] Cfr. per esempio la sua corrispondenza.

[590] Elisabetta si sentiva responsabile degli altri (cfr. per es. L 98, 249; GV; ecc.).

[591] La giovane desiderava trasmettere agli altri la sua esperienza religiosa e la sua dottrina (vedi per es. la sua ricca corrispondenza e i suoi trattati spirituali CF, GV, DR, LA).

[592] Elisabetta identificava il suo ideale nell'essere «*Louange de gloire de la Sainte Trinité*» (cfr. per es. LA 5), cioè voleva diventare simile a Gesù Cristo (cfr. P 121: «mon Modèle divin»).

[593] *Souvenirs*, 11.

[594] Cfr. *Souvenirs*, 21: «[...] cependant elle [Élisabeth] avait grand'peur du jugement particulier, et, chaque soir, ne s'endormait qu'après s'être préparée à la mort, comme si elle eût dû mourir la nuit même. Bientôt, à la crainte, devait succéder l'amour de le plus épanouissant».

[595] Cfr. J 37: «O Jésus, pourquoi trembler de paraître devant toi?».

[596] M. SZENTMÁRTONI, *In cammino verso Dio*, 71.

Santissima Trinità, iniziato nel momento della prima Confessione[597] e continuato attraverso un lavoro compiuto sul proprio carattere[598] e attraverso la cooperazione con la grazia divina. La conversione di Elisabetta può essere descritta come *una conversione «progressiva»*[599].

La consapevolezza della giovane digionese, che l'unione con Gesù non esclude dalla vita la sofferenza, ma che quest'ultima può essere vissuta come esperienza di comunione con Lui, è — in un certo qual modo — una verifica della maturità della sua conversione. Prima del suo ingresso nel monastero, all'udire parole che la invitavano a non farsi illusioni a proposito della vita consacrata, perché nel Carmelo si sarebbe trovata in un abisso di sofferenze senza fondo, Elisabetta rispose: «Je m'y plonge à l'avance. Oh! j'espère bien souffrir, je ne vais au Carmel que pour cela. Si le bon Dieu m'épargnait un seul jour, je craindrais qu'il ne m'oubliât. J'ai hâte d'aller au Carmel pour prier, souffrir, aimer» (*Elpa*, 44)[600].

Grazie a una profonda relazione con Gesù Cristo, la giovane poté ritrovare *la propria identità* (consapevolezza, autoriflessione, autonomia), cioè raggiungere *la piena libertà* personale[601]. A questo proposi-

---

[597] Come Elisabetta stessa descrisse, questo momento fu la sua «conversion» (*Souvenirs*, 6). Cfr. Sicari, 31.

[598] Come è stato già accennato, furono tre i motivi grazie ai quali Elisabetta comprese l'importanza di cominciare a lavorare sul proprio carattere: *l'amore per la mamma, la morte del padre, l'amore per Dio* (vedi il punto: «Il temperamento di Elisabetta», nel primo capitolo di questo lavoro).

[599] Vedi: M. SZENTMÁRTONI, *In cammino verso Dio*, 69. Sullo sviluppo religioso e spirituale vedi anche: B.J. GROESCHEL, *Passaggi dello spirito*, 85-92 (ove l'Autore descrive lo sviluppo religioso della persona — la religione dell'infanzia, la religione dell'adolescenza, la religione della maturità — e lo sviluppo spirituale).

[600] Cfr. *Souvenirs*, 72; Elisabetta scrisse le parole di Gesù Cristo a lei rivolte: «Mon épouse, me dit-Il, tu refuses donc tout bonheur ici-bas pour me suivre. A ma suite tu passeras par la douleur, par la Croix, tu auras beaucoup de souffrances à endurer. [...] Même ces consolations spirituelles si douces à l'âme te seront enlevées» (J 124).

[601] Elisabetta divenne «libera» anche dall'«attaccamento» alla sua *vita* e alla sua *dottrina spirituale*, nel senso che la giovane, sapendo che Dio non a tutti concede la stessa grazia di sperimentare così fortemente (come lo concesse a lei) la presenza interiore delle Tre Persone Divine, porgeva ad ognuno l'esperienza che più corrispondesse alle sue necessità. Per questo motivo, Elisabetta scrisse a sua madre: «Si tu préfères penser que le bon Dieu est près de toi plutôt qu'en toi, suis ton attrait pourvu que tu vives avec Lui» (L 273); vedi anche: CF 13 («Certaines âmes [...]»); cfr. DR 41. Sulla *libertà umana* e *la libertà dei «figli di Dio»* vedi per es.: B. GOYA, *Psicologia e vita spirituale*, 119-139; L.J. GONZÁLEZ, *Psicologia dei mistici*, 219-234.

to, Elisabetta stessa scrisse: «Par le fait d'être unie à Dieu, de combien de choses on se sent délivrée et dans quelle paix cette union vous établit!» (*Elpa*, 92)[602].

Immolando la propria volontà a Dio (P 72), Elisabetta *si rivestiva della libertà di Gesù Cristo*, «divin Libérateur» (P 96), il che le permise di *rivestirsi* anche *della Sua divina santità*.

8.2 *La santità di Elisabetta. Eroismo delle virtù*

Una volta che Dio decide di manifestarsi nell'uomo, una volta che Gesù Cristo *si incarna*, allora davanti allo sguardo dell'uomo si apre il vasto orizzonte della «logica» di Dio; se tale persona fissa nel mistero della Santissima Trinità gli occhi della fede, questo diventa divinamente «logico»[603].

Elisabetta fu veramente affascinata dall'amore fluente nella e dalla Santissima Trinità, perciò divenne «logica»[604]. Nella sua persona si rifletté la santità di Gesù Cristo[605]; ella stessa voleva *scomparire*, affinché rimanesse in lei solo Gesù[606]. Attingendo al pensiero paolino, la giovane digionese affermò: «[...] que je ne vive plus, mais qu'Il vive en moi [cfr. Ga 2,20], que l'"Un" se consomme chaque jour davantage, que je reste toujours sous la grande vision! Il me semble que c'est là le secret de la sainteté, et cela est si simple!» (L 107)[607].

---

[602] GV 4: «Il me semble que l'âme qui a coscience de sa grandeur entre en cette "sainte liberté des enfants de Dieu" dont parle l'Apôtre, c'est-à-dire qu'elle dépasse toutes choses et se dépasse elle-même. Il me semble que l'âme la plus libre, c'est la plus oublieuse d'elle-même»; cfr. anche GV 8. Ed è per questo motivo che Elisabetta si rivolgeva così al Signore: «Je ne veux plus de ma liberté / Fais-moi tout humble, tout petite» (P 72 bis, cfr. NI 4). Per Elisabetta, il modello della piena libertà interiore era — oltre a Gesù — la Madonna (cfr. DR 40).

[603] Cfr. Sicari, 273.

[604] Sicari, 274.

[605] Durante i processi di Beatificazione furono indicate diverse virtù eroiche di Elisabetta; in *Inform.*, 26-73 si trovano i seguenti titoli: *Fede eroica, Speranza eroica, Carità eroica verso Dio, Carità eroica verso il prossimo, Prudenza eroica, Giustizia eroica, Fortezza eroica, Temperanza eroica, Umiltà eroica, Obbedienza eroica, Povertà eroica, Castità eroica, Conclusione sulle virtù: Eroicità*; invece in *Responsio*, 28-53, si possono trovare *Le virtù eroiche: La fede, La speranza, L'amore di Dio e del prossimo, La prudenza e la giustizia, L'osservanza dei voti, La fortezza, L'umiltà*.

[606] J 156: «Qu'Elisabeth disparaisse, qu'il ne reste que Jésus».

[607] L 145: «Il est toujours vivant, toujours à l'œuvre en notre âme; laissons-nous bâtir par Lui et qu'Il soit l'Âme de notre âme, la Vie de notre vie, pour que nous

Durante i processi di Beatificazione, suor Marie de la Trinité testimoniò a proposito di Elisabetta: «A son contact, j'avais l'impression d'une chose réalisée, c'est à dire de la sainteté» (*Summ.*, 83)[608]. Questa santità fu riconosciuta e proclamata dalla Chiesa durante la cerimonia della beatificazione di Elisabetta della Trinità, presieduta da papa Giovanni Paolo II, il 25 novembre 1984, nella Basilica di San Pietro a Roma.

---

puissions dire avec saint Paul: "Vivre, pour moi, c'est Jésus-Christ" [Fil 1,21]». Cfr. NI 4: «O Maître je veux être sainte pour toi, sois ma sainteté».
[608] Cfr. Sicari, 279.

CAPITOLO VI

Valutazione della cristologia esistenziale di Elisabetta

Concentrarsi sulla persona di Gesù Cristo deve essere impegno comune a tutti i cristiani; a tale atteggiamento conduce la rivelazione contenuta nel Nuovo Testamento, che indica la piena realizzazione della storia della salvezza nell'Incarnazione del Verbo e nella molteplice azione che Gesù di Nàzaret compì nella Sua umanità: insegnamento, miracoli e sofferenza[1].

Elisabetta della Trinità si ispirava in modo particolare al pensiero di San Paolo, la cui teologia — anche se ha una dimensione trinitaria — presenta Gesù Cristo nella prospettiva della Sua opera redentrice, compiuta e continuamente attualizzata negli uomini. Di conseguenza, la giovane digionese, come l'Apostolo, presentò la persona di Gesù Cristo collocandola nell'ambito dei rapporti che si creano tra il Signore e l'uomo[2]. In tal modo, ella sottolineò nel proprio insegnamento la *dinamicità* dell'esistenza di Gesù nei confronti degli uomini, del mondo e della Chiesa.

La cristologia esistenziale della carmelitana si sviluppa in diverse dimensioni — biblica, teologica e mistica — dimostrando e sottolineando sempre nuovi valori, facoltà e caratteristiche della persona di Gesù Cristo.

---

[1] Cfr. R. MORETTI, *Introduzione a Elisabetta della Trinità*, 125-126.
[2] Vedi: R. MORETTI, *Introduzione a Elisabetta della Trinità*, 126. Come abbiamo già accennato in questo lavoro, Elisabetta fu sempre appassionata discepola dell'Apostolo.

1. L'immagine biblica di Cristo

Trattando della persona di Gesù Cristo, Elisabetta della Trinità faceva molti riferimenti alla Sacra Scrittura[3]; un'attenta analisi dei suoi testi permette di delineare una certa immagine biblica di Cristo, improntata all'esperienza e alla dottrina della giovane[4].

Nel suo pensiero risalta con evidenza la grande stima che nutriva nei confronti della natura umana (umanità) del Salvatore; Elisabetta, contemplando la vita terrena di Gesù, si riferì ai seguenti eventi che la caratterizzano: l'annunzio profetico della nascita di Cristo (cfr. Mt 1,23)[5], l'Annunciazione dell'Angelo a Maria[6], la nascita a Betlemme[7], il Suo Battesimo nel Giordano (cfr. Mt 3,17)[8], la permanenza nel deserto (cfr. Mc 1,12)[9], l'inizio dei segni a Cana (cfr. Gv 2,1)[10], la Sua preghiera sulla montagna prima della scelta degli Apostoli (cfr. Lc 6,12)[11], il colloquio con la Samaritana[12], la Trasfigurazione sul monte[13], il Suo soggiorno a Betania (cfr. Lc 10,38-42)[14], l'arrivo alla tomba di Lazzaro (cfr. Gv 11,3.28.33.35.41)[15], l'Ultima Cena (cfr.

---

[3] Come già è stato detto in questo lavoro, Elisabetta non lesse tutta la Bibbia; l'Antico Testamento lo conosceva prevalentemente tramite le catechesi ascoltate, la liturgia, le citazioni riportate nella letteratura spirituale. Per approfondire la sua conoscenza della Parola di Dio si serviva del «Manuel du Chrétien» (*Manuel du Chrétien. Nouveau Testament, Psaumes, Imitation*, Gaume et Cie éditeurs, Paris 1896), nel quale poteva ritrovare tutto il Nuovo Testamento (P.-M. FÉVOTTE, *Aimer la Bible*, 38).

[4] I testi biblici, ai quali Elisabetta faceva riferimento, si possono trovare sotto i seguenti dati bibliografici: «*Annexe II*. Table des références bibliques», in *Œuvres*, 1074-1082. Questa *Table* indica, nelle *Opere* di Elisabetta, tutte *le località* delle sue citazioni bibliche. Per una lettura più scorrevole, la nostra analisi dell'*immagine biblica di Cristo* negli scritti di Elisabetta (analisi, che si basa solamente sulle sigle riportate nell'*Annexe II*) non mira a indicare tutti i passi in cui è stata citata la Bibbia, ma riporta alcuni frammenti dei testi di Elisabetta, solamente come esempio.

[5] Vedi per es.: L 187.
[6] Vedi: L 246 (cfr. Lc 1,35); CF 39 (cfr. Lc 1,38).
[7] Vedi: DR 2 (cfr. Lc 2,7); L 187 (cfr. Lc 2,10-11); DR 29 (cfr. Gv 1,14).
[8] Vedi per es.: L 239.
[9] Vedi per es.: L 224.
[10] Vedi per es.: L 246.
[11] Vedi per es.: DR 38.
[12] Vedi: CF 38 (cfr. Gv 4, 10); CF 19 (cfr. Gv 4,14); CF 33 (cfr. Gv 4,23).
[13] Vedi: L 317 (cfr. Mt 17,4); CF 12 (cfr. Mt 17,5).
[14] Vedi: L 145; P 73.
[15] Vedi per es.: L 96 (cfr. Gv 11,3); L 241 (cfr. Gv 11,28); cfr. *Œuvres*, 1078.

CAP. VI: VALUTAZIONE DELLA CRISTOLOGIA 357

Lc 22,15; Gv 13,2-15.23.25; 17,13)[16], l'agonia nel Getsemani[17], la Passione (cfr. Mt 26,63; 27,24.46; Lc 23,41-42.46)[18], la consegna di Sua Madre al discepolo che Egli amava (cfr. Gv 19,27)[19], la morte sulla Croce (cfr. Gv 19,30)[20], la Risurrezione (cfr. Lc 24,34)[21], il dialogo dopo la risurrezione con Maria di Màgdala (cfr. Gv 20,17)[22], l'incontro con due discepoli sulla strada verso Emmaus (cfr. Lc 24,29)[23] e il dialogo dopo la risurrezione con Pietro (cfr. Gv 21,15)[24].

Fissando il proprio sguardo sulla realtà della persona di Cristo, Elisabetta sottolineava la profonda relazione filiale di Gesù con il Padre Suo, relazione che consiste nell'amore espresso nel compiere la volontà divina, fino alla morte sulla croce[25]. A tale amore verso il Padre, è legato anche l'amore verso gli uomini[26]; Elisabetta comprese che il desiderio di Gesù è accogliere tutti, soprattutto gli ultimi, i piccoli, i bambini (cfr. Mc 10,13-16), e portare tutti al Padre Suo (cfr. Gv 14,2-3)[27].

Gli scritti della giovane mettono in evidenza diverse verità bibliche che riguardano le infinite e irripetibili virtù di Gesù (la Sua umiltà[28], la

---

[16] Vedi per es.: L 129: «[...] "Père, je veux qu'ils aient en eux la plénitude de ma joie!"».
[17] Vedi per es.: CF 30 (cfr. Mt 26,39); L 291 (cfr. Mc 14,36).
[18] Vedi per es.: DR 39 (cfr. Mt 26,63); cfr. Œuvres, 1076-1077.
[19] Vedi: DR 41.
[20] Vedi: CF 29.
[21] Vedi: L 199.
[22] Vedi: L 230.
[23] Vedi: L 228.
[24] Vedi: LA 2.
[25] La giovane si basò specialmente sui seguenti versi biblici: Mt 3,17; 6,9; 11,25.27; 17,5; 26,39; 27,46; Mc 14,36; Gv 1,18; 3,16; 4,32-34; 6,45-46; 8,29; 11,41; 12,27; 14,2.12.28.31; 15,9.15-16; 16,10; 17,2.4.6-14.17.21-24; 18,11; 19,30; 1 Cor 3,23. Vedi per es.: L 239 (cfr. Mt 3,17); cfr. Œuvres, 1076-1079. Vedi anche: L 263 (cfr. Eb 4,15: «Nous n'avons pas un pontife qui ne puisse compatir à nos infirmités, car Il a été en tout éprouvé à notre ressemblance»); CF 29 (cfr. Eb 10,5-7); DR 37 (cfr. Eb 10,9).
[26] Elisabetta si riferì ai seguenti testi biblici: Mt 11,28; 12,50; Mc 10,21; Lc 7,50; 19,5; Gv 12,47; 13,1; 15,9.15-16; 17,2.9-14.16-17.19.22-24). Vedi per es.: L 249 (cfr. Mt 11,28); CF 20 (cfr. Lc 7,50); cfr. Œuvres, 1076-1078.
[27] Vedi per es.: L 230. Elisabetta seguì le orme di San Paolo nella considerazione che l'amore di Cristo è infinito (cfr. Rm 8,35.38-39) e, come l'Apostolo, si interrogava: «Qui me séparera de la charité de Jésus-Christ?» (CF 28); vedi anche: L 252; DR 32; P 117.
[28] Il Signore «[...] s'est anéanti Lui-même / Sous la forme d'un serviteur» (P 96; cfr. Fil 2,7); cfr. il nome elisabettiano di Gesù: «le Dieu caché» (P 96; cfr. Is 45,15).

Sua forza spirituale[29]), la pre-esistenza di Gesù come Verbo di Dio (Gv 1,1.18)[30], la Sua venuta nel mondo e il fatto che *i suoi non L'anno accolto* (Gv 1,11), la *reciproca inabitazione* di Cristo e di tutti coloro che vogliono accoglierLo (cfr. Gv 6,56; 1 Cor 3,16-17)[31], e infine la Sua inabitazione nell'uomo assieme al Padre[32].

Basandosi generalmente sui testi paolini, la giovane carmelitana delineò l'immagine di Gesù Cristo come: «premier-né d'entre toutes les créatures» (Col 1,15)[33]; Colui nel quale a Dio piacque fare abitare ogni pienezza (cfr. Col 1,19)[34]; il Redentore che giustifica gli uomini per mezzo della fede nel Suo sangue (cfr. Rm 3,23-26)[35]; Colui che si unisce all'uomo nel sacramento del Battesimo[36] e lo rende capace di essere Suo *coerede*, cioè *figlio di Dio* (cfr. Rm 8,14-17)[37], Suo familiare (cfr. Ef 2,19)[38]. Gesù è la *paix* di ogni uomo (cfr. Ef 2,14)[39], e per Lui tutti possono avere accesso presso il Padre[40].

Sulle orme dell'Apostolo Paolo, Elisabetta affermava che coloro che si uniscono con Gesù vengono rivestiti (cfr. Rm 13,14)[41] di Lui e formano con Lui un solo spirito (cfr. 1 Cor 6,17)[42]; essi, liberi dai propri desideri (cfr. Ga 6,14)[43] e resi partecipi della *natura divina* (cfr.

---

[29] Per dimostrarla, la giovane si servì dei seguenti testi della Sacra Scrittura: Mt 11,29; 26,63; Gv 13,2-15; vedi per es. J 97 (cfr. Mt 11,29). Cfr. anche P 113 («[...] "Sa douleur est immense"»; cfr. Lam 1,12). Vedi anche per es.: L 263 (cfr. Lam 2,13). Invece, sulla forza di Cristo di salvare le anime, vedi: L 184, 214 (cfr. Lc 6,19).

[30] Vedi: CF 22; e anche: L 129 («[le] Verbe de Vie»; cfr. 1 Gv 1,1).

[31] Vedi per es.: CF 18 (ove Elisabetta si riferì a Gv 6,56).

[32] Elisabetta si basò sui seguenti testi biblici: Gv 14,23; 2 Cor 6,16; Ga 2,20; vedi per es. CF 9 (cfr. Gv 14,23). Cfr. inoltre L 220, 244, ove la giovane fece riferimento a 1 P 3,15); DR 19, ove risuonano le parole del Salmo 19 (18),6; e infine DR 33, con la citazione di Sal 27 (26),3.5.

[33] Vedi: DR 14.

[34] Vedi: DR 30.

[35] Vedi per es. L 238. Vedi anche: CF 27 (cfr. Rm 5,1); CF 35 (cfr. Ef 2,5); DR 30 (cfr. Col 1,20.22; 2,13-15); DR 12 (cfr. Ap 7,14).

[36] Vedi: GV 9 e CF 2 (cfr. Rm 6,3-5); DR 33 e L 316 (cfr. Ga 3,27).

[37] Vedi per es. L 239; ed anche L 240 e NI 13 (cfr. Ga 3,26; 4,5-7); L 269 (cfr. 1 Gv 3,2 che appartiene agli scritti giovannei).

[38] Vedi per es.: CF 2.

[39] Vedi per es.: DR 30; ed anche: L 190 (cfr. Fil 4,7); DR 30 (cfr. Col 1,20).

[40] Elisabetta scrisse: «par Lui que j'ai accès près du Père» (DR 30; cfr. Ef 2,18).

[41] Vedi: DR 33; ed anche L 240 (cfr. Ga 3,27).

[42] L 239 («Celui qui s'unit au Seigneur devient un même esprit avec Lui»); vedi anche: L 175.

[43] Vedi: DR 13.

2 P 1,4)⁴⁴, riflettendo come in uno specchio la gloria del Signore, possono essere trasformati nella Sua immagine (cfr. 2 Cor 3,18)⁴⁵. Pur sentendosi deboli, sono radicati nell'amore di Cristo (cfr. Ef 3,17)⁴⁶ e sperimentano la Sua forza (cfr. 2 Cor 12,9-10)⁴⁷; diventano «saints, purs, irrépréhensibles devant Lui...» (Col 1,22)⁴⁸, «[...] "remplis en Lui, [...] ensevelis avec Lui par le baptême, et ressuscités avec Lui par la foi [...]"» (DR 30; Col 2,10.12)⁴⁹.

Dall'analisi dei testi biblici citati da Elisabetta, risulta che uno dei pensieri più rilevanti, sul quale la giovane carmelitana costruì la propria *cristologia esistenziale*, era l'idea dell'elezione e della predestinazione divina in Cristo di ogni uomo (cfr. Rm 8,28-30; Ef 1,4-12.14)⁵⁰, elezione che è legata strettamente all'immagine di Dio misericordioso (cfr. Ef 2,4)⁵¹. Il Creatore sceglie ogni uomo per farlo crescere spiritualmente secondo il Modello, che è Suo Figlio Gesù. Il culmine della conformità a Cristo si compie nell'accoglienza della sofferenza (cfr. Fil 3,10)⁵²; tramite essa l'uomo può completare nella propria carne quello

---

[44] Vedi: CF 27.

[45] Vedi: DR 12; ed anche: CF 24 (cfr. Gen 1,26).

[46] Vedi per es.: DR 33; le parole di Ef 3,17 (in DR 33: «enracinés et fondés dans la charité») divennero molto care ad Elisabetta (L 179, n. 5). Per lei era ovvio che la conoscenza dell'amore di Cristo sorpassa ogni conoscenza; vedi: DR 29 (cfr. Ef 3,19) e L 190 (cfr. Fil 4,7). Cfr. anche CF 28 («"Mihi vivere Christus est", le Christ est ma vie!...»; cfr. Fil 1,21); DR 1; CF 28 (cfr. Fil 3,7-10); GV 10 (Col 2,6-7); GV 3; DR 22; CF 27 («un commencement de son être»; cfr. Eb 3,14).

[47] Vedi: L 298; ed anche: J 73 («[...] "je puis tout en Celui qui me fortifie"; cfr. Fil 4,13»; vedi anche: P 46). Vedi anche P.-M. FÉVOTTE, *Aimer la Bible*, 87-107, capitolo: «Prédestinés dans le Christ», ove l'Autore fa un commento ai testi-chiave Ef 1,4-6 e Rm 8,29, fondamentali per la dottrina di Elisabetta e la sua vocazione di essere «*Louange de gloire*».

[48] Vedi: DR 30, 40.

[49] Vedi anche: CF 11 («"Vous êtes morts et votre vie est cachée en Dieu avec Jésus-Christ"»; Col 3,3).

[50] Ne abbiamo trattato in modo più ampio nel quinto capitolo di questo lavoro. È importante sottolineare che questi due brani (Rm 8,28-30; Ef 1,4-12) furono citati dalla giovane digionese molto spesso (Rm 8,29 per es. in CF 30 e L 304; Ef 1,4 invece in CF 22 e GV 12).

[51] Vedi per es.: CF 20; GV 11; DR 10 («"trop grand amour"»); ed anche: CF 2 (cfr. Ef 2,6-7); DR 30 (cfr. Col 2,13-15).

[52] Vedi: L 294; ed anche: DR 29 (cfr. 1 P 2,21). Cfr. pure: P.-M. FÉVOTTE, *Aimer la Bible*, 73-86 (capitolo: «Vivre la souffrance à l'école du Christ», ove l'Autore commenta i testi-chiave 1 Cor 15,31 e Col 1,24, spesso citati da Elisabetta).

che manca ai patimenti di Cristo, a favore del Suo corpo che è la Chiesa (cfr. Col 1,24)[53].

Inoltre, i testi biblici aiutarono Elisabetta a comprendere che l'uomo è invitato a contemplare *nei secoli futuri* la straordinaria ricchezza della grazia divina (cfr. Ef 2,7)[54], ad ammirare la gloria di Cristo ed essere nel Suo regno (cfr. Fil 3,20)[55], nel Suo riposo (cfr. Eb 4,3)[56], e a vivere in «société» con le Tre Persone Divine (cfr. 1 Gv 1,3)[57]. La giovane riconosceva in Cristo «[...] "[le] Roi des siècles immortel"» (cfr. 1 Tm 1,17 in DR 9), «Splendeur du Père» (cfr. Eb 1,3)[58], «le Fort [cfr. Is 9,5(6)]»[59], «le Fidèle, le Véritable [cfr. Ap 19,11]»[60], «le Prince de la Paix [cfr. Is 9,5(6)]»[61] che ha vinto la morte[62], «"[...] *le Principe* et *la fin*" [cfr. Ap 21,6]»[63].

Grazie ai testi giovannei, la giovane digionese scoprì che Gesù incessantemente vuole unirsi, entrare in relazione, con gli uomini (cfr. Ap 3,20)[64]. Egli è l'Agnello, davanti al Cui trono si canta perennemente l'inno di lode (cfr. Ap 5,6-9)[65]; Egli è il Pastore che *guida gli uomini alle fonti delle acque della vita* (cfr. Ap 7,16-17)[66]. Gesù, «"vêtu d'une robe teinte de sang" [Ap 19,13]»[67], è l'Agnello che illumina *la ville*

---

[53] Vedi: GV 7. La giovane carmelitana fondò la propria comprensione della Chiesa, come un solo corpo in Cristo, proprio sul pensiero paolino; vedi: L 191 (cfr. Rm 12,4-5; 1 Cor 12; Ef 4,25; 5,30), con il commento contenuto nella nota n. 8 bis.

[54] Vedi: CF 2; e inoltre DR 29 (cfr. Col 1,27).

[55] Vedi per es.: L 235, 239, 244 («Notre vie est dans les Cieux [...]»); DR 39 (cfr. Col 1,12-13); DR 30 (cfr. Col 2,14-15).

[56] Vedi: DR 7.

[57] Vedi: CF 14.

[58] Vedi: P 85, 86, 88.

[59] P 96.

[60] DR 15.

[61] L 224; P 90.

[62] «"O mort, dit le Seigneur, je serai ta mort"; c'est-à-dire: O âme, ma fille adoptive, regarde-moi et tu te perdras de vue; écoule-toi tout entière en mon Être, viens mourir en moi, pour que je vive en toi!...» (DR 24; Os 13,14).

[63] P 96.

[64] Vedi: CF 17 («"Voila que je suis debout à la porte, et je frappe. Si quelqu'un entend ma voix et m'ouvre la porte, j'entrerai chez lui, et je souperai chez lui, et lui avec moi"»); cfr. L 174.

[65] Vedi per es.: L 194, 332; e inoltre: DR 12 (cfr. Ap 7,9.14-15); DR 15 e L 291 («[...] le cantique de l'Agneau»); cfr. Ap 14,1-4; 15,3.

[66] Vedi per es. DR 12; e inoltre: L 112 (cfr. Ap 14,4).

[67] DR 15.

sainte (cfr. Ap 21,23)[68]; dal Suo trono, dal trono di Dio, scaturisce *un fiume d'acqua viva* (cfr. Ap 22,1)[69].

Nella lettura della Sacra Scrittura, Elisabetta della Trinità trovò la conferma che la relazione dell'anima con Gesù ha anche una dimensione nuziale. Basandosi sul Nuovo Testamento, sul *Libro dell'Apocalisse*, affermò che l'anima-*épouse* è invitata alle «[...] noces de l'Agneau» (cfr. Ap 19,7)[70]. L'Antico Testamento le servì ad approfondire questo pensiero e a descrivere la comunione sponsale di Gesù (inteso come «Époux de sang»[71]) con l'anima dell'uomo («"sa chambre nuptiale" [du Christ]»[72]):

> C'est le Père, le Verbe et l'Esprit envahissant l'âme, la déifiant, la consommant en l'Un par l'amour. C'est le mariage, l'état fixe, parce que c'est l'union indissoluble des volontés et des coeurs. Et Dieu dit: Faisons-Lui une compagne semblable à Lui, ils seront deux en un[73]...

È di notevole importanza il fatto che Elisabetta utilizzò il pronome «Lui», scritto in maiuscolo, perché in esso è la proposta di una profonda e mistica lettura del testo biblico di Gen 2,18.24. La giovane riferiva questo brano non alla *creazione della donna per l'uomo* — come una *compagna di vita* —, ma alla *creazione nuova* che si compie in virtù dell'azione dello Spirito Santo nell'uomo. Nel pensiero di Elisabetta, Dio *crea, divinizza*, l'anima-*épouse*, rendendola simile a Cristo, affinché Gesù-*Époux* non *sia solo* (cfr. Gen 2,18).

Concludendo l'analisi dell'*immagine biblica di Gesù* negli scritti di Elisabetta, si può affermare che i testi della Sacra Scrittura le servirono per esprimere la propria esperienza dell'amore di Cristo e la propria visione della vocazione cristiana e religiosa, che culmina nell'offerta totale di sé[74].

---

[68] Vedi: DR 9.
[69] Vedi: L 185; P 100, 104.
[70] Vedi: P 96; ed inoltre: L 294 (cfr. Ap 19,8) e L 335 (cfr. Ap 19,9).
[71] Vedi: L 236 (cfr. Es 4,26).
[72] DR 19; cfr. Sal 19 (18),6.
[73] NI 13 (cfr. Gen 2,18.24). Sulla relazione nuziale fra Gesù e l'uomo vedi: DR 13, 19, 26, che si riferiscono a Sal 45 (44),10-13; L 179 («[...] "ce baiser de l'Époux"»; cfr. Ct 1,2); ed anche: L 156 («[...] "Il est tout à moi, et je suis tout à Lui [...]" [cfr. Ct 2,16]», «[...] "comme un sceau sur mon cœur" [cfr. Ct 8,6]»); P 123 («Le voici qui te dit [ton Maître]: "Place-moi sur ton cœur"»; cfr. Ct 8,6); CF 26 (cfr. Ez 16,8); ed infine CF 3; L 156; DR 27 («Je la conduirai dans la solitude et je lui parlerai au cœur») che si riferiscono ad Os 2,16(14).
[74] Cfr. T.M. DABEK, «Biblia», 37.

Elisabetta, benché considerasse Gesù come «[le] Maître»[75] *inviato* e *unto* (cfr. Lc 4,18)[76] da Dio, non fissò la propria attenzione sulla Sua attività apostolica, cioè non tentò di presentarLo come Colui che istruisce le folle, guarisce i malati, compie i miracoli[77]. I *testi biblici* da lei scelti la introdussero anzitutto alla conoscenza dell'*interiorità* di Gesù, cioè dell'anima del Salvatore, della Sua relazione con il Padre, dei Suoi sentimenti, delle Sue emozioni, dei Suoi desideri, del Suo amore verso gli uomini[78], ecc. Pur ammirando la natura umana di Cristo[79], Elisabetta cercava di lasciarsi condurre dallo Spirito Santo verso una sempre più profonda conoscenza di Gesù, del *suo Sposo,* alla luce spirituale ed esistenziale.

2. L'immagine teologica di Cristo

Il fatto che Elisabetta della Trinità basò le sue *considerazioni cristologiche* sull'immagine biblica di Gesù, le diede la possibilità di conservare una certa originalità nei confronti delle diverse tendenze teologiche della sua epoca, tendenze che spesso delineavano la persona del Salvatore in modo frammentario oppure inadeguato. Nel nostro studio, riguardante l'immagine teologica di Cristo, caratteristica della dottrina di Elisabetta, per rendere visibile l'originalità delle sue considerazioni e per esaminare su quali verità cristologiche ella mise l'accento, vale la pena confrontare le sue considerazioni con quelle dell'epoca.

L'esperienza e la dottrina di Elisabetta della Trinità si inserirono nella storia della Chiesa, degli anni a cavallo tra l'800 e il '900. Questo periodo vide la reazione alla discussione cristologica dei dottori scolastici, il cui impegno fu rivolto, in modo particolare, alla ricerca teologica che conducesse a una definizione speculativa del mistero dell'unione

---

[75] Cfr. per es. P 56, 65, 71.
[76] Vedi: L 202.
[77] Nondimeno, negli scritti di Elisabetta si possono trovare gli insegnamenti di Gesù, i Suoi incoraggiamenti ad essere santi come Dio (DR 22: Mt 5,48; CF 15: Lc 12,49), le Sue spiegazioni sul modo di pregare (CF 32 e L 235: Mt 6,9), ecc.; vedi anche: Mt 6,22.24; 7,7; 10,16; 11,12.29-30; 13,16.46; 16,26; 17,21; 18,3.7.10; 19,5-6.29; 21,13; 23,12; 26,41; Lc 6,21-22; 7,47; 11,9; 12,48; 15,4.11-32; 17,21; 18,1; Gv 3,3; 4,14.23; 7,38; 8,26.35; 10,10; 13,34-35; 15, 4-5.13; 18,37; At 20,35; cfr. *Œuvres,* 1076-1078.
[78] Forse, per lo stesso motivo, non trattò in modo più ampio della Sua risurrezione.
[79] Che venne assunta dal Verbo di Dio nel miracoloso evento dell'Incarnazione...

CAP. VI: VALUTAZIONE DELLA CRISTOLOGIA

ipostatica (costituzione ontologica del Verbo incarnato), e perciò, di conseguenza, dall'umanità di Cristo[80].

Elisabetta, che viveva in tale contesto teologico[81], pur adorando il mistero della natura umana di Cristo, non entrò in questa discussione metafisica. Al di fuori della sua riflessione rimase anche il problema della *scienza umana* e della *coscienza* di Gesù[82].

Nel Signore, la giovane incontrò Colui che le offrì per primo il Suo amore[83], Colui che volle entrare nella sua vita per diventare il suo compagno di viaggio[84], la sua «Force» (cfr. P 64), il suo «unique amour» (cfr. P 39), il suo «Roi» (cfr. P 64), ecc. La conoscenza di Gesù consisteva, perciò, nell'ascoltarLo, nel rapportarsi con Lui, nello sperimentare il Suo agire.

Di conseguenza, la cristologia di Elisabetta non contiene considerazioni «fattografiche», speculative oppure filosofico-metafisiche, ma ha un irripetibile valore esistenziale. Servendosi della propria intuizione (che veniva illuminata dalla grazia divina), la giovane creò una fenomenologica immagine di Cristo. Questa immagine non venne collocata in una sintesi teologica, ma rimase una descrizione poetico-mistica, basata però su un solido fondamento biblico-teologico.

Delineata dalla carmelitana, l'immagine esistenziale di Cristo si inserì in un contesto teologico-filosofico-culturale nel quale veniva proposta un'immagine di Gesù, realizzata solamente alla luce della ragione; la Sua persona veniva ricondotta a dimensioni propriamente umane, presentata come un sapiente, un sublime maestro di virtù, oppure come il filosofo per eccellenza[85].

---

[80] Cfr. B. SESBOÜÉ, «Nella scia di Calcedonia», 423-424.

[81] Sulle diverse opinioni riguardanti la questione dell'unione delle due nature di Cristo, vedi per es.: B. SESBOÜÉ, «Nella scia di Calcedonia», 424-425.

[82] Vedi: B. SESBOÜÉ, «Nella scia di Calcedonia», 427.

[83] P 18: «Pour moi vous avez voulu mourir».

[84] L 263: «Celui qui doit être notre Juge habite en nous, Il s'est fait compagnon de notre pèlerinage pour nous aider à franchir les douloureux passage»; cfr. anche L 295, 305.

[85] Nata nelle epoche precedenti, la presentazione dogmatica del Cristo, vero Dio e vero uomo, entrò in un inevitabile contrasto con una filosofia sempre più autonoma e «a priori» reticente all'idea della rivelazione (B. SESBOÜÉ, «Nella scia di Calcedonia», 429). Jean-Jacques Rousseau (1712-1778) ideò un celebre parallelo tra Gesù e Socrate, tutto a vantaggio del primo, riconoscendo la dignità della Sua persona e la santità del Vangelo, ma non la veridicità dei dogmi, dei misteri e ancor più dei miracoli; Voltaire (François-Marie Arouet; 1694-1778) invece, non considerò Gesù che solamente come un «rozzo Socrate». Nel 1793, Immanuel Kant (1724-1804) pubblicò

In Elisabetta, una visione esclusivamente o prevalentemente «umana» di Gesù era del tutto assente; la sua cristologia diede sempre grande rilievo alla divinità di Cristo. Anche le descrizioni che trattano la problematica della Croce e del sacrificio, presentando Gesù sofferente — il Cristo della *kenosi* —, dimostrano che la giovane carmelitana sempre si riferiva al Cristo Figlio di Dio, Salvatore e Redentore, che è lo «Splendeur du Père» (P 85), il «Verbe adoré [du Père]» (P 75), nel quale abita tutta la pienezza della divinità[86].

La giovane non ripresentò lo schema corrente della sua epoca, che vedeva la Croce di Gesù come il luogo ove Egli si consegnò alla giustizia del Padre per una dolorosa espiazione; ella spontaneamente presentò la Passione e la Croce alla luce dell'amore divino[87]. Similmente, la giovane non volle parlare di Gesù come Giudice, ma scrisse: «Celui qui doit être notre Juge habite en nous, Il s'est fait compagnon de notre pèlerinage pour nous aider à franchir le douloureux passage»[88].

La stessa *purezza* di intendimento della persona di Gesù è ancora più evidente sullo sfondo delle diverse *interpretazioni politiche* del Cristo, divulgate molto, in quell'epoca, nei diversi gruppi sociali[89]; esse rima-

---

il suo libro *La religione nei limiti della semplice ragione*, presentando in esso una «cristologia filosofica», che inquadrava Gesù come l'uomo divino esemplare, come la verità di Dio e la verità dell'uomo. Questa presentazione, non senza riverenza, operò tuttavia una riduzione del divino all'umano (B. SESBOÜÉ, «Nella scia di Calcedonia», 430).

[86] Cfr. R. MORETTI, *Introduzione a Elisabetta della Trinità*, 126. Come espresse Hans Urs von Balthasar, Elisabetta avrebbe potuto affermare con San Paolo di non voler riconoscere il Figlio secondo la carne (cfr. 2 Cor 5,16), ma — in conformità con gli insegnamenti di S. Giovanni e di S. Paolo — come l'essere *spiritualizzato* e *glorificato*, come *Colui che si rivela continuamente* al mondo nel sacramento dell'Eucaristia e nell'inabitazione in ogni singola persona (cfr. Balthasar, 131-132).

[87] F. FERLAY, *Ô mon Dieu*, 48. Questo pensiero, che presentava Gesù crocifisso come vittima della collera del Padre Suo, il Quale esigeva la morte del Figlio per soddisfare alla Sua giustizia vendicatrice, era sostenuto in modo particolare dal giansenismo; invece Elisabetta, basandosi sulla propria esperienza, presentò Gesù come «crucifié par amour» (cfr. J. RÉMY, *Élisabeth de la Trinité et la prière*, 92).

[88] L 263; cfr. L 249.

[89] Il XVIII secolo, ma più ancora la Rivoluzione e il secolo XIX, furono testimoni dello sviluppo di una *cristologia politica*. Molto criticata l'immagine di Gesù veniva spesso recuperata dalle diverse ideologie politiche che tentavano di presentarLo come un legislatore, un rivoluzionario, un garante dell'ordine nella società a motivo della Sua obbedienza, un patriota, un sanculotto, l'amico del popolo e un giacobino, un monarchico che sarebbe diventato un repubblicano nel 1848 e, ancora, un socialista (B. SESBOÜÉ, «Nella scia di Calcedonia», 430-431). Erano molto frequenti, inoltre, le

sero per Elisabetta assolutamente estranee. La giovane si riferiva alla politica solamente per sottolineare la gravità delle offese che venivano continuamente inflitte al Cuore di Gesù e, di conseguenza, per invocare la misericordia divina per la propria Patria[90].

La giovane carmelitana non dubitò mai della credibilità della Bibbia e della storicità di Gesù Cristo. Mentre i numerosi teologi della sua epoca, prendendo spunto dalla divergenza tra l'immagine di Gesù fornita dai Vangeli e quella del Cristo predicato dalla Chiesa (il *Gesù della storia* e il *Cristo della fede*), si dedicavano alla ricerca del Suo vero Volto[91] sulla base del metodo storico-critico, la giovane carmelitana, mediante la fede, entrò nel Mistero di Cristo in sintonia con il senso che Dio vuole trasmettere al credente nella Sacra Scrittura[92].

La cristologia esistenziale di Elisabetta, in un certo qual modo, si riferisce alla corrente spirituale *Devotio moderna*, che nella seconda metà del secolo XIV fiorì nei Paesi Bassi[93]. Analogamente a questo

---

identificazioni di Gesù con grandi personaggi pubblici come per esempio: Luigi XVI, Napoleone, ecc. (*Ibid.*, 431).

[90] Cfr. per es. L 256: «Pauvre France! J'aime la couvrir du sang du Juste, "de Celui qui est toujours vivant afin d'intercéder et de demander miséricorde"».

[91] Cfr. B. SESBOÜÉ, «Nella scia di Calcedonia», 431-432. In Francia, Ernest Renan (1823-1892), filologo e storico della religione, opponeva tra loro due immagini di Cristo: quella sentimentale, del dolce rabbi che predica il suo sogno nella gaudente Galilea, e quella del tenebroso dottrinario, esaltato nella severa Giudea. Renan tracciò invece, con la sua penna, l'immagine di un Cristo predicatore liberale. All'inizio del XX secolo, Adolf von Harnack (1851-1930), storico e teologo luterano tedesco, oppose il messaggio chiaro e semplice di Gesù al dogma cristiano, che — secondo lui — era frutto della metafisica greca. Harnack invocò Gesù contro il Cristo, e accusò San Paolo, la cui cristologia, a suo parere, aveva oscurato l'umanità di Gesù. Harnack sottolineò la distanza che intercorre tra il *Gesù predicatore* e un *Gesù predicato* (con tutto il peso dei dogmi, ecc.). Albert Schweitzer (1875-1965) negò la possibilità di ricostruire la vita di Gesù. Secondo lui, il Gesù storico non esisté, ma è una rappresentazione figurativa del razionalismo e del liberalismo, che si presenta sotto la parvenza di scienza storica (*Ibid.*, 431-432; cfr. A. SCHWEITZER, *The quest of the historical Jesus*, 398; ID., *Storia della ricerca sulla vita di Gesù*, 744). Se l'Ottocento contestò la *cristologia dogmatica* dal punto di vista della ragione, il Novecento lo fece soprattutto sottoponendo a critica la storicità della persona di Cristo (B. SESBOÜÉ, «Nella scia di Calcedonia», 431).

[92] Per esempio a proposito della predestinazione in Cristo di tutti gli uomini (cfr. Balthasar, 46).

[93] Cfr. A. HUERGA, «Devotio moderna», 731. Elisabetta aveva a sua disposizione *Manuel du Chrétien. Nouveau Testament, Psaumes, Imitation*, Gaume et Cie éditeurs, Paris 1896 (P.-M. FÉVOTTE, *Aimer la Bible*, 38) in cui poteva leggere *L'imitazione di*

movimento devozionale, nel rapporto personale con Gesù Cristo, la giovane carmelitana, non abbandonando del tutto un processo logico, si aprì alla dimensione mistica[94]; per questo motivo, nell'esperienza e nella dottrina di Elisabetta coesistono armonicamente: la devozione medievale (caratterizzata dall'abisso metafisico-mistico)[95], alcuni metodi più agili, più funzionali, più ascetici[96], alcuni elementi filosofici[97], dogmatici e ovviamente biblici.

Riassumendo, si può affermare che l'immagine teologica di Cristo nella dottrina di Elisabetta ha carattere prevalentemente esistenziale; per delinearla, la giovane carmelitana si basò sia sull'intuizione sostenuta dalla fede (perciò alcune descrizioni sono di tipo fenomenologico) sia sulla ragione (in conseguenza di ciò, nel suo pensiero si possono trovare vari discorsi di tipo deduttivo).

Il *fondamento* di tutta la dottrina di Elisabetta sono le seguenti verità cristologiche, della cui credibilità — al contrario di alcuni teologi dell'epoca — la giovane non ebbe mai dubbio: l'Incarnazione di Cri-

---

Cristo, l'opera maestra della *Devotio moderna* (cfr. A. HUERGA, «Devotio moderna», 731).

[94] Nella corrente della *Devotio moderna*, l'*homo devotus* divenne meno speculativo e più realista dell'*homo mysticus* (A. HUERGA, «Devotio moderna», 731).

[95] Come abbiamo già menzionato in questo lavoro, Elisabetta si nutriva degli scritti del Beato Giovanni Ruusbroec (1293-1381) e della Beata Angela da Foligno (1248-1309).

[96] A. HUERGA, «Devotio moderna», 732. A tale proposito vale la pena richiamare alla memoria il lavoro sul proprio carattere, che Elisabetta intraprese prima del suo ingresso al Carmelo, il suo *Journal*, che la aiutò a mantenersi vicina a Gesù, i suoi consigli ascetici indirizzati ai più vicini (vedi anche: M. CHMIELEWSKI, «Asceza», 139-154, ove l'Autore trattò l'ascesi, nella prospettiva dell'esperienza spirituale di Elisabetta).

[97] Un'attenta lettura degli scritti della giovane digionese permette di intravedere come la sua cristologia esistenziale a volte fosse rivestita del linguaggio della filosofia neoplatonica. Elisabetta poteva servirsi delle *Œuvres de Saint Denys l'Aréopagite*, Paris 1865, che si trovavano nella biblioteca del suo Carmelo a Digione (cfr. DR 26, n. 9), e della teologia basata sulla filosofia plotiniana (F. COPLESTON, *Storia della filosofia*, II, 125; cfr. Balthasar, 117). Per questo motivo, nella dottrina di Elisabetta, Iddio viene chiamato «le grand solitaire» (DR 29) oppure si trovano le seguenti considerazioni: «[...] Dieu ne se divise pas, et ces choses ne sont en quelque sorte qu'une émanation de son amour» (L 264), «L'Être divin vit dans une éternelle, une immense solitude; Il n'en sort jamais, tout en s'intéressant aux besoins de ses créatures, car Il n'en sort jamais de Lui-même; et cette solitude n'est autre que sa divinité» (DR 26). Vale la pena aggiungere che nel Medioevo (perciò anche nei secoli successivi) gli scritti dello Pseudo-Dionigi furono attribuiti a Dionigi l'Areopagita (F. COPLESTON, *Storia della filosofia*, II, 119).

CAP. VI: VALUTAZIONE DELLA CRISTOLOGIA

sto[98] e, legata con essa, la verità della Sua storicità, la realtà del Suo essere *vero Dio e vero l'uomo*, il Figlio di Dio, il Verbo incarnato[99], il Salvatore degli uomini, crocifisso e morto sulla Croce[100].

In *modo affermativo*, la cristologia di Elisabetta *sottolineava* le seguenti verità teologiche: la pre-esistenza di Cristo[101], la dimensione redentrice della Passione e della morte di Gesù sulla Croce[102], l'inabitazione di Cristo e di tutta la Santissima Trinità nell'uomo, la presenza di Gesù nell'Eucaristia[103], il Suo essere la via che conduce alla Santissima Trinità[104], l'elezione divina in Cristo di ogni uomo, ecc. Nelle sue considerazioni, la giovane carmelitana *si avvicinò* inoltre alla verità della ricapitolazione di tutte le cose in Cristo[105], e *arrivò alla convinzione* che l'uomo, unito a Gesù, può essere considerato, in un certo qual modo, il Suo sacramento[106].

In ciascuna di queste verità teologiche, Elisabetta evidenziò — come loro causa, obiettivo, regola e senso — l'amore divino, che si manifesta come l'aspetto più importante della sua cristologia esistenziale (*aspetto amoroso*).

Seguendo il pensiero del Cardinale Albert Decourtray, si può affermare che l'immagine teologica di Gesù, proposta da Elisabetta, presenta il Maestro, in tutta la Sua ricchezza e in tutto il Suo Mistero, come Colui che è il Cristo Figlio di Dio, il Cristo della Santissima Trinità, l'Uomo che offre la propria vita, affinché gli uomini siano trasfigurati per lo Spirito Santo e diventino figli di Dio, tutti Suoi, della Chiesa, per la vita del mondo, per la Gloria Divina[107].

---

[98] Cfr. per es. le espressioni: «l'Emmanuel» (P 96), «Verbe incarné» (P 88).

[99] Cfr. per es. «Verbe incarné» (P 88), «Parole de mon Dieu» (NI 15).

[100] La giovane carmelitana si riferiva anche alla Risurrezione di Cristo (vedi: P 77 [*Nouvelle résurrection*]; L 199 cfr. Lc 24,34), però questa non venne da lei sottolineata.

[101] Cfr. per es. l'espressione: «le *Principe* et *la fin*» (P 96; Ap 21,6).

[102] Cfr. per es. «Divin Crucifié» (P 94), «Sauveur» (NI 15), «Jésus Holocauste suprême» (J 123), «Rédempteur» (P 94), «la sainte Victime» (DR 18), «divin Libérateur» (P 96), ecc.

[103] Cfr. per es. le espressioni: «Jésus de l'Eucharistie» (P 21), «Dieu de l'Eucharistie» (P 67).

[104] Cfr. per es. «Unique Nécessaire» (P 94), «Modèle divin» (P 121); vedi anche: L. BORRIELLO, *Elisabetta della Trinità*, 46-48.

[105] Cfr. per es. P 89 [*Tout restaurer dans le Christ*].

[106] Vedi, in P 91, l'espressione «humble sacrement» di Cristo.

[107] Cfr. A. DECOURTRAY, *Élisabeth de la Trinité. Un prophète*, 22.

Alcune caratteristiche dell'immagine di Cristo, delineata da Elisabetta, non si possono descrivere su uno sfondo speculativo-dogmatico[108], perché hanno un valore strettamente mistico.

3. L'immagine mistica di Cristo

Come abbiamo già sottolineato nel nostro lavoro, Elisabetta *compose* la sua dottrina cristologica, attingendo alcuni pensieri dalla Sacra Scrittura e dall'insegnamento teologico proposto dalla Chiesa, e correlandoli con la sua esperienza spirituale. Per questo motivo, la sua immagine della persona di Gesù si arricchì della dimensione mistica, per noi facile da cogliere nella raffigurazione del Signore come *Sposo-Agnello* e come *Maestro*, e inoltre nella dinamicità del rapporto personale della giovane con Lui.

Negli scritti della carmelitana si trovano espressioni in cui, ella stessa, aggiungendo l'aggettivo «mistico», sottolineava l'aspetto misterioso della persona di Cristo: «Agneau mistique» (P 74)[109] e «Époux mystique» (P 94)[110]. Egli era per lei «le Principe et la fin» (P 96; Ap 21,6), «le Dieu caché» (P 96), «l'"*Invisible*"» (P 96) e, prima di tutto, il *suo Gesù*[111].

Elisabetta si sentiva vicina a Lui e parlava[112] del Suo «cœur»[113], della sua «âme»[114], della sua «face»[115], delle sue «larmes»[116], dei suoi

---

[108] Cfr. GIOVANNA DELLA CROCE, «Elisabetta della Trinità e l'esperienza mistica», 115.

[109] Cfr. le espressioni: «le divin Agneau» (P 34), «l'Agneau» (L 256).

[110] Cfr. per es. «Époux Bien-Aimé» (P 66), «tendre Époux» (P 72), «Époux sacrifié» (P 94), «mon Époux» (P 64), «Époux de sang» (L 236), «céleste Époux» (P 31), «divin Époux» (P 31). Secondo l'insegnamento di Elisabetta, l'anima diventa l'«épouse mystique» di Cristo (cfr. NI 13), sperimenta l'unione con Dio, denominata, nella mistica, «le mariage» (cfr. NI 13: «C'est le Père, le Verbe et l'Esprit envahissant l'âme, la déifiant, la consommant en l'Un par l'amour. C'est le mariage, l'état fixe, parce que c'est l'union indissoluble des volontés et des cœurs»).

[111] Cfr. le espressioni: «mon céleste Ami» (P 51), «mon divin Ami» (P 56; cfr. P 57), «Humble Jésus, mon modèle» (P 23), «mon Jésus» (P 51), «mon Seigneur» (P 38), «mon Sauveur» (P 26), «mon Soutien» (P 67), «ma Vie» (P 39), «mon bon Maître» (P 56), «mon Agneau» (P 74), «mon Verbe adoré» (P 77), «mon Roi» (P 64), «ma Force» (P 64), «ma Espérance» (P 64), «mon unique Amour» (P 39), «mon suprême Amour» (P 67), «mon Amour crucifié» (P 69), «mon Modèle divin» (P 121), «ma Passion [...], Jésus» (P 72 bis; cfr. P 72 ter), «mon Trésor» (P 67), «mon Unique Trésor» (L 160), «mon Infini» (L 117), ecc.

[112] Cfr. J. REMY, *Élisabeth de la Trinité. Le secret*, 42.

[113] Per es. L 173, 192, 200, 333.

«yeux»[117], delle sue «mains»[118]; *si gettava* ai Suoi «pieds»[119], Lo *stringeva*[120] e *rimaneva* presso la Sua «croix» (cfr. L 49).

Tra tutti i «nomi», con cui Elisabetta chiamava il *suo Gesù*, uno particolarmente gradito a lei (oltre che «Époux») era «[le] Maître»[121]. L'esperienza e la dottrina della giovane dimostrano che Gesù, come *Maestro*, è Colui che *chiama*[122] l'uomo (per ottenere da lui una risposta), lo *guarda*[123] (perché egli lo fissi), gli *parla*[124] (affinché Lo ascolti; cfr. L 164), lo *affascina*[125] (per invitarlo all'adorazione), lo ricolma di doni[126] (affinché egli si doni), *si nasconde*[127] davanti a lui (affinché egli Lo cerchi), *soffre*[128] (e vuole essere consolato), *agisce*[129] (e vuole che l'uomo Lo lasci fare)[130], lo *attira*[131] (e vuole essere seguito) e, infine, *vuole consumare l'unione con l'uomo al Calvario* (cfr. P 102).

L'immagine mistica di Cristo impressa nell'insegnamento cristologico di Elisabetta ha *carattere dinamico*; presenta la persona del Salvatore nella prospettiva del Suo agire, cioè come Colui che è sempre *attivo*, *operante*, sempre in *movimento* per rendere gloria al Padre e per condurGli anime. Disegnando questa immagine, la giovane sottolineava la bellezza dell'anima di Cristo: «[...] en moi j'ai la prière / De Jésus-

---

[114] Per es. L 91, 164; NI 12.
[115] P 120: «[...] de sa [de Jésus notre Époux] Face».
[116] L 200: «Nous pouvons donc mêler nos larmes aux siennes [...]».
[117] NI 13; L 177.
[118] *Elpa*, 124.
[119] P 48; cfr. L 158.
[120] P 91: «Me perdre en Lui, l'étreindre par la foi».
[121] Cfr. J. REMY, *Élisabeth de la Trinité. Le secret*, 41.
[122] Cfr. P 123: «Pour répondre, ô ma Sœur, à l'appel de ton Maître, / Lève-toi dans la force et livre tout ton être, [...]».
[123] Cfr. L 142: «Si vous saviez comme il fait bon y vivre sous le regard du Maître [...]».
[124] Cfr. L 200: «Il me semble qu'à de telles heures le Maître seul peut parler [...]».
[125] Cfr. NI 15: «Ô mon Astre aimé, fascinez-moi [...]».
[126] Per es. P 55: «Le divin, l'ineffable bonheur / Dont ce Jésus inonde mon cœur».
[127] Cfr. L 298: «[...] moi aussi j'ai besoin de chercher mon Maître qui se cache bien [...]».
[128] J 124: «Te sens-tu assez d'amour pour ton Jésus, acceptes-tu ces souffrances? Veux-tu me consoler?».
[129] L 145: «Il [Jésus] est toujours vivant, toujours à l'œuvre en notre âme».
[130] Cfr. J. REMY, *Élisabeth de la Trinité. Le secret*, 41-56, ove l'Autore descrive la dinamica della relazione di Elisabetta con Cristo-Maestro.
[131] P 102: «Le Maître saint nous entraîne au Calvaire [...]».

Christ, le divin adorant. / Elle m'emporte aux âmes et au Père, Puisque c'est là son double mouvement» (P 88).

L'anima di Cristo divenne per la giovane lo spazio per entrare in comunione con Lui, con tutta la Santissima Trinita, con la Madonna, con i santi, con tutta la Chiesa, con tutto il mondo; lei stessa affermò: «Je suis partie dans l'âme de mon Christ [...]» (L 107). Tramite questa *unione di anime*, Dio vuole che l'anima umana possa dire a Cristo (come una volta fece Elisabetta stessa): «[...] je deviendrai comme un autre toi-même» (P 109), e che realmente sia trasformata, deificata, santa come Lui.

Elisabetta, però, nella sua mistica descrizione di Gesù, non si concentrò solamente sulla Sua *anima*, ma cercò di mettere in evidenza la realtà del Suo *mistico Corpo*, il quale si attualizza in ogni singolo cristiano (come la Sua «humanité de surcroît en laquelle Il puisse perpétuer sa vie de réparations, de sacrifices, de louanges et d'adorations»[132]) e nella comunità ecclesiale.

Il *mistico Corpo di Gesù*, che si nutre di Eucaristia, inteso sia come la persona del singolo fedele sia come tutta la Chiesa, è *invitato* a partecipare alla liturgia che, perennemente compiuta sin dall'eternità davanti al trono di Dio, risplende nell'inno di lode proclamato assieme all'*anima di Cristo* (cfr. DR 35). Sicché la vita quotidiana dell'uomo che vive la realtà del *cielo sulla terra*[133], del cielo presente *nella propria anima*[134], diventa liturgia continua[135], esistenza in un'ininterrotta intimità con Dio.

4. Le particolarità cristologiche di Elisabetta.
Caratteri della cristologia elisabettiana

Considerando l'immagine biblica, teologica e mistica di Gesù, impressa nella dottrina di Elisabetta, abbiamo sottolineato che la sua cristologia ha *carattere esistenziale-dinamico* (mette in evidenza l'esistenza di Gesù, il Suo continuo donarsi), e anche *carattere mistico-sponsale* e *fenomenologico* (amorevole, compassionevole).

Quest'ultimo rafforzò ulteriormente la dimensione esistenziale della definizione del disegno di Cristo, nel pensiero della giovane, secondo la

---

[132] L 256; cfr. L 309; NI 15.
[133] Sul cielo nell'anima in Elisabetta, vedi anche: GRAZIANO DELLA MADRE DI DIO, «Il cielo sulla terra», 270-286.
[134] Cfr. il trattato spirituale CF: *Le Ciel dans la foi*.
[135] Cfr. K.W. KRAJ, «Laudem gloriae», 174-179.

quale Gesù *ha sete di essere amato*[136], *lascia Sua Madre per fare la volontà del Padre*[137], *è sempre orante in noi* (L 123), *supplisce alle nostre impotenze* (L 214; cfr. NI 15), *incoraggia* (L 309), *ama i piccoli* (L 235), *ama i cuori forti e generosi* (L 291), *ama le anime umili* (cfr. J 97), *è libero di riversare il Suo amore su chi vuole* (LA 5), ecc.

Alcune qualità della cristologia di Elisabetta non si possono cogliere né dal punto di vista della teologia sistematica, né dal punto di vista della *teologia della mistica*; si tratta delle caratteristiche sopra-intellettuali, che permettono di definire la sua dottrina ottimista, gioiosa[138], entusiastica[139], euforica[140], nostalgica[141]... In queste particolarità si riflettè il suo *carattere di fanciulla*, visibile nei suoi scritti, che dimostra la bellezza della *femminilità matura*: la tenerezza, l'affettuosità, l'empatia, la forza vitale, la responsabilità, la fermezza, la fedeltà, la perseveranza, la capacità di accogliere le sofferenze, ecc.

---

[136] Cfr. L 138 («[...] Jésus a tant besoin d'être aimé [...]»), 149 («[...] Il [notre Maître] a besoin d'être aimé»), 210 («Il [Jésus] a soif d'amour...»).

[137] Cfr. L 188 («Jésus, Marie, ils s'aimaient tant: tout le cœur de l'un s'écoulait en l'autre! [...] Mais pour faire la volonté de son Père Il a quitté cette Mère qu'Il aimait infiniment»).

[138] Cfr. J. RÉMY, *Prier 15 jours*, 98-103; l'Autore intravede nell'esperienza e nella dottrina di Elisabetta *la gioia di vivere, la gioia di credere* (per es. L 303: «[...] vivons avec l'Époux divin dans un cœur à cœur ininterrompu. Oh! Qu'il est doux d'être sienne!»), *la gioia di amare* (per es. NI 5: «Mon Jésus, mon Dieu, qu'il est bon de t'aimer [...]») e *la gioia di soffrire* (per es. L 317: «Je ne peux pas dire que j'aime la souffrance en elle-même, mais je l'aime parce qu'elle me rend conforme à Celui qui est mon Époux et mon Amour»). Sulla gioia di amare in Elisabetta, vedi anche: C. DE MEESTER, *Ta présence*, 28-30.

[139] Cfr. J. REMY, *Élisabeth de la Trinité. Le secret*, 213-214.

[140] Negli scritti di Elisabetta si possono trovare diverse esclamazioni: «ô mon doux Sauveur» (P 39); «ô bon Jésus» (P 64); «Oh! mon âme est encore ravie / Des choses que lui fit voir son Dieu: / Cet Époux vient de m'ouvrir les yeux, [...]» (P 66); «Ah! Qu'Il [le Verbe de Dieu] te verginise et te béatifie [...]» (P 84), ecc. Il Cardinale Albert Decourtray tratta della «eccessività» di alcune considerazioni della giovane carmelitana, che svelò il fuoco e la passione che segnavano il suo carattere (cfr. A. DECOURTRAY, *Présence d'Élisabeth de la Trinité*, 30-31). L'Autore cita alcuni testi di Elisabetta, che noi citeremo in un contesto più ampio; per esempio: J 111 («Est-ce possible, mon Jésus? Ah, c'est trop beau, c'est trop doux pour mon cœur, je crois mourir en y pensant»); J 140 («[...] ô mon Bien-Aimé! Ah, si vous le vouliez, je serais prête à vivre en enfer pour que de ce gouffre infernal monte sans cesse vers vous la prière d'un cœur qui vous aime!»; in queste parole è evidente l'influsso di S. Teresa di Lisieux: cfr. J 140, n. 135); P 68 («[...] c'est trop de bonheur / Oh, quelle joie inonde mon cœur!»).

[141] Cfr. per es. la poesia P 29 [*Oh, pourquoi me faire languir?*].

Prendendo in considerazione il fatto che l'esperienza e la dottrina di Elisabetta nacquero anzitutto nell'ambito della sua vita monastica, si può affermare che esse portano in sé un *carattere religioso-carmelitano*[142], e che sono una *continuazione* della mistica teresiana[143]. Questa mistica scrutò, nelle *dimensioni ecclesiali* e *cosmiche*, l'opera redentrice di Gesù Cristo: la giovane affermava che in Lui abita tutta la pienezza di Dio e sosteneva che Egli è venuto per riconciliare tutto nella Sua persona, per ricondurre gli uomini al Padre, pacificando tutto nel sangue della Sua Croce[144].

La cristologia esistenziale di Elisabetta si concentra sull'esistenza e sull'agire di Gesù nell'uomo; la giovane sottolineò che il Signore prende la Sua dimora nel cuore umano per stabilire, fra la Santissima Trinità e la persona, l'unione che ha il suo culmine-vertice *nella divinizzazione, nella trasformazione mistica* dell'uomo. La carmelitana, non sentendosi teologa, non aveva l'obiettivo di trattare tutte le questioni riguardanti la persona di Cristo; di conseguenza, la sua esperienza e la sua dottrina cristologica hanno un *carattere parziale*. La *sinteticità* e la *semplicità* delle considerazioni di Elisabetta, non solo non ne diminuiscono il valore teologico, ma sono addirittura causa di una migliore *comprensibilità*[145].

Un'altra particolarità della dottrina della giovane è il suo *coraggio* e la sua *originalità* nell'usare certe espressioni riguardanti Gesù Cristo; le tipiche, originali, formule cristologiche di Elisabetta, Lo presentano come Colui che *invita l'uomo all'opera della redenzione* (i termini: «corédemptrice», «rédemptrice avec Lui»)[146], che *vuole perpetuare*

---

[142] Elisabetta stessa, nei suoi scritti, non faceva necessariamente riferimento alla vita monastica; cfr. per es. L 278, indirizzata a Germaine de Gemeaux: «[...] je ne parle pas de la vie religieuse, qui est la grande séparations avec le monde, mais de le dégagement, de cette pureté qui met comme un voile sur tout ce qui n'est pas Dieu et qui nous permet d'adhérer sans cesse à Lui par la foi».

[143] Il valore mistico della cristologia elisabettiana verrà trattato nel paragrafo successivo di questo lavoro.

[144] M.-M. PHILIPON, *L'inabitazione della Trinità*, 134.

[145] Vedi: J. REMY, *Élisabeth de la Trinité. Le secret*, 214-217.

[146] Come abbiamo già sottolineato in questo lavoro, tali espressioni, sebbene non fossero molto corrette dal punto di vista della teologia sistematica, mirano a mettere in evidenza che Cristo desidera compiere la Sua missione, collaborando con l'uomo. Occorre ricordare che Elisabetta usufruiva spesso del linguaggio mistico. Cfr. per es. NI 13: «[...] être féconde, corédemptrice, enfanter les âmes à la grâce, multiplier les adoptés du Père, les rachetés du Christ, les cohéritiers de sa gloire»; L 300: «[...] être rédemptrice avec Lui». Cfr. P.-M. FEVOTTE, *«Prends-la chez toi»*, 72-80.

nell'uomo l'opera della mediazione fra tutta l'umanità e Dio (l'espressione: «être médiatrice avec Jésus-Christ»)[147], che *abita nell'uomo affinché egli possa esprimerLo davanti a Dio Padre*[148], che *nutre l'uomo nell'Eucaristia e lo «consuma» trasformandolo nel Suo Corpo* (l'espressione: «être mangée de Lui [Maître]»)[149]. Il *Gesù Cristo di Elisabetta* è, inoltre, «le Fils de l'Éternel, Celui-là qui fut la parfaite louange de la gloire de son Père» (DR 2)[150], che *non solo stabilisce la Sua dimora nell'uomo*, ma *in lui*, in un certo qual modo, *si incarna* («la nouvelle incarnation» in P 75). Occorre sottolineare che Elisabetta non parlava di una *replica* dell'unica e irripetibile Incarnazione del Verbo Eterno nel grembo della Madonna, ma cercava di approfondire il senso e il significato dell'unione fra Cristo e l'uomo; forse la parola «demeure» le pareva *non racchiudere* in pienezza tutta la persona umana, alla quale Gesù si dona senza limiti.

La giovane carmelitana descrisse questa realtà nella poesia sottotitolata *Dans une humble et pauvre étable. Noël 1904*:

O profondeur, insondable mystère,
L'Être incréé s'oriente sur moi.
À travers tout je puis, dès cette terre,
Le contempler aux clartés de la foi.
[...]
O profondeur, insondable mystère,
C'est l'Éternel qui s'incline vers moi.
À travers tout je puis, dès cette terre,
M'unir à Lui, le toucher par la foi.
[...]
Maître adoré, vous cherchez une hostie
Et vous voulez en votre charité
Perpétuer à jamais votre vie,

---

[147] L 256: «[...] être médiatrice avec Jésus-Christ, Lui être comme une humanité de surcroît en laquelle Il puisse perpétuer sa vie de réparations, de sacrifices, de louanges et d'adorations».

[148] DR 37: «[...] sans cesse l'exprimer [le divin Modèle, Jésus-Christ] aux yeux du Père». Cfr. M.-M. PHILIPON, *L'inabitazione della Trinità*, 140.

[149] P 75: «Elle [Élisabeth] a faim de manger son Maître, / Surtout d'être mangée de Lui, / De bien Lui livrer tout son être / Afin qu'en elle tout soit pris. / [...] Ta chose, ta vivante hostie [...]»; NI 8: «[...] je donnerai à mon Jésus pour nourriture le renoncement et l'abnégation». P 77: «Seigneur, en ton amour / Et la nuit et le jour / Consume-moi!».

[150] Vedi anche: JOSEPH DE SAINTE-MARIE, «"Lode di gloria"», 447-468, ove l'Autore approfondisce l'analisi sul significato di questa espressione.

Vous incarnant parmi l'humanité,
[C'est-à-dire, selon le contexte: s'incarner en Élisabeth elle-même]
Car vous rêvez que monte vers le Père
Le sacrifice et l'adoration[151].

Nel pensiero cristologico di Elisabetta sono evidenziate anche le originali caratteristiche che descrivono l'uomo, in cui *si incarna* Gesù: «humble sacrament» (P 91), «vivante hostie» (P 75), «humanité de surcroît» (L 256)[152].

Tutte le particolarità menzionate, proprie della *cristologia esistenziale* di Elisabetta, permettono di sostenere la tesi che il pensiero della giovane, anche se non varcava l'orizzonte delineato dalla Bibbia e dalla Tradizione ecclesiale, comunque è caratterizzato da una certa originalità e da una certa autonomia. Queste non riguardano solamente *la forma*, ma anche *il contenuto* delle considerazioni della carmelitana; sicché si possono individuare i molteplici valori del suo pensiero cristologico.

5. Valori della cristologia esistenziale di Elisabetta

L'insegnamento della giovane digionese arricchisce la tradizione cristiana nel campo teologico, mistico e spirituale-pastorale. La sua dottrina presenta la relazione dell'uomo con Gesù Cristo, *decorandola* con un linguaggio poetico-nuziale, come realtà che evidenzia l'attualità della rivelazione e l'invito divino alla santità. Di conseguenza, la dottrina di Elisabetta si impossessa della dimensione perenne e universale.

5.1 *Alla luce del Concilio Vaticano II. Valore teologico*

Lo studio dell'esperienza e della dottrina spirituale di Elisabetta, eseguito dal punto di vista della teologia sistematica, permette di ritrovare nel pensiero della carmelitana *valori scientificamente apprezzabili*, che si possono suddividere in due gruppi: i valori riguardanti il *metodo* e quelli riguardanti il *contenuto*.

---

[151] P 91. Cfr. NI 15: «[...] afin qu'il se fasse en mon âme comme une incarnation du Verbe»; L 187 («[...] naissance non plus dans la crèche mais en mon âme, en nos âmes [...]»); P 75 («O pure, ô douce vision! / C'est en mon âme que s'opère / Le grand, le sublime mystère, / La nouvelle incarnation!»). Vedi anche P 86 («La voix de l'Ange qui me dit: / "Recueille-toi, c'est en ton âme / Que le mystère est accompli. // Jésus, Splendeur du Père, / En toi s'est incarné"»).

[152] L'espressione «une humanité de surcroît» si trova anche in NI 15 e L 309.

CAP. VI: VALUTAZIONE DELLA CRISTOLOGIA

Il pensiero cristologico della giovane, essendo il frutto di un'esperienza personale basata sulla Bibbia, non fu determinato dalla corrente teologica del XVIII secolo, che si fondava sul cosiddetto metodo *regressivo genetico* (ereditato dalla neoscolastica), metodo, che partendo dalle affermazioni del magistero ecclesiale, procedeva, univocamente, dagli enunciati o tesi dogmatiche alla Sacra Scrittura, considerata il punto di riferimento, non tanto come «anima della teologia», quanto come «conferma» dei dogmi[153]. La *cristologia esistenziale* di Elisabetta potrebbe essere considerata, invece, come *uno dei precursori* del tema centrale che caratterizzò la cristologia ai tempi del Concilio Vaticano II. Da allora in poi, nel trattato cristologico, i teologi iniziarono a usare il *metodo genetico progressivo*, che, partendo dalla «Scrittura come fonte», ripercorreva le varie tappe del cammino della coscienza di fede, «[...] *non solo fino alla formulazione dei dogmi, ma nella considerazione sempre più determinante del "luogo umano", esistenziale e culturale* [...]»[154].

Tali tendenze, di sottolineare *la dimensione esistenziale* della persona di Cristo (la Sua continua presenza salvifica negli uomini) e, inoltre, di trattare la persona di Gesù Cristo come *chiave ermeneutica* della vita di ogni uomo, erano molto evidenti in tutta la dottrina di Elisabetta. E sebbene la giovane carmelitana non trattasse tutte le dimensioni della vita umana (per esempio non parlò mai della vita sociale, professionale, e appena accennò alla vita famigliare), le sue idee servivano a indicare una nuova direzione nella ricerca del vero Volto di Gesù[155], ricerca che avrebbe dovuto consistere nel riscoprire la bellezza di Cristo attraverso la Sua opera compiuta nell'uomo.

Si può affermare che Elisabetta, in un certo qual modo, anticipò il tempo del Concilio Vaticano II, e questo non solamente per *il metodo adottato nella sua cristologia basata sulla Bibbia*, ma anche per *alcune*

---

[153] Cfr. M. BORDONI, «Cristologia: lettura sistematica», 11. Questo metodo *regressivo genetico* era usato nelle scuole teologiche del primo cinquantennio del Novecento (*Ibid.*).

[154] M. BORDONI, «Cristologia: lettura sistematica», 11. Praticamente, *il metodo* di Elisabetta consisteva nel meditare la Parola di Dio, nel viverla e nel ritrovare in essa la spiegazione della realtà, cioè del senso profondo della propria esperienza mistica e della vita in genere.

[155] A questo proposito, vale la pena ricordare che Elisabetta, nei suoi scritti, spesso trattava del Volto di Dio (cfr. per es. P 80: «la Face de Dieu»; L 269: «le secret de sa Face»; cfr. anche P 97), del volto del Padre (P 79: «la face du Père»; cfr.P 115); del Volto di Gesù (P 120: «[...] de sa [de Jésus notre Époux] Face»).

idee cristologiche che rassomigliano a quelle conciliari[156]. I parallelismi si possono individuare nelle affermazioni che presentano la persona di Gesù come[157]: *Rivelatore del mistero dell'uomo*[158], *Sposo della Chiesa*[159] *in cui la Sua vita si diffonde nei credenti*[160], *Ricapitolatore di tutte le cose* (visione ispirata fortemente a Ireneo)[161], *Colui che è al centro dell'intenzione creatrice di Dio* (prospettiva di Ireneo e di Tertulliano)[162], *Rivelatore della vocazione dell'uomo*[163], *Uomo perfetto*[164],

---

[156] Nel nostro lavoro, non vogliamo in modo superficiale paragonare il pensiero del *Vaticanum II* con la dottrina di Elisabetta (forse i Padri Conciliari non conobbero mai la dottrina della giovane carmelitana), ma tentiamo solamente di mettere in evidenza il fatto che l'insegnamento della giovane, basato sulla Bibbia e sulla Tradizione ecclesiale, anche se ripetesse le verità teologiche conosciute già da secoli, rimarrebbe comunque originale nei confronti della cristologia del XVIII secolo, e perciò si concorda con la moderna dottrina della Chiesa. Lo scopo del confronto del pensiero conciliare con quello di Elisabetta, è illustrare l'affermazione di attualità della dottrina della carmelitana.

[157] Nel nostro lavoro, alcuni testi del *Vaticanum II* sono scelti sulla base dell'analisi di B. Sesboüé, che riguarda il pensiero cristologico del Concilio; vedi: B. SESBOÜÉ, «Nella scia di Calcedonia», 432-434.

[158] Nei documenti conciliari si può leggere: «[...] solamente nel mistero del Verbo incarnato trova vera luce il mistero dell'uomo» (*Gaudium et spes*, 22: EnchVat, I, n. 1385); cfr. L 165: «Je voudrais me tenir sans cesse près de Celui qui sait tout le mystère, afin d'entendre tout de Lui».

[159] «E mentre la chiesa compie su questa terra il suo pellegrinaggio lontana dal Signore (cfr. 2 Cor 5,6), è come una esule, che cerca e desidera le cose di lassù, dove Cristo siede alla destra di Dio, dove la vita della chiesa è nascosta con Cristo in Dio, fino a che col suo sposo comparirà rivestita di gloria (cfr. Col 3,1-4)» (*Lumen gentium*, 6: EnchVat, I, n. 295); cfr. «Que ma vie se distille goutte à goutte pour toi, ô Christ, et pour l'Église, ta douce épouse» (*Elpa*, 160).

[160] *Lumen gentium*, 7: EnchVat, I, n. 297; cfr. L 145: «Il est toujours vivant, toujours à l'œuvre en notre âme».

[161] B. SESBOÜÉ, «Nella scia di Calcedonia», 434. Gesù Cristo come Alfa e Omega, è ricapitolatore di tutte le cose (cfr. *Gaudium et spes*, 45: EnchVat, I, n. 1464-1465; *Lumen gentium*, 3: EnchVat, I, n. 286); cfr. DR 32: «"Instaurare omnia in Christo." C'est encore saint Paul qui m'instruit, saint Paul qui vient de se plonger dans le grand conseil de Dieu et qui me dit "qu'Il a résolu en Soi-même de restaurer toutes choses dans le Christ"»; P 89 [*Tout restaurer dans le Christ*]: «Enfin, pour accomplir sa volonté suprême, / "Restaurons dans le Christ la terre et les Cieux." / Le Ciel, il est en nous, et l'Esprit Saint Lui-même / Veut le renouveler en l'ardeur de ses feux».

[162] B. SESBOÜÉ, «Nella scia di Calcedonia», 434.

[163] «Cristo, [...], proprio rivelando il mistero del Padre e del suo amore svela anche pienamente l'uomo all'uomo e gli fa nota la sua altissima vocazione» (*Gaudium et spes*, 22: EnchVat, I, n. 1385); cfr. il Trattato spirituale *La grandeur de notre vocation* (GV).

Agnello innocente che attraverso il Suo sangue merita all'uomo la vita[165], *Colui che soffrendo non solo è l'esempio, ma apre la strada*[166], *Immagine per il cristiano*[167], *Colui in cui tutti gli uomini sono eletti prima della creazione del mondo e predestinati a essere adottati come figli*[168], ecc.

Questa corrispondenza tra la dottrina di Elisabetta e i documenti conciliari, si può riscontrare anche nella definizione della persona umana: tutti gli uomini sono chiamati all'unione con Cristo[169]; in virtù dello Spirito Santo vengono interiormente rifatti[170], diventano figli nel Figlio[171], pellegrini verso la finale perfezione della storia umana[172]; per Cristo e in Cristo l'uomo riceve la luce per riscoprire il senso del dolore e della morte umana[173].

Analizzando la dottrina cristologica di Elisabetta alla luce della teologia sistematica, bisogna sottolineare, ancora una volta nel nostro

---

[164] «Egli [Cristo] è l'uomo perfetto, che ha restituito ai figli d'Adamo la somiglianza con Dio [...]» (*Gaudium et spes*, 22: EnchVat, I, n. 1386); cfr. l'espressione «la parfaite louange de la gloire de son Père» (DR 2), ed anche «[...] nous sommes bien faibles, je dirais même nous ne sommes que misère, mais Il le sait bien, Il aime tant nous pardonner, nous relever, puis nous emporter en Lui, en sa pureté, en sa sainteté infinies; c'est comme cela qu'Il nous purifiera par son contact continuel, par des attouchements divins. [...] il faut nous laisser transformer en une même image avec Lui [...]» (L 172).
[165] *Gaudium et spes*, 22: EnchVat, I, n. 1387. Cfr. P 74: «Agneau mystique»; vedi anche DR 12 («"[...] dans le Sang de l'Agneau [...]"»).
[166] *Gaudium et spes*, 22: EnchVat, I, n. 1387; cfr. L 207: «Je vois que le Maître vous traite en "épouse" et qu'Il vous fait partager sa Croix».
[167] *Gaudium et spes*, 22: EnchVat, I, n. 1388; cfr. «l'Image adorée» (L 294); «mon Modèle divin» (P 121).
[168] *Lumen gentium*, 3: EnchVat, I, n. 286; cfr. L 239; GV 9.
[169] *Lumen gentium*, 3: EnchVat, I, n. 286; cfr. CF 26.
[170] *Gaudium et spes*, 22: EnchVat, I, n. 1388; cfr. P 54; CF 13.
[171] *Gaudium et spes*, 22: EnchVat, I, n. 1390; cfr. DR 37: «Il importe donc que j'étudie ce divin Modèle [son Fils], afin de m'identifier si bien avec Lui que je puisse sans cesse l'exprimer aux yeux du Père»; DR 37: «*Nous* [l'épouse et Jésus-Christ] voici, ô Père, pour faire votre volonté!». Sull'«esprimere Cristo agli occhi del Padre» e sull'adozione figliale in Cristo Gesù, nel pensiero di Elisabetta, vedi: G. HELEWA, «Alla scuola di San Paolo», 409.
[172] *Gaudium et spes*, 45: EnchVat, I, n. 1464; cfr. CF 27.
[173] *Gaudium et spes*, 22: EnchVat, I, n. 1390; cfr. per es. L 314: «[...] à l'amour de la souffrance»; vedi anche L 207: «Je vois que le Maître vous traite en "épouse" et qu'Il vous fait partager sa Croix. C'est quelque chose de si grand, de si divin que la souffrance! Il me semble qu'au Ciel, si les bienheureux pouvaient envier quelque chose, ce serait ce trésor-là; c'est un si puissant levier sur le cœur du bon Dieu!».

lavoro, che il pensiero della giovane *riporta alle radici del cristianesimo*. Le considerazioni della carmelitana sono basate anzitutto sulla Bibbia, usufruendo anche di alcune espressioni patristiche, delle quali Elisabetta probabilmente non conosceva la provenienza. Per esempio, le parole della giovane che parlano dell'uomo come «humanité de surcroît» (NI 15) di Cristo, sembrano essere eco del pensiero di Cirillo di Gerusalemme (315-387)[174], invece l'espressione «[le] Dieu prêtre et victime» (P 96), con molta probabilità, proviene da Sant'Agostino (354-430)[175]. Elisabetta ripropose anche l'immagine della lira[176], che simbolizza l'uomo mosso dall'azione dello Spirito Santo, immagine che troviamo già nei padri apostolici del II secolo, per esempio in Ignazio di Antiochia[177].

---

[174] «Pertanto, veniamo dunque con piena convinzione a partecipare del corpo e del sangue del Cristo. Sotto le apparenze del pane, ti è donato il suo corpo; sotto le apparenze del vino, ti è distribuito il suo sangue; e partecipando al corpo e al sangue di Cristo, tu diventi un solo corpo, un solo sangue con lui. Sì, diventiamo veramente dei portatori di Cristo («Χριστοφόροι»), poiché la sua carne e il suo sangue si diffondono nelle nostre membra» (Cirillo di Gerusalemme, *Catechesis mystagogica* IV, III: PG 33, 1100; cfr. J. QUASTEN, *Patrologia*, II, 378). È noto che Elisabetta non conosceva le opere di Cirillo di Gerusalemme, e che l'espressione «humanité de surcroît» proviene probabilmente dal libro di Ch.-L. Gay, il cui testo era conosciuto dalla giovane. Si può supporre, però, che la teologia di Cirillo abbia influito sulla Tradizione della Chiesa così fortemente, che alcune reminiscenze dei suoi pensieri si trovano in molti trattati sia scientifici che pastorali, come per es. nel libro di Ch.-L. Gay (in NI 15, n. 28, si possono trovare i seguenti dati bibliografici: CH.-L. GAY, *De la Vie et des vertus chrétiennes considérées dans l'état religieux*, I, Poitiers-Paris, 1874, 103).

[175] «[...] Pater bone, [... Filio tuo] pro nobis tibi sacerdos et sacrificium, et ideo sacerdos quia sacrificium» (Sant'Agostino, *Confessiones*, X, 43, 69: PL 32, 808; cfr. A. TRAPE, «S. Agostino», 410). Elisabetta citò S. Agostino per es in: GV 4; L 206, 214, 236.

[176] DR 35: «[...] il me semble que le "cantique nouveau" [cfr. Ap 14,3] qui peut le plus charmer et captiver mon Dieu est celui d'une âme dépouillée, délivrée d'elle-même, en laquelle Il peut refléter tout ce qu'Il est et faire tout ce qu'Il veut. Cette âme se tient sous sa touche comme une lyre, et tous ses dons sont comme autant de cordes, qui vibrent pour chanter de jour et de nuit la louange de sa gloire!». Vedi anche: L 269; DR 3; CF 43.

[177] M. MAGRASSI, «Commento spirituale», 161. Il nostro lavoro si limita solamente a riproporre alcuni esempi delle espressioni patristiche che furono usate da Elisabetta. Sarebbe molto interessante un approfondimento dell'analisi dei testi elisabettiani dal punto di vista patrologico, specialmente — per quanto riguarda la sua cristologia esistenziale — in riferimento ai nomi di Cristo, con i quali la giovane Lo chiamava.

CAP. VI: VALUTAZIONE DELLA CRISTOLOGIA   379

Accanto a quei valori del pensiero elisabettiano — *esistenziale, metodologico* e *biblico-patristico* —, ai quali è legata l'attrattiva e l'attualità della sua cristologia, ne emerge un altro, che riguarda strettamente il *contenuto* della dottrina della giovane. Si tratta di certi *accenti* che la carmelitana marcò per dimostrare nella maniera più ampia possibile, in varie *dimensioni*, la ricchezza del mistero di Gesù Cristo.

Un importante merito da attribuire alla cristologia di Elisabetta è la coerenza, l'armonia e l'organicità, mediante le quali essa presenta la persona di Cristo. Nel pensiero della carmelitana, Gesù, prima della Sua venuta nel mondo come dopo la Sua Incarnazione, cioè nella Sua Crocifissione, nella Sua Ascensione al Padre e, infine, nella Sua presenza nel sacramento dell'Eucaristia, è sempre lo stesso Gesù. La giovane correlò tutti *i fatti* e *le realtà* dell'esistenza del Salvatore, e perciò Lo presentò *in maniera dinamica*. Per l'illustrazione possono risultare utili alcuni nomi mediante i quali Elisabetta si rivolgeva a Gesù: «[le] Dieu» (P 46); «Verbe de Dieu» (P 84); «Verbe incarné» (P 88); «[le] Crucifié» (P 87); «Jésus de l'Eucharistie» (P 24); «le divin Agneau» (P 34); «*le Principe* et *la fin*» (P 96; Ap 21,6).

La cristologia della giovane, pur trattando della pre-esistenza di Cristo, della Sua Incarnazione, della Sua Pasqua, della Sua Ascensione e della Sua presenza eucaristica nella comunità ecclesiale, sottolinea un altro «evento» della misteriosa esistenza di Gesù: la Sua *nouvelle incarnation* nell'anima dell'uomo[178]. A questo proposito, vale la pena ancora una volta nel nostro lavoro citare alcuni brani degli scritti di Elisabetta: «[...] afin qu'il se fasse en mon âme comme une incarnation du Verbe» (NI 15); «[...] naissance non plus dans la crèche mais en mon âme, en nos âmes [...]» (L 187); «O pure, ô douce vision! / C'est en mon âme que s'opère / Le grand, le sublime mystère, / La nouvelle incarnation!» (P 75)[179]. Sembra che questo pensiero, sebbene non fosse sconosciuto nell'ambito della Tradizione ecclesiale[180], ricordi alla Chiesa di oggi una verità che ha bisogno di essere riscoperta e approfondita.

Il pensiero cristologico di Elisabetta presenta la persona di Gesù nella *dimensione trinitaria, pneumatologica* e *mariana*, cioè non si sof-

---

[178] Vedi: B. MORICONI, «Prolungare Cristo», 262-275.
[179] Cfr. il pensiero che definisce il fedele come «humble sacrement» di Cristo (cfr. P 91).
[180] Come abbiamo già menzionato, ne trattò per esempio Cirillo di Gerusalemme nel IV secolo.

ferma solamente sul Suo essere, ma anche sulla Sua pro-esistenza, cioè sulle Sue relazioni con le altre persone, sia Increate (Dio Padre e lo Spirito Santo) che create (gli uomini)[181].

Concludendo l'analisi del valore teologico della dottrina cristologica di Elisabetta, si può constatare che il suo pensiero è molto attuale e coerente con la Tradizione della Chiesa e con il Suo Magistero contemporaneo. Sebbene non sia del tutto originale e non tratti in maniera ampia tutte le verità riguardanti il mistero della persona di Cristo (come per esempio si nota uno scarso approfondimento della verità sulla risurrezione, dovuto alle tendenze dell'epoca), è unico e irripetibile nella sua dimensione esistenziale, intesa sia come frutto della meditazione e contemplazione di una ragazza che morì a ventisei anni, sia come dottrina che delinea una dinamica immagine di Gesù Cristo, che perennemente porta a compimento l'opera della salvezza del mondo.

5.2 L'incarnazione mistica. Valore dell'esperienza mistica

Per individuare le caratteristiche della dimensione cristologica della mistica di Elisabetta, cercheremo di evitare eccessivi raffronti e parallelismi con altre esperienze mistiche, i quali potrebbero condurre ad una visione soggettiva, artificiosa e non del tutto convincente[182]; mireremo invece a dimostrare le somiglianze e le differenze solo con alcune spiritualità, che erano nutrimento per la vita interiore della giovane.

Per quanto riguarda la relazione fra la sua dottrina e quella di San Giovanni della Croce, si può affermare che a volte esse trattano temi diversi; per esempio Elisabetta pose un grande accento sull'Eucaristia, sulla persona della Madonna, sull'amore fraterno, sulla salvezza del mondo, invece San Giovanni della Croce descrisse l'anima umana dal punto di vista psicologico e spiegò le verità riguardanti il demonio, i fenomeni mistici straordinari, l'importanza del direttore spirituale. La differenza essenziale tra queste due dottrine consiste anzitutto nel fatto che San Giovanni della Croce, sulla base della propria esperienza, formulò una sintesi della vita cristiana, Elisabetta invece volle descrive-

---

[181] Vale la pena ricordare che la dimensione mariana del pensiero di Elisabetta, influì molto sulla sua comprensione della relazione di Cristo con l'uomo. Secondo l'insegnamento della giovane, la persona umana, in un certo qual modo, deve essere immagine della Madonna, che è Vergine-Madre, cioè deve diventare non solamente la sposa dello Sposo, ma anche Sua «madre» in cui Egli possa «ripetere» la propria «incarnazione».

[182] Cfr. B. MATTEUCCI, «Introduzione», 38.

re la sua esperienza e il suo desiderio di approfondirla, cioè il proprio itinerario spirituale[183].

Secondo p. Gabriele di S. Maria Maddalena, Elisabetta nell'ultimo periodo della sua vita godeva dell'unione di amore con Dio, caratterizzata dalle *ferite di amore* e dalla *comunicazione di amore* descritte da S. Giovanni della Croce. Si tratta pertanto di una delle esperienze mistiche più elevate, anche se espressa nella povertà delle parole[184].

Come sua Madre, Santa Teresa d'Avila, Elisabetta sapeva che l'umanità di Cristo è la via che conduce alla Santissima Trinità[185]. Perciò, prima ancora di parlare della dimensione trinitaria della mistica della giovane, è opportuno parlare di *mistica cristologica*. Inoltre, la centralità di Cristo nella sua spiritualità pone in evidenza la precedenza del momento psicologico-affettivo rispetto a quello teologico, riguardante la presenza del Verbo e di tutta la Santissima Trinità nell'anima[186].

Secondo p. Luigi Borriello, la formula «In Christo Jesu», spesso usata da Elisabetta nei suoi scritti, potrebbe essere considerata una sintesi della sua dottrina spirituale, una risposta storico-esistenziale della giovane alla vocazione storico-salvifica da parte di Dio. Di conseguenza si può intendere la sua esperienza come una *mistica esistenza in Cristo Gesù*, il Quale conduce l'uomo nelle regioni dell'eternità ed infinità con Dio[187]. Nell'esperienza di Elisabetta un posto particolare lo occupa la *grazia divina*, la cui comprensione la giovane la doveva in modo particolare a San Paolo e a Santa Teresa di Lisieux[188].

L'inabitazione del Figlio, con tutta la Santissima Trinità, nell'uomo costituisce il tessuto vitale della mistica elisabettiana, la quale si potrebbe definire come *mistica trinitaria cristoforme*[189]. Per la giovane, la

---

[183] Cfr. J. RÉMY, *Regards d'amour*, 56-58. Il nostro lavoro a proposito della cristologia esistenziale di Elisabetta è allora un'interpretazione teologica della sua esperienza e una sistematizzazione del suo pensiero.

[184] *Responsio*, 60. Le descrizioni fatte da Elisabetta sono segno di una realtà del tutto semplice e ordinaria, di una vita vissuta secondo il Vangelo (*Ibid.*). Nella sua esperienza mistica si possono intravedere unità e coerenza (GIOVANNA DELLA CROCE, «Elisabetta della Trinità e l'esperienza», 131), e inoltre semplicità, sinteticità e comprensibilità (J. RÉMY, *Élisabeth de la Trinité. Le secret*, 214).

[185] J. LAFRANCE, *Apprendre a prier*, 26.

[186] Cfr. L. BORRIELLO, *Elisabetta della Trinità*, 52.

[187] Vedi: L. BORRIELLO, *Elisabetta della Trinità*, 52.

[188] Vedi: Balthasar, 62.

[189] L. BORRIELLO, *Elisabetta della Trinità*, 54.

conformazione a Cristo è anzitutto partecipazione alla carità di Gesù[190]: iniziò nell'Eucaristia e si estese ampiamente fino ad abbracciare tutta l'esistenza della carmelitana[191].

Influenzata dalla scuola renano-fiamminga (dalla spiritualità del B. Giovanni Ruusbroec[192]), l'esperienza cristocentrica di Elisabetta divenne una *mistica sponsale*, nella quale si può intravedere una ricca simbologia nuziale[193]. Questo linguaggio[194] definisce il culmine della relazione esistenziale-nuziale fra l'anima e Gesù: l'*identificazione con Lui*, per *divenire un altro Cristo*[195] e, in conseguenza di ciò, «[...] épouse [de] la Trinité» (P 54).

Nella mistica di Elisabetta, una delle espressioni più caratteristiche è «être la louange de gloire de la Trinité» (cfr. LA 5), la quale descrive il senso profondo della vocazione dell'uomo in cui stabilisce la Sua dimora il Dio Uno e Trino. Il messaggio racchiuso nella dottrina della giovane è molto attuale, perché oggi il tema dell'intimità con la Santissima Trinità ha risonanza particolare nelle nuove correnti teologico-mistiche, che si riferiscono alla comunione con Dio quale fonte e segreto di disponibilità apostolica e quale sorgente di spirito contemplativo nel mondo[196].

Secondo M.-M. Philipon, S. Teresa d'Avila è un'incomparabile maestra di vita d'orazione; S. Giovanni della Croce è il dottore senza uguali delle «notti» e dell'unione trasformante; S. Teresa di Lisieux, nella sua geniale semplicità, è per eccellenza la santa dell'infanzia spirituale e della consacrazione all'Amore; Elisabetta invece è la santa *della presenza di Dio* e *della lode di gloria della Santissima Trinità*[197].

Varrebbe la pena di mettere in evidenza un altro valore della mistica della giovane carmelitana, valore che riguarda direttamente la dimensione cristologica del suo pensiero. Nella sua esperienza si possono

---

[190] Cfr. L. BORRIELLO, *Elisabetta della Trinità*, 52.

[191] Cfr. L. BORRIELLO, *Elisabetta della Trinità*, 52-53.

[192] Per uno studio più profondo sull'interpretazione del pensiero del B. Giovanni Ruusbroec nella dottrina di Elisabetta, vedi: GIOVANNA DELLA CROCE, «Elisabetta della Trinità e l'esperienza», 136-147.

[193] Cfr. L. BORRIELLO, *Elisabetta della Trinità*, 54.

[194] Nel punto successivo del nostro lavoro, esso viene trattato più ampiamente.

[195] Cfr. L. BORRIELLO, *Elisabetta della Trinità*, 55; vedi: «[...] je deviendrai comme un autre toi-même» (P 109).

[196] Cfr. *Responsio*, 60-61.

[197] Vedi: M.-M. PHILIPON, «Itinerario spirituale», 267; cfr. anche: M. CONSUELA, «Dialogue With the Trinity», 423.

distinguere due realtà molto profonde: la *grazia dell'incarnazione mistica*[198], e la *tappa* che questa grazia apre nell'itinerario spirituale dell'uomo.

La *grazia dell'incarnazione mistica* è una profonda partecipazione al mistero dell'Incarnazione del Verbo: Gesù «si incarna», nasce e vive nell'anima dell'uomo, possedendolo ed associandolo al Suo dinamismo redentore. Non si tratta di una ripetizione dell'Incarnazione che si attuò nel grembo della Madonna, ma di una realtà che si attualizza in virtù della grazia santificante, unitiva e trasformante[199], che si lega strettamente all'azione di tutta la Santissima Trinità[200]. Si tratta di una grazia mistica che identifica l'uomo con i sentimenti sacerdotali di Gesù e lo associa strettamente all'opera redentrice del Salvatore, a favore di tutti gli uomini[201].

In Elisabetta tutte queste realtà erano presenti. La giovane parlò della partecipazione al mistero dell'Incarnazione, denominandola *nouvelle incarnation*[202]: sottolineò la dimensione trinitaria di questa grazia[203], trattò l'identificazione dei movimenti della propria anima con quelli dell'anima di Gesù[204], e infine mise in evidenza la verità secondo la quale Egli invita gli uomini a *prender parte* all'opera della redenzione[205].

Nella mistica cristocentrica della carmelitana, oltre a due simmetrie evidenti: *la dimora di Cristo con tutta la Santissima Trinità nell'uomo* e *la dimora dell'uomo con Cristo in Dio, la Comunione di Cui l'uomo*

---

[198] Di cui abbiamo già trattato nel nostro lavoro, tuttavia e opportuno parlarne ancora una volta.
[199] L. LINARES ROMERO, *L'incarnazione mistica*, 7.
[200] L. LINARES ROMERO, *L'incarnazione mistica*, 8.
[201] L. LINARES ROMERO, *L'incarnazione mistica*, 9.
[202] P 75; cfr. NI 15: «[...] afin qu'il se fasse en mon âme comme une incarnation du Verbe»; L 187: «[...] naissance non plus dans la crèche mais en mon âme, en nos âmes [...]».
[203] Cfr. L 278: «Que le Père vous couvre de son ombre et que cette ombre soit comme une nuée qui vous enveloppe et vous sépare; que le Verbe imprime en vous sa beauté, pour se contempler en votre âme comme en un autre Lui-même; que l'Esprit Saint qui est l'Amour fasse de votre cœur un petit foyer qui réjouisse les Trois Personnes divines par l'ardeur de ses flammes [...]»; vedi anche: L 269.
[204] Cfr. P 88: «[...] en moi j'ai la prière / De Jésus-Christ, le divin adorant. / Elle m'emporte aux âmes et au Père, / Puisque c'est là son double mouvement»; L 107: «Je suis partie dans l'âme de mon Christ [...]».
[205] L 300: «[...] avoir part aux souffrances de mon Époux crucifié, et aller avec Lui à ma passion pour être rédemptrice avec Lui...»; cfr. L 309; NI 13.

si nutre e *l'uomo come nutrimento di Cristo*[206], se ne può individuare una terza: *l'incorporazione dell'uomo a Cristo*[207] e *l'incorporazione di Cristo nell'uomo*.

Per quanto riguarda la realtà dell'*incarnazione mistica*, è opportuno accennare che l'esperienza cristologica di Elisabetta si unisce ad altre esperienze mistiche dei tempi recenti, come per esempio a quella della Venerabile Concepción Cabrera de Armida [Conchita] (1862-1937)[208] e del Card. Luis María Martínez (1881-1956), Arcivescovo Primate del Messico[209]. E sebbene sia vero che la grazia dell'*incarnazione mistica*

---

[206] Cfr. P 75: «Elle [Élisabeth] a faim de manger son Maître, / Surtout d'être mangée de Lui, / De bien Lui livrer tout son être / Afin qu'en elle tout soit pris. / [...] Ta chose, ta vivante hostie [...]».

[207] GIOVANNA DELLA CROCE, *Elisabetta dellas Trinità. Una vita*, 137.

[208] L. LINARES ROMERO, *L'incarnazione mistica*, 29. Il 20 dicembre 1999 il Papa Giovanni Paolo II firmò il Decreto dell'eroicità delle virtù di Concepción Cabrera de Armida (*Ibid.*, 35). Vale la pena accennare che, nella sua vita, Concepción Cabrera de Armida ascoltò gli Esercizi Spirituali tenuti da Mons. Luis María Martínez a Morelia (J. ESQUERDA BIFET, *Il sacerdozio di Cristo*, 7).

[209] L.M. MARTÍNEZ, *Preparación al Natale*, 2. Occorre sottolineare che Mons. Martínez nacque un anno dopo Elisabetta della Trinità e che la sua esperienza ebbe molti punti in comune con quella della giovane carmelitana (anch'egli trattò del cielo anticipato, della partecipazione alle sofferenze di Cristo, ecc.; vedi: L.M. MARTÍNEZ, *Obras completas*, I, 318.366). Nel nostro lavoro citeremo solamente alcuni brani degli scritti di Mons. Martínez riguardanti la grazia dell'incarnazione mistica: «No debe vacilar el alma en creer lo que dije antes acerca de la transformación del corazón. Eso está íntimamente ligado con la encarnación mística, porque ésta tiene por objeto el que el alma ame a Jesús como su Padre lo ama. ¿Y se puede amar como ama el Padre, si no se tiene su Corazón, si no se tiene al Espíritu Santo? Precisamente es lo característico de esa gracia insigne: amar de una manera nueva, divina, amar con el amor más perfecto [...], amar con el Corazón de Dios» (L.M. MARTÍNEZ, *Obras completas*, I, 306). Elisabetta descrisse la stessa grazia, ma nella povertà del linguaggio (vedi L 141: «Oh, maman, Celui auquel tu m'as donnée est Amour et Charité et Il m'apprend à aimer comme Lui, Il me donne son amour pour t'aimer!»; L 333: «Jamais le Cœur du Maître ne fut si débordant d'amour qu'à l'instant suprême où Il allait quitter les siens! [cfr. Gv 13,1] Il me semble qu'il se passe quelque chose d'analogue en sa petite épouse au soir de sa vie [...]»). In questo contesto vale la pena citare, ancora una volta, Mons. Martínez: «Y si todo corazón humano es hecho para el de Cristo, si toda alma está hecha para ser esposa de Cristo, aquellos corazones especialmente formados para iniciar en la tierra el misterio de los desposorios eternos, ¡diga el Señor hasta qué punto son semejantes y destinados a ser UNO! [...] Entonces cuando ese corazón ama, ama con el Corazón de Jesús. Es un fruto muy alto y exquisito de ese misterio que domina el cristianismo: el misterio de nuestra incorporación con Cristo; son como Cristo mismo, y tanto más perfectamente, cuanto más estrecha e íntima es nuestra unión con Él. [...] Este misterio es la extensión, en cuanto es posible, a todas

non è una realtà del tutto nuova nella storia della Chiesa — per es. ne trattava S. Luigi Maria Grignion de Montfort (1673-1716)[210] — è altrettanto vero che le diverse esperienze mistiche non sono solamente una *continuazione* ed un *aggiornamento* delle realtà già presenti nel pensiero e nell'esperienza della Chiesa, ma costituiscono il loro vero e proprio *approfondimento*.

La grazia dell'*incarnazione mistica* di Cristo nell'anima[211] apre una nuova tappa nell'itinerario spirituale della persona[212]. Questa fase, che viene dopo le tre precedenti (conosciute nella teologia spirituale come purificazione, illuminazione ed unione)[213], potrebbe essere denominata *associazione all'attività redentiva*[214]. Infatti nell'esperienza e nell'insegnamento di Elisabetta, l'incarnazione mistica non conclude l'itinerario spirituale della persona, non esaurisce la sua vocazione, ma dà inizio alla collaborazione con Gesù Cristo nel salvare il mondo. La giovane numerose volte penetrò questo significato, nel considerare la sua missione nella Chiesa[215]. Prima di morire, ella scrisse alla sua Priora:

---

las almas del misterio inefable y divino de la unión del Verbo con la sacratísima Humanidad de Cristo. La unión de las almas con el Verbo imita la unión hipostática, como ésta a su vez imita la divina unidad de la Trinidad Augusta» (L.M. MARTÍNEZ, *Obras completas*, I, 220-221). Elisabetta, oltre ogni speculazione, sotto l'influsso dello Spirito Santo, si rivolse semplicemente a Gesù, dicendoGli: «[...] je deviendrai comme un autre toi-même» (P 89).

[210] «Il Figlio di Dio vuole formarsi e per così dire incarnarsi ogni giorno, per mezzo della sua diletta Madre, nei suoi membri» (LUIGI M. GRIGNION DA MONTFORT, «Trattato della vera devozione alla santa Vergine», n. 31, in ID., *Trattato*, 35).

[211] Nella vita di Elisabetta, essa ebbe luogo la mattina del giorno dell'Ascensione 1906; vedi nel nostro lavoro: Quarto Capitolo, paragrafo «Je ne saurais dire comment les trois divines Personnes se sont révélées» (*Souvenirs*, 217).

[212] Cfr. L.M. MARTÍNEZ, *Obras completas*, I, 339, ove l'Autore descrive «*La cuarta etapa*» nella vita dell'uomo.

[213] Vedi: CH.A. BERNARD, *Teologia spirituale*, 481. Secondo la dottrina di San Giovanni della Croce, il matrimonio spirituale e l'incarnazione mistica avvengono dopo la *notte tranquilla*, nella *notte serena* (vedi: *Ibid.*, 483). Queste due grazie mistiche danno principio — come abbiamo già menzionato nel nostro lavoro — alla *notte illuminata* (vedi: J. DE BONO, *Elisabetta della Trinità*, 225). Vedi anche: L.M. MARTÍNEZ, *Obras completas*, I, 357.

[214] L'espressione «associazione all'attività redentiva», in un certo qual modo, potrebbe essere identificata con «notte illuminata», ma sottolinea anche l'attività dell'uomo in Cristo dopo la sua purificazione passiva.

[215] Cfr. L 256: «Qu'elle est sublime, la mission de la carmélite; elle doit être médiatrice avec Jésus-Christ, Lui être comme une humanité de surcroît en laquelle Il puisse perpétuer sa vie de réparations, de sacrifices, de louanges et d'adorations». Vedi anche la frase paolina: «J'accomplis en ma chair ce qui manque à la passion de

«Mère vénérée [...], en partant je vous lègue cette vocation qui fut mienne au sein de l'Église militante et que je remplirai désormais incessamment en l'Église triomphante: "Louange de gloire de la Sainte Trinité"» (LA 5). Bisogna aggiungere che, anche se Elisabetta non parlò esplicitamente di una *quarta tappa* nell'itinerario spirituale, la sua esperienza conferma la tesi dell'esistenza di questa tappa.

Concludendo l'analisi sul *valore teologico-mistico* della cristologia esistenziale di Elisabetta, si può affermare che la sua dottrina svolse (e svolge ancora) nei confronti della teologia sistematica un *ruolo correttivo*, invece nei confronti di tutta la comunità dei fedeli essa è *una voce profetica* che indica ciò che Gesù Cristo vuole offrire alla Chiesa, cioè il dono della Sua «nouvelle incarnation» nei credenti, per condurli alla comunione con tutta la Santissima Trinità e con tutta la Chiesa, ad una attiva cooperazione con Se stesso per la gloria di Dio e per il bene dell'umanità.

Al valore teologico-mistico è molto legata la dimensione letteraria degli scritti della carmelitana. Il suo linguaggio, benché non sia scientifico e molto fiorito, potrebbe dare il proprio contributo alla teologia sistematica e spirituale.

5.3 *Valore linguistico*

Il linguaggio della *cristologia esistenziale* di Elisabetta è anzitutto mistico: *personale, affettivo*[216], *nuziale (sponsale)*[217], *simbolico*[218], *metaforico*[219]; è caratterizzato da diverse forme letterarie, specialmente la

---

Jésus-Christ pour son corps qui est l'Église» (Col 1,24) in GV 7; DR 13, 41; L 259, 294, 309, 326.

[216] Elisabetta, per esprimere la sua ammirazione, la sua adorazione, il suo amore, si serviva spesso dell'esclamazione «ô»; per es.: NI 5 («Ô Jésus, mon Bien-Aimé, qu'il est doux de t'appartenir [...]»); P 67 («Ô Jésus de l'Eucharistie / Mon Époux, mon Amour, ma Vie / Que j'aime venir chaque soir / T'écouter, te causer, te voir!...»). Vedi: J. REMY, *Élisabeth de la Trinité et la prière*, 91.

[217] Cfr. le espressioni della carmelitana: «mon Époux» (P 64), «Cultivons avec soin la douce violette, / Son suave parfum plaît tant à notre Époux» (P 118), ecc.

[218] Per esempio, Elisabetta chiamò Gesù: «le Souverain Roi» (P 94), «le divin Agneau» (P 34), «le Pasteur» (DR 14), ecc. Sarebbe molto interessante uno studio sulla simbologia presente nella *cristologia* di Elisabetta, alla luce delle simbologie di altri Santi, per es. di San Giovanni della Croce oppure di Santa Teresa d'Avila, le quali sono descritte in G.C. MARTÍNEZ, «Il simbolismo mistico», 202-208.

[219] Per esempio i nomi elisabettiani di Gesù: «céleste Époux» (P 31), «mon Trésor» (P 67), ecc.

poesia — una delle espressioni più adeguate per comunicare l'esperienza mistica d'amore[220]; si appoggia sul linguaggio della fede e cerca di raccontare linguisticamente il divino indicibile[221].

Il linguaggio usato dai teologi è sicuramente più astratto, ma altresì più preciso rispetto a quello dei mistici — per esempio della giovane carmelitana — il quale tuttavia sembra essere più adatto ad esprimere le realtà divine. Ciò deriva dal fatto che i mistici non si esprimono solo attraverso concetti astratti, i quali sono spesso frutto della speculazione, ma anche attraverso concetti vissuti ed un ardente amore per Dio[222].

Secondo p. R. Garrigou-Lagrange, un confronto tra le due terminologie, dogmatica e mistica, è necessario per ben afferrare il senso e la portata di ciascuna di esse[223]. Il linguaggio dei mistici e quello della teologia sistematica devono illuminarsi reciprocamente[224]. La teologia sistematica ha bisogno anche di un linguaggio *vibrante, commosso, colorito, immaginoso, sensibile, delicato* o *sfumato*[225]. Oggi infatti, come spiegava K. Rahner (1904-1984), la teologia «[...] deve diventare ciò che introduce all'esperienza del mistero come tale; certo, del mistero ormai vicino»[226].

---

[220] Sarebbe molto interessante anche un'analisi degli scritti di Elisabetta sotto il profilo di alcune sfumature della lingua francese, analisi che evidenzierebbe, tra l'altro, il modo in cui la giovane si rivolgeva a Gesù: a volte ella usava la forma amichevole «toi» (per es. in P 44, 75), a volte la forma di cortesia «Vous» (per es. in P 18; NI 15).

[221] Cfr. L. BORRIELLO, «Il linguaggio mistico», 161.168.

[222] Vedi: M. BALDINI, *Il linguaggio dei mistici*, 9-11.101-106; L. BORRIELLO, «Il linguaggio mistico», 156.

[223] Vedi: R. GARRIGOU-LAGRANGE, *Le tre età*, III, 8, citato in: L. BORRIELLO, «Il linguaggio mistico», 155. Un tempo il linguaggio della mistica era essenzialmente in opposizione al linguaggio della teologia speculativa; nel XVI e XVII secolo, questa contraddizione provocò la formazione di una nuova disciplina: la teologia mistica. Fino al XVIII e al XIX secolo, sulla mistica e il suo linguaggio continuò a pesare un giudizio negativo: la *lingua mistica* era accusata, specialmente negli ambienti protestanti, di essere scorretta e grammaticalmente impropria (L. BORRIELLO, «Il linguaggio mistico», 154-155). R. Garrigou-Lagrange affermò che *il ilnguaggio dei mistici è più elevato di quello dei teologi*. Secondo Jecques Maritain il linguaggio dei mistici *ha necessariamente, come condizione della sua esattezza, delle dominanti psicologiche e affettive*. Yves Congar spiegò che il linguaggio degli spirituali *obbedisce a scopi e leggi diverse da quelle del linguaggio dei teologi* (cfr. M. BALDINI, *Il linguaggio dei mistici*, 101-111).

[224] L. BORRIELLO, «Il linguaggio mistico», 156.

[225] Vedi: L. BORRIELLO, «Il linguaggio mistico», 169.

[226] K. RAHNER, *La fede*, 153, citato in: L. BORRIELLO, «Il linguaggio mistico», 174.

In questi tempi, in cui il nome di Dio, il nome di Gesù Cristo, sono molto usati, e per molti sembrano essere privi di significato[227], la mistica offre un linguaggio più personale, più esistenziale. Elisabetta della Trinità, rivolgendosi a Gesù attraverso vari nomi, dimostrò la ricchezza del mistero della Sua persona e del mistero dell'uomo, con il quale Gesù si unisce. Si può dire che l'esperienza della giovane, in un certo qual modo, aiuti tuttora l'uomo moderno a ritrovare il senso ultimo dell'esistenza umana.

Per quanto riguarda il campo semantico delle espressioni di Elisabetta, bisogna sottolineare che il suo *linguaggio cristologico-mistico* possiede una *dimensione trinitaria*. Questa caratteristica è di notevole importanza, perché le moderne correnti teologiche[228] pongono l'accento proprio sulla necessità di rinnovare il linguaggio teologico finora esistente, linguaggio che a volte sembra servirsi di nozioni precostituite di tipo filosofico e non mette in evidenza l'auto-rivelazione di Dio come Amore[229]. Come afferma Antonio Staglianò, «gli stessi attributi di "immutabilità", "unicità", "trascendenza", "impassibilità", dovrebbero essere *risignificati* in riferimento alla storia dell'amore di Gesù, manifestazione ultima e definitiva della verità trinitaria di Dio, cui corrisponde la fede trinitaria»[230].

Proprio nella preghiera della giovane carmelitana «*O mon Dieu, Trinité que j'adore*» (NI 15), si possono distinguere le due *correnti* della teologia sistematica basata sulle considerazioni filosofiche e sulle intuizioni della fede trinitaria. Elisabetta, lodando la Santissima Trinità, usò i termini: «Immuable», «Solitude infinie», «Immensité». Nel contesto di una relazione molto profonda della giovane con ciascuna delle Tre Persone Divine[231], queste espressioni si colorano di un nuovo significato: la Santissima Trinità è «Immuable», «immense», nel Suo Amore, e la Sua solitudine significa la pace e il silenzio, in cui l'uomo può unirsi alla Comunità Trinitaria.

---

[227] Cfr. L. BORRIELLO, «Il linguaggio mistico», 174-175.

[228] Siamo stati testimoni dello straordinario sviluppo della *teologia trinitaria* nel XX secolo, che mirava e mira tuttora a raggiungere una più matura coscienza trinitaria di Dio (A. STAGLIANÒ, «Teologia trinitaria», 90). Fra i molti teologi che rappresentano queste correnti, vi sono: K. Rahner (1904-1984); J. Moltmann (1926-); G. Greshake (1933-), B. Forte (1949-); vedi: *Ibid.*, 98.109-111.

[229] Cfr. A. STAGLIANÒ, «Teologia trinitaria», 116.

[230] A. STAGLIANÒ, «Teologia trinitaria», 116.

[231] Elisabetta si rivolse al Padre: «ô Père [...]»; al Figlio: «ô Christ aimé [...]»; allo Spirito Santo: «ô Feu consumant, Esprit d'amour [...]» (vedi: NI 15).

Concludendo, il linguaggio di Elisabetta può essere considerato una *lettura trinitaria dell'evento Gesù Cristo*, la quale non è una sovrapposizione estrinseca all'evento stesso, ma ne costituisce l'unica plausibile interpretazione corretta[232].

5.4 *Una via spirituale. Valore spirituale-pastorale*

Elisabetta della Trinità non si soffermò a descrivere esplicitamente gradi di contemplazione e tappe nell'itinerario spirituale della persona che risponde alla vocazione divina. Non era questo il suo compito, e probabilmente ella non aveva, in grado sufficiente, questo particolare carisma di comprensione e di espressione, come invece si riscontra per esempio in Santa Teresa d'Avila[233] o in San Giovanni della Croce. La giovane descrisse l'itinerario di una vita spirituale proiettata verso le profondità dell'esperienza di Dio, ispirata all'insegnamento della Parola divina[234].

La via spirituale di Elisabetta della Trinità è anzitutto *la sua via personale*, realizzata secondo il progetto divino in un tempo determinato, ma porta in sé anche un *valore universale*. Giacché nei suoi elementi essenziali, la cristologia esistenziale della giovane risponde alle più importanti questioni riguardanti l'unione fra Gesù e l'uomo, essa è un aiuto per ogni fedele che, uscendo dal proprio peccato e dalle sue conseguenze, vuole percorrere la strada che conduce ad una sempre più intima comunione con Dio[235]. L'esperienza e la dottrina cristologica della carmelitana costituiscono e tracciano una via spirituale per il cristiano, che attraverso la fede, la speranza e l'amore si unisce con lo Sposo Divino, nel distacco da tutto ciò che non proviene da Dio e nel silenzio, cioè in una certa «solitudine interiore», che permetta all'uomo di entrare nella piena comunione con le Tre Persone Divine e con tutte le persone redente da Cristo[236].

L'esperienza mistica della giovane, fondata sui due grandi misteri cristiani della Santissima Trinità e di Gesù Cristo vivente nel Suo *Corpo mistico*[237], è un incoraggiamento a tutti i cristiani «poveri», che oggi si sentono attirati alla comunione con Dio, al di là di ogni fenomeno e

---

[232] Cfr. A. STAGLIANÒ, «Teologia trinitaria», 127.
[233] R. MORETTI, *Introduzione a Elisabetta della Trinità*, 162.
[234] R. MORETTI, *Introduzione a Elisabetta della Trinità*, 162.188.
[235] Cfr. A. RUSZAŁA, «Droga duchowa», 69-70.
[236] Cfr. A. RUSZAŁA, «Droga duchowa», 70.
[237] H.C. GRAEF, «The Doctrine of Elisabeth», 337.

dono «straordinario», in un approfondimento del dono della grazia santificante, sotto la mozione dello Spirito Santo, che realizza la trasformazione in Cristo, e in un'interiorità teologale che introduca alla realtà della vita trinitaria e della Chiesa. La mistica di Elisabetta, legata profondamente alla Sacra Scrittura, dimostra la forza della Parola di Dio, che introduce l'uomo all'intimità con Gesù e con tutte e tre le Persone Divine[238]. Senza dubbio la Santissima Trinità, offrendo alla Chiesa l'esempio della persona di Elisabetta, vuole richiamare alla comunione con Sé le anime semplici ed umili, completamente e generosamente abbandonate alla Sua azione[239].

Il messaggio della carmelitana, per la Chiesa e per il mondo, manifesta come nella persona di Gesù Cristo l'uomo possa rispondere alla sua vocazione di essere *una lode della gloria di Dio*, la «*"Louange de gloire de la Sainte Trinité"*» (LA 5). Lei stessa, volendo realizzare tale chiamata, si offrì all'Amore e, ispirandosi alla tradizione carmelitana, volle aprire questo amore alla dimensione apostolica, cioè al servizio della comunità ecclesiale e del mondo[240]: «Il me semble qu'au Ciel, ma mission sera d'attirer les âmes en les aidant à sortir d'elles pour adhérer à Dieu par un mouvement tout simple et tout amoureux, et de les garder en ce grand silence du dedans qui permet à Dieu de s'imprimer en elles, de les transformer en Lui-même» (L 335).

Nella *cristologia esistenziale* di Elisabetta si impresse la bellezza di Dio, della quale la giovane divenne profetessa ed apostola[241].
La giovane offrì alla Chiesa un messaggio di carattere universale[242], radiante e santificante[243], e divenne uno strumento nelle mani divine per dimostrare alla comunità dei fedeli una *via spirituale* che, anche se dal punto di vista teologico non è del tutto originale, costituisce *una nuova sfumatura della spiritualità carmelitana*. La semplicità e concretezza del messaggio di Elisabetta (e inoltre il suo svilupparsi in varie dimensioni: cristocentica, trinitaria, mariana, liturgica, ascetica, ecc.) permettono di affermare che la sua *cristologia esistenziale*, in un certo

---

[238] Cfr. *Responsio*, 60. Sulla trasformazione in Cristo nel pensiero di Elisabetta, vedi anche: GIOVANNA DELLA CROCE, «"Sogno di essere trasformata"», 548-556. Vedi: CH.A. BERNARD, *Introduzione alla teologia spirituale*, 90-92.
[239] *Responsio*, 60.
[240] Cfr. J.I. ADAMSKA, «Służba poprzez kontemplację», 233-234.
[241] Vedi: J. REMY, *Élisabeth de la Trinité. Le secret*, 220-222.
[242] Cfr. J. REMY, *Élisabeth de la Trinité. Le secret*, 220-222.
[243] Vedi: J. REMY, *Élisabeth de la Trinité. Le secret*, 219-220.

qual modo, può essere considerata come fondamento di *una* delle *scuole di vita spirituale*.

Per evidenziare ancor più l'attualità del messaggio della giovane carmelitana, vale la pena esprimerlo nel linguaggio attualmente in vigore nella teologia, cioè nel linguaggio personalistico. Infatti varie considerazioni della giovane corrispondono alle presentazioni personalistiche di H. Urs von Balthasar (1905-1988), di J. O'Donnell (1944-2005)[244], di J. Moltmann (1926-), del Cardinale J. Ratzinger (1927-), del Cardinale W. Kasper (1933-), ecc.

6. L'interpretazione personalistica della cristologia esistenziale di Elisabetta

Elisabetta della Trinità, per esprimere la sua esperienza e la sua dottrina, si serviva del linguaggio teologico del XIX secolo[245]. In questo periodo, nelle scienze ecclesiali dominava l'antropologia di San Tommaso d'Aquino (1274), il quale, interpretando la dottrina aristotelica alla luce della fede, nel composto umano (corpo-anima) accordò il primato all'anima[246]. Il dottore angelico affermava che l'anima è *la «forma» del corpo*, e che si deve trattare del corpo solamente a causa della sua relazione con l'anima[247].

Nonostante San Tommaso insistesse in modo notevole sull'unità dell'uomo (affermando che l'uomo è costituito dall'anima e dal corpo, ma nessuno dei due, considerati isolatamente, è l'uomo[248]), la teologia si soffermava prevalentemente sull'anima. Anche la seguente definizione della «persona» di Anicio Manlio Torquato Severino Boezio[249], «persona est naturae rationalis individua substantia» (Boezio, *Liber de persona*, III: PL 64, 1343C)[250], non promosse la piena riscoperta del mistero dell'uomo. La «persona» veniva intesa come *anima razionale*,

---

[244] Cfr. A. STAGLIANÒ, «Teologia trinitaria», 150.

[245] Le considerazioni riguardanti l'interpretazione personalistica di Elisabetta sono sviluppo e continuazione di alcuni pensieri contenuti nella nostra Tesina di Licenza: J.K. MICZYŃSKI, *Misterium łaski niestworzonej w pismach bł. Elżbiety od Trójcy Świętej*, Lublin 1996, 86-95 (*Il mistero della grazia increata negli scritti della Beata Elisabetta della Trinità*, dattiloscritto non pubblicato).

[246] L.F. LADARIA, «L'uomo», 113.120.

[247] STh, Ia, q. 75, intr, in L.F. LADARIA, «L'uomo», 114.

[248] STh, Ia, q. 75, a. 4, in L.F. LADARIA, «L'uomo», 114.

[249] Nacque fra il 475 e il 480, fu ucciso fra il 524 e il 526 (U. PIZZANI, «Boezio», 547-548).

[250] Cfr. Bartnik, 84.

perciò l'uomo rimaneva «persona» solamente «nel campo» dell'anima[251].

Questo sistema di ragionamento influì molto su Elisabetta; anch'ella scrisse che Gesù Cristo con tutta la Santissima Trinità abita «dans l'âme» (cfr. per es. NI 13) dell'uomo[252]. La giovane parlava dell'uomo, soprattutto in quanto *anima*[253], perciò la via che conduce a diventare, come Gesù Cristo, la *louange de gloire* della Santissima Trinità, è la via dell'anima (cfr. CF 41-44).

Bisogna affermare che, oggi, il linguaggio usato dalla giovane carmelitana, più o meno consapevolmente, sembra essere non molto attuale nei confronti dei nascenti sistemi personalistici[254]. Nei nostri tempi la «persona» viene intesa in maniera più ampia[255]. L'analisi della *cristologia esistenziale* di Elisabetta, condotta alla luce del personalismo, può svelare nuovi valori del pensiero della giovane, che altrimenti resterebbero nascosti.

L'uomo come *persona* è il *culmine* della creazione, il *re della natura* e lo *scopo* di tutta la realtà materiale. Egli, in un certo qual modo, emerge dal passato del Cosmo e occupa nel mondo una posizione unica ed irripetibile; è stato messo dal Creatore nel grembo dell'Universo, racchiudendo in sé tutto ciò che nella creazione vi è di più perfetto.

---

[251] Bartnik, 39.

[252] Cfr. anche: J 122 («Après la Communion Jésus et l'âme ne forment plus qu'un seul et même cœur, il sont fondus ensemble comme deux morceaux de cire»); L 278 («Qu'elle est suave et douce, la mort, pour les âmes qui n'ont aimé que Lui, [...] J'étais si heureuse de mourir carmélite»), ecc.

[253] Cfr. J 3: «Je donnerais ma vie seulement pour contribuer au rachat d'une de ces âmes que Jésus a tant aimées».

[254] Oggi si tratta delle diverse scuole del pensiero personalistico, tra le quali vi è il personalismo *fenomenologico e storico* (M. Scheler, R. Ingarden, E. Stein, W. Pannenberg, ecc.); *neotomistico* (J. Maritain, É. Gilson, ecc.) e il personalismo *filosofocoreligioso* (F. Ebner, M. Buber, P. Teilhard de Chardin, ecc.). Vengono anche menzionati il *personalismo italiano* (A. Rosmini, L. Pareyson, A. Danese, B. Forte, ecc.), il *personalismo americano* (G.H. Howison, B.P. Bowne, ecc.), il *personalismo francese* (H. Bergson, M. Blondel, E. Mounier, J. Maritain, P. Teilhard de Chardin, ecc.), il *personalismo tedesco* (R.H.Lotze, M. Scheler, ecc.) e il *personalismo polacco* (K. Wojtyła, W. Granat, T. Styczeń, Cz.S. Bartnik). Vedi: Bartnik, 129-160.

[255] E sebbene K. Barth (1886-1968) proponesse di eliminare il termine «persona» dalla grammatica trinitaria [come lo stesso K. Rahner (1904-1984) pensava; vedi: A. STAGLIANÒ, «Teologia trinitaria», 149; Bartnik, 331], la maggior parte dei teologi sostiene che oggi questa nozione è insostituibile. È importante solamente una giusta comprensione della «persona», intesa cioè come «evolversi dell'"io"», «realizzarsi dell'"io"» (vedi: Bartnik, 330.332).

CAP. VI: VALUTAZIONE DELLA CRISTOLOGIA

L'uomo, essendo «qualcuno» che costituisce se stesso, è contemporaneamente «qualcuno» *come Dio*, «qualcuno secondo» dopo Dio[256].

L'uomo è dotato di *mente*, che racchiude (assieme alla ragione), in una unità armonica, la conoscenza, l'intelletto, l'intuizione, ogni percezione, il sentimento e la creazione spirituale, realtà che conducono l'uomo stesso a penetrare nel proprio intimo; legata strettamente alla mente vi è la *volontà*, e con essa: l'aspirazione, la facoltà di decidere, la possibilità della scelta, l'autodecisione, la libertà, la sovranità, l'indipendenza, la moralità, l'ambivalenza *valori – anti-valori*[257]; ed infine la *memoria*. Sebbene ogni uomo nella sua essenza sia uguale, ciascuno è una persona unica e irripetibile: ha una vita diversa, diverso carattere, diversa sorte, diverso aspetto esteriore, diversa personalità, diverso compito da compiere nella storia[258].

La *persona* non è solamente una sintesi di anima e di corpo[259]; oggi si intravede in essa una terza dimensione: la persona è anche *trascendenza* (in un certo qual modo *autotrascendenza*) dell'anima e del corpo verso l'Assoluto, verso l'Infinità, verso il *compiersi* dell'esistenza umana, senza limiti materiali[260]. La *persona* ha carattere *comunitario*: si sviluppa non solamente *in se stessa*, *da se stessa* o *per se stessa*, ma anche attraverso una relazione «ontologicamente necessaria» con un'altra persona, con tutta la società personale[261].

La questione riguardante la persona si concentra sul mistero dell'«io» umano, sul mistero dell'«ego». Esso è la più profonda immanenza dell'uomo; non si può ridurlo solamente alla coscienza psichica, alla conoscenza oppure alla consapevolezza, perché la *vita spirituale* non riguarda soltanto queste. L'«io» ha il carattere della sussistenza ontologica, la quale, proprio attraverso la coscienza, si esprime, si attualizza e agisce. L'«io» è allora una realtà più profonda della coscienza[262], realtà

---

[256] Bartnik, 36.
[257] Vedi: Bartnik, 39.
[258] Cfr. Bartnik, 37.
[259] Oggi, il rapporto tra la visione cristiana (che sottolinea la predestinazione in Cristo degli uomini a *rimanere in relazione* con Dio) e il problema *anima-corpo* deve essere collocato — come afferma F.G. Brambilla — «all'interno della questione dell'uomo come persona, cioè come creatura e come libertà che si autodetermina dinanzi a Dio» (F.G. BRAMBILLA, «Antropologia teologica», 229).
[260] Cfr. Bartnik, 39. Oltre al termine «autotrascendenza» è usata spesso la nozione di «autorealizzazione» (vedi: F.G. BRAMBILLA, «Antropologia teologica», 227).
[261] Bartnik, 40.
[262] Cfr. Bartnik, 179-180.

in cui si costituiscono tutte le categorie dell'essere personale: corpo, anima, *natura rationabilis*, sostanza, sussistenza (auto-sussistenza), soggettività e personalità[263]. La *persona*, attraverso l'«io», si lega alla spiritualità nel senso soggettivo e oggettivo, *emerge* dalla spiritualità e la vive, percorrendo le varie tappe della vita spirituale verso la sublime perfezione dell'essere. Per questo motivo l'uomo può essere *spirituale, santo, redento, salvato*, ecc[264].

L'«io» non creò e non crea se stesso, ma comunica il condizionamento ricevuto dall'Assoluto, il quale, se non fosse stato *personale*, sarebbe stato superato, in perfezione, dalla persona umana[265]. L'uomo, dunque, intuisce se stesso come *persona creata* che iniziò ad esistere grazie alla Persona Increata (la rivelazione in Gesù Cristo svela la verità sulle Tre Persone Divine).

Iddio si manifesta come ente *personale* per eccellenza[266], come Comunione delle Tre Persone Increate. Ogni Persona della Santissima Trinità (il Padre, il Figlio e lo Spirito Santo) è l'Essere Personale in forma di *Relazione Assoluta* con le altre due *Relazioni*[267]. Le Persone Increate, unite nell'amore, sono la causa delle *persone create*, le quali hanno la propria individuale esistenza, però creata. L'uomo, in cui si è impressa l'immagine della Santissima Trinità, riflette in se stesso la capacità di entrare nelle relazioni con le altre persone, specialmente con le Tre Persone Divine.

Tutta la *cristologia esistenziale* di Elisabetta della Trinità si basa sull'asse della relazione *persona di Gesù Cristo – persona umana*[268]. Il Verbo umanato, unito al Padre e allo Spirito Santo, muore, risorge, si dona nei sacramenti (in modo irripetibile nell'Eucaristia), stabilisce la Sua dimora *au-dedans*[269] delle *persone create*, si dona a loro come Sposo, per salvarle, cioè per trasformarle nel Suo amore e farle entrare nella profonda relazione-unione con le Persone Divine. In tal modo,

---

[263] Vedi: Bartnik, 179. La descrizione di tutte queste categorie la si può trovare in *Ibid.*, 163-181.

[264] Cfr. Bartnik, 181.

[265] Cfr. Bartnik, 179.

[266] Cfr. Bartnik, 329.

[267] Cfr. Bartnik, 339-340.

[268] Anche se, come abbiamo già menzionato nel nostro lavoro, Elisabetta sviluppò in modo incompleto la nozione di uomo, riducendolo — sotto l'influsso dell'epoca — all'anima.

[269] Cfr. per es. L 47, 169 («Il [Jésus] est toujours avec moi [...]. Je le sens si vivant en mon âme, je n'ai qu'à me recueillir pour le trouver au-dedans de moi [...]»).

Egli, rendendo le *persone* simili a Se stesso, fa di loro una comunità (la Chiesa), che diventa il Suo mistico Corpo e che già sulla terra riflette le relazioni nell'amore, che esistono nella Santissima Trinità.

Analizzando, sul piano del personalismo, l'unificazione di Gesù Cristo con l'uomo (unificazione di cui parla Elisabetta), si intravede che il Salvatore offre alla persona creata *tutta la Sua persona*. E sebbene la giovane carmelitana rivolgesse particolare attenzione all'anima di Gesù, tuttavia stimava anche il Suo corpo (incluso quello eucaristico) e — intuitivamente — scorgeva in Gesù la *terza dimensione* della Sua persona: oltre a quelle dell'*anima* e del *corpo*, quella *dinamica*, cioè un «double mouvement» della Sua anima verso il Padre e verso gli uomini[270], che consisteva nella Sua lode perenne elevata nello Spirito Santo verso il Padre e nella Sua continua *nouvelle incarnation*[271] negli uomini, la quale conduce alla ricapitolazione in Cristo di tutte le cose[272].

Anche la verità riguardante l'inabitazione di tutta la Santissima Trinità nell'uomo può essere *riletta* alla luce del personalismo: le Persone Divine stabiliscono la Loro dimora nella persona umana, sia nella sua dimensione corporale che in quella spirituale, e inoltre nel processo del suo trascendersi verso l'Infinità, verso la definitiva realizzazione di se stessa, che si svolge nel contesto di tutta la realtà: dell'economia di Dio (creativa e salvifica), della storia, della cultura e della società.

Elisabetta scrisse che la Santissima Trinità è *au plus intime*[273] dell'uomo. Nel personalismo, la realtà più profonda dell'uomo è l'«io», quindi l'inabitazione di Dio che raggiunge questa *parte inferiore* della persona creata non dipende dalla coscienza, dalla conoscenza, dalle emozioni. La giovane intuitivamente confermò questa verità: «Ah! Que c'est bon cette présence de Dieu au-dedans de nous, dans ce sanctuaire intime de nos âmes. Là, nous le trouvons toujours quoique par le sentiment nous ne sentions plus sa présence, mais Il est là tout de même, plus près peut-être encore [...]»[274].

---

[270] P 88: «[...], en moi j'ai la prière / De Jésus-Christ, le divin adorant. / Elle m'emporte aux âmes et au Père, Puisque c'est là son double mouvement».
[271] P 75; cfr. NI 15; P 86.
[272] P 89 [*Tout restaurer dans le Christ*].
[273] GV 8.
[274] L 47; cfr. L 249: «[...] au fond de votre cœur. *Lui*, Il [Jésus] est toujours là, encore que vous ne le sentiez pas [...]».

La persona creata *si compie* nella società delle persone. L'uomo, aperto alla relazione, sviluppa la propria personalità, si trasfigura, si realizza in modo migliore nella società delle Tre Persone Divine[275]. Nell'unione dell'uomo con la Santissima Trinità, ha luogo «un'*interpenetrazione* nella personalità stessa delle Persone amate»[276]. La giovane carmelitana, basandosi sul pensiero di San Giovanni Apostolo, affermava che l'uomo è chiamato a rimanere nella comunione con il Padre, con il Figlio e con lo Spirito Santo: «[...] nous avons "société" avec la Sainte Trinité» (cfr. 1 Gv 1,3)[277]. Questa realtà si compie già sulla terra e segna l'inizio dell'eternità[278]. Lo scopo della persona creata è *perdersi, seppellirsi, nascondersi* in Dio, comunione di Persone[279], nella Loro vita divina[280]. Elisabetta era consapevole che l'unione con la Santissima Trinità non significa per la persona creata *la perdita della propria identità*[281].

Bisogna sottolineare, in questo contesto, il peculiare carattere della persona dello Spirito Santo. Come abbiamo già accennato, Elisabetta Lo chiamava «le Foyer d'amour» che è «le lien du Père et de son Verbe» (CF 14). Lo Spirito Santo è una *Persona Unificatrice*, l'Amore, il *luogo dell'incontro* delle altre due Persone della Santissima Trinità (con Se stesse) e del Loro *incontro* con la persona creata[282].

---

[275] La dimensione personale-dinamica della presenza della Santissima Trinità mette in chiara luce la Sua iniziativa di comunione (C. LAUDAZI, «Dio in noi», 429).

[276] L. BORRIELLO, *Elisabetta della Trinità*, 55.

[277] L 273; cfr. L 265, 327 («Il y a un Être qui est l'Amour et qui veut que nous vivions en société avec Lui»), 329, 330. Un giorno Elisabetta disse: «Je sens à côté de moi, l'Amour comme un être vivant qui me dit: "je veux vivre en société avec toi; pour cela je veux que tu souffres sans penser que tu souffres, te livrant simplement à mon action"» (*Elpa*, 171). Vedi anche: DR 43; CF 14; LA 4.

[278] Cfr. L 223 («Pourtant, dès ici-bas, Il [le Dieu] nous permet de vivre en son intimité, et nous commençons en quelque sorte notre éternité, vivant en "société" avec les trois Personnes divines»); vedi anche: L 271.

[279] Cfr. L 185: «Je voudrais y répondre en passant sur la terre comme la sainte Vierge, "gardant toutes ces choses en mon cœur", m'ensevelissant pour ainsi dire dans le fond de mon âme afin de me perdre en la Trinité qui y demeure»; vedi anche: P 115 («C'était la Trinité qui m'entrouvrait son Sein / Et j'ai trouvé mon centre en l'Abîme divin! [...] / Je plonge en l'Infini, c'est là tout mon partage, / Mon âme se repose en cette immensité / Et vit avec ses Trois comme en l'éternité!»).

[280] Vedi: A. PIGNA, «La Trinità abitata in Elisabetta», 477.

[281] Cfr. L 185; LA 5.

[282] Cfr. CF 14 («Pour ces âmes, la mort mystique [...] devient si simple, si suave! Elles pensent beaucoup moins au travail de destruction et de dépouillement qui leur reste à faire qu'à se plonger dans le Foyer d'amour qui brûle en elles, et qui n'est

CAP. VI: VALUTAZIONE DELLA CRISTOLOGIA

Le Tre Persone Divine, che abitano nelle persone giustificate per la grazia, costituiscono il *centro* in cui esse possono avvicinarsi, ritrovarsi, unirsi[283]. In tal modo si costruisce la Chiesa che, qui sulla terra, è il modello della comunità delle Persone Increate e delle persone create. Il culmine della loro relazione, cioè della relazione Dio – umanità, è la persona di Gesù Cristo. Ella è «*le Principe* et *la fin*» (P 96; Ap 21,6) della storia della salvezza e «Modèle divin» (P 121). La Società della Trinità rende l'uomo sempre più maturo come persona, secondo il modello della Seconda Persona Divina.

Nella storia dell'umanità, della Chiesa, un ruolo particolare compie la persona della Madonna. Ella è legata in modo irripetibile con le Persone Divine e, secondo la volontà del Figlio, divenne Madre di tutte le persone create, con lo scopo di *partorirle* per l'eternità[284]. La persona di Maria (il suo cuore, il suo pensiero, il suo agire) imprime nella Chiesa l'impronta di una particolare personalità, rimanendo per sempre il modello irraggiungibile dell'amore sponsale e materno.

Tutta la *cristologia esistenziale* di Elisabetta, nelle sue dimensioni teologiche e mistiche, ha un carattere personalistico; anche il linguaggio della giovane non è speculativo, ma è proprio di una lingua *personale*. Ciò si manifesta con chiarezza specialmente nella preghiera *O mon Dieu, Trinité que j'adore* (NI 15), ove — come afferma C. Hainsworth — la spiritualità trinitaria della carmelitana si esprime «[...] in unmistakeably "personalist" tones»[285].

Tutta la realtà dell'esistenza (la vita, il cristianesimo, la spiritualità, ecc.) è inclusa nella realtà delle persone. Se qualcosa esiste, esiste in virtù delle Persone Increate, per la Loro *louange de gloire* (cfr. DR 40) e per il Loro amore verso le persone create. Queste ultime, grazie alla persona di Gesù Cristo — «en Lui, avec Lui, par Lui, et pour Lui» (DR 20) —, possono entrare *nella comunione* con la Santissima Trinità, con la Madonna e con tutti i santi, nella vita eterna che inizia a realizzarsi *già sulla terra*[286] e che si attualizza *au-dedans* del loro essere. In tal modo, il piano divino, che comprende il mistero della creazione,

---

autre que l'Esprit Saint, ce même Amour qui dans la Trinité est le lien du Père et de son Verbe»).

[283] Cfr. L 113, 136.

[284] Elisabetta scrisse: «Quand j'aurai dit mon "consummatum est" (Gv 19,30), c'est encore elle, "Janua cœli", qui m'introduira dans les parvis divins [...]» (DR 41).

[285] C. HAINSWORTH, «The theology», 284.

[286] Cfr. CF [*Le Ciel dans la foi*] – Trattato spirituale I.

della redenzione e della santificazione, culmina nella salvezza. Al centro della storia umana rimane Gesù Cristo, che nella Sua persona, come «l'Emmanuel» (P 96), «Dieu avec nous» (L 187), rivela l'immagine vera di Dio, il vero volto del Padre.

CONCLUSIONE

La storia dell'Ottocento, secolo in cui nacque Elisabetta della Trinità, mostra in quale modo lo Spirito Santo aveva preparato il laicato ad essere partecipazione attiva nella Chiesa. Sembra che all'inizio Dio *abbia permesso* al Suo popolo di praticare una pietà altamente ascetica (che consisteva nell'acquisto ed esercizio delle virtù, nel combattimento ascetico, nella vita di preghiera molto precisa, nel compimento dei doveri). Successivamente Egli *convinse* i fedeli ad oltrepassare la semplice pratica di ascesi, mostrando loro come, attraverso la partecipazione al mistero pasquale, sia fondamentale vivere nel medesimo amore del Signore (attraverso le devozioni popolari: Sacro Cuore di Cristo, devozione eucaristica, spiritualità del Natale, venerazione per la Madre di Cristo, ecc.). Verso la fine del secolo lo Spirito Divino sollecitò alcune anime a prendere coscienza che è proprio Lui che illumina e santifica l'uomo, lo rende simile al Figlio di Dio e lo unisce con la Trinità; di conseguenza mostrò alla comunità dei fedeli la possibilità di vivere e di operare nel medesimo amore di Cristo, se e in quanto essa si immette in stato di passività verso i suoi doni[1]. A queste persone appartiene proprio Elisabetta della Trinità che *scoprì* e *visse* la presenza di Dio e la necessità di essere docili e abbandonati, al Suo agire[2].

L'obbiettivo centrale del nostro lavoro era presentare la *cristologia esistenziale* di Elisabetta della Trinità. La carmelitana digionese ideò un'originale dottrina cattolica che mostra la persona di Gesù Cristo come Colui che si dona totalmente all'uomo nel suo interiore, che imprime nell'uomo la Sua Icona individuale e sociale (la Chiesa), e lo conduce verso le regioni escatologiche, ove lo sviluppo umano culmina nella piena unione con le Tre Persone Divine, con la Madre di Cristo e

---

[1] Cfr. T. GOFFI, *La spiritualità dell'Ottocento*, 59-60.
[2] Cfr. T. GOFFI, *La spiritualità dell'Ottocento*, 60.

con tutto il mondo delle persone create. Elisabetta «riscoprì» la ricchezza spirituale della persona di Cristo, la verità sull'inabitazione trinitaria nell'uomo e il mistero della partecipazione della persona creata alla natura divina (cfr. 2 Pt 1,4), intesa non necessariamente come a-personale, ma piuttosto come la partecipazione *delle Persone Divine* (*participatio personarum*)[3]. La dottrina e l'esperienza di Elisabetta sono testimoni di come la presenza di Gesù Cristo stimola l'uomo nel suo cammino verso la pienezza della vita personale.

Il nostro lavoro, che si è soffermato sul tema riguardante *la cristologia esistenziale* di Elisabetta della Trinità, può servire alla riscoperta delle varie ricchezze spirituali racchiuse nei suoi scritti. Si parla allora dei suoi innumerevoli consigli spirituali, della sua esperienza mariana, pneumatologica, ecclesiale, di discernimento spirituale, ecc. Inoltre non è azzardato affermare che gli scritti della giovane offrono la possibilità di un profondo studio della sua personalità[4], del suo linguaggio dal punto di vista letterario (specialmente nelle poesie, nelle quali ella si servì di diverse metafore e comparazioni), dal punto di vista della patristica, della dogmatica e della filosofia[5].

La dottrina e l'esperienza della giovane carmelitana portano in sé valori, dei quali potrebbe avvalersi anche la teologia morale. Negli scritti elisabettiani, infatti, si trovano varie realtà che appartengono al sogget-

---

[3] Cfr. MARIA EUGENIO DEL B.G, *Sono figlia della Chiesa*, Milano 1959, 547, citato in C. SARRASIN, «L'esperienza della vita trinitaria», 266; vedi anche: CZ.S. BARTNIK, «Trójca Święta», 133.

[4] Si possono analizzare specialmente le relazioni familiari di Elisabetta con sua madre e sua sorella. Sembra che Elisabetta, nella sua vita, in un certo qual modo *ripeteva* (o *continuava*) la vita di sua madre. La giovane, all'inizio della sua esistenza terrena, portava nel suo cuore la ribellione, forse ereditata dalla mamma (il cui primo fidanzato venne ucciso durante la guerra e, dopo aver ella trovato un altro compagno di vita, rimase vedova a pochi anni dal matrimonio), forse causata dal non ricevere da lei affetto in modo sufficiente. Marguerite, la sorella più piccola di Elisabetta, forse non aveva problemi di emotività, perché aveva «come madre» Elisabetta. Infatti la carmelitana stessa espresse nei suoi scritti il desiderio di diventare una *madre spirituale* sia per sua sorella che per sua madre. Forse questa difficile e molto delicata situazione nella famiglia di Elisabetta accelerò il suo sviluppo interiore verso una personalità integra nell'amore. Lo studio di queste relazioni familiari, eseguito dal punto di vista della psicologia e della psichiatria, può diventare un *incoraggiamento* per tutti coloro che crescono in famiglie segnate dal dolore e da diverse difficoltà. La vita di Elisabetta dimostra che la grazia di Dio, la forza della Redenzione, superano ogni debolezza umana.

[5] Tale analisi dà contributo alla ricerca sulla letteratura intesa come *locus teologicus*.

to di questa disciplina; come esempi possiamo elencare l'amicizia, l'ascesi, la coscienza, la dignità dell'uomo, il senso del lavoro sul proprio carattere, le virtù, i voti religiosi e privati, ecc. Sembra che uno studio dedicato alla *costruzione morale* della persona della giovane potrebbe dare contributo alla comprensione delle virtù umane. Nella prospettiva di Elisabetta, la persona *partecipa alle virtù di Cristo*, le *interiorizza*, le fa sue, diventando sempre più unita e sempre più simile a Lui.

Tutte queste diverse ricchezze racchiuse negli scritti di Elisabetta confermano la tesi che la sua esperienza e la sua dottrina sono molto attuali e adeguate per l'uomo di oggi, il quale, abbagliato dal benessere materiale e formato dalla cultura del post-modernismo, ha tanto bisogno di ritrovare il senso della vita[6].

Il giorno 25 novembre 1984, quando il Papa Giovanni Paolo II beatificò Elisabetta della Trinità, durante la cerimonia nella Basilica di San Pietro a Roma, egli si rivolse ai fedeli con queste parole:

> Nous osons aujourd'hui présenter au monde cette religieuse cloîtrée qui mena une «vie cachée en Dieu avec Jésus Christ» [Col 3,3] car elle est un témoin éclatant de la joie d'être enraciné et fondé dans l'amour [cfr. Ef 3,17]. Elle célèbre la splendeur de Dieu, parce qu'elle se sait habitée au plus intime d'elle-même par la présence du Père, du Fils et de l'Esprit en qui elle reconnaît la réalité de l'amour infiniment vivant [...]. A notre humanité désorientée qui ne sait plus trouver Dieu ou qui le défigure, qui cherche sur quelle parole fonder son espérance, Élisabeth donne le témoignage d'une ouverture parfaite à la Parole de Dieu qu'elle a assimilée au point d'en nourrir véritablement sa réflexion et sa prière, au point d'y trouver toutes ses raisons de vivre et de se consacrer à la louange de sa gloire[7].

Elisabetta come testimone — per il suo ascoltare il Maestro e accogliere le fondamentali idee del Vangelo, per l'annunzio della Buona Novella alla sua nazione e alla Chiesa, per il suo essere Profeta di Dio, per il suo impegno apostolico e per la sua dedizione ai poveri — dà il

---

[6] Vedi: R. MORETTI, *Introduzione a Elisabetta della Trinità*, 188; cfr. G. PESENTI, «Un cuore che "brucia e si consuma" per la Chiesa», 188.

[7] IOANNES PAULUS PP. II, «Homilia: Ob decretos Ven. Servis Dei Iosepho Manyanet et Vives, Danieli Brottier et Elisabethae a SS.ma Trinitate, Beatorum celitum honores. Die 25 m. Novembris a. 1984», *AAS* 77 (1985), 292. Vedi anche: «La beatificazione dei Servi di Dio Manyanet, Brottier ed Elisabetta della Trinità. I tre nuovi beati: guide sicure in un mondo di incertezze e di oscurità», *OR*, 26-27 novembre 1984, 4 (*Discorso letto dal Papa nell'Aula Paolo VI*).

suo contributo per una Nuova Evangelizzazione[8]. La missione della giovane è una forte voce ammonitrice a non domiciliarsi nel presente, ma a cercare il vero senso e il vero valore della propria esistenza. Lei stessa trovò lo scopo della vita in Gesù Cristo.

L'esperienza mistica di Elisabetta non ha un carattere prettamente individuale, privato; non è solo un'illuminazione personale. Lei stessa non era preoccupata unicamente della sua propria salvezza. Lo sfondo della sua esperienza era la vita dei parenti, degli amici, della famiglia carmelitana, della nazione francese, della Chiesa, ecc. Per questo motivo si può sostenere che *lo scopo* della sua mistica, della sua illuminazione personale era ed è la missione profetica di guidare il popolo al servizio e alla lode di Dio[9].

Un grande merito del messaggio profetico di Elisabetta è che ella non si soffermò solamente sull'imitare Gesù, ma sul vivere la Sua presenza nell'anima, reale e piena di forza[10]. Questa verità è importante non solamente per la teologia dogmatica, ma anche per la cura pastorale della Chiesa. Nella prospettiva elisabettiana, ogni uomo è scelto in Gesù, amato e voluto da Dio; in ciascuno, la Santissima Trinità vuole stabilire la Sua dimora. La comunità delle persone diventa, quindi, il *luogo* dell'adesione al Signore, aperto alla grazia della partecipazione alla vita trinitaria, alla gloriosa libertà dei figli di Dio[11].

Nel nostro mondo che ha perso il senso della mortificazione e l'amore all'ascesi[12], Elisabetta assicura che esse aprono la persona umana alla grazia divina e portano l'uomo alla bellezza spirituale, bellezza nella quale *non è il corpo che circonda l'anima, ma è l'anima che dà forma al corpo*[13]. Trasmessa da Elisabetta, la buona novella sulla persona di Gesù Cristo, sulla Santissima Trinità e sulla comunione dei santi, è un messagio profetico rivolto non solamente alla famiglia carmelitana, ma a tutta la Chiesa[14] che, con il mondo intero, è da poco entrata nel Terzo Millennio.

---

[8] L. DEL BURGO, «Isabel de la Trinidad», 143-154. Cfr. ID., «Una experiencia», 426.

[9] Cfr. M. BALDINI, *Il linguaggio dei mistici*, 112.

[10] Cfr. F. FERLAY, *Ô mon Dieu*, 80.

[11] Cfr. F. FERLAY, *Ô mon Dieu*, 80.

[12] Cfr. J. REMY, *Élisabeth de la Trinité et la prière*, 120.

[13] Cfr. P.-M. FEVOTTE, *Virginité, chemin d'amour*, 63.

[14] Vedi: V. MACCA, «Elisabetta della Trinità: una grazia per la Chiesa di oggi», 21-32.

SIGLE E ABBREVIAZIONI

1. Scritti di Elisabetta

Sulla base dell'edizione critica degli scritti della Beata: Élisabeth de la Trinité, *Œuvres complètes*. Édition critique réalisée par le Père Conrad De Meester, carme. Préface du cardinal Albert Decourtray archevêque de Lyon, Paris 1996. (Nell'anno 2002 è stata fatta la ristampa di *Œuvres* di Elisabetta, conforme all'edizione del 1996)

J	*Journal*
L	*Lettres*
NI	*Notes intimes*
NI 15	*O mon Dieu, Trinité que j'adore* (Preghiera – Elevazione alla Santissima Trinità)
P	*Poésies*
CF	*Le Ciel dans la foi* (Trattato spirituale I)
GV	*La grandeur de notre vocation* (Trattato spirituale II = L 310)
DR	*Dernière retraite* (Trattato spirituale III)
LA	*Laisse-toi aimer* (Trattato spirituale IV = L 337)
Exc	*Escursioni nel Giura* (*Excursions dans le Jura*), in BEATA ELISABETTA DELLA TRINITÀ, *Scritti*, (Postulazione Generale dei Carmelitani Scalzi) Roma 1996³, 509-515. (Non si trovano in *Œuvres*)

2. Altre abbreviazioni

al.	*Alii* (= altri)
AAS	*Acta Apostolicae Sedis. Commentarium officiale*, Roma 1909-1926.1934-1951.1959-61.1969-.
Balthasar	H.U. VON BALTHASAR, *Elisabetta della Trinità. La dottrina spirituale*, Milano 2001.
Bartnik	CZ.S. BARTNIK, *Personalizm*, Lublin 2000². (*Personalismo*)

Borriello-Secondin	L. BORRIELLO – GIOVANNA DELLA CROCE – B. SECONDIN, *La spiritualità cristiana nell'età contemporanea*, StoSpi VI, Roma 1985.
CB	*Cántico* (Redacción definitiva – B), in JUAN DE LA CRUZ, (S.), *Obras completas*. Edición crítica, notas y apendices por Lucinio Ruano de la Iglesia, Madrid 2002^2, 733-899.
CCSS	*Cross and crown* (series of spirituality), St. Luis 1953-.
Cholvy-Hilaire	G. CHOLVY – Y.-M. HILAIRE, *Histoire religieuse de la France contemporaine*. II. *1880-1930*, Toulouse 1986.
DES	E. ANCILLI, ed., *Dizionario Enciclopedico di Spiritualità*, I-III, Roma 1995^2.
DiMi	L. BORRIELLO – *al.*, ed., *Dizionario di Mistica*, Città del Vaticano 1998.
DS	M. VILLER – *al.*, ed., *Dictionnaire de Spiritualité. Ascétique et Mystique. Doctrine et Histoire*, I-XVI. Tables Générales, Paris 1932-1995.
DVS	S. DE FIORES – T. GOFFI, ed., *Dictionnaire de la vie spirituelle*, Paris 2001.
Elpa	POSTULAZIONE DELLA CAUSA, ed., *Elisabetta parla ancora...Nei processi di Beatificazione e Canonizzazione. Parole della Serva di Dio riferite dai testimoni*, Roma 1980.
EspeDott	*Suor Elisabetta della Trinità. Esperienza e Dottrina*, Roma 1980.
EspeMist	L. BORRIELLO, ed., *L'esperienza mistica di Elisabetta della Trinità*, Napoli 1987.
EnchVat	E. LORA, ed., *Enchiridion Vaticanum*, I-XIV, Bologna 1962-2004.
Fliche	A. FLICHE – *al.*, *Storia della Chiesa*, I-XXV/2, Torino 1957-1995.
HdC	J.-M. MAYEUR – *al.*, ed., *Histoire du Cristianisme de origines à nos jours*, I-XIV, L'Isle-d'Espagnac – Lonrai – Malesherbes – Poitiers – Sèvres 1990-2001.
Inform.	*Informatio*, in *Positio*.
Jedin	H. JEDIN, ed., *Storia della chiesa*, I-X, Milano 1992-1995^2.
KTD	J.W. GOGOLA, ed., „*Uwielbienie chwały*". VI Karmelitański Tydzień Duchowości z bł. Elżbietą od Trójcy Świętej, 5-8 maja 2003, Kraków 2004. («*Lode di gloria*». VI Settimana Carmelitana di Spiritualità con la beata Elisabetta della Trinità, 5-8 maggio 2003, Cracovia 2004)
Œuvres	ÉLISABETH DE LA TRINITÉ, *Œuvres complètes*, Édition critique réalisée par le Père Conrad De Meester, carme.

	Préface du cardinal Albert Decourtray archevêque de Lyon, Paris 1996².
OR	*L'Osservatore Romano*. Città del Vaticano 1849-1852. 1861- .
PG	J.-P. MIGNE, ed., *Patrologiae cursus completus. Series Graeca*, I-CLXVII, Paris 1857-1866.
Philipon	M.-M., PHILIPON, *La dottrina spirituale di suor Elisabetta della Trinità*, Brescia 1968.
PL	J.-P. MIGNE, ed., *Patrologiae cursus completus. Series Latina*, I-CCXVIII, Paris 1841-1864.
Poli-Crespi	G.F. POLI – P. CRESPI, *Lineamenti di storia della spiritualità e della vita cristiana*, III, Roma 2000.
PositioIntr	SACRA RITUUM CONGREGATIONE. E.mo ac Rev.mo Domino Cardinali Andrea Jullien, Ponente, *Divionen. Beatificationis et Canonizationis Servae Dei Elisabeth a SS. Trinitate (in saeculo: Élisabeth Catez). Monialis Carmelitarum Discalceatarum. Positio super causae introductione*, Roma 1956.
Positio	SACRA CONGREGATIO PRO CAUSIS SANCTORUM, *Divionen. Beatificationis et Canonizationis Servae Dei Elisabeth a SS. Trinitate (in saeculo: Élisabeth Catez). Monialis Professae ordinis Carmelitarum Discalceatorum (18 iul. 1880 – 9 nov. 1906). Positio super virtutibus*, Roma 1979.
Responsio	*Responsio Patroni ad Animadversiones*, in *Positio*.
REsp	*Revista de Espiritualidad*, Madrid 1941-.
RVS	*Rivista di vita spirituale*, Roma 1947-.
Sicari	A.M. SICARI, *Elisabetta della Trinità. Un'esistenza teologica*, Roma 2000².
Souvenirs	*La Servante de Dieu. Élisabeth de la Trinité. 1880-1906. Souvenirs*, Paris 1946.
STh	SAN TOMMASO D'AQUINO, *Summa teologiae* (tr. it. *La Somma teologica*), Bologna 1984.
StoSpi	*Storia della Spiritualità*, ed. V. Grossi – L. Boriello – B. Secondin, Roma
Summ.	*Summarium*, in *Positio*.
Votum	V. MACCA, *Votum super vita et experientia spirituali*, in *Positio*.

BIBLIOGRAFIA

1. Fonti

«Documentazione. I. Testimonianze raccolte», in M.-M. PHILIPON, *L'inabitazione della Trinità nell'anima*, Milano 1966, 217-245.

BEATA ELISABETTA DELLA TRINITÀ, «Escursioni nel Giura», in ID., *Scritti*, (Postulazione Generale dei Carmelitani Scalzi) Roma 1996^3, 509-515. (= Exc 1-7)

Beatificationis et canonizationis Servae Dei Elisabeth a SS.ma Trinitate (in saeculo Élisabeth Catez) Monialis Professae Carmelitarum Discalceatarum. Animadversiones Promotoris Generalis Fidei, Roma 1969.

Beatificationis et canonizationis Servae Dei Elisabeth a SS.ma Trinitate (in saeculo Élisabeth Catez) Monialis Professae Carmelitarum Discalceatarum. Positio super non cultu, Roma 1962.

Beatificationis et canonizationis Servae Dei Elisabeth a SS.ma Trinitate (in saeculo Élisabeth Catez) Monialis Professae Carmelitarum Discalceatarum. Super dubio. An constet de validitate Processuum tam Ordinaria quam Apostolica Auctoritate constructorum; testes sint rite recteque examinati, iura producta legitime compulsata in casu et ad effectum de quo agitur, Roma 1967.

Cause de Béatification et Canonisation de la Servante de Dieu Élisabeth de la Trinité, Carmélite Déchaussée du Monastère de Dijon. Articles pour Le Procès Apostolique sur les vertus et les miracles en particulier, Roma 1962.

Decretum. Beatificationis et Canonizationis Servae Dei Elisabeth a SS.ma Trinitate, Monialis Professae Carmelitarum Discalceatarum. Super dubio, Roma 1961.

ÉLISABETH DE LA TRINITÉ, «P 72 ter: Union de l'âme à Notre Seigneur», in C. DE MEESTER, «Deux poésies inédites», *Carmel* 96 (2000), 43-44.

―――, «P 72 bis: Souvenir du 23 novembre 1899», in C. DE MEESTER, «Deux poésies inédites», *Carmel* 96 (2000), 41-43.

ÉLISABETH DE LA TRINITÉ, *Œuvres complètes*, Édition critique réalisée par le Père Conrad De Meester, carme. Préface du cardinal Albert Decourtray archevêque de Lyon, Paris 1996².

ELISABETTA DELLA TRINITÀ, *All'aurora Ti cerco. Evocazione di un volto e di un cuore* (album di foto, realizzazione: C. De Meester), Roma (1985).

La Servante de Dieu. Élisabeth de la Trinité. 1880-1906. Souvenirs, Paris 1946.

POSTULAZIONE DELLA CAUSA, ed., *Elisabetta parla ancora...Nei processi di Beatificazione e Canonizzazione. Parole della Serva di Dio riferite dai testimoni*, Roma 1980. (= estratto del *Summarium,* in *Positio*)

SACRA CONGREGATIO PRO CAUSIS SANCTORUM, *Divionen. Beatificationis et Canonizationis Servae Dei Elisabeth a SS. Trinitate (in saeculo: Élisabeth Catez). Monialis Professae ordinis Carmelitarum Discalceatorum (18 iul. 1880 – 9 nov. 1906). Positio super virtutibus*, Roma 1979.

SACRA RITUUM CONGREGATIONE. E.mo ac Rev.mo Domino Cardinali Andrea Jullien, Ponente, *Divionen. Beatificationis et Canonizationis Servae Dei Elisabeth a SS.ma Trinitate (in saeculo: Élisabeth Catez). Monialis Carmelitarum Dixcalceatarum. Positio super causae introductione*, Roma 1956.

2. Studi

ADAMSKA, J.I., «Biografia Błogosławionej Elżbiety od Trójcy Przenajświętszej», in *Błogosławiona Elżbieta od Trójcy Przenajświętszej. Biografia – duchowość*, Kraków 1987, 5-183. («La biografia di Beata Elisabetta della Trinità», in *Beata Elisabetta della Trinità. Biografia – Spiritualità*)

―――, «Służba poprzez kontemplację. Bł. Elżbieta od Trójcy Przenajświętszej (18 VII 1880 – 9 XI 1906)», in KTD, 217-246. [«Il servizio attraverso la contemplazione. Beata Elisabetta della Trinità (18 VII 1880 – 9 XI 1906)»]

ADOLFO DE LA MADRE DE DIOS, «Nuestra incorporación a Cristo y nuestra perfección en Él, según Isabel de la Santisima Trinidad», *REsp* 6 (1947) 452-468.

ALBINO DEL BAMBINO GESÙ, «L'anima di Cristo», *RVS* 10 (1956) 229-303.

ALGOUD, F.-M., «Élisabeth de la Trinité», in ID., *1.600 jeunes saints, jeunes témoins de leur Foi, de leur Idéal de toujours, et de maintenant*, Poitiers 1994, 146-147.

ANCILLI, E., «La preghiera come silenzio», in *EspeDott*, 123-142.

ANCILLI, E., «Una testimone dei nostri tempi», *RVS* 22 (1968) 573-595.

BALTHASAR, H.U. VON, *Elisabetta della Trinità. La dottrina spirituale*, Milano 2001.

———, *Sorelle nello spirito. Teresa di Lisieux e Elisabetta di Digione*, Milano 1991³.

BENIAMINO DELLA TRINITÀ, «L'angelo del sacerdozio», *RVS* 10 (1956) 356-370.

BORRIELLO, L., «Introduzione», in B. ELISABETTA DELLA TRINITÀ, *Opere*, (ed. italiana di L. Borriello), Cinisello Balsamo (Milano) 1993, 5-54.139-145.647-648.

———, «L'azione dello Spirito in Elisabetta della Trinità», in *EspeMist*, 75-114.

———, *Elisabetta della Trinità. Una vocazione realizzata secondo il progetto di Dio*, Napoli 1980.

———, *L'esperienza mistica di Elisabetta della Trinità*, Napoli 1987.

BOYCE, F., «Elisabetta della Trinità: "Il cielo sulla terra"», *RVS* 39 (1985) 471-490.

BUTLER, A., «B. Elisabetta della Trinità (1880-1906)», in ID., ed., *Il Primo Grande Dizionario dei Santi secondo il Calendario*, Casale Monferrato 2001, 1135-1136.

CARMELO DI AREZZO, «"Associata all'opera della redenzione"», *RVS* 38 (1984) 469-495.

CASTELLANO CERVERA, J., «Dalla Trinità che dimora in noi a noi destinati a dimorare nella Trinità. L'esperienza spirituale nei santi del Carmelo di due testi trinitari giovannei (Gv 14,23 e Gv 17)», in L. BORRIELLO, ed., *In comunione con la Trinità*, Città del Vaticano 2000, 285-312.

CASTELLANO, J., «"Lode di gloria": Liturgia e contemplazione», in *EspeDott*, 143-169.

CHMIELEWSKI, M., «Asceza w doświadczeniu duchowym bł. Elżbiety od Trójcy Świętej», in KTD, 139-154. («L'ascesi nell'esperienza spirituale della beata Elisabetta della Trinità»)

CONSUELA, M., «Dialogue With the Trinity», *CCSS* 16 (1964) 420-427.

DĄBEK, T.M., «Biblia w duchowości bł. Elżbiety od Trójcy Przenajświętszej», in KTD, 33-49. («La Bibbia nella spiritualità della beata Elisabetta della Trinità»)

DE BONO, J., *Elisabetta della Trinità. Il perché della sofferenza*, Città del Vaticano 2002.

DE BONO, J., *La sofferenza nella vita e negli scritti della beata Elisabetta della Trinità*, Roma 2001. (Tesi di Laurea, Facoltà Teologica Teresianum).

DE MEESTER, C., «Deux poésies inédites», *Carmel* 96 (2000) 33-44.

―――, *Ta présence est ma joie! Vie et message d'Élisabeth de la Trinité*, (Flavignerot) Marsannay-la-Côte 1994.

―――, «Elisabetta della Trinità, ovvero il mistero di Dio in noi», in L. BORRIELLO, ed., *In comunione con la Trinità*, Città del Vaticano 2000, 200-223.

DECOIN, D., *Élisabeth Catez ou l'obsession de Dieu*, Paris 2003.

DECOURTRAY, A., *Présence d'Élisabeth de la Trinité*, Dijon 1980.

―――, *Élisabeth de la Trinité. Un prophète de Dieu pour notre temps*, Dijon 1979.

DEL BURGO, L., «Isabel de la Trinidad y la nueva evangelización», *REsp* 51 (1992) 137-154.

―――, «Una experiencia bautismal singular: Isabel de la Trinidad», *REsp* 46 (1987) 407-426.

Élisabeth, louange de la Trinité, *Carmel* 96 (2000) numero unico.

«Elisabetta della Trinità. La croce di Cristo e la gloria di Dio», *RVS* 38 (1984) 393-496.

Elisabetta della Trinità racconta la sua vita. Testi scelti e presentati da C. De Meester, O.C.D. Introduzione e traduzione di S. Egidi, Roma 1984.

Elisabetta della Trinità. Un nome – una presenza – un messaggio, Il messaggero del S. Bambino Gesù di Praga 10 (1980) numero unico.

ERMANO DEL SS. SACRAMENTO, «La luce della fede», *RVS* 10 (1956) 322-355.

FERLAY, F., *Ô mon Dieu, Trinité que j'adore. La prière d'Élisabeth de la Trinité*, Paris 1992.

FEVOTTE, P.-M., *Aimer la Bible avec Élisabeth de la Trinité*, Paris 1991.

―――, *Virginité, chemin d'amour. À l'école d'Élisabeth de la Trinité*, Paris 1993.

―――, *«Prends-la chez toi». Chemin de vie avec Élisabeth de la Trinité*, Toulouse 2002.

FILIPPO DELLA MADRE DI DIO, «La Vergine della vita interiore», *RVS* 10 (1956) 371-390.

FORNARA, R., *Elisabetta della Trinità. Essere sposa di Cristo*, Roma 2004.

FORTINO, L., «Sr. Elisabetta della Trinità. Attualità di un'esperienza spirituale», *RVS* 26 (1972) 555-577.

GALOFARO, J., «"Mio Dio, Trinità che adoro"», *RVS* 35 (1981) 151-161.

GIOVANNA DELLA CROCE, «"Sogno di essere trasformata in Cristo Crocifisso". Elisabetta della Trinità», *RVS* 36 (1982) 548-556.

———, «Elisabetta della Trinità e l'esperienza mistica», in *EspeMist*, 115-148.

———, *Elisabetta della Trinità*, Roma 1984.

———, *Elisabetta della Trinità. Una vita di lode a Dio*, Milano 1993.

GIOVANNI DI GESÙ MARIA, «La Causa di Beatificazione di Suor Elisabetta della Trinità», *RVS* 10 (1956) 388-390.

GOGOLA, J.W., «Trójca Święta w doświadczeniu mistycznym bł. Elżbiety z Dijon», in KTD, 119-138. («La Santissima Trinità nell'esperienza della beata Elisabetta di Dijon»)

———, „*Uwielbienie chwały*". VI Karmelitański Tydzień Duchowości z bł. Elżbietą od Trójcy Świętej, 5-8 maja 2003, Kraków 2004. (*«Lode di gloria»*. VI Settimana Carmelitana di Spiritualità con la beata Elisabetta della Trinità, 5-8 maggio 2003, Cracovia 2004)

GRAEF, H.C., «The Doctrine of Elisabeth of the Trinity», *CCSS* 8 (1956) 333-339.

GRAZIANO DELLA MADRE DI DIO, «Il cielo sulla terra», *RVS* 10 (1956) 270-286.

HAINSWORTH, C., «The theology of the Trinity», *Carmelus* 12 (1965) 282-285.

HELEWA, G., «Alla scuola di San Paolo», *RVS* 38 (1984) 402-415.

———, «La teologia di Paolo nell'esperienza mistica di Elisabetta», in *EspeMist*, 53-74.

———, «Per me, vivere è Cristo», in *EspeDott*, 59-75.

«"Ho creduto nella divina presenza". Suor Elisabetta della Trinità O.C.D. nel cinquantesimo anniversario della morte. 1906 – 9 novembre – 1956», *RVS* 10 (1956) 237-404.

JEAN DE LA RESURRECTION, «La christologie de la Bienheureuse Élisabeth de la Trinité», *Vives Flammes* 227 (1997) 37-43.

JOSEPH DE SAINTE-MARIE, «"Lode di gloria"», *RVS* 38 (1984) 447-468.

KÖRNER, R., ed., *Elżbieta od Trójcy Świętej. Odkrywanie głosu Boga*, Kraków 2003. (*Elisabetta della Trinità. Scoprire la voce di Dio*)

KRAJ, K.W., «Laudem gloriae – życie codzienne jako liturgia», in KTD, 155-181. («Laudem gloriae – la vita quotidiana come liturgia»).

La giovinezza di una santa. Elisabetta della Trinità, Il messaggero del S. Bambino Gesù di Praga 2 (1985), numero unico.

La tradition vivante. Élisabeth de la Trinité. Musique et silence du Carmel, Épinay-sur-Seine Cédex 1983.

LAFRANCE, J., *Apprendre à prier avec sœur Élisabeth de la Trinité*, Montreal 1996.

LAUDAZI, C., «Profilo biografico», in *EspeDott*, 9-37.

———, «Dio in noi: l'inabitazione trinitaria», *RVS* 39 (1985) 415-431.

LLAMAS, E., «Messaggio mariano di Sr. Elisabetta della Trinità. Per Maria alla Trinità», in *EspeMist*, 175-225.

MACCA, V., «Alla Trinità per Maria», in *EspeDott*, 191-226.

———, «Elisabetta della Trinità: una grazia per la Chiesa di oggi», in *Espe Mist*, 21-32.

MACHNIAK, J., «Dynamika modlitwy w życiu duchowym bł. Elżbiety od Trójcy Świętej (1880-1906)», in KTD, 101-118. [«La dinamica della preghiera nella vita spirituale della beata Elisabetta della Trinità (1880-1906)»]

MAGRASSI, M., «Commento spirituale all'"Elevazione alla SS. Trinità"», in *EspeMist*, 151-173.

MARATTIL LISIEUX THERESE, *Interior silence and divine indwelling in the Contemplative Experience of Blessed Elisabeth of the Trinity*, Roma 2001. (Tesi di Laurea, Pontificia Università Gregoriana).

MARIANO DELLA SS. TRINITÀ, «La perfetta lode di gloria», *RVS* 12 (1958) 302-316.

MATTEUCCI, B., «Introduzione», in BEATA ELISABETTA DELLA TRINITÀ, *Scritti*, Roma 1996³, 11-59.

Merveilleusement humaine. Actualité d'une béatification. Élisabeth de la Trinité, Carmel 40 (1985) numero unico.

MICZYŃSKI, J.K., *Misterium łaski niestworzonej w pismach bł. Elżbiety od Trójcy Świętej*, Lublin 1996. (*Il mistero della grazia increata negli scritti della Beata Elisabetta della Trinità*, Tesina di Licenza, Facoltà di Teologia, Università di Lublino, dattiloscritto non pubblicato).

MISIUREK, J., «Uwarunkowania życia i duchowości bł. Elżbiety od Trójcy Przenajświętszej», in KTD, 13-31. («Condizionamenti della vita e della spiritualità della beata Elisabetta della Trinità»)

MORETTI, R., «Fisionomia spirituale», in *EspeDott*, 39-58.

———, «Trasformata in Gesù crocifisso», *RVS* 38 (1984) 416-432.

———, *Introduzione a Elisabetta della Trinità. Vita – Scritti – Dottrina*, Roma 1984.

MORICONI, B., «Prolungare Cristo. Col. 1,24 e la "Elevazione" di Elisabetta della Trinità», *RVS* 44 (1990) 262-275.

Noè, V., «Gloria Tibi, Trinitas!», *RVS* 30 (1976) 382-387.
Pesenti, G., «Un cuore che "brucia e si consuma" per la Chiesa», in *Espe Dott*, 171-189.
Philipon, M.-M., «Élisabeth de la Trinité», in *DS*, IV, 590-594.
———, «Itinerario spirituale e missione nella Chiesa», *RVS* 10 (1956) 251-267.
———, *L'inabitazione della Trinità nell'anima. La spiritualità di Elisabetta della Trinità*, Milano 1966.
———, *La dottrina spirituale di suor Elisabetta della Trinità*, Brescia 1968.
Pigna, A., «La Trinità abitata in Elisabetta di Dijone», *RVS* 44 (1990) 460-483.
Poinsenet, M.-D., *Questa presenza di Dio in te...Elisabetta Catez. Suor Elisabetta della Trinità o. c. d. 1880-1906*, Milano 1971.
Praśkiewicz, Sz.T., «Najświętsza Dziewica Maryja w duchowości bł. Elżbiety od Trójcy Świętej», in *KTD*, 89-100. («La Santissima Vergine Maria nella spiritualità della beata Elisabetta della Trinità»)
Remy, J., *Guite, la sœur d'Élisabeth de la Trinité*, Toulouse 2003.
———, *Prier 15 jours avec Élisabeth de la Trinité*, Montrouge 2000.
———, *Regards d'amour. Élisabeth de la Trinité et Jean de la Croix*, Paris 1993.
———, *Élisabeth de la Trinité et la prière. Commentaire de la prière de la Bienheureuse Élisabeth de la Trinité*, Paris 2003.
———, *Élisabeth de la Trinité. Le secret du Bonheur*, Montréal 2003.
Ruszała, A., «Droga duchowa bł. Elżbiety od Trójcy Przenajświętszej», in *KTD*, 51-72. («Il cammino spirituale della beata Elisabetta della Trinità»)
S.T.M., «"Vivere al di là di ogni velo". La luce della fede», *RVS* 35 (1981) 128-150.
Sesé, B., *Elisabetta della Trinità. Una mistica in clausura*, Milano 1997.
Sicari, A.M., «"Dimora di Dio"», *RVS* 38 (1984) 433-446.
———, «Elisabetta della Trinità», in *DiMi*, 448-450.
———, *Elisabetta della Trinità. Un'esistenza teologica*, Roma 2000².
———, *Il terzo libro dei Ritratti di Santi*, Milano 2001², 129-140.
Simeone della S. Famiglia Tomás-Fernández, ed., *Bibliografia della Serva di Dio Elisabetta della Trinità, carmelitana scalza (1880-1906)*, Roma 1974.
Simeón de la Sagrada Familia, «Isabel de la Trinidad hacia los altares», *REsp* 39 (1980) 287-293.

Suor Elisabetta della Trinità. Esperienza e Dottrina, Roma 1980.

VALABEK, R., «In comunione con la Trinità», in *EspeDott*, 76-121.

―――, «Elisabeth of the Trinity and the Liturgy», *Carmelus* 24 (1977) 12-42.

―――, «The Human Side of a Mystic. A Fuller Portrait of Blessed Elisabeth of the Trinity», *Carmelus* 32 (1985) 14-59.

VALENTINO DI S. MARIA, «"Conforme alla sua morte..."», *RVS* 10 (1956) 304-319.

WIDER, D., «Zjednoczenie z Chrystusem Ukrzyżowanym bł. Elżbiety od Trójcy Świętej», in KTD, 73-88. («L'unificazione della beata Elisabetta della Trinità con il Cristo Crocifisso»)

ZAWADA, M., «Apostolat kontemplacyjny w pismach bł. Elżbiety od Trójcy Świętej», in KTD, 183-216. («L'apostolato contemplativo negli scritti della beata Elisabetta della Trinità»).

3. Documenti della Chiesa

CONCILIO VATICANO II, *Lumen gentium,* Costituzione dogmatica sulla Chiesa, in EnchVat, I, 118-257.

―――, *Gaudium et spes,* Costituzione pastorale sulla Chiesa nel mondo contemporaneo, in EnchVat, I, 772-965.

GIOVANNI PAOLO II, *Memoria e identità. Conversazioni a cavallo dei millenni*, Milano 2005.

IOANNES PAULUS PP. II, «Homilia: Ob decretos Ven. Servis Dei Iosepho Manyanet et Vives, Danieli Brottier et Elisabethae a SS.ma Trinitate, Beatorum celitum honores. Die 25 m. Novembris a. 1984», *AAS* 77 (1985) 289-294.

―――, «In aëronavium portu "Le Bourget" prope Lutetiam Parisiorum ad Christifideles ibidem congregatos habita», *AAS* 72 (1980) 716-723.

―――, «Venerabili Servae Dei Elisabethae a Trinitate Beatorum honores decernuntur», *AAS* 79 (1987) 1268-1273.

«Il Papa ha proclamato beati Manyanet, Brottier e Elisabetta della Trinità. Hanno testimoniato all'umanità che cosa significa essere di Cristo», *OR*, 26-27 novembre 1984, 1.4. [*Omelia del Santo Padre in occasione della beatificazione* = *AAS* 77 (1985) 289-294]

«La beatificazione dei Servi di Dio Manyanet, Brottier ed Elisabetta della Trinità. I tre nuovi beati: guide sicure in un mondo di incertezze e di oscurità», *OR*, 26-27 novembre 1984, 4. (*Discorso letto dal Papa nell'Aula Paolo VI*)

«La parola del Papa su Elisabetta della Trinità», in *EspeMist*, 17-20. [cfr. *AAS* 77 (1985) 289-294].

4. Letteratura complementare

ANCILLI, E., ed., *Dizionario Enciclopedico di Spiritualità*, I-III, Roma 1995².

ANDREOLI, S., «Angela da Foligno», in *DiMi*, Città del Vaticano 1998, 94-96.

ARNOLD, W. – EYSENCH, H.J. – MEILI, R., ed., *Dizionario di Psicologia*, Roma 1982².

ARNOLD, W., «Carattere», in W. ARNOLD – H.J. EYSENCH – R. MEILI, ed., *Dizionario di Psicologia*, Roma 1982², 175-176.

AUBERT, R. – al., *La Chiesa negli stati moderni e i movimenti sociali (1878-1914). Leone XIII e gli stati cattolici – Prime riforme di ecumenismo – Crisi modernista*, Jedin IX, Milano 1993².

BALDINI, M., *Il linguaggio dei mistici*, Brescia 1986.

BARBIERO, M., *Vita eucaristica e vita religiosa in S. Pierre-Julien Eymard (1811-1868)*, Verona 1991. (Tesi di Laurea, Pontificia Università Gregoriana)

BARTNIK, CZ.S., *Personalizm*, Lublin 2000². (*Personalismo*)

———, «Trójca Święta jako eschatologia», in ID., *Myśl eschatologiczna*, Lublin 2002, 133-134. («La Santissima Trinità come escatologia» in ID., *Il pensiero escatologico*)

BARTNIK, CZ.S., *Chrystus jako sens historii*, Wrocław 1987. (*Cristo come senso della storia*)

BERNARD, CH.A., *Introduzione alla teologia spirituale*, Casale Monferrato 1996².

———, *Teologia spirituale*, Cinisello Balsamo (Milano) 1997⁵.

BERTAUD, É. – RAYEZ, A., «Dévotions», in *DS*, III, 747-778.

———, «Horloges spirituelles», in *DS*, VII, 745-763.

BIHLMEYER, K. – TUECHLE, H., *Storia della Chiesa. IV. L'epoca moderna*, Brescia 1969⁴.

BORDONI, M., «Cristologia: lettura sistematica», in G. CANOBBIO – P. CODA, ed., *La Teologia del XX secolo. Un bilancio. II. Prospettive sistematiche*, Roma 2003, 5-22.

BORRIELLO, L. – GIOVANNA DELLA CROCE – SECONDIN, B., *La spiritualità cristiana nell'età contemporanea*, StoSpi VI, Roma 1985.

BORRIELLO, L., «Il linguaggio mistico», in ID., ed., *Mistica e mistica carmelitana*, Città del Vaticano 2002, 153-221.

———, ed., *In comunione con la Trinità*, Città del Vaticano 2000.

BORRIELLO, L., ed., *Mistica e mistica carmelitana*, Città del Vaticano 2002.

BRAMBILLA, F.G., «Antropologia teologica», in CANOBBIO, G. – CODA, P., ed., *La Teologia del XX secolo. Un bilancio. II. Prospettive sistematiche*, Roma 2003, 175-286.

CANOBBIO, G. – CODA, P., ed., *La Teologia del XX secolo. Un bilancio. II. Prospettive sistematiche*, Roma 2003.

CHOLVY, G. – HILAIRE, Y.-M., *Histoire religieuse de la France contemporaine. II. 1880-1930*, Toulouse 1986.

CLARC, G. – al., *Storia del Mondo Moderno*, I-XII, Milano 1974².

COMITATO DI COORDINAMENTO "LA CITTÀ DI FOLIGNO E LA BEATA ANGELA", ed., *Angela da Foligno. La grande mistica*, Foligno 1997.

COPLESTON, F., *Storia della filosofia. II. La filosofia medioevale da Agostino a Scoto*, Brescia 1971.

DE FIORES, S. – GOFFI, T., ed., *Dictionnaire de la vie spirituelle*, Paris 2001.

DI BERARDINO, A., ed., *Patrologia. III. Dal Concilio di Nicea (325) al Concilio di Calcedonia (451): i Padri latini*, Torino 1978.

———, ed., *Dizionario patristico e di antichità cristiane*, I, Casale Monferrato 1983.

ENCREVE, A. – GADILLE, J. – MAYEUR, J.-M., «La France», *HdC*, XI, 1995, 501-544.

ESQUERDA BIFET, J., *Il sacerdozio di Cristo e il sacerdozio ministeriale nella vita e nel messaggio di Concepción Cabrera de Armida*, Roma 1992.

FLICHE, A. – al., *Storia della Chiesa*, I-XXV/2, Torino 1957-1995.

FORTE, B., «Fondamenti teologici dell'inabitazione trinitaria», in *EspeMist*, 33-52.

GADILLE, J., «Face aux nouvelles sciences religieuses. Le modernisme», *HdC*, XI, 1995, 441-462.

———, «L'anticléricalisme à son apogée. Le stratégies de Léon XIII et de Pie X», *HdC*, XI, 1995, 463-487.

———, «Courants de théologie et de spiritualité dans le monde catholique», *HdC*, XI, 1995, 349-366.

GARRIGOU-LAGRANGE, R., *Le tre età della vita interiore*, III, Roma 1984.

GIOVANNA DELLA CROCE, «Ruusbroec Giovanni», in *DiMi*, 1082-1084.

GOFFI, T., *La spiritualità dell'Ottocento*, in L. BOUYER – E. ANCILLI – B. SECONDIN, ed., *Storia della spiritualità*, VII, Bologna 1989.

GONZÁLEZ, L.J., *Psicologia dei mistici. Sviluppo umano in pienezza*, Città del Vaticano 2001.

GOYA, B., *Psicologia e vita spirituale. Sinfonia a due mani*, Bologna 2001².

GROESCHEL, B.J., *Passaggi dello spirito. La psicologia dello sviluppo spirituale*, Padova 1997.

GUERRA, A., «Natura e luoghi dell'esperienza spirituale», in B. SECONDIN – T. GOFFI, ed., *Corso di spiritualità. Esperienza – Sistematica – Proiezioni*, Brescia 1989, 25-55.

GUERRIERO, E. – ZAMBARBIERI, A., ed., *La Chiesa e la società industriale (1878-1922)*, Fliche, XXII/1, Torino 1990.

HUERGA, A., «Devotio moderna», in *DES*, I, 731.

HUISMAN, D., ed., *Enciclopedia della psicologia. Psicologia generale*, Milano 1977^2, 289-294.

JUAN DE LA CRUZ, (S.), *Obras completas. Edición crítica, notas y apendices por Lucinio Ruano de la Iglesia*, Madrid 2002^2.

KRETSCHMER, W., «Collerico/ tipo», in W. ARNOLD – H.J. EYSENCH – R. MEILI, ed., *Dizionario di Psicologia*, Roma 1982^2, 209-210.

―――, «Sanguigno/ temperamento», in W. ARNOLD – H.J. EYSENCH – R. MEILI, ed., *Dizionario di Psicologia*, Roma 1982^2, 1018.

―――, «Temperamento», in W. ARNOLD – H.J. EYSENCH – R. MEILI, ed., *Dizionario di Psicologia*, Roma 1982^2, 1178.

LADARIA, L.F., «L'uomo creato a immagine di Dio», in B. SESBOÜÉ –*al.*, ed., *Storia dei Dogmi*, II, Casale Monferrato 1997, 81-131.

LAFFEY, J., «L'Impero coloniale francese», in N. TRANFAGLIA – M. FIRPO, ed., *La Storia. I grandi problemi dell'Età Contemporanea. I. I quadri generali*, Milano 1993, 623-654.

LÉON-DUFOUR, X., «Predestinare», in ID. – *al.*, ed., *Dizionario di Teologia Biblica*, Casale Monferrato 1984^5, 958-963.

LINARES ROMERO, L., *L'incarnazione mistica e il suo dinamismo in Concepción Cabrera de Armida*, Roma 2000.

LORA, E., ed., *Enchiridion Vaticanum*, I-XIV, Bologna 1962-2004.

LUIGI M. GRIGNION DA MONTFORT, (S.), *Trattato della vera devozione alla santa Vergine e Il segreto di Maria*, 2002^{12}.

MANZONI, G., «Victimale», in *DS*, XVI, 531-543.

MARIA EUGENIO DEL B.G, *Sono figlia della Chiesa*, Milano 1959.

MARTÍNEZ, G.C., «Il simbolismo mistico. Simboli ricorrenti in Santa Teresa e in San Giovanni della Croce», in BORRIELLO, L., ed., *Mistica e mistica carmelitana*, Città del Vaticano 2002, 177-221.

MARTÍNEZ, L.M., *Obras completas. I. Escritos personales*, San Luis Potosí 2003.

―――, *Preparazione al Natale*, Roma s.d.

MAYEUR, J.-M. – al., ed., *Histoire du Cristianisme de origines à nos jours*, I-XIV, L'Isle-d'Espagnac – Lonrai – Malesherbes – Poitiers – Sèvres 1990-2001.

NÉRÉ, J., «La repubblica francese», in G. CLARC – al., ed., *Storia del Mondo Moderno*, XI, Milano 1974², 372-399.

NOYE, I., «Élisabeth de la Trinité», in *DS*, IV, 589-590.

O'DRISCOLL, M., «Caterina da Siena», in *DiMi*, 279-282.

PACHO, E., «Giansenismo», in *DES*, II, 1112-1116.

PIZZANI, U., «Boezio», in A. DI BERNARDINO, ed., *Dizionario patristico e di antichità cristiane*, I, Casale Monferrato 1983, 547-551.

POLI, G.F. – CRESPI, P., *Lineamenti di storia della spiritualità e della vita cristiana*, III, Roma 2000.

QUASTEN, J., *Patrologia. II. Dal Concilio di Nicea a quello di Calcedonia*, Casale Monferrato 1980.

RADI, L., *Angela da Foligno e l'Umbria mistica del secolo XIII*, Padova 1996.

RAHNER, K., *La fede che ama la terra. Senso cristiano della vita moderna*, Cinisello Balsamo 1981².

RAVAGLIOLI, A.M., *Psicologia*, Casale Monferrato 2000⁴.

RAYEZ, A., «Élisabeth de la Trinité», in *DS*, IV, 594.

———, «France. VII. De la révolution au début du XXᵉ siècle», in *DS*, V, 953-997.

REBÈRIOUX, M., «La Terza repubblica in Francia», in N. TRANFAGLIA – M. FIRPO, ed., *La Storia. I grandi problemi dell'Età Contemporanea. III. Dalla Restaurazione alla prima guerra mondiale*, Milano 1993, 611-638.

ROPS, D., *Storia della Chiesa del Cristo*, VI. *La Chiesa delle rivoluzioni. 1. Di fronte ai nuovi destini*, Torino – Roma 1964.

RUFFINI, E., «Eucharistie», in *DVS*, 347.

SARRASIN, C., «L'esperienza della vita trinitaria secondo l'opera del padre Maria-Eugenio: "Voglio veder Dio"», in L. BORRIELLO, ed., *In comunione con la Trinità*, Città del Vaticano 2000, 249-274.

SCHWEITZER, A., *Storia della ricerca sulla vita di Gesù*, Brescia 1986.

———, *The quest of the Historical Jesus. A Critical Study of its Progress from from Reimarus to Wrede*, New York 1966.

SECONDIN, B. – GOFFI, T., ed., *Corso di spiritualità. Esperienza – Sistematica – Proiezioni*, Brescia 1989.

SECONDIN, B., *La Regola del Carmelo. Per una nuova interpretazione*, Roma 1982.

SESBOÜÉ, B., «Nella scia di Calcedonia: cristologia e soteriologia (dopo il VI secolo)», in ID. – *al.*, ed., *Storia dei Dogmi*, I, Casale Monferrato 2000², 377-453.

STAGLIANÒ, A., «Teologia trinitaria», in CANOBBIO, G. – CODA, P., ed., *La Teologia del XX secolo. Un bilancio. II. Prospettive sistematiche*, Roma 2003, 89-174.

SZENTMÁRTONI, M., *In cammino verso Dio. Riflessioni psicologico-spirituali su alcune forme di esperienza religiosa*, Milano 1998.

TAYLOR, A.J., «Le relazioni internazionali», in G. CLARC – *al.*, ed., *Storia del Mondo Moderno*, XI, Milano 1974², 681-712.

TOMMASO D'AQUINO, (S.), *Summa teologiae* (tr. it. *La Somma teologica*), Bologna 1984.

TRANFAGLIA, N. – FIRPO, M., ed., *La Storia. I grandi problemi dell'Età Contemporanea*, I-V, Milano 1993-1994.

TRAPÈ, A., ed., «S. Agostino», in A. DI BERARDINO, ed., *Patrologia. III. Dal Concilio di Nicea (325) al Concilio di Calcedonia (451): i Padri latini*, Casale Monferrato 1980, 323-434.

VERNON, P., «Personalità», in W. ARNOLD – H.J. EYSENCH – R. MEILI, ed., *Dizionario di Psicologia*, Roma 1982², 842-844.

VILLER, M. – *al.*, ed., *Dictionnaire de Spiritualité. Ascétique et Mystique. Doctrine et Histoire*, I-XVI.Tables Générales, Paris 1932-1995.

INDICE DEGLI AUTORI

Adamska: 40; 41; 51; 53; 63; 66; 390
Adolfo de la Madre de Dios: 311
Albino del Bambino Gesù: 280
Algoud: 7
Ancilli: 51; 262
Andreoli: 126
Arnold: 61
Aubert: 20; 22; 23
Baldini: 387; 402
Balthasar: 10; 87; 115; 116; 119; 124; 129; 130; 249; 251; 253; 254; 255; 258; 259; 260; 273; 287; 294; 296; 309; 311; 323; 324; 335; 364; 365; 366; 381; 391
Barbiero: 26
Bartnik: 15; 61; 268; 391; 392; 393; 394; 400
Beniamino della Trinità: 327
Bernard: 38; 385; 390
Bertaud: 29; 94
Bihlmeyer: 18; 19; 20; 22; 23; 24
Bordoni: 375
Borriello: 26; 28; 30-36; 43; 50; 56; 64; 73; 85; 99; 103; 124; 130; 257; 259; 262; 280; 307; 309; 311; 314; 316; 367; 381; 382; 387; 388; 396
Boyce: 127
Brambilla: 393
Butler: 56
Carmelo di Arezzo: 267
Castellano: 36; 307
Castellano Cervera: 307
Chmielewski: 366
Cholvy: 19; 20; 21; 22; 23; 24; 25; 26; 27; 28; 34; 35; 36; 113
Consuela: 382
Copleston: 294; 366
Crespi: 25; 26; 28; 29; 30; 31; 32; 33; 34; 35; 36; 101; 111
Dąbek: 361
De Bono: 37; 38; 39; 48; 50; 52; 53; 54; 56; 57; 59; 63; 64; 66; 67; 102; 110; 111; 114; 119; 123; 217; 218; 230; 385
De Meester: 58; 81; 84; 117; 120; 129; 151; 371
Decoin: 60
Decourtray: 367; 371
Del Burgo: 402
Encrevé: 23; 24
Ermano del SS. Sacramento: 283
Esquerda Bifet: 384
Ferlay: 271; 272; 274; 303; 304; 364; 402
Févotte: 79; 82; 84; 117; 118; 120; 121; 129; 255; 290; 291; 356; 359; 365; 372; 402
Filippo della Madre di Dio: 335
Fornara: 60

Forte: 259; 388; 392
Fortino: 60
Gadille: 19; 20; 23; 26; 27; 28; 30; 31; 34
Galofaro: 51
Garrigou-Lagrange: 387
Giovanni della Croce: 12; 55; 57; 85; 112; 115; 117; 120-123; 125; 129; 130; 132; 198; 218; 222; 230; 249; 251; 259; 286; 292; 293; 298; 317; 314-317; 321; 324; 380- 382; 385; 386
Giovanna della Croce: 20; 28; 43; 54; 56; 60; 91; 113; 125; 126; 368; 381; 382; 384; 390
Giovanni di Gesù Maria: 339
Giovanni Paolo II: 5; 7; 8; 11; 339; 353; 384; 401
Goffi: 27; 28; 29; 30; 31; 32; 33; 34; 35; 36; 91; 93; 96; 97; 101; 105; 106; 399
Gogola: 15
González: 351
Goya: 80; 340; 345; 347; 348; 349; 351
Graef: 389
Graziano della Madre di Dio: 370
Grignion da Montfort: 385
Groeschel: 351
Guerra: 242
Guerriero: 22; 23; 24; 114
Hainsworth: 397
Helewa: 118; 119; 255; 258; 377
Hilaire: 19; 20-28; 34; 35; 36; 113
Huerga: 365; 366
Huisman: 60; 61; 63; 68; 342
Jean de la Résurrection: 309
Joseph de Sainte-Marie: 373
Körner: 60
Kraj: 370
Kretschmer: 61; 66
Ladaria: 391

Laffey: 18
Lafrance: 117; 119; 120; 124; 301; 381
Laudazi: 69; 71; 74; 396
Léon-Dufour: 253
Linares Romero: 383; 384
Llamas: 111
Macca: 52; 111; 131; 402
Machniak: 299
Magrassi: 378
Manzoni: 97; 106
Marattil Lisieux Therese: 262; 297; 299; 313; 318
Maria Eugenio: 400
Mariano della SS. Trinità: 307
Martínez G.C.: 386
Martínez L.M.: 384; 385
Matteucci: 380
Miczyński: 249; 391
Misiurek: 18
Moretti: 10; 19; 43; 68; 79-85; 198; 245; 264; 327; 329; 335-338; 355; 364; 389; 401
Moriconi: 379
Néré: 18; 19; 20; 22
Noè: 307
Noye: 7
O'Driscol: 127
Pacho: 33; 109
Pesenti: 401
Philipon: 10; 43; 48; 49; 51; 52; 55; 56; 58; 82; 85; 121; 250; 255; 256; 259-264; 266; 269; 274; 277; 278; 279; 281; 283; 300; 318; 319; 321; 330; 339; 372; 373; 382
Pigna: 396
Pizzani: 391
Poinsenet: 40; 43; 46; 64
Poli: 25; 26; 28-36; 101; 111
Praśkiewicz: 335
Quasten: 378

Radi: 126
Rahner: 387; 388; 392
Ravaglioli: 349
Rayez: 8; 26; 27; 28; 29; 30; 31; 32; 33; 34; 35; 36; 94
Rebèrioux: 18; 25
Rémy: 122; 123; 184; 264; 265; 266; 267; 271; 282; 283; 297; 301; 309; 310; 364; 368; 369; 371; 372; 381; 386; 390; 402
Rops: 25; 27; 30; 33; 34; 35; 111
Ruffini: 100
Ruszała: 389
Sarrasin: 400
Schweitzer: 365
Secondin: 15; 26; 28; 30-38; 99; 103
Sesboüé: 363; 364; 365; 376

Sesé: 39; 40; 53; 56; 115
Sicari: 10; 40; 44-52; 54; 56-60; 77; 109; 137; 196; 351-353
Simeón de la Sagrada Familia: 339
Staglianò: 388; 389; 391; 392
Szentmártoni: 340; 350; 351
Taylor: 18
Tommaso d'Aquino: 259; 391
Trapè: 378
Tuechle: 18; 19; 20; 22; 23; 24
Valabek: 132; 267; 304
Valentino di S. Maria: 299
Vernon: 61
Wider: 278
Zambarbieri: 22; 23; 24; 114
Zawada: 337

INDICE GENERALE

INTRODUZIONE 7

CAPITOLO I: *L'ambiente dell'esperienza cristologica
di Elisabetta della Trinità* 17
1. Il contesto 18
   1.1. Lo Stato e la Chiesa cattolica nella Terza Repubblica
       prima della nascita di Elisabetta 18
   1.2 Disprezzo per il Cristo e la Sua Chiesa. Anticlericalismo ideologico 20
   1.3 Cristo escluso dalla vita pubblica. Anticlericalismo militante
       durante la vita di Elisabetta 22
   1.4 Anti-religione. Il culto della Repubblica 25
   1.5 La vita spirituale nella Chiesa francese 26
       1.5.1 Le correnti del pensiero 26
       1.5.2 Cristocentrismo 28
       1.5.3 Dimensione mariana 33
       1.5.4 Dimensione liturgica 35
   1.6 Il Carmelo a Digione 37
   1.7 La famiglia di Elisabetta 39
2. La vita di Elisabetta. Itinerario spirituale 43
   2.1 Nel mondo 44
   2.2 In monastero 50
   2.3 In infermeria 57
3. La personalità di Elisabetta 60
   3.1 Il temperamento di Elisabetta 63
   3.2 Lo sviluppo verso una personalità matura. Lavoro sul carattere 68
       3.2.1 La sensibilità indirizzata alla transcendenza.
            Capacità di silenzio interiore 68
       3.2.2 Capacità di accogliere la volontà di Dio 74
       3.2.3 Capacità di evitare attaccamenti umani 76
       3.2.4 Capacità di amare 78
   3.3 Gli scritti di Elisabetta 80

CAPITOLO II: *Le fonti dell'esperienza cristologica
di Elisabetta della Trinità* 87

1. Immagine di Cristo nella storia della Francia........................ 88
2. Immagine di Cristo nella Chiesa Francese. Le pietà dell'epoca............ 93
   2.1 Passione di Cristo. Il Preziosissimo Sangue........................ 93
   2.2 Spiritualità di riparazione delle offese inflitte a Gesù.
       La devozione vittimale.. 96
   2.3 Sacro Cuore di Gesù.. 99
   2.4 Santissimo Sacramento. Devozione eucaristica................... 102
   2.5 Fiducia nella divina Provvidenza............................... 105
   2.6 Spiritualità del Natale. Gesù Bambino......................... 107
   2.7 «Cristo distante». Traccia del giansenismo..................... 109
   2.8 Venerazione per la Madre di Cristo e per i Santi............... 111
   2.9 «Instaurare omnia in Christo».
       La corrente del rinnovamento spirituale........................ 113
3. L'insegnamento nel Carmelo a Digione. La formazione dogmatica....... 114
4. La Bibbia 116
5. L'insegnamento dei Santi 120
   5.1. La spiritualità ignaziana...................................... 121
   5.2. La spiritualità carmelitana................................... 121
   5.3. Le altre spiritualità 125
6. La grazia divina e l'esperienza mistica............................ 130

CAPITOLO III: *L'esistenza cristologica di Elisabetta.
La configurazione a Cristo: notte attiva*............................. 135

1. «Je prie le bon Jésus [...]» (L 1) 135
2. «Je n'ai pas faim: Jésus m'a nourrie» (*Souvenirs*, 9).............. 138
3. «Maison de Dieu, du Dieu d'amour» (*Souvenirs*, 9)................. 138
4. «[...] nous nous donnâmes l'un à l'autre» (*Souvenirs*, 18-19)...... 139
5. «Pour moi vous avez voulu mourir!» (P 18)......................... 140
6. «Oh, pourqoui me faire languir?» (P 29)........................... 142
7. «Que je suis heureuse et fière [...] de partager ta douleur» (P 36)....... 144
8. «Que ta volonté soit accomplie!» (P 44).......................... 147
9. «Te rappelles-tu [...]? Pardonne un moment d'impatience» (P 51)...... 149
10. «[...] épouse [de] la Trinité» (P 54)............................. 151
11. «O ma bien-aimée, [...] merci de consoler mon Cœur» (P 66)....... 152
12. «Je donnerais ma vie seulement pour contribuer
    au rachat d'une de ces âmes que Jésus a tant aimées» (J 3)....... 155
13. «O Jésus, pourquoi trembler de paraître devant toi?» (J 37)....... 157
14. «Je t'appartiendrai dans deux années» (P 68)..................... 160

15. «Tu sens-tu assez d'amour pour ton Jésus,
acceptes-tu ces souffrances?» (J 124) 164
16. «O Maître je veux être sainte pour toi, sois ma sainteté» (NI 4) 169
17. «Qu'Élisabeth disparaisse, qu'il ne reste que Jésus» (J 156) 172
18. «Ah! Soyons bien tout à Lui,
livrons-nous à notre Bien-Aimé Jésus» (L 28) 176
19. «[...] vous n'avez pas besoin du Sacrement
pour venir à moi!» (NI 10) 178

CAPITOLO IV: *L'esistenza cristologica di Elisabetta.*
La configurazione a Cristo: notte passiva e illuminata 181

1. «[...] Il sait que maintenant nous l'aimons trop pour le laisser» (L 53) 181
2. «[...] c'est Lui [le divin Crucifié] qui nous conduira au Père» (L 58).. 183
3. «Comme le bon Dieu est bon de m'avoir prise ici» (L 90) 185
4. «Je suis partie dans l'âme de mon Christ [...]» (L 107) 190
5. «Au sein des Trois [...]» (P 80) 193
6. «Enfin Il est tout à moi, et je suis tout à Lui» (L 156) 196
7. «O mon Dieu, Trinité que j'adore» (NI 15) 200
8. «[...] si Jésus semble dormir [...] ne le réveillons pas
mais attendons dans la foi» (L 239) 205
9. «[...] pour que je sois en vérité "Laudem gloriae"» (L 250) 209
10. «En votre amour, mon Dieu, j'ai foi» (P 96) 212
11. «Il nous aime, surtout quand Il nous éprouve» (L 267) 214
12. «Je ne saurais dire comment les trois divines Personnes
se sont révélées» (*Souvenirs*, 217) 217
13. «Le Maître saint nous entraîne au Calvaire» (P 102) 219
14. «[...] je deviendrai comme un autre toi-même» (P 109) 223
15. «Nul n'a pénétré le mystère du Christ en sa profondeur,
si ce n'est la Vierge» (DR 1) 227
16. «Il veut que je Lui sois une humanité de surcroît» (L 309) 228
17. «[...] la Sainte Trinité m'a fait sentir sa présence
en mon âme» (*Elpa*, 131) 232
18. «[...] Il m'identifie à l'Homme de douleurs» (P 121) 233
19. «Je vais à la lumière, à l'amour, à la vie» (*Elpa*, 192) 237
20. Fra esperienza e dottrina 242

CAPITOLO V: *Cristologia esistenziale nella dottrina di Elisabetta* 245

1. Verso la cristologia. I nomi elisabettiani di Gesù Cristo 246
2. Cristo come senso della Creazione 249
   2.1 «Unique Nécessaire» (P 94) 249
   2.2 «Modèle divin» (P 121) 252

2.3 «Lumineuse Beauté» (P 77) 256
3. La dimora di Cristo con il Padre e con lo Spirito Santo nell'uomo 259
   3.1 «Hôte adoré» (L 161) 259
   3.2 «Adorateur» (NI 15) 263
   3.3 «Réparateur» (NI 15) 264
   3.4 «Sauveur» (NI 15) 265
4. Gesù come «parfaite louange» della Trinità (cfr. DR 2, 40) 267
   4.1 «Verbe incarné» (P 88) 268
   4.2 «Divin Crucifié» (P 94) 271
   4.3 «Agneau mystique» (P 74) 274
5. L'unificazione con Cristo-«Époux» (P 73) 278
   5.1 «L'âme du Christ» (NI 12) 278
   5.2 Fede e fedeltà – «le Fidèle» (L 256) 280
   5.3 Speranza e confidenza – «ma Espérance» (P 64) 283
   5.4 Amore – «mon unique Amour» (P 39) 284
   5.5 Umiltà e povertà di spirito – «Humble Jésus, mon modèle» (P 23). 286
   5.6 Castità e verginità – «notre pureté» (L 172) 289
   5.7 Abnegazione e sacrificio – «mon Soutien» (P 67) 291
   5.8 Solitudine – «divine Solitaire» (P 55) 294
   5.9 Silenzio interiore e pace – «ma paix» (DR 30) 297
   5.10 Preghiera – «mon Christ [...] toujours priant en moi» (L 123)...... 299
   5.11 Sofferenza – «[le] Dieu souffrant» (P 46) 302
   5.12 Beatitudine e gloria – «la Béatitude» (L 306) 305
6. La vita nascosta con Cristo in Dio 308
   6.1 Cristo, via alla Trinità – «Parole de mon Dieu» (NI 15) 309
   6.2 L'abitazione con Gesù nella Trinità 311
   6.3 La trasformazione dell'anima nelle Tre Persone Divine 314
7. La vita con Cristo nel mistero della Chiesa 319
   7.1 La figliolanza divina dei cristiani –
       «tendre Ami des petits enfants» (P 52) 319
   7.2 Lo Spirito Santo e il cristiano 322
   7.3 La Chiesa di Cristo e la Santissima Trinità 325
   7.4 Cristo Eucaristico – «[le] Dieu prêtre et victime» (P 96) 326
   7.5 Il cristiano come «humble sacrement» di Cristo (cfr. P 91) 328
   7.6 Madre di Cristo come modello del cristiano 330
   7.7 La missione nella Chiesa di Cristo 336
8. La cristologia «vissuta». L'Icona di Cristo in Elisabetta 339
   8.1 La maturità umana di Elisabetta in Cristo 339
       8.1.1 La struttura dei bisogni 340
       8.1.2 Altre componenti della personalità 345
       8.1.3 Le dimensioni della maturità 348
   8.2. La santità di Elisabetta. Eroismo delle virtù 352

CAPITOLO VI: *Valutazione della cristologia esistenziale di Elisabetta* 355
1. L'immagine biblica di Cristo 356
2. L'immagine teologica di Cristo 362
3. L'immagine mistica di Cristo 368
4. Le particolarità cristologiche di Elisabetta.
   Caratteri della cristologia elisabettiana 370
5. Valori della cristologia esistenziale di Elisabetta 374
   5.1 Alla luce del Concilio Vaticano II. Valore teologico 374
   5.2 L'incarnazione mistica. Valore dell'esperienza mistica 380
   5.3 Valore linguistico 386
   5.4 Una via spirituale. Valore spirituale-pastorale 389
6. L'interpretazione personalistica della cristologia esistenziale
   di Elisabetta 391

CONCLUSIONE 399

SIGLE E ABBREVIAZIONI 403
1. Scritti di Elisabetta ....
2. Altre abbreviazioni ....

BIBLIOGRAFIA 407
1. Fonti 407
2. Studi 408
3. Documenti della Chiesa 414
4. Letteratura complementare 415

INDICE DEGLI AUTORI 421

INDICE GENERALE 425

TESI GREGORIANA

Dal 1995, la collana «Tesi Gregoriana» mette a disposizione del pubblico alcune delle migliori tesi elaborate alla Pontificia Università Gregoriana. La composizione per la stampa è realizzata dagli stessi autori, secondo le norme tipografiche definite e controllate dell'Università.

Volumi pubblicati [Serie: Spirituality]

1. D'SOUZA, Rudolf V., *The Bhagavadgītā and St. John of the Cross. A Comparative Study of the Dynamism of Spiritual Growth in the Process of God-Realisation*, 1996, pp. 484.

2. PONNUMUTHAN, Selvister, *The Spirituality of Basic Ecclesial Communities in the Socio-Religious Context of Trivandrum/Kerala, India*, 1996, pp. 360.

3. WINTERS, Bartholomew, *Priest as Leader. The Process of the Inculturation of a Spiritual-Theological Theme of Priesthood in a United States Context*, 1997, 368 pp.

4. CACHIA, Nicholas, *«I am the good shepherd. The good shepherd lays down his life for the sheep» (John 10,11). The Image of the Good Shepherd as a Source for the Spirituality of the Ministerial Priesthood*, 1997, pp. 392.

5. ZAS FRIZ, Rossano, *La teología del símbolo de San Buenaventura*, 1997, pp. 354.

6. PLATOVNJAK, Ivan, *La direzione spirituale oggi. Lo sviluppo della sua dottrina dal Vaticano II a* Vita consecrata *(1962-1996)*, 2001, pp. 510.

7. VIAGULAMUTHU, Xavier Paul Bowlis, *«Offering Our Bodies as a Living Sacrifice to God». A Study in Pauline Spirituality Based on Romans 12,1*, 2002, pp. 528.

8. JACIÓW, Krystyna Elżbieta, *La spiritualità delle Suore Missionarie della Consolata. Origine storico-spirituale – Sviluppo – Rilettura alla luce della teologia spirituale contemporanea*, 2004, pp. 356.

9. BUCCELLATO, Giuseppe, *Alla presenza di Dio. Ruolo dell'orazione mentale nel carisma di fondazione di San Giovanni Bosco*, 2004, pp. 524.

10. THELAGATHOTI, Joseph Raja Rao, *The Mystical Experience and Doctrine of St. Louis-Marie Grignion de Montfort*, 2005, pp. 384.

11. MICZYŃSKI, Jan Krzysztof, *La cristologia esistenziale nell'esperienza e nella dottrina di Elisabetta della Trinità*, 2005, pp. 432.